어문회
한자능력검정시험
한 권으로 끝내기

2급

끝까지 책임진다! 시대에듀!
QR코드를 통해 도서 출간 이후 발견된 오류나 개정법령, 변경된 시험 정보, 최신기출문제, 도서 업데이트 자료 등이 있는지 확인해 보세요!
시대에듀 합격 스마트 앱을 통해서도 알려 드리고 있으니 구글 플레이나 앱 스토어에서 다운받아 사용하세요.
또한, 파본 도서인 경우에는 구입하신 곳에서 교환해 드립니다.

편집진행 박시현 | **표지디자인** 김지수 | **본문디자인** 양혜련 · 임창규

> " 소설처럼 재미있게 읽다 보면 정확하고 풍부한 어휘력과
> 생각하는 힘이 저절로 길러지고, '한자 3박자 연상 학습법'도 익혀져
> 어떤 한자라도 자신 있게 분석하고 뜻을 생각해 볼 수 있으며,
> 자신 있는 언어생활은 물론 어원에 담긴 진리와 아이디어까지 깨쳐
> 생활에 100배, 1,000배 활용할 수 있습니다. "

저 자
AUTHOR

박정서 hanja119@hanmail.net

대대로 한학자 집안에서 태어나 어려서부터 한학을 배웠고, 가업을 잇는다는 정신으로 중문학과와 중국대학원에서 대외 한어를 전공, '한자 3박자 연상 학습법' 개발에 직접 참여하였고, 어떻게 하면 복잡하고 어려운 한자를 더 쉽고 재미있게 익히도록 할까라는 주제에 계속 연구 정진하면서 수많은 한자 관련 도서를 집필하며, 세계의 중심이 된 한자 문화권의 자유로운 교류를 위하여 한중일 상용한자 통일에 앞장서고 있습니다.

저서로는 〈어문회 한자능력검정시험 2, 3, 4, 5, 6, 7, 8급 한 권으로 끝내기〉,
〈진흥회 한자자격시험 2, 3급 한 권으로 끝내기〉 등 수십 종의 한자 관련 도서가 있습니다.

박원길 hanja114@hanmail.net

대대로 한학자 집안에서 태어나 어려서부터 한학을 배웠고, 수십 년간 학생들을 가르치면서 복잡하고 어려운 한자를 쉽고 재미있게 익힐 수 있는 〈한자 3박자 연상 학습법〉을 개발하여 교육부 교육혁신 현상 공모에 당선. 이 학습법을 적용한 한중일 한자책들이 30년 가까이 한자 교육을 선도하고 있고, 이 학습법이 우리나라 한자뿐만 아니라 중국어와 일본어 한자 학습법의 정도가 되었습니다. 세계의 중심이 된 한자문화권의 자유로운 교류를 위하여 12년간 일간지에 '박원길의 생생 한자교실'을 연재하였고, 한중일 상용한자 통일에 앞장서고 있습니다.

저서로는 〈한자암기박사1, 2〉, 〈중국어한자암기박사1, 2〉, 〈일본어한자암기박사 1, 2〉,
〈한중일 한자암기박사〉 등 수십 종의 한자 관련 도서가 있습니다.

머리말
PREFACE

> " 복잡하고 어려운 한자를 어떻게 하면
> 쉽고 재미있게 익혀 자유자재로 사용하게 할까를
> 연구 주제로 삼아 오랜 세월 노력하고 있습니다. "

이 책은 이런 점이 다릅니다.

1 한자 학습법과 기초를 분명히 알고 익히시도록 '한자 3박자 연상 학습법'과 '한자의 기초'를 먼저 설명했습니다.

2 '한자 3박자 연상 학습법'으로 글자 분명히 익히기, 각 글자의 대표적인 단어와 고사성어를 직역과 의역으로 풀어보기, 유의자, 반대자, 약자, 실전 모의고사 등 한국어문회 2~8급에 해당하는 모든 것을 한 권에 담아 쉽고도 재미있게 익힐 수 있도록 했습니다.

3 한자 초보부터 중급 수준의 분들이 쉽게 익히도록 했고, 어문회뿐만 아니라 여러 한자 시험 시행처에서 주관하는 2~8급에 해당하는 내용도 수록했습니다.

4 한자 몇 자 익히는 차원이 아니라 어떤 한자라도 자신 있게 분석해 보고 뜻을 생각해 볼 수 있는 안목이 길러지도록 했습니다.

5 세상의 이치를 꿰뚫어 만들어진 한자의 어원을 생각하는 과정을 통해서 세상의 진리를 발견하고 어떻게 살 것인가를 터득하게 했습니다.

6 한자 어원 풀이, 단어나 고사성어 풀이 등등 모든 내용을 그냥 나열만 하지 않고 바로 바로 이해되도록 자상하게 설명했습니다.

7 사선이 필요 없이 이 책만으로 완전히 끝내도록 했습니다.

8 급수 시험만 보고 나면 잊어버리고 마는 방식이 아니라 이해가 바탕이 된 분명한 한자 실력으로 정확하고 풍부한 어휘력을 향상시켜 자유로운 언어 활동은 물론 중국 한자나 일본 한자, 한국어능력시험에도 도움이 되도록 했습니다.

아무쪼록 여러분의 한자 학습이 쉽고 재미있었으면 좋겠습니다.

여러분을 사랑하는 저자 올림

한자능력검정시험 소개

주관 및 시행

주관	한국어문회
시행	한국한자능력검정회

공인 자격

국가공인자격	민간자격
특급, 특급Ⅱ, 1급, 2급, 3급, 3급Ⅱ	4급, 4급Ⅱ, 5급, 5급Ⅱ, 6급, 6급Ⅱ, 7급, 7급Ⅱ, 8급

급수 구분

기초
6급 / 6급Ⅱ
7급 / 7급Ⅱ / 8급

중급
4급 / 4급Ⅱ
5급 / 5급Ⅱ

고급
특급 / 특급Ⅱ / 1급
2급 / 3급 / 3급Ⅱ

급수 배정

급수	읽기	쓰기	수준 및 특성
1급	3,500자	2,005자	국한혼용 고전을 불편 없이 읽고 연구할 수 있는 수준 초급 (상용한자+준상용한자 도합 3500자, 쓰기 2005자)
2급	2,355자	1,817자	상용한자를 활용하는 것은 물론 인명지명용 기초한자 활용 단계 (상용한자+인명지명용 한자 도합 2355자, 쓰기 1817자)
3급	1,817자	1,000자	고급 상용한자 활용의 중급 단계 (상용한자 1817자–교육부 1800자 모두 포함, 쓰기 1000자)
4급	1,000자	500자	중급 상용한자 활용의 고급 단계(상용한자 1000자, 쓰기 500자)
5급	500자	300자	중급 상용한자 활용의 초급 단계(상용한자 500자, 쓰기 300자)
6급	300자	150자	기초 상용한자 활용의 고급 단계(상용한자 300자, 쓰기 150자)
7급	150자	–	기초 상용한자 활용의 초급 단계(상용한자 150자)
8급	50자	–	한자 학습 동기 부여를 위한 급수(상용한자 50자)

※ 1~8급 – 특급과 Ⅱ가 붙은 급수는 제외했습니다.
※ 시험 정보는 변동될 수 있으므로 반드시 시행처 홈페이지에서 확인하세요.

문제 유형

❶ 독음 : 한자의 소리를 묻는 문제입니다.

❷ 훈음 : 한자의 뜻과 소리를 동시에 묻는 문제입니다.

❸ 장단음 : 한자 단어 첫소리 발음의 길고 짧음을 구분하는 문제입니다. (4급 이상만 출제.)

❹ 반의어 / 상대어 : 어떤 글자와 반대 또는 상대되는 글자를 알고 있는가를 묻는 문제입니다.

❺ 완성형 : 고사성어나 단어의 빈칸을 채우도록 하여 단어와 성어의 이해력 및 조어력을 묻는 문제입니다.

❻ 부수 : 한자의 부수를 묻는 문제입니다.

❼ 동의어 / 유의어 : 어떤 글자와 뜻이 같거나 유사한 글자를 알고 있는가를 묻는 문제입니다.

❽ 동음이의어 : 소리는 같고, 뜻은 다른 단어를 알고 있는가를 묻는 문제입니다.

❾ 뜻풀이 : 고사성어나 단어의 뜻을 제대로 알고 있는가를 묻는 문제입니다.

❿ 약자 : 한자의 획을 줄여서 만든 약자를 알고 있는가를 묻는 문제입니다.

⓫ 한자 쓰기 : 제시된 뜻, 단어 등에 해당하는 한자를 쓸 수 있는가를 확인하는 문제입니다.

⓬ 필순 : 한 획 한 획의 쓰는 순서를 알고 있는가를 묻는 문제입니다.

⓭ 한문 : 한문 문장을 제시하고 뜻풀이, 독음, 문장의 이해, 한문법의 이해 등을 측정하는 문제입니다.

급수별 출제 기준

구분	1급	2급	3급	4급	5급	6급	7급	8급
독음	50	45	45	32	35	33	32	24
훈음	32	27	27	22	23	22	30	24
장단음	10	5	5	3	–	–	–	–
반대어(상대어)	10	10	10	3	3	3	2	–
완성형(성어)	15	10	10	5	4	3	2	–
부수	10	5	5	3	–	–	–	–
동의어(유의어)	10	5	5	3	3	2	–	–
동음이의어	10	5	5	3	3	2	–	–
뜻풀이	10	5	5	3	3	2	2	–
약자	3	3	3	3	3	–	–	–
한자 쓰기	40	30	30	20	20	20	–	–
필순	–	–	–	–	3	3	2	2
한문	–	–	–	–	–	–	–	–
총 출제 문항 수	200	150	150	100	100	90	70	50

한자능력검정시험 소개

시험 시간

1급	2급 · 3급	4급 · 5급 · 6급 · 7급 · 8급
90분	60분	50분

합격 기준

구분	1급	2급 · 3급	4급 · 5급	6급	7급	8급
출제 문항	200	150	100	90	70	50
합격 문항	160	105	70	63	49	35

▶ 1급은 출제 문항의 80% 이상, 2급~8급은 70% 이상 득점하면 합격입니다.
▶ 합격 발표 시 제공되는 점수는 1문항당 1점으로 계산합니다.
▶ 각 급수의 만점은 출제 문항 수이고, 응시자의 점수는 득점한 문항 수입니다.

우수상 시상 기준

구분	1급	2급 · 3급	4급	5급	6급	7급	8급
초등학생 (미취학포함)	160	105	80	90	81	63	45
중학생	160	112	85	90	–	–	–
고등학생	160	120	90	–	–	–	–

우량상 시상 기준

구분	1급	2급 · 3급	4급	5급	6급	7급	8급
초등학생 (미취학포함)	–	–	75	85	76	59	42
중학생	–	105	80	85	–	–	–
고등학생	–	112	85	–	–	–	–

시험 시간

❶ 필기구 및 답안 작성과 수정

- 필기구는 검정색 볼펜, 일반 수성(플러스)펜을 사용하셔야 합니다.
- 연필, 붓펜, 네임펜, 컴퓨터용펜, 유성펜류는 뭉개져 흐려지거나, 번져 채점 시 불이익을 받을 수 있습니다.
- 데이터 입력은 문자 인식 과정을 거치는데, 지정된 필기구를 사용하지 않거나, 검정색이 아닌 펜으로 작성된 답안지는 인식 과정에서 문제가 발생할 수 있습니다.
- 답안 수정은 수정액과 수정테이프를 사용하실 수 있습니다. 다만, 수정 항목이 많은 경우 답안지를 새로 받아서 재작성하시길 바랍니다.
- 미취학생, 초등학교 저학년 학생의 경우 수정액 · 수정테이프 사용법을 미리 익히시길 권해드립니다.
- 답안지 앞뒷면의 각 귀퉁이에 있는 ■ 표식은 전산입력 시 사용되는 인식기준점입니다. 해당 기준점이 훼손되거나, 주변에 낙서하면 OCR 시스템의 인식 불능으로 0점 처리될 수 있습니다.

❷ 약자 답안 처리

- 약자를 답으로 요구하는 문제는 반드시 약자를 쓰셔야 정답으로 인정됩니다.
- 약자를 답으로 요구하지 않는 문제를 약자로 답안을 작성한 경우는 정답으로 인정됩니다.
  (단, 정자를 요구하는 문제 제외)

❸ 국어 표기법 준수

답안 작성 시 두음법칙을 지키지 않거나, 국어 표기법이 맞지 않으면, 해당 한자 음이더라도 오답 처리됩니다.

❹ 응시자 정보 기재

- 성명, 수험번호, 생년월일은 반드시 응시 원서와 동일하게 작성해야 합니다.
- 성명을 비롯한 모든 항목은 맨 앞칸부터 띄어쓰기 없이 기입하세요.

참고사항

- 각 기관별 우대사항은 한국어문회 홈페이지(https://www.hanja.re.kr)를 참고해 주시기 바랍니다.
- 해마다 기관별로 혜택 여부가 상이할 수 있으므로, 자세한 사항은 해당 기관에 문의하시는 것이 좋습니다.

한자 3박자 연상 학습법

어려운 한자, 이렇게 정복하세요.

❶ 어원(語源)으로 풀어 보기

한자에는 비교적 분명한 어원이 있는데, 어원을 모른 채 글자와 뜻만을 억지로 익히니 잘 익혀지지 않고 어렵기만 하지요. 한자의 어원을 생각하는 방법은 아주 간단합니다. 글자를 보았을 때 부수나 독립된 글자로 나눠지지 않으면 그 글자만으로 왜 이런 모양에 이런 뜻의 글자가 나왔는지 생각해 보고, 부수나 독립된 글자로 나눠지면 나눠진 글자들의 뜻을 합쳐 보면 되거든요. 그래도 어원이 생각나지 않을 때는 상상력을 동원하여 나눠진 글자의 앞뒤나 가운데에 말을 넣어 보면 되고요.

> **고고고고(古姑枯苦)** – 오랠 고, 옛 고(古)로 된 한자
> 많은(十) 사람의 입에 오르내린 말(口)은 이미 오래된 옛날이야기니 **오랠 고, 옛 고(古)**
> 여자(女)가 오래(古)되면 시어머니나 할미니 **시어미 고, 할미 고(姑)**
> 나무(木)도 오래(古)되면 마르고 죽으니 **마를 고, 죽을 고(枯)**
> 풀(艹), 즉 나물도 오래(古)되면 쇠어서 쓰니 **쓸 고(苦)**
> 또 맛이 쓰면 먹기에 괴로우니 **괴로울 고(苦)**

❷ 공통 부분으로 익히기

한자에는 여러 한자가 합쳐져 만들어진 한자가 많고, 부수 말고도 많은 한자에 공통 부분이 있으니 이 공통 부분에 여러 부수를 붙여 보는 방법도 유익합니다.

> **망망망망맹(亡忘忙妄盲)** – 망할 망(亡)으로 된 한자
> 머리(亠)를 감추어야(乚) 할 정도로 망하여 달아나니 **망할 망, 달아날 망(亡)**
> 또 망하여 죽으니 **죽을 망(亡)**
> 망한(亡) 마음(心)처럼 잊으니 **잊을 망(忘)**
> 마음(忄)이 망할(亡) 정도로 바쁘니 **바쁠 망(忙)**
> 정신이 망한(亡) 여자(女)처럼 망령되니 **망령될 망(妄)**
> 망한(亡) 눈(目)처럼 눈먼 시각장애인이니 **눈멀 맹, 시각장애인 맹(盲)**

이 글자들을 찾으려면 잊을 망(忘)과 바쁠 망(忙)은 마음 심(心)부에서, 망령될 망(妄)은 여자 녀(女)부에서, 장님 맹(盲)은 눈 목(目)부에서 찾아야 하고, 서로 연관 없이 따로따로 익혀야 하니 어렵고 비효율적이지요.
그러나 부수가 아니더라도 여러 글자의 공통인 망할 망(亡)을 고정해 놓고, 망한 마음(心)처럼 잊으니 잊을 망(忘), 마음(忄)이 망할 정도로 바쁘니 바쁠 망(忙), 정신이 망한(亡) 여자(女)처럼 망령되니 망령될 망(妄), 망한(亡) 눈(目)처럼 눈먼 시각장애인이니 눈멀 맹, 시각장애인 맹(盲)의 방식으로 이해하면 한 번에 여러 글자를 쉽고도 재미있게 익힐 수 있지요.

❸ 연결 고리로 익히기

한자에는 앞 글자에 조금씩만 붙이면 새로운 뜻의 한자가 계속 만들어져 여러 한자를 하나의 연결 고리로 꿸 수 있는 경우가 많습니다.

도인인인(刀刃忍認)
옛날 칼을 본떠서 **칼 도(刀)**
칼 도(刀)의 날(丿) 부분을 강조하려고 점(丶)을 찍어서 **칼날 인(刃)**
칼날(刃)로 심장(心)을 위협하는 것 같은 상황도 참으니 **참을 인(忍)**
남의 말(言)을 참고(忍) 들어 알고 인정하니 **알 인, 인정할 인(認)**

칼 모양을 본떠서 칼 도(刀), 칼 도(刀)에 점 주(丶)면 칼날 인(刃), 칼날 인(刃)에 마음 심(心)이면 참을 인(忍), 참을 인(忍)에 말씀 언(言)이면 인정할 인(認)이 되지요.

❹ 비슷한 한자 어원으로 구별하기

한자에는 비슷한 한자가 많아서 혼동되는 경우가 많은데 이때에도 어원으로 구분하면 쉽고도 분명하게 구분되어 오래도록 잊히지 않습니다.

1. 분분(粉紛)
쌀(米) 같은 곡식을 나눈(分) 가루니 **가루 분(粉)**
실(系)을 나누어(分) 놓은 듯 헝클어져 어지러우니 **어지러울 분(紛)**

2. 여노서노(如奴恕怒)
여자(女)의 말(口)은 대부분 부모나 남편의 말과 같으니 **같을 여(如)**
여자(女)의 손(又)처럼 힘들게 일하는 종이니 **종 노(奴)**
예전과 같은(如) 마음(心)으로 용서하니 **용서할 서(恕)**
일이 힘든 종(奴)의 마음(心)처럼 성내니 **성낼 노(怒)**

❺ 그림으로 생각해 보기

글자가 부수나 독립된 글자로 나눠지지 않으면 이 글자는 무엇을 본떠서 만들었는지 생각해 보세요. 본뜬 물건이 있으면 상형(象形)이고, 본뜬 물건이 없고 보이지 않는 무슨 일을 추상하여 만들었으면 지사(指事)로 된 글자지요.
[한자를 만드는 원리인 육서(六書)는 뒤에 나오는 한자의 기초 참고]

1. 상형(象形)으로 된 한자
가지 달린 나무를 본떠서 **나무 목(木)**
높고 낮은 산봉우리를 본떠서 **산 산(山)**

2. 지사(指事)로 된 한자
일정한 기준(一)보다 위로 오르니 **위 상, 오를 상(上)**
일정한 기준(一)보다 아래로 내리니 **아래 하, 내릴 하(下)**

한자 3박자 연상 학습법

❻ 한 글자에 여러 뜻이 있으면 그 이유를 생각해서 익히기

한자도 처음 만들어질 때는 한 글자에 하나의 뜻이었지만 생각이 커지고 문화가 발달할수록 더 많은 글자가 필요하게 되었어요. 그럴 때마다 새로운 글자를 만든다면 너무 복잡해지니 이미 있던 글자에 다른 뜻을 붙여 쓰게 되었지요. 그러나 아무렇게나 붙여 쓰는 것이 아니고 그런 뜻이 붙게 된 이유가 분명히 있으니 무조건 외는 것보다는 "이 글자는 왜 이런 뜻으로도 쓰일까"를 생각하여 "아~하! 그래서 이 글자에 이런 뜻이 붙었구나!"를 스스로 터득하면서 익히면 훨씬 효과적이지요.

앞 ❶에 나왔던 쓸 고, 괴로울 고(苦)의 경우도 '쓸 고'면 쓸 고지 어찌 '괴로울 고'의 뜻도 될까? 조금만 생각해도 '맛이 쓰면 먹기에 괴로우니 괴로울 고(苦)'가 되었음을 금방 알게 되지요.

❼ 글자마다 반드시 예(例)까지 알아두기

글자를 익히면 반드시 그 글자가 쓰인 예(例)까지, 자주 쓰이는 낱말이나 고사성어 중에서 적절한 예(例)를 골라 익히는 습관을 들이세요. 그러면 "어? 이 글자가 이런 말에도 쓰이네!" 하면서 그 글자를 더 분명히 알 수 있을 뿐더러 그 글자가 쓰인 단어들까지도 정확히 알 수 있으니, 정확하고 풍부한 어휘력(語彙力)을 기를 수 있는 지름길이죠.

단어 풀이도 무조건 의역으로 된 사전식으로 알지 마시고, 먼저 아는 글자를 이용하여 직역(直譯)해 보고 다음에 의역(意譯)해 보는 습관을 들이세요. 그래야 한자 실력도 쑥쑥 늘어나고 단어의 뜻도 분명히 알 수 있거든요.

기대되는 효과

이상 일곱 가지 방법을 종합하여 '3박자 연상 학습법(LAM : Learning for Associative Memories)'을 만들었습니다. '3박자 연상 학습법'이란 어렵고 복잡한 글자를 무조건 통째로 익히지 않고 부수나 독립된 글자로 나누어 ① 머리에 쏙쏙 들어오는 생생한 어원으로, ② 동시에 비슷한 글자들도 익히면서, ③ 그 글자가 쓰인 단어들까지 생각해 보는 방법이지요.

이렇게 외워진 글자를 좀 더 체계적으로 오래 기억하기 위해서 ① 제목을 중심 삼아 외고, ② 그 제목을 보면서 각 글자들은 어떤 공통점과 차이점으로 이루어진 글자들인지 구조와 어원으로 떠올려 보고, ③ 각 글자들이 쓰인 단어들은 무엇인지 생각해 보세요. 그래서 어떤 글자를 보면 그 글자와 관련된 글자들로 이루어진 제목이 떠오르고, 그 제목에서 각 글자들의 어원과 단어들까지 떠올릴 수 있다면 이미 그 글자는 완전히 익히신 것입니다.

이런 방식으로 한자를 익히면 복잡하고 어려운 한자에 대하여 자신감을 넘어 큰 재미를 느낄 것이며, '한자 3박자 연상 학습법'이 저절로 익혀져 한자 몇 자 아는 데 그치지 않고 어떤 한자를 보아도 자신 있게 분석해 보고 뜻을 생각해 볼 수 있는 안목도 생길 거예요.

또 일상생활에서 만나는 어려운 단어의 뜻을 막연히 껍데기로만 알지 않고 분명하게 아는 습관이 길러져서, 정확하고 풍부한 어휘력(語彙力)이 길러질 것이고, 정확하고 풍부한 어휘력을 바탕으로 자신(自信) 있는 언어생활(言語生活), 나아가 자신(自信) 있는 사회생활(社會生活)을 하게 될 것이며, 더 나아가 중국어나 일본어도 70% 이상 익힌 셈이 될 것입니다.

3박자 연상 학습법에 따른 학습법

▶ 1박자 학습

첫 번째로 나온 한자는 아래에 나온 한자들의 기준이 되는 '기준 한자'이며, 1박자 학습 시에는 기준 한자부터 오른쪽에 설명되어 있는 생생한 어원과 함께 익힙니다. (또한 필순 / 배정급수 / 총 획수 / 부수 등이 표시되어 있으니 이 또한 참고하며 익히세요.)

8급 / 9획 / 부수 車

덮어서(冖) 차(車)까지 위장한 군사니 **군사 군**

+ 冖(덮을 멱)
+ 군사들은 적에게 들키지 않으려고 주위 환경에 어울리게 무엇으로 덮어 위장하지요.

軍歌(군가), 軍紀(군기), 孤軍奮鬪(고군분투)

▶ 2박자 학습

기준 한자를 중심으로 연결 고리로 된 다른 한자들(첫 번째 한자 아래에 나온 한자들)을 오른쪽의 생생한 어원과 함께 자연스럽게 연상하며 익힙니다.

4급 / 12획 / 부수 手(扌)

손(扌) 휘둘러 **군사(軍)**를 지휘하니 **휘두를 휘, 지휘할 휘**

揮毫(휘호), 揮發(휘발), 發揮(발휘), 指揮(지휘), 一筆揮之(일필휘지)

3급 / 15획 / 부수 車

빛(光)에 **군사(軍)**의 계급장이 빛나니 **빛날 휘**

+ 한자가 만들어지던 옛날에는 종족과 종족, 나라와 나라 사이에 싸움이 많았기에 전쟁이나 군사, 무기와 관련된 글자가 많습니다.

輝光(휘광), 輝煌(휘황)

6급Ⅱ / 13획 / 부수 辵(辶)

군사(軍)들이 갈(辶) 때는 차도 운전하여 옮기니 **운전할 운, 옮길 운**

또 삶을 옮기는 운수니 **운수 운**

+ 운수(運數) – 미리 정하여져 인간의 힘으로 어찌할 수 없는 운명.

運動(운동), 運轉(운전), 運命(운명), 幸運(행운)

▶ 3박자 학습

어원을 중심으로 한자들을 자연스럽게 연상하며 익히는 것과 함께, 일상생활과 교과서, 그리고 시험에 자주 등장하는 어휘들을 익히도록 합니다.

책의 구성 & 특징

1. 한자 익히기

본 교재는 2급 배정한자 2,355자를 공통점이 있는 한자들끼리 묶어 제목번호 001번부터 500번까지 총 500개의
그룹으로 나눈 뒤 '한자 3박자 연상 학습법'에 따라 공부할 수 있도록 구성하였습니다.

359

군휘휘운[軍揮輝運] – 軍으로 된 한자 **①**

軍 8급 / 9획 / 부수 車

덮어서(冖) 차(車)까지 위장한 군사니 **군사 군** **②**

+ 冖(덮을 멱)
+ 군사들은 적에게 들키지 않으려고 주위 환경에 어울리게 무엇으로 덮어 위장하지요.

軍歌(군가), 軍紀(군기), 孤軍奮鬪(고군분투)

揮 4급 / 12획 / 부수 手(扌)

손(扌) 휘둘러 군사(軍)를 지휘하니 **휘두를 휘, 지휘할 휘**

揮毫(휘호), 揮發(휘발), 發揮(발휘), 指揮(지휘), 一筆揮之(일필휘지) **④**

輝 3급 / 15획 / 부수 車

빛(光)에 군사(軍)의 계급장이 빛나니 **빛날 휘**

+ 한자가 만들어지던 옛날에는 종족과 종족, 나라와 나라 사이에 싸움이 많았기에 전쟁이나 군사, 무기와 관련된 글자가 많습니다.

輝光(휘광), 輝煌(휘황)

③

運 6급Ⅱ / 13획 / 부수 辵(辶)

군사(軍)들이 갈(辶) 때는 차도 운전하여 옮기니 **운전할 운, 옮길 운**
또 삶을 옮기는 운수니 **운수 운**

+ 운수(運數) – 미리 정하여져 인간의 힘으로 어찌할 수 없는 운명.

運動(운동), 運轉(운전), 運命(운명), 幸運(행운)

❶ 제목: '같은 어원으로 된 한자들, 연결 고리로 된 한자들, 비슷하여 혼동되는 한자들'과 같이 서로 관련된 한자들을 한데 묶은 그룹의 제목입니다.

❷ 어원 풀이: 각 한자의 어원을 철저히 분석하여 원래의 어원에 충실하면서도 가장 쉽게 이해되도록 간단명료하게 풀었습니다.

❸ 기준 한자: 각 제목의 한자 중 처음 한자는 아래 한자들의 기준이 되는 글자니, 이 기준자의 왼쪽, 오른쪽, 위, 아래 순으로 무엇이 붙어서, 무슨 뜻의 글자가 되었는지 생각해 보면서 익히세요.

※ 특급 ~ 1급 한자, 부수자, 급수 외 한자는 짙은 회색으로 수록되어 있습니다.

❹ 활용 어휘: 일상생활이나 교과서에서 자주 사용되는 어휘, 한자능력검정시험에 자주 출제되는 어휘들을 뽑아 수록하였습니다.

2. 확인 문제

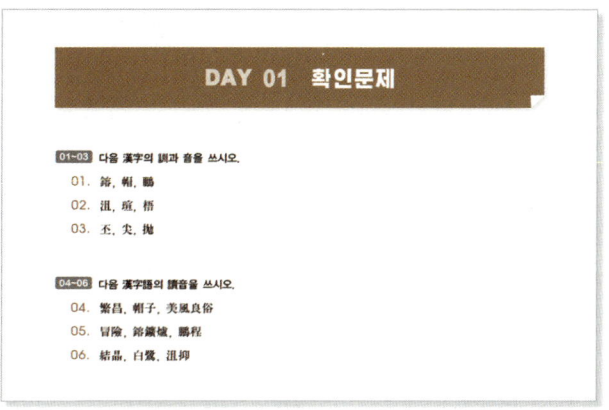

매일 한자 학습을 마친 뒤 확인 문제를 통해 오늘 배운 내용을 복습하고, 실제 시험 문제와 같은 유형의 문제를 풀어보며 실력 점검을 할 수 있도록 하였습니다.

3. 한자 응용하기

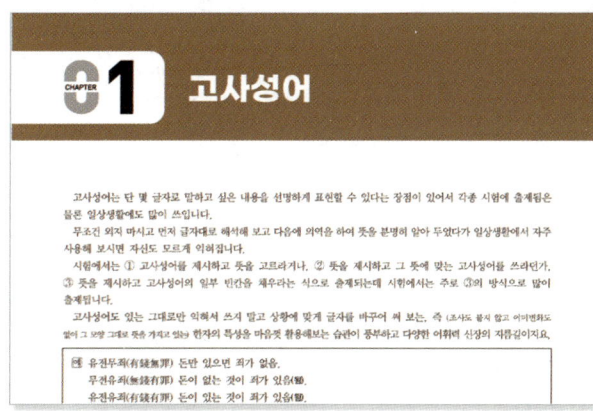

시험에 반드시 출제되는 고사성어, 동음이의어, 반대자/상대자, 약자 등의 문제에 대비할 수 있도록 출제 유형별 한자만 따로 뽑아 꼼꼼히 학습할 수 있도록 하였습니다.

4. 실전 모의고사

시험 전 모의고사를 풀어보며 실제 시험의 출제 경향을 파악하고 나의 실력을 정확히 점검할 수 있도록 실전 모의고사 5회분을 수록하였습니다. 정답 및 해설은 652p에서 확인할 수 있습니다.

책의 구성 & 특징

5. 특별 부록 - 빅데이터 합격한자

시험 전 중요한 내용만 빠르게 복습할 수 있도록, 빅데이터를 기반으로 기출문제 빈출 한자 500자, 빈출 한자어 300개, 빈출 고사성어 100개를 수록하였습니다.

TIP 시험장에 들고 가 마지막까지 내 실력을 점검해 보세요!

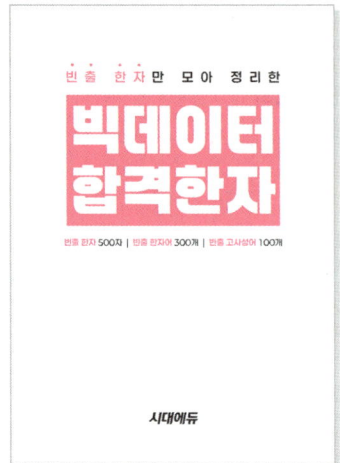

6. 부가 자료 - 어문회 답안지 PDF

정답을 시험지가 아닌 답안지에 따로 기입하여 제출해야 하는 어문회 시험 특성상, 답안지 작성을 미리 연습할 수 있도록 답안지 PDF 파일을 제공합니다.

부가 자료 다운로드 방법 * 우측 QR코드를 스캔하여 바로 접속 가능!

www.sdedu.co.kr 접속 → 학습자료실 → 도서업데이트
→ 〈어문회 한자능력검정시험 2급 한 권으로 끝내기〉 검색 후 다운로드

PDF 다운로드

25일 완성 학습 플래너

한자능력검정시험 2급에 합격하려면 2,355자의 한자를 읽을 수 있고, 그중 1,817자의 한자를 쓸 수 있어야 합니다. 학습량이 너무 많아 막막한가요? '25일 완성 학습 플래너'로 한자 공부 스케줄을 계획해 보세요. 하루하루, 차근차근 따라가다 보면 어느새 합격은 가까워져 있을 거예요.

☑ 달성 개수를 채워가며 학습해 봅시다.

날짜	달성	학습 범위
Day 1	☐	Day 1+1. 고사성어(각인각색~기왕지사)
Day 2	☐	Day 1 복습+Day 2+고사성어(기호난하~맹모삼천)
Day 3	☐	Day 2 복습+Day 3+고사성어(면면부절~불비지혜)
Day 4	☐	Day 3 복습+Day 4+고사성어(불식지공~승두지리)
Day 5	☐	Day 4 복습+Day 5+고사성어(시근종태~요식행위)
Day 6	☐	Day 5 복습+Day 6+고사성어(요절복통~조지양익)
Day 7	☐	Day 6 복습+Day 7+고사성어(존망지추~희색만면)
Day 8	☐	Day 7 복습+Day 8+유의어1(가곡~기로)
Day 9	☐	Day 8 복습+Day 9+유의어1(기록~석방)
Day 10	☐	Day 9 복습+Day 10+유의어1(선량~절단)
Day 11	☐	Day 10 복습+Day 11+유의어1(절단~희원)
Day 12	☐	Day 11 복습+Day 12+유의어2
Day 13	☐	Day 12 복습+Day 13+유의어3
Day 14	☐	Day 13 복습+Day 14+상대어1
Day 15	☐	Day 14 복습+Day 15+상대어2(가결~명시)
Day 16	☐	Day 15 복습+Day 16+상대어2(암흑~보수파), 상대어3
Day 17	☐	Day 16 복습+Day 17+동음이의어(가계~독자)
Day 18	☐	Day 17 복습+Day 18+동음이의어(동기~상기)
Day 19	☐	Day 18 복습+Day 19+동음이의어(상론~재력)
Day 20	☐	Day 19 복습+Day 20+동음이의어(재청~초연)
Day 21	☐	Day 20 복습+Day 21+동음이의어(최고~희수)
Day 22	☐	Day 21 복습+Day 22+약자+장단음 한자어
Day 23	☐	Day 22 복습+Day 23+실전 모의고사 1회
Day 24	☐	Day 23 복습+Day 24+실전 모의고사 2, 3회
Day 25	☐	Day 24 복습+Day 25+실전 모의고사 4, 5회

CONTENTS
이 책의 목차

제1편
한자의 기초 원리

한자의 기초

1. 육서(六書)

한자는 육서(六書)라는 원리로 만들어졌어요. 그래서 이 六書만 제대로 이해하면 아무리 복잡한 글자라도 쉽게 익힐 수 있습니다.

(1) 상형(象形) + 象(코끼리 상, 모양 상, 본뜰 상), 形(모양 형)
눈에 보이는 구체적인 사물의 모양(形)을 본떠서(象) 만든 그림과 같은 글자.
예 山(높고 낮은 산을 본떠서 **산 산**)

(2) 지사(指事) + 指(가리킬 지), 事(일 사, 섬길 사)
눈에 안 보이는 개념이나 일(事)을 점이나 선으로 나타낸(指) 부호와 같은 글자.
예 上[일정한 기준(一)보다 위로 오르는 모양을 생각하여 **위 상, 오를 상**]

(3) 회의(會意) + 會(모일 회), 意(뜻 의)
이미 만들어진 둘 이상의 글자가 뜻(意)으로 모여(會) 만들어진 글자, 즉 뜻만 모은 글자.
예 日 + 月 = 明 (해와 달이 같이 뜬 것처럼 밝으니 **밝을 명**)
    女 + 子 = 好 (여자에게 자식이 있으면 좋으니 **좋을 호**)

(4) 형성(形聲)
이미 만들어진 둘 이상의 글자가 일부는 뜻(形)의 역할로, 일부는 음(聲)의 역할로 결합하여 만들어진 글자, 즉 뜻과 음으로 이루어진 글자.
예 言 + 靑 = 請 [형부(形部)인 말씀 언(言)은 뜻을, 성부(聲部)인 푸를 청(靑)은 음을 나타내어 '**청할 청(請)**'이라는 글자가 나옴] + 形(모습 형), 聲(소리 성), 部(나눌 부, 거느릴 부)

> **TIP**
>
> 1. 형성(形聲)에서 뜻을 담당하는 부분을 형부(刑部), 음을 담당하는 부분을 성부(聲部)라고 하는데 실제 한자를 분석해 보면 성부(聲部)가 음만 담당하는 것이 아니라 뜻도 담당하고 있음을 알 수 있지요. 위에서 예로 든 청할 청(請)도 '말(言)을 푸르게(靑), 즉 희망 있게 청하니 청할 청(請)'으로 풀어지네요.
>
> 2. **그러면 會意와 形聲은 어떻게 구분할까?**
>   합해서 새로 만들어진 글자의 독음이 합쳐진 글자들의 어느 한쪽과 같으면 형성(形聲), 같지 않으면 회의(會意)로 구분하세요.

(5) 전주(轉注) + 轉(구를 전), 注(물댈 주, 쏟을 주)
이미 있는 글자의 뜻을 유추, 확대하여 다른 뜻으로 굴리고(轉) 끌어내어(注) 쓰는 글자. 한 글자에 여러 뜻이 있는 것은 모두 전주(轉注) 때문입니다.
예 樂(원래 '**노래 악**'이었으나 노래는 누구나 즐기니 '**즐길 락**', 노래는 누구나 좋아하니 '**좋아할 요**'로 의미가 확장됨)

(6) 가차(假借) + 假(거짓 가, 임시 가), 借(빌릴 차)

본래의 뜻과는 상관없이 비슷한 음의 글자를 임시로(假) 빌려(借) 외래어를 표기하는 글자. 가차에는 아시아(亞細亞), 러시아(俄羅斯)처럼 비슷한 음의 한자를 빌려다 표현하는 경우와, 미국(美國), 영국(英國)처럼 새로 이름 지어 부르는 경우가 있지요.

> **정리**
>
> 상형(象形) · 지사(指事)는 맨 처음에 만들어져 더 이상 쪼갤 수 없는 기본자로, 象形은 눈에 보이는 것을 본떠서 만든 글자, 指事는 눈에 안 보이는 것을 지시하여 만든 글자고, 회의(會意) · 형성(形聲)은 이미 만들어진 글자를 둘 이상 합하여 새로운 뜻의 글자를 만든 합성자로, 會意는 뜻으로, 形聲은 뜻과 음으로 합쳐진 글자며(실제로는 형성자도 뜻으로 합쳐서 만듦), 전주(轉注) · 가차(假借)는 이미 있는 글자를 다른 용도로 사용하는 운용자로, 轉注는 한 글자를 여러 뜻으로, 假借는 음만 빌려 외래어를 표기하는 경우를 말하지요.

> **한자를 익힐 때는**
>
> 글자를 부수나 독립되어 쓰이는 글자로 나눠서 나눠지지 않으면 상형(象形)이나 지사(指事)로 된 글자니, 무엇을 본떠서 만들었는지 생각하여 본뜬 물건이 나오면 象形이고, 본뜬 물건이 나오지 않으면 무엇을 지시하여 만든 指事로 알면 되고, 부수나 독립되어 쓰이는 글자로 나눠지면 회의(會意)와 형성(形聲)으로 된 글자니, 나눠서 그 뜻을 합쳐보면 그 글자의 뜻을 알 수 있고, 한 글자가 여러 뜻으로 쓰이는 전주(轉注)도 아무렇게나 붙여 쓰는 것이 아니고 그런 뜻이 붙게 된 이유가 분명히 있으니 무조건 외는 시간에 '어찌 이 글자에 이런 뜻도 있을까'를 생각하면 그 이유가 생각나고 이렇게 이유를 생각하여 글자를 익히면 절대 잊히지 않지요. 그리고 뜻과는 상관없이 음만 빌려 외래어를 표시했으면 가차(假借)고요.

2. 부수의 명칭

부수는 한자를 만드는 기본 글자들로, 그 부수가 붙어서 만들어진 글자의 뜻을 짐작하게 하고, 옥편에서 모르는 한자를 찾을 때 길잡이 역할도 합니다. 부수의 명칭은 놓이는 위치에 따라 다음 일곱 가지로 구분되니 명칭만은 알아두세요.

(1) 머리 · 두(頭) : 글자의 머리 부분에 위치한 부수. + 頭(머리 두)

머리	
	⊥(머리 부분 두) → 交(사귈 교), 亦(또 역)
	++[풀 초(草)가 부수로 쓰일 때의 모양으로 '초 두'라 부름] → 花(꽃 화)

(2) 발 : 글자의 발 부분에 위치한 부수.

	儿[사람 인(人)이 발로 쓰일 때의 모양으로 '사람 인 발'이라 부름] → 元(으뜸 원)
발	⺣[불 화(火)가 발로 쓰일 때의 모양으로 '불 화 발'이라 부름] → 無(없을 무)

(3) 에운담 : 글자를 에워싸고 있는 부수.

에운담	
	□(에운담) → 囚(죄인 수), 固(굳을 고)
	+ 門(문 문), 行(다닐 행)도 에운담 형태이지만 이 글자는 부수뿐만 아니라 홀로 독립하여 쓰이는 제부수로도 봄.

(4) 변(邊) : 글자의 왼쪽 부분에 위치한 부수. + 邊(가 변)

	亻[사람 인(人)이 변으로 쓰일 때의 모양으로 '사람 인 변'이라 부름] → 仙(신선 선)
변	扌[손 수(手)가 변으로 쓰일 때의 모양으로 '손 수 변'이라 부름] → 打(칠 타)

4

(5) **방(傍) :** 글자의 오른쪽 부분에 위치한 부수. ╋ 傍(곁 방)

　　リ [칼 도(刀)가 방으로 쓰일 때의 모양으로 '칼 도 방'이라 부름] → 刊(책 펴낼 간)
　　阝 [고을 읍(邑)이 방으로 쓰일 때의 모양으로 '고을 읍 방'이라 부름] → 郡(고을 군)

(6) **엄(掩) :** 글자의 위와 왼쪽을 가리고 있는 부수. ╋ 掩(가릴 엄)

　　广 (집 엄) → 床(평상 상), 庭(뜰 정), 座(좌석 좌)
　　厂 (굴 바위 엄) → 厚(두터울 후), 原(근원 원)

(7) **받침 :** 글자의 왼쪽과 밑을 받치고 있는 부수.

　　辶 ('갈 착, 뛸 착'으로 '착받침'이라고도 함) → 道(길 도, 도리 도, 말할 도)
　　廴 ('길게 걸을 인'으로 '민착받침'이라고도 함) → 建(세울 건), 延(끌 연)

> **TIP**
>
> **제부수**
> 부수로만 쓰이는 글자(부수자)들과 달리 '木(나무 목), 馬(말 마), 鳥(새 조)'처럼 부수로도 쓰이고 홀로 독립하여 쓰이기도 하는 글자들을 이르는 말.

> **정리**
> 부수가 글자의 머리 부분에 붙으면 **머리 · 두**, 발 부분에 붙으면 **발**, 에워싸고 있으면 **에운담**, 왼쪽에 붙으면 **변**, 오른쪽에 붙으면 **방**('좌변우방'으로 외세요), 위와 왼쪽을 가리면 **엄**, 왼쪽과 아래를 받치면 **받침**, 부수로도 쓰이고 독립되어 쓰이기도 하면 **제부수**로 아세요.

3. 한자의 필순

(1) 기본 순서

① 왼쪽부터 오른쪽으로 쓴다.
　　예 川(丿 丿 川), 外(丿 夂 夕 夘 外)

② 위에서 아래로 쓴다.
　　예 三(一 二 三), 言(亠 二 三 言 言 言 言)

(2) 응용 순서

① 가로획과 세로획이 교차될 때는 가로획을 먼저 쓴다.
　　예 十(一 十), 土(一 十 土)

② 좌 · 우 대칭을 이루는 글자는 가운데를 먼저 쓰고 좌 · 우의 순서로 쓴다.
　　예 小(亅 亅 小), 水(亅 丁 才 水)

③ 에운담과 안으로 된 글자는 에운담부터 쓴다.
　　예 同(丨 冂 冂 同 同 同), 用(丿 冂 冂 月 用), 固(丨 冂 冃 門 門 固 固 固)

④ 가운데를 꿰뚫는 획은 맨 나중에 쓴다.
　예 中(丨冂口中), 平(一乛丆巫平), 事(一口口曰写写事)

⑤ 허리를 끊는 획은 맨 나중에 쓴다.
　예 子(乛了子), 女(乄女女)

⑥ 삐침과 파임이 만날 때는 삐침을 먼저 쓴다.
　예 人(丿人), 文(丶亠ナ文), 交(丶亠亠六亠交)

⑦ 오른쪽 위의 점은 맨 나중에 찍는다.
　예 犬(一ナ大犬), 代(丿亻仁代代), 成(丿厂厂厅成成成)

⑧ 뒤에서 아래로 에워싼 획은 먼저 쓴다.
　예 刀(丁刀), 力(丁力)

⑨ 받침으로 쓰이는 글자는 다음 두 가지로 구분한다.
　㉠ 달릴 주(走)나 면할 면(免)은 먼저 쓴다.
　　예 起(一十土キ丰走起起起), 勉(丿⺈个各免免勉勉)
　㉡ 뛸 착, 갈 착(辶)이나 길게 걸을 인(廴)은 맨 나중에 쓴다.
　　예 近(一厂斤斤斤沂近近), 廷(一二千壬壬廷廷)

부수 익히기

부수는 214자가 있는데 제2편 한자 익히기에서 필요할 때마다 익히기로 하고 여기서는 많이 쓰이는 부수 위주로, 한 글자가 여러 모습으로 쓰이는 경우와 비슷하여 혼동되는 부수를 한 항목에 넣어 알기 쉽게 풀어 봅니다.

1. 인인인(人 亻 儿)

(1) 다리 벌리고 서 있는 사람의 모양을 본떠서 **사람 인(人)**

(2) 사람 인(人)이 글자의 변으로 쓰일 때의 모양으로 **사람 인 변(亻)**

(3) 사람 인(人)이 글자의 발로 쓰일 때의 모양으로 **사람 인 발(儿)**
또 사람이 무릎 꿇고 절하는 모양에서 겸손하고 어진 마음을 지녔다고 생각하여 **어진 사람 인(儿)**

> **부수자를 독음으로 옥편에서 찾을 때**
>
> 부수는 원래 글자 그대로, 또는 다른 모양으로 변하여 사용되고, 명칭도 앞에서 설명한 대로 '머리·변·발' 등을 붙여 말하니 독음으로 옥편을 찾을 때 부수 명이 원래 글자의 독음과 다르면 원래 글자의 독음으로 찾아야 합니다.
> 여기서 '사람 인 변'과 '사람 인 발'은 부수 명이므로 옥편을 찾으려면 원래 글자 '사람 인(人)'의 독음 '인'에서 찾아야 하기 때문에 제목을 '인인인(人 亻 儿)'으로 붙였어요. 뒤에 나오는 제목도 다 이런 식입니다.

2. 심심심(心 忄 㣺)

(1) 마음이 가슴에 있다고 생각하여 사람의 심장을 본떠서 **마음 심(心)**
또 심장이 있는 몸의 중심이니 **중심 심(心)**

(2) 마음 심(心)이 글자의 변으로 쓰일 때의 모양으로 **마음 심 변(忄)**

(3) 마음 심(心)이 글자의 발로 쓰일 때의 모양으로 **마음 심 발(㣺)**
＋ 마음 심(心) 그대로 발로 쓰일 때도 있어요.

3. 도도비비(刀 刂 匕 比)

(1) 옛날 칼을 본떠서 **칼 도(刀)**

(2) 칼 도(刀)가 글자의 방으로 쓰일 때의 모양으로 **칼 도 방(刂)**

(3) 비수를 본떠서 **비수 비(匕)**
또 비수처럼 입에 찔러 먹는 숟가락이니 **숟가락 비(匕)**

(4) 두 사람이 나란히 앉은 모양에서 **나란할 비(比)**
또 나란히 앉혀 놓고 견주니 **견줄 비(比)**

4. 수빙수수빙(水 氷 水 氵 冫)

(1) 잠겨 있는 물에 물결이 이는 모양을 본떠서 **물 수(水)**

(2) 한 덩어리(丶)로 물(水)이 얼어붙은 얼음이니 **얼음 빙(氷)**

(3) 물 수(水)가 글자의 발로 쓰일 때의 모양으로 **물 수 발(水)**

(4) 물 수(水)가 글자의 변으로 쓰일 때의 모양으로, 점이 셋이니 **삼 수 변(氵)**

(5) 얼음 빙(氷)이 글자의 변으로 쓰일 때의 모양으로, 점이 둘이니 **이 수 변(冫)**
    ✚ 물(氵)이 얼면 한 덩어리인데 두 점으로 쓴 것은 글자의 균형을 잡기 위해서지요.

5. 화화주(火 灬 丶)

(1) 불이 활활 타는 모양을 본떠서 **불 화(火)**

(2) 불 화(火)가 글자의 발로 쓰일 때의 모양으로 **불 화 발(灬)**

(3) 점의 모습을 본떠서 **점 주(丶)**
    또 불이 타면서 튀는 불똥의 모양으로도 보아 **불똥 주(丶)**

6. 엄엄녁(厂 广 疒)

(1) 언덕에 바위가 튀어 나와 그 밑이 굴처럼 생긴 굴 바위 모양을 본떠서 **굴 바위 엄, 언덕 엄(厂)**

(2) 굴 바위 엄, 언덕 엄(厂) 위에 점(丶)을 찍어,
    바위나 언덕을 지붕 삼아 지은 바위 집 모양을 나타내어 **집 엄(广)**

(3) 나무 조각(爿)에 머리 부분(亠)을 기대야 할 정도로 병드니 **병들 녁(疒)**

7. 척인착삼[彳 廴 辶(辶) 彡]

(1) 사거리를 본떠서 만든 다닐 행(行)의 왼쪽 부분으로 **조금 걸을 척(彳)**

(2) 구불구불한 길을 다리를 끌며 길게 걷는다는 데서 조금 걸을 척(彳)의 내리그은 획을 더 늘여서
    길게 걸을 인(廴)

(3) 길게 걸을 인(廴)의 변형(辶)에 점(丶)을 찍어 가거나 뛴다는 뜻을 나타내어 **갈 착, 뛸 착(辶, = 辶)**
    ✚ '책받침'이라고도 부르는데, 원래는 '쉬엄쉬엄 갈 착(辵)'이 부수로 쓰일 때의 모양이니 '착받침'을 잘못 부르는 말입니다.
    ✚ 위에 점이 둘이면 아래를 한 번 구부리고, 위에 점이 하나면 아래를 두 번 구부립니다.

(4) 머리털이 가지런히 나있는 모양을 본떠서 **터럭 삼(彡)**

8. 철(초)초초입공[艸 艸 艸 卄 廾]

(1) 풀의 싹이 돋아 나오는 모양을 본떠서 **싹 날 철, 풀 초(屮)**

(2) 풀은 하나만 나지 않고 여러 개가 같이 나니 싹 날 철, 풀 초(屮) 두 개를 이어서 **풀 초(艸)**
　　+ 지금은 글자로는 '풀 초(草)'로, 부수로는 변형된 모양의 '초 두(艹)'로 씁니다.

(3) 풀 초(艸, = 草)가 부수로 쓰일 때의 모양으로, 주로 글자의 머리에 쓰이므로 머리 두(頭)를 붙여 **초 두(艹)**

(4) 열 십(十) 둘을 합쳐서 **스물 입(卄, = 廾)**
　　+ 아래를 막아 써도 같은 뜻입니다.

(5) 양손으로 물건을 받쳐 든 모양을 본떠서 **받쳐 들 공(廾)**

9. 곤궐별을을(丨 亅 丿 乙 乚)

(1) 위에서 아래를 뚫는 모양을 본떠서 **뚫을 곤(丨)**

(2) 구부러진 갈고리 모양을 본떠서 **갈고리 궐(亅)**

(3) 우측 위에서 좌측 아래로 삐친 모양을 본떠서 **삐침 별(丿)**

(4) 목과 가슴 사이가 굽은 새 모양을 본떠서 **새 을, 굽을 을(乙)**

(5) 새 을(乙)의 변형된 모양으로 **새 을, 굽을 을(乚)**
　　+ 갈고리 궐(亅)과 새 을(乙)의 변형인 을(乚)은 갈고리의 구부러진 방향으로 구분하세요.

10. 감경방혜[凵 冂 匚 匸(乚)]

(1) 입 벌리고 있는 모양, 또는 빈 그릇을 본떠서 **입 벌릴 감, 그릇 감(凵)**

(2) 멀리 떨어져 있는 성의 모양을 본떠서 **멀 경, 성 경(冂)**
　　+ 좌우 두 획은 문의 기둥이고 가로획은 빗장을 그린 것이지요.

(3) 네모난 상자나 모난 그릇의 모양을 본떠서 **상자 방(匚)**

(4) 뚜껑을 덮어 감춘다는 데서 뚜껑을 덮은 상자 모양을 본떠서 **감출 혜, 덮을 혜(匸, = 乚)**
　　+ 상자 방(匚)은 모나게 쓴 글자고, 감출 혜, 덮을 혜(匸, = 乚)는 모나지 않은 것으로 구분하세요.

11. 사요사현(厶 幺 糸 玄)

(1) 팔 굽혀 사사로이 나에게 끌어당기는 모양에서 **사사로울 사, 나 사(厶)**

(2) 작고 어린 아기 모양을 본떠서 **작을 요, 어릴 요(幺)**
　　+ 실 사(糸)의 일부분이니 작다는 데서 '작을 요(幺)'라고도 합니다.

(3) 감아 놓은 실타래 모양에서 **실 사, 실 사 변(糸)**

(4) 머리(亠) 아래 작은(幺) 것이 검고 오묘하니 **검을 현, 오묘할 현(玄)**

12. 부부읍읍(阜 阝 邑 阝)

(1) 흙이 쌓여 있는 언덕을 본떠서 **언덕 부(阜)**

(2) 언덕 부(阜)가 글자의 변으로 쓰일 때의 모양으로 **언덕 부 변(阝)**

(3) 일정한 경계(囗)의 땅(巴: 뱀 파, 땅 이름 파)에 사람이 사는 고을이니 **고을 읍(邑)**

(4) 고을 읍(邑)이 글자의 방으로 쓰일 때의 모양으로 **고을 읍 방(阝)**
    ✚ 阝는 글자의 어느 쪽에 쓰이느냐에 따라 그 뜻과 명칭이 달라집니다.
      阝가 글자의 왼쪽에 쓰이면 언덕 부(阜)가 부수로 쓰인 경우로 '언덕 부 변',
      오른쪽에 쓰이면 고을 읍(邑)이 부수로 쓰인 경우로 '고을 읍 방'이라 부르지요.

13. 촌수견(寸 扌 犭)

(1) 손목에서 맥박이 뛰는 곳까지의 마디니 **마디 촌(寸)**
    또 마디마디 살피는 법도니 **법도 촌(寸)**

(2) 손 수, 재주 수, 재주 있는 사람 수(手)가 글자의 변으로 쓰일 때의 모양으로 **손 수 변(扌)**

(3) 개 견(犬)이 부수로 쓰일 때의 모양으로 **큰 개 견(犭)**
    또 여러 짐승을 나타낼 때도 쓰이는 부수니 **개 사슴 록 변(犭)**

14. 패견(현)혈수[貝 見 頁 首]

(1) 아가미가 나온 조개를 본떠서 **조개 패(貝)**
    또 인쇄술이 발달하기 전에는 조개껍질을 돈 같은 재물로 썼으니,
    돈과 재물을 뜻하는 부수로도 쓰여 **돈 패, 재물 패(貝)**

(2) 눈(目)으로 사람(儿)이 보거나 뵈니 **볼 견, 뵐 현(見)**

(3) 머리(一)에서 이마(丿)와 눈(目)이 있는 얼굴 아래 목(八)까지의 모양을 본떠서 **머리 혈(頁)**

(4) 머리털(⺌) 아래 이마(丿)와 눈(目)이 있는 머리니 **머리 수(首)**
    또 머리처럼 위에 있는 우두머리니 **우두머리 수(首)**

15. 시시의의(示 礻 衣 衤)

(1) 하늘 땅(二)에 작은(小) 기미가 보이니 **보일 시(示)**
또 이렇게 기미를 보이는 신이니 **신 시(示)**
✚ 부수로 쓰이면 신, 제사 등과 신이 내려주는 인간의 길흉화복 등을 의미합니다.

(2) 보일 시, 신 시(示)가 글자의 변으로 쓰일 때의 모양으로 **보일 시, 신 시 변(礻)**

(3) 동정과 옷고름이 있는 저고리를 본떠서 **옷 의(衣)**

(4) 옷 의(衣)가 글자의 변으로 쓰일 때의 모양으로 **옷 의 변(衤)**
✚ 보일 시, 신 시 변(礻)과 옷 의 변(衤)은 비슷하지만 전혀 다른 뜻이니 잘 구분하세요.

16. 시호호로(尸 戶 虍 耂)

(1) 사람이 누워 있는 몸을 본떠서 **주검 시, 몸 시(尸)**
✚ 사람이나 집과 관련된 글자에 쓰입니다.

(2) 한 짝으로 된 문을 본떠서 **문 호(戶)**
또 옛날 집들은 대부분 문이 한 짝씩 달린 집이었으니 **집 호(戶)**
✚ 두 짝으로 된 문은 '문 문(門)'

(3) 입을 크게 벌린 범을 본떠서 **범 호 엄(虍)**

(4) 늙을 로(老)가 부수로 쓰일 때의 모양으로,
흙(土)에 지팡이(丿)를 짚으며 걸어야 할 정도로 늙으니 **늙을 로 엄(耂)**

17. 두면멱혈(亠 宀 冖 穴)

(1) 옛날 갓을 쓸 때 상투를 튼 머리 부분을 본떠서 **머리 부분 두(亠)**

(2) 지붕으로 덮여 있는 집을 본떠서 **집 면(宀)**

(3) 보자기로 덮은 모양을 본떠서 **덮을 멱(冖)**

(4) 오래된 집(宀)에 나누어진(八) 구멍이니 **구멍 혈(穴)**
또 구멍이 길게 파인 굴이니 **굴 혈(穴)**

18. 장편알(사)[爿 片 歺(歹)]

(1) 나무를 세로로 나눈 왼쪽 조각을 본떠서 **나무 조각 장(爿)**

(2) 나무를 세로로 나눈 오른쪽 조각을 본떠서 **조각 편(片)**

(3) 하루(一) 저녁(夕) 사이에 뼈 앙상하게 죽으니 **뼈 앙상할 알, 죽을 사 변(歺, = 歹)**

19. 궤수(几 殳)

(1) 안석이나 책상의 모양을 본떠서 **안석 궤, 책상 궤(几)**

(2) 안석(几) 같은 것을 손(又)에 들고 치니 **칠 수(殳)**
    또 들고 치는 창이나 몽둥이니 **창 수, 몽둥이 수(殳)**

20. 지복쇠(치)[支 攴(攵) 夂]

(1) 많은(十) 것을 손(又)으로 잡아 다루고 가르니 **다룰 지, 가를 지(支)**

(2) 점(卜 : 점 복)칠 때 오른손(又)에 회초리 들고 툭툭 치니 **칠 복(攴)**
    ✛ 이리(丿)저리(一) 엇갈리게(乂) 친다는 데서 '칠 복(攵)'과 같이 쓰입니다.

(3) 두 정강이(勹)를 뒤에서 밀며 천천히 걷는 모양을 본떠서 **천천히 걸을 쇠, 뒤져 올 치(夂)**
    ✛ 칠 복(攴, = 攵)은 4획, 천천히 걸을 쇠, 뒤져 올 치(夂)는 3획입니다.

21. 예부효발(乂 父 爻 癶)

(1) 이리저리 베어 다스리는 모양이 어지니 **벨 예, 다스릴 예, 어질 예(乂)**

(2) 사람이 알아야 할 것을 조목조목 나누어(八) 어질게(乂) 가르치는 아비니 **아비 부(父)**

(3) 서로 교차하여 사귐을 뜻하여 **사귈 효(爻)**
    또 사귀며 좋은 점을 본받으니 **본받을 효(爻)**

(4) 발을 좌우로 벌리고 걸어가는 모양을 본떠서 **걸을 발, 등질 발(癶)**

22. 목망명혈[目 网(罒, 冈) 皿 血]

(1) 둥글고 눈동자 있는 눈을 본떠서 **눈 목(目)**

(2) 양쪽 기둥에 그물을 얽어 맨 모양을 본떠서 **그물 망(网, = 罒, 冈)**

(3) 받침 있는 그릇을 본떠서 **그릇 명(皿)**

(4) 고사 지낼 때 희생된 짐승의 피(丿)를 그릇(皿)에 담아 놓은 모양에서 **피 혈(血)**

23. 익과(弋 戈)

(1) 주살을 본떠서 **주살 익(弋)**

(2) 몸체가 구부러지고 손잡이 있는 창을 본떠서 **창 과(戈)**

24. 자구(自 臼)

(1) (얼굴이 자기를 대표하니) 얼굴에서 잘 드러나는 이마(丿)와 눈(目)을 본떠서 **자기 자(自)**
   또 자기 일은 스스로 해야 하니 **스스로 자(自)**
   또 모든 것은 자기로부터 비롯되니 **부터 자(自)**

(2) 곡물을 찧을 때 사용하는 절구를 본떠서 **절구 구(臼)**

25. 천천(川 巛)

(1) 물이 굽이굽이 흐르는 내를 본떠서 **내 천(川)**

(2) 내 천(川)이 부수로 쓰일 때의 모양으로 개미허리 같다하여 **개미허리 천(巛)**

26. 시치(豕 豸)

(1) 일(一)은 등이고 나머지는 머리와 다리와 꼬리로, 서 있는 돼지 모양을 본떠서 **돼지 시(豕)**

(2) 사나운 짐승이 먹이를 잡기 위해 몸을 웅크리고 노려보는 모양을 본떠서 **웅크리고 노려볼 치(豸)**
   또 지렁이 같은 발 없는 벌레의 총칭으로 **발 없는 벌레 치(豸)**

27. 유아력(격)[厹 襾 鬲]

(1) 성(冂)처럼 사사로이(厶) 남긴 발자국을 본떠서 **발자국 유(厹)**

(2) 뚜껑(𠀎)을 덮으니(冂) **덮을 아(襾)**

(3) 하나(一)의 구멍(口)이 성(冂)처럼 패이고(八) 아래를 막은(丅) 솥의 모양에서 **솥 력, 막을 격(鬲)**

日知其所亡, 月無忘其所能, 可謂好學也已矣.
"날마다 자기에게 없는 것을 알아가고,
달마다 자기가 잘하는 것을 잊지 않는다면,
배움을 좋아한다고 할 수 있다."

– ≪논어≫, 〈자장(子張)〉 –

제2편
한자 익히기

2급 배정한자[DAY 01 ~ DAY 25]

 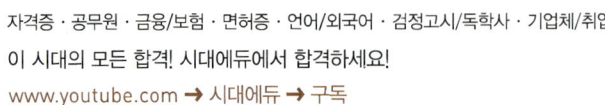 

001 산선 출졸[山仙 出拙] - 山, 出로 된 한자

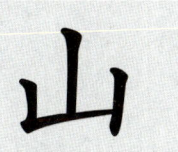

8급 / 3획 / 제부수

높고 낮은 산(⛰)을 본떠서 **산 산**

山林(산림), 山脈(산맥), 山紫水明(산자수명)

5급Ⅱ / 5획 / 부수 人(亻)

사람(亻)이 산(山)처럼 높은 것에만 신경 쓰고 살면 신선이니
신선 선

+ 亻 – 사람 인(人)이 글자의 왼쪽에 붙는 부수인 변으로 쓰일 때의 모양으로 '사람 인 변'
+ 세상을 살다보면 해결해야 할 일이 많은데, 산처럼 높은 것에만 신경 쓰고 살 수 있으면 신선이라고 했네요.
+ 신선(神仙) – 도를 닦아서 현실의 인간 세계를 떠나 자연을 벗하며 산다는 사람.
+ 神(귀신 신, 신비할 신, 정신 신)

仙境(선경), 仙女(선녀), 仙藥(선약), 仙人掌(선인장)

7급 / 5획 / 부수 凵

높은 데서 보면 산(山) 아래 또 산(山)이 솟아 나오고 나가니
나올 출, 나갈 출

出家(출가), 出世(출세), 家出(가출)

+ 한자는 글자 하나하나에 뜻이 있어 한자어의 대부분은 그 글자의 위치를 바꾸어도 뜻이 같으나 [예] 상호(相互) = 호상(互相), 이별(離別) = 별리(別離), 가끔 다른 뜻이 되는 경우도 있어요. 出家 와 家出도 그 예인데, 出家는 속세를 떠나 수행생활에 들어가는 경우고, 家出은 집이 싫어서 집을 버리고 나간 경우를 말합니다.
+ 相(서로 상, 모습 상, 볼 상, 재상 상), 互(서로 호), 離(헤어질 리), 別(나눌 별, 다를 별), 家(집 가, 전문가 가)

3급 / 8획 / 부수 手(扌)

(정성 없이) 손(扌)재주로만 만들어져 나오면(出) 못나니
못날 졸

+ 재주보다 정성이 더 중요함을 나타낸 글자네요.
+ 扌 – 손 수, 재주 수, 재주 있는 사람 수(手)가 글자의 왼쪽에 붙는 부수인 변으로 쓰일 때의 모양으로 '손 수 변'

拙速(졸속), 拙作(졸작), 拙丈夫(졸장부) ↔ 大丈夫(대장부)

3급II / 7획 / 제부수

양쪽으로 **벌어지고**(八) **벌어져**(入) **구멍**(口)처럼 패인 골짜기니

골짜기 곡

+ 八, 入[여덟 팔, 나눌 팔(八)의 변형], 口(입 구, 구멍 구, 말할 구)

溪谷(계곡), 深山幽谷(심산유곡), 進退維谷(진퇴유곡)

4급II / 9획 / 부수 人(亻)

사람(亻)이 **골짜기**(谷)처럼 낮은 것에만 신경 쓰고 살면 저속하니

저속할 속

또 저속한 사람들이 모여 사는 속세니 **속세 속**

또 **사람**(亻)이 같은 **골짜기**(谷)에 살면서 이룬 풍속이니 **풍속 속**

+ 저속(低俗) - 품위가 낮고 속됨.
+ 低(낮을 저)

俗世(속세), 俗物(속물), 民俗(민속), 美風良俗(미풍양속)

3급II / 12획 / 부수 衣(衤)

옷(衤)이 커 **골짜기**(谷)처럼 주름지게 넉넉하니 **넉넉할 유**

+ 衤 - 옷 의(衣)가 글자의 왼쪽에 붙는 부수인 변으로 쓰일 때의 모양으로 '옷 의 변'

裕寬(유관), 裕福(유복), 裕餘(유여), 富裕(부유)

5급 / 10획 / 부수 水(氵)

물(氵) 흐르는 **골짜기**(谷)에서 목욕하니 **목욕할 욕**

+ 氵 - 물 수(水)가 글자의 왼쪽에 붙는 부수인 변으로 쓰일 때의 모양으로 점이 셋이니 '삼 수 변'

沐浴(목욕), 浴客(욕객), 浴室(욕실), 海水浴(해수욕)

3급II / 11획 / 부수 欠

골짜기(谷)처럼 크게 **하품**(欠)하며 잠자기를 바라니 **바랄 욕**

+ 欠(하품 흠, 모자랄 흠, 이지러질 결, 빠질 결) - 제목번호 167 참고.

欲求(욕구), 欲求不滿(욕구불만), 欲速不達(욕속부달)

3급II / 15획 / 부수 心

바라는(欲) **마음**(心)이 많으면 욕심이니 **욕심 욕**

+ 욕심(慾心, 欲心) - 무엇을 바라는(탐내는) 마음.
+ 心(마음 심, 중심 심)

慾望(욕망), 意慾(의욕), 物慾(물욕), 貪慾(탐욕)

4급|| / 10획 / 부수 ⼧

집(宀)안일로 **골짜기**(谷)처럼 주름진 얼굴이니 **얼굴 용**

또 **집**(宀)에서처럼 마음 씀이 **골짜기**(谷)처럼 깊어 무엇이나 받아들이고 용서하니

받아들일 용, 용서할 용

+ ⿱ 客(손님 객) - 제목번호 012 참고.
+ ⿱ - 한자 형태가 유사한 한자.
+ 宀 - 집의 지붕을 본떠서 만든 부수자로 '집 면'

容貌(용모), 容認(용인), 許容(허용), 容恕(용서)

2급 / 14획 / 부수 玉(王)

옥(王)을 **모양**(容) 좋게 만들어 차고 다닐 때 부딪치는 패옥 소리니

패옥 소리 용

+ 인·지명용 한자.
+ 패옥(佩玉) - 옷의 좌우에 늘이어 차던 옥.
+ 佩(찰 패), 玉(구슬 옥)

2급 / 18획 / 부수 金

쇠(金)로 어떤 **모양**(容)을 만들기 위해 녹이니 **녹일 용**

鎔鑛(용광), 鎔鑛爐(용광로), 鎔接(용접)

2급 / 14획 / 부수 火

불(火)로 어떤 **모양**(容)을 만들기 위해 녹이니 **녹일 용**

熔石(용석), 熔巖(용암), 熔巖流(용암류)

2급 / 13획 / 부수 水(氵)

물(氵) **모양**(容)으로 녹이니 **녹일 용**

溶媒(용매), 溶液(용액), 溶解(용해), 水溶性(수용성)

DAY
01

수빙 영영영창[水氷 永泳詠昶] - 水, 永으로 된 한자

8급 / 4획 / 제부수

잠겨 있는 물(氺)에 물결이 이는 모양을 본떠서 **물 수**

+ 흐르는 물을 본뜬 글자는 '내 천(川)' - 제목번호 361 참고.

水路(수로), 冷水(냉수) ↔ 溫水(온수), 食水(식수)

5급 / 5획 / 부수 水

한 덩어리(丶)로 물(水)이 얼어붙은 얼음이니 **얼음 빙**

+ 웬 冰 - 얼음(冫)처럼 물(水)이 언 얼음이니 '얼음 빙'
+ 冫 - 얼음 빙(氷)이 글자의 부수로 쓰일 때의 모양으로 점이 둘이니 '이 수 변'이라 부릅니다.
+ 웬 - 원자(原字). 속자나 약자가 아닌 원래의 글자로 정자(正字)라고도 함.
+ 原(언덕 원, 근원 원), 字(글자 자), 正(바를 정)

氷菓(빙과), 氷山(빙산), 氷水(빙수), 解氷(해빙)

6급 / 5획 / 부수 水

높은 산 **한 방울**(💧→丶)의 물(水)이 길게 오래 흘러 강과 바다를 이루니
길 영, 오랠 영

+ 물 수(水)에 점 주(丶)를 한 덩어리로 얼어붙음을 나타내려고 처음 쓰는 왼쪽에 붙이면 '얼음 빙(氷)',
물이 흐르기 시작하는 높은 산을 나타내려고 위에 붙이면 '길 영, 오랠 영(永)'으로 구분하세요.

永眠(영면), 永續(영속), 永遠(영원), 永住權(영주권)

3급 / 8획 / 부수 水(氵)

물(氵)에서 **오래**(永) 헤엄치니 **헤엄칠 영**

背泳(배영), 水泳(수영), 蝶泳(접영)

3급 / 12획 / 부수 言

말(言)을 길게(永) 빼서 읊으니 **읊을 영**

詠歌(영가), 詠嘆(영탄), 吟詠(음영)

2급 / 9획 / 부수 日

오래(永) **해**(日)가 비추도록 해 길고 밝으니 **해 길 창, 밝을 창**

+ 뜻이 좋아서 사람 이름자에 많이 쓰입니다.

8급 / 4획 / 제부수

해(☀)의 둥근 모양과 가운데 흑점을 본떠서 **해 일**

또 해가 뜨고 짐으로 구분되는 날이니 **날 일**

日光(일광), 今日(금일), 明日(명일)

3급 / 4획 / 제부수

입(口)으로 소리(一) 내며 가로니 **가로 왈**

+ 가로다 – '말하다'의 옛말.
+ 세로로 길면 해 일, 날 일(日), 가로로 길면 가로 왈(曰) – 해처럼 둥근 것은 어디로 길쭉해도 되지만 가로로 길쭉한 입에서 소리가 나옴을 본떠서 만든 가로 왈(曰)은 가로로 길쭉해야 하기 때문에 가로로 길면 '가로 왈(曰)'이고, 이것과 구분하기 위해서 '해 일, 날 일(日)'은 세로로 길게 쓰지요.

曰可曰否(왈가왈부), 曰是曰非(왈시왈비)

6급 / 5획 / 제부수

둥글고 눈동자 있는 눈을 본떠서 **눈 목**

또 눈으로 보니 **볼 목**

또 눈으로 잘 볼 수 있게 만든 항목이니 **항목 목**

+ 항목(項目) – 어떤 기준으로 나눈 일의 가닥.
+ 項(목 항)

目前(목전), 注目(주목), 目錄(목록), 條目(조목)

3급 / 5획 / 부수 一

그릇에 음식을 또또 쌓아 올린 모양을 본떠서 **또 차**

또 구해야 할 정도로 구차하니 **구차할 차**

+ 구차(苟且)하다 – ㉠ 살림이 몹시 가난하다. ㉡ 말이나 행동이 떳떳하거나 버젓하지 못하다.
+ 苟(구차할 구, 진실로 구)

且置(차치), 重且大(중차대), 況且(황차)

8급 / 4획 / 제부수

초승달을 본떠서 **달 월**

또 **고기 육**(肉)의 변형으로 보아서

고기 육(肉)이 부수로 쓰일 때의 모양으로 **육 달 월**

+ 실제는 달도 해처럼 둥글지만 이지러진 모양으로 더 많이 보이니, 초승달의 모양을 본떠서 '달 월(月)'을 만든 것으로, 달이 보이기 시작하는 초하루부터 아주 안 보이는 그믐까지의 한 달도 가리킵니다.
+ 지구에서 가장 가까운 천체인 달은 우리 사람의 몸인 인체에도 영향을 많이 주어 인체와 관련된 글자에 月이 부수로 들어간다고도 합니다.

半月(반월), 明月(명월), 月刊(월간), 月貰(월세)

창창 모모 미간[昌唱 冒帽 眉看] – 昌, 冒, 目으로 된 한자

3급II / 8획 / 부수 日

해(日)처럼 밝게 분명히 **말하면**(曰) 빛나고 창성하니 **빛날 창, 창성할 창**

✚ 매사에 긍정적이고 태도가 분명한 사람이 빛나지요.
✚ 창성하다 – 기세가 크게 일어나 잘 뻗어 나가다.

　昌昌(창창), 昌大(창대), 昌盛(창성), 繁昌(번창)

5급 / 11획 / 부수 口

입(口)으로 **빛나게**(昌) 노래 부르니 **노래 부를 창**

　唱歌(창가), 名唱(명창), 齊唱(제창), 合唱(합창)

3급 / 9획 / 부수 冂

아무 것이나 함부로 **말하고**(曰) **바라보면**(目) 위험을 무릅쓰니
무릅쓸 모

✚ ⊞ 胃(밥통 위) – 제목번호 063 참고.
✚ 부수가 멀 경, 성 경(冂)임이 특이하네요.

　冒頭(모두), 冒險(모험)

2급 / 12획 / 부수 巾

수건(巾) 두르듯 위험을 **무릅쓰지**(冒) 않도록 머리에 쓰는 모자니
모자 모

　帽子(모자), 帽標(모표), 着帽(착모), 脫帽(탈모)

3급 / 9획 / 부수 目

눈썹(尸)이 **눈**(目) 위에 있음을 본떠서 **눈썹 미**

　眉間(미간), 白眉(백미), 焦眉(초미)

4급 / 9획 / 부수 目

(눈이 부시거나 더 잘 보려고 할 때)
손(手)을 **눈**(目) 위에 얹고 보니 **볼 간**

✚ ⊞ 着(붙을 착) – 제목번호 472 참고.
✚ 手[손 수, 재주 수, 재주 있는 사람 수(手)의 변형]

　看過(간과), 看病(간병), 看護(간호), 走馬看山(주마간산)

明

6급II / 8획 / 부수 日

해(日)와 달(月)이 같이 뜬 것처럼 밝으니 **밝을 명**

明朗(명랑), 明白(명백), 明快(명쾌), 鮮明(선명), 明若觀火(명약관화)

DAY 01

盟

3급II / 13획 / 부수 皿

밝게(明) 그릇(皿)에 물 떠 놓고 맹세하니 **맹세할 맹**

+ 皿 - 받침 있는 그릇을 본떠서 '그릇 명' - 제목번호 451 참고.
+ 옛날에는 그릇에 물 떠 놓고 천지신명께 빌고 맹세했지요.

盟誓(맹서 → 맹세), 盟約(맹약), 同盟(동맹), 血盟(혈맹)

朋

3급 / 8획 / 부수 月

몸(月)과 몸(月)이 비슷한 벗들의 무리니 **벗 붕, 무리 붕**

+ '벗 붕, 무리 붕(朋)'은 같은 모양의 육 달 월(月) 둘로 되었으니 같은 또래의 벗[동기(同期)]의 벗, '벗 우(友 - 제목번호 254 참고)'는 같은 뜻의 벗[동지(同志)]의 벗으로 구분하세요.
+ 同(같을 동), 期(기간 기, 기약할 기), 志(뜻 지)

朋結(붕결), 朋友(붕우), 朋輩(붕배), 朋黨(붕당)

鵬

2급 / 19획 / 부수 鳥

무리(朋)처럼 큰 새(鳥)는 붕새니 **붕새 붕**

+ 붕새 - 크기가 수천 리에 달하고 한 번에 구만 리를 난다는 상상의 새.

鵬程(붕정), 鵬程萬里(붕정만리)

崩

3급 / 11획 / 부수 山

산(山)처럼 무거운 것이 **무리(朋)**지어 누르면 무너지니 **무너질 붕**

+ 山(산 산) - 제목번호 001 참고.

崩壞(붕괴), 崩御(붕어), 崩城之痛(붕성지통)

실(糸)을 겹치고 **또(且)** 겹쳐 짜니 **짤 조**

＋ 糸(실 사, 실 사 변), 且(또 차) - 제목번호 005 참고.

組立(조립), 組成(조성), 組織(조직), 勞組(노조)

4급 / 11획 / 부수 糸

보면(示) **또(且)** 절해야 하는 할아버지니 **할아버지 조**

또 할아버지 위로 대대의 조상이니 **조상 조**

＋ 示(보일 시, 신 시)

祖父(조부), 祖孫(조손), 曾祖父(증조부), 元祖(원조)

7급 / 10획 / 부수 示

벼(禾)로 **또(且)** 세금을 내니 **세금 조, 세낼 조**

＋ 閻 稅(세금 세) - 제목번호 162 참고.
＋ 옛날에는 세금을 곡식, 곡식 중에서도 특히 벼로 냈습니다.

租貢(조공), 租稅(조세), 租借(조차)

3급Ⅱ / 10획 / 부수 禾

물(氵)이 **또(且)** 앞길을 막으니 **막을 저**

沮抑(저억), 沮礙(저애), 沮止(저지), 愧沮(괴저)

2급 / 8획 / 부수 水(氵)

지붕(宀)으로 덮인 곳이 **또(且)**한 살기에 마땅하니 **마땅할 의**

＋ 阊 冝 - 지붕으로 덮인(冖) 곳이 또(且)한 살기에 마땅하니 '마땅할 의'
＋ 閻 宣(펼 선, 베풀 선) - 제목번호 010 참고.
＋ 宀(지붕을 본떠서 만든 부수자로 '집 면'), 冖(덮을 멱)

宜當(의당), 時宜(시의), 便宜(편의)

3급 / 8획 / 부수 宀

나무(木)까지 **또(且)** 조사하니 **조사할 사**

監査(감사), 檢査(검사), 踏査(답사), 審査(심사)

5급 / 9획 / 부수 木

DAY 01

3급II / 5획 / 부수 日

해(日)가 **지평선**(一) 위로 떠오르는 아침이니 **아침 단**

+ 一('한 일'이지만 여기서는 지평선으로 봄)
+ 아침 단(旦)은 설날 같은 아주 특별한 아침에, 아침 조(朝)는 보통의 아침에 쓰입니다(朝 - 제목번호 261 참고).

　　元旦(원단), 조旦(조단), 一旦(일단)

3급II / 7획 / 부수 人(亻)

사람(亻)은 **아침**(旦)이면 다만 하루 일을 생각하니 **다만 단**

+ 亻 - 사람 인(人)이 글자의 왼쪽에 붙는 부수인 변으로 쓰일 때의 모양으로 '사람 인 변'

　　但只(단지), 但書(단서), 非但(비단)

4급II / 11획 / 부수 彳

걸어가(彳) **아침**(旦)부터 **법도**(寸)에 맞게 일하면 무엇이나 얻으니
얻을 득

+ 彳(조금 걸을 척), 寸(마디 촌, 법도 촌)

　　得道(득도), 得點(득점), 自業自得(자업자득)

晶

2급 / 12획 / 부수 日

해(日)가 셋이나 빛난 듯 반짝이는 수정이니 **수정 정**

또 수정처럼 맑으니 **맑을 정**

+ 육면체인 수정에 해가 비치면 각 면에서 반짝이지요.
+ 수정(水晶) - 석영이 육각기둥 꼴로 결정된 것.

　　晶光(정광), 結晶(결정), 紫水晶(자수정), 液晶(액정)

TIP

〈부수자, 급수 외 한자, 참고자, 1급, 특급II, 특급〉

이 책에는 수준을 알고 익히시라고 표제자마다 해당 급수를 표시했는데, 해당 급수 대신에 위 제목처럼 다른 말로 표시한 곳도 있습니다.

표제로 나온 '부수자'는 특정한 글자에 많이 사용된 부수자이고, '급수 외 한자'는 급수시험에는 포함되지 않지만 다른 글자 어원 풀이를 위하여 인용한 글자고, '참고자'는 실제 쓰이지 않지만 같은 어원으로 된 글자들을 참고하여 만들어 본 글자고, '1급, 특급II, 특급'으로 표시된 글자는 2~8급 외 한자지만 어원 풀이를 위하여 인용한 글자입니다.

1급 / 6획 / 부수 二

하늘(一) 아래 햇(日)살이 땅(一) 위에 뻗쳐 펴지니

뻗칠 긍, 펼 선

+ 㽃 旦(아침 단) - 제목번호 009 참고.
+ 펼 선, 베풀 선(宣)과 통함.

3급II / 9획 / 부수 心(忄)

마음(忄)이 항상 무엇으로 **뻗어가며**(亘) 생각하듯 항상이니 **항상 항**

+ 마음은 항상 무엇을 생각하며 어디론가 뻗어 가지요.

恒久(항구), 恒溫(항온), 恒用(항용), 恒茶飯事(항다반사)

2급 / 10획 / 부수 木

나무(木)를 펴(亘) 박은 푯말처럼 굳세니 **푯말 환, 굳셀 환**

+ 푯말 - 어떤 것을 표지하기 위하여 세우는 말뚝.

桓雄(환웅) - 단군 신화에 나오는 인물. 천제(天帝)인 환인의 아들로, 천부인 3개와 무리 3천 명을 거느리고 태백산 신단수 밑에 내려와 신시를 베풀고, 인간의 360여 가지 일을 맡아서 세상을 다스렸으며, 웅녀와 결혼하여 단군을 낳았다고 함.

+ 雄(수컷 웅, 클 웅), 天(하늘 천), 帝(제왕 제)

4급 / 9획 / 부수 宀

온 **집**(宀)안에 **뻗치도록**(亘) 펴서 베푸니 **펼 선, 베풀 선**

+ 㽃 宜(마땅할 의) - 제목번호 008 참고.
+ 宀 - 지붕을 본떠서 만든 부수자로 '집 면'

宣告(선고), 宣教(선교), 宣言(선언), 宣傳(선전)

2급 / 13획 / 부수 玉(王)

옥(王)이 둥글게 펴진(宣) 도리옥이니 **도리옥 선**

+ 도리옥 - 조선 시대에 정일품과 종일품 벼슬아치의 관모에 붙이던 옥관자(玉貫子).
+ 인·지명용 한자.

석 다 이 명명[夕 多移 名銘] - 夕과 多, 名으로 된 한자

夕
7급 / 3획 / 제부수

초승달 일부가 구름에 가려진 모양을 본떠서 **저녁 석**

+ ㈜ 夜(밤 야) - 제목번호 225 참고.
+ 초승달을 본떠서 '달 월(月)'을 만들었으니, 초승달(月) 일부가 구름에 가려진 모양으로 '저녁 석(夕)'을 만든 것이지요. 초승달은 초저녁 서쪽 하늘에 잠깐 떴다가 지니까요.

夕刊(석간), 夕陽(석양), 朝不慮夕(조불려석), 朝夕(조석)

多
6급 / 6획 / 부수 夕

(세월이 빨라) **저녁**(夕)과 **저녁**(夕)이 거듭되어 많으니 **많을 다**

多讀(다독), 多多益善(다다익선), 多福(다복), 多情多感(다정다감)

移
4급II / 11획 / 부수 禾

못자리의 **벼**(禾)가 **많이**(多) 자라면 옮겨 심듯 옮기니 **옮길 이**

+ 벼는 일단 못자리에 씨앗을 뿌렸다가 어느 정도 자라면 심을 논에 옮겨 심는데, 이것을 '모내기'라 하지요.

移記(이기), 移動(이동), 移越(이월)

名
7급II / 6획 / 부수 口

저녁(夕)에 보이지 않아 **입**(口)으로 부르던 이름이니 **이름 명**

또 이름이 알려지도록 이름나니 **이름날 명**

+ 사회생활이 별로 없었던 옛날에는 어두울 때나 이름을 사용했답니다.

改名(개명), 姓名(성명), 名家(명가), 名品(명품)

銘
3급II / 14획 / 부수 金

쇠(金)로 **이름**(名)을 새기니 **새길 명**

銘心(명심), 感銘(감명), 碑銘(비명), 座右銘(좌우명)

각격락략 각객[各格絡略 閣客] - 各으로 된 한자

6급II / 6획 / 부수 口

(세상 만물의 이름은 각각 다르니)

이름 명(名)을 변형시켜 **각각 각**

+ 훈과 음이 까마귀 우는 소리네요.

各各(각각), 各人各色(각인각색), 各種(각종)

5급II / 10획 / 부수 木

나무(木)로 **각각**(各)의 물건을 만드는 격식이니 **격식 격**

또 모두 격식에 맞게 헤아리니 **헤아릴 격**

格言(격언), 格調(격조), 格物致知(격물치지)

3급II / 12획 / 부수 糸

실(糸)로 **각각**(各)을 이으니 **이을 락(낙)**

+ 糸(실 사, 실 사 변)

經絡(경락), 脈絡(맥락), 連絡(연락), 連絡網(연락망)

4급 / 11획 / 부수 田

밭(田)의 경계를 **각각**(各)의 발걸음으로 정하여 간략하게 빼앗으니

간략할 략(약), 빼앗을 략(약)

+ 田(밭 전)
+ 길이를 재는 자가 귀하던 옛날에는 '여기서 몇 걸음은 누구의 것'과 같은 방식으로 밭의 경계를 정하여 간략하게 빼앗기도 했답니다.

略圖(약도), 略式(약식), 省略(생략), 侵略(침략)

3급II / 14획 / 부수 門

문(門)이 **각**(各) 방향에 있는 누각이니 **누각 각**

또 **각**(各) **부문**(門) 장관급의 모임인 내각이니 **내각 각**

+ 누각(樓閣) - 사방을 바라볼 수 있도록 문과 벽이 없이 다락처럼 높이 지은 집.
+ 내각(內閣) - 국가의 행정권을 담당하는 최고 기관(수상 및 여러 장관으로 조직되는 합의체임).
+ 門(문 문), 樓(다락 루, 누각 루, 층 루), 內(안 내, 나인 나)

鐘閣(종각), 閣僚(각료)

5급II / 9획 / 부수 宀

집(宀)에 온 **각각**(各) 다른 손님이니 **손님 객**

+ 㓁 容(얼굴 용, 받아들일 용, 용서할 용) - 제목번호 003 참고.
+ 宀(집 면)

客觀(객관), 客室(객실), 客地(객지), 觀客(관객)

물(氵) 중 각(各) 방향으로 흐르는 물 이름이니 물 이름 **락(낙)**

2급 / 9획 / 부수 水(氵)

+ 인·지명용 한자.

洛山寺(낙산사) - 강원도 양양군 오봉산에 있는 절로, 관동팔경의 하나.
洛陽(낙양) - 중국의 7대 고도(古都)의 하나.

DAY 01

풀(艹)에 맺힌 물(氵)방울이 각각(各) 떨어지니 떨어질 **락(낙)**

또 떨어져 여기저기 형성된 마을이니 마을 **락(낙)**

5급 / 13획 / 부수 草(艹)

+ 艹(초 두), 氵(삼 수 변)

落心(낙심), 落葉(낙엽), 脫落(탈락), 村落(촌락)

발(𧾷)로 각각(各) 걸어 다니는 길이니 길 **로(노)**

6급 / 13획 / 부수 足(𧾷)

+ 𧾷[발 족, 넉넉할 족(足)의 변형]

路邊(노변), 路線(노선), 路資(노자), 迷路(미로)

길(路)에서 잘 보이는 새(鳥)는 해오라기니 해오라기 **로(노)**

2급 / 24획 / 부수 鳥

+ 鳥(새 조), 해오라기는 키가 크고 흰색이며 물가에 사는 새여서 물을 따라 생긴 옛날 길에서 잘 보였지요. '해오라비'는 해오라기의 경상도 방언.

白鷺(백로)

나무토막 한 개를 옆으로 놓은 모양에서 **한 일**

一念(일념), 同一(동일), 聞一知十(문일지십)

8급 / 1획 / 제부수

나무토막 두 개를 옆으로 놓은 모양에서 **둘 이**

二輪車(이륜차), 一人二役(일인이역)

8급 / 2획 / 제부수

나무토막 세 개를 옆으로 놓은 모양에서 **석 삼**

吾鼻三尺(오비삼척), 作心三日(작심삼일)

8급 / 3획 / 부수 一

에워싼(口) 부분을 사방으로 나누어(八) 넉 사

+ 口[에운담, 나라 국(國)의 약자], 八(여덟 팔, 나눌 팔)

四季(사계), 四骨(사골), 四分五裂(사분오열)

8급 / 5획 / 부수 口

열(十)을 둘(二)로 나눈(丨) 다섯이니 다섯 오

+ 十(열 십, 많을 십), 丨('뚫을 곤'이지만 여기서는 나누는 모양으로 봄)

五感(오감), 五穀(오곡), 五輪(오륜), 五大洋(오대양)

8급 / 4획 / 부수 二

머리(亠)를 중심으로 나눠지는(八) 방향이 동서남북 상하의 여섯이니 여섯 륙(육)

+ 亠(머리 부분 두), 八[여덟 팔, 나눌 팔(八)의 변형]

六旬(육순), 死六臣(사육신)

8급 / 4획 / 부수 八

30

하늘(一)의 북두칠성(乚) 모양을 본떠서 **일곱 칠**

8급 / 2획 / 부수 一

+ 一('한 일'이지만 여기서는 하늘로 봄)

　七夕(칠석), 七旬(칠순), 竹林七賢(죽림칠현)

두 손을 네 손가락씩 위로 편 모양에서 **여덟 팔**

또 양쪽에서 잡아당겨 나누니 **나눌 팔**

8급 / 2획 / 제부수

+ 유 人(사람 인), 入(들 입) – 제목번호 135 참고.

　八角亭(팔각정), 八達(팔달), 十中八九(십중팔구)

열 십, 많을 십(十)의 가로줄을 구부려(𠂇)

하나가 모자란 아홉이라는 데서 **아홉 구**

또 아홉은 한 자리 숫자 중에서 제일 크고 많으니 **클 구, 많을 구**

8급 / 2획 / 부수 乙

　十九孔炭(십구공탄), 九牛一毛(구우일모)

일(一)에 하나(丨)를 그어 한 묶음인 열(𝍠)을 나타내어 **열 십**

또 전체를 열로 보아 열이면 많다는 데서 **많을 십**

8급 / 2획 / 제부수

　十戒(십계), 十進法(십진법), 十字架(십자가)

TIP

〈약어 정리〉

원 : 원자(原字) – 속자나 약자가 아닌 원래의 한자로. 正字라고도 함.

속 : 속자(俗字) – 正字는 아니나 세간에서 흔히 쓰는 한자.

약 : 약자(略字) – 쓰는 노력을 아껴 편리함을 도모하기 위한 것으로, 한자의 획 일부를 생략하거나 전체 구성을 간단히 줄인 한자.

유 : 한자 형태가 유사한 한자.

동 : 뜻이 같은 한자.

반 : 뜻이 반대인 한자.

참 : 참고 한자.

〈유사자, 동자〉

글자 형태가 유사(類似)한 글자는 유로, 뜻이 같거나 비슷한 글자는 동의자(同意者)라는 의미인 동으로 표시했습니다. 유를 뜻이 비슷한 글자인 유의자로 혼동하지 마세요.

+ 類(닮을 류, 무리 류), 似(같을 사, 닮을 사), 同(같을 동), 意(뜻 의), 字(글자 자)

물(氵) 중 네(四) 갈래로 흐르는 물 이름이니 물 이름 사

2급 / 8획 / 부수 水(氵)

+ 인·지명용 한자.

泗沘水(사비수) – '백마강'의 삼국 시대 이름.

+ 沘(강 이름 비)

다섯(五) 손가락, 즉 손으로 자신을 가리키며 말하는(口) 나니 나 오

3급 / 7획 / 부수 口

吾等(오등), 吾鼻三尺(오비삼척), 吾不關焉(오불관언)

마음(忄)에 나(吾)를 깨달으니 깨달을 오

3급 II / 10획 / 부수 心(忄)

+ 忄 – 마음 심, 중심 심(心)이 글자의 왼쪽에 붙는 부수인 변으로 쓰일 때의 모양으로 '마음 심 변'

悟道(오도), 覺悟(각오), 大悟覺醒(대오각성)

나무(木) 중 나(吾)에게 필요한 오동나무니 오동나무 오

2급 / 11획 / 부수 木

+ 오동나무는 가볍고 부드러우며 좀이 슬지 않아 예로부터 거문고 등의 악기나 귀중한 물건을 넣어 두는 장롱 등을 만들 때 널리 쓰였지요.

梧桐(오동), 碧梧桐(벽오동), 梧桐一葉(오동일엽)

많은(九) 것들이 점(丶)처럼 둥글둥글한 알이니 둥글 환, 알 환

3급 / 3획 / 부수 丶

+ 九(아홉 구, 클 구, 많을 구), 丶(점 주, 불똥 주)

丸石(환석), 丸藥(환약), 彈丸(탄환), 投砲丸(투포환)

크게(九) 햇(日)살을 빛내며 돋는 아침 해니 빛날 욱, 아침 해 욱

2급 / 6획 / 부수 日

旭光(욱광), 旭日(욱일), 旭日昇天(욱일승천)

손(扌)으로 크게(九) 힘껏(力) 던져버리고 포기하니

던질 포, 포기할 포

2급 / 7획 / 부수 手(扌)

抛車(포거), 抛物線(포물선), 抛棄(포기)

016

반반판[半伴判] - 半으로 된 한자

나누어(八) 둘(二)로 가른(丨) 반이니 **반 반**

+ 丨('뚫을 곤'이지만 여기서는 가르는 모양으로 봄)

6급Ⅱ / 5획 / 부수 十

半開(반개), 半月(반월), 半折(반절), 過半(과반)

사람(亻)의 반(半)쪽을 채워 주는 짝이니 **짝 반**

또 짝을 따르니 **따를 반**

3급 / 7획 / 부수 人(亻)

+ 사람은 원래 반쪽이고 자기 짝을 찾아 합쳐야 온전한 사람이 된다고 하지요. 그래서 둘이 합쳐 완전한 원을 이루자고 결혼식에서 둥근 반지를 주고 받는다네요.

伴侶者(반려자), 同伴者(동반자), 伴奏(반주), 隨伴(수반)

반(半)을 칼(刂)로 쪼개듯이 딱 잘라 판단하니 **판단할 판**

4급 / 7획 / 부수 刀(刂)

+ 刂 - 칼 도(刀)가 글자의 오른쪽에 붙는 부수인 방으로 쓰일 때의 모양으로 '칼 도 방'

判決(판결), 判例(판례), 談判(담판), 批判(비판)

017

소소첨[小少尖] - 小로 된 한자

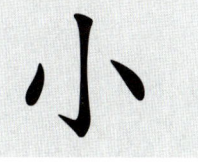

하나(丨)를 나누어(八) 작으니 **작을 소**

+ 땐 大(큰 대) - 제목번호 136 참고.
+ 丨('갈고리 궐'이지만 여기서는 하나로 봄), 八(여덟 팔, 나눌 팔)

8급 / 3획 / 제부수

縮小(축소), 積小成大(적소성대), 針小棒大(침소봉대)

작은(小) 것이 또 **떨어져 나가(丿)** 적으니 **적을 소**

또 나이가 적어 젊으니 **젊을 소**

+ 凹 多(많을 다) – 제목번호 011 참고, 老(늙을 로) – 제목번호 126 참고.
+ 小와 少의 구별 – 두 글자가 같이 쓰이는 경우도 있지만 작을 소(小)는 주로 크기가 작다는 뜻으로, 적을 소와 젊을 소(少)는 양이 적다는 뜻과 젊다는 뜻으로 쓰이지요. 그래서 작을 소(小)의 반대는 큰 대(大), 적을 소와 젊을 소(少)의 반대는 많을 다(多)와 늙을 로(老)랍니다.

少量(소량), 減少(감소), 僅少(근소), 少年(소년)

7급 / 4획 / 부수 小

위는 **작고(小)** 아래로 갈수록 **커져(大)** 뾰족하니 **뾰족할 첨**

+ 뾰족하다 – ㉠ 물체의 끝이 점차 가늘어져서 날카롭다. ㉡ 계책이나 생각, 성능 따위가 신통하다. 여기서는 ㉠의 뜻.

尖端(첨단), 尖兵(첨병), 尖銳(첨예), 尖塔(첨탑)

3급 / 6획 / 부수 小

---

018 사묘초묘(초) 빈성(생)[沙妙抄秒 賓省] – 少로 된 한자

물(氵)로 인하여 돌이 **작아진(少)** 모래니 **모래 사**

+ 氵(삼 수 변), 石(돌 석), 少('적을 소, 젊을 소'지만 여기서는 '작을 소'의 뜻으로 봄)
+ 바위틈에 물이 들어가 얼면 부피가 커지니 바위가 쪼개지고 이런 현상이 반복되어 모래가 되지요.

沙金(사금), 沙漠(사막), 沙上樓閣(사상누각)

3급Ⅱ / 7획 / 부수 水(氵)

여자(女)가 **젊으면(少)** 묘하고 예쁘니 **묘할 묘, 예쁠 묘**

妙技(묘기), 妙案(묘안), 絶妙(절묘)

4급 / 7획 / 부수 女

손(扌)으로 필요한 부분만 **적게(少)** 뽑아 베끼니 **뽑을 초, 베낄 초**

+ 扌(손 수 변)

抄錄(초록), 抄本(초본), 抄譯(초역)

3급 / 7획 / 부수 手(扌)

벼(禾)에 붙은 **적은(少)** 까끄라기니 **까끄라기 묘**

또 까끄라기 같은 작은 단위인 초니 **초 초**

+ 까끄라기 – 곡식 낟알 껍질에 붙은 수염.

秒速(초속), 秒針(초침), 閏秒(윤초)

3급 / 9획 / 부수 禾

집(宀)에 하나(一)의 적은(少) 돈(貝)으로도 물건을 사러 왔으면 손님이니 **손님 빈**

3급 / 14획 / 부수 貝

+ 宀(집 면), ⺌[적을 소, 젊을 소(少)의 획 줄임], 貝(조개 패, 재물 패, 돈 패)

   國賓(국빈), 貴賓(귀빈), 外賓(외빈), 迎賓館(영빈관)

DAY

01

적은(少) 것까지 눈(目)여겨 살피니 **살필 성**

또 사물을 적게(少) 줄여서 보니(目) **줄일 생**

6급Ⅱ / 9획 / 부수 目

+ 目(눈 목, 볼 목, 항목 목)

   省墓(성묘), 反省(반성), 自省(자성), 省略(생략)

---

019   불(부)배 부(비)비[不杯 否丕] - 不로 된 한자

하나(一)의 작은(小) 잘못도 해서는 아니 되니 **아닐 불(부)**

7급Ⅱ / 4획 / 부수 一

+ '아닐 불(不)'은 부당(不當), 부정(不定)처럼 'ㄷ, ㅈ'으로 시작하는 말 앞에서는 '부'로 발음됩니다.

   不潔(불결), 不滿(불만), 不當(부당), 不正(부정)

나무(木)로 만든 일반 그릇이 아닌(不) 잔이니 **잔 배**

3급 / 8획 / 부수 木

+ 속 盃 - 일반 그릇이 아닌(不) 그릇(皿)의 잔이니 '잔 배' - 특급Ⅱ
+ 木(나무 목), 皿(그릇 명)

   杯盤(배반), 乾杯(건배), 苦杯(고배), 祝杯(축배)

아니(不)라고 말하니(口) **아닐 부**

또 아니 되게 막히니 **막힐 비**

4급 / 7획 / 부수 口

+ 반 可(옳을 가, 가히 가, 허락할 가) - 제목번호 395 참고.
+ 不과 否 - 아니 불·부(不)는 다음 말을 부정하는 부정사이고, 아닐 부(否)는 자체에 '아니다'는 뜻을 가지고 혼자 쓰일 수 있는 형용사입니다.

   可否(가부), 安否(안부), 否塞(비색), 曰可曰否(왈가왈부)

(보통이) 아니게(不) 하나(一)가 크니 **클 비**

2급 / 5획 / 부수 一

   丕基(비기), 丕業(비업), 丕績(비적), 丕訓(비훈)

肖

3급II / 7획 / 부수 肉(月)

작은(小) 몸(月)이니 **작을 소**
또 작아도(小) 몸(月)은 부모를 닮으니 **닮을 초**

肖像權(초상권), 肖像畫(초상화), 不肖(불초)

哨

2급 / 10획 / 부수 口

말(口)을 **작게**(肖) 하며 망보고 보초 서니 **망볼 초, 보초 설 초**

＋ 적에게 들키지 않으려고 소리를 작게 내며 보초를 서지요.

哨戒(초계), 哨兵(초병), 哨所(초소), 步哨(보초)

消

6급II / 10획 / 부수 水(氵)

물(氵)로 **작아지게**(肖) 끄거나 삭이니 **끌 소, 삭일 소**
또 열정을 삭이고 물러서니 **물러설 소**

消火(소화), 消化(소화), 消費(소비), 消極的(소극적)

削

3급II / 9획 / 부수 刀(刂)

작아지게(肖) 칼(刂)로 깎으니 **깎을 삭**

＋ 刂(칼 도 방)

削減(삭감), 削髮(삭발), 削除(삭제), 添削(첨삭)

趙

2급 / 14획 / 부수 走

잘 **달리고**(走) 몸집이 **작은**(肖) 민족이 세운 조나라니
조나라 조, 성씨 조

＋ 走(달릴 주, 도망갈 주)
＋ 조(趙)나라 - 춘추 전국 시대(春秋戰國時代)에 있었던 나라.

01~03 다음 漢字의 訓과 音을 쓰시오.

01. 鎔, 帽, 鵬

02. 沮, 瑄, 梧

03. 丕, 尖, 拋

04~06 다음 漢字語의 讀音을 쓰시오.

04. 繁昌, 帽子, 美風良俗

05. 冒險, 鎔鑛爐, 鵬程

06. 結晶, 白鷺, 沮抑

07~09 다음 문장에서 ( ) 안의 漢字語를 漢字(正字)로 바꾸어 쓰시오.

07. 탐욕에 눈이 멀면 (속물)이 된다.

08. 그는 항상 (다정다감)한 표정으로 우리를 대해 준다.

09. 그의 청렴한 성격으로 보아 (십중팔구) 돈보다 명예를 선택할 것이다.

10~12 다음 漢字와 비슷한 뜻을 가진 漢字(正字)를 ( ) 써넣어 문장에 적합한 漢字語가 되게 하시오.

10. 순간순간에 충실하면 ( )遠이 아름다워진다.

11. 서로의 신용은 ( )友간의 최고의 도리이다.

12. 사업 확장을 위하여 중국시장에 進( )하였다.

정답

01. 녹일 용, 모자 모, 붕새 붕
02. 막을 저, 도리옥 선, 오동나무 오
03. 클 비, 뾰족할 첨, 던질 포
04. 번창, 모자, 미풍양속
05. 모험, 용광로, 붕정
06. 결정, 백로, 저억
07. 俗物
08. 多情多感
09. 十中八九
10. 永
11. 朋
12. 出

021 계침산 지지기기[計針傘 支枝技岐] - 十, 支로 된 한자

6급Ⅱ / 9획 / 부수 言

말(言)로 많이(十) 셈하고 꾀하니 **셈할 계, 꾀할 계**

+ 言(말씀 언), 十(열 십, 많을 십)

計算(계산), 計數(계수), 設計(설계), 凶計(흉계)

4급 / 10획 / 부수 金

쇠(金)를 많이(十) 갈아 만든 바늘이니 **바늘 침**

+ 金(쇠 금, 금 금, 돈 금, 성씨 김), 咸(다 함)

針小棒大(침소봉대), 針葉樹(침엽수), 時針(시침)

2급 / 12획 / 부수 人

위가 덮인(人) 아래에 우산살(㒰)이 있고 십(十)자 모양의 손잡이도 있는 우산이니 **우산 산**

+ 人('사람 인'이지만 여기서는 덮인 모습으로 봄), 㒰[사람 인(人) 넷이지만 여기서는 우산살로 봄]

傘下(산하), 雨傘(우산), 陽傘(양산), 日傘(일산)

4급Ⅱ / 4획 / 제부수

많은(十) 것을 손(又)으로 다루고 가르니 **다룰 지, 가를 지**

또 갈라 지출하니 **지출할 지**

+ 윗 攴(칠 복, = 攵) - 제목번호 465 참고.
+ 지출(支出) - 어떤 목적을 위해 돈을 지급하는 일.
+ 又(오른손 우, 또 우), 出(나올 출, 나갈 출)

支障(지장), 支店(지점), 收支(수지)

3급Ⅱ / 8획 / 부수 木

나무(木)줄기에서 갈라져(支) 나온 가지니 **가지 지**

枝葉(지엽) ↔ 根本(근본), 金枝玉葉(금지옥엽)

손(扌)으로 다루는(支) 재주니 **재주 기**

+ 扌(손 수 변)

技巧(기교), 技術(기술), 競技(경기), 特技(특기)

5급 / 7획 / 부수 手(扌)

산(山)이 갈라진(支) 곳에 생긴 갈림길이니 **갈림길 기**

+ 요즘에는 좋은 장비가 있어서 험한 산도 뚫고 강이나 바다도 다리를 놓아 어디에나 마음대로 길을 낼 수 있지만 옛날에는 산 따라 물 따라 길이 생겼지요.

岐路(기로), 分岐點(분기점)

2급 / 7획 / 부수 山

DAY 02

---

022 단선탄전[單禪彈戰] – 單으로 된 한자

식구들의 입(口口)을 먹여 살리기 위해 밭(田)에 많이(十) 나가 일하는 혼자니 **홀 단**

+ 俗 単 – 반짝이는 불꽃(丷)처럼 밭(田)에 많이(十) 나가 일하는 혼자니 '홀 단'

單價(단가), 單獨(단독), 單數(단수)

4급II / 12획 / 부수 口

보는(示) 것이 하나(單)면 마음도 고요하니 **고요할 선**

+ 示(보일 시, 신 시)

禪師(선사), 坐禪(좌선), 面壁參禪(면벽참선)

3급II / 17획 / 부수 示

활(弓)의 화살처럼 총에서 하나(單)씩 튕겨 나가는 탄알이니 **튕길 탄, 탄알 탄**

+ 俗 弾
+ 弓(활 궁)

彈琴(탄금), 彈力(탄력), 彈孔(탄공), 彈丸(탄환)

4급 / 15획 / 부수 弓

홀로(單) 창(戈) 들고 싸우니 **싸울 전**
또 싸우면 무서워 떠니 **무서워 떨 전**

+ 俗 戦
+ 俗 战 – 점령하려고(占) 창(戈) 들고 싸우니 '싸울 전'
+ 戈(창 과), 占(점칠 점, 점령할 점)

戰亂(전란), 戰友(전우), 戰戰兢兢(전전긍긍)

6급II / 16획 / 부수 戈

6급 / 5획 / 부수 口

많은(十) 사람의 입에 오르내린 **말**(口)은 이미 오래된 옛날 이야기니

오랠 고, 옛 고

古物(고물), 中古品(중고품), 東西古今(동서고금)

3급II / 8획 / 부수 女

여자(女)가 **오래**(古)되면 시어미나 할미니 **시어미 고, 할미 고**

또 (세월이 빨라) 할미가 되는 것은 잠깐이니 **잠깐 고**

姑婦(고부), 姑母(고모), 姑息之計(고식지계)

3급 / 9획 / 부수 木

나무(木)도 **오래**(古)되면 마르고 죽으니 **마를 고, 죽을 고**

枯渴(고갈), 枯木(고목), 枯死(고사), 枯葉(고엽)

2급 / 10획 / 부수 示

신(示)이 **오랫**(古)동안 주는 복이니 **복 호**

+ 示(보일 시, 신 시)
+ 인·지명용 한자.

5급 / 8획 / 부수 口

에워싸(口) **오래**(古) 두면 굳으니 **굳을 고**

또 굳어서 진실로 변치 않으니 **진실로 고**

+ 口[에운담, 나라 국(國)의 약자]

固體(고체), 固守(고수), 堅固(견고), 固所願(고소원)

3급II / 9획 / 부수 肉(月)

오래(古) 전부터 **고기**(月)를 먹던 오랑캐니 **오랑캐 호**

+ 참 夷(오랑캐 이) - 제목번호 403 참고.
+ 중국의 변방에 살던 오랑캐들은 가축을 길렀기에 주로 육식을 했다는 데서 유래된 글자. 미개한 종족이란 뜻으로 멸시하여 이르는 말로도 쓰입니다.

胡角(호각), 胡桃(호도), 胡亂(호란)

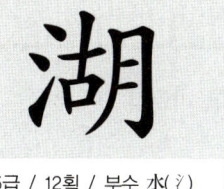

물(氵)이 오랜(古) 세월(月) 고여 있는 호수니

호수 호

5급 / 12획 / 부수 水(氵)

+ 호수(湖水) – 땅이 우묵하게 들어가 물이 괴어 있는 곳.

江湖(강호), 江湖煙波(강호연파)

024 고 약(야)락(낙)야[苦 若諾惹] – 苦와 若으로 된 한자

풀(艹) 같은 나물도 오래(古) 자라면 쇠어서 쓰니 쓸 고

또 맛이 쓰면 괴로우니 괴로울 고

6급 / 9획 / 부수 草(艹)

+ 艹(초 두)
+ 쇠다 – 채소가 너무 자라서 줄기나 잎이 뻣뻣하고 억세게 되다.

苦杯(고배), 苦笑(고소), 苦樂(고락)

풀(艹)이 만약 들쭉날쭉하다면 자주 쓰는 오른쪽(右) 손으로 잘라 같게 하니

만약 약, 같을 약, 반야 야

또 쑥쑥 자라는 풀(艹)이나 힘센 오른쪽(右) 손처럼 젊으니 젊을 약

3급II / 9획 / 부수 草(艹)

+ 반야(般若) – 대승 불교에서, 만물의 참다운 실상을 깨닫고 불법을 꿰뚫는 지혜.
+ 右(오른쪽 우), 般(옮길 반, 일반 반, 반야 반)

萬若(만약), 明若觀火(명약관화), 傍若無人(방약무인)

청하는 말(言)과 같이(若) 허락하고 대답하니

허락할 락(낙), 대답할 락(낙)

3급II / 16획 / 부수 言

許諾(허락), 承諾(승낙), 唯唯諾諾(유유낙낙)

우리는 모두 같다(若)며 마음(心)으로 끄니 끌 야

2급 / 13획 / 부수 心

惹起(야기), 惹端(야단)

直

7급II / 8획 / 부수 目

많이(十) 눈(目)으로 덮인(ㄴ) 부분까지 살펴도 곧고 바르니

곧을 **직**, 바를 **직**

➕ 十[열 십, 많을 십(十)의 변형], 目(눈 목, 볼 목, 항목 목), ㄴ(감출 혜, 덮을 혜, = 匚)

直徑(직경), 直線(직선), 剛直(강직), 正直(정직)

稙

2급 / 13획 / 부수 禾

벼(禾)가 일찍 익어 **바로**(直) 수확하는 올벼니 올벼 **직**

➕ 올벼 – 제철보다 일찍 여무는 벼.
➕ 인・지명용 한자.

殖

2급 / 12획 / 부수 歹

죽을(歹)힘을 다해 **바르게**(直) 키우며 불리니 불릴 **식**

➕ 歹(뼈 부서질 알, 죽을 사 변), 모든 생물은 죽을힘을 다하여 새끼를 바르게 키우지요.

繁殖(번식), 養殖(양식), 生殖器(생식기), 生殖期(생식기)

植

7급 / 12획 / 부수 木

나무(木)를 곧게(直) 세워 심으니 심을 **식**

植木(식목), 植物(식물), 密植(밀식), 移植(이식)

値

3급II / 10획 / 부수 人(亻)

사람(亻)이 **바르게**(直) 평가하여 매긴 값이니 값 **치**

➕ 亻(사람 인 변)

價値(가치), 加重値(가중치), 平均値(평균치)

TIP

〈명언〉

直在胸中貧亦樂(직재흉중빈역락)이라.
屈於人下富奚爲(굴어인하부해위)리오?

[정직함이 가슴 속에 있으니 가난해도 또한 즐겁구나,
사람 밑에서 굽실거려 부자가 된들 무엇 하리오?]

➕ 在(있을 재), 胸(가슴 흉), 中(가운데 중, 맞힐 중), 貧(가난할 빈), 亦(또 역), 樂(노래 악, 즐길 락, 좋아할 요), 屈(굽을 굴, 굽힐 굴), 於(어조사 어, 탄식할 오), 下(아래 하, 내릴 하), 富(넉넉할 부, 부자 부), 奚(어찌 해), 爲(할 위, 위할 위)

덕덕 청청[悳德 聽廳] – 悳, 聽으로 된 한자

2급 / 12획 / 부수 心

바르게(直) 마음(心) 씀이 덕이니 덕 **덕**

+ 德(덕 덕, 클 덕)의 고자(古字).
+ 고자(古字) – (옛날에는 많이 쓰였으나 지금은 잘 쓰이지 않는) 옛 글자.
+ 덕(德) – 공정하고 남을 넓게 이해하고 받아들이는 마음이나 행동.
+ 心(마음 심, 중심 심), 古(오랠 고, 옛 고), 字(글자 자)

5급II / 15획 / 부수 彳

행실(彳)이 덕스러우니(悳) 덕 **덕**

또 덕이 있으면 크게 쓰이니 클 **덕**

+ 彳('조금 걸을 척'이지만, 여기서는 행실을 뜻함)
+ 罒['그물 망'이지만 여기서는 눈 목(目)을 눕혀 놓은 모양으로 봄], 悳[덕 덕(悳)의 변형]

德談(덕담), 背恩忘德(배은망덕), 德用(덕용)

4급 / 22획 / 부수 耳

귀(耳)로 왕(王)처럼 덕스러운(悳) 소리만 들으니 들을 **청**

+ 聴 – 귀(耳)로 덕(悳)스러운 소리만 들으니 '들을 청'
+ 耳(귀 이), 王(임금 왕, 으뜸 왕, 구슬 옥 변), 悳[덕 덕(悳) 변형의 획 줄임]
+ 예의가 아니면 듣지 말고 덕스러운 소리만 들어야 한다고 하지요.

聽覺(청각), 聽力(청력), 聽衆(청중), 視聽(시청)

廳

4급 / 25획 / 부수 广

집(广) 중 백성들의 의견을 들어(聽) 처리하는 관청이니 관청 **청**

+ 庁 – 집(广) 중 장정(丁)들이 일하는 관청이니 '관청 청'
+ 广(집 엄), 丁(고무래 정, 못 정, 장정 정, 넷째 천간 정)

廳舍(청사), 廳長(청장), 區廳(구청), 市廳(시청)

TIP

〈명언〉

德不孤必有隣(덕불고필유린)

[덕이 있는 사람에겐 반드시 이웃이 있다.] – 〈논어(論語)〉

+ 不(아닐 불·부), 孤(외로울 고, 부모 없을 고), 必(반드시 필), 有(가질 유, 있을 유), 隣(이웃 린)

DAY
02

7급II / 6획 / 제부수

(얼굴이 자기를 대표하니) 얼굴에서 잘 드러나는 **이마**(ノ)와 **눈**(目)을 본떠서

자기 **자**

또 자기 일은 스스로 하니 스스로 **자**

또 모든 것이 비롯됨은 자기로부터니 부터 **자**

+ 🔠 臼(절구 구) – 제목번호 110 참고.

自力(자력), 自白(자백), 自初至終(자초지종)

3급 / 10획 / 부수 自

자기(自) 집을 찾을 때 **개**(犬)처럼 맡는 냄새니 냄새 **취**

+ 犬(개 견), 개는 냄새를 잘 맡지요.

惡臭(악취), 體臭(체취), 脫臭劑(탈취제), 香臭(향취)

5급 / 14획 / 제부수

자기(自)의 **밭**(田)처럼 생긴 얼굴에 **받쳐 든**(廾) 모습으로 우뚝 솟은 코니

코 **비**

또 코로 숨을 쉬기 시작하면서부터 생명이 비롯하니 비롯할 **비**

+ 田(밭 전), 廾(받쳐 들 공)

鼻笑(비소), 鼻炎(비염), 鼻音(비음), 鼻祖(비조)

4급II / 19획 / 부수 辶(辶)

(어려움에 봉착해도) **스스로**(自) **구멍**(穴) 뚫린 **방향**(方)으로 **가다**(辶)보면

이르는 끝이나 가니 끝 **변**, 가 **변**

+ 🔠 辺 – 칼(刀)처럼 날카롭게 뻗어 간(辶) 끝이나 가니 '끝 변, 가 변'
　　边 – 힘(力) 있게 뛰어 가면(辶) 이르는 끝이나 가니 '끝 변, 가 변'
+ 穴(구멍 혈, 굴 혈), 方(모 방, 방향 방, 방법 방), 辶[뛸 착, 갈 착(辶, 辶)이 줄어든 모양]
+ 가 – 경계에 가까운 바깥쪽 부분.

邊境(변경), 邊方(변방), 周邊(주변), 海邊(해변)

4급II / 10획 / 부수 心

자기(自)를 **마음**(心)으로 생각하며 쉬니 쉴 **식**

또 쉬면서 가쁜 숨을 고르며 숨 쉬니 숨 쉴 **식**

또 쉬면서 전하는 소식이니 소식 **식**

또 노후에 쉬도록 돌보아 주는 자식이니 자식 **식**

또 자식처럼 무엇이 늘어나니 늘어날 **식**

+ 바쁘면 자기를 생각할 겨를도 없지요.

休息(휴식), 自強不息(자강불식), 窒息(질식), 子息(자식)

憩

2급 / 16획 / 부수 心

(입 안의) **혀**(舌)처럼 들어앉아 **쉬니**(息) 쉴 **게**

✚ 舌(혀 설), 입 안에 있는 혀처럼 집에 들어앉아 쉰다는 데서 만들어진 글자.

憩息(게식), 憩室(게실), 休憩室(휴게실)

○28 **면전수 도도[面前首 道導]** – 面前首와 道로 된 한자

面

7급 / 9획 / 제부수

사람 얼굴을 정면에서 본떠서 얼굴 **면**
또 얼굴 향하고 볼 정도로 작은 행정 구역이니
향할 면, 볼 **면**, 행정 구역의 **면**

假面(가면), 面談(면담), 面會(면회), 面長(면장)

前

7급II / 9획 / 부수 刀(刂)

우두머리(亠)가 **몸**(月)에 **칼**(刂)을 차고 나서는 앞이니 앞 **전**

✚ 亠['머리 수, 우두머리 수(首)'의 획 줄임], 月(달 월, 육 달 월), 刂(칼 도 방)

前面(전면), 前進(전진), 前代未聞(전대미문)

首

5급II / 9획 / 제부수

머리털(亠) 아래 **이마**(丿)와 **눈**(目)이 있는 머리니 머리 **수**
또 머리처럼 조직의 위에 있는 우두머리니 **우두머리 수**

✚ 시나 시조 한 수처럼 시문(詩文)을 세는 단위로도 쓰입니다.

首都(수도), 首尾(수미), 首相(수상), 首席(수석)

道

7급II / 13획 / 부수 辶(辶)

머리(首) 두르고 **가는**(辶) 길이니 길 **도**
또 가는 길처럼 사람이 지켜야 할 도리니 **도리 도**
또 도리에 맞게 말하니 **말할 도**, 행정 구역의 **도**

道路(도로), 修道(수도), 唱道(창도), 道伯(도백)

도리(道)에 맞게 **법도(寸)**에 따라 인도하니 **인도할 도**

+ 寸(마디 촌, 법도 촌)

啓導(계도), 善導(선도), 領導(영도), 指導(지도)

4급II / 16획 / 부수 寸

029

백백백 4박 고목[白伯柏 舶拍泊迫 皐穆] - 白으로 된 한자

빛나는(ノ) **해(日)**처럼 희고 밝으니 **흰 백, 밝을 백**

또 흰색처럼 깨끗하니 **깨끗할 백**

또 깨끗하게 분명히 아뢰니 **아뢸 백**

+ ノ('삐침 별'이지만 여기서는 햇빛이 빛나는 모양으로 봄), 日(해 일, 날 일), 아뢰다 - '알리다'의 높임말.

白色(백색), 明白(명백), 潔白(결백), 告白(고백)

8급 / 5획 / 제부수

사람(亻) 중 머리가 **희게(白)** 나이든 맏이나 우두머리니
맏 백, 우두머리 백

+ 대체적으로 머리가 흰 사람이 어른이지요.
+ 맏 - 맏이. 맏이 - ㉠ 형제자매 중 제일 먼저 태어난 사람. ㉡ 나이가 남보다 많은 사람.

伯父(백부), 伯仲之勢(백중지세), 道伯(도백)

3급II / 7획 / 부수 人(亻)

나무(木) 껍질과 잎에 **흰(白)**색이 도는 잣나무나 측백나무니
잣나무 백, 측백나무 백

+ 족 柏
+ 잣나무나 측백나무를 자세히 보면 줄기와 잎에 흰빛이 돌지요.

松柏(송백), 松茂柏悅(송무백열), 側柏(측백)

2급 / 9획 / 부수 木

(옛날에) **배(舟)**에 **흰(白)** 돛을 달았으면 큰 배였으니 **큰 배 박**

+ 舟(배 주), 요즘 배는 작으나 크나 동력을 이용하여 다니지만, 옛날에 작은 배는 노를 젓고, 큰 배는 돛을 달고 다녔지요.

舶來(박래), 舶載(박재), 賈舶(고박), 船舶(선박)

2급 / 11획 / 부수 舟

손(扌)으로 무엇을 **아뢰려고**(白) 치니 **칠 박**

+ 扌(손 수 변), 손을 쳐서 무엇을 알리기도 하지요.

拍手(박수), **拍掌大笑**(박장대소), **拍車**(박차)

물(氵)이 **하얗게**(白) 보이도록 배들이 항구에 대고 묵으니
배댈 박, 묵을 박

또 물(氵)에 **깨끗이**(白) 씻은 듯 마음도 산뜻하니 **산뜻할 박**

+ 옛날 배는 돛을 달았고 돛은 대부분 흰색이었으니, 물이 하얗게 보임은 배들이 모여 묵는 것이지요.

宿泊(숙박), **外泊**(외박), **淡泊**(담박)

DAY

02

하얗게(白) 질린 얼굴로 **뛰어갈**(辶) 정도로 무슨 일이 닥치니 **닥칠 박**

+ 辶(뛸 착, 갈 착, = 辶)

迫頭(박두), **迫力**(박력), **促迫**(촉박)

하얗게(白) 물이 **양쪽**(艹)으로 **많이**(十) 쏟아지며 무엇을 부르는 소리를 내는
언덕이니 **언덕 고, 부르는 소리 고**

+ 十(열 십, 많을 십)

皐蘭草(고란초), **皐復**(고복) − 초혼하고 발상하는 의식.

+ 復(돌아올 복, 다시 부)

벼(禾)를 **하얗게**(白) 찧어 **조금씩**(小) 털(彡)만큼이라도 나눠 먹으면
화목하니 **화목할 목**

또 화목하며 모두 공경하고 보기에도 아름다우니
공경할 목, 아름다울 목

+ 圄 睦(화목할 목) − 제목번호 124 참고.
+ 禾(벼 화), 小(작을 소), 彡(터럭 삼, 긴 머리 삼)

和穆・和睦(화목), **穆然**(목연)

황 백금면[皇 帛錦綿] – 皇과 帛으로 된 한자

밝은(白) 지혜로 왕(王)들을 거느리는 황제니 **황제 황**

+ 여러 나라를 거느리는 큰 나라 임금의 존칭. 작은 나라의 임금은 '왕(王)', 큰 나라의 임금은 '황제(皇帝)'라 하지요.
+ 王(임금 왕, 으뜸 왕, 구슬 옥 변), 帝(제왕 제)

皇國(황국), 皇宮(황궁), 皇后(황후)

3급II / 9획 / 부수 白

흰(白) 수건(巾) 같은 비단이니 **비단 백**

또 비단에 싸 보내는 폐백이니 **폐백 백**

+ 폐백(幣帛) – 신부가 처음으로 시부모를 뵐 때 올리는 것.
+ 巾(수건 건), 幣(돈 폐, 폐백 폐)

1급 / 8획 / 부수 巾

금(金)처럼 귀한 비단(帛)이니 **비단 금**

+ 옛날에는 비단이 금처럼 귀한 것이라는 데서 비단 백(帛)에 금 금(金)을 붙여 만든 글자.

錦上添花(금상첨화), 錦衣還鄉(금의환향)

3급II / 16획 / 부수 金

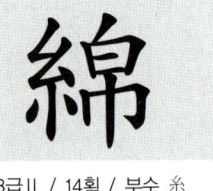

실(糸)을 뽑아 흰(白) 수건(巾) 같은 천을 짜는 솜이니 **솜 면**

또 가는 실이 촘촘한 솜처럼 자세하게 이어지니

자세할 면, 이어질 면

+ 糸(실 사, 실 사 변)

純綿(순면), 綿密(면밀), 周到綿密(주도면밀), 綿綿(면면)

3급II / 14획 / 부수 糸

4급 / 9획 / 부수 水

깨끗한(白) 물(水)이 나오는 샘이니 **샘 천**

+ 원래는 구멍에서 물이 솟는 모양을 본떠서 만든 글자.

甘泉(감천), 冷泉(냉천) ↔ 溫泉(온천), 源泉(원천)

6급II / 15획 / 부수 糸

실(糸)이 샘(泉)의 물줄기처럼 길게 이어지는 줄이니 **줄 선**

+ 糸(실 사, 실 사 변)

線路(선로), 直線(직선) ↔ 曲線(곡선), 脫線(탈선)

DAY 02

5급 / 10획 / 부수 厂

바위(厂) 밑 샘(泉)도 있는 언덕이니 **언덕 원**
또 바위(厂) 밑 샘(泉)이 물줄기의 근원이니 **근원 원**

+ 厂(굴 바위 엄, 언덕 엄), 泉[샘 천(泉)의 변형]

草原(초원), 平原(평원), 原價(원가), 原告(원고), 原油(원유), 原因(원인)

4급 / 13획 / 부수 水(氵)

물(氵)이 솟아나는 근원(原)이니 **근원 원**

+ 源은 물줄기의 근원이라는 데서 原에 삼 수 변(氵)을 붙인 것이지만, '근원'의 뜻으로는 '원(原)'과 '원(源)'을 같이 씁니다.

起源(기원), 語源(어원), 拔本塞源(발본색원)

5급 / 19획 / 부수 頁

근원(原)적으로 머릿(頁)속은 잘 되기를 원하니 **원할 원**

+ 頁(머리 혈)

祈願(기원), 所願(소원), 念願(염원), 祝願(축원)

7급 / 6획 / 부수 白

하나(一)에서 시작하여 아뢰듯(白) 소리치는 단위는 일백이니 일백 백

또 일백이면 많으니 **많을 백**

+ 물건을 셀 때 속으로 세다가도 큰 단위에서는 소리침을 생각하고 만들어진 글자.

一當百(일당백), 百姓(백성), 百貨店(백화점)

2급 / 12획 / 부수 弓

양쪽에 활(弓弓)을 들고 많이(百) 도우니 도울 필

+ 弓(활 궁), 한자가 만들어지던 옛날에는 부족끼리 많이 싸웠기 때문에 무기와 관련되어 만들어진 글자가 많습니다.

弼導(필도), 弼善(필선), 弼成(필성), 輔弼(보필)

2급 / 15획 / 부수 大

크고(大) 많고(百) 많아(百) 크게 성하니 클 석, 성할 석

또 크게 성내니 **성낼 혁**

+ 인·지명용 한자.

5급Ⅱ / 11획 / 부수 宀

집(宀)에 사람(亻)이 많이(百) 묵으며 자니 잘 숙

또 자는 것처럼 오래 머물러 있는 별자리니 **오랠 숙, 별자리 수**

+ 宀(집 면), 亻(사람 인 변)

宿食(숙식), 宿願(숙원), 宿題(숙제), 星宿(성수)

縮

4급 / 17획 / 부수 糸

실(糸)은 잠재우듯(宿) 가만히 두면 줄어드니 줄어들 축

+ 糸(실 사, 실 사 변)
+ 실은 가만히 두면 보풀이 가라앉아 줄어들지요.
+ 보풀 - 실이나 종이, 헝겊 따위의 거죽에 일어나는 몹시 가는 털.

縮圖(축도), 縮小(축소), 減縮(감축), 伸縮(신축)

4급II / 6획 / 부수 日

해(日)가 지평선(一) 위로 떠오르는(|) 아침 일찍이니 **일찍 조**

➕ 一('한 일'이지만 여기서는 지평선으로 봄), | ('뚫을 곤'이지만 여기서는 해가 떠오르는 모양으로 봄)

早期(조기), 早老(조로), 早失父母(조실부모), 早退(조퇴), 早婚(조혼)

7급 / 10획 / 부수 草(艹)

(대부분의) 풀(艹)은 이른(早) 봄부터 돋아나니 **풀 초**

➕ 艹(초 두), 풀 초(草)가 부수로 쓰일 때는 艹의 형태로 대부분 글자의 머리에 쓰이므로 머리 두(頭)를 붙여서 '초 두'라 부릅니다.

草家(초가), 草木(초목), 山川草木(산천초목)

5급 / 8획 / 부수 十

점(卜)치듯 미리 생각하여 일찍(早)부터 일하면 높고 뛰어나니

높을 탁, 뛰어날 탁

또 높게 만든 탁자니 **탁자 탁, 성씨 탁**

➕ 卜(점 복)

卓見(탁견), 卓越(탁월), 卓子(탁자), 卓球(탁구)

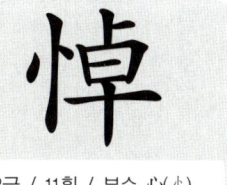

2급 / 11획 / 부수 心(忄)

마음(忄)에 높아진(卓) 감정으로 슬퍼하니 **슬퍼할 도**

➕ 忄(마음 심 변)

悼歌(도가), 哀悼(애도), 追悼(추도)

7급 / 3획 / 부수 十

강조하는 **삐침 별(丿)**을 **열 십, 많을 십(十)** 위에 써서

일천 **천**, 많을 **천**, 성씨 **천**

+ 한자에서는 삐침 별(丿)이나 점 주, 불똥 주(丶)로 무엇을 강조하지요.

千里眼(천리안), 千不當萬不當(천부당만부당)

3급 / 3획 / 부수 二

입술(二)에서 입김이 **나오도록(亅)** 말하는 어조사니 어조사 **우**

+ 二('둘 이'지만 여기서는 입술로 봄)

于今(우금), 于先(우선)

4급 / 3획 / 제부수

손잡이 있는 방패를 본떠서 방패 **간**

또 방패로 무엇을 범하면 얼마정도 정도 마르니

범할 **간**, 얼마 **간**, 마를 **간**

干戈(간과), 干涉(간섭), 若干(약간), 干潮(간조)

5급 / 4획 / 제부수

뿔 있는 소를 본떠서 소 **우**

+ 𤘒 半(반 반) - 제목번호 016 참고.

牛馬車(우마차), 牛乳(우유), 矯角殺牛(교각살우)

7급Ⅱ / 4획 / 부수 十

방패 간(干) 위에 **삐침 별(丿)**을 그어 전쟁에서 중요한 동물이 말임을

나타내어 말 **오**

또 말은 일곱째 지지니 일곱째 지지 **오**

또 일곱째 지지는 시간으로 낮이니 낮 **오**

+ 12지지(地支)인 '자축인묘진사오미신유술해'의 처음인 자시(子時)가 밤 11시에서 새벽 1시까지니, 오시(午時)는 두 시간씩 일곱째인 낮 11시부터 오후 1시까지지요.

午睡(오수), 午後(오후), 午餐(오찬), 正午(정오)

5급 / 11획 / 부수 言

말(言)을 듣고 밝은 **낮(午)**처럼 명백하게 허락하니 허락할 **허**

許諾(허낙 → 허락), 許可(허가), 許容(허용), 免許(면허)

낮(午)이 숨은(一) 듯 가고 오고 하여 해가 바뀌고 나이를 먹으니

해 년(연), 나이 년(연)

8급 / 6획 / 부수 干

+ 一[감출 혜, 덮을 혜(ㄴ, 匚)의 변형]

年俸(연봉), 送年(송년), 豊年(풍년), 年歲(연세), 靑年(청년)

○35 **탁탁탁택(댁)[乇托託宅] – 乇으로 된 한자**

천(千) 번이나 굽신거리며 부탁하고 의탁한다는 데서

일천 천(千)을 굽혀서 부탁할 탁, 의탁할 탁

급수 외 한자 / 3획 / 부수 丿

+ 의탁(依託·依托)하다 – 어떤 것에 몸이나 마음을 의지하여 맡기다.
+ 依(의지할 의), 託(부탁할 탁)

손(扌)으로 **의탁하여(乇)** 받치거나 맡기니 **받칠 탁, 맡길 탁**

托鉢(탁발), 無依無托(무의무탁), 信托(신탁)

3급 / 6획 / 부수 手(扌)

말(言)로 **부탁하니(乇)** **부탁할 탁**

託兒所(탁아소), 付託(부탁), 信託(신탁), 請託(청탁)

2급 / 10획 / 부수 言

지붕(宀) 아래 **의탁하여(乇)** 사는 집이니 **집 택, 집 댁**

+ 댁 – 남을 높이어 그의 집이나 가정을 이르는 말.
+ 宀(집 면)

宅配(택배), 宅地(택지), 自宅(자택)

5급Ⅱ / 6획 / 부수 宀

53

3급Ⅱ / 7획 / 부수 肉(月)

몸(月)에서 **방패**(干) 구실을 하는 간이니 간 **간**

+ 간은 몸의 방패 - 간은 몸의 화학 공장으로 몸에 필요한 여러 효소를 만들고 몸에 들어온 독을 풀어주는 역할을 하니, 몸(月)에서 방패(干) 구실을 하는 것이지요. 영어로도 간(肝)을 liver, 즉 생명을 주는 것이라 하고요. 간을 잃으면 모든 것을 잃으니 간을 위하여 술같이 독이 되는 것은 적당히 마시세요.

肝炎(간염), 肝腸(간장), 九曲肝腸(구곡간장)

2급 / 7획 / 부수 木

나무(木)를 **방패**(干)처럼 사용하는 지레나 몽둥이니

지레 **간**, 몽둥이 **간**

+ 지레 - 무거운 물건을 쳐들어 움직이는 데 쓰는 막대기. 지렛대.

*杆棒(간봉), *槓杆(공간)

3급Ⅱ / 6획 / 부수 水(氵)

물(氵)로 (체온을 지키려고) **방패**(干) 역할을 하는 땀이니 땀 **한**

+ 우리 몸은 추우면 움츠리고 더우면 땀을 내 자동으로 체온을 조절하는 기능이 있어요. 땀으로 체온을 지키니 땀이 방패인 셈이지요.

汗蒸幕(한증막), 發汗(발한), 無汗不成(무한불성)

3급 / 10획 / 부수 車

수레(車) 위를 **방패**(干)처럼 덮어 처마 있게 만든 수레나 집이니

처마 **헌**, 수레 **헌**, 집 **헌**

軒頭(헌두), 軒燈(헌등), 軒號(헌호), 不憂軒(불우헌)

刊

3급Ⅱ / 5획 / 부수 刀(刂)

(옛날에는) **방패**(干) 같은 널빤지에 **칼**(刂)로 글자를 새겨 책을 펴냈으니

책 펴낼 **간**

+ 활자가 없었던 옛날에는 널빤지에 칼로 글자를 새겨 책을 펴냈답니다. 팔만대장경과 같은 불경이 그러하지요.

刊行(간행), 日刊(일간), 週刊(주간), 創刊(창간)

3급 / 7획 / 부수 日

해(日)를 방패(干)로 막아야 할 정도로 가무니 **가물 한**

+ 㫈 부(일찍 조) - 제목번호 033 참고.
+ 干(방패 간, 범할 간, 얼마 간, 마를 간)

旱穀(한곡), 旱害(한해), 大旱(대한)

3급II / 8획 / 부수 山

산(山)의 바위(厂)가 방패(干)처럼 깎인 언덕이니 **언덕 안**

+ 山(산 산), 厂(굴 바위 엄, 언덕 엄)

沿岸(연안), 彼岸(피안) ↔ 此岸(차안), 海岸線(해안선)

8급 / 9획 / 부수 十

많은(十) 성(冂)마다 양쪽(丷)으로 열리는 방패(干) 같은 문이 있는 남쪽이니 **남쪽 남**

+ 十(열 십, 많을 십), 冂(멀 경, 성 경)
+ 우리가 사는 북반구에서는 남쪽이 밝고 따뜻하니 대부분의 성은 남향으로 짓고 문도 남쪽에 있지요.

南國(남국), 南半球(남반구), 南方(남방), 南向(남향)

2급 / 9획 / 부수 目

방패(干)를 보완하여(丿) 눈(目)까지 보호하게 만든 방패니 **방패 순**

+ 丿('삐침 별'이지만 여기서는 보완한 모양으로 봄), 目(눈 목, 볼 목, 항목 목)

盾戈(순과), 矛盾(모순)

3급 / 12획 / 부수 彳

조금씩 거닐며(彳) 방패(盾) 들고 돌거나 좇으니 **돌 순, 좇을 순**

+ 彳(조금 걸을 척), 좇다 - 남을 따르다.

循環(순환), 善循環(선순환) ↔ 惡循環(악순환), 循次(순차)

55

7급II / 5획 / 부수 干

방패(干)의 **나누어진**(八) 면처럼 평평하니 **평평할 평**

또 평평하듯 아무 일 없는 평화니 **평화 평**

平均(평균), 平等(평등), 平和(평화), 和平(화평)

4급 / 12획 / 부수 言

말(言)로 **공평하게**(平) 평하니 **평할 평**

+ 평(評)하다 – 좋고 나쁨, 잘하고 못함, 옳고 그름 따위를 평가하다.

評價(평가), 論評(논평), 批評(비평), 品評(품평)

2급 / 8획 / 부수 土

땅(土)을 **평평하게**(平) 고른 들이니 **들 평**

또 들의 면적을 재던 단위였던 평이니 **평 평**

+ 땅 면적의 단위가 지금은 m^2, km^2이지만 옛날에는 평(坪)과 정보(町步)였어요. 1평은 사방 여섯 자(1.818m×1.818m = $3.305124 m^2$), 1정보는 3,000평이지요.

坪當(평당), 坪數(평수), 建坪(건평)

3급 / 5획 / 부수 丿

(평평하지 않도록) 평평할 평(平) 위에 변화를 주어서 **어조사 호**

+ 어조사(語助辭) – 뜻 없이 다른 말의 뜻만 확실하게 되도록 기운만 도와주는 말.
+ 語(말씀 어), 助(도울 조), 辭(말씀 사, 글 사, 물러날 사)

斷乎(단호), 不亦說乎(불역열호) – 또한 기쁘지 않으리오?

+ 논어(論語) "학이시습지 불역열호(學而時習之 不亦說乎 – 배우고 때로 익히면 또한 기쁘지 않으리오?)"에서 인용한 말.
+ 亦(또 역), 說(달랠 세, 말씀 설, 기쁠 열), 而(말 이을 이), 習(익힐 습), 之(갈 지, ~의 지, 이 지)

4급II / 8획 / 부수 口

입(口)으로 **호**(乎)하고 입김이 나도록 부르니 **부를 호**

呼名(호명), 呼訴(호소), 呼出(호출), 歡呼(환호)

견연 병병병[幵妍 幷倂屛] - 幵, 幷으로 된 한자

幵

급수 외 한자 / 6획 / 부수 干

방패(干)와 방패(干)를 이은 듯 평평하니 **평평할 견**

妍

2급 / 9획 / 부수 女

여자(女) 피부가 **평평하여**(幵) 고우니 **고울 연**

+ ⚌ 妍 – 여자(女)가 한(一)결같이 받쳐 들(廾) 정도로 고우니 '고울 연'
+ 廾(받쳐 들 공)

妍麗(연려), 妍容(연용), 妍醜(연추) – 생김새의 아름다움과 추함.

幷

특급Ⅱ / 8획 / 부수 干

나란히('') 방패(干)와 **방패**(干)를 아울러 합하니
아우를 **병**, 합할 **병**

+ ⚌ 幷 – 이리(丶)저리(ʼ) 흩어진 것을 하나(一)씩 받쳐 들고(廾) 아울러 합하니
   '아우를 병, 합할 병'
+ ''['삐침 별(丿)' 둘이지만 여기서는 나란한 모양], 廾(받쳐 들 공), 아우르다 – 여럿을 모아 한 덩어리나 한 판이 되게 하다.

倂

2급 / 10획 / 부수 人(亻)

사람(亻)이 **아울러**(幷) 있으니 **아우를 병**
또 사람(亻)이 **아울러**(幷) 다투어 물리치니 **다툴 병, 물리칠 병**

+ ⚌ 倂
+ 竝·幷·倂 – 세 글자가 뜻이 비슷한 글자.

倂記(병기), 倂殺(병살), 倂合(병합), 合倂症(합병증)

屛

3급 / 11획 / 부수 尸

몸(尸) 여러 쪽을 **아우르게**(幷) 만든 병풍이니 **병풍 병**

+ 병풍(屛風) – 펴고 접을 수 있게 만든 족자.

屛巖(병암)

告

5급II / 7획 / 부수 口

소(牛)를 잡아 차려 놓고 **입**(口)으로 알리거나 뵙고 청하니

알릴 **고**, 뵙고 청할 **곡**

＋ 牛[소 우(牛)의 변형]

告白(고백), 報告(보고), 申告(신고), 出必告(출필곡)

酷

2급 / 14획 / 부수 酉

술(酉)까지 바치며 **알려도**(告) 뜻대로 안 되면 심하고 독하니

심할 **혹**, 독할 **혹**

＋ 酉(술 유, 술그릇 유, 닭 유, 열째 지지 유), 제대로 안 되는 일도 술로는 되는 경우가 있는데, 술로도 안 되니 심하다는 데서 생긴 글자.

酷毒(혹독), 酷暑(혹서), 酷評(혹평), 酷寒(혹한)

浩

3급II / 10획 / 부수 水(氵)

물(氵)이 **알리듯이**(告) 소리 내어 크고 넓게 흐르니

클 **호**, 넓을 **호**

＋ 氵(삼 수 변)

浩氣(호기), 浩然之氣(호연지기)

晧

2급 / 11획 / 부수 日

해(日)처럼 밝게 **알려**(告) 분명하고 밝으니 **밝을 호**

晧晧(호호), 晧雪(호설), 晧首(호수), 晧然(호연)

皓

2급 / 12획 / 부수 白

희다(白)고 **알리는**(告) 것처럼 희니 **흴 호**

皓齒(호치), 丹脣皓齒(단순호치)

澔

2급 / 15획 / 부수 水(氵)

물(氵)결이 **하얗게**(皓) 보일 정도로 크고 넓으니

클 **호**, 넓을 **호**

造

4급II / 11획 / 부수 辶(辶)

계획을 **알리고(告) 가서(辶)** 지으니 **지을 조**

+ 辶(뛸 착, 갈 착, = 辶)

造作(조작), 釀造(양조), 創造(창조)

> TIP

〈한자의 장점과 한자 3박자 연상 학습법〉

한자는 해석력(解釋力)이 뛰어납니다. 한자는 글자마다 뜻이 있는 뜻글자이기 때문에 한자로 된 단어는 한자만 알면 사전 없이도 뜻을 바로 알 수 있습니다.

한자는 조어력(造語力)이 뛰어납니다. 한자는 글자의 형태 변화나 어미나 조사의 첨가 없이 홀로 분명한 뜻을 나타내기 때문에 복잡한 생각을 단 몇 글자만으로 쉽게 표현할 수 있습니다.

한자는 글자의 모습과 뜻이 고금동일(古今同一)합니다. 한자는 글자의 모습과 뜻이 수천 년 전에 만들어질 때와 대부분 똑같아 수천 년 된 고전도 쉽게 읽을 수 있습니다.

한자는 비교적 어원(語源)이 분명하여 익히기 쉽습니다.

한자를 익히면 우리말과 우리 문화를 더 잘 알 수 있습니다. 우리말의 대부분은 한자로 되었으니 우리말을 더 잘 알기 위해서도 한자는 알아야 하고, 거의 모든 분야가 한자로 기록되어 있는 과거 문화를 알기 위해서도 한자를 익혀야 하지요.

한자를 익히면 국제화 시대에 가장 잘 대비한 것도 됩니다. 한자만 알면 중국어나 일본어도 70% 이상은 한 셈이니 세계의 중심이 된 한자문화권의 주역이 되기 위해서도 한자는 익혀야 하지요. 한자는 세계에서 가장 많이 사용하는 문자입니다.

한자를 익히면 우리의 지식이 풍요로워집니다. 글자마다 나타내고자 하는 것의 가장 큰 특징을 뽑아 기발한 아이디어로 만들었으니 이런 아이디어를 익히면 일류 디자이너, 일류 화가도 될 수 있고, 글자마다에 들어있는 만고불변의 진리를 터득하면 성인(聖人)도 될 수 있고, 무슨 일을 하더라도 그 분야 전문가가 될 수 있습니다.

이렇게 수많은 장점을 가진 한자를 단순히 글자의 뜻과 음만을 억지로 외는 기존의 학습법을 개선하여 ① **글자마다 그런 뜻이 붙게 된 생생한 어원을 추적하고,** ② **동시에 관련된 글자들도 익히면서,** ③ **그 글자가 쓰인 단어들까지 익히는 '한자 3박자 연상학습법'**으로 한자를 익히면 한자의 장점을 고스란히 익힐 수 있는 것이 되며, 한자에 담긴 번뜩이는 아이디어를 익혀 생활에 100배, 1000배 활용할 수 있어 그야말로 진정한 멀티플레이어가 될 수 있습니다.

+ 解(해부할 해, 풀 해), 釋(풀 석), 力(힘 력), 造(지을 조), 語(말씀 어), 古(오랠 고, 옛 고), 今(이제 금, 오늘 금), 同(같을 동), 語(말씀 어), 源(근원 원), 어원(語源) – 말의 근원, 즉 그 말이 만들어진 유래. 聖(성스러울 성, 성인 성)

DAY 02 확인문제

01~03 다음 漢字의 訓과 音을 쓰시오.

01. 岐, 祜, 惹

02. 殖, 憩, 弼

03. 悼, 晧, 姸

04~06 다음 漢字語의 讀音을 쓰시오.

04. 丹脣皓齒, 酷寒, 倂合

05. 建坪, 託兒所, 皐蘭草

06. 松柏, 船舶, 穆然

07~08 다음 문장에서 ( ) 안의 漢字語를 漢字(正字)로 바꾸어 쓰시오.

07. 천신만고 끝에 (면담)이 성사되어 어려운 문제를 해결할 수 있었다.

08. (만약) 나의 소유가 아니라면 주인의 사용 승낙을 받아야 한다.

09~10 다음 漢字와 뜻이 反對 또는 相對되는 漢字를 ( ) 안에 써넣어 漢字語를 완성하시오.

09. 伸( )성이 있어야 활동하기에 좋은 옷이다.

10. 논리학에서 矛( )은 두 개의 명제가 동시에 참이 될 수 없는 상태를 말한다.

11~12 다음 ( ) 안에 알맞은 漢字(正字)를 써넣어 四字成語를 완성하시오.

11. ( )失父母 – 어려서 부모를 여읨.

12. ( )耳讀經 – '쇠귀에 경 읽기'로, 아무리 가르쳐도 알아듣지 못함을 비유하여 이르는 말.

정답

01. 갈림길 기, 복 호, 끌 야	02. 불릴 식, 쉴 게, 도울 필	03. 슬퍼할 도, 밝을 호, 고울 연
04. 단순호치, 혹한, 병합	05. 건평, 탁아소, 고란초	06. 송백, 선박, 목연
07. 面談	08. 萬若	09. 縮
10. 盾	11. 早	12. 牛

60

041 선세 4찬[先洗 贊讚瓚讚] - 先, 贊으로 된 한자

先

8급 / 6획 / 부수 人(儿)

(소를 몰 때) 소(丷)는 사람(儿) 앞에 서서 먼저 가니 **먼저 선**

+ 丷[소 우(牛)의 변형], 儿(사람 인 발, 어진 사람 인), 소를 몰 때는 소를 앞에 세우지요.

先輩(선배) ↔ 後輩(후배), 先拂(선불), 率先垂範(솔선수범)

洗

5급Ⅱ / 9획 / 부수 水(氵)

물(氵)로 먼저(先) 씻으니 **씻을 세**

+ 氵(삼 수 변)

洗練(세련), 洗禮(세례), 洗手(세수), 洗濯(세탁)

贊

3급Ⅱ / 19획 / 부수 貝

먼저(先) 먼저(先) 재물(貝)로 돕고 찬성하니 **도울 찬**, **찬성할 찬**

+ 貝(조개 패, 재물 패, 돈 패)

贊助(찬조), 協贊(협찬), 贊成(찬성), 贊反(찬반)

讚

4급 / 26획 / 부수 言

말(言)로 도우며(贊) 칭찬하여 기리니 **칭찬할 찬**, **기릴 찬**

+ 기리다 - 뛰어난 업적이나 바람직한 정신, 위대한 사람 따위를 칭찬하고 기억하다.

稱讚(칭찬), 讚頌(찬송), 讚揚(찬양), 自畫自讚(자화자찬)

瓚

2급 / 23획 / 부수 玉(王)

옥(王)으로 만든 술 마심을 돕는(贊) 잔이니 **옥잔 찬**

圭瓚(규찬) - 종묘나 문묘 따위의 나라 제사에서 강신할 때에 쓰던 술잔.

+ 圭(홀 규, 영토 규, 서옥 규)

쇠(金)의 도움(贊)을 받아 뚫으니 **뚫을 찬**

또 뚫는 도구인 끌이나 송곳이니 **끌 찬, 송곳 찬**

+ 끌 − 망치로 한쪽 끝을 때려서 나무에 구멍을 뚫는 데 쓰는 연장.

研鑽(연찬), 鑽石(찬석)

2급 / 27획 / 부수 金

042

멱 면우주궁자[冖 宀宇宙宮字] − 冖과 宀으로 된 한자

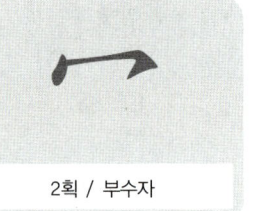

보자기로 덮은 모양을 본떠서 **덮을 멱**

2획 / 부수자

지붕으로 덮여 있는 집을 본떠서 **집 면**

3획 / 부수자

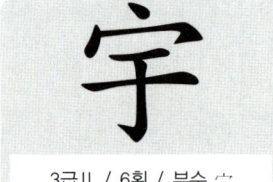

지붕(宀)과 들보와 기둥(于)이 있는 집을 본떠서 **집 우**

또 집처럼 만물이 존재하는 우주니 **우주 우**

+ 宇宙(우주) − 온 세계를 둘러싸고 있는 공간.
+ 于('어조사 우'지만 여기서는 들보와 기둥의 모양으로 봄), 들보 − 기둥과 기둥 사이를 잇는 나무.

宇內(우내), 宇宙觀(우주관), 宇宙圈(우주권)

3급II / 6획 / 부수 宀

지붕(宀)부터 말미암아(由) 지어진 집이니 **집 주**

또 집처럼 만물을 감싸는 하늘도 뜻하여 **하늘 주**

+ 由(까닭 유, 말미암을 유)

宇宙船(우주선), 宇宙基地(우주기지)

3급II / 8획 / 부수 宀

집(宀) 여러 채가 **등뼈**(呂)처럼 이어진 궁궐이니 **궁궐 궁**

+ 官 官(관청 관, 벼슬 관) – 제목번호 215 참고.
+ 呂 – 등뼈가 서로 이어진 모양을 본떠서 '등뼈 려'
+ 천자가 거처하는 황궁은 9,999칸, 왕이 거처하는 왕궁은 999칸이었다지요.

宮闕(궁궐), 宮殿(궁전), 王宮(왕궁)

4급 II / 10획 / 부수 宀

집(宀)에서 **자식**(子)이 배우고 익히는 글자니 **글자 자**

字源(자원), 十字架(십자가), 識字憂患(식자우환)

7급 / 6획 / 부수 子

O43 　혈구공창돌[穴究空窓突] – 穴로 된 한자

집(宀)에 **나누어진**(八) 구멍이니 **구멍 혈**

또 구멍이 길게 파인 굴이니 **굴 혈**

+ 宀(집 면), 八(여덟 팔, 나눌 팔)

穴居(혈거), 穴見(혈견), 穴居野處(혈거야처)

3급 II / 5획 / 제부수

굴(穴)의 **많은**(九) 부분까지 들어가 찾고 연구하니 **연구할 구**

究明(구명), 探究(탐구), 學究(학구)

4급 II / 7획 / 부수 穴

굴(穴)처럼 **만들어**(工) 속이 비니 **빌 공**

또 크게 빈 공간은 하늘이니 **하늘 공**

+ 工(장인 공, 만들 공, 연장 공)

空白(공백), 空想(공상), 蒼空(창공), 航空(항공)

7급 II / 8획 / 부수 穴

구멍(穴)처럼 **사사로운**(厶) **마음**(心)으로 벽에 뚫어 만든 창문이니
창문 창

+ 厶(사사로울 사, 나 사), 창문은 사사로이 이용하기 위하여 만들지요.

窓口(창구), 窓門(창문), 窓戶(창호), 車窓(차창)

6급 II / 11획 / 부수 穴

구멍(穴)에서 개(犬)가 갑자기 튀어나와 부딪치니

갑자기 돌, 부딪칠 돌

또 집에서 갑자기 내민 굴뚝이니 **내밀 돌, 굴뚝 돌**

3급II / 9획 / 부수 穴

+ 犬(개 견)

突發(돌발), 突變(돌변), 突出(돌출), 烟突(연돌)

○44 **심 필필(비)비[心 必泌祕] – 心과 必로 된 한자**

(마음이 가슴 속 심장에 있다고 생각하여) 심장을 본떠서 **마음 심**

또 심장이 있는 몸의 중심이니 **중심 심**

7급 / 4획 / 제부수

+ 글자의 변으로 쓰일 때는 '마음 심 변(忄)', 발로 쓰일 때는 '마음 심 발(⺗)', 心 그대로 발로 쓰일 때도 있습니다.

心性(심성), 良心(양심), 都心(도심), 圓心(원심)

하나(丿)에만 매달리는 마음(心)으로 반드시 이루니 **반드시 필**

5급II / 5획 / 부수 心

+ 丿('삐침 별'이지만 여기서는 하나로 봄)

必讀(필독), 必須(필수), 必勝(필승), 必要(필요), 期必(기필)

물(氵)은 반드시(必) 어디론가 스며 흐르니 **스며 흐를 필**

또 물 흐르듯 몸에서 분비하니 **분비할 비**

2급 / 8획 / 부수 水(氵)

+ 분비(分泌) – 샘 세포의 작용에 의하여 특수한 액즙을 만들어 배출함. 또는 그런 기능.
+ 分(나눌 분, 단위 분, 단위 푼, 신분 분, 분별할 분, 분수 분)

分泌物(분비물), 泌尿器科(비뇨기과)

신(示)처럼 반드시(必) 모습을 숨기면 신비로우니

숨길 비, 신비로울 비

4급 / 10획 / 부수 示

+ ㊂ 秘 – (옛날 곡식이 귀하던 시절에) 벼(禾)는 반드시(必) 숨겨야 한다는 데서 '숨길 비'
     또 드러내지 않고 숨기면 신비로우니 '신비로울 비' – 특급II
+ ㊂ – 속자(俗字). 正字는 아니나 세간에서 흔히 쓰는 글자. 원래 글자보다 획을 간단히 하거나
     아예 새로 만들어 씀.
+ 示(보일 시, 신 시), 禾(벼 화), 俗(저속할 속, 속세 속, 풍속 속), 字(글자 자), 正(바를 정)

祕訣(비결), 祕密(비밀), 祕境(비경), 祕藏(비장)

비슬 밀밀[毖瑟 密蜜] - 必, 宓로 된 한자

2급 / 9획 / 부수 比

견주고(比) 반드시(必) 따지며 삼가니 **삼갈 비**

+ 比(나란할 비, 견줄 비) - 제목번호 437 참고.

懲毖(징비) - '징계하고 삼감'으로, 실패를 교훈 삼아 다시 실패하지 않도록 삼감.

+ 懲(징계할 징)

2급 / 13획 / 부수 玉(王)

구슬(王)과 구슬(王)이 부딪치듯 **반드시(必)** 맑은 소리를 내도록 만든
비파와 거문고니 **비파 슬, 거문고 슬**

또 비파나 거문고 소리처럼 쓸쓸하니 **쓸쓸할 슬**

琴瑟(금슬), 蕭瑟(소슬), 瑟瑟(슬슬)

4급II / 11획 / 부수 宀

집(宀)을 반드시(必) 산(山)속에 짓고 살아야 하는
빽빽할 정도로 많은 비밀이니 **빽빽할 밀, 비밀 밀**

+ 宀(집 면), 山(산 산)

密度(밀도), 密林(밀림), 密告(밀고), 密輸(밀수)

3급 / 14획 / 부수 虫

집(宀)에다 반드시(必) 벌레(虫) 중 벌이 저장하고 있는 꿀이니 **꿀 밀**

+ 虫[벌레 충(蟲)의 속자와 부수]

口蜜腹劍(구밀복검), 蜜月旅行(밀월여행)

TIP

〈명인〉

小人之交甘如蜜(소인지교 감여밀)이요,
君子之交淡如水(군자지교 담여수)이라.
[소인의 사귐은 꿀같이 달콤하고 군자의 사귐은 물같이 맑다.]

'밥맛이다'라는 말은 욕이 아니라 최상의 찬사(讚辭)입니다. 달다고 설탕만을 먹고 살 수 있을까요? 밥은 설탕처럼 매혹적인 맛은 아니더라도 언제 먹어도 질리지 않습니다. 언제나 변함없는 친구, 좋아도 싫어도 크게 나타내지 않는 담담(淡淡)한 친구, 정말로 밥맛 같은 친구, 저도 밥맛이 되고 싶습니다.

+ 小(작을 소), 交(사귈 교, 오고갈 교), 甘(달 감), 如(같을 여), 君(임금 군, 남편 군, 그대 군), 子(아들 자, 첫째지지 자, 접미사 자), 淡(맑을 담, 깨끗할 담), 水(물 수), 소인(小人) - 도량이 좁고 간사한 사람. 군자(君子) - 행실이 점잖고 어질며 덕과 학식이 높은 사람. 讚(칭찬할 찬, 기릴 찬), 辭(말씀 사, 글 사, 물러날 사)

입이나 구멍을 본떠서 **입 구, 구멍 구**

또 입으로 말하니 **말할 구**

7급 / 3획 / 제부수

口味(구미), 一口二言(일구이언), 出入口(출입구)

사방을 에워싼 **에운담**(口) 모양에서 **에운담**

또 **나라 국**(國)의 약자

3획 / 부수자

+ 에우다 – 사방을 빙 둘러싸다.
+ 나라 국(國)의 약자는 国인데 口으로도 씁니다. 그러나 정식 약자는 国이니 시험에서는 国으로 답하세요. – 제목번호 390 참고.
+ 약자(略字)는 원 글자를 간략하게 줄여 쓰는 글자로 중국에서는 '간체자(簡體字)'라 합니다. 바쁜 현대로 오면서 약자로 쓰는 경향이 있으니 약자도 알아두어야 합니다.
+ 略(대략 략, 간략할 략, 빼앗을 략), 字(글자 자), 簡(편지 간, 간단할 간), 體(몸 체)

축을 중심으로 도는 모양에서 **돌 회**

또 돌 듯 돌아오는 횟수니 **돌아올 회, 횟수 회**

4급Ⅱ / 6획 / 부수 口

回轉(회전), 回答(회답), 回顧(회고), 一回(일회)

(바로 가지 않고) **돌아서**(回) 길게 걸어(廴) 우회하니

우회할 회, 돌 회

2급 / 9획 / 부수 廴

+ 우회(迂廻) – (곧바로 가지 아니하고) 멀리 돌아서 감.
+ 廴(길게 걸을 인), 迂(멀 우, 돌아갈 우)

廻轉(회전), 廻風(회풍), 輪廻(윤회)

TIP

〈동음이의어(同音異義語)도 한자로 해석해 보면 쉽게 구분됩니다.〉

悔心: 후회하는 마음.
回心: 돌이키는 마음.
灰心: (욕심도 없고 유혹도 받지 않는) 재처럼 사그라진 고요한 마음.
懷心: 무엇을 품고 있는 마음.

+ 同(같을 동), 音(소리 음), 異(다를 이), 義(옳을 의, 의로울 의, 뜻 의), 語(말씀 어), 悔(뉘우칠 회), 心(마음 심, 중심 심), 灰(재 회), 懷(품을 회)

여러 사람이 말하여 정한 물건의 등급과 품위니

물건 품, 등급 품, 품위 품

+ 품위(品位) – 사람이나 물건이 지닌 좋은 인상.
+ 位(자리 위, 위치 위)

物品(물품), 商品(상품), 上品(상품), 品格(품격)

5급II / 9획 / 부수 口

병들면(疒) 물건(品)이 산(山)처럼 많이 들어가는 암이니 **암 암**

+ 疒(병들 녁)
+ 암에 걸리면 많은 것을 먹어야 하고 돈도 많이 든다는 데서 만들어진 글자.

癌腫(암종), 癌的(암적), 胃癌(위암)

2급 / 17획 / 부수 疒

많은 입들(品)처럼 나무(木) 위에서 새 떼 지어 우니

새 떼 지어 울 소

+ 品('물건 품, 등급 품, 품위 품'이지만 여기서는 여러 입들로 봄), 木(나무 목)

급수 외 한자 / 13획 / 부수 口

손(扌)으로 새 떼 지어 우는(喿) 것처럼 어지러운 일을 잡아 다루니

잡을 조, 다룰 조

+ 扌(손 수 변)

操心(조심), 志操(지조), 操業(조업), 操縱(조종)

5급 / 16획 / 부수 手(扌)

불(火)에 새 떼 지어 우는(喿) 소리를 내며 타거나 마르니

탈 조, 마를 조

+ 풀이나 나무가 마르거나 탈 때는 소리가 나지요.

焦燥(초조), 燥渴(조갈), 乾燥(건조), 無味乾燥(무미건조)

3급 / 17획 / 부수 火

DAY
03

TIP

〈물건 품, 등급 품, 품위 품(品)〉

차나 술이나 밥을 혼자 먹으면 입(口)만을 위한 것이요, 둘이 먹어도 어색하고, 세 사람 정도가 모여서 먹어야 품위 있다는 데서 입 구(口) 셋을 써서 '품위 품'이 되었다고도 합니다.

6급 / 11획 / 부수 匸

감추려고(匸) 물건(品)을 나누니 **나눌 구**

또 나눠 놓은 구역이니 **구역 구**

+ 얜 区 - 감추려고(匸) 베어(乂) 나누니 '나눌 구', 또 나눠 놓은 구역이니 '구역 구'
+ 匸(감출 혜, 덮을 혜, = ㄴ), 品(물건 품, 등급 품, 품위 품), 乂(벨 예, 다스릴 예, 어질 예)

區分(구분), 區劃(구획), 區域(구역), 區間(구간)

3급 / 21획 / 부수 馬

말(馬)을 어느 **구역(區)**으로 몰아 달리니 **몰 구, 달릴 구**

+ 얜 驱
+ 馬(말 마)

驅軍(구군), 驅迫(구박), 驅蟲(구충), 驅步(구보)

2급 / 22획 / 부수 鳥

일정한 **구역(區)**에 모여 사는 **새(鳥)**는 갈매기니 **갈매기 구**

+ 얜 鸥
+ 鳥(새 조)

鷗鷺(구로), 鷗盟(구맹), 白鷗(백구), 海鷗(해구)

歐

2급 / 15획 / 부수 欠

(옛날 중국에서 세상의) **구역(區)** 중 **모자라게(欠)** 여겼던 구라파니

구라파 구

+ 얜 欧
+ 구라파 - 유럽.
+ 欠(하품 흠, 모자랄 흠, 이지러질 결, 빠질 결), 산업 혁명이 일어나기 전까지 자원이 빈약한 서구 유럽은 아주 못 살았답니다. 그래서 자원이 풍부하고 문화가 발달했던 중국에서 무시했다는 데서 만든 글자지요.

歐文(구문), 歐美(구미), 西歐(서구)

TIP

〈한자어는 먼저 글자대로 직역(直譯)하여 보세요.〉

한자로 이루어진 한자어도 사전에는 의역만 되어 있어 한자를 알아도 잘 적용하지 못하고 단어 따로 뜻 따로 외는 경우가 많지요?

한자어는 먼저 글자대로 직역(直譯)하여 보고, 다음에 의역(意譯)하여 보는 습관을 들이세요. 그러면 한자와 그 말의 뜻을 더욱 분명히 알게 됩니다.

처음에는 좀 힘들고 어렵지만 이런 습관을 들이면 얼마 되지 않아서 아주 쉬워지고 저절로 단어 박사, 한자 박사도 되지요.
+ 直(곧을 직, 바를 직), 譯(번역할 역), 意(뜻 의), 직역(直譯) - '곧게 번역함'으로, 글자대로 충실히 번역함. 의역(意譯) - '뜻으로 번역함'으로, 개개의 글자나 단어, 구절에 너무 구애되지 않고 전체의 뜻을 살리는 번역.

4급 / 7획 / 부수 囗

에워싸인(囗) 나무(木)는 자라기가 곤란하니 **곤란할 곤**

+ 나무는 적당한 햇빛과 수분 등이 있어야 잘 자라지요.
+ 곤난(困難) → 곤란 - 사정이 몹시 딱하고 어려움. 또는 그런 일.
+ 木(나무 목), 難(어려울 난, 비난할 난)

困境(곤경), 貧困(빈곤), 疲困(피곤)

3급 / 5획 / 부수 囗

에워싸여(囗) 갇힌 사람(人)이면 죄인이니 **죄인 수**

囚衣(수의), 死刑囚(사형수), 良心囚(양심수), 罪囚(죄수)

6급 / 13획 / 부수 水(氵)

물(氵)을 죄인(囚)에게도 그릇(皿)으로 떠 주는 마음이 따뜻하니
따뜻할 온

또 무엇을 따뜻해지도록 여러 번 반복하여 익히니 **익힐 온**

+ 옙 溫 - 물(氵)이 해(日)가 비친 그릇(皿)에 있으면 따뜻하니 '따뜻할 온'
　　　　또 무엇을 따뜻해지도록 여러 번 반복하여 익히니 '익힐 온'
+ 무엇이나 여러 번 문지르면 따뜻해지듯이 따뜻하도록 여러 번 반복하여 익힌다는 데서 '익힐 온'입니다.
+ 皿(그릇 명)

溫氣(온기), 溫情(온정), 溫故知新(온고지신)

5급 / 6획 / 부수 囗

에워싼(囗) 큰(大) 울타리에 말미암아 의지하니
말미암을 인, 의지할 인

+ 사회가 안정되지 않았던 옛날에는 크고 튼튼한 울타리에 많이 의지하였겠지요.

因緣(인연), 因襲(인습), 原因(원인), 敗因(패인)

3급 / 9획 / 부수 女

여자(女)가 의지할(因) 남자에게 시집가니 **시집갈 인**

姻戚(인척), 姻親(인친), 婚姻(혼인)

4급Ⅱ / 10획 / 부수 心

의지하도록(因) 마음(心) 써 주는 은혜니 **은혜 은**

+ 은혜(恩惠) - 베풀어 주는 혜택.
+ 心(마음 심, 중심 심), 惠(은혜 혜)

恩功(은공), 恩德(은덕), 恩人(은인)

단단단[亶壇檀] – 亶으로 된 한자

특급II / 13획 / 부수 亠

머리(亠) 돌려(回) 아침(旦)부터 일에 열중하면 생기는 많은 믿음이니

많을 단, 믿음 단

+ 亠(머리 부분 두), 回(돌 회, 돌아올 회, 횟수 회), 旦(아침 단)

5급 / 16획 / 부수 土

흙(土)을 많이(亶) 쌓아 만든 제단이나 단상이니 **제단 단, 단상 단**

+ 제단이나 단상은 나무나 흙으로 만들지요.
+ 단상(壇上) – 교단이나 강단 따위의 위.

教壇(교단), 論壇(논단), 登壇(등단)

4급II / 17획 / 부수 木

나무(木) 중 단단하여 많이(亶) 사용하는 박달나무니 **박달나무 단**

+ 박달나무는 단단하여 도장을 파거나 방망이 등 여러 생활도구를 만드는 데 쓰입니다.
+ 단군신화에 환웅이 태백산(지금의 묘향산) 신단수(神檀樹) 아래로 내려오는데, 신단수(神檀樹)는 박달나무니 단군(檀君)에도 박달나무 단(檀)을 쓰지요.
+ 木(나무 목), 神(귀신 신, 신비할 신, 정신 신), 樹(세울 수, 나무 수)

檀君(단군), 檀紀(단기), 震檀(진단)

아악(오) 오오오[亞惡 吳娛誤] – 亞, 吳로 된 한자

3급II / 8획 / 부수 二

(신체 능력이 보통 사람과 조금 다른)
두 척추장애인(ㅁㅁ)을 본떠서 **버금 아, 다음 아**

+ 咽 亜 – 버금 아, 다음 아(亞)를 쉽게 써서 '버금 아, 다음 아'
+ 곱사등이는 큰 혹 같은 것이 나온 등을 가진 사람(꼽추)이니, 정상인 다음 간다는 데서 만들어진 글자. '버금'은 으뜸의 바로 아래로 '다음, 두 번째'의 뜻.

亞流(아류), 亞熱帶(아열대), 亞喬木(아교목)

5급II / 12획 / 부수 心

(최선이 아닌) 다음(亞)을 생각하는 마음(心)이면 악하니 **악할 악**

또 악은 모두 미워하니 **미워할 오**

+ 咽 悪
+ 무슨 나쁜 짓을 하는 것만이 악이 아니라 '이것이 안 되면 저것 하지' 식으로 최선을 다하지 않는 것을 악이라 했네요. 한자에서 이런 진리를 깨칠 때마다 저는 그 감동으로 잠을 이루지 못할 때도 많답니다.

惡童(악동), 惡用(악용) ↔ 善用(선용), 憎惡(증오)

2급 / 7획 / 부수 口

입(口) 벌리고 목 젖히며(🐘 → ㄱ) 큰(大)소리쳤던 오나라니

큰소리칠 **화**, 오나라 **오**, 성씨 **오**

吳越之爭(오월지쟁), 吳越同舟(오월동주)

3급 / 10획 / 부수 女

여자(女)들이 큰소리치며(吳) 즐거워하니 즐거워할 **오**

娛樂(오락), 娛樂室(오락실), 娛遊(오유)

4급Ⅱ / 14획 / 부수 言

말(言)할 때 큰소리(吳)로 허풍떨어대며 자신을 그르치니 그르칠 **오**

誤答(오답), 誤謬(오류), 誤發(오발), 誤報(오보)

---

052 중중충충 관(천·꿸)환[中仲沖忠 串患] – 中, 串으로 된 한자

8급 / 4획 / 부수 丨

사물(口)의 가운데를 뚫어(丨) 맞히니 가운데 **중**, 맞힐 **중**

＋ 丨(뚫을 곤)

中立(중립), 中央(중앙), 命中(명중), 百發百中(백발백중)

3급Ⅱ / 6획 / 부수 人(亻)

사람(亻) 가운데(中) 두 번째인 버금이니 버금 **중**
또 사람(亻) 가운데(中)서 중개하니 중개할 **중**

＋ 버금 – 다음. 두 번째.
＋ 중개(仲介)하다 – 제삼자로서 두 당사자 사이에 서서 일을 주선하다.
＋ 介(끼일 개)

伯仲(백중), 仲介(중개), 仲介人(중개인)

물(氵) 가운데(中) 섞이면 화하니 **화할 충**

또 물(氵)과 위에 언 얼음 가운데(中)처럼 비니 **빌 충**

또 아직 생각이 비게 덜 성숙하여 어리니 **어릴 충**

+ 웹 冲 – 얼음(冫) 가운데(中) 끼이면 화해도 가운데가 비니 '화할 충, 빌 충'
　　　　또 아직 생각이 비게 덜 성숙하여 어리니 '어릴 충'
+ 화(和)하다 – ㉠ 무엇을 타거나 섞다. ㉡ 날씨나 바람·마음 따위가 온화하다.
+ 화(化)하다 – 다른 상태가 되다. 여기서는 和, 化의 뜻 둘 다 통함.

　沖氣(충기), 沖虛(충허), 沖積(충적), 沖年(충년)

2급 / 7획 / 부수 水(氵)

가운데(中)서 우러나는 **마음(心)**으로 대하는 충성이니 **충성 충**

+ 충성(忠誠) – 참마음에서 우러나오는 정성.
+ 心(마음 심, 중심 심), 誠(정성 성)

　忠告(충고), 忠臣(충신), 忠言逆耳(충언역이)

4급Ⅱ / 8획 / 부수 心

(고대에 화폐로 사용되었던) 조개를 꿰어 놓은 꿰미니

꿸 관, 꿰미 천

또 무엇을 꿰어 놓은 꼬챙이처럼 바다 쪽으로 길게 뻗은 땅 이름이니

땅 이름 곶

+ 곶 – 바다로 좁고 길게 뻗은 반도보다 작은 육지.

　長山串(장산곶), 虎尾串(호미곶)

2급 / 7획 / 부수 丨

가운데(中) 가운데(中)의 **마음(心)**에 있는 근심이니 **근심 환**

+ 적당히 잊어버려야 하는데 잊지 못하고 가운데 가운데에 있으면 근심이지요.

　患者(환자), 憂患(우환), 有備無患(유비무환)

5급 / 11획 / 부수 心

사리사[史吏使] - 史로 된 한자

5급II / 5획 / 부수 口

중립(屮)을 지키며(乀) 사실대로 써야 하는 역사니 **역사 사**

+ 屮[가운데 중, 맞힐 중(中)의 변형], 乀[파일 불(乀)의 변형이지만 여기서는 지키다의 뜻으로 봄]
+ 역사는 어느 쪽으로도 치우치지 않는 중립을 지키는 사람이 사실대로 써야 하지요.

歷史(역사), 史觀(사관), 史劇(사극), 略史(약사)

3급II / 6획 / 부수 口

한(一)결같이 중립(屮)을 지키며(乀) 일해야 하는 관리니 **관리 리(이)**

+ 관리(官吏) - 관직에 있는 사람.
+ 一(한 일), 官(관청 관, 벼슬 관)

淸白吏(청백리), 貪官汚吏(탐관오리)

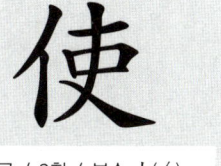

6급 / 8획 / 부수 人(亻)

사람(亻)이 관리(吏)로 하여금 일을 하도록 부리니

하여금 사, 부릴 사

+ 亻(사람 인 변)

使命(사명), 使童(사동), 使役(사역), 勞使(노사)

경(갱)편(변)경[更便硬] - 更으로 된 한자

4급 / 7획 / 부수 日

한(一) 번 말하면(曰) 사람(乂)들은 고치거나 다시 하니

고칠 경, 다시 갱

+ 曰(가로 왈), 乂[사람 인(人)의 변형]
+ 한 번 말하면 좋은 사람은 고치지만 그렇지 못한 사람은 다시 하지요.

更正(경정), 更迭(경질), 變更(변경), 更生(갱생)

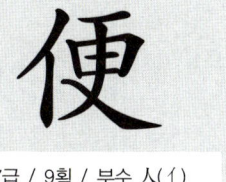

7급 / 9획 / 부수 人(亻)

사람(亻)이 잘못을 고치면(更) 편하니 **편할 편**

또 누면 편한 똥오줌이니 **똥오줌 변**

+ 편할 편(便)에 어찌 '똥오줌 변'이란 뜻이 붙었을까요? 생각해 보면 누면 편한 것이니 그런 뜻이 붙었음을 금방 알게 되지요. 이처럼 한 글자에 여러 뜻이 있으면 반드시 그런 뜻이 붙은 이유가 있으니 무조건 외는 시간에 왜 그럴까를 생각해 보세요.

便利(편리), 簡便(간편), 便所(변소), 小便(소변)

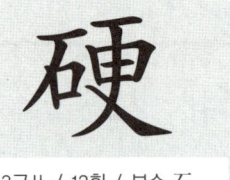

돌(石)처럼 다시(更) 굳어 단단하니 **단단할 경**

+ 石(돌 석)

硬度(경도), 硬化(경화), 動脈硬化(동맥경화), 強硬(강경)

3급II / 12획 / 부수 石

---

055 **설활화 사사[舌活話 舍捨]** – 舌, 舍로 된 한자

혀(千)가 입(口)에서 나온 모양을 본떠서 **혀 설**

+ 千('일천 천'이지만 여기서는 혀의 모양으로 봄)

舌戰(설전), 舌禍(설화), 口舌數(구설수), 毒舌(독설)

4급 / 6획 / 제부수

물(氵)기가 혀(舌)에 있어야 사니 **살 활**

+ 浩(클 호, 넓을 호) – 제목번호 040 참고.
+ 氵(삼 수 변)

活力(활력), 活路(활로), 活魚(활어), 復活(부활)

7급II / 9획 / 부수 水(氵)

말(言)을 혀(舌)로 하는 말씀이나 이야기니 **말씀 화, 이야기 화**

話術(화술), 對話(대화), 童話(동화), 實話(실화)

7급II / 13획 / 부수 言

사람(人)이 입속의 혀(舌)처럼 깃들여 사는 집이니 **집 사**

舍廊(사랑), 官舍(관사), 寄宿舍(기숙사), 幕舍(막사)

4급II / 8획 / 부수 舌

손(扌)으로 집(舍) 밖에 버리니 **버릴 사**

+ 扌(손 수 변)

喜捨(희사), 四捨五入(사사오입), 取捨選擇(취사선택)

+ 取(취할 취, 가질 취), 選(뽑을 선), 擇(가릴 택)

3급 / 11획 / 부수 手(扌)

감감(한)심 모모매[甘邯甚 某謀媒] - 甘, 某로 된 한자

4급 / 5획 / 제부수

단맛을 느끼는 **혀** 앞부분(甘)에 **일**(一)을 그어서 **달 감**

또 단맛은 먹기 좋아 기쁘니 **기쁠 감**

+ 󰃁 苦(쓸 고, 괴로울 고) - 제목번호 024 참고.
+ 혀의 앞부분에서 단맛을 느끼니, 쭉 내민 혀 모양 앞부분에 一을 그은 것이지요.

甘味(감미), 甘受(감수), 甘言利說(감언이설)

2급 / 8획 / 부수 邑(阝)

단(甘)것이 많이 나는 **고을**(阝) 이름이니

고을 이름 감, 조나라 서울 한

+ 한단(邯鄲) - 중국 하북성에 있는 도시. 기원전 4세기 전국 시대 조(趙)나라의 수도.
+ 鄲(조나라 서울 단, 땅 이름 단)

*邯鄲夢(한단몽), *邯鄲之夢(한단지몽)

3급Ⅱ / 9획 / 부수 甘

달콤한(甘) **짝**(匹)들의 사랑이 너무 심하니 **심할 심**

+ 甘[달 감, 기쁠 감(甘)의 변형], 匹(짝 필, 베를 세는 단위 필)

甚難(심난), 甚至於(심지어), 極甚(극심)

3급 / 9획 / 부수 木

달콤한(甘) **나무**(木) 열매는 아무나 찾으니 **아무 모**

+ 아무 - 꼭 누구라고 말하거나, 꼭 무엇이라고 지정하지 않고 가리킬 때 쓰는 말.

某某(모모), 某年(모년), 某種(모종), 某處(모처)

3급Ⅱ / 16획 / 부수 言

말(言)과 행동을 아무(某)도 모르게 꾀하고 도모하니

꾀할 모, 도모할 모

謀略(모략), 謀議(모의), 謀陷(모함), 主謀(주모)

3급Ⅱ / 12획 / 부수 女

여자(女)를 아무(某)에게 소개하는 중매니 **중매 매**

媒介(매개), 觸媒(촉매)

其

3급II / 8획 / 부수 八

단(甘)것을 그릇(一)에 나누어(八) 놓고 유인하는 그쪽이니 **그 기**

+ 甘[달 감, 기쁠 감(甘)의 변형], 一('한 일'이지만 여기서는 '그릇'으로 봄), 八(여덟 팔, 나눌 팔)

其間(기간), 其實(기실), 其餘(기여), 其他(기타)

淇

2급 / 11획 / 부수 水(氵)

물(氵) 중에 바로 그(其) 물의 이름이니 **물 이름 기**

+ 인·지명용 한자.

淇水(기수) – 중국 허난성(河南省) 안양시(安陽市)를 남서로 흐르는 강.

琪

2급 / 12획 / 부수 玉(王)

옥(王) 중에 바로 그(其)렇게 아름다운 옥이니 **아름다운 옥 기**

琪花(기화), 琪花瑤草(기화요초)

騏

2급 / 18획 / 부수 馬

말(馬)이라면 바로 그(其) 준마니 **준마 기**

+ 준마(駿馬) – 빠르게 잘 달리는 말.
+ 馬(말 마), 駿(준마 준)

騏驎(기린), 騏驥(기기)

麒

2급 / 19획 / 부수 鹿

사슴(鹿)과 비슷한 바로 그(其) 기린이니 **기린 기**

+ 기린(麒麟) – ㉠ 기린과에 딸린 동물. ㉡ 성인(聖人)이 이 세상에 나면 나타난다고 하는 상상의 동물. ㉢ 가장 걸출한 인물을 비유하여 이르는 말.
+ 鹿(사슴 록), 麟(기린 린)

麒麟兒(기린아), 麒麟草(기린초)

棋

2급 / 12획 / 부수 木

나무(木)판에서 두는 그(其) 놀이는 바둑이니 **바둑 기**

棋力(기력), 棋歷(기력), 棋士(기사), 棋院(기원)

欺

3급 / 12획 / 부수 欠

그런(其) 저런 허황된 말을 하며 **모자라게(欠)** 속이니 **속일 기**

✚ 欠(하품 흠, 모자랄 흠, 이지러질 결, 빠질 결) - 제목번호 167 참고.

欺罔(기망), 詐欺(사기)

期

5급 / 12획 / 부수 月

그(其) 달(月)이 차고 이지러진 것을 보고 기간을 정하고 기약했으니

기간 기, 기약할 기

✚ 해는 항상 똑같은 모양이지만, 달은 늘 그 모양이 변하니 약속하기에 좋아, 달이 어떤 모양일 때 다시 만나자고 할 수 있지요.

期間(기간), 婚期(혼기), 期約(기약), 期待(기대)

箕

2급 / 14획 / 부수 竹(⺮)

(키는 대로 만들었으니) 대 죽(⺮)을 (키를 본떠 만든) 그 기(其)에 더하여

키 기

✚ '키'는 곡식을 까불러 쭉정이나 티끌을 골라내는 도구로, 키를 나타내는 글자는 키를 본떠서 만든 其였는데, 후대로 내려오면서 其는 사물을 지시하는 '그 기'로 쓰이고, 키는 대로 만든 데서 대 죽(⺮)을 其 위에 더하여 '키 기(箕)'로 씁니다.

箕斂(기렴), 箕子朝鮮(기자조선)

基

5급Ⅱ / 11획 / 부수 土

그(其) 바탕에 흙(土)을 다진 터나 기초니 **터 기, 기초 기**

✚ 터 - ㉠ 공사를 하거나 하였던 자리. ㉡ 일의 토대.
✚ 집을 지으려면 흙을 잘 다져 기초를 튼튼히 해야 하지요.

基幹(기간), 基盤(기반), 基準(기준), 基礎(기초)

> **TIP**

〈모르는 단어의 뜻도 한자로 생각해 보세요.〉

모르는 단어를 보았을 때 외국어 느낌이 들면 영어로, 외국어 느낌이 들지 않으면 한자로 그 뜻을 생각해 보세요.

우리말의 대부분은 한자로 되었기 때문에 한자의 무슨 자 무슨 자로 된 말일까를 생각해보면 대부분의 경우 그 뜻을 쉽게 알 수 있습니다.

한자로 생각하는 힘을 기르면 말하기와 글쓰기에도 자신감이 생깁니다.

사방을 경계짓고 나눈 **밭**(井)의 모양에서 **밭 전**

4급II / 5획 / 제부수

田畓(전답), 田園(전원), 我田引水(아전인수)

밭(田)에 **싹**(|)이 나는 것은 씨앗을 뿌린 까닭으로 말미암으니

까닭 유, 말미암을 유

6급 / 5획 / 부수 田

+ | ('뚫을 곤'이지만 여기서는 싹으로 봄)

由來(유래), 由來談(유래담), 由緒(유서), 理由(이유)

밭(田)에 씨앗의 **뿌리**(|)가 먼저 나듯 처음 나온 첫째니

첫째 갑, 첫째 천간 갑

또 **밭**(田)에 씨앗의 **뿌리**(|)가 날 때 뒤집어 쓴 껍질 같은 갑옷이니

갑옷 갑

4급 / 5획 / 부수 田

+ | ('뚫을 곤'이지만 여기서는 뿌리로 봄)

甲富(갑부), 甲種(갑종), 回甲(회갑), 鐵甲(철갑)

속마음을 **아뢰어**(曰) **펴듯**(|) 소리 내는 원숭이니

아뢸 신, 펄 신, 원숭이 신

또 원숭이는 아홉째 지지니 **아홉째 지지 신**

4급II / 5획 / 부수 田

+ 曰(가로 왈), | ('뚫을 곤'이지만 여기서는 펴는 모양으로 봄)

申告(신고), 申請(신청), 申申當付(신신당부)

강강강[畕彊疆] - 畕으로 된 한자

특급Ⅱ / 13획 / 부수 田

밭(田)과 밭(田) 사이의 **세 둑들**(三)처럼 이루어진 경계니 **경계 강**

+ 一('한 일'이지만 여기서는 경계를 이루는 둑으로 봄)
+ 후대로 오면서 경계는 주로 경계 강, 한계 강(疆)으로 쓰게 되지요.

2급 / 16획 / 부수 弓

활(弓)로 **경계**(畕)를 지킴이 굳세니 **굳셀 강**

+ 통 強 - 큰(弘) 벌레(虫)처럼 강하니 '강할 강' 또 강하게 밀어붙이는 억지니 '억지 강' - 제목번호 403 참고.
+ 弘(활 궁), 虫(벌레 충)

　彊求(강구), 自彊·自强(자강), 自彊不息(자강불식, = 自强不息)

DAY 03

2급 / 19획 / 부수 田

(침략을 막기 위해) **굳세게**(彊) 지켜야 할 **땅**(土)의 경계니 **경계 강**

또 경계처럼 더 이상 갈 수 없는 한계니 **한계 강**

+ '지경 강'이라고도 하는데 '지경'은 ㉠ 땅의 경계. ㉡ 어떠한 처지나 형편의 뜻이지요.

　疆界(강계), 疆土(강토), 萬壽無疆(만수무강)

TIP

〈명시〉

月白雪白天地白(월백설백천지백)이요,
山深夜深客愁心(산심야심객수심)이요.
[달빛도 희고 눈빛도 희어 천지가 온통 하얗소.
산도 깊고 밤도 깊어 나그네의 시름도 깊어지오.]
　　　　　　　　　　　　　　- 공허스님과 김삿갓이 금강산 백운암에 거처하며 주고받은 詩 중 한 대목.

+ 月(달 월, 육 달 월), 白(흰 백, 밝을 백, 깨끗할 백, 아뢸 백), 雪(눈 설, 씻을 설), 天(하늘 천), 地(땅 지, 처지 지), 山(산 산), 深(깊을 심), 夜(밤 야), 客(손님 객), 愁(근심 수)

苗

3급 / 9획 / 부수 草(艹)

풀(艹)처럼 밭(田)에 나는 싹이니 **싹 묘**

+ 笛 笛 (피리 적) - 제목번호 068 참고.
+ 艹 - 풀 초(草)가 부수로 쓰일 때의 모양으로 '초 두'

苗木(묘목), 苗板(묘판), 育苗(육묘), 種苗(종묘)

畓

3급 / 9획 / 부수 田

물(水)을 밭(田)에 넣어 만든 논이니 **논 답**

+ 水(물 수), 田(밭 전)

田畓(전답), 宗畓(종답), 門前沃畓(문전옥답)

甸

2급 / 7획 / 부수 田

서울을 둘러**싸고**(勹) 밭(田)처럼 펼쳐진 땅이 경기니 **경기 전**

+ 경기(京畿) - 왕도(王都)의 둘레 500리(里) 이내의 땅.
+ 勹(쌀 포), 京(서울 경), 畿(경기 기)

畿甸(기전) - 기내(畿內).

沓

특급Ⅱ / 8획 / 부수 水

물(水)이 햇(日)볕에 증발하여 활발하게 합하니
활발할 답, 합할 답

+ 日(해 일, 날 일)

踏

3급Ⅱ / 15획 / 부수 足(𧾷)

발(𧾷)을 활발하게(沓) 움직여 밟으니 **밟을 답**

+ 𧾷[발 족, 넉넉할 족(足)의 변형]

踏步(답보), 踏査(답사), 踏襲(답습), 踏破(답파)

TIP

〈둥근 것을 본떠 만든 글자가 어찌 네모일까요?〉

한자가 만들어지던 시절에는 종이나 좋은 필기도구가 없어서 짐승의 뼈나 나무, 바위 같은 딱딱한 곳에 딱딱한 도구로 글자
를 새겼기에, 둥글게 새기기가 네모로 새기기보다 어려웠기 때문이지요.

그래서 한자에 둥근 글자는 없고 해 일(日), 눈 목(目)처럼 둥근 것을 본떠서 만든 글자도 네모랍니다.

DAY 03 확인문제

01~03 다음 漢字의 訓과 音을 쓰시오.

01. 瓚, 毖, 癌

02. 鷗, 淇, 騏

03. 麒, 棋, 箕

04~06 다음 漢字語의 讀音을 쓰시오.

04. 硏鑽, 分泌物, 琴瑟

05. 輪廻, 沖積, 自彊不息

06. 萬壽無疆, 畿甸, 娛樂室

07~08 다음 문장에서 ( ) 안의 漢字語를 漢字(正字)로 바꾸어 쓰시오.

07. 호연지기의 마음을 (기필)코 기르고 싶구나.

08. 온정 있는 미소 하나로도 큰 (은덕)을 베풀 수 있다.

09 다음 [ ] 안의 한자와 뜻이 비슷한 한자는?

09. [品] ① 癌 ② 物 ③ 燥 ④ 鑽

10 다음 [ ] 안의 한자와 뜻이 반대인 한자는?

10. [先] ① 究 ② 洗 ③ 澔 ④ 後

11~12 다음 漢字와 뜻이 反對 또는 相對되는 漢字를 ( ) 안에 써넣어 漢字語를 완성하시오.

11. 부지런만 하면 먹고살지 못할 만큼 ( )窮에 빠질 일은 거의 없다.

12. 밤 잔 원수 없고 날 샌 ( )惠 없다.

정답

01. 옥잔 찬, 삼갈 비, 암 암
02. 갈매기 구, 물 이름 기, 준마 기
03. 기린 기, 바둑 기, 키 기
04. 연찬, 분비물, 금슬
05. 윤회, 충적, 자강불식
06. 만수무강, 기전, 오락실
07. 期必
08. 恩德
09. ②
10. ④
11. 困
12. 恩

061 복복폭 부부[畐福幅 副富] - 畐으로 된 한자

畐

급수 외 한자 / 9획 / 부수 田

한(一) 사람의 **입**(口)은 **밭**(田)에서 난 곡식만으로도 가득 차니

찰 복

+ 口(입 구, 구멍 구, 말할 구), 田(밭 전)

福

5급II / 14획 / 부수 示

신(示)이 **채워**(畐) 준다는 복이니 **복 복**

+ 示(보일 시, 신 시)

福券 (복권), 福音 (복음), 祝福 (축복), 幸福 (행복)

幅

3급 / 12획 / 부수 巾

수건(巾) 같은 천의 가로로 **찬**(畐) 넓이니 **넓이 폭**

+ 巾(수건 건)

幅跳 (폭도), 大幅 (대폭) ↔ 小幅 (소폭), 步幅 (보폭)

副

4급II / 11획 / 부수 刀(刂)

찬(畐) 있는 재산을 **칼**(刂)로 잘라내어 다음(버금)을 예비하니

버금 부, 예비 부

+ 예비(豫備) - 필요할 때 쓰기 위하여 미리 마련하거나 갖추어 놓음.
+ 버금 - 으뜸의 바로 아래로, '다음, 두 번째'의 뜻.
+ 刂(칼 도 방), 豫(미리 예), 備(갖출 비)

副本 (부본), 副業 (부업), 副作用 (부작용), 正副 (정부)

富

4급II / 12획 / 부수 宀

집(宀)에 재물이 **차**(畐) 넉넉한 부자니 **넉넉할 부, 부자 부**

+ 역 冨 - 덮인(冖) 곳에 재물이 차(畐) 넉넉한 부자니 '넉넉할 부, 부자 부'
+ 宀(집 면), 冖(덮을 멱)

富強 (부강), 巨富 (거부), 貧富貴賤 (빈부귀천), 豊富 (풍부)

4급II / 11획 / 부수 糸

실(糸)처럼 밭(田)이랑이 가느니 **가늘 세**

╋ 糸(실 사, 실 사 변)

   細工(세공), 細菌(세균), 細密(세밀), 細心(세심)

5급 / 9획 / 부수 心

밭(田)을 갈 듯이 마음(心)으로 요모조모 생각하니 **생각할 사**

   思考(사고), 思慕(사모), 思想(사상), 思母曲(사모곡)

3급II / 11획 / 부수 糸

밭(田)이랑이나 실(糸)타래처럼 여러 갈래로 쌓이니

여러 루(누), 쌓일 루(누)

또 여러 번 하여 폐 끼치니 **폐 끼칠 루(누)**

╋ 누(累) - 남의 잘못으로 말미암아 받게 되는 정신적인 괴로움이나 물질적인 손해.

   累計(누계), 累積(누적), 累增(누증), 連累(연루)

7급II / 7획 / 부수 田

밭(田)에 나가 힘(力)써 일하는 사내니 **사내 남**

╋ 밭에서 힘든 일은 주로 사내가 하지요.

   美男(미남), 男負女戴(남부여대), 無男獨女(무남독녀)

3급 / 9획 / 부수 田

(농부는) 밭(田)의 농작물이 갑자기 변함(𠃌)을 두려워하니

두려워할 외

╋ 𠃌 [될 화, 변화할 화, 가르칠 화(化)의 변형]
╋ 농부는 애써 기른 농작물이 갑자기 병이 들거나 태풍에 쓰러질 것을 두려워하지요.

   畏驚(외경), 敬畏(경외), 後生可畏(후생가외)

胃

3급II / 9획 / 부수 肉(月)

밭(田)처럼 넓어 몸(月)에서 음식물을 담아 소화시키는 밥통이니

밥통 위

+  甶(무릎쓸 모) - 제목번호 006 참고.

胃腸(위장), 胃痛(위통), 胃酸過多(위산과다)

謂

3급II / 16획 / 부수 言

말(言)을 위(胃)가 음식을 소화시키듯이 이해되게 이르니 이를 위

+ 이르다 - ㉠ (어떤 장소나 시간에) 닿다. 미치다. - 至(이를 지, 지극할 지) ㉡ 말하다. 알아듣거나 깨닫게 하다. - 謂(이를 위) ㉢ (정해진 시간보다) 빠르다. - 早(일찍 조). 여기서는 ㉡.

所謂(소위), 云謂(운위), 或謂(혹위)

渭

2급 / 12획 / 부수 水(氵)

물(氵)이 밥통(胃)처럼 고이며 흐르는 물 이름이니 물 이름 위

渭水(위수)

膚

2급 / 15획 / 부수 肉(月)

범(虍) 무늬와 위(胃)의 주름처럼 생긴 살갗이니 살갗 부

+ 虍(범 호 엄)

膚見(부견), 皮膚(피부), 雪膚花容(설부화용)

+ 雪(눈 설, 씻을 설), 花(꽃 화), 容(얼굴 용, 받아들일 용, 용서할 용)

리리매리 량량[里理埋裏 量糧] – 里, 量으로 된 한자

里

7급 / 7획 / 제부수

곡식을 생산하는 **전(田)**답이 있는 **땅(土)** 부근에 형성되었던 마을이니
마을 리(이)
또 옛날에는 거리를 재는 단위로도 쓰여 **거리 리(이)**

+ 숫자 개념이 없었던 옛날에는 어느 마을에서 어느 마을까지의 몇 배 정도로 거리를 셈하다가 후대로 오면서 1리는 400m, 10리는 4km로 정하여 쓰게 되었지요.

里長(이장), 洞里(동리), 里程標(이정표), 千里眼(천리안)

理

6급II / 11획 / 부수 玉(王)

왕(王)이 **마을(里)**을 이치에 맞게 다스리니
이치 리(이), 다스릴 리(이)

+ 원래는 구슬(王)을 가공할 때 여기저기 흩어진 마을(里)처럼 여기저기 있는 무늬가 잘 나타나도록 이치에 맞게 잘 다스린다는 데서 '이치 리, 다스릴 리(理)'입니다.

理論(이론), 合理(합리), 管理(관리), 處理(처리)

埋

3급 / 10획 / 부수 土

흙(土)으로 **마을(里)** 부근에 묻으니 **묻을 매**

埋沒(매몰), 埋藏(매장), 埋葬(매장), 生埋葬(생매장)

裏

3급II / 13획 / 부수 衣

마치 **옷(衣)**으로 둘러싸인 **마을(里)**처럼 무엇으로 싸인 속이니 **속 리(이)**

+ 裡 – 마치 옷(衤)으로 둘러싸인 마을(里)처럼 무엇으로 싸인 속이니 '속 리(이)'
+ 衣(옷 의), 衤(옷 의 변)

裏面(이면), 裏書(이서), 表裏不同(표리부동)

量

5급 / 12획 / 부수 里

아침(旦)마다 그날 가야 할 **거리(里)**를 헤아리니 **헤아릴 량(양)**
또 헤아려 담는 용량이니 **용량 량(양)**

+ 용량 – 가구나 그릇 같은 데 들어갈 수 있는 분량.
+ 旦(아침 단)

雅量(아량), 裁量(재량), 減量(감량), 數量(수량)

糧

4급 / 18획 / 부수 米

쌀(米) 같은 곡식을 먹을 만큼 **헤아려(量)** 들여놓는 양식이니 **양식 량(양)**

+ 양식(糧食) – 먹고 살 거리. 식량.

糧穀(양곡), 糧政(양정), 軍糧米(군량미)

7급 / 9획 / 부수 里

많은(千) 마을(里)에서 모은 것이라 무겁고 귀중하니

무거울 **중**, 귀중할 **중**

또 무겁고 귀중하여 거듭 다루니 거듭 **중**

+ 🖼 童(아이 동) - 제목번호 200 참고.
+ 🖼 輕(가벼울 경) - 제목번호 364 참고.
+ 🖼는 글자 뜻과 상관없이 글자 모양이 유사한 글자를 나타내고, 뜻이 비슷한 글자는 🖼으로 표시했습니다.

重量(중량), 貴重(귀중), 重要(중요), 重複(중복)

5급II / 14획 / 부수 禾

벼(禾) 같은 곡식에서 **귀중한(重)** 것은 씨앗이니 씨앗 **종**

또 씨앗처럼 나누어 두는 종류니 종류 **종**

+ 禾('벼 화'로 곡식을 대표함), 농사에서 씨앗이 제일 중요하니 섞이지 않도록 나누어 종류별로 보관하지요.

種苗(종묘), 種子(종자), 種類(종류), 各種(각종)

4급 / 17획 / 부수 金

쇠(金)로 만들어 **거듭(重)** 치는 쇠북 종이니 쇠북 **종**

또 쇠(金)로 만들어 **거듭(重)** 사용하는 술잔이니 술잔 **종**

+ 쇠북 - '종'의 옛 말.
+ 🖼 鐘(쇠북 종, 종치는 시계 종) - 제목번호 200 참고.

鍾路(종로), 鍾鉢(종발), 鍾子(종자), 茶鍾(차종)

7급II / 11획 / 부수 力

무거운(重) 것도 **힘(力)**쓰면 움직이니 움직일 **동**

動力(동력), 動産(동산), 動搖(동요), 生動感(생동감)

董

2급 / 13획 / 부수 草(艹)

풀(艹)을 **거듭(重)** 쌓아 바르게 감추니 바를 **동**, 감출 **동**

또 풀(艹)을 **거듭(重)** 쌓는데 감독하니 감독할 **동**

骨董品(골동품), 董督(동독), 董率(동솔)

갑갑압압[岬鉀押鴨] – 甲으로 된 한자

2급 / 8획 / 부수 山

산(山)에서 **갑옷**(甲)처럼 단단한 산허리나 곶이니 **산허리 갑, 곶 갑**

+ 甲(첫째 갑, 첫째 천간 갑, 갑옷 갑), 곶 – 바다로 내민 반도보다 작은 육지.

　岬寺(갑사), 岬城(갑성), 岬角(갑각)

2급 / 13획 / 부수 金

쇠(金)로 만든 **갑옷**(甲)이니 **갑옷 갑**

+ 甲에도 '갑옷'의 뜻이 있지만 대부분의 갑옷은 쇠로 만든다는 데서 쇠 금(金)을 붙여 만든 글자입니다.

　鐵鉀·鐵甲(철갑)

3급 / 8획 / 부수 手(扌)

손(扌)으로 제일(甲) 힘주어 누르거나 압수하니 **누를 압, 압수할 압**

+ 㽞 壓(누를 압) – 제목번호 144 참고.
+ 압수(押收) – 법원이 증거물, 또는 몰수해야 할 물건이라고 생각되는 것을 가져가는 강제 처분.
+ 收(거둘 수)

　押留(압류), 假押留(가압류)

건강에 **으뜸**(甲)으로 좋은 **새**(鳥)는 오리니 **오리 압**

+ 鳥(새 조), 오리는 닭이나 다른 짐승과 달리 성인병에도 좋답니다.

　鴨綠江(압록강), 鴨蒸(압증)

2급 / 16획 / 부수 鳥

DAY 04

TIP

〈인·지명용 한자〉

일반 용어에는 잘 쓰이지 않고 주로 인명(人名 – 사람 이름)이나 지명(地名 – 땅 이름)에 쓰이는 한자에 붙인 말입니다. 일반 용어에도 쓰이고 人名이나 地名에도 쓰이는 글자에는 '인·지명용 한자'라는 표시를 하지 않았습니다.

+ 名(이름 명, 이름날 명), 地(땅 지, 처지 지)

비비비[卑婢碑] - 卑로 된 한자

3급II / 8획 / 부수 十

찢어진(丿) 갑옷(甲)을 입은 많은(十) 병사들은 낮고 천하니

낮을 **비**, 천할 **비**

+ 丿('삐침 별'이지만 여기서는 찢어진 모양으로 봄), 甲[첫째 갑, 첫째 천간 갑, 갑옷 갑(甲)의 변형]

卑屈(비굴), 卑俗(비속), 卑劣(비열), 卑賤(비천)

3급II / 11획 / 부수 女

여자(女) 중 신분이 낮은(卑) 여자 종이니 여자 종 비

+ 남자 종은 '종 노, 남을 흉하게 부르는 접미사 노(奴)' - 제목번호 179 참고.

婢女(비녀), 婢妾(비첩), 奴婢(노비)

4급 / 13획 / 부수 石

돌(石)을 깎아 낮게(卑) 세운 비석이니 비석 비

+ 비석(碑石) - 돌로 만든 비. 빗돌.

碑木(비목), 碑文(비문), 墓碑(묘비), 詩碑(시비)

유추축적조 인연[油抽軸笛曹 寅演] - 由, 寅으로 된 한자

6급 / 8획 / 부수 水(氵)

물(氵)처럼 열매를 짬으로 말미암아(由) 나오는 기름이니 기름 유

+ 氵(삼 수 변), 由(까닭 유, 말미암을 유) - 제목번호 058 참고.

油價(유가), 油田(유전), 原油(원유), 精油(정유)

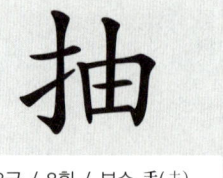

3급 / 8획 / 부수 手(扌)

손(扌)으로 말미암아(由) 뽑으니 뽑을 추

+ 扌(손 수 변)

抽讀(추독), 抽象(추상), 抽出(추출)

수레(車)를 **말미암아**(由) 굴러가게 하는 굴대니 **굴대 축**

+ 車(수레 거, 차 차), 굴대 - 바퀴의 가운데 구멍에 끼우는 긴 쇠나 나무.

　主軸(주축), 地軸(지축), 車軸(차축), 樞軸(추축)

2급 / 12획 / 부수 車

대(⺮)로 **말미암아**(由) 소리 나게 만든 피리니 **피리 적**

+ ㉭ 𦭖(싹 묘) - 제목번호 060 참고.
+ ⺮(대 죽)

　警笛(경적), 鼓笛隊(고적대), 汽笛(기적), 號笛(호적)

3급Ⅱ / 11획 / 부수 竹(⺮)

시조 **한**(一) 분으로 **말미암아**(由) 말해지는(曰) 성씨니 **성씨 조**

+ 曰(가로 왈)
+ 성씨는 유명한 한 분으로부터 유래되어 불리지요.

2급 / 10획 / 부수 日

집(宀)에서 **하나**(一)의 일로 **말미암아**(由) 마음이 **나눠짐**(八)은 삼가니
삼갈 인

또 삼가 조심하는 범이니 **범 인**

또 범은 셋째 지지니 **셋째 지지 인**

+ 宀(집 면), 八(여덟 팔, 나눌 팔), 범 - 호랑이.

　寅念(인념), 寅時(인시)

3급 / 11획 / 부수 宀

물(氵)처럼 **삼가는**(寅) 모습으로 펴고 설명하니 **펼 연, 설명할 연**

+ 물은 항상 낮은 곳으로 흐르며, 자기 모양을 주장하지 않고, 구덩이가 있으면 채우고 넘쳐야 다음으로 흐르지요.

　演劇(연극), 演技(연기), 演說(연설), 演題(연제)

4급Ⅱ / 14획 / 부수 水(氵)

3급 / 7획 / 부수 人(亻)

사람(亻)이 펴(申) 늘이니 늘일 신

+ 띠 仲(버금 중, 중개할 중) - 제목번호 052 참고.
+ 亻(사람 인 변)
+ 申(아뢸 신, 펼 신, 원숭이 신, 아홉째 지지 신)은 속마음을 펴 아뢴다는 뜻이고, 伸은 물건을 길게 펴 늘인다는 뜻입니다.

伸張(신장), 伸縮(신축)

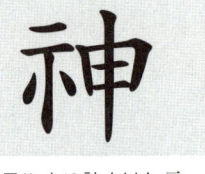

6급II / 10획 / 부수 示

신(示) 중 모습을 펴(申) 나타난다는 귀신이니 귀신 신

또 귀신처럼 신비하게 깨어 있는 정신이니 신비할 신, 정신 신

+ 示(보일 시, 신 시)
+ 神은 보이지 않지만 가끔 어떤 모습으로 나타난다고도 하지요.

神奇(신기), 神童(신동), 神靈(신령), 神秘(신비), 精神(정신)

2급 / 11획 / 부수 糸

실(糸)처럼 펴(申) 두르는 큰 띠니 큰 띠 신

또 큰 띠로 모양을 낸 신사니 신사 신

+ 신(紳) - 옛날 중국에서, 예복을 입을 때 허리에 매고 그 나머지를 드리운 폭이 넓은 띠. 큰 띠.
+ 신사(紳士) - ㉠ 사람됨이나 몸가짐이 점잖고 교양이 있으며 예의 바른 남자. ㉡ 보통 남자를 대접하여 이르는 말.

紳士的(신사적), 紳商(신상) - 상류층에 드는 장사치. 점잖은 상인.

3급 / 8획 / 부수 土

흙(土)이 펴진(申) 땅이니 땅 곤

坤靈(곤령), 乾坤(건곤), 別有乾坤(별유건곤)

8급 / 4획 / 제부수

가지 달린 나무를 본떠서 **나무 목**

木刻(목각), 木器(목기), 木材(목재), 伐木(벌목)

7급 / 6획 / 부수 人(亻)

사람(亻)이 **나무**(木) 옆에서 쉬니 **쉴 휴**

+ 亻(사람 인 변)
+ 나무에서는 피톤치드 등 몸에 좋은 것이 많이 나온다지요.

休耕(휴경), 休息(휴식), 休戰(휴전), 連休(연휴)

4급II / 7획 / 부수 广

집(广)에서 **나무**(木)로 받쳐 만든 평상이나 책상이니 **평상 상, 책상 상**

+ 广 – 굴 바위 엄, 언덕 엄(厂) 위에 점(丶)을 찍어, 언덕이나 바위를 지붕 삼아 지은 바위 집 모양을 나타내어 '집 엄'

病床(병상), 臨床(임상), 寢床(침상), 冊床(책상)

5급II / 9획 / 부수 目

나무(木)처럼 마주 서서 서로의 모습을 **보니**(目)
서로 상, 모습 상, 볼 상
또 임금과 서로 소통하던 재상이니 **재상 상**

+ 재상(宰相) – 임금을 돕고 모든 관원을 지휘하고 감독하는 이품 이상의 벼슬.
+ 宰(주관할 재, 재상 재)

相扶相助(상부상조), 眞相(진상), 觀相(관상), 首相(수상)

2급 / 15획 / 부수 竹(⺮)

대(⺮)를 **서로**(相) 걸어 짠 상자니 **상자 상**

+ ⺮(대 죽), 자재가 귀하던 옛날에는 상자도 대로 만들었지요.

箱子(상자), 書箱(서상)

4급II / 13획 / 부수 心

서로(相) **마음**(心)으로 생각하니 **생각할 상**

想念(상념), 想像(상상), 構想(구상), 發想(발상)

DAY
04

본발 걸휴[本鉢 杰烋] – 本, ````로 된 한자

6급 / 5획 / 부수 木

나무 목(木) 아래, 즉 뿌리 부분에 **일**(一)을 그어 나무에서는 뿌리가 제일 중요한 근본임을 나타내어 **뿌리 본, 근본 본**

또 근본을 적어 놓은 책이니 **책 본**

+ 근본(根本) – ㉠ 초목의 뿌리. ㉡ 사물의 본질이나 본바탕. ㉢ 자라온 환경이나 혈통.
+ 나무는 뿌리가 성해야 잘 자라니 묘목을 고를 때도 뿌리가 성한 것을 골라야 하지요.

　根本(근본), 本論(본론), 本性(본성), 原本(원본), 拔本塞源(발본색원)

2급 / 13획 / 부수 金

쇠(金)로 **바닥**(本)을 다듬어 만든 바리때니 **바리때 발**

+ 바리때 – 절에서 쓰는 중의 밥그릇. 나무로 대접처럼 만들어 안팎에 칠을 올림. 줄여서 '바리'라고 함.

　沙鉢(사발), 周鉢(주발), 托鉢(탁발)

2급 / 8획 / 부수 木

나무(木)가 **불**(````)타듯이 열성인 뛰어난 호걸이니 **뛰어날 걸**

+ 뛰어날 걸의 속자(俗字) – 제목번호 241 참고.
+ 속자(俗字) – 원래 글자보다 획을 간단하게 하거나 아예 새로 만들어 속세에서 널리 쓰는 글자.
+ ````(불 화 발), 俗(저속할 속, 속세 속, 풍속 속), 字(글자 자)

2급 / 10획 / 부수 火(````)

쉬면서(休) 따뜻한 **불**(````)을 쬐듯 온화하고 아름다우니

온화할 휴, 아름다울 휴

+ 온화(溫和)하다 – ㉠ 날씨가 맑고 따뜻하여 바람이 부드럽다. ㉡ 성격, 태도 따위가 온순하고 부드럽다.
+ 인·지명용 한자

TIP

〈명언〉

百行之本(백행지본)은 忍之爲上(인지위상)이라.
[모든 행실(百行)의 근본은 참는 것이 으뜸이라.]

– 《명심보감(明心寶鑑)》

나이 들수록 후회하게 되는 3껄(걸)이 있답니다.
좀 더 참을 껄(걸), 좀 더 즐길 껄(걸), 좀 더 베풀 껄(걸)

+ 百(일백 백, 많을 백), 行(다닐 행, 행할 행, 항렬 항), 之(갈 지, ~의 지, 이 지), 忍(참을 인, 잔인할 인), 爲(할 위, 위할 위), 上(위 상, 오를 상)

림빈 삼금[林彬 森禁] - 林으로 된 한자

나무(木)와 나무(木)가 우거진 수풀이니 **수풀 림(임)**

林野(임야), 林産物(임산물), 密林(밀림), 山林(산림)

7급 / 8획 / 부수 木

수풀(林)처럼 **머릿결(彡)**이 빛나니 **빛날 빈**

+ 彡(터럭 삼, 긴머리 삼)

彬彬(빈빈), 彬蔚(빈위) - 문체가 찬란함.

+ 蔚(고을 이름 울, 무늬 위)

2급 / 11획 / 부수 彡

나무(木)가 수풀(林)처럼 빽빽하니 **빽빽할 삼**

또 나무(木)가 수풀(林)처럼 엄숙하게 늘어선 모양에서 **엄숙한 모양 삼**

+ 나무 목(木)이 둘이면 수풀 림(林), 셋이면 '빽빽할 삼, 엄숙한 모양 삼(森)'

森林(삼림), 森嚴(삼엄), 森羅萬象(삼라만상)

+ 삼라(森羅) - 숲의 나무처럼 무척 많이 벌려 서 있음.

3급II / 12획 / 부수 木

수풀(林)은 **보기만(示)** 할 뿐 함부로 베지 못하도록 금하니 **금할 금**

+ 示(보일 시, 신 시)

禁忌(금기), 禁食(금식), 禁止(금지), 嚴禁(엄금)

4급II / 13획 / 부수 示

TIP

〈명언〉

近墨者黑(근묵자흑)

['먹을 가까이하는 사람은 검게 됨'으로, 나쁜 사람과 가까이 있으면 그 버릇이 물들기 쉬움을 말함.]

친구 따라 저절로 물들게 되니 친구도 골라 사귀어야 합니다.
근주자적(近朱者赤 - 붉은 것을 가까이하면 붉어진다.)과 같은 말이네요.
+ 近(가까울 근), 墨(먹 묵), 者(놈 자, 것 자), 黑(검을 흑), 朱(붉을 주), 赤(붉을 적)

3급Ⅱ / 11획 / 제부수

집(广) 주위에 **수풀(林)**처럼 빽빽이 기르는 삼이니 **삼 마**

또 삼에 있는 성분인 마약이니 **마약 마**

+ 여기서 삼은 인삼(人蔘)이나 산삼(山蔘)과 다른 것으로, 베를 짜는 식물의 한 종류. 삼은 껍질을 벗겨 가공하여 삼베를 짜고 그 잎은 마약 성분이 있는 대마초(大麻草)로, 재배하려면 허가를 받아 집 인근에 심어야 하니 글자에 집 엄(广)이 들어가고, 곁가지가 나지 않도록 수풀처럼 빽빽하게 기르니 수풀 림(林)이 들어가지요.
+ 林[수풀 림(林)의 변형], 蔘(인삼 삼), 草(풀 초)

麻布(마포), 麻醉(마취), 大麻草(대마초)

3급Ⅱ / 16획 / 부수 石

삼(麻) 껍질을 벗기려고 **돌(石)**에 문지르듯이 가니 **갈 마**

+ 石(돌 석)
+ 삼 껍질 중 섬유질이 아닌 겉껍질을 벗기려고 돌에 문지르지요.
+ 갈다 – 날카롭게 날을 세우거나, 표면을 매끄럽게 하거나, 잘게 부수기 위하여 문지르다.

磨滅(마멸), 硏磨(연마), 磨斧爲針(마부위침)

2급 / 15획 / 부수 手

삼(麻)을 **손(手)**질하듯 문지르고 어루만지니

문지를 마, 어루만질 마

摩擦(마찰), 摩天樓(마천루), 撫摩(무마), 按摩(안마)

2급 / 21획 / 부수 鬼

마약(麻) 먹은 **귀신(鬼)**처럼 행동하는 마귀니 **마귀 마**

+ 마귀(魔鬼) – 요사스러운 잡귀의 통칭.

魔術(마술), 惡魔(악마), 好事多魔(호사다마)

2급 / 13획 / 부수 广

병(广)으로 몸이 **수풀(林)**처럼 뻣뻣해지며 저리니 **저릴 마**

+ 저리다 – ㉠ 뼈마디나 몸의 일부가 오래 눌려서 피가 잘 통하지 못하여 감각이 둔하고 아리다. ㉡ 뼈마디나 몸의 일부가 쑥쑥 쑤시듯이 아프다. ㉢ 가슴이나 마음 따위가 못 견딜 정도로 아프다. 여기서는 ㉠의 뜻.

痲藥(마약), 痲醉(마취)

5급 / 5획 / 부수 木

나무(木)에서 **긴 가지**(一) 끝이니 **끝 말**

末期(말기), 末端(말단), 結末(결말), 本末(본말)

2급 / 14획 / 부수 革

가죽(革)으로 발**끝**(末)까지 치장한 말갈족이니 **말갈 말**

+ 말갈(靺鞨) – 만주 동북 지방에 있던 퉁구스(Tungus)족.
+ 革(가죽 혁, 고칠 혁), 鞨(말갈 갈) – 제목번호 175 참고.

4급Ⅱ / 5획 / 부수 木

나무(木)에서 **짧은 가지**(一)니 아직 자라지 않았다는 데서

아닐 미, 아직 ~ 않을 미, 여덟째 지지 미

+ 나무 목(木) 위에 가지를 나타내는 一이 길면 끝 말(末), 짧으면 아닐 미, 아직 ~ 않을 미, 여덟째 지지 미(未)지요.
+ '미(未)'는 '아닐 불·부(不)'나 '아닐 막(莫)'처럼 완전부정사로 해석해서는 안 되고, 가능성을 두어 '아직 ~ 아니다'로 해석해야 합니다.

未開(미개), 未歸(미귀), 未知(미지), 前人未踏(전인미답)

4급Ⅱ / 8획 / 부수 口

입(口)에서 **아니**(未) 삼키고 보는 맛이니 **맛 미**

味覺(미각), 加味(가미), 甘味(감미), 別味(별미), 無味乾燥(무미건조)

4급 / 8획 / 부수 女

여자(女) 중 나보다 나이를 **아니**(未) 먹은 여동생이니 **여동생 매**

+ 참 姉(손위 누이 자) – 제목번호 211 참고.
+ 남자가 여자 형제를 이르는 말에 손위면 '누나', 손아래면 '누이'가 있고, '누님'은 누나를 높여 부르는 말입니다.

妹夫(매부), 妹弟(매제), 男妹(남매), 姉妹(자매)

+ 여동생의 남편은 매제(妹第), 누나의 남편은 자형(姉兄)이지요.

2급 / 15획 / 부수 鬼

귀신(鬼)이 **아니**(未) 된 도깨비니 **도깨비 매**
또 도깨비 같은 것이 홀리니(매혹하니) **매혹할 매**

魅力(매력), 魅了(매료), 魅惑(매혹)

4급 / 6획 / 부수 木

작아(丿) 아직 자라지 않은(未) 어린 싹처럼 붉으니 **붉을 주, 성씨 주**

＋ '떨어지는(丿) 시(十)월의 나무(木)잎은 붉으니 붉을 주(朱)'라고도 합니다.
＋ 돋아나는 어린 싹은 대부분 붉지요.
＋ 丿('삐침 별'이지만 여기서는 작은 모양)

朱記(주기), 朱紅(주홍), 印朱(인주), 近朱者赤(근주자적)

3급Ⅱ / 10획 / 부수 木

나무(木)의 붉은(朱) 뿌리 부분만 남은 그루터기니 **그루터기 주**

또 그루터기 같은 뿌리로 나무를 세는 그루니 **그루 주**

또 나무 세듯이 자본을 세는 주식이니 **주식 주**

守株待兔(수주대토), 株價(주가), 有望株(유망주)

3급Ⅱ / 10획 / 부수 玉(王)

구슬(王) 중 붉게(朱) 빛나는 진주니 **구슬 주, 진주 주**

珠玉(주옥), 如意珠(여의주), 念珠(염주)

3급Ⅱ / 10획 / 부수 歹

뼈 앙상하고(歹) 붉은(朱) 피까지 흘림은 보통과 다르니 **다를 수**

＋ 歹(뼈 앙상할 알, 죽을 사 변)

殊功(수공), 殊怪(수괴), 殊常(수상), 特殊(특수)

2급 / 9획 / 부수 水(氵)

물(氵)로 패인 붉은(朱) 물가니 **물가 수**

＋ 물이 흐르면 땅이 패여 붉은 진흙이 나타나지요.
＋ 인・지명용 한자.

銖

2급 / 14획 / 부수 金

쇠(金) 저울에 붉게(朱) 표시한 저울눈이니
저울눈 수, 무게 단위 수

또 저울눈을 많이 사용하여 눈금이 무디니 **무딜 수**

＋ 1냥의 24분의 1. 또는 적은 양의 뜻으로 쓰입니다.

銖積寸累(수적촌루), 銖鈍(수둔)

자자(척)책 속속[朿刺策 束速] – 朿, 束으로 된 한자

급수 외 한자 / 6획 / 부수 木

나무(木)에 덮인(一) 듯 붙어있는 가시니 **가시 자**

+ 가시 – ㉠ 바늘처럼 뾰족하게 돋친 것. ㉡ 물고기의 잔뼈. ㉢ 남을 공격하거나 불평불만의 뜻을
담은 표현을 비유적으로 이르는 말. 여기서는 ㉠의 뜻.
+ 一(덮을 멱)

3급II / 8획 / 부수 刀(刂)

가시(朿)나 칼(刂)로 찌르니 **찌를 자(척)**

+ 刂(칼 도 방)

刺客(자객), 刺殺(척살)

3급II / 12획 / 부수 竹(⺮)

대(⺮)로 만든, 가시(朿)처럼 아픈 채찍이니 **채찍 책**

또 채찍질할 때 다치지 않게 신경써야 하는 꾀니 **꾀 책**

+ ⺮(대 죽)

策勵(책려), 對策(대책), 妙策(묘책), 政策(정책)

5급II / 7획 / 부수 木

나무(木)를 묶으니(口) **묶을 속**

+ 口('입 구, 구멍 구, 말할 구'지만 여기서는 묶은 모양으로 봄)

結束(결속), 拘束(구속), 團束(단속), 約束(약속)

6급 / 11획 / 부수 辵(辶)

(신발끈을) 묶고(束) 뛰면(辶) 빠르니 **빠를 속**

+ 辶(뛸 착, 갈 착, = 辵)

速度(속노), 速報(속보), 拙速(졸속)

DAY
04

8급 / 8획 / 부수 木

나무(木) 사이로 해(日)가 떠오르는 동쪽이니 **동쪽 동**

또 옛날에 동쪽에 앉았던 주인이니 **주인 동**

+ 閒 柬(가릴 간, 편지 간) – 제목번호 446 참고, 束(묶을 속) – 제목번호 076 참고.
+ 밝다가 어두워지는 저녁 때보다 어둡다가 밝아오는 아침에 해가 더 잘 보이겠지요.
+ 옛날에는 신분에 따라 앉는 방향이 달라서 임금은 북쪽, 신하는 남쪽, 주인은 동쪽, 손님은 서쪽에 자리하고 앉았답니다.

東問西答(동문서답), 東奔西走(동분서주)

3급II / 10획 / 부수 氷(冫)

얼음(冫)은 동쪽(東)에 더 많이 어니 **얼 동**

+ 冫 – 얼음 빙(氷)이 부수로 쓰일 때의 모양으로 점이 둘이니 '이 수 변'
+ 아침 햇살만 잠깐 비치는 동쪽으로 향한 언덕이 서쪽보다 얼음이 더 많이 언다는 데서 만들어진 글자입니다.

凍傷(동상), 不凍液(부동액), 凍足放尿(동족방뇨)

2급 / 12획 / 부수 木

나무(木) 중 집에서 **주인(東)**처럼 큰 역할을 하는 대들보나 마룻대니

대들보 동, 마룻대 동

+ 대들보 – 기둥과 기둥을 이어주는 '들보'에, 큰 나무를 사용한다는 데서 큰 대(大)를 붙여 이르는 말.
+ 마룻대 – 용마루 밑에 서까래가 걸리게 된 도리.

棟梁之材(동량지재), 汗牛充棟(한우충동)

3급II / 11획 / 부수 阜(阝)

언덕(阝)의 동쪽(東)에 햇살 퍼지듯 늘어놓고 묵으니

늘어놓을 진, 묵을 진

+ 閒 陣(진 칠 진, 줄 진) – 제목번호 357 참고.
+ 阝 – 글자의 왼쪽에 쓰이면 언덕 부(阜)가 부수로 쓰일 때의 모양으로 '언덕 부 변'

陳述(진술), 陳列(진열), 開陳(개진), 陳腐(진부)

래래맥 색장[來萊麥 嗇墻] – 來, 嗇으로 된 한자

7급 / 8획 / 부수 人

나무(木) 밑으로 두 사람(人人)이 오니 **올 래(내)**

+ 역 来 – 한(一) 톨의 쌀(米)이라도 구하려고 오니 '올 래(내)'
+ 옛날에는 쌀이 귀했다지요.

來日(내일), 去來(거래), 往來(왕래), 傳來(전래)

2급 / 12획 / 부수 草(艹)

풀(艹) 중 오고(來)갈 때 지팡이로 쓰던 명아주니 **명아주 래(내)**

또 풀(艹)이 나도록(來) 놓아둔 묵은 밭이니 **묵은 밭 래(내)**

+ 명아주 – 명아주과의 일년초. 줄기는 1m 가량 자람. 명아줏대로 만든 지팡이가 청려장(靑藜杖)이지요.
+ 藜(명아주 려), 杖(지팡이 장, 몽둥이 장)

東萊(동래), *萊蕪(내무)

3급II / 11획 / 제부수

(봄이) 오면(夾) 천천히(夂) 거두는 보리니 **보리 맥**

+ 역 麦 – 주인(主)이 천천히(夂) 거두는 보리니 '보리 맥'
+ 夾['낄 협'이지만 여기서는 올 래(來)의 변형으로 봄], 夂(천천히 걸을 쇠, 뒤져 올 치), 主[주인 주(主)의 변형]
+ 보리는 가을에 심어 여름이 오기 전 늦은 봄에 거두지요.

麥類(맥류), 麥芽(맥아), 麥酒(맥주)

1급 / 13획 / 부수 口

재물이 와서(夾) 돌아(回)가지 않게 아끼니 **아낄 색**

+ 夾[올 래(來)의 변형], 回(돌 회, 돌아올 회, 횟수 회)

3급 / 16획 / 부수 土

흙(土)으로 재물을 아끼는(嗇) 사람이 쌓은 담이니 **담 장**

墻外(장외), 越墻(월장), 路柳墻花(노류장화)

3협(합) 섬[夾峽陜 陝] - 夾으로 된 한자와 陝

특급Ⅱ / 7획 / 부수 大

크게(大) 두 사람(人人) 사이에 끼니 낄 협

+ 유 夾 – 하나(一)처럼 양쪽(ヽ)으로 크게(大) 끼니 '낄 협'

2급 / 10획 / 부수 山

산(山)으로 끼인(夾) 골짜기니 골짜기 협

+ 유 峽

峽谷(협곡), 峽路(협로), 峽流(협류), 山峽(산협)

2급 / 10획 / 부수 阜(阝)

언덕(阝)에 끼인(夾) 좁은 땅 이름이니 좁을 협, 땅 이름 합

+ 阝(언덕 부 변)

陜川(합천) – 경상남도 합천군의 군청 소재지.

2급 / 10획 / 부수 阜(阝)

언덕(阝) 아래로 크게(大) 들어가고(入) 들어가는(入) 땅 이름이니 땅 이름 섬

陝西省(섬서성) – 중국 서북부에 위치한 성 이름.

목 두찰매송[沐 杜札枚宋] - 木으로 된 한자

2급 / 7획 / 부수 水(氵)

물(氵)을 나무(木)에 주듯이 물을 부어 머리 감거나 목욕하니 머리 감을 목, 목욕할 목

沐間(목간), 沐露(목로), 沐髮(목발), 沐浴(목욕)

杜

2급 / 7획 / 부수 木

나무(木)와 흙(土)으로 집을 지어 비바람을 막으니 막을 두, 성씨 두

杜絶(두절), 杜門不出(두문불출), 杜甫(두보) – 중국 당나라 때의 시인(712~770).

(종이가 없던 옛날에) **나무**(木)판에 몸 **구부리고**(乚) 글자를 새겨 만든 편지나 패나 돈이니 **편지 찰, 패 찰, 돈 찰**

2급 / 5획 / 부수 木

+ 礼[예도 례(禮)의 약자] – 제목번호 223 참고.
+ 乚[새 을, 둘째 천간 을, 굽을 을(乙)이 부수로 쓰일 때의 모습]

書札(서찰), 名札(명찰), 現札(현찰)

나무(木)로 **치며**(攵) 세는 낱낱이니 **낱 매**

2급 / 8획 / 부수 木

+ 종이나 유리같이 장으로 세는 물건의 단위.

枚擧(매거), 枚數(매수), 枚移(매이), 枚陳(매진) – 사실대로 낱낱이 들어 말함.

+ 賣盡(매진) – 다 팔림.
+ 陳(벌려놓을 진, 묵을 진), 賣(팔 매), 盡(다할 진)

지붕(宀)을 **나무**(木)로 받쳐 지었던 송나라니

송나라 송, 성씨 송

2급 / 7획 / 부수 宀

+ 宀(지붕을 본떠서 '집 면'), 원래는 어원처럼 집의 뜻이었는데 후대로 오면서 나라 이름으로 쓰이다 가 지금은 성씨로만 쓰이네요.

DAY
04

TIP

〈干支(간지)〉

干은 천간(天干)의 약칭이고, 支는 지지(地支)의 약칭이며, 干支는 천간과 지지를 아울러 일컫는 말입니다.

천간(天干): 甲 乙 丙 丁 戊 己 庚 辛 壬 癸
　　　　　　(갑 을 병 정 무 기 경 신 임 계)
지지(地支): 子 丑 寅 卯 辰 巳 午 未 申 酉 戌 亥
　　　　　　(자 축 인 묘 진 사 오 미 신 유 술 해)

干과 支는 따로 쓰일 때도 있고, 위 아래로 짝을 지어 쓰일 때도 있어요.
干과 支를 차례로 짝지어 놓으면 육십 개의 각각 다른 짝이 이루어지는데 이것을 六十甲子라 하지요. 또 천간은 10개니 十干, 지지는 12개니 十二支라 부르기도 합니다.

01~03 다음 漢字의 訓과 音을 쓰시오.

01. 膚, 鉀, 鴨

02. 軸, 箱, 鉢

03. 烋, 彬, 痲

04~06 다음 漢字語의 讀音을 쓰시오.

04. 骨董品, 紳士, 惡魔

05. 魅惑, 杜絶, 東萊

06. 峽谷, 陜川, 茶菓

07~08 다음 문장에서 ( ) 안의 漢字語를 漢字(正字)로 바꾸어 쓰시오.

07. 며칠 (휴식)을 취하면서 작품을 구상해보았다.

08. (동문서답)하면서 딴청피우는 것을 막을 비책이 있다.

09~10 다음 ( ) 안에 알맞은 漢字(正字)를 써넣어 四字成語를 완성하시오.

09. 汗( )充棟 : 짐으로 실으면 소가 땀을 흘리고, 쌓으면 들보에까지 찬다는 뜻으로, 가지고 있는 책이 매우 많음을 이르는 말.

10. 無( )乾燥 : 재미나 멋이 없이 메마름.

11~12 다음 漢字와 비슷한 뜻을 가진 漢字(正字)를 ( ) 써넣어 문장에 적합한 漢字語가 되게 하시오.

11. 鬼( )을 피하려다 호랑이 만난다.

12. 기업의 활동은 경제 사회 전체와 밀접한 ( )互 관계를 가지고 있다.

정답

01. 살갗 부, 갑옷 갑, 오리 압
02. 굴대 축, 상자 상, 바리때 발
03. 아름다울 휴, 빛날 빈, 저릴 마
04. 골동품, 신사, 악마
05. 매혹, 두절, 동래
06. 협곡, 합천, 다과
07. 休息
08. 東問西答
09. 牛
10. 味
11. 神
12. 相

05

081~100

DAY
05

081   매보 과과라 과소[呆保 果課裸 菓巢] - 呆, 果로 된 한자

1급 / 7획 / 부수 口

입(口)을 나무(木)에 올려놓은 듯 말만 잘하고 어리석으니 **어리석을 매**

+ 말보다 실천이 중요함을 생각하고 만든 글자네요.

4급II / 9획 / 부수 人(亻)

(말로 화를 입는 경우가 많아) 사람(亻)은 입(口)을 말 없는 나무(木)처럼

지키고 보호하니 **지킬 보, 보호할 보**

+ 이목구비(耳目口鼻) 중에서 입이 제일 죄를 짓기 쉽고, 나쁜 것을 먹을 수 있어 위험하지요.

保健(보건), 保守(보수), 保證(보증), 保險(보험), 明哲保身(명철보신)

6급II / 8획 / 부수 木

과실(田)이 나무(木) 위에 열린 모양에서 **과실 과**

또 과실은 그 나무를 알 수 있는 결과니 **결과 과**

+ 좋은 과실이 열리면 좋은 나무이듯이, 과실을 보면 그 나무의 좋고 나쁨을 알 수 있지요. 과실은 원래 田 모양인데, 일찍부터 있었던 '田(밭 전)'과 구별하기 위하여 밑에 나무 목(木)을 붙여 만들었네요.

果實(과실), 青果(청과), 結果(결과), 成果(성과), 因果應報(인과응보)

課

5급II / 15획 / 부수 言

말(言)을 들은 결과(果)로 세금을 부과하니 **부과할 과**

또 말(言)로 연구한 결과(果)를 적으며 공부하는 과정이니

공부할 과, 과정 과

+ 부과(賦課) - 세금이나 부담금 따위를 매기어 부담하게 함.
+ 言(말씀 언), 賦(세금 거둘 부, 줄 부, 문체 이름 부)

課稅(과세), 附課(부과), 課程(과정), 課題(과제)

옷(衤)을 **과실(果)**의 껍질처럼 벗은 벌거숭이니
벗을 **라(나)**, 벌거숭이 **라(나)**

+ 衤(옷 의 변)

裸木(나목), 裸體(나체), 半裸(반라), 赤裸裸(적나라)

나물(艹)이나 **과실(果)**을 넣어 만든 과자니 과자 **과**

+ 艹('초 두'지만 여기서는 나물로 봄)

菓子(과자), 茶菓(다과), 氷菓(빙과), 製菓(제과)

풀을 **개미허리(巛)**처럼 구부려 **밭(田)** 모양으로 **나무(木)** 위에 얽어 만든
새집이니 새집 **소**

+ 巛[내 천(川)이 부수로 쓰일 때의 모습으로 개미허리 같다 하여 '개미허리 천'이라 부름], 田('밭 전'이지만 여기서는 새집으로 봄)

巢窟(소굴), 巢卵(소란), 歸巢(귀소)

O82 **염기 량량[染棄 梁樑]** – 木, 梁으로 된 한자

물(氵)에 넣고 **많이(九) 나무(木)**로 휘저으며 물들이니 물들일 **염**

染料(염료), 染色(염색) ↔ 脫色(탈색), 汚染(오염)

머릿(亠)속의 **사심(厶)**을 **하나(一)**의 **그릇(凵)**에 담아 **나무(木)** 위로
던져버리니 버릴 **기**

+ 옛 弃 – 머릿(亠)속의 사심(厶)을 받쳐 들어(廾) 버리니 '버릴 기'
+ 亠(머리 부분 두), 厶(사사로울 사, 나 사), 凵(입 벌릴 감, 그릇 감), 廾(받쳐 들 공)

棄權(기권), 棄兒(기아), 廢棄(폐기), 抛棄(포기)

물(氵)의 **양쪽**(丶丶)에 **칼**(刀)로 **나무**(木)를 잘라 올려놓은 들보나 다리니
들보 **량(양)**, 다리 **량(양)**, 성씨 **양**

3급II / 11획 / 부수 木

+ 들보 - 두 기둥을 건너지르는 나무.
+ 刀(칼 도)

　　上梁(상량), 橋梁(교량), 梁上君子(양상군자)

나무(木)를 올려 만든 **들보**(梁)니 들보 **량(양)**

2급 / 15획 / 부수 木

　　棟樑(동량), 棟樑之材(동량지재)

출술술[朮術述] - 朮로 된 한자

가는 뿌리가 여러 갈래로 뻗어 가는 **삽주뿌리**(朮 → 朮)니
삽주뿌리 **출**

특급II / 5획 / 부수 木

+ 삽주 - 국화과의 여러해살이풀. 어린 잎은 식용하고 뿌리는 약으로 씁니다.

DAY
05

삽주뿌리(朮)처럼 여러 갈래로 뻗어 **가는**(行) 재주와 기술이니
재주 **술**, 기술 **술**

6급II / 11획 / 부수 行

+ 行(다닐 행, 행할 행, 항렬 항)

　　術法(술법), 術策(술책), 技術(기술), 奇術(기술)

삽주뿌리(朮)가 뻗어 **가듯**(辶) 말하거나 책 쓰니
말할 **술**, 책 쓸 **술**

3급II / 9획 / 부수 辵(辶)

+ 辶(뛸 착, 갈 착, = 辶)
+ 術과 述의 구분 - 다닐 행, 행할 행, 항렬 항(行)은 이리저리 다닌다는 뜻이니 行이 붙으면 여러 갈래로 뻗어 가는 재주와 기술을 말하여 재주 술, 기술 술(術)이고, 뛸 착, 갈 착(辶)은 한 방향으로 뛰거나 간다는 뜻이니 辶이 붙으면 한 방향으로 말하는 말할 술, 책 쓸 술(述)로 구분하세요.

　　論述(논술), 口述(구술), 陳述(진술), 著述(저술)

씨지 혼혼[氏紙 昏婚] - 氏, 昏으로 된 한자

4급 / 4획 / 제부수

(사람의 씨족도 나무뿌리처럼 번지니)

나무뿌리가 지상으로 나온 모양을 본떠서 **성 씨, 뿌리 씨**

또 사람을 높여 부르는 조사로도 쓰여 **사람을 높여 부르는 조사 씨**

+ 氏는 사람의 성(姓)이나 이름 밑에 붙여 상대방을 존대하는 말로도 쓰이고, 남을 보통으로 부르거나
낮추어 부를 때는 성씨 가(哥)를 붙여 쓰지요.

氏族(씨족), 姓氏(성씨), 創氏改名(창씨개명)

7급 / 10획 / 부수 糸

나무의 섬유질 **실(糸)**이 나무**뿌리(氏)**처럼 엉겨서 만들어지는 종이니

종이 지

+ 糸(실 사, 실 사 변)

紙錢(지전), 紙幣(지폐), 壁紙(벽지), 韓紙(한지)

3급 / 8획 / 부수 日

나무**뿌리(氏)** 아래로 **해(日)**가 지며 저물고 어두우니

저물 혼, 어두울 혼

昏亂(혼란) *混亂(혼란), 昏迷(혼미), 黃昏(황혼)

4급 / 11획 / 부수 女

여자(女)와 **저문(昏)** 저녁에 결혼했으니 **결혼할 혼**

+ 옛날에는 대부분 저녁에 결혼했답니다.

婚期(혼기), 婚姻(혼인), 請婚(청혼), 約婚(약혼)

4저[氐低抵底] – 氐로 된 한자

특급 / 5획 / 부수 氏

나무는 **뿌리**(氏)가 있는 **밑**(一)이 근본이니 밑 **저**, 근본 **저**

+ 나무는 뿌리가 근본이니 묘목을 고를 때도 뿌리가 좋은 것을 골라야 하지요.

4급Ⅱ / 7획 / 부수 人(亻)

사람(亻)이 **밑**(氏)에 있어 낮으니 낮을 **저**

低價(저가), 低廉(저렴), 低俗(저속), 高低長短(고저장단)

3급Ⅱ / 8획 / 부수 手(扌)

손(扌)으로 **밑**(氏)바닥까지 밀어 막으니 막을 **저**

+ 扌(손 수 변)

抵當(저당), 抵抗(저항), 抵觸(저촉)

4급 / 8획 / 부수 广

집(广)의 **밑**(氏)부분이니 밑 **저**

+ 广(집 엄)
+ 낮을 저(低)는 주로 높낮이가 낮다는 말이고, 밑 저(底)는 눈에 보이지 않는 밑부분을 가리킵니다.

底力(저력), 底意(저의), 徹底(철저)

DAY
05

脈

4급II / 10획 / 부수 肉(月)

몸(月)에서, **바위**(厂) 사이로 뻗은 나무**뿌리**(氏) 같은 혈관이니 **혈관 맥**

또 혈관 같은 줄기니 **줄기 맥**

+ 웹 脉 – 몸(月)에서 길게(永) 이어지는 혈관이나 힘줄이니 '혈관 맥, 줄기 맥'
+ 月(달 월, 육 달 월), 厂(굴 바위 엄, 언덕 엄), 氏[성 씨, 뿌리 씨, 사람을 높여 부르는 조사 씨(氏)의 변형], 永(길 영, 오랠 영)

脈度(맥도), 脈動(맥동), 山脈(산맥), 一脈相通(일맥상통)

派

4급 / 9획 / 부수 水(氵)

물(氵)이 **언덕**(厂)으로 뻗은 나무**뿌리**(氏)처럼 갈라져 흐르는 갈래니 **물갈래 파**

또 물갈래처럼 갈라진 파벌이니 **파벌 파**

派遣(파견), 派生(파생), 派閥(파벌), 政派(정파)

民

8급 / 5획 / 부수 氏

모인(冖) 여러 **씨**(氏)족들로 이루어진 백성이니 **백성 민**

+ 冖('덮을 멱'이지만 여기서는 모여 있는 모습으로 봄), 氏(성 씨, 뿌리 씨, 사람을 높여 부르는 조사 씨)

民間(민간), 民官(민관), 以民爲天(이민위천)

珉

2급 / 9획 / 부수 玉(王)

구슬(王)처럼 **백성**(民)들이 좋아하는 옥돌이니 **옥돌 민**

+ 동 玟(옥돌 민) – 제목번호 115 참고.
+ 인·지명용 한자.

眠

3급II / 10획 / 부수 目

눈(目) 감고 **백성**(民)들은 자니 **잘 면**

冬眠(동면), 不眠症(불면증), 睡眠(수면), 休眠(휴면)

眼

4급II / 11획 / 부수 目

눈(目)동자를 **멈추고**(艮) 바라보는 눈이니 **눈 안**

+ 艮(멈출 간, 어긋날 간, 괘 이름 간) – 제목번호 427 참고.

眼鏡(안경), 眼科(안과), 眼光(안광), 着眼(착안)

익어서 고개 숙인 벼를 본떠서 **벼 화**

+ 벼는 모든 곡식을 대표하니 곡식과 관련된 글자에 부수로도 쓰입니다.

禾穀(화곡), 禾利(화리)

3급 / 5획 / 제부수

벼(禾)를 찧으면 알(ノ)로 톡 튀어나오는 쌀이니 **쌀 미**

+ 米의 글자 구조를 八, 十, 八로 보아 '팔십(八十) 팔(八) 번의 손이 가며 생산하는 쌀이니 쌀 미(米)'라고도 합니다.
+ 米 [벼 화(禾)의 변형]

米飮(미음), 白米(백미), 精米(정미), 玄米(현미)

6급 / 6획 / 제부수

분별하여(ノ) 품질대로 쌀(米)을 나누니 **분별할 변, 나눌 변**

+ ノ('삐침 별'이지만 여기서는 분별하는 모양으로 봄)

특급 / 7획 / 제부수

흙(土) 속(奧)까지 물이 스민 물가니 **물가 오**
또 땅(土), 즉 육지 속(奧)에 있는 오스트리아니
오스트리아(壤地利)의 약칭 오

+ 오지리(壤地利) - 오스트리아.
+ 오스트리아는 오스트레일리아와 달리 사방이 육지로 둘러싸여 있지요.

2급 / 16획 / 부수 土

구멍(穴) 뚫어(采) 물건이 있을 것이라 점(卜)친 안(內)에 성(冂) 같은
금고를 열고 **사사로이(厶) 훔치니 훔칠 절**

+ 窃 窃 - 구멍(穴)으로 모두(切) 훔치니 '훔칠 절'
+ 穴(구멍 혈, 굴 혈), 采(나눌 변), 卜(점 복), 內[안 내, 나인 나(內)의 속자], 厶(사사로울 사, 나 사), 切(모두 체, 끊을 절, 간절할 절)

竊盜(절도), 竊取(절취), 竊發之患(절발지환)

3급 / 22획 / 부수 穴

번반파반(번) 심심[番磻播潘 審瀋] - 番, 審으로 된 한자

6급 / 12획 / 부수 田

나눈(釆) 밭(田)에 차례로 붙인 번지니 **차례 번, 번지 번**

+ 田(밭 전)

當番(당번), 輪番(윤번), 週番(주번), 地番(지번)

磻

2급 / 17획 / 부수 石

돌(石)이 **차례(番)**로 드러난 반계니 **반계 반**

+ 반계(磻溪) - 중국 섬서성의 동남쪽으로 흘러 위수(渭水)로 흘러드는 강으로 강태공(姜太公)이 이 강에서 낚시질을 하였답니다.
+ 溪(시내 계)

播

3급 / 15획 / 부수 手(扌)

손(扌)으로 **차례(番)**차례 씨뿌리니 **씨뿌릴 파**

또 씨뿌려 널리 퍼뜨리니 **퍼뜨릴 파**

+ 扌(손 수 변)

播種(파종), 直播(직파), 播多(파다), 傳播(전파)

潘

2급 / 15획 / 부수 水(氵)

물(氵)에 곡식을 **차례(番)**로 씻을 때 생기는 뜨물이니

뜨물 반(번), 성씨 반

+ 뜨물 - ㉠ 곡식을 씻어 낸 뿌연 물. ㉡ '진딧물'의 방언. 여기서는 ㉠의 뜻. 처음 뜨물은 흐리고 탁하지만 씻을수록 깨끗해져 이것으로 국을 끓이지요.

潘沐(반목), 潘南面(반남면)

3급II / 15획 / 부수 宀

집(宀)에 **번지(番)**를 정하기 위하여 살피니 **살필 심**

+ 宀(집 면)

審理(심리), 審査(심사), 審問(심문)

2급 / 18획 / 부수 水(氵)

물(氵) 같은 즙이 나오도록 **살펴(審)** 짜 즙내니 **즙낼 심, 강 이름 심**

瀋陽(심양) - 중국 요동성(遼東省)의 도시. 청조(淸朝) 초기의 수도(首都).

+ 陽(볕 양, 드러날 양)

4급 / 7획 / 부수 禾

벼(禾) 같은 곡식을 소유함이 **사사로우니**(厶) **사사로울 사**

+ 厶 – 팔 굽혀 사사로이 나에게 끌어당기는 모습에서 '사사로울 사, 나 사'로, 사사로울 사(私)의 옛 글자.

私有(사유), 私利私慾(사리사욕), 公私多忙(공사다망)

6급Ⅱ / 8획 / 부수 口

벼(禾) 같은 곡식을 나누어 **입**(口)으로 같이 먹으면 화목하고 화하니

화목할 화, 화할 화

+ 화하다 – ㉠ (무엇을) 타거나 섞다. ㉡ (날씨나 바람·마음 따위가) 온화하다. 여기서는 ㉡의 뜻.

和睦(화목), 和音(화음), 和解(화해), 調和(조화)

3급Ⅱ / 10획 / 부수 禾

볏(禾)단을 **잃어**(失)버리지 않도록 쌓는 차례니 **차례 질**

+ 失(잃을 실)
+ 차례로 쌓아 놓으면 양을 분명히 파악할 수 있어 잃어버렸는지도 금방 알 수 있지요.

秩序(질서), 無秩序(무질서)

2급 / 15획 / 부수 禾

벼(禾)처럼 **밭**(田)에 **사람**(儿)이 **뒤늦게**(夂) 심는 기장이니 **기장 직**

또 기장은 오곡의 제일로 여겨 곡식의 신으로 섬겼으니 **곡식 신 직**

+ 夂(천천히 걸을 쇠, 뒤져 올 치), 기장은 식용 작물의 한 가지로 논에 모를 낸 뒤에 늦게 밭에 심지요.
+ 사직(社稷) – 나라 또는 조정. [옛날 농경 시대였을 때 나라를 세우면 천자나 제후가 단(壇)을 쌓아 토신(土神)인 사(社)와 곡신(穀神)인 직(稷)에 제사를 지내던 데서 유래]
+ 社(토지신 사, 모일 사), 神(귀신 신, 신비할 신, 정신 신), 壇(제단 단, 단상 단), 穀(곡식 곡)

稷壇(직단), 稷神(직신)

2급 / 10획 / 부수 禾

하늘 **땅**(二)같이 **크게**(大) **벼**(禾)를 가꿨던 진나라니

진나라 진, 성씨 진

+ 진(秦)나라 – 춘추 전국 시대의 한 나라로, 중국 최초의 통일 왕조. 중국을 일컫는 차이나(China)는 진(秦)에서 유래되었고, 인도차이나 반도도 인도와 중국 사이에 있는 반도를 일컫는 말이지요.
+ 秦始皇(진시황) – 진(秦)나라의 시조(始祖)(B.C. 259~B.C. 210).

4급Ⅱ / 9획 / 제부수

벼(禾)가 **햇**(日)볕에 익어가며 나는 향기니 **향기 향**

+ 한자가 만들어지던 시대에는 대부분 농사를 지었기 때문에 농사나 곡식과 관련된 글자가 많습니다.

香氣(향기), 香水(향수), 香辛料(향신료), 芳香(방향)

DAY 05

향기(香)가 거듭(复) 풍겨 향기로우니 **향기로울 복**

馥馥(복복), 馥郁(복욱), 郁馥(욱복)

2급 / 18획 / 부수 香

나무(木) 열매 중 **입(口)**으로 먹을 수 있는 살구나 은행이니

살구 행, 은행 행

杏仁(행인), 杏花(행화), 銀杏(은행), 杏木(행목)

2급 / 7획 / 부수 木

---

090 추추수[秋楸愁] – 秋로 된 한자

벼(禾)가 불(火)처럼 붉게 익어 가는 가을이니 **가을 추**

秋霜(추상), 秋收(추수), 秋毫(추호), 晩秋(만추)

7급 / 9획 / 부수 禾

나무(木) 중 가을(秋)에 먼저 열매가 익는 호두나무니 **호두나무 추**
또 나무(木)가 단단할 때인 가을(秋)에 베어 튼튼한 곳에 쓰는 가래나무니

가래나무 추

2급 / 13획 / 부수 木

＋ 같은 나무라도 물이 빠지고 크기를 그친 가을에 베어야 튼튼하답니다.

楸木(추목), 楸子(추자)

가을(秋)에 느끼는 마음(心)은 주로 근심이니 **근심 수**

＋ 나뭇잎이 물들어 떨어져 뒹구는 모양은 언젠가의 우리 모습일 것도 같은 우울함, 추워지는 날씨에
겨울나기에 대한 걱정, 또 한 해가 간다는 슬픈 마음 등 가을(秋)에 느끼는 마음(心)은 주로 근심이라
는 데서 '근심 수(愁)'입니다.

愁苦(수고), 愁心(수심), 憂愁(우수), 鄕愁(향수)

3급Ⅱ / 13획 / 부수 心

(세월이 빨라) 사람은 **지팡이**(丿)에 의지할 **허리 굽은 사람**(丂)으로
이에 곧 늙으니 **이에 내**, **곧 내**

3급 / 2획 / 부수 丿

＋ 이에 - 이리하여 곧.

乃至(내지), 終乃(종내), 人乃天(인내천)

벼(禾)를 **곧**(乃)바로 찧은 쌀이 빼어나니 **빼어날 수**

4급 / 7획 / 부수 禾

＋ 찧어서 오래 두면 산화되어 색이 변하지요.

秀麗(수려), 秀才(수재), 優秀(우수), 俊秀(준수)

말(言)을 **빼어나게**(秀) 잘하며 꾀니 **꾈 유**

3급Ⅱ / 14획 / 부수 言

勸誘(권유), 誘引(유인), 誘惑(유혹)

빼어나게(秀) 노력해 **가면**(辶) 통하니 **통할 투**

3급Ⅱ / 11획 / 부수 辵(辶)

＋ 辶(뛸 착, 갈 착, = 辶)

透明(투명), 透視(투시), 透徹(투철), 浸透(침투)

곧(乃) 이르러 **미치니**(乀) **이를 급**, **미칠 급**

3급Ⅱ / 4획 / 부수 又

＋ 乀('파임 불'이지만 여기서는 이르러 미치는 모습으로 봄)

及第(급제) ↔ 落第(낙제), 及其也(급기야), 過猶不及(과유불급)

실(糸)을 **이을**(及) 때 따지는 등급이니 **등급 급**

6급 / 10획 / 부수 糸

＋ 실을 이을 때 아무 실이나 잇지 않고 굵기나 곱기의 등급을 따져 차례로 잇지요.
＋ 등급(等級) - 높고 낮음이나 나쁨 따위의 차이를 여러 층으로 구분한 단계.

級數(급수), 級友(급우), 進級(진급)

DAY
05

입(口)으로 숨을 폐까지 **이르도록(及)** 들이쉬어 마시니

숨 들이쉴 **흡**, 마실 **흡**

4급Ⅱ / 7획 / 부수 口

呼吸(호흡), 吸收(흡수), 吸煙(흡연), 吸着(흡착)

벼(禾) 같은 곡식을 **여자(女)**에게 맡기고 의지하니

맡길 **위**, 의지할 **위**

4급 / 8획 / 부수 女

+ 곡식이나 월급을 여자에게 맡기고 의지함을 생각하고 만들어진 글자. 지금도 살림은 여자에게 맡기지요.

委寄(위기), 委員(위원), 委任(위임), 委託(위탁)

사람(亻)이 살림을 여자에게 **맡기고(委)** 싸움만 하던 왜국이니 **왜국 왜**

+ 왜(倭) - ㉠ [어떤 명사(名詞) 앞에 쓰이어] '일본식(日本式), 일본(日本)에서 나는'의 뜻을 나타내는 말. ㉡ 왜국(倭國).
+ 왜국(倭國) - 일본을 낮잡아 이르는 말.
+ 일본인의 정신을 무사도 정신이라 하는 것을 보면 일본 남자들은 칼싸움을 즐겨 했던 것 같아요.

2급 / 10획 / 부수 人(亻)

倭敵(왜적), 壬辰倭亂(임진왜란)

의지하는(委) 것이 **귀신(鬼)**처럼 높으니

높을 **위**, 성씨 **위**, 위나라 **위**

+ 鬼(귀신 귀)
+ 위(魏)나라 - 춘추 전국 시대의 나라(기원전 403~225).

2급 / 18획 / 부수 鬼

魏闕(위궐), 魏志(위지)

벼(禾)의 **아들(子)** 같은 열매가 맺는 줄기 끝이니 **끝 계**

또 (달력이 없었던 옛날에) 벼(禾) 열매(子)가 익어감을 보고 짐작했던 계절이니

계절 **계**

4급 / 8획 / 부수 子

季父(계부), 季節(계절), 季刊(계간), 四季(사계)

나무(木)에 아들(子)처럼 귀하게 열린 오얏이니 **오얏 리(이), 성씨 이**

+ '오얏'은 '자두'의 옛말로, 과일이 별로 없었던 옛날에는 귀하게 여겼다네요.

  李下不整冠(이하부정관), 投桃報李(투도보리)

6급 / 7획 / 부수 木

---

093 **리리 력력[利梨 曆歷] – 利, 厤으로 된 한자**

벼(禾)를 낫(刂)으로 베어 수확하면 이로우니 **이로울 리(이)**

또 이로움에는 모두 날카로우니 **날카로울 리(이)**

+ 이로울 리(利)에 어찌 '날카로울 리'의 뜻도 있을까요?
  이익 취하는 데는 모두가 날카롭다는 데서 붙여진 것이지요. 이처럼 한 글자에 둘 이상의 뜻이 있으면 왜일까 생각해 보세요.

  利己(이기) ↔ 利他(이타), 利潤(이윤), 銳利(예리)

6급II / 7획 / 부수 刀(刂)

이로운(利) 나무(木) 열매는 배니 **배 리(이)**

+ 배는 식용으로뿐만 아니라 약용으로도 많이 쓰이니 이로운 나무 열매지요.

  梨花(이화), 烏飛梨落(오비이락)

3급 / 11획 / 부수 木

DAY

05

굴 바위(厂) 밑에 벼(禾)와 벼(禾) 같은 곡식을 쌓아놓고 살면서 **날짜**(日)를 봤던 책력이니 **책력 력(역)**

+ 몡 厤 – 굴 바위(厂) 아래 수풀(林) 속에 살며 날(日)을 보는 책력이니 '책력 력(역)'
+ 책력(册曆) – 천체를 측정하여 해와 달의 움직임과 절기를 적어 놓은 책.
+ 곡식이 자라고 익어감을 보고 날짜를 짐작했지만 겨울에는 책력이나 달력으로만 알았겠지요.
+ 厂(굴 바위 언, 언덕 엄), 禾(벼 화), 日(해 일, 날 일), 林(수풀 림), 册(책 책, 세을 책, = 冊)

  曆法(역법), 陽曆(양력), 陰曆(음력), 太陽曆(태양력)

3급II / 16획 / 부수 日

굴 바위(厂) 밑에 벼(禾)와 벼(禾) 같은 곡식을 쌓아놓고 **멈춰서**(止) 겨울을 지냈으니 **지낼 력(역)**

또 지내면서 겪으니 **겪을 력(역)**

+ 몡 厤, 曆, 歷
+ 止(그칠 지)

  歷史(역사), 歷任(역임), 歷程(역정), 經歷(경력)

5급II / 16획 / 부수 止

제제제[齊濟劑] - 齊로 된 한자

3급II / 14획 / 제부수

벼 이삭이 패서 가지런한 모양을 본떠서 **가지런할 제**

+ 얜 斉 - 무늬(文)가 세로(ﾉ ㅣ)로 가로(=)로 가지런하니 '가지런할 제'

齊均(제균), 齊唱(제창), 修身齊家(수신제가)

4급II / 17획 / 부수 水(氵)

물(氵)결이 **가지런할**(齊) 때 건너거나 빠진 사람을 구제하니
건널 제, 구제할 제

+ 얜 済
+ 물결이 가라앉아 가지런할 때 건너거나 구제해야 하지요.

濟度(제도), 救濟(구제), 救世濟民(구세제민)

2급 / 16획 / 부수 刀(刂)

약초를 **가지런히**(齊) 칼(刂)로 썰어 지은 약제니 **약제 제**

+ 얜 剤
+ 刂(칼 도 방), 약제 - 여러 가지 약재를 섞어 조제한 약.

洗劑(세제), 藥劑(약제), 調劑(조제)

분정 장국미[粉精 粧菊迷] - 米로 된 한자

4급 / 10획 / 부수 米

쌀(米) 같은 곡식을 **나누면**(分) 되는 가루니 **가루 분**

粉食(분식), 粉末(분말), 粉筆(분필), 粉乳(분유)

精

4급II / 14획 / 부수 米

쌀(米)을 **푸른**(靑)빛이 나도록 정밀하게 찧으니 **정밀할 정, 찧을 정**

+ 너무 희면 푸른빛이 나지요.

精讀(정독), 精油(정유), 精米(정미)

쌀(米)가루를 바르듯 집(广)에 흰 흙(土)을 발라 단장하니 **단장할 장**

+ 米(쌀 미), 广(집 엄), 土(흙 토)
+ 지금은 페인트를 칠하지만 옛날에는 횟가루를 발랐답니다.

粧飾(장식), **內粧**(내장), *內裝(내장), **治粧**(치장)

3급II / 12획 / 부수 米

풀(艹) 중 싸인(勹) 속에 쌀(米)알 모양의 꽃을 피우는 국화니 **국화 국**

+ 勹(쌀 포)
+ 국화(菊花) – 국화과의 여러해살이풀로, 주로 가을에 꽃이 피어 관상용, 약용 등으로 쓰임.

山菊(산국), **水菊**(수국), **野菊**(야국), **黃菊**(황국)

3급II / 12획 / 부수 草(艹)

사방으로 뚫린 길(米)에서 어디로 갈까(辶) 헷갈리니 **헷갈릴 미**

+ 米('쌀 미'지만 여기서는 사방으로 뚫린 길의 모양으로 봄)

迷宮(미궁), **迷路**(미로), **迷兒**(미아), **昏迷**(혼미)

3급 / 10획 / 부수 辵(辶)

---

096   두과료사 규규수[斗科料斜 糾叫收] – 斗, 니로 된 한자

자루 달린 국자를 본떠서 **국자 두**

또 국자처럼 곡식을 퍼 올려 되는 말이니 **말 두**

+ 되, 말 – 지금은 물건의 양을 무게로 환산하여 그램(g)이나 킬로그램(kg)으로 표시하지만, 얼마 전까지만 해도 되(升 – 되 승)나 말(斗)에 곡식을 담아 헤아렸답니다. 열 되가 한 말이고 한 말은 8kg이지요.

北斗七星(북두칠성), **泰山北斗**(태산북두)

4급II / 4획 / 제부수

벼(禾)의 양을 말(斗)로 헤아려 품질과 용도에 따라 나눈 조목이니 **조목 과**

또 지식을 조목조목 나누어 설명한 과목이나 과정이니 **과목 과, 과정 과**

+ 조목(條目) – 낱낱의 항목.
+ 과목(科目) – (가르치거나 배워야 할 지식을 세분하여) 분류한 조목. 교과목.
+ 과정 – ㉠ 科程 – 학과 과정(학교에서 공부하는 과목의 내용과 체계). ㉡ 課程 – 해야 할 일의 정도. ㉢ 過程 – 일이 되어 가는 경로. 여기서는 ㉠.
+ 條(가지 조, 조목 조), 目(눈 목, 볼 목, 항목 목), 程(법 정, 정도 정), 課(부과할 과, 과목 과), 過(지날 과, 지나칠 과, 허물 과)

科擧(과거), **眼科**(안과), **轉科**(전과), **敎科書**(교과서)

6급II / 9획 / 부수 禾

5급 / 10획 / 부수 斗

쌀(米)의 양을 **말**(斗)로 헤아려 무엇을 만드는 재료로 쓰거나 계산하던 값이니

헤아릴 료(요), 재료 **료(요)**, 값 **료(요)**

+ 양이 얼마나 되는가, 떡은 몇 말 할 것인가, 물건 값이 몇 말인가 등등 돈이 귀하던 옛날에는 쌀이
거래의 기준이었지요.

料量(요량), 思料(사료), 材料(재료), 無料(무료)

3급II / 11획 / 부수 斗

남은(余) 곡식을 **말**(斗)로 되어 비스듬히 기울이니

비스듬할 사, 기울 사

+ 余(나 여, 남을 여)
+ 되다 – 말·되·홉 따위로 가루·곡식·액체 따위의 분량을 헤아리다.

斜線(사선), 斜陽(사양), 傾斜(경사)

3급 / 8획 / 부수 糸

실(糸)처럼 **얽힌**(丩) 것을 풀려고 모여 살피니

얽힐 규, 모일 규, 살필 규

+ 糸(실 사, 실 사 변)

紛糾(분규), 糾合(규합), 糾明(규명)

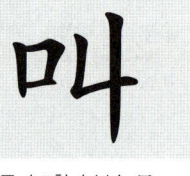

3급 / 5획 / 부수 口

입(口)이 **얽히도록**(丩) 부르짖으니 **부르짖을 규**

+ 부르짖다 – ㉠ 큰 기쁨이나 슬픔·고통 따위의 격한 감정을 억누르지 못하여 소리 높여 크게 떠들다.
㉡ 어떤 주장이나 의견 따위를 열렬히 말하다.

叫叫(규규), 叫聲(규성), 叫彈(규탄), 絶叫(절규)

4급II / 6획 / 부수 攵(攴)

줄기에 **얽힌**(丩) 열매를 **쳐서**(攵) 거두니 **거둘 수**

+ 옌 收 – 줄기에 얽힌(丩) 열매를 또(又) 쳐서 거두니 '거둘 수'
+ 丩 – 서로 얽힌 모양에서 '얽힐 구', 攵(칠 복, = 攴), 又(오른손 우, 또 우)

收支(수지), 收縮(수축), 收拾(수습), 收穫(수확)

초입공 변[++卄廾 弁] – ++와 비슷한 부수와 弁

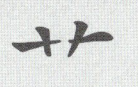

4획 / 부수자

풀 초(草)가 부수로 쓰일 때의 모양으로,

주로 글자의 머리 부분에 붙으니 **머리 두(頭)**를 붙여 **초 두**

+ 얭 ++ – 약자일 때는 3획인 卄 형태입니다.
+ '두'는 글자의 머리 부분에 붙는 부수 이름이기에 제목을 '초'로 했고, 어원풀이에서 훈과 음 중 음은 색을 조정하지 않았습니다.

특급II / 3획 / 부수 十

열 십, 많을 십(十) 둘을 합쳐서 **스물 입**

+ 아래 부분을 막아 써도 같은 글자입니다.

양손으로 물건을 받쳐 든 모습을 본떠서 받쳐 들 공

+ 위 아래로 내려 그은 두 획이 모두 곧으면 스물 입(卄),
  왼쪽의 한 획이 약간 휘면 받쳐 들 공(廾),
  내려 그은 두 획이 곧고 짧으면 초 두(++)의 약자(卄)로 구분하세요.

3획 / 부수자

2급 / 5획 / 부수 廾

사사로이(厶) 받쳐 들고(廾) 머리에 쓰는 고깔이니 **고깔 변**

+ 厶(사사로울 사, 나 사)

武弁(무변), 弁韓(변한) – 낙동강 하류 지방에 있었던 부족 국가.

DAY
05

TIP

〈뛸 착, 갈 착(辶, 辶)의 모습〉

서체에 따라 다른 모양이 되는 경우가 있는데, 위에 점이 하나면 아래를 두 번 구부리고, 위에 점이 둘이면 아래를 한 번 구부려야 맞습니다.

화화화엽 필[華嫭樺燁 畢] – 華로 된 한자와 畢

4급 / 10획 / 부수 草(艹)

풀(艹) 하나(一) 풀(艹) 하나(一)마다 시(十)월의 바람에 단풍들어
화려하게 빛나니 **화려할 화, 빛날 화**

+ 華에 쓰인 艹 둘을 4획의 艹로 보기도 하고, 약자 형태인 3획의 艹로 보기도 해서, 획수도 그에
따라 달라지네요.

　華麗(화려), **華燭**(화촉), **昇華**(승화), **榮華**(영화)

2급 / 13획 / 부수 女

여자(女)가 화려하게(華) 꾸민 듯 탐스럽고 예쁘니
탐스러울 화, 예쁠 화

+ 인·지명용 한자.

2급 / 14획 / 부수 木

나무(木)껍질이 화려한(華) 자작나무니 **자작나무 화**

또 나무(木) 중 화려한(華) 꽃이 피는 벚나무니 **벚나무 화**

+ 자작나무 – 북부 지방의 깊은 산에 사는 낙엽 활엽 교목으로, 나무껍질이 다른 나무와 달리 희며
얇게 벗겨져 화려하지요.

　樺木(화목), **樺燭**(화촉), **樺皮**(화피)

燁

2급 / 14획 / 부수 火

불(火)처럼 빛나니(華) **빛날 엽**

　燁如花(엽여화) – '빛남이 꽃과 같음'으로, 아름다운 용모를 이르는 말.

畢

3급Ⅱ / 11획 / 부수 田

밭(田)의 풀(艹) 한(一) 포기까지 시(十)월이 되면 자라기를 마치니
마칠 필

　畢竟(필경), **畢生**(필생), **檢查畢**(검사필)

석석조 차착적[昔惜措 借錯籍] – 昔으로 된 한자

昔

3급 / 8획 / 부수 日

이십(卄) 일(一) 일(日)이나 지난 오래된 옛날이니 **오랠 석, 옛 석**

+ '풀(卄)이 난 땅(一) 아래로 해(日)가 지면 이미 옛날이니 '옛 석'이라고도 합니다.
+ 卄(스물 입, = 廾), 초 두(卄)는 원래 4획인데 여기서는 3획의 약자(卄)로 보고 푼 것.

昔日(석일), 昔年(석년), 今昔之感(금석지감)

惜

3급Ⅱ / 11획 / 부수 心(忄)

마음(忄)에 어렵던 **옛날(昔)**을 생각하며 아끼고 가엾게 여기니
아낄 석, 가엾을 석

惜時如金(석시여금), 惜別(석별), 哀惜(애석)

措

2급 / 11획 / 부수 手(扌)

손(扌)으로 물건을 오래(昔)가도록 잘 두니 **둘 조**

措定(조정), 措處(조처), 措置(조치)

借

3급Ⅱ / 10획 / 부수 人(亻)

사람(亻)을 오래(昔) 사귀면 돈도 빌려주고 빌리니 **빌릴 차**

借款(차관), 借名(차명), 借用(차용), 貸借(대차)

錯

3급Ⅱ / 16획 / 부수 金

쇠(金)도 오래(昔)되면 녹이 섞여 어긋나니 **섞일 착, 어긋날 착**

+ 金(쇠 금, 금 금, 돈 금, 성씨 김)

錯亂(착란), 錯雜(착잡), 錯覺(착각), 錯誤(착오)

籍

4급 / 20획 / 부수 竹(⺮)

대(⺮) 조각에 **쟁기(耒)**로 밭 갈 듯 글을 새겨 **오랫(昔)**동안 남도록 만든
서적이나 문서니 **서적 적, 문서 적**

+ ⺮[대 죽(竹)이 부수로 쓰일 때의 모습], 耒(가래 뢰, 쟁기 뢰), 종이가 없던 옛날에는 대(죽) 조각에
글을 새겼지요.

書籍(서적), 國籍(국적), 除籍(제적), 戶籍(호적)

6급II / 6획 / 부수 八

많은(卄) 사람들이 **마당**(一)에서 일을 **나누어**(八) 함께하니 **함께 공**

+ 卄('스물 입'이지만 여기서는 '많은'의 뜻), 一('한 일'이지만 여기서는 마당으로 봄), 八(여덟 팔, 나눌 팔)

共同(공동), 共犯(공범), 自他共認(자타공인)

3급II / 8획 / 부수 人(亻)

사람(亻)이 **함께**(共) 살려고 서로 주면서 이바지하니

줄 공, 이바지할 공

供給(공급), 供與(공여), 供出(공출), 提供(제공)

3급II / 9획 / 부수 水(氵)

물(氵)이 넘쳐 여러 가지와 **함께**(共) 넓게 흐르는 홍수니

넓을 홍, 홍수 홍, 성씨 홍

+ 홍수(洪水) – ㉠ 큰 물. ㉡ 넘쳐흐를 정도로 많은 사물을 비유하는 말.

洪魚(홍어), 洪規(홍규) – 큰 계략.

3급II / 10획 / 부수 心(小)

여럿이 **함께**(共) 사는 **마음**(小)처럼 공손하니 **공손할 공**

+ 小 – 마음 심, 중심 심(心)이 글자의 아래에 붙는 부수인 발로 쓰일 때의 모양으로 '마음 심 발'

恭敬(공경), 恭待(공대), 恭賀新年(공하신년) = 謹賀新年(근하신년)

TIP

〈명언〉

日日是好日(일일시호일)

['하루하루가 좋은 날'로, 오늘이 바로 최고요, 최후인 것처럼 소중하게 보내자는 말]

+ 日(해 일, 날 일), 是(옳을 시, 이 시, ~이다 시), 好(좋을 호)

〈명언〉

一笑一少(일소일소) 一怒一老(일로일로)

"한 번 웃으면 한 번(그만큼) 젊어지고, 한 번 성내면 한 번(그만큼) 늙어 진다"라는 뜻이며, 一笑日少(일소일소) 一怒日老(일로일로)로 바꾸어 "한 번 웃으면 하루가 젊어지고 한 번 성내면 하루가 늙어 진다"라고도 합니다.

+ 笑(웃을 소), 怒(성낼 노)

01~03 다음 漢字의 訓과 音을 쓰시오.

01. 樑, 枚, 珉

02. 馥, 倭, 劑

03. 弁, 燁, 措

04~06 다음 漢字語의 讀音을 쓰시오.

04. 沐露, 著述, 現札

05. 楸木, 稷壇, 魏志

06. 樺木, 烏飛梨落, 抵觸

07~08 다음 문장에서 ( ) 안의 漢字語를 漢字(正字)로 바꾸어 쓰시오.

07. 사랑하는 사람과 (결혼)하여 화목하게 사는 것이 나의 꿈이다.

08. 이번에 뽑은 경력 사원들은 이력이 (화려)하다.

09~10 다음 ( ) 안에 알맞은 漢字(正字)를 써넣어 四字成語를 완성하시오.

09. 우리는 각자의 관심사에 一( )相通하는 면이 많다.

10. 꼬박 사흘 동안 자리에 누워 ( )門不出하였다.

11~12 다음 漢字 중 略字는 正字로, 正字는 略字로 쓰시오.

11. 窃

12. 棄

정답

01. 들보 량, 낱 매, 옥돌 민　　**02.** 향기로울 복, 왜국 왜, 약제 제　　**03.** 고깔 변, 빛날 엽, 둘 조
04. 목로, 저술, 현찰　　**05.** 추목, 직단, 위지　　**06.** 화목, 오비이락, 저촉
07. 結婚　　**08.** 華麗　　**09.** 脈
10. 杜　　**11.** 竊　　**12.** 弃

| 101 | 이익 기기[異翼 冀驥] - 異, 冀로 된 한자 |

異

4급 / 11획 / 부수 田

밭(田)은 함께(共) 있어도 주인도 다르고 심어진 곡식도 다르니

다를 **이**

+ 田(밭 전)

異見(이견), 異口同聲(이구동성), 大同小異(대동소이)

翼

3급 II / 17획 / 부수 羽

깃(羽)이 몸의 서로 **다른**(異) 쪽에 있는 날개니 **날개 익**

또 날개는 함께 움직여 나는 것을 도우니 **도울 익**

+ 羽(깃 우, 날개 우) - 제목번호 498 참고.

左翼(좌익), 左翼手(좌익수), 輔翼(보익)

冀

2급 / 16획 / 부수 八

서로 **등지고**(北) **다른**(異) 것을 바라니 **바랄 기**

+ 北(등질 배, 달아날 배, 북쪽 북) - 제목번호 440 참고.

冀圖(기도) *企圖(기도), 冀望(기망), 冀願(기원)

驥

2급 / 26획 / 부수 馬

말(馬) 중에 누구나 가지기를 **바라는**(冀) 천리마니 **천리마 기**

+ 馬(말 마), 천리마(千里馬) - 하루에 천 리를 달릴 수 있을 정도로 좋은 말.

騏驥(기기), 驥足(기족), 駿驥(준기)

3급 / 9획 / 부수 己

함께(共) 다니는 뱀(巳)처럼 길게 뻗은 거리니 **거리 항**

+ 巳(뱀 사, 여섯째 지지 사) – 제목번호 188 참고.

　巷間(항간), 巷談(항담), 巷說(항설), 巷謠(항요)

4급Ⅱ / 12획 / 부수 水(氵)

물(氵)에 **거리**(巷)의 차처럼 배가 드나드는 항구니 **항구 항**

+ 𡘋[거리 항(巷)의 변형]

　港口(항구), 港都(항도), 歸港(귀항), 出港(출항)

4급Ⅱ / 15획 / 부수 日

(서로 상극인) 해(日)와 함께(共) 물(氺)이 만난 듯 사나우니

사나울 폭(포)

또 사나우면 잘 드러나니 **드러날 폭**

+ 오행(五行)에서 물과 불은 서로 상극(相剋)으로, 해도 불에 해당하니 이런 어원이 가능하지요. '사납다'의 뜻으로 쓰일 때는 단어에 따라 '폭'과 '포' 둘로 읽습니다.
+ 氺(물 수 발), 相(서로 상, 모습 상, 볼 상, 재상 상), 剋(이길 극)

　暴風雨(폭풍우), 暴惡(포악), 亂暴(난폭), 暴露(폭로)

4급 / 19획 / 부수 火

불(火)을 붙이면 **사납게**(暴) 폭발하니 **폭발할 폭**

　爆發(폭발), 爆擊(폭격), 爆笑(폭소), 爆破(폭파)

選

5급 / 16획 / 부수 辵(辶)

뱀들(巳巳)처럼 어울려 **함께**(共) 가(辶) 뽑으니 **뽑을 선**

+ 辶(뛸 착, 갈 착, = 辵)

　選擧(선거), 選拔(선발), 選手(선수), 精選(정선)

菫

급수 외 한자 / 11획 / 부수 土

너무 끈끈하여 **스물(卄)한(一)** 번이나 **입(口)**으로 **하나(一)**같이
숨 헐떡이며 가야 할 **진흙(土)**이니 진흙 **근**

+ 스물 입(卄, = 廾)의 밑을 막아도(卄) 같은 뜻이나, 보다 분명하게 하려고 卄과 一로 나누어 풀었
어요.

僅

3급 / 13획 / 부수 人(亻)

사람(亻)이 **진흙(菫)**길을 겨우 가니 겨우 **근**

僅僅(근근), 僅僅圖生(근근도생), 僅少(근소)

謹

3급 / 18획 / 부수 言

말(言)을 **진흙(菫)**길 갈 때처럼 조심하고 삼가니 삼갈 **근**

+ 言(말씀 언), 진흙길을 갈 때는 빠지지 않도록 조심하며 가려 디뎌야 하지요.

謹愼(근신), 謹嚴(근엄), 謹呈(근정), 謹賀(근하)

槿

2급 / 15획 / 부수 木

나무(木) 중 **진흙(菫)**에서도 잘 자라는 무궁화니 무궁화 **근**

槿域(근역), 槿花(근화)

瑾

2급 / 15획 / 부수 玉(王)

옥(王) 중에 **진흙(菫)**처럼 붉고 아름다운 옥이니
붉은 옥 **근**, 아름다운 옥 **근**

+ 王(임금 왕, 으뜸 왕, 구슬 옥 변)
+ 인·지명용 한자.

勤

4급 / 13획 / 부수 力

진흙(菫) 같은 어려움 속에서도 **힘(力)**써 부지런하게 하는 일이니
부지런할 **근**, 일 **근**

+ 勧 勸(권할 권) - 제목번호 497 참고.
+ 力(힘 력)

勤儉(근검), 勤勉(근면), 轉勤(전근), 退勤(퇴근)

참고자 / 11획 / 부수 艹(卄)

너무 끈끈하여 **스물(卄)한(一)** 번이나 **말하며(口) 하나(一)**같이 **크게(大)** 힘쓰며 걸어야 할 진흙이니 **진흙 근**

+ 堇[진흙 근(菫)의 변형]

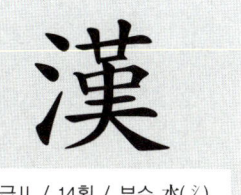

7급II / 14획 / 부수 水(氵)

물(氵)과 **진흙(堇)**이 많은 곳(중국 양자강 유역)에 있었던 한나라니

한나라 **한**

또 남을 흉하게 부르는 접미사로도 쓰여 **남을 흉하게 부르는 접미사 한**

+ 한나라 한(漢)이 중국을 대표하는 말로도 쓰이는 이유 – 진시황이 세운 진나라가 얼마 가지 못하여 무너지고 유방이 세운 나라가 한나라. 한나라는 진나라를 이은 두 번째의 중국 통일 왕국이고, 그때까지의 중국 역사를 창조해 낸 중국 최고의 제국이었기 때문에 옛날 중국을 대표하는 말로도 쓰이고 있습니다.

漢文(한문), 漢字(한자), 怪漢(괴한)

4급 / 15획 / 부수 欠

진흙(堇)에 빠짐을 **하품(欠)**하듯 입 벌려 탄식하니 **탄식할 탄**

또 탄식하듯이 입 벌려 감탄하니 **감탄할 탄**

+ 동 嘆 – 입(口)으로 진흙(堇)에 빠짐을 탄식하니 '탄식할 탄' – 특급II
+ 欠(하품 흠, 모자랄 흠, 이지러질 결, 빠질 결)

歎息(탄식), 歎聲(탄성), 恨歎(한탄), 感歎(감탄)

DAY
06

4급II / 19획 / 부수 隹

진흙(堇)에 빠져 날지 못하는 **새(隹)**처럼 어려우니 **어려울 난**

또 어려우면 남을 비난하니 **비난할 난**

+ 隹(새 추) – 제목번호 489 참고.

難解(난해), 苦難(고난), 非難(비난)

2급 / 22획 / 부수 水(氵)

물(氵)살이 세어 건너기 **어려운(難)** 여울이니 **여울 탄**

+ 여울 – 강이나 바다의 바닥이 얕거나 폭이 좁아 물살이 세차게 흐르는 곳.

灘聲(탄성) *歎聲(탄성)

집(广)에 스물(廿)한(一) 곳, 즉 많은 곳에 불(灬)을 때며 모여 사는 여러 백성이니 **여러 서, 백성 서**

또 일반 백성처럼 대했던 첩의 아들이니 **첩의 아들 서**

3급 / 11획 / 부수 广

+ 계급 제도가 있었던 옛날에는 본부인의 아들을 적자(嫡子), 첩의 아들을 서자(庶子)라 하여 차별하였어요. 첩의 아들은 공직에도 나갈 수 없었고 하인처럼 일했으니 '여러 서, 백성 서(庶)'에 '첩의 아들 서'라는 뜻이 붙었지요.
+ 广(집 엄), 灬(불 화 발), 嫡(본마누라 적)

庶務(서무), 庶民(서민), 庶出(서출), 嫡庶(적서)

여러(庶) 사람들이 **오가는**(辶) 길을 막거나 가리니
막을 차, 가릴 차

2급 / 15획 / 부수 辵(辶)

+ 辶(뛸 착, 갈 착, = 辶)

遮光(차광), 遮斷(차단), 遮陽(차양)

여러(庄) 사람이 손(又)으로 법도에 따라 정도를 헤아리니
법도 도, 정도 도, 헤아릴 탁

6급 / 9획 / 부수 广

+ 又(오른손 우, 또 우)

制度(제도), 程度(정도), 強度(강도), 度地(탁지)

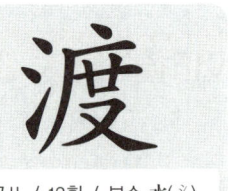

물(氵) 깊이를 **헤아려**(度) 건너니 **건널 도**

3급Ⅱ / 12획 / 부수 水(氵)

渡江(도강), 渡河(도하), 不渡(부도), 過渡期(과도기)

여러(庄) 사람이 앉도록 **수건**(巾)을 깐 자리니 **자리 석**

6급 / 10획 / 부수 巾

+ 庄[여러 서, 백성 서, 첩의 아들 서(庶)의 획 줄임], 巾(수건 건)

席次(석차), 缺席(결석) ↔ 出席(출석), 座席(좌석)

黃
6급 / 12획 / 제부수

이십(廿)일(一) 년이나 지남으로 **말미암아**(由) **팔**(八)방이 황무지로 변하여 누르니 **누를 황**

+ 廿(스물 입, = 卄)

黃桃(황도), 黃沙(황사), 黃昏(황혼), 朱黃(주황)

橫
3급II / 16획 / 부수 木

나무(木)가 **누렇게**(黃) 죽어 가로로 제멋대로 쓰러지니
가로 횡, 제멋대로 할 횡

+ 나쁜 방법으로 취득하는 것을 '가로채다'라고 하듯이, '가로 횡(橫)'에도 '제멋대로 할 횡'의 뜻이 있습니다.

橫斷(횡단), 橫領(횡령), 橫厄(횡액), 橫財(횡재)

5급II / 15획 / 부수 广

집(广) 아래 **누런**(黃) 들판이 넓으니 **넓을 광**

+ 약 广 - 집(广) 안에 사사로이(厶) 이용하는 땅이 넓으니 '넓을 광'
+ 广(집 엄), 厶(사사로울 사, 나 사)

廣告(광고), 廣野(광야), 廣場(광장)

4급 / 23획 / 부수 金

쇠(金)가 **넓게**(廣) 함유된 쇳돌이니 **쇳돌 광**

+ 약 鉱

鑛物(광물), 鑛夫(광부), 鑛山(광산), 鑛石(광석)

3급 / 18획 / 부수 手(扌)

손(扌)으로 **넓게**(廣) 넓히니 **넓힐 확**

+ 약 拡
+ 扌(손 수 변)

擴大(확대), 擴散(확산), 擴聲器(확성기), 擴張(확장)

世

7급II / 5획 / 부수 一

(한 세대를 30년으로 봐서) **열 십(十)** 셋을 합치고

(세대는 서로 연결되어 있다는 데서) 아래 부분을 연결하여 **세대 세**

또 세대들이 모여 사는 세상도 뜻하여 **세상 세**

+ 세대(世代) - ㉠ 어린아이가 성장하여 부모 일을 계승할 때까지의 약 30년 정도 되는 기간. ㉡ 같은 시대에 살면서 공통의 의식을 가지는 비슷한 연령층의 사람 전체. ㉢ 한 생물이 생겨나서 생존을 끝마칠 때까지의 기간.

世孫(세손), 世態(세태), 處世(처세), 出世(출세)

貰

2급 / 12획 / 부수 貝

시간(世)대로 **돈(貝)** 주고 세내어 빌리니 **세낼 세, 빌릴 세**

+ 世('세대 세, 세상 세'지만 여기서는 시간의 뜻으로 봄), 貝(조개 패, 재물 패, 돈 패)

貰房(세방 → 셋방), 月貰(월세), 傳貰(전세), 朔月貰(삭월세 → 사글세)

葉

5급 / 13획 / 부수 草(艹)

풀(艹)처럼 **세대(世)**마다 **나무(木)**에 나는 잎이니 **잎 엽**

+ 풀은 일 년이 한 세대지요.
+ 艹(초 두), 木(나무 목)

葉書(엽서), 葉茶(엽차), 落葉(낙엽), 枝葉(지엽)

蝶

3급 / 15획 / 부수 虫

벌레(虫) 중 **잎(枼)** 같은 날개를 가진 나비니 **나비 접**

+ 虫[벌레 충(蟲)의 속자와 부수로 '벌레 충'], 枼[잎 엽(葉)의 획 줄임]

蝶舞(접무), 蝶泳(접영)

諜

2급 / 16획 / 부수 言

말(言)을 나뭇**잎(枼)**에 적어 보내려고 적을 몰래 염탐하니 **염탐할 첩**

또 이렇게 염탐하는 간첩이니 **간첩 첩**

+ 간첩(間諜) - 국가나 단체의 비밀을 몰래 탐지·수집하여 대립 관계에 있는 국가나 단체에 제공하는 사람.

諜報(첩보), 諜者(첩자), 防諜(방첩)

훼분 분(비)분분[卉奔 賁墳憤] – 卉, 賁으로 된 한자

1급 / 5획 / 부수 十

많은(十) 풀(廾)이니 **많을 훼, 풀 훼**

✚ 廾['받쳐 들 공'이지만 여기서는 '초 두(艹)'의 약자(卄)로 봄], 초 두(艹)는 4획인데 약자는 획을 줄여서 3획의 卄로 쓰지요.

3급II / 8획 / 부수 大

발걸음을 크게(大) 많이(卉) 내딛으며 바쁘게 달아나니

바쁠 분, 달아날 분

奔忙(분망), 東奔西走(동분서주), 狂奔(광분)

특급II / 12획 / 부수 貝

많은(卉) 재물(貝)을 들여 크게 꾸미니 **클 분, 꾸밀 비**

✚ 貝(조개 패, 재물 패, 돈 패)

3급 / 15획 / 부수 土

흙(土)을 크게(賁) 쌓은 무덤이니 **무덤 분**

墳墓(분묘), 墳上(분상), 古墳(고분), 封墳(봉분)

4급 / 15획 / 부수 心(忄)

마음(忄)에 크게(賁) 분하니 **분할 분**

✚ 忄(마음 심 변)

憤慨(분개), 憤敗(분패), 憤怒(분노), 激憤(격분)

DAY

06

TIP

〈명언〉

克念作聖(극념작성)

[생각(잡념)을 이기면 성인이 될 수 있다.]

✚ 克(능할 극, 이길 극), 念(생각 념), 作(지을 작)

롱산 계계[弄算 戒械] - 廾, 戒로 된 한자

3급II / 7획 / 부수 廾

구슬(王)을 받쳐 들고(廾) 희롱하듯 가지고 노니

희롱할 롱(농), 가지고 놀 롱(농)

+ 廾(받쳐 들 공)

弄談(농담) ↔ 眞談(진담), 弄調(농조), 嘲弄(조롱)

7급 / 14획 / 부수 竹(⺮)

대(⺮)에 눈(目)알같은 구슬을 꿰어 만든 주판을 **받쳐 들고(廾)** 하는 셈이니

셈 산

+ 주판 - 옛날에 셈을 하는 데 쓰였던 도구. 수판. 주산.

算數(산수), 加算(가산) ↔ 減算(감산), 精算(정산)

4급 / 7획 / 부수 戈

창(戈)을 받쳐 들고(廾) 적을 경계하니 **경계할 계**

+ ㊤ 戎(오랑캐 융) - 1급.
+ 戈(창 과)

戒名(계명), 戒律(계율), 一罰百戒(일벌백계)

3급II / 11획 / 부수 木

나무(木)로 죄지은 사람을 **경계(戒)**하고 벌주기 위하여 만든 형틀이니

형틀 계

또 형틀처럼 만든 기계니 **기계 계**

機械(기계), 器械(기계)

TIP

〈명언〉

無言實踐(무언실천)

[말없이 실천하라.]

+ 無(없을 무), 言(말씀 언), 實(열매 실, 실제 실), 踐(밟을 천)

구함염사 수수[臼陷閻寫 叟搜] - 臼, 叟로 된 한자

1급 / 6획 / 제부수

곡식을 찧거나 빻는 절구를 본떠서 **절구 구**

+ 절구 - 곡식을 찧거나 빻는 데 쓰는 도구.

3급Ⅱ / 11획 / 부수 阜(阝)

언덕(阝)에 **사람**(宀)이 짐승을 잡으려고 **절구**(臼)처럼 파 놓은 함정이니 **함정 함**

또 함정에 빠져 꿈이 무너지니 **빠질 함, 무너질 함**

+ 阝(언덕 부 변), 宀[사람 인(人)의 변형]

謀陷(모함), 陷落(함락), 陷沒(함몰)

2급 / 16획 / 부수 門

문(門) 중 **사람**(宀)이 **절구**(臼)방아 찧듯 자주 드나드는 곳에 있는 마을 문이니 **마을 문 염, 마을 염**

閻魔(염마), 閻羅大王(염라대왕)

5급 / 15획 / 부수 宀

집(宀)에 **절구**(臼) 같은 아궁이에 **싸여**(勹) 있는 불(灬)을 소재로 그리니 **그릴 사**

또 그리듯 베끼니 **베낄 사**

+ 몤 写 - 덮어(冖) 놓고 주어진(与) 대로만 그리고 베끼니 '그릴 사, 베낄 사'
+ 宀(집 면), 勹(쌀 포), 灬(불 화 발), 冖(덮을 멱), 与(줄 여, 더불 여, 참여할 여)

寫本(사본), 寫眞(사진), 複寫(복사), 透寫(투사)

특급 / 10획 / 부수 又

절구(臼)에 **절굿공이**(丨)를 손(又)에 들고 절구질하는 늙은이니 **늙은이 수**

+ 丨('뚫을 곤'이지만 여기서는 절굿공이로 봄), 又(오른손 우, 또 우), 절굿공이 - 절구에 곡식 따위를 빻거나 찧을 때에 쓰는 공이.

搜

3급 / 13획 / 부수 手(扌)

손(扌)으로 **늙은이**(叟)처럼 더듬어 찾으니 **찾을 수**

+ 扌(손 수 변)

搜査(수사), 搜索(수색), 搜所聞(수소문)

삽삽 유유[臿插 臾庾] - 臿, 臾로 된 한자

급수 외 한자 / 9획 / 부수 臼

자루(千)를 절구(臼)에 절굿공이처럼 꽂아 땅을 파는 가래니 가래 삽

✛ 千('일천 천'이지만 여기서는 자루로 봄), 가래 - 흙을 파헤치거나 떠서 던지는 기구.

2급 / 12획 / 부수 手(扌)

손(扌)으로 가래(臿)를 땅에 꽂으니 꽂을 삽

✛ 臿[가래 삽(臿)의 변형]
✛ 손 수 변(扌)에 가래 삽(臿)을 써야 원자인데, 요즘은 조금 변형시킨 속자 '꽂을 삽(插)'으로 많이 씁니다.

　挿木(삽목), 挿入(삽입), 挿畫(삽화), 挿話(삽화)

특급Ⅱ / 9획 / 부수 臼

절구(臼)로 사람(人)이 곡식을 찧는 잠깐이니 잠깐 유

✛ 수유(須臾) - 잠시 동안.
✛ 臼(절구 구), 須(반드시 수, 잠깐 수)
✛ 절구 구(臼)의 아래 획을 둘로 나누어 써서 획수가 9획입니다.

2급 / 12획 / 부수 广

곡식을 집(广)처럼 잠깐(臾) 쌓아 두는 노적가리니 노적가리 유

또 노적가리처럼 쌓아 두는 창고니 창고 유

✛ 广(집 엄), 노적가리 - 들판에 임시로 수북이 쌓아 둔 곡식 더미.

　庾積(유적), 庾倉(유창)

⌐ TIP

〈이별의 자리에서 써도 좋을 말〉

"회자정리(會者定離) - 만남에는 이별이 정해져 있다."라는 말이 있는데, 이 말을 뒤집어 "이자정회(離者定會) - 이별에는 만남이 정해져 있다."라는 말로 바꾸어 송별회 자리에서 써도 좋을 것 같아요.

"회자정리(會者定離)라는 말이 있지만 저는 이 말을 뒤집어 이자정회(離者定會)라고 하고 싶습니다. 오늘은 헤어지지만 언젠가 다시 만날 수 있음을 믿기 때문이지요."라고.

✛ 會(모일 회), 者(놈 자, 것 자), 定(정할 정), 離(헤어질 리)

절구(臼)를 마주 드니(廾) **마주 들 여**

+ 廾[받쳐 들 공(廾)의 변형], 절구는 커서 혼자는 못 들고 여럿이 마주 들어야 하지요.

급수 외 한자 / 10획 / 부수 臼

마주 들고(舁) 가는 **수레(車)** 같은 가마니 **가마 여**

또 가마를 드는 사람들의 무리니 **무리 여**

+ 舁[마주 들 여(舁)의 변형], 車(수레 거, 차 차)
喪輿(상여), 輿論(여론), 輿望(여망)

3급 / 17획 / 부수 車

마주 들어(舁) 같이(同) 힘쓰면 흥하고 흥겨우니

흥할 흥, 흥겨울 흥

+ 앱 兴 – 점(丶) 점(丶) 점(丿) 함께(一) 나누어(八) 일하면 흥하고 흥겨우니 '흥할 흥, 흥겨울 흥'
復興(부흥), 振興(진흥), 興味(흥미), 遊興(유흥)

4급Ⅱ / 16획 / 부수 臼

마주 들어(舁) 주며(勹) 더불어 참여하니

줄 여, 더불 여, 참여할 여

+ 앱 与 – 하나(一)씩 작은 그릇(勹)에 나누어 주며 더불어 참여하니 '줄 여, 더불 여, 참여할 여'
授與(수여), 與件(여건), 與民同樂(여민동락), 與黨(여당) ↔ 野黨(야당)

4급 / 14획 / 부수 臼

더불어(與) 함께 손(手) 들어 행하고 일으키니

들 거, 행할 거, 일으킬 거

+ 앱 挙 – 점(丶) 점(丶) 점(丿) 하나(一)씩 나누어(八) 손(手)에 들고 행하여 일으키니
'들 거, 행할 거, 일으킬 거'
擧手(거수), 擧動(거동), 擧行(거행), 擧事(거사)

5급 / 18획 / 부수 手

DAY
06

더불어(與) 말하며(言) 기리니 **기릴 예**

또 기리는 명예니 **명예 예**

+ 앱 誉 – 점(丶) 점(丶) 점(丿) 하나(一)씩 나누어(八) 말하며(言) 기리니 '기릴 예'
譽聲(예성), 譽言(예언), 名譽(명예), 榮譽(영예)

3급Ⅱ / 21획 / 부수 言

예애찰 부부[乂艾刹 父釜] - 乂, 父로 된 한자

이리저리 베어 다스리는 모습이 어지니
벨 예, 다스릴 예, 어질 예

특급Ⅱ / 2획 / 부수 丿

풀(⺿) 중 베어(乂) 여러모로 쓰는 쑥이니 쑥 애

또 마른 쑥처럼 머리가 희도록 늙으니 **늙을 애**

+ 참 蒿(쑥 호) - 특급Ⅱ.
　　蓬(쑥 봉) - 제목번호 252 참고.
+ 쑥은 식용이나 약용으로 이용하지요.

艾葉(애엽), 艾湯(애탕), 艾年(애년)

2급 / 6획 / 부수 草(⺿)

벤(乂) 나무(木)를 칼(刂)질하여 짧은 시간에 지은 절이니
짧은 시간 찰, 절 찰

刹那(찰나), 古刹(고찰), 寺刹(사찰)

2급 / 8획 / 부수 刀(刂)

사람이 알아야 할 것을 조목조목 나누어(八) 어질게(乂) 가르치는 아비니
아비 부

父母(부모), 父子(부자), 父親(부친), 祖父(조부)

8급 / 4획 / 제부수

아버지(父)처럼 크게 쇠(釜)로 만든 가마니 가마 부

+ 釜[쇠 금, 금 금, 돈 금, 성씨 김(金)의 획 줄임], 가마 - 가마솥. 아주 크고 우묵한 솥.

釜山(부산), 釜中生魚(부중생어)

2급 / 10획 / 부수 金

흉 흉흉[凶 匈胸] – 凶과 匈으로 된 한자

5급II / 4획 / 부수 凵

움푹 **패이고**(凵) **베인**(乂) 모양이 흉하니 **흉할 흉**

또 먹을 것이 없어 흉하게 살아야 할 흉년이니 **흉년 흉**

+ 凵('입 벌릴 감, 그릇 감'이지만 여기서는 패인 모양으로 봄)

凶器(흉기), 吉凶禍福(길흉화복), 凶年(흉년)

2급 / 6획 / 부수 勹

싸듯(勹) **흉**(凶)한 마음을 가진 오랑캐니 **오랑캐 흉**

+ 흉노(匈奴) – 중국 진・한대(秦・漢代)에 몽골 고원에서 활약한 유목 기마 민족.
+ 勹(쌀 포), 奴(종 노)

3급II / 10획 / 부수 肉(月)

몸(月)의 **흉**(凶)한 것을 **감싼**(勹) 가슴이니 **가슴 흉**

+ 가슴은 간, 심장, 허파 등 중요한 장기를 감싸 보호하지요.

胸部(흉부), 胸像(흉상), 胸中(흉중)

문문문민민 민문[文紋汶玟旼 旻紊] – 文으로 된 한자

7급 / 4획 / 제부수

머릿(亠)속의 생각을 **다스려**(乂) 무늬처럼 써 놓은 글월이니

무늬 문, 글월 문, 성씨 문

+ 㘴 乂(칠 복, = 攵) – 제목번호 465 참고.
+ 글월 – ㉠ 글, 문장. ㉡ 편지. ㉢ 글자.
+ 亠(머리 부분 두)

文庫(문고), 文盲(문맹), 文集(문집)

紋

3급II / 10획 / 부수 糸

실(糸)로 **글**(文)처럼 수놓은 무늬니 **무늬 문**

+ 糸(실 사 변)

紋身(문신), 紋樣(문양), 指紋(지문), 波紋(파문)

물(氵)이 글(文) 읽는 소리를 내며 흐르는 물 이름이니 **물 이름 문**

2급 / 7획 / 부수 水(氵)

+ 인·지명용 한자.

汶山(문산) - 경기도 파주시에 있는 지명.

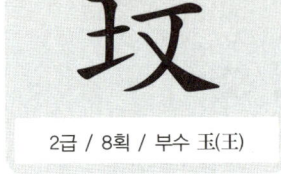

구슬(王)처럼 **무늬**(文) 있는 옥돌이니 **옥돌 민**

2급 / 8획 / 부수 玉(王)

+ 동 珉(옥돌 민) - 제목번호 086 참고.
+ 인·지명용 한자.

해(日)처럼 따뜻한 내용의 글(文)을 읽으면 온화하니 **온화할 민**

2급 / 8획 / 부수 日

+ 인·지명용 한자.

해(日)도 **무늬**(文)로 보이는 하늘이니 **하늘 민**

2급 / 8획 / 부수 日

+ 참 昊(하늘 호) - 제목번호 136 참고.

旻天(민천), 蒼旻(창민)

글(文)을 헝클어진 **실**(糸)처럼 어지럽게 쓰면 어지러우니 **어지러울 문**

2급 / 10획 / 부수 糸

+ 紋과 紊의 구별- 글자 성분은 같지만 연결되는 순서가 다르니 순서대로 풀어서 실(糸)로 글(文)처럼 수놓은 무늬면 '무늬 문(紋)', 글(文)을 실(糸)처럼 어지럽게 쓰면 '어지러울 문(紊)'으로 아세요.
+ 문란(紊亂) - 도덕이나 질서가 어지러움.
+ 亂(어지러울 란)

國憲紊亂(국헌문란) - 나라의 헌법을 어지럽힘.

+ 헌법 또는 법률에 정한 절차에 의하지 않고 헌법이나 법률의 기능을 소멸하거나, 헌법에 의하여 설립한 국가 기관을 강압적으로 전복하거나 기능 행사를 불가능하게 하는 일 따위를 말함.

효 이미 학각[爻 爾彌 學覺] – 爻와 爾, 學으로 된 한자

1급 / 4획 / 제부수

육효가 서로 엇갈린 점괘를 본떠서 **점괘 효**

또 서로 교차하여 사귀며 좋은 점을 본받으니

사귈 효, 본받을 효, 수효 효

+ 육효(六爻) – 주역(周易)의 괘를 이루는 6개의 가로 그은 획.
+ 주역(周易) – 유학 경전의 하나.

1급 / 14획 / 부수 爻

한(一)결같이 **나누어(八)** 성(冂)이라도 **뚫고(l)** 들어가 **사귀고(爻)**

사귀고(爻) 싶은 사람은 바로 너니 **너 이, 어조사 이**

+ 冂(멀 경, 성 경), l (뚫을 곤)

2급 / 17획 / 부수 弓

활(弓)로 찢어진 곳을 **너(爾)**는 두루 꿰매 더욱 오래가게 하니

두루 미, 꿰맬 미, 더욱 미, 오랠 미

+ 연 弥 – 활(弓)처럼 둥글게 사람(亻)이 조금(小)씩 두루 꿰매 더욱 오래가게 하니
　　　'두루 미, 꿰맬 미, 더욱 미, 오랠 미'
+ 弓(활 궁), 亻[사람 인(人)의 변형], 小(작을 소)

　彌滿(미만), 彌縫策(미봉책), 彌成(미성), 彌久(미구)

8급 / 16획 / 부수 子

절구(臼) 같은 교실에서 친구도 **사귀며(爻)** 덮인(冖) 책을 펴놓고

아들(子)이 글을 배우니 **배울 학**

+ 연 学 – 점(丶)점(丶) 글자(字)를 배우니 '배울 학'
+ 臼[절구 구(臼)의 변형], 冖(덮을 멱), 子(아들 자), 字(글자 자)

　學校(학교), 學究(학구), 勉學(면학), 放學(방학)

覺

4급 / 20획 / 부수 見

배우고(學) 보면서(見) 이치를 깨달으니 **깨달을 각**

+ 연 覚 – 점(丶)점(丶)점(丿) 덮인(冖) 것을 보며(見) 깨달으니 '깨달을 각'
+ 學[배울 학(學)의 획 줄임], 見(볼 견, 뵐 현)

　覺書(각서), 視聽覺(시청각), 自覺(자각)

DAY 06

6급 / 6획 / 부수 亠

(옛날에) **머리**(亠)에 갓을 쓰고 **아버지**(父)는 사람을 사귀거나 오고 갔으니

사귈 교, 오고 갈 교

+ 亠(머리 부분 두), 父(아비 부)
+ 어려운 사람을 맞을 때는 옷을 단정하게 입지요.

  交際(교제), 交代(교대), 交易(교역), 交換(교환)

8급 / 10획 / 부수 木

나무(木)에 지주를 **교차**(交)시켜 바로잡듯이 사람을 바로잡아 가르치는 학교니

학교 교

또 글을 바로잡아 교정보니 **교정볼 교**

또 사병을 바로잡아 지휘하는 장교니 **장교 교**

+ 지주 – 받침대. 의지할 수 있는 근거나 힘을 비유하는 말.

  學校(학교), 校正(교정), 校閱(교열), 將校(장교)

3급II / 13획 / 부수 車

차(車)를 **오고 가며**(交) 타 보고 다른 차와 비교하니 **비교할 교**

+ 車(수레 거, 차 차)

  比較(비교), 較準(교준), 較差(교차), 日較差(일교차)

2급 / 12획 / 부수 糸

실(糸)과 **교차하여**(交) 목매니 **목맬 교**

+ 참 縊(목맬 액) – 1급.

  絞戮(교륙), 絞殺(교살), 絞首刑(교수형)

3급 / 9획 / 부수 邑(阝)

사귀듯(交) **고을**(阝)에 붙어있는 들이나 교외니 **들 교, 교외 교**

+ 교외(郊外) – 도시의 주변 지역. 교외(校外) – 학교의 밖.
+ 阝(고을 읍 방), 外(밖 외)

  郊勞(교로), 郊迎(교영), 近郊(근교)

5급 / 10획 / 부수 攵(攴)

좋은 분과 **사귀어**(交) 자신을 **치며**(攵) 본받으면 효험이 있으니

본받을 효, 효험 효

+ 攵(칠 복, = 攴)

  效則(효칙), 效果(효과), 發效(발효), 有效(유효)

5급II / 3획 / 제부수

열(十)까지 하나(一)를 배우면 아는 선비니 **선비 사**

또 선비 같은 군사나 사람의 칭호나 직업에 붙이는 말이니

군사 사, 칭호나 직업에 붙이는 말 사

+ 선비 – 학식이 있고 행동과 예절이 바르며 의리와 원칙을 지키는 고결한 인품을 지닌 사람.

　土農工商(사농공상), 軍士(군사), 壯士(장사), 博士(박사), 技士(기사)

5급II / 5획 / 부수 人(亻)

사람(亻)이 선비(士)처럼 벼슬하여 백성을 섬기니

벼슬할 사, 섬길 사

+ 亻(사람 인 변)

　仕途(사도), 仕路(사로), 給仕(급사), 奉仕(봉사)

선비(士)의 말(口)처럼 길하고 상서로우니 **길할 길, 상서로울 길**

5급 / 6획 / 부수 口

+ 길하다 – 운이 좋거나 일이 상서롭다.
+ 상서롭다 – 복되고 좋은 일이 있을 듯하다.

　吉運(길운), 吉日(길일), 吉兆(길조), 吉凶(길흉)

길할 길(吉)을 두 번 써서 길하면 밝음을 강조하여 **밝을 철**

2급 / 12획 / 부수 口

+ 동 哲 – 제목번호 385 참고.

　前喆(전철) *電鐵(전철) *前轍(전철), 賢喆(현철)

선비(士)의 마음(心)에 있는 뜻이니 **뜻 지**

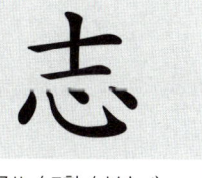

4급II / 7획 / 부수 心

+ '뜻 지(志)'는 이상을 향한 높은 뜻이고, '뜻 의(意)'는 말이나 글 속에 들어 있는 의미를 말합니다.

　志操(지조), 意志(의지), 初志一貫(초지일관)

말(言)이나 뜻(志)을 기록하여 만든 책이니 **기록할 지, 책 지**

4급 / 14획 / 부수 言

　誌略(지략), 校誌(교지), 日誌(일지), 雜誌(잡지)

많이(十) 땅(一)에 있는 흙이니 흙 土

＋ 많이 앒을 강조하려고 열 십, 많을 십(十)을 크게 써서 '선비 사(士)', 넓은 땅을 강조하려고 아래 한 일(一)을 길게 써서 '흙 토(土)'로 구분하세요.

土沙(토사), 土俗(토속), 土地(토지)

8급 / 3획 / 제부수

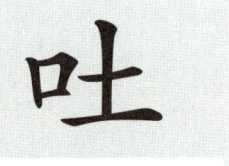

입(口)을 흙(土)에 대고 토하니 토할 토

吐納(토납), 吐露(토로), 嘔吐(구토), 實吐(실토)

3급II / 6획 / 부수 口

집(广)에 딸린 시골 전장(土)이니 전장 장

＋ 圉 压[누를 압(壓)의 속자], 厈[누를 압(壓)의 약자] - 제목번호 144 참고.
＋ 전장(田庄) - 개인이 소유하는 논밭.

庄土(장토), 村庄(촌장), 廢庄(폐장)

2급 / 6획 / 부수 广

두 사람(人人)이 흙(土) 위에 앉으니 앉을 좌

坐像(좌상), 坐定(좌정), 對坐(대좌), 坐不安席(좌불안석)

3급II / 7획 / 부수 土

집(广)에서 앉는(坐) 자리나 위치니 자리 좌, 위치 좌

＋ 广(집 엄)

座談(좌담), 座席(좌석), 權座(권좌), 座右銘(좌우명)

4급 / 10획 / 부수 广

하늘(一)처럼 모시는 신과 연결하여(丨) 땅(一)에 사는 사람들(人人)의 악귀를 쫓는 무당이니 무당 무

＋ 一('한 일'이지만 여기서는 하늘과 땅으로 봄)

1급 / 7획 / 부수 工

규규계가 가규규[圭珪桂佳 街奎閨] – 圭로 된 한자

圭
2급 / 6획 / 부수 土

('홀'은 천자가 제후를 봉할 때 주는 신표로)

영토를 뜻하는 **흙 토(土)**를 두 번 반복하여 **홀 규, 영토 규**

또 홀을 만들던 품질 좋은 서옥이니 **서옥 규**

+ 제후 – 천자의 영토 일부를 맡아 다스리는 일종의 지방 관리.
+ 규(圭) – 옥으로 만든 홀(笏). 위 끝은 뾰족하고 아래는 세모나 네모졌으며 예전에 중국에서 천자가 제후를 봉하거나 신을 모실 때 썼지요.

珪
2급 / 10획 / 부수 玉(王)

옥(王)으로 만든 홀(圭)이니 **홀 규**

+ 圭의 고자(古字).
+ 인·지명용 한자.
+ 珪璋·圭璋(규장) – ㉠ 예식에서 장식으로 쓰는 옥. ㉡ 훌륭한 인품을 비유적으로 이르는 말.
+ 璋(홀 장)

桂
3급II / 10획 / 부수 木

나무(木) 중 서옥(圭)처럼 아름다운 계수나무니

계수나무 계, 성씨 계

+ 계수나무 – 녹나무과의 상록 교목으로, 가지나 껍질은 약이나 향료로 쓰임.

  桂冠(계관), 桂皮(계피), 月桂樹(월계수)

佳
3급II / 8획 / 부수 人(亻)

사람(亻)이 서옥(圭)처럼 아름다우니 **아름다울 가**

+ 世 住(살 주, 사는 곳 주) – 제목번호 132 참고.

  佳境(가경), 佳約(가약), 佳作(가작), 佳節(가절)

DAY

06

街
4급II / 12획 / 부수 行

다니도록(行) 흙을 돋워(圭) 만든 거리니 **거리 가**

+ 行(다닐 행, 행할 행, 항렬 항), 圭('홀 규, 넝토 규, 서옥 규'지만 여기서는 흙을 돋운 모양으로 봄)

  街道(가도), 街路燈(가로등), 街販(가판), 商街(상가)

奎
2급 / 9획 / 부수 大

큰(大) 서옥(圭)처럼 빛나는 별 이름이나 글이니

별 이름 규, 글 규

  奎星(규성), 奎章(규장), 奎章閣(규장각)

閨

2급 / 14획 / 부수 門

문(門)까지 서옥(圭)으로 꾸민 안방이니 **안방 규**

閨房(규방), 閨範(규범) *規範(규범), 閨秀(규수)

TIP

〈한자에 많이 쓰인 소재들〉

한자가 만들어지던 시절을 생각하면 한자의 어원이 보다 쉽게 이해됩니다.

한자가 만들어지던 시절에 많이 쓰인 소재로 된 글자들을 뽑아보면 대강 다음과 같은데, 이 글자들을 부수로 이용하여 수많은 글자들이 만들어졌지요.

① 사람이나 몸과 관련된 글자 – 사람 인(人), 입 구(口), 눈 목(目), 귀 이(耳), 손 수(手), 발 족(足), 이 치(齒), 마음 심(心), 육 달 월(月), 아들 자(子), 여자 녀(女) 등.

② 먹고 입고 말하고 힘쓰는 것과 관련된 글자 – 밥 식(食), 옷 의(衣), 말씀 언(言), 힘 력(力) 등.

③ 생활에 큰 영향을 미치는 우주와 관련된 글자 – 해 일(日), 달 월(月), 별 성(星), 비 우(雨), 산 산(山), 물 수(水), 내 천(川), 바람 풍(風) 등.

④ 대부분 농사를 지어서 농사와 곡식과 관련된 글자 – 밭 전(田), 마을 리(里), 벼 화(禾), 쌀 미(米), 보리 맥(麥) 등.

⑤ 전쟁을 많이 했기에 당시에 쓰던 무기와 관련된 글자 – 칼 도(刀), 활 궁(弓), 화살 시(矢), 주살 익(弋), 창 과(戈), 창 모(矛), 방패 간(干) 등.

⑥ 당시 주요 소재였던 것으로 된 글자 – 나무 목(木), 대 죽(竹), 풀 초(草), 실 사(絲), 돌 석(石), 흙 토(土) 등.

⑦ 실생활과 밀접한 동물로 된 글자 – 양 양(羊), 소 우(牛), 말 마(馬), 사슴 록(鹿), 범 호(虎), 원숭이 우(禺), 물고기 어(魚) 등.

⑧ 집이나 당시 생활 도구로 된 글자 – 집 면(宀), 문 문(門), 방 방(房), 불 화(火), 실 사(糸), 말 두(斗), 배 주(舟) 등.

01~03 다음 漢字의 訓과 音을 쓰시오.

01. 冀, 驥, 槿

02. 灘, 挿, 釜

03. 匈, 紊, 玟

04~06 다음 漢字語의 讀音을 쓰시오.

04. 防諜, 閻魔, 庾積

05. 艾湯, 蒼旻, 彌縫策

06. 絞戮, 賢哲, 廢庄

07~08 다음 문장에서 (　) 안의 漢字語를 漢字(正字)로 바꾸어 쓰시오.

07. 그대의 (흉중)에 품은 포부를 들으니 내가 흥분이 되는구나.

08. 감각이 둔하여 사소한 일에는 (분노)하지 않는다.

09~10 다음 (　) 안에 알맞은 漢字(正字)를 써넣어 四字成語를 완성하시오.

09. 東(　)西走 - 사방으로 이리저리 몹시 바쁘게 돌아다님.

10. 初(　)一貫 - 처음에 세운 뜻을 끝까지 밀고 나감.

11~12 다음 漢字 중 略字는 正字로, 正字는 略字로 쓰시오.

11. 挙

12. 譽

정답

01. 바랄 기, 천리마 기, 무궁화 근
02. 여울 탄, 꽂을 삽, 가마 부
03. 오랑캐 흉, 어지러울 문, 옥돌 민
04. 방첩, 염마, 유적
05. 애탕, 창민, 미봉책
06. 교륙, 현철, 폐장
07. 胸中
08. 憤怒
09. 奔
10. 志
11. 擧
12. 誉

---

121 봉 괘괘 애애[封 卦掛 厓涯] - 封과 卦, 厓로 된 한자

영토(圭)를 마디**마디**(寸) 나누어 봉하니 **봉할 봉**

+ 봉하다 - ㉠ 열지 못하도록 붙이다. ㉡ 천자가 영지를 주어 제후로 삼다.

封建(봉건), 封鎖(봉쇄), 封印(봉인), 開封(개봉)

3급II / 9획 / 부수 寸

서옥(圭)처럼 점(卜)치면 반짝이며 나오는 점괘니 **점괘 괘**

+ 卜(점 복)

1급 / 8획 / 부수 卜

손(扌)으로 점괘(卦)를 기록하여 거니 **걸 괘**

+ 扌(손 수 변)

掛念(괘념), 掛圖(괘도), 掛鐘時計(괘종시계)

3급 / 11획 / 부수 手(扌)

굴 바위(厂) 아래 땅(圭)의 언덕이니 **언덕 애**

+ 厂(굴 바위 엄)

특급II / 8획 / 부수 厂

물(氵)과 맞닿은 언덕(厓) 같은 물가니 **물가 애**

또 물가는 땅의 끝이니 **끝 애**

涯岸(애안), 涯際(애제), 生涯(생애), 天涯(천애)

3급 / 11획 / 부수 水(氵)

요효소[堯曉燒] - 堯로 된 한자

堯
2급 / 12획 / 부수 土

많은 흙(垚)을 우뚝하게(兀) 쌓아 높으니 **높을 요**

또 중국에서 성군(聖君)으로 꼽히는 요임금을 나타내어 **요임금 요**

+ 垚('장할 장'이지만 여기서는 흙이 많이 쌓인 모양으로 봄), 兀(우뚝할 올), 聖(성인 성, 성스러울 성), 君(임금 군)

*桀犬吠堯(걸견폐요)

曉
3급 / 16획 / 부수 日

해(日)가 높이(堯) 떠오르는 새벽이니 **새벽 효**

또 밝아오는 새벽처럼 밝게 깨달으니 **깨달을 효**

曉光(효광), 曉星(효성), 曉起(효기), 曉得(효득)

燒
3급II / 16획 / 부수 火

불(火)로 높이(堯) 타오르게 불사르니 **불사를 소**

+ 圈 焼 - 불(火)로 많은(十) 풀(艹)을 우뚝하게(兀) 쌓아놓고 불사르니 '불사를 소'
+ 艹[초 두(艹)의 약자]

燒却(소각), 燒滅(소멸), 燒失(소실), 燒酒(소주)

수수우[垂睡郵] - 垂로 된 한자

垂
3급II / 8획 / 부수 土

많은(千) 풀(艹)잎이 흙(土)바닥에 드리우니 **드리울 수**

垂直(수직), 懸垂幕(현수막), 率先垂範(솔선수범)

睡
3급 / 13획 / 부수 目

눈(目)꺼풀을 아래로 드리우고(垂) 졸거나 자니 **졸 수, 잘 수**

睡眠(수면), 睡眠劑(수면제), 午睡(오수), 昏睡(혼수)

郵
4급 / 11획 / 부수 邑(阝)

드리워(垂) 고을(阝)까지 전달하는 우편이니 **우편 우**

+ 阝(고을 읍 방)

郵送(우송), 郵便(우편), 郵票(우표), 郵遞局(우체국)

급수 외 한자 / 8획 / 부수 土

흙(土)에 **사람**(儿)이 또 **흙**(土)을 쌓아 만든 언덕이니 **언덕 륙(육)**

+ 儿(어진 사람 인, 사람 인 발)
+ 실제는 '흙덩이 클 륙'이지만 坴이 들어간 글자들의 어원 풀이를 위해 '언덕 륙'으로 풀었어요.

5급II / 11획 / 부수 阜(阝)

언덕(阝)과 **언덕**(坴)이 높고 낮게 이어진 육지니 **육지 륙(육)**

+ 阝(언덕 부 변)

陸地(육지), 大陸(대륙), 離陸(이륙), 着陸(착륙)

3급II / 13획 / 부수 目

눈(目)을 **언덕**(坴)처럼 높이 뜨고 대하며 화목하니 **화목할 목**

+ 기쁘거나 좋으면 눈을 빛내며 크게 뜨고 높이 우러러보지요.

和睦(화목), 不睦(불목), 親睦(친목)

급수 외 한자 / 11획 / 부수 土

흙(土)을 파고 **사람**(儿)이 **흙**(土)에다 **둥근**(丸) 씨앗을 심으니
심을 예

+ 丸(둥글 환, 알 환)

4급II / 19획 / 부수 草(艹)

초목(艹)을 **심고**(埶) 이용하는 방법을 **말하는**(云) 재주와 기술이니
재주 예, 기술 예

+ 粵 芸 - 초목(艹)을 심고 이용하는 방법을 말하는(云) 재주와 기술이니
　'재주 예, 기술 예' - 제목번호 373 참고.
+ 云(말할 운, 艹[초 두(艹)의 약자]

藝術(예술), 技藝(기예), 書藝(서예), 學藝(학예)

5급 / 15획 / 부수 火(灬)

심어(埶) 놓은 **불**(灬)이라도 있는 듯 더우니 **더울 열**

+ 㽦 熟(익을 숙, 익숙할 숙) - 제목번호 234 참고.
+ 灬(불 화 발)

熱望(열망), 熱情(열정) ↔ 冷情(냉정), 解熱(해열)

심어(埶) 놓은 초목이 **힘(力)**차게 자라나는 기세니 **기세 세**

4급Ⅱ / 13획 / 부수 力

＋ 力(힘 력)

勢力(세력), 強勢(강세), 攻勢(공세), 氣勢(기세)

---

125 생성성 성산[生性姓 星産] - 生으로 된 한자

사람(丿)이 **흙(土)**에 나서 사니
날 생, 살 생, 사람을 부를 때 쓰는 접사 생

8급 / 5획 / 제부수

＋ 丿[사람 인(人)의 변형], 土(흙 토)

生日(생일), 生動感(생동감), 學生(학생), 生徒(생도)

마음(忄)에 **나면서(生)**부터 생긴 성품이나 바탕이니 **성품 성, 바탕 성**
또 바탕이 다른 남녀의 성별이니 **성별 성**

5급Ⅱ / 8획 / 부수 心(忄)

＋ 忄(마음 심 변)

個性(개성), 性質(성질), 適性(적성), 本性(본성)

여자(女)가 자식을 **낳아(生)** 다른 사람과 구별하기 위하여 붙인 성씨니
성씨 성
또 나라의 여러 성씨들이 모인 백성이니 **백성 성**

7급Ⅱ / 8획 / 부수 女

姓名(성명), 同姓同本(동성동본), 百姓(백성)

해(日)가 진 뒤에 **나타나(生)** 보이는 별이니 **별 성**

4급Ⅱ / 9획 / 부수 日

＋ 日(해 일, 날 일)

星霜(성상), 曉星(효성), 星行夜歸(성행야귀)

머리(亠)를 받치고(丷) **굴 바위(厂)** 같은 것에 의지하여 새끼를
낳으니(生) 낳을 산

5급Ⅱ / 11획 / 부수 生

＋ 圀 産 – 글(文) 공부를 바위(厂) 밑에서 전념하여 좋은 작품을 써 내니(生) '낳을 산'
＋ 亠(머리 부분 두), 厂(굴 바위 엄, 언덕 엄), 文(무늬 문, 글월 문)

産苦(산고), 産母(산모), 出産(출산), 産業(산업)

로로기 효자고[耂老耆 孝者考] – 耂로 된 한자

4획 / 부수자

늙을 로(老)가 부수로 쓰일 때의 모양으로,

흙(土)에 지팡이(丿)를 짚으며 걸어야 할 정도로 늙으니 **늙을 로 엄**

+ '엄'은 글자의 위와 왼쪽을 덮는 부수 이름이고, 耂가 늙을 로(老)의 부수이기에 제목을 '로'로 했어요.

7급 / 6획 / 제부수

흙(土)에 지팡이(丿)를 비수(匕)처럼 꽂으며 걸어야 할 정도로 늙으니

늙을 로(노)

+ 丿('삐침 별'이지만 여기서는 지팡이로 봄), 匕(비수 비, 숟가락 비), 비수 – 날카롭고 짧은 칼.
+ 老의 부수는 耂로 볼 수 있지만 老 자체로도 부수로 쓰입니다.

老益壯(노익장), 敬老(경로), 元老(원로)

2급 / 10획 / 부수 老

늙어(老) 하는 일 없이 날(日)만 보내는 늙은이니 **늙은이 기**

+ 60세 이상의 늙은이를 말합니다.

耆年(기년), 耆德(기덕), 耆老(기로)

7급II / 7획 / 부수 子

늙은(耂) 부모를 아들(子)이 받들어 모시는 효도니 **효도 효**

孝道(효도), 孝誠(효성), 孝悌忠信(효제충신)

6급 / 9획 / 부수 耂

노인(耂)이 사람이나 물건을 일컬어 말했던(白) 놈이나 것이니

놈 자, 것 자

+ 어른이 사람을 지칭할 때는 '이놈, 저놈' 하고, 사물을 지칭할 때는 '이것, 저것' 하지요. '놈'이나 '계집'이라는 말은 요즘은 듣기 거북한 욕(辱)으로 쓰이지만 옛날에는 남자 여자를 보통으로 일컫는 말이었답니다.

強者(강자), 讀者(독자), 仁者無敵(인자무적)

5급 / 6획 / 부수 耂

노인(耂)처럼 크게(丂) 살피고 생각하니 **살필 고, 생각할 고**

+ 丂['교묘할 교'지만 여기서는 큰 대(大)의 변형으로 봄]

考慮(고려), 考察(고찰), 再考(재고), 深思熟考(심사숙고)

諸

3급II / 16획 / 부수 言

말(言)로도 **사람**(者)들이 처리하는 모든 여러 일이니

모든 **제**, 여러 **제**, 성씨 **제**

諸國(제국), 諸君(제군), 諸般(제반), 諸賢(제현)

緒

3급II / 15획 / 부수 糸

(실은 실마리를 찾아야 풀어 쓸 수 있기 때문에)

실(糸)을 다루는 **사람**(者)에게 중요한 실마리니 실마리 **서**

+ 실마리 – ㉠ 실의 첫머리. ㉡ 일이나 사건을 풀어 나갈 수 있는 단서.

緒論(서론), 緒言(서언), 端緒(단서), 頭緒(두서)

都

5급 / 12획 / 부수 邑(阝)

사람(者)들이 많이 사는 **고을**(阝)은 도시니 도시 **도**

또 도시처럼 사람이 많이 모인 모두니 모두 **도**

+ 阝(고을 읍 방)

都農(도농), 首都(수도), 都合(도합), 都賣商(도매상)

暑

3급 / 13획 / 부수 日

해(日)가 **사람**(者) 위에 있는 듯 더우니 더울 **서**

暑傷(서상), 避暑(피서), 酷暑(혹서)

著

3급II / 13획 / 부수 草(艹)

초(艹)야에 묻혀 사는 **사람**(者)도 유명한 글을 지어 드러나니

글 지을 **저**, 드러날 **저**

또 (옛날에는) **풀**(艹)로 **사람**(者)이 옷을 만들어 붙게 입었으니

붙을 **착**, 입을 **착**

+ '붙을 착, 입을 착'으로는 주로 붙을 착(着 – 제목번호 472)을 씁니다.

著書(저서), 著者(저자), 著名(저명), 著壓(착압), 著服(착복)

王

8급 / 4획 / 제부수

하늘(一) 땅(一) 사람(一)의 뜻을 두루 꿰뚫어(丨) 보아야 했던 임금이니 **임금 왕**

또 임금처럼 그 분야에서 으뜸이니 **으뜸 왕**

또 **구슬 옥(玉)**이 부수로 쓰일 때의 모양으로 **구슬 옥 변**

+ 옛날이나 지금이나 하늘(天), 땅(地), 사람(人)을 삼재(三才 – 세 가지 바탕)라 하여 귀히 여기지요.

     王冠(왕관), 王固執(왕고집), 王侯將相(왕후장상)

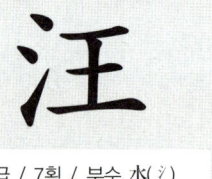

旺

2급 / 8획 / 부수 日

해(日)나 **왕(王)**처럼 빛나게 왕성하니 **왕성할 왕**

     旺氣(왕기), 旺盛(왕성), 旺興(왕흥)

汪

2급 / 7획 / 부수 水(氵)

물(氵)이 **으뜸(王)**으로 넓으니 **넓을 왕**

     汪汪(왕왕), 汪茫(왕망), 汪洋(왕양)

狂

3급Ⅱ / 7획 / 부수 犬(犭)

개(犭)가 **왕(王)**이나 된 것처럼 날뛰며 미치니 **미칠 광**

+ 犭(큰 개 견, 개 사슴 록 변)

     狂亂(광란), 熱狂(열광), 不狂不及(불광불급)

瓊

2급 / 19획 / 부수 玉(王)

구슬(王) 중 **사람(勹)**과 **성(冂)**안의 **사람(人)**들까지

눈(目)에 보이게 차고 **다니도록(夂)** 만든 구슬이니 **구슬 경**

+ 勹[사람 인(人)의 변형], 冂(멀 경, 성 경), 夂(천천히 걸을 쇠, 뒤져 올 치)

     瓊玉(경옥), 瓊團(경단)

옥옥각[玉鈺珏] – 玉으로 된 한자

4급 II / 5획 / 제부수

임금 왕(王) 우측에 점(丶)을 찍어서 구슬 옥

+ 원래는 구슬 세(三) 개를 끈으로 꿰어(ㅣ) 놓은 모양(王)이었지만 이미 있던 임금 왕(王)과 구별하기 위하여 점(丶 – 점 주)을 더하여 '구슬 옥(玉)'입니다. 그런데 임금 왕(王)은 부수로 쓰이지 않으니, 구슬 옥(玉)이 부수로 쓰일 때는 원래의 모양인 王으로 쓰고 '구슬 옥 변'이라 부르지요.

玉稿(옥고), 金科玉條(금과옥조), 白玉(백옥)

2급 / 13획 / 부수 金

금(金)과 옥(玉) 같은 보배니 보배 옥

+ 인·지명용 한자.

2급 / 9획 / 부수 玉(王)

구슬 옥 변(王)에 구슬 옥(玉)을 붙여서 쌍옥 각

+ 한 쌍의 옥을 일컫는 말.
+ 인·지명용 한자.

임임 임임[壬妊 任賃] – 壬, 任으로 된 한자

3급 II / 4획 / 부수 士

삐뚤어진(丿) 선비(士)는 간사하여 나중에 큰 죄업을 짊어지니

간사할 임, 짊어질 임, 아홉째 천간 임

또 위쪽이 가리키는(丿), 네 방위(十)로 표시된 지도(一)의 북방이니

북방 임

+ 丿(삐침 별), 士(선비 사, 군사 사, 칭호나 직업에 붙이는 말 사)

壬亂(임란), 壬辰倭亂(임진왜란)

2급 / 7획 / 부수 女

여자(女)가 새 생명을 짊어지듯(壬) 아이 배니 아이 밸 임

+ 동 姙 – 여자(女)가 맡아(任) 기르듯 아이 배니 '아이 밸 임' – 특급 II

妊婦(임부), 妊産婦(임산부), 妊娠(임신), 避妊(피임)

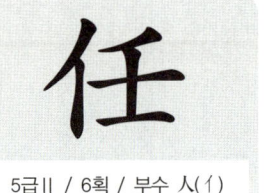

사람(亻)이 어떤 일을 **짊어져**(壬) 맡으니 **맡을 임**, 성씨 **임**

+ 亻(사람 인 변)

任期(임기), 任務(임무), 在任(재임), 責任(책임)

5급II / 6획 / 부수 人(亻)

맡은(任) 일을 하고 받는 돈(貝)이 품삯이니 **품삯 임**

또 무엇을 **맡기고**(任) 돈(貝)을 빌리니 **빌릴 임**

+ 貝(조개 패, 재물 패, 돈 패)

賃金(임금), 勞賃(노임), 賃貸(임대), 賃借(임차)

3급II / 13획 / 부수 貝

---

131   **정정성[呈程聖] - 呈으로 된 한자**

입(口)에 맞는 음식을 **짊어지고**(壬) 가서 보이고 드리니

보일 정, 드릴 **정**

露呈(노정), 謹呈(근정), 贈呈(증정), 獻呈(헌정)

2급 / 7획 / 부수 口

벼(禾)를 얼마나 **드릴**(呈) 것인지 법으로 정한 정도니

법 정, 정도 **정**

+ 옛날에는 벼나 쌀이 물물거래의 기준이었지요.

規程(규정), 課程(과정), 過程(과정), 里程標(이정표)

4급II / 12획 / 부수 禾

귀(耳)를 **보이듯**(呈) 기울여 잘 들어주는 성스러운 성인이니

성스러울 성, 성인 **성**

+ 성인(聖人) - 덕과 지혜가 뛰어나 모든 사람의 스승이 될 만한 사람.
+ 자기주장을 내세우지 않고 남의 말을 많이 들어주는 분이 성스럽고 성인(聖人)이지요.

聖君(성군), 聖恩(성은), 太平聖代(태평성대)

4급II / 13획 / 부수 耳

主

7급 / 5획 / 부수 丶

(임금보다 더 책임감을 갖는 분이 주인이니)
점(丶)을 임금 왕(王) 위에 찍어서 주인 **주**

+ 밴 客(손님 객) - 제목번호 012 참고.
+ 왕인정신(王人精神)이라는 말은 없지만, '주인정신(主人精神), 주인의식(主人意識)'이란 말이 있는 것을 보면 임금보다 더 책임감을 가지는 것이 주인이지요.
+ 한자에서는 점 주(丶)나 삐침 별(丿)로 어느 부분이나 무엇을 강조하기도 합니다.

主人(주인), 主客一體(주객일체), 物各有主(물각유주)

駐

2급 / 15획 / 부수 馬

말(馬)을 주인(主)에게 맡기고 머무르니 머무를 **주**

+ 말로 이동하던 옛날에 어디를 가면 말을 주인에게 맡기고 머물렀다는 데서 생긴 글자.
+ 살 주(住)는 터 잡고 사는 것이고, 머무를 주(駐)는 임시로 머무르는 것이지요.

駐屯(주둔), 駐在(주재), 駐車場(주차장)

注

6급II / 8획 / 부수 水(氵)

물(氵)을 한쪽으로 주(主)로 대고 쏟으니 물댈 **주**, 쏟을 **주**

注油(주유), 注目(주목), 注射(주사), 注入(주입)

住

7급 / 7획 / 부수 人(亻)

사람(亻)이 주(主)로 사는 곳이니 살 **주**, 사는 곳 **주**

+ 밴 佳(아름다울 가) - 제목번호 120 참고, 隹(새 추) - 제목번호 489 참고.
+ 亻(사람 인 변)

住居(주거), 住所(주소), 住宅(주택), 永住權(영주권)

DAY **07**

柱

3급II / 9획 / 부수 木

나무(木)가 집의 주인(主)처럼 큰 역할을 하는 기둥이니 기둥 **주**

+ 밴 桂(계수나무 계, 성씨 계) - 제목번호 120 참고.
+ 기둥이 집을 받치는 제일 중요한 역할을 하니 주인 노릇을 하는 셈이지요.

石柱(석주), 電柱(전주), 支柱(지주)

往

4급II / 8획 / 부수 彳

걸어서(彳) 주인(主)에게 가니 갈 **왕**

+ 彳(조금 걸을 척)

往年(왕년), 往來(왕래), 往復(왕복), 往診(왕진), 說往說來(설왕설래)

주(土)된 실(糸)의 색은 희니 **흴 소**

또 흰색은 모든 색의 바탕이 되고 요소가 되며 소박하니

바탕 소, 요소 소, 소박할 소

4급Ⅱ / 10획 / 부수 糸

+ 소박(素朴)하다 – 꾸밈이나 거짓이 없고 순수하다.
+ 糸(실 사, 실 사 변)
+ 실의 처음 뽑아낼 때의 색은 대부분 흰색이지요.

素服(소복), 素質(소질), 要素(요소), 素面(소면)

주인(土)이나 어미(母)는 강하고 독하니 **독할 독**

또 독한 독이니 **독 독**

4급Ⅱ / 9획 / 부수 母

+ 母(어미 모), 여자는 약하지만 어머니는 강하지요.

毒感(독감), 毒舌(독설), 至毒(지독), 消毒(소독)

---

133 4청정[青清請晴情] – 青으로 된 한자

주(土)된 둘레(円)의 색은 푸르니 **푸를 청**

또 푸르면 젊으니 **젊을 청**

8급 / 8획 / 제부수

+ 연 青 – 주(土)된 몸(月)의 마음은 언제나 푸르고 젊으니 '푸를 청, 젊을 청'
+ 하늘도 바다도 초목이 우거진 땅도 모두 푸르지요.
+ 土[주인 주(主)의 변형]
+ 青이 들어간 글자를 약자로 쓸 때는 円 부분을 月로 씁니다.

青山(청산), 青松(청송), 青春(청춘), 青年(청년)

물(氵)이 푸른(青)빛이 나도록 맑으니 **맑을 청**

+ 연 清
+ 氵(삼 수 변), 물이 맑으면 푸른빛이 나지요.

清潔(청결), 清廉(청렴), 清掃(청소), 清雅(청아)

6급Ⅱ / 11획 / 부수 水(氵)

말(言)로 푸르게(青), 즉 희망 있게 청하니 **청할 청**

+ 연 請
+ 言(말씀 언)
+ 청(請)하다 – ㉠ 어떤 일을 이루기 위하여 남에게 부탁하다. ㉡ 사람을 따로 부르거나 잔치 따위에 초대하다. ㉢ 잠이 들기를 바라다.

4급Ⅱ / 15획 / 부수 言

請託(청탁), 請婚(청혼), 招請(초청), 申請(신청)

(흐리다가) 해(日)가 푸른(靑) 하늘에 드러나며 날이 개니 **날 갤 청**

+ 옙 晴
+ 日(해 일, 날 일)

晴耕雨讀(청경우독), **晴**明(청명), **晴**天(청천), 快**晴**(쾌청)

3급 / 12획 / 부수 日

마음(忄)으로 푸르게(靑), 즉 희망 있게 베푸는 정이니 **정 정**

+ 옙 情
+ 忄(마음 심 변), '뜻 정'으로도 쓰는데, 여기서의 '뜻'은 '정'입니다.

情談(정담), **情**表(정표), 冷**情**(냉정), 戀**情**(연정)

5급II / 11획 / 부수 心(忄)

---

134 책채적적적[責債 積績蹟] - 責으로 된 한자

주인(主)이 꾸어간 돈(貝)을 갚으라고 꾸짖으며 묻는 책임이니

꾸짖을 책, 책임 책

+ 책임(責任) - 맡아 해야 할 임무.
+ 主[주인 주(主)의 변형], 貝(조개 패, 재물 패, 돈 패), 任(맡을 임)

責望(책망), **責**任感(책임감), 問**責**(문책)

5급II / 11획 / 부수 貝

사람(亻)이 책임지고(責) 갚아야 할 빚이니 **빚 채**

+ 亻(사람 인 변)

債權(채권), **債**務(채무), 負**債**(부채), 私**債**(사채)

3급II / 13획 / 부수 人(亻)

벼(禾)를 책임지고(責) 묶어 쌓으니 **쌓을 적**

+ 禾(벼 화)
+ 옛날에는 벼를 일일이 손으로 수확했으니 익은 벼를 제때에 베어서 말려 묶어 쌓아 놓고 타작에 대비해야 했어요. 이 과정에서 잘못하여 비를 맞추면 썩고 마니, 벼(禾)를 책임지고(責) 묶어 쌓는다는 데서 '쌓을 적(積)'입니다.

積金(적금), **積**立(적립), **積**小成大(적소성대)

4급 / 16획 / 부수 禾

실(糸)을 책임지고(責) 맡아 짜니 **짤 적**

+ 糸(실 사, 실 사 변)

功**績**(공적), 紡**績**(방적), 成**績**(성적), 實**績**(실적)

4급 / 17획 / 부수 糸

발(⻊)로 **책임**(責)을 다하면서 남긴 자취니 **자취 적**

+ ⻊[발 족, 넉넉할 족(足)의 변형]

古蹟(고적), 奇蹟(기적), 史蹟(사적), 遺蹟(유적)

3급II / 18획 / 부수 足(⻊)

---

135 인 입전 구구[人 入全 久玖] - 人과 入, 久로 된 한자

다리 벌리고 서 있는 사람을 본떠서 **사람 인**

+ 사람은 서로 의지하고 살아야 한다는 데서 서로 기대는 모습으로 사람 인(人)을 만들었다고도 해요.
+ 사람 인(人)이 글자의 변으로 쓰일 때는 '사람 인 변(亻)', 글자의 발로 쓰일 때는 '사람 인 발, 어진 사람 인(儿)'으로 모양이 바뀝니다.

人心(인심), 人情(인정), 巨人(거인), 愛人(애인)

8급 / 2획 / 제부수

사람이 머리 숙이고 들어가는 모습을 본떠서 **들 입**

入口(입구), 出入(출입), 量入爲出(양입위출)

7급 / 2획 / 제부수

조정에 **들어가**(入) **왕**(王)이 된 것처럼 모든 것이 갖추어져 온전하니
온전할 전

+ 全 - 사람(人)이 왕(王)이 되면 모든 것이 갖추어져 온전하니 '온전할 전'

全體(전체) ↔ 部分(부분), 安全(안전), 完全(완전)

7급II / 6획 / 부수 入

(무엇에 걸리면 잘 갈 수 없어서 시간이 오래 걸리니)
무엇(丿)에 걸린 **사람**(人) 모양을 본떠서 **오랠 구**

耐久(내구), 永久(영구), 長久(장구), 恒久(항구)

3급II / 3획 / 부수 丿

옥(王) 성분이 **오랫**(久)동안 굳어서 된 옥돌이니 **옥돌 구**

+ 인·지명용 한자.

2급 / 7획 / 부수 玉(王)

대 천호[大 天昊] – 大와 天으로 된 한자

8급 / 3획 / 제부수

양팔 벌려(一) 사람(人)이 큼을 나타내서 큰 대

＋ 一('한 일'이지만 여기서는 양팔 벌린 사람의 모습으로 봄), 세상에서 제일 큰 것은 하늘이지만 그 형상을 본떠 그릴 수 없기 때문에 양팔 벌려서 큼을 나타내지요.

大量(대량), 大望(대망), 大同小異(대동소이)

7급 / 4획 / 부수 大

세상에서 제일(一) 큰(大) 것은 하늘이니 하늘 천

＋ 제일 큼을 나타낼 때 하늘만큼이라 하지요.

天命(천명), 天心(천심), 天地(천지), 人乃天(인내천)

2급 / 8획 / 부수 日

해(日)가 빛나는 하늘(天)이니 하늘 호

昊天(호천), 昊天罔極(호천망극)

＋ 罔(없을 망), 極(끝 극, 다할 극)

부부체[夫扶替] – 夫로 된 한자

7급 / 4획 / 부수 大

한(一) 가정을 거느릴 만큼 큰(大) 사내나 남편이니 사내 부, 남편 부

大丈夫(대장부), 農夫(농부), 夫婦(부부)

DAY
07

3급Ⅱ / 7획 / 부수 手(扌)

손(扌)으로 남편(夫)을 도우니 도울 부

＋ (손 수 변)

扶養(부양), 相扶相助(상부상조), 抑強扶弱(억강부약)

3급 / 12획 / 부수 日

두 사내(夫夫)가 말하며(曰) 바꾸니 바꿀 체

交替(교체), 代替(대체), 對替(대체), 移替(이체)

莫

3급II / 11획 / 부수 草(艹)

풀(艹)에는 해(日)만큼 큰(大) 영향을 미치는 것이 없으니

가리지 말라는 데서 **없을 막, 말 막**

또 풀(艹)에는 해(日)가 가장 큰(大) 영향을 미치니 **가장 막**

+ 莫은 '없을 막, 말 막'처럼 부정사나 금지사로도 쓰이고, '가장 막'처럼 최상급으로도 쓰입니다.
+ 莫의 부정과 최상급의 뜻 - '막강(莫強)한 우리 국군'에서 '막강(莫強)'을 '가장 강한'으로, '막대(莫大)한 이익'에서 '막대(莫大)'를 '가장 큰'으로 풀어야 하는데, 막(莫)을 부정사나 금지사로 풀어 해석하면 그 뜻은 정반대가 되고 말지요. 그러니 '없을 막, 말 막, 가장 막'을 문맥에 따라 적절하게 골라 풀어야 합니다.
+ 強(강할 강, 억지 강)

莫論(막론), 莫逆(막역), 莫強(막강), 莫重(막중)

漠

3급II / 14획 / 부수 水(氵)

물(氵)이 **없으면**(莫) 되는 사막이니 **사막 막**

또 사막처럼 아무것도 없어 막막하니 **막막할 막**

+ 막막(漠漠)하다 - 아주 넓거나 멀어 아득하다.
+ 氵(삼 수 변), 물이 없어져 마르고 마르면 사막이 되지요.

沙漠(사막), 漠然(막연)

膜

2급 / 15획 / 부수 肉(月)

몸(月) 속의 여러 기관들이 섞이지 **않도록**(莫) 경계를 이루는 얇은 막이니

막 막

+ 막(膜) - ㉠ 물건의 표면을 덮고 있는 얇은 물질. ㉡ 생물체의 모든 세포나 기관을 싸고 있거나 경계를 이루는 얇은 층.

鼓膜(고막), 網膜(망막), 粘膜(점막)

模

4급 / 15획 / 부수 木

나무(木)로 **없어질**(莫) 것을 대비하여 본보기를 본떠 만드니

본보기 모, 본뜰 모

또 본떠 만들면 아무리 잘해도 차이가 나 모호하니 **모호할 모**

+ 모호(模糊)하다 - 일이나 태도 따위가 희미하고 흐려 분명하지 아니하다.
+ 糊(풀 호, 모호할 호)

模範(모범), 模倣(모방)

謨

2급 / 18획 / 부수 言

말(言) **없이**(莫) 마음속으로 꾀를 생각하고 계획하니

꾀 모, 계획할 모

謨訓(모훈), 鴻謨(홍모) - 큰 꾀.

+ 鴻(기러기 홍, 클 홍)

없어지듯(莫) 해(日)가 넘어가며 날이 저무니 **저물 모**

3급 / 15획 / 부수 日

日暮(일모), 歲暮(세모), 朝令暮改(조령모개)

없는(莫) 힘(力)을 보충하려고 사람을 모집하니 **모집할 모**

3급 / 13획 / 부수 力

+ 모집(募集)하다 – 사람이나 작품·물품 따위를 일정한 조건 아래 널리 알려 뽑아 모으다.
+ 力(힘 력), 集(모일 집, 모을 집, 책 집)

募金(모금), 公募(공모), 應募(응모)

제정신이 **없을(莫)** 정도의 **마음(忄)**으로 사모하니 **사모할 모**

3급II / 15획 / 부수 心(忄)

+ 忄 – 마음 심, 중심 심(心)이 글자의 발에 붙는 부수로 쓰일 때의 모양으로 '마음 심 발'
+ 누구를 사모할 때는 제정신이 아니지요.

愛慕(애모), 戀慕(연모), 追慕(추모)

없는(莫) 것처럼 흙(土)으로 덮어 놓은 무덤이니 **무덤 묘**

4급 / 14획 / 부수 土

+ 土(흙 토)

墓碑(묘비), 墓所(묘소), 墳墓(분묘), 省墓(성묘)

없는(莫) 것처럼 **수건(巾)** 같은 천으로 덮어 놓은 장막이니 **장막 막**

3급II / 14획 / 부수 巾

+ 장막 – 한 데에서 볕 또는 비바람을 피할 수 있도록 둘러치는 막.
+ 巾(수건 건)

幕間(막간), 幕舍(막사), 內幕(내막), 閉幕(폐막)

DAY 07

큰 대(大) 아래에 **점**(ヽ)을 찍어 더 큼을 나타내어 **클 태**

6급 / 4획 / 부수 大

➕ 한자에서는 점 주, 불똥 주(ヽ)나 삐침 별(丿)로 무엇을 강조합니다.

太初(태초), 太平(태평), 太平洋(태평양)

(주인을) **크게**(大) **점**(ヽ)찍어 따르는 개니 **개 견**

4급 / 4획 / 제부수

➕ 개는 짖고 달려들지만 주인은 잘 따르지요. 부수로 쓰일 때는 '큰 개 견(犭)'으로, 여러 짐승을 나타낼 때도 쓰이니 '개 사슴 록 변(犭)'으로도 부릅니다.

犬馬之勞(견마지로), 狂犬(광견), 愛犬(애견)

[양팔 **벌리고**(一) 다리 벌린 **사람**(人)을 본떠서 만든]
큰 대(大)의 한 획을 구부려 절름발이를 나타내어
굽을 왕, 절름발이 왕

3획 / 부수자

굽고(尢) **점**(ヽ)까지 있어 더욱 허물이니 **더욱 우, 허물 우**

3급 / 4획 / 부수 尢

尤妙(우묘), 尤悔(우회), 孰怨孰尤(숙원숙우)

많이(ナ) **지팡이**(乀)를 사용하는 어른이니 **어른 장**

또 남자 노인에 대한 존칭으로도 쓰여 **존칭 장**

또 어른 키 정도의 길이 단위로도 쓰여 **길이 장**

3급Ⅱ / 3획 / 부수 一

➕ ナ[열 십, 많을 십(十)의 변형], 乀('파임 불'이지만 여기서는 지팡이 모양으로 봄), 1丈은 성인 남자 키 정도의 길이.

丈夫(장부), 拙丈夫(졸장부), 氣高萬丈(기고만장)

개개계[介价界] – 介로 된 한자

介

3급II / 4획 / 부수 人

사람(人) 사이(儿)에 끼이니 **끼일 개**

介入(개입), 媒介(매개), 紹介(소개), 仲介人(중개인)

价

2급 / 6획 / 부수 人(亻)

사람(亻)이 어디에 **끼여도(介)** 드러날 정도로 착하고 크니
착할 개, 클 개

✛ 인·지명용 한자.

界

6급II / 9획 / 부수 田

밭(田) 사이에 **끼어(介)** 있는 경계니 **경계 계**
또 여러 나라의 경계로 나누어진 세계니 **세계 계**

✛ 세계 지도를 보면 세계가 여러 나라의 경계로 나뉘어져 있지요.
境界(경계), 限界(한계), 世界(세계), 財界(재계)

TIP

⟨명언⟩

塵合太山(진합태산)
[티끌 모아 태산] 圐 積小成大(적소성대), 積土成山(적토성산)
✛ 塵(티끌 진), 合(합할 합, 맞을 합), 太(클 태), 山(산 산), 積(쌓을 적), 成(이룰 성)

DAY
07

01~03 다음 漢字의 訓과 音을 쓰시오.

01. 耆, 旺, 鈺

02. 珏, 妊, 駐

03. 玖, 膜, 請

04~06 다음 漢字語의 讀音을 쓰시오.

04. 瓊團, 露呈, 陽傘

05. 昊天罔極, 鴻謨, 涯際

06. 燒滅, 睡眠劑, 親睦

07~08 다음 문장에서 ( ) 안의 漢字語를 漢字(正字)로 바꾸어 쓰시오.

07. 산속에 (주택)을 짓고 살면서 축산업을 하고 있다.

08. 그의 (저서)에는 성현의 말씀이 많이 인용되어 있다.

09~10 다음 ( ) 안에 알맞은 漢字(正字)를 써넣어 四字成語를 완성하시오.

09. 說( )說來 - 서로 변론을 주고받으며 옥신각신함. 또는 말이 오고 감.

10. 同( )同本 - 성과 본관이 모두 같음.

11~12 다음 漢字語의 反對語 또는 相對語를 漢字(正字)로 쓰시오.

11. 暑氣 ↔ (   )

12. 消費 ↔ (   )

정답

01. 늙은이 기, 왕성할 왕, 보배 옥   02. 쌍옥 각, 아이 밸 임, 머무를 주   03. 옥돌 구, 막 막, 청할 청
04. 경단, 노정, 양산   05. 호천망극, 홍모, 애제   06. 소멸, 수면제, 친목
07. 住宅   08. 著書   09. 往
10. 姓   11. 寒氣   12. 生産

141

4료[尞僚療遼] – 尞로 된 한자

尞
급수 외 한자 / 12획 / 부수 小

크게(大) 양쪽(丷)에 해(日)처럼 밑에 **작은**(小) 것까지 보이도록
햇불을 밝게 밝히니 **횃불 료(요)**, **밝을 료(요)**, **밝힐 료(요)**

僚
3급 / 14획 / 부수 人(亻)

사람(亻) 중 불 **밝히고**(尞) 함께 일하는 동료나 관료니
동료 료(요), **관료 료(요)**

+ 동료(同僚) – 같은 곳에서 같은 일을 보는 사람.
+ 관료(官僚) – 직업적인 관리. 또는 그들의 집단.
+ 同(같을 동), 官(관청 관, 벼슬 관)

閣僚(각료), 幕僚(막료) – '(장수를 따라 다니던) 장막의 관료'로, 중요한 계획의 입안이
나 시행 따위의 일을 보좌하는 사람.

+ 幕(장막 막)

療
2급 / 17획 / 부수 疒

병(疒)을 **밝게**(尞) 고치니 **병 고칠 료(요)**

+ 疒(병들 녁)

療法(요법), 療養(요양), 診療(진료), 治療(치료)

遼
2급 / 16획 / 부수 辵(辶)

불까지 **밝히며**(尞) 가야(辶) 할 정도로 길이 머니 **멀 료(요)**

遼遠(요원), 遼東半島(요동반도), 廣遼(광료)

발발발[犮拔髮] – 犮로 된 한자

급수 외 한자 / 5획 / 부수 犬

개(犬)가 발을 쭉(丿) 뽑아 달리니 **뽑을 발, 달릴 발**

+ 丿('삐침 별'이지만 여기서는 다리를 쭉 뻗는 모양)

3급II / 8획 / 부수 手(扌)

손(扌)으로 가려 **뽑으니**(犮) **뽑을 발**

+ 扌(손 수 변)

拔本塞源(발본색원), 選拔(선발), 海拔(해발), 拔齒(발치)

4급 / 15획 / 부수 髟

긴(镸) 털(彡)도 뽑을(犮) 수 있는 머리털이니 **머리털 발**

+ 镸[길 장, 어른 장(長)의 약자], 彡(터럭 삼, 긴머리 삼)

髮毛(발모), 短髮(단발), 白髮(백발), 長髮(장발)

옥수 곡기[獄獸 哭器] – 犬으로 된 한자

3급II / 14획 / 부수 犬(犭)

개(犭)와 개(犬)를 풀어 지키며 무슨 말(言)을 하는지 감시하는 감옥이니
감옥 옥

+ 犭(큰 개 견, 개 사슴 록 변)

獄苦(옥고), *玉稿(옥고), 獄死(옥사), 脫獄囚(탈옥수), 投獄(투옥)

3급II / 19획 / 부수 犬

입(口)과 입(口)을 밭(田)에 대고 먹이를 찾아 한(一)입(口)에 먹는
개(犬) 같은 짐승이니 **짐승 수**

+ 역 獸 – 눈빛을 빛내며('') 밭(田)에서 먹이를 찾아 한(一)입(口)에 먹는 개(犬) 같은 짐승이니
'짐승 수'

禽獸(금수), 猛獸(맹수), 野獸(야수), 人面獸心(인면수심)

입(口)과 입(口)으로 개(犬)처럼 소리 내어 슬프게 우니 **울 곡**

3급II / 10획 / 부수 口

+ 소리 내어 울면 '울 곡(哭)', 소리 없이 눈물만 흘리며 울면 '울 읍(泣)' - 제목번호 198 참고.

哭聲(곡성), 弔哭(조곡), 痛哭(통곡), 號哭(호곡)

여러 마리 개(犬)의 입들(品)이 둘러싸고 먹이를 먹는 그릇이나 기구니

그릇 기, 기구 기

4급II / 16획 / 부수 口

+ 口(입 구, 구멍 구, 말할 구)

大器晚成(대기만성), 武器(무기), 食器(식기)

---

144 명후 염압[冥厚 厭壓] - 日, 厭으로 된 한자

덮이듯(冖) 넘어가는 해(日) 때문에 오후 **여섯**(六) 시 정도면 어두우니
어두울 명

또 어두우면 저승 같고 아득하니 **저승 명, 아득할 명**

3급 / 10획 / 부수 冖

+ 冖(덮을 멱), 六(여섯 륙)

冥冥(명명), 冥福(명복), 冥想(명상)

굴 바위(厂) 같은 집에서도 날(日)마다 자식(子)을 돌보는 부모의 정성이
두터우니 **두터울 후**

4급 / 9획 / 부수 厂

+ 두텁다 - 신의·믿음·관계·인정 따위가 굳고 깊다.
+ 厂(굴 바위 엄, 언덕 엄)

厚待(후대), 厚德(후덕), 厚賜(후사), 濃厚(농후)

바위(厂) 밑에서 해(日)와 달(月)도 보지 못하고 개(犬)처럼
살아감은 싫어하니 **싫어할 염**

2급 / 14획 / 부수 厂

+ 月(달 월), 犬(개 견)

厭世主義(염세주의) ↔ 樂天主義(낙천주의), 厭症(염증)

싫은(厭) 것을 흙(土)으로 덮어 누르니 **누를 압**

+ 옙 压 - 굴 바위(厂)가 흙(土)을 누르니 '누를 압'
+ 옙 庄 - 굴 바위(厂) 아래 흙(土)으로 불똥(丶)을 덮어 누르니 '누를 압'
+ 옙 庄 - 집(广)에 딸린 시골 땅(土)이 전장이니 '전장 장'- 제목번호 119 참고.
+ 전장(田庄) - 개인이 소유하는 논밭.

4급II / 17획 / 부수 土

壓力 (압력), 壓勝 (압승), 強壓 (강압), 指壓 (지압)

145　　시사사내(나)[示社祀奈] - 示로 된 한자

하늘 땅(二)에 작은(小) 기미가 보이니 **보일 시**

또 이렇게 기미를 보이는 신이니 **신 시**

+ 옙 矢(화살 시) - 제목번호 405 참고.
+ 二('둘 이'지만 여기서는 하늘과 땅의 모양), 小(작을 소)
+ 부수로 쓰일 때는 '보일 시, 신 시 변(礻)'으로, 옷 의(衣)가 부수로 쓰일 때의 모양인 '옷 의 변(衤)'과 혼동하지 마세요.

5급 / 5획 / 제부수

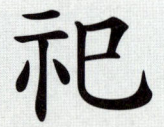

신(示) 중에 토지(土)를 주관하는 토지신이니 **토지신 사**

또 토지신께 제사 지낼 때처럼 모이니 **모일 사**

+ 옛날 농경 사회에는 해마다 토지신께 제사 지냈지요.

6급II / 8획 / 부수 示

社稷 (사직), 社交 (사교), 社屋 (사옥), 會社 (회사)

신(示)께 뱀(巳)처럼 엎드려 올리는 제사니 **제사 사**

+ 제사(祭祀) - 신령이나 죽은 사람의 넋에게 음식을 바치면서 추모하는 일.
+ 巳(뱀 사), 祭(제사 제, 축제 제)

3급II / 8획 / 부수 示

節祀 (절사), 茶祀 (차사), 合祀 (합사)

奈

자기 잘못이 커(大) 보이니(示) 어찌할까에서

어찌 내, 어찌 나

3급 / 8획 / 부수 大

奈何 (내하), 莫無可奈 (막무가내)

종종종숭[宗綜琮崇] - 宗으로 된 한자

4급II / 8획 / 부수 宀

집(宀) 중 조상의 **신**(示)을 모시는 종가니 **종가 종**

또 종가는 그 집안의 으뜸이니 **으뜸 종**

+ 종가(宗家) - 한 문중에서 맏이로만 이어 온 큰집.
+ 宀(집 면), 家(집 가, 전문가 가)

宗廟社稷(종묘사직), 宗教(종교), 宗孫(종손)

2급 / 14획 / 부수 糸

(제복을 만들기 위하여) **실**(糸)을 종가(宗)로 모으니

모을 종

+ 옛날에는 실과 곡식을 종가에 모아서 제복을 만들어 입고 음식도 만들어 조상께 제사 지냈지요.

綜理(종리), 綜合(종합), 綜合檢診(종합검진)

2급 / 12획 / 부수 玉(王)

옥(王) 중의 으뜸(宗)은 서옥이니 **서옥 종**

또 옥(王)으로 만든 것 중 으뜸(宗)은 옥홀이니 **옥홀 종**

+ 서옥(瑞玉) - 상서로운 옥.
+ 홀(笏) - 조선 시대에 벼슬아치가 임금을 뵐 때 손에 쥐던 물건.
+ 인·지명용 한자.
+ 王(임금 왕, 으뜸 왕, 구슬 옥 변), 瑞(상서로울 서)

4급 / 11획 / 부수 山

산(山)처럼 종가(宗)는 높이고 공경하니

높일 숭, 공경할 숭

崇儉(숭검), 崇高(숭고), 崇拜(숭배), 崇尙(숭상)

TIP

〈他山之石(타산지석)과 龜鑑(귀감)〉

他山之石(타산지석) - '다른(남의) 산의 돌'로, (남의 산에서 나는 거칠고 나쁜 돌이라도 숫돌로 쓰면 자기의 옥을 갈 수 있으므로) 다른 사람의 하찮은 언행이라도 자기를 닦는 데 도움이 된다는 말.

龜鑑(귀감) - '거북이의 등과 거울'로, 사물의 본보기나 거울로 삼아 본받을 만한 모범.

둘 다 교훈을 얻는 대상을 가리키나, 他山之石은 남의 잘못되거나 하찮은 점을 보고 자기는 그러지 말아야겠다고 깨닫는 것이고, 龜鑑은 남의 훌륭한 점을 보고 자기도 그리해야겠다고 본받는 것이지요.

+ 他(다를 타, 남 타), 之(갈 지, ~의 지, 이 지), 石(돌 석), 龜(거북 구·귀, 터질 균), 鑑(거울 감)
+ 옛날 중국에서는 거북의 등을 불에 구워 그것이 갈라지는 균열을 보고 사람의 장래나 길흉을 점쳤는데 이것이 거북점입니다.

DAY
08

제제채찰 연연[祭際蔡察 然燃] - 祭, 然으로 된 한자

4급II / 11획 / 부수 示

고기(夕)를 손(⺈)으로 **신**(示)께 올리는 제사니 **제사 제**

또 제사처럼 많은 사람이 모여 즐기는 축제니 **축제 제**

+ 축제(祝祭) - ㉠ 축하하며 벌이는 큰 규모의 행사. ㉡ 축하와 제사를 통틀어 이르는 말.
+ 夕[달 월, 육 달 월(月)의 변형], ⺈[오른손 우, 또 우(又)의 변형], 祝(빌 축, 축하할 축)

　祭祀(제사), **祭物**(제물), **祭典**(제전)

4급II / 14획 / 부수 阜(阝)

언덕(阝)에서 **제사**(祭) 지낼 즈음이니 **즈음 제**

또 시간이나 장소의 어떤 즈음인 때나 경계니 **때 제, 경계 제**

또 좋을 때 모여 즐겁게 사귀니 **사귈 제**

+ 시제(時祭) - 음력 10월에 5대 이상의 조상 무덤에서 지내는 제사.
+ 阝(언덕 부 변), 時(때 시)

　此際(차제), **交際**(교제) ↔ **絶交**(절교), **國際**(국제)

2급 / 15획 / 부수 草(艹)

나물(艹)로라도 **제사**(祭) 지냈던 채나라니 **채나라 채, 성씨 채**

+ 채(蔡)나라 - 지금의 하남성 상채현에 있었던 주대(周代)의 나라 이름.
+ 周(두루 주, 둘레 주, 나라 이름 주), 代(대신할 대, 세대 대)

4급II / 14획 / 부수 宀

집(宀)에서 **제사**(祭) 지내며 제물을 살피니 **살필 찰**

+ 宀(집 면)

　警察(경찰), **考察**(고찰), **觀察**(관찰), **診察**(진찰)

7급 / 12획 / 부수 火(灬)

(개는 고기를 좋아하니) **고기**(夕)를 보면 **개**(犬)가 **불**(灬)처럼 열 내며 달려가듯 순리에 맞게 그러하니 **그러할 연**

+ 夕[달 월, 육 달 월(月)의 변형], 灬(불 화 발)

　然後(연후), **當然**(당연), **突然**(돌연), **肅然**(숙연)

4급 / 16획 / 부수 火

불(火)에 **그렇게**(然) 불타니 **불탈 연**

+ 火(불 화)

　燃燒(연소), **可燃性**(가연성), **燃料**(연료)

춘춘 봉봉 주태[春椿 奉俸 奏泰] – 春, 奉으로 된 한자와 奏泰

7급 / 9획 / 부수 日

하늘 땅(二)에 크게(大) 해(日)가 느껴지는 봄이니 봄 춘

+ 二('둘 이'지만 여기서는 하늘과 땅으로 봄), 大(큰 대), 日(해 일, 날 일), 봄에는 해가 북반구로 올라오기 시작하여 더욱 크게 느껴지지요.

春景(춘경), 春耕(춘경), 春困(춘곤), 靑春(청춘)

2급 / 13획 / 부수 木

나무(木) 중 봄(春)에 여린 순을 따먹는 참죽나무니 참죽나무 춘

또 참죽나무는 신령스러워 아버지의 비유로도 쓰였으니 **아버지 춘**

+ 木(나무 목)

椿樹(춘수), 椿壽(춘수), 椿堂(춘당), 椿府丈(춘부장)

5급II / 8획 / 부수 大

하늘 땅(二) 같이 위대한(大) 분을 많이(ヰ) 받드니 받들 봉

+ ヰ[일천 천, 많을 천, 성씨 천(千)의 변형]

奉命(봉명), 奉仕(봉사), 奉養(봉양), 奉行(봉행)

2급 / 10획 / 부수 人(亻)

사람(亻)이 받들어(奉) 일하고 받는 녹이니 녹 봉

+ 녹 – 봉급.
+ 봉급(俸給) – 어떤 직장에서 계속적으로 일하는 사람이 그 일의 대가로 정기적으로 받는 일정한 보수.

俸祿(봉록), 減俸(감봉), 年俸(연봉)

3급II / 9획 / 부수 大

하늘 땅(二) 같은 위대한(大) 분께 예쁜(夭) 것을 드리며 아뢰니 아뢸 주

+ 夭(젊을 요, 예쁠 요, 일찍 죽을 요)

奏效(주효), 伴奏(반주), 吹奏(취주), 合奏(합주)

DAY
08

3급II / 10획 / 부수 水(氺)

하늘 땅(二) 같이 큰(大) 물(氺)줄기를 이용하면 살기가 크게 편안하니 클 태, 편안할 태

+ 氺 – 물 수(水)가 글자의 발로 쓰일 때의 모양으로 '물 수 발'

泰然(태연), 泰平·太平(태평), 國泰民安(국태민안)

6급|| / 4획 / 부수 人

사람(人)이 하나(一)같이 **모여드는(コ)** 때가 바로 이제 오늘이니

이제 **금**, 오늘 **금**

+ コ['이를 급, 미칠 급(及)'의 변형]

今時初聞(금시초문), 只今 (지금), 今日 (금일)

3급 / 7획 / 부수 口

입(口)으로 **지금(今)** 읊으니 읊을 **음**

吟味 (음미), 吟風弄月 (음풍농월)

+ 弄(희롱할 롱, 가지고 놀 롱)

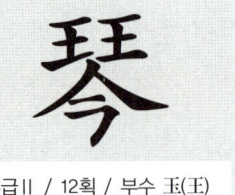

3급|| / 12획 / 부수 玉(王)

구슬(王)과 **구슬(王)**이 **지금(今)** 부딪친 듯 맑게 소리 내는 거문고니

거문고 **금**

琴瑟 (금슬), 心琴 (심금)

3급|| / 7획 / 부수 口

지금(今) 입(口)에 머금으니 머금을 **함**

含量 (함량), 含蓄 (함축), 含憤蓄怨 (함분축원), 包含 (포함)

5급|| / 8획 / 부수 心

지금(今) 마음(心)에 있는 생각이니 생각 **념(염)**

念慮 (염려), 念願 (염원), 信念 (신념), 專念 (전념)

합(흡)습(십)급 답탑[合拾給 答塔] – 合으로 된 한자

合
6급 / 6획 / 부수 口

사람(人)이 하나(一)같이 말할(口) 정도로 뜻이 서로 합하여 맞으니
합할 합, 맞을 합

또 곡식의 양을 되는(헤아리는) 단위였던 홉으로도 쓰여 **홉 홉**

+ 1홉은 1되의 10분의 1로, 약 180㎖.

合同(합동), 都合(도합), 合格(합격), 合理(합리)

拾
3급Ⅱ / 9획 / 부수 手(扌)

손(扌)을 합하여(合) 주우니 **주울 습**

또 두 손(扌)의 손가락을 합하면(合) 열이니 **열 십**

+ ㊤ 捨(버릴 사) – 제목번호 055 참고.
+ 열 십(拾)으로는 주로 계약서 같은 데서 위조하지 못하게 할 때 쓰지요.

拾得(습득), 收拾(수습), 路不拾遺(노불습유)

給
5급 / 12획 / 부수 糸

실(糸)을 합쳐(合) 잇듯 이어 주니 **줄 급**

또 주듯이 공급하니 **공급할 급**

+ 糸(실 사, 실 사 변)

給食(급식), 給與(급여), 需給(수급), 月給(월급)

答
7급Ⅱ / 12획 / 부수 竹(⺮)

대(⺮)쪽에 글을 써 뜻에 맞게(合) 대답하고 갚으니
대답할 답, 갚을 답

+ 종이가 없던 시절에는 대쪽에 글을 써서 주고받았지요.

答辯(답변), 應答(응답), 答禮(답례), 報答(보답)

塔
3급Ⅱ / 13획 / 부수 土

흙(土)에 풀(⺾)을 합하여(合) 이겨 쌓은 탑이니 **탑 탑**

+ 더 견고하도록 황토 흙(土)에 풀(⺾)을 넣어 반죽하여 집을 짓거나 탑을 쌓습니다.

塔身(탑신), 佛塔(불탑), 象牙塔(상아탑), 石塔(석탑)

DAY
08

173

1급 / 13획 / 부수 人

사람(人)이 하나(一)같이 입들(口口)을 다물고 둘(人人)씩
모두 다 모이니 **모두 첨, 다 첨**

+ 옌 仒 – 사람(人)들은 모두 다 하나(一)같이 입(口)으로 말하며 사람(人)을 사귀니
　　'모두 첨, 다 첨'

4급 / 15획 / 부수 人(亻)

사람(亻)들은 대부분 다(僉) 검소하니 **검소할 검**

+ 옌 倹
+ 검소(儉素) – 사치하지 않고 수수함.
+ 素(흴 소, 바탕 소, 요소 소, 소박할 소)

　儉朴(검박), 儉約(검약), 勤儉(근검)

4급Ⅱ / 17획 / 부수 木

(좋은 나무를 찾기 위해) 나무(木)를 모두(僉) 검사하니 **검사할 검**

+ 옌 検
+ 검사(檢査) – 일정한 기준에 따라 사물의 상태를 조사함.
+ 査(조사할 사)

　檢擧(검거), 檢事(검사), 檢問(검문), 檢證(검증)

4급 / 16획 / 부수 阜(阝)

언덕(阝)처럼 모두(僉) 험하니 **험할 험**

+ 옌 険
+ 阝(언덕 부 변)

　險難(험난), 險惡(험악), 冒險(모험), 保險(보험)

4급Ⅱ / 23획 / 부수 馬

말(馬)을 모두(僉) 타보며 시험하니 **시험할 험**

+ 옌 験
+ 馬(말 마)

　經驗(경험), 試驗(시험), 靈驗(영험), 體驗(체험)

3급Ⅱ / 15획 / 부수 刀(刂)

양쪽 다(僉) 칼날이 있는 칼(刂)이니 **칼 검**

+ 옌 剣
+ 동 劒 – 양쪽 다(僉) 칼날(刃)이 있는 칼이니 '칼 검' – 특급Ⅱ
+ 刂(칼 도 방), 刃(칼날 인)
+ 칼날이 양쪽으로 된 칼은 칼 검(劍), 한쪽인 칼은 칼 도(刀).

　劍道(검도), 劍舞(검무), 劍術(검술)

탐빈 여차(다)[貪貧 余茶] – 貪, 余와 비슷한 한자

3급 / 11획 / 부수 貝

지금(今) 앞에 재물(貝)이 있으면 탐내니 **탐낼 탐**

貪慾(탐욕), 貪官汚吏(탐관오리), 小貪大失(소탐대실)

4급Ⅱ / 11획 / 부수 貝

나눈(分) 재물(貝)이면 몫이 적어 가난하니 **가난할 빈**

+ 조개(貝) 한 마리도 나누어(分) 먹어야 할 정도로 가난하니 '가난할 빈(貧)'이라고도 합니다.

貧困(빈곤), 貧富(빈부), 貧弱(빈약), 淸貧(청빈)

3급 / 7획 / 부수 人

(다 가고) 사람(人) 하나(一)만 나무(木) 위에 남아있는 나니 **나 여**

또 남을 **여(餘)의 속자**

余等(여등), 余輩(여배), 余月(여월)

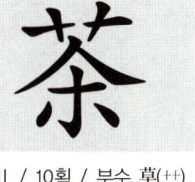

3급Ⅱ / 10획 / 부수 草(艹)

풀(艹)처럼 사람(人)이 나뭇(木)잎을 끓여 마시는 차니 **차 차, 차 다**

+ 艹(초 두)

綠茶(녹차), 葉茶(엽차), 花茶(화차), 茶菓(다과)

TIP

〈더 명쾌한 어원도 생각해 보면서 이해하도록 하세요.〉

한자는 오랜 세월에 걸쳐 만들어졌기 때문에 한자의 어원도 고정 불변의 하나가 아니고, 이 책에 나온 어원도 제 나름대로 한자가 만들어지던 시절을 생각하며 가장 긴밀한 어원을 찾으려고 노력하여 추정해 본 어원에 불과합니다.

저는 책이 나올 때까지의 최선의 어원을 책에 실었지만 책이 나온 뒤에도 보다 명쾌한 어원을 찾기 위해 계속 노력하면서 새로 발견한 내용은 책을 다시 찍을 때마다 반영하고 있지요. 물론 책의 부족한 부분도 보충하고요. 그러니까 제가 만든 책들은 책이 처음 나올 때의 그 내용 그대로 고정된 것 아니라 쇄를 거듭하면서 진화하고 발전하는 구조입니다.

그러니 책에 나온 어원은 참고만 하시고 더 명쾌한 어원도 생각하면서 이해하도록 하세요. 이해가 바탕이 되면 저절로 익혀 지고 오래도록 잊히지 않습니다.

먹고(飠) 남으니(余) **남을 여**

+ 옙 余 - 제목번호 152 참고.
+ 飠(밥 식, 먹을 식 변)

餘暇(여가), 餘力(여력), 餘裕(여유), 窮餘之策(궁여지책)

4급II / 16획 / 부수 食(飠)

언덕(阝)에 남은(余) 적을 제거하여 덜어내니 **제거할 제, 덜 제**

또 덜듯이 나누니 **나눌 제**

+ 阝(언덕 부 변)

免除(면제), 削除(삭제), 控除(공제), 加減乘除(가감승제)

4급II / 10획 / 부수 阜(阝)

조금씩 걸으며(彳) 남은(余) 일을 천천히 하니

천천히 할 서, 성씨 서

+ 彳(조금 걸을 척)

徐步(서보), 徐行(서행)

3급II / 10획 / 부수 彳

남은(余) 것을 털어(攴) 펴며 차례로 베푸니

펼 서, 차례 서, 베풀 서

+ 옙 叙 - 내(余) 마음을 또(又) 펴고 베푸니 '펼 서, 베풀 서'
+ 攴(칠 복, = 攵), 又(오른손 우, 또 우)

敍事(서사), 敍述(서술), 自敍傳(자서전), 追敍(추서)

3급 / 11획 / 부수 攴(攵)

여유 있게(余) 걸어 다닐(辶) 수 있도록 만든 길이니 **길 도**

+ 辶(뛸 착, 갈 착, = 辶)

途上(도상), 途中(도중), 中途(중도), 仕途(사도)

3급II / 11획 / 부수 辵(辶)

물(氵)을 남은(余) 흙(土)에 부어 이겨 바르는 진흙이니

바를 도, 진흙 도

塗色(도색), 糊塗(호도), 一敗塗地(일패도지)

3급 / 13획 / 부수 土

사람 인(人)이 글자의 변으로 쓰일 때의 모양으로 **사람 인 변**

＋ 변 – 글자의 왼쪽에 붙는 부수 이름.
＋ '사람 인 변'이라니까 혹 엉뚱한 상상을 하시는 것은 아니겠지요?

2획 / 부수자

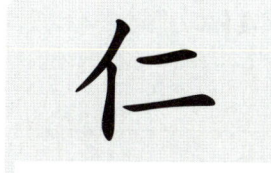

사람(亻)은 둘(二)만 모여도 어질어야 하니 **어질 인**

＋ 윤리 륜(倫 – 제목번호 345)의 어원도 참고하세요.

仁愛(인애), **仁義禮智信**(인의예지신), **仁慈**(인자)

4급 / 4획 / 부수 人(亻)

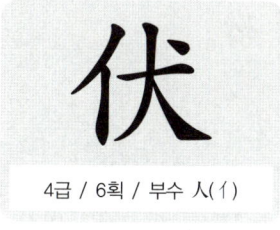

사람(亻)이 개(犬)처럼 엎드리니 **엎드릴 복**

伏乞(복걸), **伏望**(복망), **起伏**(기복), **降伏**(항복)

4급 / 6획 / 부수 人(亻)

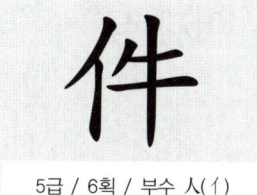

사람(亻)이 소(牛)같은 재산을 팔아 사는 물건이니 **물건 건**
또 사람(亻)이 소(牛)에 받힌 사건이니 **사건 건**

＋ 옛날에는 소를 집집마다 길렀고, 소를 팔아 필요한 물건을 샀지요.

物件(물건), **件數**(건수), **事件**(사건), **案件**(안건)

5급 / 6획 / 부수 人(亻)

사람(亻) 성격이 굳어져(固) 개인행동을 하는 낱낱이니 **낱 개**

＋ 통 箇 – 대(竹)처럼 성질이 굳은(固) 낱낱이니 '낱 개' – 1급
＋ 固(굳을 고, 진실로 고), 竹(대 죽)

個別(개별), **個性**(개성), **個人**(개인), **別個**(별개)

4급Ⅱ / 10획 / 부수 人(亻)

DAY
08

177

특급II / 5획 / 부수 丿

사람(亻)이 **하나**(丨) **둘**(二)을 세는 잠깐이니 **잠깐 사**

+ 亻[사람 인(人)의 변형]

3급 / 12획 / 부수 言

말(言)을 **잠깐**(乍) 사이에 꾸며 대며 속이니 **속일 사**

詐巧(사교), 詐欺(사기), 詐取(사취), 詐稱(사칭)

6급II / 7획 / 부수 人(亻)

사람(亻)이 **잠깐**(乍) 사이에 무엇을 지으니 **지을 작**

+ 亻(사람 인 변)

作家(작가), 作名(작명), 作心三日(작심삼일)

+ 作心三日도 120번만 하고 실천하면 일 년을 충실히 보낸 것이네요.

6급II / 9획 / 부수 日

하루 해(日)가 **잠깐**(乍) 사이에 넘어가고 되는 어제니 **어제 작**

昨今(작금), 昨年(작년), 昨日(작일), 再昨年(재작년)

2급 / 10획 / 부수 示

신(示)이 **잠깐**(乍) 주는 복이나 임금 자리니 **복 조, 임금 자리 조**

+ 示(보일 시, 신 시)

祚命(조명), 福祚(복조), 登祚(등조)

인아필 극긍[儿兒匹 克兢] – 儿, 克으로 된 한자

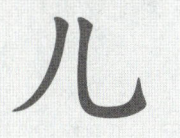

儿

급수 외 한자 / 2획 / 제부수

사람 인(人)이 글자의 발로 쓰일 때 모양으로 **사람 인 발**

또 (사람이 무릎 꿇고 절하는 모습에서) 겸손하고 어진 마음을 지녔다고 생각하여

어진 사람 인

兒

5급II / 8획 / 부수 人(儿)

절구(臼)처럼 머리만 커 보이는 **사람(儿)**은 아이니 **아이 아**

+ 옙 児 – 태어난 지 일(1) 일(日)정도 되는 사람(儿)은 아이니 '아이 아'
+ 臼(절구 구), ㅣ('뚫을 곤'이지만 여기서는 숫자 1로 봄), 절구 – 곡식을 찧거나 빻는 데 쓰는 도구.

兒女子(아녀자), 兒童(아동), 孤兒(고아), 迷兒(미아)

匹

3급 / 4획 / 부수 匚

감싸주는(匚) **어진 사람(儿)**이 진정한 짝이니 **짝 필**

또 천(베)이나 말을 세는 단위로도 쓰여 **단위 필**

+ 匚(감출 혜, 덮을 혜, = ㄴ)

配匹(배필), 匹馬單騎(필마단기), 匹夫(필부)

克

3급II / 7획 / 부수 人(儿)

오래(古) 참은 **사람(儿)**이 능히 이기니 **능할 극, 이길 극**

+ 古(오랠 고, 옛 고), 삶의 지혜가 담긴 어원이네요.

克明(극명), 克己(극기), 克己復禮(극기복례)

兢

2급 / 14획 / 부수 儿

상대가 **이기고(克) 이기면(克)** 떨리니 **떨릴 긍**

兢戒(긍계), 兢懼(긍구), 戰戰兢兢(전전긍긍)

5급II / 6획 / 부수 人(儿)

머릿(亠)속에 **사사로운**(厶) 생각을 **사람**(儿)이 가득 차게 채우니

가득 찰 **충**, 채울 **충**

+ 亠(머리 부분 두), 厶(사사로울 사, 나 사)

充滿(충만), 充分(충분), 充電(충전), 補充(보충)

4급II / 14획 / 부수 金

쇠(金)로 만든 장치에 화약을 **채워**(充) 쏘는 총이니 총 **총**

銃擊(총격), 銃殺(총살), 銃彈(총탄), 拳銃(권총)

4급II / 12획 / 부수 糸

실(糸)을 그릇에 **채워**(充) 헝클어지지 않게 묶어 거느리니

묶을 **통**, 거느릴 **통**

+ 糸(실 사, 실 사 변)

統率(통솔), 統一(통일), 統治(통치), 大統領(대통령)

6급II / 6획 / 부수 人(儿)

조금(⺌)씩 땅(一)과 **사람**(儿)에게 비치는 빛이니 빛 **광**

또 빛으로 말미암은 경치니 경치 **광**

+ ⺌[작을 소(小)의 변형], 경치는 빛이 있어야 드러나 보이지요.

光復(광복), 光澤(광택), 榮光(영광), 風光(풍광)

2급 / 10획 / 부수 日

햇(日)빛(光)처럼 밝으니 밝을 **황**

晃晃(황황), 晃然(황연) - ㉠ 환하게 밝은 모양. ㉡ 환하게.

2급 / 13획 / 부수 水(氵)

물(氵)이 햇(日)빛(光)처럼 널리 퍼져 깊고 넓으니 물 깊고 넓을 **황**

+ 인·지명용 한자.

李滉(이황) - 조선 중기의 학자. 문인(1501~1570).

兄

8급 / 5획 / 부수 人(儿)

동생을 **말하며**(口) 이끄는 **사람**(儿)이 형이고 어른이니

형 **형**, 어른 **형**

兄弟(형제), 難兄難弟(난형난제), 呼兄呼弟(호형호제)

況

4급 / 8획 / 부수 水(氵)

물(氵)이 점점 불어나서 위험한 상황을 하물며 **형**(兄)이 모르겠는가에서

상황 **황**, 하물며 **황**

+ 🈁 況 – 얼음(冫)이 언 상황을 하물며 형(兄)이 모르겠는가에서 '상황 황, 하물며 황'
+ 형이 동생을 데리고 물놀이 갔을 때를 생각하고 만들어진 글자.
+ 상황(狀況) – 일이 되어 가는 과정이나 형편.
+ 狀(문서 장, 모양 상)
+ 하물며 – '더군다나'의 뜻을 가진 접속 부사. 앞의 사실과 비교하여 더 강한 긍정을 나타냄.

盛況(성황), 好況(호황), 況且(황차), 又況(우황)

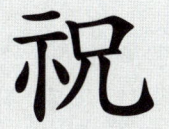

祝

5급 / 10획 / 부수 示

신(示)께 **입**(口)으로 **사람**(儿)이 비니 **빌 축**

또 좋은 일에 행복을 빌며 축하하니 **축하할 축**

+ 示(보일 시, 신 시)

祝福(축복), 祝願(축원), 祝賀(축하), 祝歌(축가)

競

5급 / 20획 / 부수 立

마주 서서(立立) 두 **형**(兄兄)들이 겨루니 **겨룰 경**

競技(경기), 競買(경매) ↔ 競賣(경매), 競走(경주)

DAY 08

TIP

〈한자의 어원을 생각하는 것은 매우 의미 있는 일〉

수천 년 전에 어떻게 이런 진리를 담아 글자를 만들었는지, 또 나타내고자 하는 대상이나 뜻을 어쩌면 이렇게 간단명료하게 표현했는지 한자는 볼수록 신기하기만 합니다.

그러니 한자의 어원을 생각하는 것은 단순히 글자나 익히는 차원이 아니라 세상의 진리와 번뜩이는 아이디어를 익혀 우리의 일이나 생활에 100배, 1,000배 활용할 수 있는 매우 의미 있는 일을 하는 셈입니다.

하늘과 땅(二) 사이에 **사람**(儿)이 원래 으뜸이니

원래 **원**, 으뜸 **원**

5급II / 4획 / 부수 人(儿)

+ 원래(元來·原來) – 본디.
+ 본디(本-) – ㉠ 사물이 전하여 내려온 그 처음. ㉡ 처음부터. 또는 근본부터.
+ 二('둘 이'지만 여기서는 하늘·땅의 모양), 儿(사람 인 발, 어진 사람 인), 來(올 래), 原(근원 원)

元金(원금), 復元(복원), 元旦(원단), 壯元(장원)

덮어(冖) 쓰는 것 중 **으뜸**(元)으로 여겨 **법도**(寸)에 맞게 머리에 쓰는 갓이니

갓 **관**

3급II / 9획 / 부수 冖

+ 冖(덮을 멱), 寸(마디 촌, 법도 촌)

金冠(금관), 無冠(무관), 王冠(왕관), 月桂冠(월계관) – ㉠ 고대 그리스에서, 월계수의 가지와 잎으로 만들어 경기의 우승자에게 씌워 주던 관. ㉡ 승리하거나 남보다 앞섬으로써 가지는 영광스러운 명예를 비유적으로 이르는 말.

+ 月(달 월, 육 달 월), 桂(계수나무 계)

집(宀)을 **으뜸**(元)으로 잘 지으면 모든 것이 갖추어져 완전하니

완전할 **완**

5급 / 7획 / 부수 宀

+ 宀(집 면)

完結(완결), 完了(완료), 完成(완성), 補完(보완)

언덕(阝)에 **완전하게**(完) 지은 집이나 관청이니 **집 원, 관청 원**

+ 주로 관청·학교·절 같은 큰 집을 말합니다.
+ 阝 – 왼쪽에 붙으면 '언덕 부 변', 오른쪽에 붙으면 '고을 읍 방'

院內(원내), 院長(원장), 法院(법원), 學院(학원)

5급 / 10획 / 부수 阜(阝)

풀(艹)꽃이 **완전히**(完) 피어 빙그레 웃는 모습이니 **빙그레 웃을 완**

또 풀(艹) 중 **완전한**(完) 돗자리를 만드는 데 쓰이던 왕골이니 **왕골 관**

+ 왕골 – 논밭이나 습지에 심어 줄기와 껍질로 돗자리나 방석 등을 만드는 데 사용하는 사초과의 한해살이풀.

*莞爾(완이), 莞草(완초), *莞簟(관점)

2급 / 11획 / 부수 草(艹)

見

5급II / 7획 / 제부수

눈(目)으로 사람(儿)이 보거나 뵈니 **볼 견, 뵐 현**

+ 🔒 頁(머리 혈) – 제목번호 457 참고.
　　貝(조개 패, 재물 패, 돈 패) – 제목번호 452 참고.
+ 目(눈 목, 볼 목, 항목 목), 儿(사람 인 발, 어진 사람 인)
+ 뵙다 – 웃어른을 대하여 보다.

見聞(견문), 見解(견해), 所見(소견), 謁見(알현)

現

6급II / 11획 / 부수 玉(王)

구슬(王)을 갈고 닦으면 이제 바로 무늬가 **보이게**(見) 나타나니
이제 현, 나타날 현

+ 王(임금 왕, 으뜸 왕, 구슬 옥 변)

現金(현금), 現在(현재), 現札(현찰), 出現(출현)

峴

2급 / 10획 / 부수 山

산(山)길이 **보이는**(見) 고개나 재니 **고개 현, 재 현**

+ 길이 없다면 단지 산봉우리나 산일 뿐인데 그 사이에 길이 보이니 고개나 재이지요. 재의 이름에 붙여 쓰는 글자.

竹峴(죽현), 狐峴(호현)

硯

2급 / 12획 / 부수 石

(옛날 붓으로 글씨를 쓰던 시절) 돌(石)로 만든 물건 중 자주 **보았던**(見)
벼루니 **벼루 연**

+ 石(돌 석), 옛날에는 벼루에 먹을 갈아 붓으로 글씨를 썼으니 책상에는 항상 벼루가 있었겠지요.

硯水(연수), 硯滴(연적), 紙筆硯墨(지필연묵)

TIP

〈한자의 어원을 생각하는 것은 아주 쉬워요.〉

글자를 보아서 부수나 독립된 글자들로 쪼개지지 않으면 그 글자만으로 왜 이런 모양에 이런 뜻의 글자가 나왔는지 생각해 보고, 부수나 독립된 글자들로 쪼개지면 쪼개서 쪼개진 글자들의 뜻을 합쳐 보면 되거든요.

그래도 어원이 생각나지 않을 때는 상상력을 동원하여 나눠진 글자의 앞뒤나 가운데에 말을 넣어 생각해보면 되고요.

한자에서 가장 많은 비중을 차지하고 있는 부수나 독립된 글자로 쪼개지는 글자들은 x + y = xy 같은 형식이 기본이고, x, y의 뜻은 이미 알고 있는 상황이니 어째서 xy의 구조로 이런 뜻을 나타냈는가만 생각하면 어원이 됩니다.

DAY
08

01~03 다음 漢字의 訓과 音을 쓰시오.

01. 療, 遼, 厭

02. 綜, 俸, 兢

03. 晃, 奏, 硯

04~06 다음 漢字語의 讀音을 쓰시오.

04. 椿府丈, 福祚, 莞爾

05. 狐峴, 幕僚, 猛獸

06. 强壓, 濃厚, 社稷

07~09 다음 문장에서 (   ) 안의 漢字語를 漢字(正字)로 바꾸어 쓰시오.

07. (탈옥수)의 검거에 경찰은 수사력을 집중하였다.

08. 그들이 이복형제임을 (경기)하는 모습을 보고 알았다.

09. 밤낮을 가리지 않는 (총성)으로 모두가 (전전긍긍)하고 있다.

10~11 다음 (   ) 안에 알맞은 漢字(正字)를 써넣어 四字成語를 완성하시오.

10. 人面(   )心 – '사람 얼굴이지만 짐승 마음'으로, 마음이나 행동이 몹시 흉악함을 이르는 말.

11. 窮(   )之策 – 궁한 나머지 생각다 못하여 짜낸 계책.

12 다음 [ ] 안의 漢字와 뜻이 비슷한 한자는?

12. [檢] ① 宜   ② 査   ③ 儉   ④ 驗

정답

01. 병 고칠 료, 멀 료, 싫어할 염   02. 모을 종, 녹 봉, 떨릴 긍   03. 밝을 황, 아뢸 주, 벼루 연
04. 춘부장, 복조, 완이   05. 호현, 막료, 맹수   06. 강압, 농후, 사직
07. 脫獄囚   08. 競技   09. 銃聲, 戰戰兢兢
10. 獸   11. 餘   12. ②

| 161 | 규시관멱[規視寬覓] – 見으로 된 한자2 |

規

5급 / 11획 / 부수 見

사내(夫)가 눈여겨보아야(見) 할 법이니 법 규

＋ 혈기 왕성한 사내들은 자칫하면 법을 어기기 쉬우니 법을 눈여겨보아야 하지요.

規格(규격), 規範(규범), 規則(규칙), 法規(법규)

視

4급Ⅱ / 12획 / 부수 見

보이는(示) 것을 잘 보며(見) 살피니 볼 시, 살필 시

＋ 示(보일 시, 신 시)

重視(중시) ↔ 輕視(경시), 視線(시선), 視察(시찰)

寬

3급Ⅱ / 15획 / 부수 宀

집(宀)에 풀(艹)까지 살펴보는(見) 점(丶)이 너그러우니 너그러울 관

＋ 옛 寬 – 집(宀)에 풀(艹)까지 살펴봄(見)이 너그러우니 '너그러울 관'
＋ 宀(집 면), 艹(초 두), 丶(점 주, 불똥 주)

寬待(관대), 寬大(관대), 寬恕(관서), 寬容(관용)

覓

2급 / 11획 / 부수 見

손톱(爫)으로 긁어 보며(見) 찾으니 찾을 멱

＋ 爫(손톱 조)

覓去(멱거), 覓句(멱구), 覓來(멱래)

DAY
09

| TIP |

〈명언〉

寬恕終興(관서종흥)이요, 暴惡遂亡(포악수망)이라.
[너그럽게 용서하면 나중에 흥하고, 사납고 악하게 대하면 끝에 망한다.]

＋恕(용서할 서), 終(다할 종, 마칠 종), 興(흥할 흥, 흥겨울 흥), 暴(사나울 폭·포), 惡(악할 악, 미워할 오), 遂(이룰 수, 끝낼 수), 亡(망할 망, 달아날 망, 죽을 망)

요모조모 **나누어(八)** 생각하여 **형(兄)**이 마음을 바꾸니 **바꿀 태**

2급 / 7획 / 부수 人(儿)

+ 翻 兌 - 나누어(八) 사사로이(厶) 사람(儿)이 바꾸니 '바꿀 태'
+ 圈 兌 - 요모(丶)조모(丶) 생각하여 형(兄)이 마음을 바꾸니 '바꿀 태'
+ 八(여덟 팔, 나눌 팔), 儿(사람 인 발, 어진사람 인)
+ 웃음 하나만으로도 어려운 일을 해결할 수 있어요. 웃음은 어려운 일도 쉽게 만들고 침울한 마음도 기쁨과 희망으로 바꾸어 줍니다. 억지웃음도 건강에 좋다고 하지요.

兌換(태환), 兌換券(태환권), 兌換紙幣(태환지폐)

슬픈 일도 **마음(忄)** **바꿔(兌)** 생각하면 기쁘니 **기쁠 열**

3급II / 10획 / 부수 心(忄)

+ '일체유심조(一切唯心造)'라는 말이 있어요. 일체(一切), 즉 모든 것은 오직 마음으로 지음으로, 모든 것은 마음먹기에 따라 달라진다는 뜻이지요.
+ 切(모두 체, 끊을 절, 간절할 절), 唯(오직 유, 대답할 유), 心(마음 심, 중심 심), 造(지을 조)

悅樂(열락), 悅服(열복), 喜悅(희열)

(이해하도록) **말(言)**을 **바꾸어(兌)** 가며 달래고 말씀하면 기쁘니

달랠 세, 말씀 설, 기쁠 열

5급II / 14획 / 부수 言

+ 상대가 이해하지 못하면 여러 가지 예도 들어야 하고, 여러 각도로 설명도 하여야 하지요.

遊說(유세), 說得(설득), 說明(설명), 不亦說乎(불역열호)

(다른 곡식을 수확했어도) **벼(禾)**로 **바꾸어(兌)** 내는 세금이니 **세금 세**

4급II / 12획 / 부수 禾

+ 참 租(세금 조, 세낼 조) - 제목번호 008 참고.
+ 옛날에는 벼나 쌀, 포목이 물물 교환의 기준이었습니다.

稅金(세금), 稅入(세입), 納稅(납세), 免稅(면세)

무딘 **쇠(金)**를 **바꾸어(兌)** 날카로우니 **날카로울 예**

3급 / 15획 / 부수 金

銳利(예리), 銳鋒(예봉), 新銳(신예), 尖銳(첨예)

벌레가 **몸(月)**을 **바꾸려고(兌)** 허물을 벗으니 **벗을 탈**

4급 / 11획 / 부수 肉(月)

+ 동물 중 일부는 허물을 벗고 크거나 모양이 바뀌지요.

脫線(탈선), 脫盡(탈진), 脫出(탈출), 離脫(이탈)

閱

3급 / 15획 / 부수 門

문(門) 안에서 하나씩 **바꿔(兌)** 가며 검열하니 **검열할 열**

+ 검열(檢閱) – 어떤 행위나 사업 따위를 살펴 조사하는 일.
+ 門(문 문), 檢(검사할 검)

閱覽(열람), 閱兵(열병), 校閱(교열), 査閱(사열)

163 유침침(심)탐 탐탐[尤枕沈耽 深探] – 尤, 罙으로 된 한자

尤

급수 외 한자 / 4획 / 부수 宀

무엇에 **덮인(宀)** 듯 집안에 **사람(儿)**이 머물러 머뭇거리니

머무를 유, 머뭇거릴 유

+ 宀(덮을 멱), 儿[사람 인 발, 어진 사람 인(儿)의 변형]

枕

3급 / 8획 / 부수 木

나무(木)로 머리가 **머물러(尤)** 베도록 만든 베개니 **베개 침**

+ 옛날에는 나무토막으로 베개(목침)를 만들었지요.

枕木(침목), 木枕(목침), 高枕短命(고침단명)

沈

3급Ⅱ / 7획 / 부수 水(氵)

물(氵)에 **머물러(尤)** 잠기니 **잠길 침**, 성씨 **심**

沈降(침강), 沈沒(침몰), 浮沈(부침), 沈淸傳(심청전)

耽

2급 / 10획 / 부수 耳

귀(耳)를 한쪽에 **머물러(尤)** 들으며 즐기니 **즐길 탐**

+ 耳(귀 이)

耽溺(탐닉), 耽讀(탐독), 耽美(탐미), 耽味(탐미)

深

4급Ⅱ / 11획 / 부수 水(氵)

물(氵)이 덮어(宀) 사람(儿)과 나무(木)도 보이지 않게 깊으니 **깊을 심**

+ 木(나무 목)

深刻(심각), 深度(심도), 深思熟考(심사숙고), 深醉(심취)

손(扌)으로 덮여(冖) 있는 **사람**(儿)과 **나무**(木)를 찾으니 **찾을 탐**

+ 扌(손 수 변)

探求(탐구), 探究(탐구), 探偵(탐정), 探査(탐사)

4급 / 11획 / 부수 手(扌)

---

164 환환환 몰[奐換煥 沒] - 奐으로 된 한자와 沒

성(冂)의 위아래에서 **사람들**(ク儿)이 **크게**(大) 일하는 모습이 빛나니
빛날 환

+ ク[사람 인(人)의 변형], 冂(멀 경, 성 경), 儿(사람 인 발, 어진 사람 인), 大(큰 대)

특급II / 9획 / 부수 大

손(扌)으로 **빛나도록**(奐) 분명하게 바꾸니 **바꿀 환**

+ 扌(손 수 변)

換氣(환기), 交換(교환), 換骨奪胎(환골탈태)

+ 骨(뼈 골), 奪(빼앗을 탈), 胎(임신할 태, 처음 태), 詩(시 시), 文(무늬 문, 글월 문)

3급II / 12획 / 부수 手(扌)

불(火)처럼 **빛나고**(奐) 밝으니 **빛날 환**, **밝을 환**

+ 불빛이 환(煥)하다.
+ 인·지명용 한자.

2급 / 13획 / 부수 火

물(氵)에 **사람**(ク)이 **또**(又) 빠져 다하여 없으니
빠질 몰, **다할 몰**, **없을 몰**

+ ク[사람 인(人)의 변형], 又(오른손 우, 또 우)

沒入(몰입), 沈沒(침몰), 沒殺(몰살), 沒人情(몰인정)

3급II / 7획 / 부수 水(氵)

첨첨섬담담[詹瞻蟾膽擔] - 詹으로 된 한자

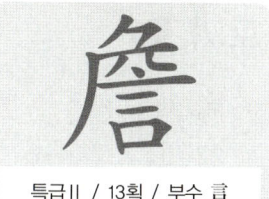

特급II / 13획 / 부수 言

언덕(厂)의 위아래에서 **사람들**(勹儿)이 **말하며**(言) 살피니 **살필 첨**

+ 厂(굴 바위 엄, 언덕 엄), 言(말씀 언)

2급 / 18획 / 부수 目

눈(目)으로 **살펴**(詹)보니 **볼 첨**

瞻望(첨망), 瞻想(첨상), 瞻星臺(첨성대), 瞻視(첨시)

2급 / 19획 / 부수 虫

벌레(虫) 중 주위를 **살피며**(詹) 엉금엉금 기어가는 두꺼비니 **두꺼비 섬**

또 벌레(虫)들도 잠자는 밤에 **보이는**(詹) 달이니 **달 섬**

+ 虫(벌레 충), 두꺼비는 천천히 엉금엉금 걸어가지요.

蟾江(섬강), 蟾津江(섬진강), 蟾光(섬광)

膽

2급 / 17획 / 부수 肉(月)

몸(月) 상태를 **살펴**(詹) 필요한 만큼의 쓸개즙을 내는 쓸개니 **쓸개 담**

또 쓸개와 관련 있는 담력이니 **담력 담**

+ 옙 胆
+ 담력(膽力) - 겁이 없고 용감한 기운.

膽石(담석), 膽大(담대), 大膽(대담)

擔

4급II / 16획 / 부수 手(扌)

짐을 손(扌)으로 **살펴**(詹) 메거나 맡으니 **멜 담, 맡을 담**

+ 옙 担 - 손(扌)으로 아침(旦)마다 짐을 메니 '멜 담, 맡을 담'
+ 扌(손 수 변), 旦(아침 단)

擔當(담당), 擔任(담임), 負擔(부담), 分擔(분담)

토일 면면만만 면면[兎逸 免俛娩晚 勉冕] - 兎, 免으로 된 한자

귀가 긴 토끼가 꼬리 내밀고 앉아 있는 모양을 본떠서 **토끼 토**

+ 㘽 兎, 兎 - 두 글자 모두 귀가 긴 토끼가 꼬리 내밀고 앉아 있는 모습으로 보세요.

　*兎死狗烹(토사구팽), 守株待兎(수주대토)

3급II / 8획 / 부수 人(儿)

토끼(兎)처럼 약한 짐승은 도망가(辶) 숨는 것이 뛰어난 꾀며 그래야 편안하니
숨을 일, 뛰어날 일, 편안할 일

+ 辶(뛸 착, 갈 착, = 辶)

　逸話(일화), 逸品(일품), 逸味(일미), 安逸(안일)

3급II / 11획 / 부수 辵(辶)

덫에 걸린 **토끼(免)**가 **꼬리(丶)**만 잘리고 죽음을 면하니 **면할 면**

+ 丶('점 주, 불똥 주'지만 여기서는 꼬리로 봄)

　免稅(면세), 免疫(면역), 免除(면제), 免職(면직)

3급II / 7획 / 부수 人(儿)

사람(亻)이 책임을 **면하려고(免)** 힘쓰거나 고개 숙이니
힘쓸 면, 고개 숙일 면

　俛首(면수), 俛仰(면앙), 俛仰亭歌(면앙정가)

2급 / 9획 / 부수 人(亻)

(임신한) **여자(女)**가 고생을 **면하고(免)** 아이를 낳으니 **낳을 만**

　分娩(분만) - '나누어 해산함'으로, 산모가 아이를 낳음.

2급 / 10획 / 부수 女

해(日)가 **면하여(免)** 넘어가게 늦으니 **늦을 만**

+ 글자 구조가 晚 = 日 + 免이니, '해가 비추는 일을 그만두고 넘어갈 정도로 늦은 시간'으로 이해해 주세요.

　晚年(만년), 晚餐(만찬), 晚學(만학), 早晚間(조만간)

3급II / 11획 / 부수 日

(책임을) **면하려고(免) 힘(力)**쓰니 **힘쓸 면**

勉學(면학), 勤勉(근면), 勤勉誠實(근면성실)

4급 / 9획 / 부수 力

성(冂)에 **두(二)** 줄 빙 두른 모양으로 만들어 큰일을 **마친(免)** 분에게
씌우는 면류관이니 **면류관 면**

＋ 글자의 위가 日(가로 왈)이지만 부수가 冂(멀 경, 성 경)이라 이것에 맞추어 풀었어요.

冕旒冠(면류관), 袞冕(곤면)

2급 / 11획 / 부수 冂

---

167   흠(결)흠 취취연관[欠欽 炊吹軟款] - 欠으로 된 한자

기지개켜며(⺈) 사람(人)이 하품하는 모양에서 **하품 흠**

또 하품하며 나태하면 능력이 모자라니 **모자랄 흠**

또 **이지러질 결**, 빠질 **결(缺)**의 약자

＋ 缺 - 제목번호 324 참고.

1급 / 4획 / 제부수

금(金)덩이를 보고 **하품(欠)**하듯 입 벌려 부러워하고 공경하니
부러워할 흠, 공경할 흠

欽求(흠구), 欽慕(흠모), 欽敬(흠경)

2급 / 12획 / 부수 欠

불(火)을 **하품(欠)**하듯 입 벌리고 입김을 불어 때니 **불 땔 취**

＋ 불을 처음 붙일 때 불(火)이 잘 타도록 하품(欠)하듯 입 벌리고 입김을 불지요.

炊事(취사), 炊事兵(취사병), 自炊(자취)

2급 / 8획 / 부수 火

입(口)으로 **하품(欠)**하듯 입벌리고 입김을 부니 **불 취**

吹入(취입), 吹奏(취주), 吹打(취타), 鼓吹(고취)

3급Ⅱ / 7획 / 부수 口

DAY

09

191

차(車)가 흠(欠)집이 잘 나도록 연약하고 연하니 **연약할 연, 연할 연**

+ 車(수레 거, 차 차)

軟弱(연약), **軟骨**(연골) ↔ **硬骨**(경골), **柔軟**(유연) ↔ **硬直**(경직)

3급Ⅱ / 11획 / 부수 車

선비(士)는 보이는(示) 족족 자기의 흠(欠)을 고치려고 정성을 다하여
조목마다 기록하니 **정성 관, 조목 관, 기록 관**

+ 士(선비 사), 示(보일 시, 신 시)

款待(관대), **約款**(약관), **定款**(정관), **落款**(낙관)

2급 / 12획 / 부수 欠

---

168 **차4자[次恣姿資諮] – 次로 된 한자**

얼음(冫)처럼 차갑게 대하고 하품(欠)하며 미루는 다음이니 **다음 차**
또 다음으로 이어지는 차례와 번이니 **차례 차, 번 차**

+ 冫 – 얼음 빙(氷)이 부수로 쓰일 때의 모양으로 점이 둘이니 '이 수 변'이라 부름.

次期(차기), **次善**(차선), **次例**(차례), **數次**(수차)

4급Ⅱ / 6획 / 부수 欠

본심 다음(次) 가는 대충의 마음(心)으로 방자하게 마음대로니
방자할 자, 마음대로 자

+ 방자(放恣) – 일관된 태도가 없이 제멋대로임.
+ 心(마음 심, 중심 심), 放(놓을 방)

恣樂(자락), **恣意**(자의) *自意(자의), **恣行**(자행)

3급 / 10획 / 부수 心

심성 다음(次)으로 여자(女)에게 중요한 모습이니 **모습 자**

+ 심성(心性) – 마음의 성품.
+ 女(여자 녀), 性(성품 성, 바탕 성)

姿色(자색), **姿勢**(자세), **姿態**(자태), **雄姿**(웅자)

4급 / 9획 / 부수 女

資

4급 / 13획 / 부수 貝

사업에서 사람 **다음**(次)으로 중요한 **재물**(貝)이니 **재물 자**

또 재물의 정도로 따지는 신분이니 **신분 자**

+ 신분(身分) - 개인의 사회적인 위치나 계급.
+ 貝(조개 패, 재물 패, 돈 패), 身(몸 신), 分(나눌 분, 단위 분·푼, 신분 분, 분별할 분, 분수 분)

資金(자금), 資本(자본), 資産(자산), 資格(자격)

諮

2급 / 16획 / 부수 言

말(言)을 **차례**(次)로 **말하며**(口) 물으니 **물을 자**

+ 咨 좀 - 차례(次)로 말하여(口) 물으니 '물을 자' - 특급Ⅱ

諮問(자문), 諮議(자의)

169　삭궐궐역[朔厥闕逆] - 屰으로 된 한자

朔

3급 / 10획 / 부수 月

(그믐달이 없어지고) **거꾸로 선**(屰) 모양의 **달**(月)이 생기는 초하루니
초하루 삭

또 초하루면 새로 바뀌는 달이니 **달 삭**

+ 屰 - 사람이 거꾸로 선 모양에서 '거꾸로 설 역'
+ 초승달과 그믐달은 구부러진 방향이 반대니 그것을 생각하여 만든 글자.

朔望(삭망), 朔月貰(삭월세 → 사글세), 滿朔(만삭)

厥

3급 / 12획 / 부수 厂

언덕(厂)은 **거꾸로**(屰) **흠**(欠) 있게 파 보아도 역시 돌 그것이니 **그 궐**

+ 厂(굴 바위 엄, 언덕 엄), 欠(하품 흠, 모자랄 흠, 이지러질 결, 빠질 결)

厥公(궐공), 厥初(궐초), 厥物(궐물)

闕

2급 / 18획 / 부수 門

문(門)에서도 **숨차게**(欮) 많이 가야 하는 대궐이니 **대궐 궐**

또 **문**(門)에 **숨차게**(欮) 뛰어와도 늦어서 빠지니 **빠질 궐**

+ 대궐은 크고 넓어서 문에서도 숨차게 가야 하지요.

大闕(대궐), 補闕選擧(보궐선거), 闕席裁判(궐석재판)

DAY
09

193

거꾸로(屰) 가며(辶) 거스르고 배반하니 **거스를 역, 배반할 역**

+ 辶(뛸 착, 갈 착, = 辶)

逆境(역경) ↔ 順境(순경), 逆行(역행), 逆謀(역모), 叛逆(반역)

170 6포[包抱胞飽砲鮑] – 包로 된 한자

싸고(勹) 또 뱀(巳)처럼 긴 실로 묶어 싸니 **쌀 포**

4급II / 5획 / 부수 勹

+ 巳(뱀 사, 여섯째 지지 사)
+ 뱀은 길이가 길어 몸을 둥글게 사리거나 무엇을 감싸고 있지요.

包括(포괄), 包圍(포위), 包裝(포장), 包含(포함)

손(扌)으로 싸(包) 안으니 **안을 포**

3급 / 8획 / 부수 手(扌)

+ 扌(손 수 변)

抱卵(포란), 抱負(포부), 抱擁(포옹), 懷抱(회포)

몸(月)을 싸고(包) 있는 세포니 **세포 포**

4급 / 9획 / 부수 肉(月)

+ 세포(細胞) – 생물체를 이루는 기본 단위.
+ 月(달 월, 육 달 월), 細(가늘 세)
+ 몸은 수많은 세포로 되어 있지요.

胞子(포자), 僑胞(교포), 同胞(동포)

밥(飠)으로 싸인(包) 듯 배부르니 **배부를 포**

3급 / 14획 / 부수 食(飠)

+ 飠[밥 식, 먹을 식(食)이 부수로 쓰일 때의 모양으로 '밥 식, 먹을 식 변']

飽滿(포만), 飽食(포식), 飽食暖衣(포식난의), 飽和(포화)

돌(石)을 싸서(包) 던지는 대포니 **대포 포**

4급II / 10획 / 부수 石

+ 대포(大砲) – ㉠ 화약의 힘으로 포탄을 멀리 쏘는 큰 화기. ㉡ 허풍이나 거짓말을 비유하여 이르는 말.
+ 오늘날의 대포는 화약의 힘으로 쏘는 것이지만 옛날의 대포는 돌을 멀리 던지기 위하여 만든 도구를 말했답니다.

砲擊(포격), 砲聲(포성), 砲彈(포탄), 大砲(대포)

물고기(魚)를 소금에 **싸(包)** 절인 물고기니 **절인 물고기 포**
또 **물고기(魚)**처럼 물에서 껍질에 **싸여(包)** 자라는 전복이니 **전복 포**

2급 / 16획 / 부수 魚

+ 魚(물고기 어)

鮑石亭(포석정), 鮑尺(포척), 管鮑之交(관포지교)

---

171 5순[旬殉洵珣荀] – 旬으로 된 한자

날(日)을 묶어 **싼(勹)** 단위인 열흘이니 **열흘 순**

3급Ⅱ / 6획 / 부수 日

旬刊(순간), 旬報(순보), 上旬(상순), 七旬(칠순)

죽은(歹) 뒤 **열흘(旬)** 안에 따라 죽으니 **따라 죽을 순**

3급 / 10획 / 부수 歹

+ 歹(뼈 앙상할 알, 죽을 사 변)

殉教(순교), 殉國(순국), 殉愛(순애), 殉職(순직)

물(氵)이 **열흘(旬)**이 지나도 변치 않으면 참으로 믿을 만하니
참으로 순, 믿을 순

2급 / 9획 / 부수 水(氵)

+ 인·지명용 한자.

옥(王) 중 **열흘(旬)**이 지나도 반짝이는 옥 이름이니 **옥 이름 순**

2급 / 10획 / 부수 玉(王)

+ 인·지명용 한자.

풀(艹) 중 **열흘(旬)** 정도 돋아난 것 같은 연한 풀이름이니
풀이름 순, 사람 이름 순

2급 / 10획 / 부수 草(艹)

松荀(송순), 松荀酒(송순주), 荀子(순자) – 중국의 유학자(B.C. 315~230).

작작약적 표조[勺(勺)酌約的 杓釣] - 勺(勺)으로 된 한자

勺

1급 / 3획 / 부수 勺

싸인(勹) 하나의 점(丶) 같은 작은 그릇이니 **작은 그릇 작**

+ 图 勺 - 싸인(勹) 하나(一)의 작은 그릇이니 '작은 그릇 작' - 1급
+ 쌀 포(勹) 안에 점 주(丶)를 넣기도 하고 한 일(一)을 넣기도 합니다.

酌

3급 / 10획 / 부수 酉

술(酉)을 작은 그릇(勺)으로 떠서 술잔에 따르니 **술 따를 작**

또 술 따를 때 상대의 건강을 참작하듯 참작하니 **참작할 작**

+ 酉(술 그릇 유, 술 유, 닭 유, 열째 지지 유)

對酌(대작), 酌定(작정), 參酌(참작)

約

5급II / 9획 / 부수 糸

실(糸)로 작은(勺) 매듭을 맺듯이 맺고 약속하니 **맺을 약, 약속할 약**

+ 糸(실 사, 실 사 변)

節約(절약), 要約(요약), 約束(약속), 約婚(약혼), 百年佳約(백년가약)

的

5급II / 8획 / 부수 白

하얗게(白) 싼(勹) 판에 점(丶) 찍어 만든 과녁을 맞히니
과녁 적, 맞힐 적

또 잘 보이도록 만드는 과녁처럼 밝으니 **밝을 적**

또 '그 성격을 띠는, 그에 관계된, 그 상태로 된'의 뜻을 더하는 접미사니 **접미사 적**

標的(표적), 的中(적중), 目的(목적), 的確(적확) - 정확하게 맞아 조금도 틀리지 아니함.

杓

2급 / 7획 / 부수 木

나무(木)로 작게(勺) 박은 자루니 **자루 표**

*杓庭扇(표정선) - 자루처럼 생겨 펼치면 뜰처럼 넓어지는 쥘부채의 하나.

+ 庭(뜰 정), 扇(부채 선)

釣

2급 / 11획 / 부수 金

쇠(金)로 작은(勺) 갈고리처럼 만들어 고기를 낚는 낚시니
낚을 조, 낚시 조

釣臺(조대), 釣船(조선)

4구극[句拘狗苟極] - 句로 된 한자

句

4급II / 5획 / 부수 口

몇 단어씩 **싸서**(勹) **입**(口)으로 읽기 좋게 나눠 놓은 글귀니 **글귀 구**

또 몸 **구부리고**(勹) **구멍**(口)으로 들어가는 모습처럼 굽으니 **굽을 구**

+ 旬(열흘 순) - 제목번호 171 참고.
+ 글귀 - 글의 구나 절.

句節(구절), 句讀點(구두점), 句句節節(구구절절)

拘

3급II / 8획 / 부수 手(扌)

손(扌)을 **구부려**(句) 잡으니 **잡을 구**

+ 扌(손 수 변)

拘禁(구금), 拘束(구속), 拘礙(구애), 拘引(구인), 拘置所(구치소)

狗

3급 / 8획 / 부수 犬(犭)

개(犭) 중 몸이 잘 **구부러지는**(句) 강아지니 **강아지 구, 개 구**

+ 犭(큰 개 견, 개 사슴 록 변)

狗盜(구도), 走狗(주구), 泥田鬪狗(이전투구)

苟

3급 / 9획 / 부수 草(艹)

풀(艹)처럼 **굽어**(句) 사는 모습이 구차하니 **구차할 구**

또 구차하지만 진실로 구하니 **진실로 구**

苟免(구면), 苟安(구안), 苟命圖生(구명도생)

極

4급II / 13획 / 부수 木

나무(木) 옆에서 **하나**(一)의 **글귀**(句)를 **또**(又) **한**(一) 번 끝까지 다하여 익히니 **끝 극, 다할 극**

極端(극단), 南極(남극), 至極(지극), 極盡(극진), 極惡無道(극악무도)

DAY

09

4경[敬儆警驚] - 敬으로 된 한자

5급II / 13획 / 부수 攵(攴)

진실로(苟) 대하는 줄 알면 **채찍질(攵)**해도 공경하니 **공경할 경**

+ 苟(구차할 구, 진실로 구), 攵(칠 복, = 攴)

敬老(경로), 尊敬(존경), 敬天愛人(경천애인)

2급 / 15획 / 부수 人(亻)

사람(亻)은 **공경할수록(敬)** 경계하고 조심하니
경계할 경, 조심할 경

+ 인·지명용 한자.

4급II / 20획 / 부수 言

진실한(苟) 마음으로 **채찍질(攵)**하며 **말(言)**로 경계하고 깨우치니
경계할 경, 깨우칠 경

警笛(경적), 警護(경호), 巡警(순경), 警鐘(경종)

4급 / 23획 / 부수 馬

진실한(苟) 마음으로 **채찍질(攵)**해도 **말(馬)**은 놀랄 뿐이니 **놀랄 경**

驚異(경이), 畏驚(외경), 驚天動地(경천동지)

갈갈갈게알갈[曷渴鞨揭謁葛] - 曷로 된 한자

특급II / 9획 / 부수 日

해(日)를 피해 둘러**싸인(勹)** 곳에 **사람(人)**이 **숨으면(乚)** 어찌 더위가
그쳐 다하지 않겠는가에서 **어찌 갈, 그칠 갈, 다할 갈**

+ 乚(감출 혜, 덮을 혜, = 匸)
+ 부수는 가로 왈(曰)이지만 해 일, 날 일(日)로 어원을 풀었습니다.

3급 / 12획 / 부수 水(氵)

물(氵)이 **다하여(曷)** 마르니 **마를 갈**

渴望(갈망), 渴症(갈증), 枯渴(고갈), 解渴(해갈)

鞨
2급 / 18획 / 부수 革

가죽(革)으로 다(曷) 옷을 만들어 입는 말갈족이니 **말갈 갈**

+ 말갈(靺鞨) - 중국 수당(隋唐) 시대에 한반도 북부에 거주한 퉁구스계 여러 민족의 총칭.
+ 革(가죽 혁, 고칠 혁), 靺(말갈 말), 隋(떨어질 타, 수나라 수), 唐(갑자기 당, 황당할 당, 당나라 당)

揭
2급 / 12획 / 부수 手(扌)

손(扌)으로 힘을 다하여(曷) 높이 거니 **걸 게**

揭記(게기), 揭示(게시), 揭揚(게양), 揭載(게재)

謁
3급 / 16획 / 부수 言

말(言)을 다하려고(曷) 뵙고 아뢰니 **뵐 알, 아뢸 알**

謁告(알고), 謁見(알현), 拜謁(배알)

葛
2급 / 13획 / 부수 草(艹)

풀(艹) 중 힘을 다하듯(曷) 뻗어가는 칡이니 **칡 갈**

+ 艹(초 두), 칡은 어딘가로 계속 뻗어가며 자라지요.
葛巾(갈건), 葛根(갈근), 葛藤(갈등), 葛粉(갈분)

---

176 물물균홀[勿物均忽] - 勿로 된 한자

勿
3급Ⅱ / 4획 / 부수 勹

싸(勹) 놓은 것을 털어 버리면(丿) 없으니 **없을 물**
또 이처럼 털어 버리지 **말라는** 데서 **말 물**

+ 勹(쌀 포), 丿('삐침 별'이지만 여기서는 털어 버리는 모습)
勿驚(물경), 勿念(물념), 勿論(물론), 勿忘草(물망초)

物
7급Ⅱ / 8획 / 부수 牛(牜)

소(牛)를 팔아 없애서(勿) 사는 물건이니 **물건 물**

+ 牜(소 우 변), 옛날 시골에서는 소가 재산 목록 1호였으니, 큰일이 있으면 소를 팔아서 그 돈으로 치르거나 필요한 물건을 샀답니다.
寶物(보물), 俗物(속물), 物各有主(물각유주)

흙(土)덩이를 **없애고**(勻) 평평하게 고르니 **평평할 균, 고를 균**

+ 勻['적을 균, 두루 균'이지만 여기서는 '말 물, 없을 물(勿)'의 변형으로 봄]

均等(균등), 均一(균일), 均衡(균형), 平均(평균)

4급 / 7획 / 부수 土

없었던(勿) 어떤 **마음**(心)이 문득 떠오르니 **문득 홀**

또 준비 없이 계획 **없는**(勿) **마음**(心)으로 대하여 소홀하니 **소홀할 홀**

+ 문득 – 생각이나 느낌 따위가 갑자기 떠오르는 모양.
+ 소홀(疏忽) – 대수롭지 않고 예사임.
+ 疏(트일 소, 성길 소)

忽變(홀변), 忽然(홀연), 疏忽(소홀), 忽待(홀대)

3급Ⅱ / 8획 / 부수 心

---

177 **이(역)사석[易賜錫] – 易으로 된 한자**

해(日)가 **없어**(勿)졌다 나타났다 하듯 쉽게 바뀌니 **쉬울 이, 바꿀 역**

또 사서삼경의 하나로, 점치는 **주역**(周易)도 나타내어 **주역 역, 점칠 역**

+ 주역(周易) – 중국의 점에 관한 책으로, 五經(오경)의 하나.

安易(안이), 交易(교역), 易地思之(역지사지)

4급 / 8획 / 부수 日

재물(貝)을 **쉽게**(易) 취급하여 아무나 주니 **줄 사**

+ 貝[조개 패, 재물 패, 돈 패)

賜藥(사약), 下賜(하사), 厚賜(후사)

3급 / 15획 / 부수 貝

쇠(金) 중에 가벼워 **쉽게**(易) 들 수 있는 주석이니 **주석 석**

+ 주석(朱錫) – 은백색의 광택이 있는 금속 원소. '주석'은 쇠지만 가벼워서 지팡이 같은 데에 사용하지요.

錫鑛(석광), 錫杖(석장), 錫婚式(석혼식) – 결혼 10주년을 기념하는 의식.

+ 婚(결혼할 혼), 式(법 식, 의식 식)

2급 / 16획 / 부수 金

4양 장장창탕상[昜陽揚楊 場腸暢湯傷] – 昜으로 된 한자

昜

특급 / 9획 / 부수 日

아침(旦)마다 없던(勿) 해가 떠서 비치는 볕과 햇살이니 **볕 양, 햇살 양**

＋ 볕 양, 드러날 양(陽)의 고자(古字).
＋ 旦(아침 단), 勿(말 물, 없을 물)

陽

6급 / 12획 / 부수 阜(阝)

언덕(阝)을 비추는 볕(昜)이니 **볕 양**

또 볕이 비추면 드러나니 **드러날 양**

＋ 阝(언덕 부 변)

陽曆(양력), 陽地(양지), 陽刻(양각), 陰德陽報(음덕양보)

揚

3급Ⅱ / 12획 / 부수 手(扌)

손(扌)으로 햇살(昜)처럼 빛나게 날리고 높이니 **날릴 양, 높일 양**

＋ 扌(손 수 변)

立身揚名(입신양명), 高揚(고양), 止揚(지양), 讚揚(찬양)

楊

3급 / 13획 / 부수 木

나뭇(木)가지가 햇살(昜)처럼 퍼져 늘어지는 버들이니 **버들 양**

楊柳(양류), 綠楊(녹양), 垂楊(수양)

場

7급Ⅱ / 12획 / 부수 土

흙(土)이 햇살(昜)처럼 넓게 퍼진 마당이니 **마당 장**

또 마당에서 벌어지는 상황이니 **상황 장**

場所(장소), 廣場(광장), 滿場一致(만장일치)

腸

4급 / 13획 / 부수 肉(月)

몸(月)속에 햇살(昜)처럼 넓게 퍼진 창자니 **창자 장**

肝腸(간장), 胃腸(위장), 九折羊腸(구절양장)

넓게 **펴지는**(申) **햇살**(昜)로 화창하니 **화창할 창**

+ 화창(和暢)하다 – 날씨나 바람이 온화하고 맑다.
+ 申(아뢸 신, 펼 신, 원숭이 신, 아홉째 지지 신), 和(화목할 화, 화할 화)

暢達(창달), 暢茂(창무), 流暢(유창)

3급 / 14획 / 부수 日

물(氵)을 **햇살**(昜) 같은 불로 끓인 국이니 **끓일 탕, 국 탕**

湯藥(탕약), 沐浴湯(목욕탕), 蔘鷄湯(삼계탕)

3급Ⅱ / 12획 / 부수 水(氵)

사람(亻)과 **사람**(亠)은 **햇살**(昜)에 피부가 상하니 **상할 상**

+ 亠 [사람 인(人)의 변형]

傷處(상처), 負傷(부상), 重傷(중상), 銃傷(총상)

4급 / 13획 / 부수 人(亻)

---

179 녀여호 여서 노노[女汝好 如恕 奴怒] – 女, 如, 奴로 된 한자

두 손 모으고 앉아 있는 여자 모습을 본떠서 **여자 녀(여)**

+ 옛날식 옥편에는 '계집 녀'로 나와 있는데, 옛날에는 '계집'이 보통의 여자라는 뜻이었지만 오늘날은 여자나 아내를 낮잡아 보고 이르는 말로 쓰이기에 '여자 녀'로 바꾸었어요. 시대에 맞게 진화한 셈이지요.

男女(남녀), 淑女(숙녀), 南男北女(남남북녀)

8급 / 3획 / 제부수

물(氵)을 떠 주었던 **여자**(女)가 바로 너였으니 **너 여, 성씨 여**

+ 중국의 여수(汝水)라는 강은 수심이 얕아서 여인(女)들도 목욕할 수 있는 강을 뜻했으나 지금은 2인칭 대명사 너 여(汝)와 성씨 여(汝)로 쓰입니다.

汝等(여등), 汝輩(여배), 汝矣島(여의도)

3급 / 6획 / 부수 水(氵)

여자(女)에게 **자식**(子)이 있으면 좋으니 **좋을 호**

好感(호감), 好惡(호오), 好評(호평), 愛好(애호)

4급Ⅱ / 6획 / 부수 女

여자(女)의 **말**(口)은 대부분 부모나 남편의 말과 같았으니 **같을 여**

+ 주로 집안에서 생활하던 옛날 여자들은 대부분 부모나 남편의 말을 따랐음을 생각하고 만든 글자네요.

如一(여일), 如前(여전), 缺如(결여)

예전과 **같은**(如) **마음**(心)으로 용서하니 **용서할 서**

+ 용서(容恕) – 잘못을 꾸짖거나 벌하지 않고 끝냄.
+ 容(얼굴 용, 받아들일 용, 용서할 용)

恕罪(서죄), 寬恕終興(관서종흥)

여자(女)의 **손**(又)처럼 힘들게 일하는 종이니 **종 노**

또 종처럼 남을 흉하게 부르는 접미사니 **남을 흉하게 부르는 접미사 노**

+ 又(오른손 우, 또 우), 주로 남자 종에 쓰이고, 매국노(賣國奴)·수전노(守錢奴)처럼 남을 흉하게 부르는 접미사로도 쓰입니다. 여자 종은 '여자 종 비(婢)' – 제목번호 067 참고.
+ 賣(팔 매), 守(지킬 수), 錢(돈 전)

奴名(노명), 奴婢(노비), 賣國奴(매국노)

일이 힘든 종(奴)의 **마음**(心)처럼 성내니 **성낼 노**

+ '종(奴)처럼 마음(心) 쓰며 성내니 성낼 노'라고도 합니다.

怒發大發(노발대발), 激怒(격노), 忿怒(분노), 震怒(진노)

DAY
09

TIP

〈어원이 좀 이상하다고 생각되면〉

이 책에 실린 글자들은 유사자, 동자, 약자, 속자까지 모두 어원으로 풀어, 모든 글자를 단순한 암기가 아니라 생각하면서 익히도록 하였는데,

한자에는 어원이 여러 가지인 글자도 있고, 또 시대가 바뀌어 현대에 이해하기 어려운 어원도 많기 때문에, 저는 가급적 그 글자가 만들어진 원래의 어원에 충실하되 현대에 이해하기 어려운 어원은 제 나름대로 쉽게 만들어 책에 실었습니다.

이 책에 나온 어원을 읽으면서 좀 이상하다고 생각되면 한자가 만들어지던 시절을 생각하면서 나름대로 어원을 추정해 보세요. 책에 있는 대로만 어원을 외지 않고 나름대로 어원을 생각하면서 한자를 익히는 방법은 아주 좋은 학습법입니다.

7급II / 6획 / 부수 宀

집(宀)에서 **여자**(女)가 살림하면 어찌 편안하지 않을까에서

어찌 **안**, 편안할 **안**

+ 宀 – 지붕을 본떠서 '집 면'

安寧(안녕), 安否(안부), 坐不安席(좌불안석)

5급 / 10획 / 부수 木

편안하게(安) 공부하도록 **나무**(木)로 만든 책상이니 **책상 안**

또 책상에 앉아 짠 생각이나 계획이니 **생각 안**, 계획 **안**

案席(안석), 案件(안건), 代案(대안), 方案(방안)

3급II / 10획 / 부수 宀

좋은 **날**(日)을 맞아 **편안하게**(安) 여는 잔치니 **잔치 연**

宴會(연회), 祝賀宴(축하연), 宴禮(연례)

TIP

〈필순을 고려한 어원 풀이라 좀 어색한 부분도 있어요.〉

글자를 눈으로 보기도 하지만 쓰기도 해야 하니 좀 어색한 어원이 되더라도 필순을 고려해서 어원을 풀었습니다.

예를 들어 士의 어원도 '하나(一)를 배우면 열(十)을 아는 선비니 선비 사'가 좋은데, 필순을 고려하여 '열(十)까지 하나(一)를 배우면 아는 선비니 선비 사'로 풀다 보니 어색한 어원이 되고 말았네요.

01~03 다음 漢字의 訓과 音을 쓰시오.

01. 覓, 兌, 耽

02. 冕, 娩, 炊

03. 諮, 杓, 葛

04~06 다음 漢字語의 讀音을 쓰시오.

04. 瞻星臺, 蟾光, 膽石

05. 俛仰, 欽慕, 落款

06. 闕席裁判, 管鮑之交, 松荀酒

07~08 다음 문장에서 ( ) 안의 漢字語를 漢字(正字)로 바꾸어 쓰시오.

07. 항상 경천애인의 (자세)로 살자고 다짐한다.

08. 경찰서 (구치소) 시설이 열악하다.

09~10 다음 ( ) 안에 알맞은 漢字(正字)를 써넣어 四字成語를 완성하시오.

09. 百年佳( ) - 부부가 되어 평생을 같이 살 것을 다짐하는 아름다운 약속.

10. ( )惡無道 - 지극히 악하고 도의심이 없음.

11~12 다음 漢字語의 反對語 또는 相對語를 漢字(正字)로 쓰시오.

11. 硬直 ↔ ( )

12. 逆境 ↔ ( )

정답

01. 찾을 멱, 바꿀 태, 즐길 탐
02. 면류관 면, 낳을 만, 불 땔 취
03. 물을 자, 자루 표, 칡 갈
04. 첨성대, 섬광, 담석
05. 면앙, 흠모, 낙관
06. 궐석재판, 관포지교, 송순주
07. 姿勢
08. 拘置所
09. 約
10. 極
11. 柔軟
12. 順境

181 간타 처처 첩접[姦妥 妻悽 妾接] – 女, 妻, 妾으로 된 한자

3급 / 9획 / 부수 女

여자 셋(姦)이 모여 간사하고 간음하니 간사할 간, 간음할 간

+ 간사(姦邪) – 성질이 간교하고 행실이 바르지 못함.
+ 간음(姦淫) – 부부가 아닌 남녀가 성적 관계를 맺음.
+ 邪(간사할 사), 淫(음란할 음)

強姦(강간)

3급 / 7획 / 부수 女

손톱(爫)을 가꿈도 여자(女)에게는 온당하니 온당할 타

+ 온당(穩當) – 사리에 어그러지지 아니하고 알맞음.
+ 爫(손톱 조), 穩(평온할 온), 當(마땅할 당, 당할 당)

妥結(타결), 妥當(타당), 妥協(타협)

3급II / 8획 / 부수 女

많이(十) 손(⺕)써 주는 여자(女)는 아내니 아내 처

+ ⺕(고슴도치 머리 계, 오른손 우)

妻家(처가), 妻福(처복), 賢母良妻(현모양처)

2급 / 11획 / 부수 心(忄)

마음(忄)에 고생하는 아내(妻)를 생각하면 슬프니 슬플 처

+ 예나 지금이나 아내는 집안일로 항상 수고하고, 이것을 바라보는 남편의 마음은 미안하고 슬프기까지 하지요.

悽然(처연), 悽絕(처절), 悽慘(처참)

3급 / 8획 / 부수 女

서(立) 있는 본부인 아래에 있는 여자(女)는 첩이니 첩 첩

+ 첩 – 본처 외에 데리고 사는 여자.

妾室(첩실), 妾出(첩출), 小妾(소첩), 妻妾(처첩)

손(扌)으로 첩(妾)처럼 친절하게 오는 손님을 주인에게 이어주고 대접하니
이을 **접**, 대접할 **접**

4급II / 11획 / 부수 手(扌)

接近(접근), 接觸(접촉), 待接(대접), 接待(접대)

---

182 루루수(삭)루[婁樓數屢] - 婁로 된 한자

쌀이게(曲) 여자(女)가 끌어 쌓으니 끌 **루(누)**, 쌓을 **루(누)**

+ 曲(쌓인 모양)

특급II / 11획 / 부수 女

나무(木)를 쌓아(婁) 만든 다락이나 누각이니 다락 **루(누)**, 누각 **루(누)**
또 다락처럼 이어진 층이니 층 **루(누)**

+ 몓 楼 - 땔나무(木)와 쌀(米)을 여자(女)가 넣어두는 다락이나 누각이니 '다락 루(누), 누각 루(누)'
　　또 다락처럼 이어진 층이니 '층 루(누)'
+ 木(나무 목), 米(쌀 미)

摩天樓(마천루), 望樓(망루), 鐘樓(종루)

3급II / 15획 / 부수 木

쌓인(婁) 물건을 치며(攵) 두어 개씩 세니 셀 **수**, 두어 **수**
또 세듯이 자주 닥쳐오는 운수니 자주 **삭**, 운수 **수**

+ 몓 数 - 쌀(米) 자루를 여자(女)가 치면서(攵) 두어 개씩 세니 '셀 수, 두어 수'
　　또 세듯이 자주 닥쳐오는 운수니 '자주 삭, 운수 수'
+ 攵(칠 복, = 攴)

數學(수학), 數日(수일), 數脈(삭맥), 運數(운수)

7급 / 15획 / 부수 攵(攴)

몸(尸)에 실력이 쌓이도록(婁) 자주 반복하니 자주 **루(누)**

+ 尸(주검 시, 몸 시)

屢屢(누누), 屢代(누대), 屢歲(누세), 屢次(누차)

3급 / 14획 / 부수 尸

DAY

10

2O7

여자 녀(ㄐ)에 금지와 부정을 나타내는 (十)를 붙여

말 무, 없을 무

+ ㄐ [여자 녀(女)의 변형]

1급 / 4획 / 제부수

여자(ㄐ) 중 젖(ㅛ)을 드러낸 어미니 **어미 모, 어머니 모**

+ 금지의 十가 있으면 말 무(毋), 젖을 드러낸 모습이면 어머니 모(母)로 구분하세요.
+ 어미 − ㉠ '어머니'의 낮춤말. ㉡ 결혼하여 자식을 둔 딸을 이르는 말.

   母國(모국), 母情(모정), 母親(모친), 慈母(자모), 子母(자모)

8급 / 5획 / 부수 母

사람(ㅅ)이 매양 **어머니(母)**를 생각하듯 매양(항상)이니

매양 매, 항상 매

+ ㅅ [사람 인(人)의 변형], 매양 − 번번이. 매 때마다. 항상.

   每番(매번), 每日(매일), 每週(매주)

7급Ⅱ / 7획 / 부수 母

항상(每) 치며(攵) 지도하면 행동이 민첩하니 **민첩할 민**

+ 攵(칠 복, = 攴)

   敏感(민감), 敏捷(민첩), 英敏(영민)

3급 / 11획 / 부수 攵(攴)

(실 뽑는 집에서) **민첩하게(敏)** 실(糸)을 뽑아내면 번성하니 **번성할 번**

+ 번성(繁盛) − 한창 성하게 일어나 퍼짐.
+ 糸(실 사, 실 사 변), 盛(성할 성)

   繁殖(번식), 繁榮(번영), 繁昌(번창)

3급Ⅱ / 17획 / 부수 糸

TIP

〈명언〉

父山母海(부산모해)
[아버지의 존재는 산과 같고, 어머니의 은혜는 바다와 같다.]
+ 父(아비 부), 山(산 산), 海(바다 해)

매모해회[梅侮海悔] – 每로 된 한자

3급II / 11획 / 부수 木

나무(木) 중 항상(每) 가까이하는 매화나무니 **매화나무 매**

+ 매화는 이른봄 추위 속에서 피어나는 절개 있는 꽃으로 사군자(四君子)의 으뜸이고, 열매인 매실은 약효가 뛰어나 여러 용도로 쓰여 웬만한 집 정원에는 심어 가꾸며 꽃도 보고 열매도 이용하지요. 사군자는 동양화에서 고결함이 군자와 같다는 뜻으로 매란국죽(梅蘭菊竹)을 일컫는 말입니다.

梅花(매화), 梅實(매실), 梅實茶(매실차)

3급 / 9획 / 부수 人(亻)

(인격 수양이 덜 된) 사람(亻)은 항상(每) 쉽게 남을 업신여기니
업신여길 모

+ 亻(사람 인 변)
+ 사람은 자기도 모르게 남을 업신여길 수 있으니 항상 조심해야 하지요.

侮蔑(모멸), 侮辱(모욕), 受侮(수모)

7급II / 10획 / 부수 水(氵)

물(氵)이 항상(每) 있는 바다니 **바다 해**

+ 氵(삼 수 변)
+ 큰 바다는 '큰 바다 양, 서양 양(洋)' – 제목번호 471 참고.

海警(해경), 海難(해난), 海流(해류), 山海珍味(산해진미)

3급II / 10획 / 부수 心(忄)

(지내놓고) 마음(忄)으로는 항상(每) 뉘우치니 **뉘우칠 회**

後悔(후회), 悔改(회개), 悔悟(회오), 尤悔(우회)

TIP

〈한 글자에 둘 이상의 뜻이 있으면〉

'해의 둥근 모양과 가운데 흑점을 본떠서 만든 해 일(日)'에 어찌 '날 일'의 뜻도 있을까? 생각해 보면 금방 해가 뜨고 짐으로 구분되는 날이니 '날 일'이 되었음을 알게 되지요.

이처럼 한 글자에 둘 이상의 뜻이 있으면 반드시 그럴 이유가 있으니, 무조건 외는 시간에 왜 그럴까를 생각해 보세요. 생각해서 익히면 분명하게 익혀지고 오래도록 잊히지 않습니다.

DAY
10

자료 여(예)야서서[子了 予野舒序] - 子了와 予로 된 글자

7급II / 3획 / 제부수

아들이 두 팔 벌린 모습을 본떠서 **아들 자**

또 아들을 첫째로 여기니 **첫째 지지 자**

또 아들처럼 편하게 부르는 2인칭 대명사 자네니 **자네 자**

또 아들처럼 만들어져 나오는 물건의 뒤에 붙이는 접미사니 **접미사 자**

子孫(자손), 孝子(효자), 甲子(갑자), 卓子(탁자)

3급 / 2획 / 부수 亅

아들이 양팔 붙이고 모체에서 나온 모습으로, 나왔으니 고통을 마쳤다는 데서

마칠 료(요)

滿了(만료), 修了(수료), 完了(완료), 終了(종료)

3급 / 4획 / 부수 亅

좌우 손으로 주고받는 모습에서 **줄 여** (≒ 與)

또 주는 나를 뜻하여 **나 여** (≒ 余)

또 **미리 예**(豫)의 약자

+ 與(줄 여, 더불 여, 참여할 여 - 제목번호 112), 余(나 여, 남을 여 - 제목번호 152), 豫(미리 예 - 제목번호 476 참고)

予奪(여탈)

6급 / 11획 / 부수 里

마을(里)에서 내(予)가 먹을거리를 생산하는 들이니 **들 야**

또 들에서 일한 듯 손발이 거치니 **거칠 야**

野菜(야채), 平野(평야), 荒野(황야), 野性(야성)

2급 / 12획 / 부수 舌

집(舍)에서처럼 내(予)가 마음을 펴고 느긋하니 **펼 서, 느긋할 서**

+ 舍(집 사)

舒眉(서미), 舒遲(서지), 舒川郡(서천군) - 충청남도 남서쪽에 있는 군.

5급 / 7획 / 부수 广

집(广)에서도 내(予)가 먼저 지켜야 하는 차례니 **먼저 서, 차례 서**

+ 广(집 엄)

序曲(서곡), 序論(서론), 序列(서열), 秩序(질서)

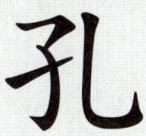

새끼(子) 새(乚)가 자라는 구멍이니 **구멍 공**

또 구멍으로도 세상 이치를 꿰뚫어 보았던 공자니 **공자 공, 성씨 공**

4급 / 4획 / 부수 子

+ 새는 나무 구멍이나 둥근 둥우리에 새끼를 낳아 기르지요.
+ 乚[새 을, 둘째 천간 을, 둘째 을, 굽을 을(乙)이 부수로 쓰일 때의 모양]
+ 공자 - ㉠ 公子 - 지체가 높은 집안의 아들. ㉡ 功者 - 공로가 있는 사람. ㉢ 孔子 - 중국 춘추 전국 시대의 사상가·학자(B.C. 551 ~ B.C. 479). 여기서는 ㉢의 뜻.
+ 公(공평할 공, 대중 공, 귀공자 공), 功(공로 공), 者(놈 자, 것 자)

十九孔炭(십구공탄), 孔孟(공맹)

아들(子) 둘(二)이 양쪽(八)에서 부모를 받들며 대를 이으니

받들 승, 이을 승

4급Ⅱ / 8획 / 부수 手

承繼(승계), 承諾(승낙), 傳承(전승), 起承轉結(기승전결)

자식(子) 중 첫째로 알고 그릇(皿)에 목욕시키며 기르는 맏이니

맏 맹, 맹자 맹

3급Ⅱ / 8획 / 부수 子

+ 皿(그릇 명), 맏 - 첫째, 맹자(孟子) - 중국 춘추 전국 시대의 사상가(B.C. 372 ~ B.C. 289).

孟冬(맹동), 孟夏(맹하), 孔孟(공맹), 孟母三遷(맹모삼천)

개(犭)를 고를 때 **첫째(孟)**로 꼽는 날램과 사나움이니 **날랠 맹, 사나울 맹**

+ 犭(큰 개 견, 개 사슴 록 변), 옛날에는 주로 집을 지키거나 사냥을 하기 위하여 개를 길렀으니 날래고 사나워야 했지요.

猛烈(맹렬), 猛犬(맹견), 猛獸(맹수), 勇猛(용맹)

3급Ⅱ / 11획 / 부수 犬(犭)

학문을 **마친(了)** 사람을 **양쪽(八)**에서 **받들며(一)** 도우니 **도울 승**

또 이렇게 임금을 돕는 정승이니 **정승 승**

+ 政丞(정승) - 조선시대 때 영의정·좌의정·우의정을 일컬었던 말.
+ 了(마칠 료), 政(다스릴 정), 一('한 일'이지만 여기서는 받드는 모습으로 봄)

1급 / 6획 / 부수 一

蒸

풀(艹) 성분의 도움(丞)을 받으려고 불(灬)에 찌니 **찔 증**

+ ⁀ 蒸 - 풀(艹) 성분의 도움(丞)을 받으려고 찌니 '찔 증'
+ 풀을 쪄서 나온 즙이나 향기를 약으로 이용하지요.
+ 灬 - 불 화(火)가 글자의 아래에 붙는 부수인 발로 쓰일 때의 모습으로 '불 화 발'

蒸氣(증기), 蒸發(증발), 汗蒸(한증)

3급Ⅱ / 14획 / 부수 草(艹)

DAY
10

2급 / 5획 / 제부수

손잡이 있는 창을 본떠서 **창 모**

矛戈(모과), 矛盾(모순)

2급 / 9획 / 부수 草(艹)

풀(艹) 중 **창**(矛)처럼 길고 뾰족하게 자라는 띠니 **띠 모**

✦ '띠'는 마디 없이 곧고 길게 자라는 질긴 풀로, 이것을 베어다 지붕을 이고 여러 생활 도구를 만들었지요.

茅舍(모사), 茅屋(모옥)

3급Ⅱ / 9획 / 부수 木

창(矛)에 쓰이는 **나무**(木)처럼 탄력 있고 부드러우니 **부드러울 유**

柔軟性(유연성), 溫柔(온유), 外柔內剛(외유내강)

4급Ⅱ / 11획 / 부수 力

창(矛)으로 적을 **치듯이**(攵) **힘**(力)을 다하여 일에 힘쓰니
일 무, 힘쓸 무

✦ 攵(칠 복, = 攴), 力(힘 력)

勤務(근무), 實務(실무), 任務(임무), 休務(휴무), 務實力行(무실역행)

霧

3급 / 19획 / 부수 雨

비(雨)가 **힘차게**(務) 내릴 때 생기는 안개니 **안개 무**

霧散(무산), 濃霧(농무), 雲霧(운무), 五里霧中(오리무중)

기이사[己已巳] - 己와 비슷한 한자

5급II / 3획 / 제부수

몸을 엎드려 절하는 자기 모양을 본떠서
몸 기, 자기 기, 여섯째 천간 기

+ 㔾 민(무릎 꿇을 절, 병부 절, =卩) - 제목번호 192 참조.

克己(극기), 知己(지기), 知彼知己(지피지기)

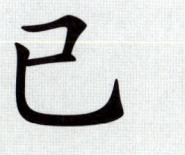

3급II / 3획 / 부수 己

밭갈이를 이미 끝낸 **쟁기 보습의 모양(己)**에서 **이미 이**

또 갈라 끊는 뜻의 '따름'으로도 쓰여 **따름 이**

+ 쟁기 - 논밭을 가는 농기구.
  보습 - 쟁기에서 땅 속으로 들어가는 삽 모양의 쇠부분.
+ 이미 - 다 끝나거나 지난 일을 이를 때 쓰는 말. '벌써, 앞서'의 뜻을 나타냄.
+ 따름 - 오로지 그것뿐이고 그 이상은 아님을 나타내는 말.

已往(이왕), 已往之事(이왕지사), 已發之矢(이발지시)

3급 / 3획 / 부수 己

몸을 사리고 꼬리를 든 뱀 모양에서 **뱀 사, 여섯째 지지 사**

+ 사람이 엎드려 절하는 모양에서 '몸 기, 자기 기, 여섯째 천간 기(己)', 몸 기, 자기 기, 여섯째 천간 기(己)의 한 쪽이 약간 올라가면 '이미 이, 따름 이(已)', 완전히 붙으면 '뱀 사(巳)'로 구분하세요.

巳年(사년), 巳座(사좌), 巳初(사초)

TIP

〈명언〉

己所不欲(기소불욕)을 勿施於人(물시어인)하라.

[내가 하고 싶지 않은 바는 (남도 하기 싫어하니) 남에게 시키지 말라.]

— ≪논어(論語)≫

+ 所(장소 소, 바 소), 欲(바랄 욕), 勿(말 물), 施(베풀 시), 於(어조사 어)

DAY
10

기기비배 개기[記紀妃配 改忌] - 己로 된 한자

記
7급II / 10획 / 부수 言

말(言) 중에 **자기**(己)에게 필요한 부분은 기록하거나 기억하니

기록할 **기**, 기억할 **기**

記錄(기록), 登記(등기), 書記(서기), 記念(기념)

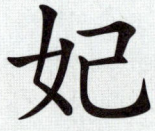

紀
4급 / 9획 / 부수 糸

실(糸)에서 **몸**(己)처럼 중요한 벼리니 **벼리 기**

또 벼리처럼 중요한 질서나 해니 **질서 기, 해 기**

또 벼리처럼 중요한 것은 기록하니 **기록할 기**

+ 糸(실 사, 실 사 변)
+ 벼리는 그물의 위쪽 코를 꿰어 오므렸다 폈다 하는 줄로 그물에서 제일 중요한 줄이니, 일이나 글의 뼈대가 되는 줄거리를 비유하기도 합니다.

紀綱(기강), 軍紀(군기), 西紀(서기), 紀行文(기행문)

妃
3급II / 6획 / 부수 女

여자(女) 중 **자기**(己)처럼 소중히 모셔야 할 왕비나 아내니

왕비 **비**, 아내 **비**

+ 왕비(王妃) - 임금의 아내.

王妃(왕비), 妃氏(비씨), 廢妃(폐비)

配
4급II / 10획 / 부수 酉

혼례식에서 **술**(酉)을 **자기**(己)와 나누어 마신 짝이니 **나눌 배, 짝 배**

+ 酉(술 그릇 유, 술 유, 닭 유, 열째 지지 유)

配達(배달), 配列(배열), 配偶者(배우자), 配匹(배필)

改
5급 / 7획 / 부수 攴(攵)

자기(己)를 **치며**(攵) 허물을 고치니 **고칠 개**

+ 攵(칠 복, = 攴)

改良(개량), 改善(개선), 改編(개편), 改過遷善(개과천선)

忌
3급 / 7획 / 부수 心

자기(己)를 **마음**(心)으로 생각하면 아무 일이나 함부로 못하고 꺼리니

꺼릴 **기**

忌克(기극), 禁忌(금기), 忌避(기피)

파파비 색절[巴把肥 色絕] – 巴, 色으로 된 한자

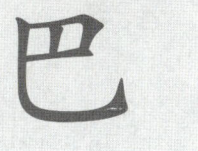

1급 / 4획 / 부수 己

뱀(巳)에 먹이가 내려가는 **볼록한 모양(丨)**을 본떠서 **뱀 파**

또 뱀 꼬리처럼 생긴 땅 이름이니 **꼬리 파, 땅 이름 파**

+ 巳(뱀 사, 여섯째 지지 사)
+ 뱀은 먹이를 통째로 삼키니, 그 먹이가 내려가는 부분이 볼록하게 보이지요.

3급 / 7획 / 부수 手(扌)

손(扌)으로 뱀(巴)을 잡으니 **잡을 파**

+ 扌(손 수 변)

把守(파수), 把守兵(파수병), 把握(파악)

3급Ⅱ / 8획 / 부수 肉(月)

몸(月)이 뱀(巴)이 먹이 먹는 모양처럼 불룩하게 살쪄 기름지니

살찔 비, 기름질 비

또 식물을 살찌게 하는 거름이니 **거름 비**

肥大(비대), 肥滿(비만), 肥沃(비옥), 肥料(비료)

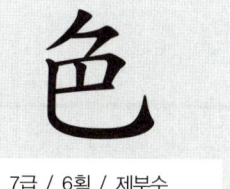

7급 / 6획 / 제부수

사람(勹)이 뱀(巴)을 보고 놀라 변하는 얼굴빛이니 **빛 색**

+ 勹[사람 인(人)의 변형], 한자가 만들어지던 시대에는 뱀이 많았답니다.

色盲(색맹), 染色(염색) ↔ 脫色(탈색), 赤色(적색)

4급Ⅱ / 12획 / 부수 糸

실(糸) 자르듯 사람(勹)이 뱀(巴)을 끊으면 죽으니 **끊을 절, 죽을 절**

또 잡념을 끊고 하나에만 열중하면 가장 뛰어나게 되니 **가장 절**

+ 혤 絕 – 실(糸) 자르듯 칼(刀)로 뱀(巴)을 끊으면 죽으니 '끊을 절, 죽을 절'
+ 勹[사람 인(人)의 변형], 刀(칼 도)
+ 잡념을 다 끊고 하나에만 열중하면 가장 뛰어나게 된다는 어원, 생각할수록 절묘(絕妙)하네요.
+ 妙(묘할 묘, 예쁠 묘)

絕交(절교), 絕命(절명), 根絕(근절), 絕頂(절정), 絕讚(절찬), 絕處逢生(절처봉생)

7급 / 7획 / 제부수

일정한 **경계(口)**의 **땅(巴)**에 사람이 사는 고을이니 고을 **읍**

+ 口('입 구, 구멍 구, 말할 구'지만 여기서는 '경계'로 봄)
+ 글자의 왼쪽에 붙는 阝는 언덕 부(阜)가 글자의 변으로 쓰이는 경우로 '언덕 부 변'이라 부르고, 글자의 오른쪽에 붙는 阝는 고을 읍(邑)이 글자의 방으로 쓰이는 경우로 '고을 읍 방'이라 부르죠.

邑內(읍내), 邑面(읍면), 邑長(읍장), 都邑(도읍)

2급 / 10획 / 부수 邑

내(巛)로 둘러싸인 **고을(邑)**에 살면 적의 침략을 받지 않아 마음이 화하니 화할 **옹**

또 **내(巛)**로 **고을(邑)**이 막히니 막힐 **옹**

+ 동 雍 - 제목번호 494 참고, 甕 - 1급
+ 옛날 다리도 없고 배도 귀했던 시절, 내로 둘러싸인 곳에 살면 적의 침략을 받지 않고, 물을 여러 가지로 이용할 수 있었으니 마음에 여유가 있었겠지요.
+ 巛 - 내 천(川)이 부수로 쓰일 때의 모습으로 개미허리 같다 하여 '개미허리 천'

邕睦(옹목), 邕邕(옹옹), 邕塞·甕塞(옹색)

2급 / 11획 / 부수 戶

집(戶)은 **고을(邑)**의 풍속에 따라야 명성을 떨치니 따를 **호**, 떨칠 **호**

扈衛(호위), 扈從(호종)

> **TIP**
>
> **〈글자의 음(音)이 단어의 위치에 따라 달라지는 이유〉**
> 이것은 국어의 문법에 있는 두음법칙(頭音法則) 때문입니다.
>
> 두음법칙이란 '(단어의) 첫소리 법칙'으로, '리유(理由)→이유, 녀자(女子)→여자, 래일(來日)→내일'처럼 단어의 첫머리에 오는 'ㄹ'과 'ㄴ'이 'ㄴ, ㅇ'으로 바뀌는 법칙입니다. 물론 원리(原理), 남녀(男女), 왕래(往來)에서처럼 이 글자가 단어의 첫머리에 오지 않을 때는 원래대로 쓰고요.
>
> 잘못하면 어떤 단어에 나온 대로 '이치 리(理)'를 '이치 이', '여자 녀(女)'를 '여자 여', '올 래(來)'를 '올 내'로 잘못 알기 쉬운데 이는 국어의 두음법칙을 모르기 때문이지요.

절범범범 액위[巳范犯範 厄危] - 巳, 厄으로 된 한자

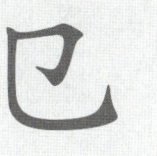

2획 / 부수자

사람이 무릎 꿇고 앉아 있는 모양을 본떠서 **무릎 꿇을 절**

또 부절이나 병부의 반쪽을 본떠서 **병부 절**

+ 📖 己(몸 기, 자기 기, 여섯째 천간 기) - 제목번호 188 참고.
+ '부절(符節)'은 인쇄술이 발달하기 전에 대(竹)나 옥(玉)으로 만든 일종의 신분증, '병부(兵符)'는 병사를 동원하는 문서로, 둘로 나누어 가졌다가 필요시 맞춰 보았답니다.
+ 符(부절 부, 부호 부, 들어맞을 부), 節(마디 절, 절개 절, 계절 절, 명절 절), 竹(대 죽), 玉(구슬 옥), 兵(병사 병)

2급 / 9획 / 부수 草(艹)

풀(艹)이 물(氵)속에서는 **무릎 꿇은(巳)** 모양으로 자라듯,

지켜야 할 법이니 **법 범**

+ 인·지명용 한자.

4급 / 5획 / 부수 犬(犭)

개(犭)처럼 **무릎 꿇어야(巳)** 할 정도로 죄를 범하니 **범할 범**

+ 犭(큰 개 견, 개 사슴 록 변)

犯人(범인), 犯罪(범죄), 防犯(방범), 邪不犯正(사불범정)

4급 / 15획 / 부수 竹(艹)

대(艹)로 둘러친 **수레(車)**에 범인을 **무릎 꿇려(巳)** 압송하며 법의 엄중함을

본보기로 보이니 **법 범, 본보기 범**

+ 艹(대 죽), 車(수레 거, 차 차)

敎範(교범), 規範(규범), 模範(모범), 率先垂範(솔선수범)

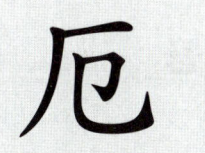

3급 / 4획 / 부수 厂

굴 바위(厂) 밑에 **무릎 꿇어야(巳)** 할 정도의 재앙이니 **재앙 액**

+ 厂(굴 바위 엄)

厄運(액운), 送厄迎福(송액영복), 橫厄(횡액)

4급 / 6획 / 부수 㔾(卩)

사람(𠂉)에게 **재앙(厄)**이 닥치면 위험하니 **위험할 위**

+ 𠂉[사람 인(人)의 변형]

危急(위급), 危篤(위독), 危殆(위태), 安危(안위)

卽

3급II / 9획 / 부수 卩(卪)

날이 **하얀**(白) **비수**(匕) 앞에 곧 **무릎 꿇으니**(卩) **곧 즉**

+ 역 即 - 잘못을 멈추고(艮) 곧바로 무릎 꿇으니(卩) '곧 즉'
+ 則 - 제목번호 452 참고.
+ 匕(비수 비, 숟가락 비), 艮[멈출 간, 어긋날 간(艮)의 변형]

卽刻(즉각), 卽時(즉시), 卽效(즉효), 卽興(즉흥), 一觸卽發(일촉즉발)

節

5급II / 15획 / 부수 竹(⺮)

대(⺮)에 **좋게**(皀) **무릎 꿇은**(卩) 모양으로 생긴 마디니 **마디 절**

또 마디마디 곧은 절개니 **절개 절**

또 마디처럼 나눠지는 계절이나 명절이니 **계절 절**, **명절 절**

+ ⺮(대 죽), 皀[좋을 량, 어질 량(良)의 변형]

節度(절도), 節制(절제), 季節(계절), 好時節(호시절) - 좋은 때.

夗

급수 외 한자 / 5획 / 부수 夕

저녁(夕)에 **무릎 꿇듯**(㔾) 몸 구부리고 뒹구니 **뒹굴 원**

怨

4급 / 9획 / 부수 心

뒹굴며(夗) 잠 못 이루고 **마음**(心)으로 원망하니 **원망할 원**

+ 원망할 일이 있으면 뒹굴며 잠을 못 이루지요.

怨聲(원성), 怨望(원망), 含憤蓄怨(함분축원)

苑

2급 / 9획 / 부수 草(艹)

풀(艹)밭에 **뒹굴며**(夗) 놀 수 있는 동산이니 **동산 원**

苑沼(원소), 苑花(원화), 鹿苑(녹원)

보보복[𠬝報服] – 𠬝으로 된 한자

참고자 / 4획

병부(卩)를 손(又)으로 잡아 다스리니 **다스릴 복**

+ 어원 해설을 위한 참고자로 실제 쓰이는 글자는 아닙니다.
+ 又(오른손 우, 또 우)

4급Ⅱ / 12획 / 부수 土

다행히(幸) 재산을 잘 **다스려**(𠬝) 소식도 알리고 은혜도 갚으니

알릴 보, 갚을 보

또 소식을 알리는 신문이니 **신문 보**

+ 幸(행복할 행, 바랄 행) – 제목번호 209 참고.

報告(보고), 速報(속보), 報答(보답)

6급 / 8획 / 부수 肉(月)

몸(月)을 잘 **다스려**(𠬝) 보호하려고 옷도 입고, 밥도 먹으며,

상관의 명령에도 복종하니 **옷 복, 먹을 복, 복종할 복**

+ 복종(服從)하다 – 남의 명령이나 의사를 그대로 따라서 좇다.
+ 從(좇을 종, 따를 종)

服裝(복장), 洋服(양복), 服用(복용), 感服(감복)

란 묘묘류 어[卵 卯昴劉 御] – 卵과 卯로 된 한자와 御

4급 / 7획 / 부수 卩

물고기에 두 개씩 있는 알주머니를 본떠서(→ 卵) **알 란(난)**

卵生(난생), 卵巢(난소), 鷄卵(계란), 産卵(산란)

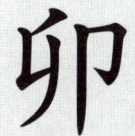

3급 / 5획 / 부수 卩

(봄 기운이 왕성하여) 두 문짝을 활짝 열어 놓은 모양을 본떠서(→ 卯)

왕성할 묘

또 귀를 쫑긋 세운 토끼로도 보아 **토끼 묘**

또 토끼는 넷째 지지니 **넷째 지지 묘**

+ 卬(높을 앙) – 제목번호 197 참고.

卯時(묘시), 卯酒(묘주) – 아침술.

DAY

10

昂

2급 / 9획 / 부수 日

해(日)처럼 **왕성하게**(卬) 빛나는 별 이름이니 **별 이름 묘**

昂星(묘성) - 〈천문〉 이십팔수(二十八宿)의 열여덟째 별자리의 별들.

＋ 星(별 성)

劉

2급 / 15획 / 부수 刀(刂)

왕성하게(丣) 쇠(金)로 칼(刂)을 만드는 사람의 성씨니

성씨 류(유), 묘금도 류(유)

＋ 丣[왕성할 묘(卯)의 변형], 金(쇠 금, 금 금, 돈 금, 성씨 김), 刂(칼 도 방), '묘금도 류'는 글자 뜻과 상관없이 글자가 [묘(丣)+금(金)+도(刂)]로 나눠짐을 일컫는 말로, 성씨에 버들 류(柳)와 묘금도 류(劉)가 있어 구분하기 위한 것이지요.

御

3급Ⅱ / 11획 / 부수 彳

가다가(彳) 정오(午)쯤 되면 **그쳐**(止) **무릎 꿇고**(卩) 쉬게 하며

말을 몰고 다스리니 **말 몰 어, 다스릴 어**

또 백성을 다스리는 임금이니 **임금 어**

＋ 彳(조금 걸을 척), 午(말 오, 일곱째 지지 오, 낮 오), 止(그칠 지)

制御(제어), 御命(어명), 御使(어사), 御用(어용)

TIP

〈명언〉

一切唯心造(일체유심조)
['일체는 마음으로 지음'으로, 모든 것은 마음먹기 나름이라는 말]
＋ 切(모두 체, 끊을 절, 간절할 절), 唯(오직 유, 대답할 유), 心(마음 심, 중심 심), 造(지을 조)

경류류무[卿柳留貿] – 卯로 된 한자

3급 / 12획 / 부수 卩

의욕이 **왕성하고**(卯) **어진**(皀) 사람이 하는 벼슬이니 **벼슬 경**

+ 장관 이상의 벼슬로, 임금이 신하를 부르는 말이나 상대를 높이는 말로도 쓰입니다.
+ 벼슬 – 관아에 나가서 나랏일을 맡아 다스리는 자리, 또는 그런 일.
+ 유 鄕(시골 향, 고향 향) – 제목번호 295 참고.
+ 皀[좋을 량, 어질 량(良)의 변형으로, 밥 식, 먹을 식 변(飠)과 다름]

  公卿大夫(공경대부)

4급 / 9획 / 부수 木

나무(木) 중 **왕성하게**(卯) 자라 늘어지는 버들이니

버들 류(유), 성씨 류(유)

+ 버드나무는 생명력이 강하여 이른 봄에 제일 먼저 푸른빛을 띠어 늦가을까지도 푸른 모양으로 있고, 굵은 줄기를 그냥 꽂아도 살고 가지를 쳐 주어도 금방 왕성하게 자랍니다.

  楊柳(양류), 花柳界(화류계)

4급 II / 10획 / 부수 田

왕성하게(卯) 일하려고 **밭**(田)에 머무르니 **머무를 류(유)**

+ 卯[왕성할 묘, 토끼 묘, 넷째 지지 묘(卯)의 변형]

  留任(유임), 保留(보류), 押留(압류), 滯留(체류)

貿

3급 II / 12획 / 부수 貝

왕성하게(卯) **재물**(貝)을 무역하며 바꾸니 **무역할 무, 바꿀 무**

+ 무역(貿易) – 지방과 지방 사이에, 또는 나라와 나라 사이에 물건을 사고팔거나 교환하는 일.
+ 貝(조개 패, 재물 패, 돈 패)

  密貿易(밀무역), 貿穀(무곡)

TIP

〈명언〉

隱忍自重(은인자중)

['숨어 참으며 스스로 무겁게 행동함'으로, 밖으로 드러내지 아니하고 감추어 참고 몸가짐을 신중히 함]
반 輕擧妄動(경거망동)

하고 싶은 말이나 행동이 있어도 참고 은인자중(隱忍自重) 하십시다. "이제까지의 말로써 풀던 마음 말없이 삭이고 얼마 더 너그러워져서 이 생명을 살자"라는 김남조 시인의 '설일(雪日)'에 나온 시 한 구절이 떠오릅니다.

+ 忍(참을 인, 잔인할 인), 自(자기 자, 스스로 자, 부터 자), 重(무거울 중, 귀중할 중, 거듭 중), 輕(가벼울 경), 擧(들 거, 행할 거, 일으킬 거), 妄(망령들 망), 動(움직일 동)

DAY
10

앙앙억영 인[卬仰抑迎 印] – 卬으로 된 한자와 印

특급 / 4획 / 부수 卩

상자(匚)에 **무릎 꿇고**(卩) 높이 바라니 **높을 앙**

+ 匚[상자 방(匚)의 변형]
+ 卯 卯(왕성할 묘, 토끼 묘, 넷째 지지 묘) – 제목번호 195 참고.
+ 卩(무릎 꿇을 절, 병부 절, = 卪)

3급II / 6획 / 부수 人(亻)

사람(亻)이 **높이**(卬) 우러르니 **우러를 앙**

+ 亻(사람 인 변)

信仰(신앙), 推仰(추앙), 仰天大笑(앙천대소)

3급II / 7획 / 부수 手(扌)

손(扌)으로 **높은**(卬) 것을 누르니 **누를 억**

+ 扌(손 수 변)

抑留(억류), 抑壓(억압), 抑鬱(억울), 抑制(억제)

4급 / 8획 / 부수 辵(辶)

높은(卬) 사람을 **가서**(辶) 맞이하니 **맞이할 영**

+ 辶(뛸 착, 갈 착, = 辶)

迎賓(영빈), 迎接(영접), 歡迎(환영), 送舊迎新(송구영신)

4급II / 6획 / 부수 卩

공문서를 **높은**(卬) 분께 올릴 때 **한**(一)결같이 찍는 도장이니

찍을 인, 도장 인, 성씨 인

印章(인장), 印朱(인주), 刻印(각인), 印刷(인쇄)

TIP

〈순접도 되고 역접도 되는 而〉

말 이을 이(而)는 앞의 내용을 그대로 이어받는 순접(順接)으로도 쓰이고 반대로 이어받는 역접(逆接)으로도 쓰이는데, 해석은 문맥의 내용에 따라 결정되지요. 而를 중심으로 앞뒤의 내용이 비슷하면 순접인 '~면서, 그리고, 또, 또한(and)'으로 해석하고, 반대이면 역접인 '~지만, ~나(but)'로 해석합니다.

+ 順(순할 순), 接(사귈 접, 이을 접), 逆(거스를 역)

립위읍랍 욱욱[立位泣拉 昱煜] - 立, 竘으로 된 한자

사람이 팔다리 벌리고 땅에 서 있는 모습에서 **설 립(입)**

立志(입지), 建立(건립), 獨立(독립), 自立(자립), 立身揚名(입신양명)

7급Ⅱ / 5획 / 제부수

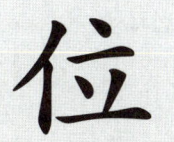

사람(亻)이 서(立) 있는 자리니 **자리 위**

位格(위격), 位階(위계), 位置(위치), 品位(품위)

5급 / 7획 / 부수 人(亻)

얼굴에 물(氵)이 서(立) 있는 모습으로 눈물 흘리며 우니 **울 읍**

+ 泣은 눈물만 흘리며 우는 것. 哭(울 곡)은 소리 내어 우는 것. - 제목번호 143 참고.
+ 누워서 울어도 물이 서 있는 모습이지요.

泣訴(읍소), 感泣(감읍), 嗚泣(오읍)

3급 / 8획 / 부수 水(氵)

손(扌)으로 세워(立) 끌고 가니 **끌고 갈 랍(납)**

+ 扌(손 수 변)

拉北(납북), 拉致(납치), 被拉(피랍)

2급 / 8획 / 부수 手(扌)

해(日) 아래 선(立) 듯 밝으니 **밝을 욱**

昱昱(욱욱), 昱耀(욱요) - 밝게 빛남.

+ 耀(빛날 요)

2급 / 9획 / 부수 日

불(火)처럼 밝게(昱) 빛나니 **빛날 욱**

煜煜(욱욱) - 환하게 빛남.

2급 / 13획 / 부수 火

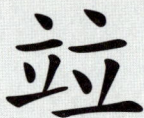

竝

3급 / 10획 / 부수 立

둘이 **나란히** 서니() 나란히 설 **병**

+ 앤 並 – 並을 나누면 설 립(立)이 둘이지요.

竝列(병렬), 竝設(병설), 竝進(병진), 竝行(병행)

並

급수 외 한자 / 8획 / 부수 一

둘이 나란히 선 모습을 본떠서 만든 나란히 **설 병**(竝)을 합쳐서
나란히 설 병(竝)의 약자

+ 並 가운데를 세로로 나누면 설 립(立)이 둘이지요.
+ 竝의 일본식 한자는 並, 중국식 간체자는 并 입니다.

普

4급 / 12획 / 부수 日

나란히(並) **해**(日)처럼 비춤이 넓으니 **넓을 보**

또 널리 통하면 보통이니 **보통 보**

+ 보통(普通) – 특별하지 아니하고 흔히 볼 수 있어 평범함.
+ 通(통할 통)

普及(보급), 普遍性(보편성) ↔ 特殊性(특수성)

譜

3급II / 19획 / 부수 言

말(言)로 **널리**(普) 계보를 따져 정리한 족보나 악보니
족보 보, 악보 보

+ 족보(族譜) – 한 가문의 계통과 혈통 관계를 적어 놓은 책.
+ 族(겨레 족)

系譜(계보), 年譜(연보), 樂譜(악보)

潽

2급 / 15획 / 부수 水(氵)

물(氵)이 **넓게**(普) 흐르는 곳의 물 이름이니 **물 이름 보**

+ 인·지명용 한자.

晉

2급 / 10획 / 부수 日

하늘(一)과 **같이**(l l) **이쪽**(丶) **저쪽**(丿)의 **땅**(一)에서도
해(日)를 따라 나아가며 감정을 억누르니
나아갈 진, 억누를 진, 진나라 진, 성씨 진

+ 나아갈 진, 억누를 진, 진나라 진, 성씨 진(晉)의 속자.
+ 진(晉)나라 – 춘추 전국 시대에 지금의 산서성 부근에 있었던 나라.

동종 친신[童鐘 親新] – 童, 亲으로 된 한자

6급II / 12획 / 부수 立

(어른은 일터에 나가고) 서서(立) 마을(里)에서 노는 사람은 주로 아이이니

아이 **동**

+ ㈜ 重(무거울 중, 귀중할 중, 거듭 중) – 제목번호 065 참고.

　童心(동심), 童詩(동시), 童話(동화), 神童(신동)

특급II / 20획 / 부수 金

쇳(金)소리가 아이(童) 소리처럼 맑은 쇠북이니 **쇠북 종**

또 쇠북처럼 종치는 시계니 **종치는 시계 종**

+ ㈜ 鍾(쇠북 종, 술잔 종) – 제목번호 065 참고.

6급 / 16획 / 부수 見

서(立) 있는 나무(木)를 돌보듯(見) 자식을 보살피는 어버이니

어버이 **친**

또 어버이처럼 친하니 **친할 친**

+ 아침에 나가 날이 저물도록 돌아오지 않는 자식을 기다리다 더 멀리 바라보기 위하여 나무(木) 위에 서서(立) 바라보는(見) 심정을 지닌 분이라는 데서 '어버이 친, 친할 친(親)'이라고도 해요.

　母親(모친), 兩親(양친), 親睦(친목), 親密(친밀)

6급II / 13획 / 부수 斤

서(立) 있는 나무(木)를 도끼(斤)로 베어 새로 만들어 새로우니

새로울 **신**

　新銳(신예), 新型(신형), 斬新(참신), 溫故知新(온고지신)

DAY
10

01~03 다음 漢字의 訓과 音을 쓰시오.

01. 悽, 矛, 茅

02. 苑, 拉, 昱

03. 煜, 湺, 卿

04~06 다음 漢字語의 讀音을 쓰시오.

04. 舒遲, 扈從, 廢妃

05. 妥協, 數脈, 繁殖

06. 侮蔑, 荒野, 汗蒸

07~08 다음 문장에서 ( ) 안의 漢字語를 漢字(正字)로 바꾸어 쓰시오.

07. 그녀는 (모친)의 미모를 닮아 안색이 뛰어나다.

08. 지역 이기주의를 (근절)해야 나라가 발전할 수 있다.

09~10 다음 ( ) 안에 알맞은 漢字(正字)를 써넣어 四字成語를 완성하시오.

09. 一觸( )發 – 한 번 건드리기만 해도 폭발할 것같이 몹시 위급한 상태.

10. ( )身揚名 – 출세하여 이름을 세상에 떨침.

11 다음 [ ] 안의 漢字와 뜻이 비슷한 한자는?

11. [承] ① 繼 ② 斷 ③ 絶 ④ 切

12 다음 [ ] 안의 漢字와 뜻이 반대인 한자는?

12. [敏] ① 每 ② 鈍 ③ 繁 ④ 侮

정답

01. 슬플 처, 창 모, 띠 모
02. 동산 원, 끌고 갈 랍, 밝을 욱
03. 빛날 욱, 물 이름 보, 벼슬 경
04. 서지, 호종, 폐비
05. 타협, 삭맥, 번식
06. 모멸, 황야, 한증
07. 母親
08. 根絶
09. 卽
10. 立
11. ①
12. ②

11 DAY 201~220

201 룡롱 방(롱)습[龍籠 龐襲] – 龍으로 된 한자

龍
4급 / 16획 / 제부수

머리 세우고(효) 몸(月)을 꿈틀거리며(㔾) 하늘로 오르는 용이니
용 **룡(용)**

+ 약 竜 – 머리 세우고(立) 몸을 길게 펴며(㔾) 하늘로 오르는 용이니 '용 룡(용)'
+ 용은 전설 속의 동물로 신성하게 여겨 임금이나 큰 인물을 나타내기도 하지요.
+ 㔾[아뢸 신, 펼 신, 원숭이 신, 아홉째 지지 신(申)의 변형]

龍頭蛇尾(용두사미), 恐龍(공룡), 臥龍(와룡)

籠
2급 / 22획 / 부수 竹(⺮)

대(⺮) 조각을 용(龍)처럼 구부려 만든 대바구니니 대바구니 **롱(농)**

+ 약 篭
+ ⺮(대 죽)

籠球(농구), 籠城(농성), 鳥籠(조롱), 鐵籠(철롱)

龐
2급 / 19획 / 부수 龍

집(广)이 용(龍)도 살 정도로 커 어지러우니 클 **방**, 어지러울 **방**
또 크게 살찌니 살찔 **롱(농)**

+ 큰 공간에 들어서면 어지럽지요.

龐眉皓髮(방미호발), 龐錯(방착), 龐龐(농롱)

襲
3급II / 22획 / 부수 衣

용(龍)이 갑자기 비를 내려 옷(衣)을 젖게 하듯 습격하거나 이어받으니
습격할 **습**, 이어받을 **습**

襲擊(습격), 襲攻(습공), 被襲(피습), 踏襲(답습)

6급 II / 9획 / 제부수

서서(효) 말하듯(曰) 내는 소리니 **소리 음**

音讀(음독), 音聲(음성), 音響(음향), 防音(방음)

4급 II / 13획 / 부수 日

해(日)가 지고 **소리**(音)만 들릴 정도로 어두우니 **어두울 암**

또 어둡게 몰래 하니 **몰래 암**

明暗(명암), 暗去來(암거래), 暗誦(암송), 暗默(암묵)

6급 II / 13획 / 부수 心

소리(音)를 듣고 **마음**(心)에 생각되는 뜻이니 **뜻 의**

意見(의견), 意外(의외), 意志(의지), 意向(의향)

5급 / 15획 / 부수 人(亻)

너무 커서 **사람**(亻)이 **뜻**(意)을 생각해 보아야 하는 억이니 **억 억**

+ 亻(사람 인 변)
+ 億은 1초에 하나를 세는 속도로 하루면 86,400, 천 일이면 86,400,000이니 3년 이상을 자지도 않고 쉬지도 않고 세어야 하는 큰 수지요.

億臺(억대), 億兆(억조), 億兆蒼生(억조창생)

3급 II / 16획 / 부수 心(忄)

마음(忄)속에 **뜻**(意)을 기억하여 생각하니 **기억할 억, 생각할 억**

+ 忄 - 마음 심, 중심 심(心)이 글자의 왼쪽에 붙는 부수인 변으로 쓰일 때의 모습으로 '마음 심 변'

記憶(기억), 追憶(추억), 憶念(억념), 憶昔(억석)

2급 / 16획 / 부수 口

입(口)으로 어떤 **뜻**(意)에 사무쳐 탄식하니 **탄식할 희**

또 탄식하듯이 트림하니 **트림할 애**

+ 탄식(歎息·嘆息) - 한탄하며 한숨을 쉼. 또는 그 한숨.
+ 歎(탄식할 탄, = 嘆)

噫嗚(희오), 噫氣(애기)

4장창[章障獐璋彰] - 章으로 된 한자

6급 / 11획 / 부수 立

소리(音)를 적은 글자 **열(十)** 개 정도면 되는 문장이니 **문장 장**

+ 소리를 적은 글자 열 개 정도면 한 문장이 되지요.

　文章(문장), 印章(인장), 勳章(훈장), 指章(지장)

4급II / 14획 / 부수 阜(阝)

위험한 **언덕(阝)**에 **문장(章)**을 써 붙여 길을 막으니 **막을 장**

+ 阝(언덕 부 변)

　障壁(장벽), 支障(지장), 障害(장해), 保障(보장)

2급 / 14획 / 부수 犬(犭)

짐승(犭) 중 가죽에 **글(章)** 같은 무늬가 있는 노루니 **노루 장**

+ 犭(큰 개 견, 개 사슴 록 변), 노루 - 사슴과의 포유동물.

　獐角(장각), 獐茸(장용) - 돋아 나와서 채 다 굳지 아니한 노루의 뿔. 보약으로 씀.

+ 茸(무성할 용, 녹용 용)

2급 / 15획 / 부수 玉(王)

옥(王)에 **글(章)**을 적는 홀이니 **홀 장**

+ 홀(笏 - 홀 홀) - 조선 시대에 벼슬아치가 임금을 만날 때에 손에 쥐던 물건. 일품부터 사품까지는
　상아홀, 오품 이하는 목홀(木笏)을 사용했답니다.

　圭璋(규장), 弄璋之慶(농장지경) ↔ 弄瓦之慶(농와지경)

+ 옛날 중국에서 아들을 낳으면 구슬로 된 홀(璋)을 장난감으로 준 고사에서 유래.
+ 弄(희롱할 롱, 가지고 놀 롱), 之(갈 지, ~의 지, 이 지), 慶(경사 경), 瓦(기와 와, 질그릇 와, 실패 와)

2급 / 14획 / 부수 彡

글(章)을 **붓(彡)**으로 써서 드러나게 밝히니 **드러날 창, 밝힐 창**

+ 彡('터럭 삼, 긴머리 삼'이지만 여기서는 털로 만든 부으로 봄)

　彰善(창선), 彰惡(창악), 表彰(표창)

경경경[竟境鏡] - 竟으로 된 한자

3급 / 11획 / 부수 立

소리(音)쳐서 **사람(儿)**들이 마침내 일을 다했음을 알리니

마침내 **경**, 다할 **경**

+ 音 意(뜻 의) - 제목번호 202 참고.
+ 音(소리 음), 儿(사람 인 발, 어진 사람 인)
+ 어려운 일을 끝내고는 그동안 힘들었다고, 또는 드디어 다 했다고 기뻐하며 소리치지요.

畢竟(필경), 竟夜(경야), 究竟(구경)

4급II / 14획 / 부수 土

땅(土)이 **다한(竟)** 경계니 경계 **경**

또 어떤 경계에 이른 형편이니 형편 **경**

+ 土('흙 토'지만 여기서는 땅으로 봄)

國境(국경), 地境(지경), 境地(경지), 逆境(역경)

4급 / 19획 / 부수 金

쇠(金)를 닦으면 **마침내(竟)** 광채 나면서 비추는 거울이니 거울 **경**

+ 金(쇠 금, 금 금, 돈 금, 성씨 김)
+ 유리가 없던 옛날에는 쇠로 거울을 만들어 썼답니다.

鏡臺(경대), 銅鏡(동경), 眼鏡(안경), 破鏡(파경)

부배배배부[音倍培賠部] - 音로 된 한자

급수 외 한자 / 8획 / 부수 口

서서(立) **입(口)**씨름할 때 튀기는 침처럼 갈라지니 갈라질 **부**

+ 立(설 립), 口(입 구, 구멍 구, 말할 구)

5급 / 10획 / 부수 人(亻)

사람(亻)이 물건을 둘로 **가르면(音)** 숫자는 곱이고 갑절이니

곱 **배**, 갑절 **배**

+ 곱 - 배. 곱절.

倍加(배가), 倍數(배수), 倍率(배율), 倍前(배전)

흙(土)을 갈라(咅) 잘게 부숴서 나무가 잘 자라도록 북돋우니 **북돋울 배**

3급 II / 11획 / 부수 土

+ 북돋우다 – 기운이나 정신 따위를 더욱 높여 주다.

培養(배양), 栽培(재배), 培植(배식), 肥培(비배)

재물(貝)을 갈라(咅) 배상하니 **배상할 배**

2급 / 15획 / 부수 貝

+ 배상(賠償) – (남에게 끼친 손해를) 갚아 줌.
+ 貝(조개 패, 재물 패, 돈 패), 償(갚을 상, 보상할 상)

賠償金(배상금), 損害賠償(손해배상)

갈라놓은(咅) 것처럼 고을(阝)의 여기저기 나눠진 마을이니

나눌 부, 마을 부

또 나눠진 마을을 함께 거느리니 **거느릴 부**

6급 II / 11획 / 부수 邑(阝)

+ 阝(고을 읍 방)

部品(부품), 部落(부락), 部隊(부대), 部下(부하)

---

206 신재 변변[辛宰 辯辨] – 辛, 辛辛으로 된 한자

서(立) 있는 곳이 **십(十)**자가 위인 것처럼 고생하니 **고생할 신**

또 먹기에 고생스럽도록 매우니 **매울 신**

3급 / 7획 / 제부수

+ 쓰는 순서를 고려한 어원이라 좀 이상하지요? '십(十)자가 위에 서(立) 있는 것처럼 고생하니 고생할 신'으로 풀어도 됩니다.

千辛萬苦(천신만고), 香辛料(향신료)

집(宀)안일을 고생하며(辛) 주관하니 **주관할 재**

또 나랏일을 주관하는 재상이니 **재상 재**

3급 / 10획 / 부수 宀

+ 주관(主管)하다 – 어떤 일을 책임지고 맡아 관리하다.
+ 재상(宰相) – 임금을 돕고 모든 관원을 지휘 감독하는 2품 이상의 벼슬. 또는 그 자리에 있는 사람.
+ 宀(집 면), 主(주인 주), 管(대롱 관, 피리 관, 관리할 관), 相(서로 상, 모습 상, 볼 상, 재상 상)

主宰(주재) – 어떤 일을 중심이 되어 맡아 처리함.

어려운 일 틈(辛辛)에 끼어서도 **말**(言)을 잘하니 **말 잘할 변**

+ 辛(고생할 신, 매울 신) 둘로 어려운 일 틈을 나타냈네요.

辯(달변), 雄辯(웅변), 辯論(변론), 辯護(변호)

4급 / 21획 / 부수 辛

어려운 일 틈(辛辛)에 끼어 **칼**(刂)로 딱 자르듯이 시비를 분별하니

분별할 변

+ 刂[칼 도 방(刂)의 변형]

辨明(변명), 辨償(변상), 辨濟(변제), 辨理士(변리사)

3급 / 16획 / 부수 辛

207 　 벽벽벽피[辟僻壁避] - 辟으로 된 한자

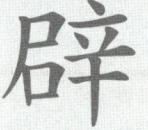

몸(尸)과 **입**(口)으로 **어려움**(辛)을 물리치니 **물리칠 벽**

또 이렇게 물리치는 임금이니 **임금 벽**

또 물리치고 한쪽으로 치우치니 **치우칠 벽**

+ 尸(주검 시, 몸 시)

특급 / 13획 / 부수 辛

사람(亻)이 한쪽으로 **치우치니**(辟) **치우칠 벽**

僻村(벽촌), 僻地(벽지), 窮僻(궁벽)

2급 / 15획 / 부수 人(亻)

임금(辟)을 지키려고 **흙**(土)으로 막아 쌓은 벽이니 **벽 벽**

壁報(벽보), 壁紙(벽지), 壁畫(벽화), 絕壁(절벽)

4급Ⅱ / 16획 / 부수 土

치우친(辟) 곳으로 **뛰어가**(辶) 피하니 **피할 피**

+ 辶(뛸 착, 갈 착, = 辶)

避難(피난), 避亂(피란), 避暑(피서), 逃避(도피)

4급 / 17획 / 부수 辵(辶)

232

208 착업대[丵業對] - 丵으로 된 한자

급수 외 한자 / 10획 / 부수 丨

서(立) 있는 **많은(十)** 풀 위에 **점 셋(⼁丷)**을 더 붙여 풀 무성한 모양을 나타내어

풀 무성할 착

✛ 立(설 립), 十(열 십, 많을 십)

6급Ⅱ / 13획 / 부수 木

풀 무성한(丵) 곳에 있는 **나무(木)**와 같이 이미 정해진 업이고 일이니

업 업, 일 업

✛ 업(業) - ㉠ '직업'의 준말. ㉡ 몸으로 지은 소행에 따라 받는 보답.

業苦(업고), 業報(업보), 就業(취업), 自業自得(자업자득)

6급Ⅱ / 14획 / 부수 寸

풀 무성하듯(丵) 많은 사람이 **자리(一)**에 앉아 정해진 **법도(寸)**에 따라

상대하고 대답하니 **상대할 대, 대답할 대**

✛ 약 차 - 글(文)로 법도(寸)에 따라 상대하고 대답하니 '상대할 대, 대답할 대'
✛ 一('한 일'이지만 여기서는 자리로 봄), 寸(마디 촌, 법도 촌), 文(무늬 문, 글월 문)

對決(대결), 對立(대립), 對話(대화), 對答(대답)

209 행집[幸執] - 幸으로 된 한자

6급Ⅱ / 8획 / 부수 干

하나(一) 정도만 바꿔 생각하면 **고생(辛)**도 행복하니 **행복할 행**

또 행복은 누구나 바라니 **바랄 행**

✛ 생각하기에 따라 고생도 행복이 될 수 있지요. 행복은 고생과 백지 한 장 차이라는 데서 고생할
신, 매울 신(辛) 위에 한 일(一)을 붙여서 행복할 행(幸)이라는 글자를 만든 선인들의 아이니어가
빛나네요.

幸福(행복), 幸運(행운), 幸運兒(행운아), 多幸(다행)

3급Ⅱ / 11획 / 부수 土

다행히(幸) 좋은 **환(丸)**약을 구하여 잡으니 **잡을 집**

또 잡아서 집행하니 **집행할 집**

✛ 집행(執行) - (실제로) 잡아서 행함.

執權(집권), 執念(집념), 固執(고집), 我執(아집)

급수 외 한자 / 13획 / 부수 目

그물(罒) 쳐 놓고 걸리기를 **바라며**(幸) 엿보니 **엿볼 역**

+ 罒(그물 망), 幸(행복할 행, 바랄 행)
+ 위가 그물 망(罒)인데 부수는 '눈 목, 볼 목, 항목 목(目)'이네요.
+ 엿볼 역(睪)이 들어간 글자를 약자로 쓸 때는 睪 부분을 자 척(尺)으로 씁니다.

3급II / 20획 / 부수 言

말(言)을 엿보아(睪) 번역하니 **번역할 역**

+ 약 訳 - 말(言)을 자(尺)로 재듯 살펴 번역하니 '번역할 역'
+ 〈번역, 번안, 해석〉 '번역(飜譯)'은 원래의 내용 그대로 말만 다른 나라 말로 바꾸는 것이고, '번안(飜案)'은 말만 바꾸는 것이 아니라 작품의 여러 요소들까지 고쳐서 새롭게 꾸미는 것이고, '해석(解釋)'은 어려운 말을 쉬운 말로 푼다는 뜻이지요.
+ 飜(뒤집을 번, 번역할 번), 案(책상 안, 생각 안, 계획 안), 解(해부할 해, 풀 해)

意譯(의역), **直譯**(직역), **通譯**(통역)

3급II / 23획 / 부수 馬

말(馬)을 엿보아(睪) 갈아타는 역이니 **역 역**

+ 약 駅 - 말(馬)을 자(尺)로 재듯 살펴 골라 타는 역이니 '역 역'
+ 지금의 역은 기차를 타는 곳이지만, 옛날의 역(驛)은 출장 나온 중앙 관리의 말을 바꿔 주거나 중앙과 지방 관청의 문서를 전하는 일을 했습니다.

驛前(역전), **簡易驛**(간이역), **終着驛**(종착역)

4급 / 16획 / 부수 手(扌)

손(扌)으로 엿보아(睪) 가리니 **가릴 택**

+ 약 択 - 손(扌)으로 자(尺)를 재어 가리니 '가릴 택'
+ 扌(손 수 변)

擇一(택일), **擇日**(택일), **選擇**(선택), **採擇**(채택)

3급II / 16획 / 부수 水(氵)

물(氵)을 엿보아(睪) 막아 두는 연못이니 **연못 택**
또 연못물처럼 여러모로 잘 쓰이게 주는 은혜니 **은혜 택**

+ 약 沢 - 물(氵) 깊이를 자(尺)로 재며 가두어 두는 연못이니 '연못 택'
        또 연못물처럼 여러모로 잘 쓰이게 주는 은혜니 '은혜 택'

沼澤(소택), **潤澤**(윤택), **惠澤**(혜택)

3급II / 20획 / 부수 釆

나누고(釆) 엿보아(睪) 푸니 **풀 석**
또 석가모니와 불교도 나타내어 **석가모니 석**, **불교 석**

+ 약 釈 - 나누고(釆) 자(尺)로 재며 푸니 '풀 석'
+ 釆(나눌 변)

釋放(석방), **解釋**(해석), **手不釋卷**(수불석권)

건 시자폐 대체[巾 市姉肺 帶滯] - 巾과 市, 帶로 된 한자

1급 / 3획 / 제부수

성(冂)처럼 사람(丨)이 몸에 두르는 수건이니 **수건 건**

+ 수건(手巾) - 얼굴이나 몸을 닦기 위하여 만든 천 조각.
+ 冂(멀 경, 성 경), 丨('뚫을 곤'이지만 여기서는 사람으로 봄), 手(손 수, 재주 수, 재주 있는 사람 수)

7급II / 5획 / 부수 巾

머리(亠)를 수건(巾)으로라도 꾸미고 가던 시장이나 시내니

시장 시, 시내 시

+ 亠(머리 부분 두)
+ '저자 시'라고도 하는데, '저자'는 시장에서 물건을 파는 가게, 또는 그런 가게가 열리는 시장으로, 요즘은 잘 쓰이지 않기에 '시장 시, 시내 시'로 바꾸었어요.

市場(시장), 市內(시내), 門前成市(문전성시)

4급 / 8획 / 부수 女

여자(女) 중 시장(市)에 갈 정도로 큰 손위 누이니 **손위 누이 자**

+ 원자는 '姊'인데, 대부분 속자인 '姉'로 많이 쓰지요.
+ 姊 - 여자(女) 중 교묘하게(丂) 사람(亻)을 잘 다스리는 손위 누이니 '손위 누이 자'
+ 만 妹(여동생 매) - 제목번호 074 참고.
+ 丂(공교할 교, 교묘할 교), 亻[사람 인(人)의 변형]

姉妹(자매), 姉母(자모) *子母(자모), 姉兄(자형)

3급II / 8획 / 부수 肉(月)

몸(月)에서 시장(市)처럼 바쁜 허파니 **허파 폐**

+ 市[시장 시, 시내 시(市)의 변형] - 필순도 市와 다릅니다.
+ 허파는 숨을 쉬어야 하니 바쁘지요.

肺病(폐병), 肺炎(폐염 → 폐렴), 塵肺症(진폐증) - 폐에 먼지가 쌓여 생기는 직업병.

+ 塵(티끌 진), 症(병세 증)

4급II / 11획 / 부수 巾

장식을 꿰어 만든 끈(卅)으로 덮어(冖) 수건(巾)처럼 눌러차는 띠니

찰 대, 띠 대

+ 冖(덮을 멱)

帶同(대동), 帶妻僧(대처승), 腰帶(요대), 寒帶(한대)

滯

3급II / 14획 / 부수 水(氵)

물(氵)이 띠(帶) 모양의 둑에 막혀 머무르니 **막힐 체, 머무를 체**

+ 먹은 음식이 잘 소화되지 아니하고 뱃속에 답답하게 막혀 있음을 말하는 '체하다'의 체도 이 滯를 씁니다.

滯症(체증), 停滯(정체), 延滯(연체), 滯留(체류)

포(보)포 희희[布怖 希稀] - 布, 希로 된 한자

많이(𠂇) 사용하는 **수건**(巾)처럼 베를 펴니 **베 포, 펼 포**

또 불교에서 펴 베푸는 보시니 **보시 보**

+ 보시(布施) - 자비심으로 남에게 재물이나 불법을 베풂.
+ 𠂇[열 십, 많을 십(十)의 변형], 施(행할 시, 베풀 시)

布袋(포대), 布石(포석), 宣布(선포)

4급II / 5획 / 부수 巾

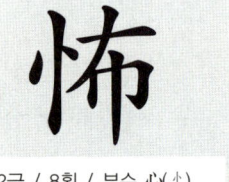

마음(忄)을 여러모로 **펴며**(布) 두려워하니 **두려워할 포**

怖苦(포고), 怖畏(포외), 恐怖(공포)

2급 / 8획 / 부수 心(忄)

찢어진(乂) **베**(布)옷이면 새 옷을 바라니 **바랄 희**

+ 乂(벨 예, 다스릴 예, 어질 예) - 제목번호 113 참고.

希求(희구), 希念(희념), 希望(희망), 希願(희원)

4급II / 7획 / 부수 巾

벼(禾)는 **바라는**(希) 만큼 수확하기가 드무니 **드물 희**

+ 禾(벼 화)

稀貴(희귀), 稀薄(희박), 稀釋(희석), 稀少(희소)

3급II / 12획 / 부수 禾

제체 방방[帝締 旁傍] – 帝, 旁으로 된 한자

4급 / 9획 / 부수 巾

머리 부분(亠)을 받치고(丷) 덮어(冖) 수건(巾) 같은
면류관을 쓴 제왕이니 **제왕 제**

+ 제왕(帝王) – 황제와 국왕을 아울러 이르는 말.
+ 亠(머리 부분 두), 冖(덮을 멱), 巾(수건 건)

帝國(제국), 日帝(일제), 皇帝(황제)

2급 / 15획 / 부수 糸

실(糸)로 제왕(帝)처럼 중요하게 맺으니 **맺을 체**

締結(체결), 締交(체교), 締盟(체맹)

2급 / 10획 / 부수 方

서(立) 있는 방향(方)의 곁을 두루 넓게 살피니
곁 방, 두루 방, 넓을 방

+ 立[설 립(立)의 변형], 方(모 방, 방향 방, 방법 방)
+ 두루 – 빠짐없이 골고루.

旁系(방계), 旁求(방구), 旁通(방통), 神通旁通(신통방통)

3급 / 12획 / 부수 人(亻)

사람(亻)이 두루(旁) 마음 써야 하는 곁이니 **곁 방**

+ 가까운 곁일수록 조금만 잘못해도 서운해하니 가까울수록 더욱 조심하며 신경 써야 하지요.

傍系(방계), 傍觀(방관), 傍聽客(방청객), 傍若無人(방약무인)

3급II / 9획 / 부수 巾

쌀인(𠂤) 듯 많은 군사를 거느리고 **깃발**(巾)을 든 장수니 **장수 수**

╋ 옛 帅 – 칼(刂)을 수건(巾)으로 닦으며 위험을 대비하는 장수니 '장수 수'
╋ 巾('수건 건'이지만 여기서는 '깃발'로 봄), 刂[칼 도 방(刂)의 변형]

將帥(장수), 元帥(원수), 總帥(총수), 統帥權(통수권)

4급II / 10획 / 부수 巾

쌀인(𠂤) 듯 많은 제자들이 빙 **둘러**(帀) 있는 스승이나 전문가니

스승 사, 전문가 사

또 쌀인(𠂤) 듯 많이 **둘러싼**(帀) 군사니 **군사 사**

╋ 옛 师 – 장수(帅)와 한(一) 가지로 엄해야 하는 스승이나 전문가니 '스승 사, 전문가 사'
　　　 또 장수(帅)가 하나(一)같이 거느리는 군사니 '군사 사'
╋ 帀 – 머리(一)에 수건(巾) 두른 모습에서 '두를 잡'
╋ 一('한 일'이지만 여기서는 머리로 봄)

師弟(사제), 教師(교사), 恩師(은사), 醫師(의사), 師團(사단)

2급 / 17획 / 부수 草(艹)

풀(艹) 중 **언덕**(𠂤)처럼 살기 **어려운**(辛) 곳에도 자라는 사철 쑥이니

사철 쑥 설, 나라 이름 설, 성씨 설

╋ 쑥은 생명력이 강하여 어느 곳에서나 잘 자랍니다.
╋ 인·지명용 한자.

3급II / 10획 / 부수 辵(辶)

언덕(𠂤)까지 쫓아**가며**(辶) 따르니 **쫓을 추, 따를 추**

╋ 辶(뛸 착, 갈 착, = 辶)

追加(추가), 追擊(추격), 追更(추경), 追從(추종)

3급 / 14획 / 부수 辵(辶)

중심(中) 되는 **한**(一) 사람을 뽑아 **언덕**(𠂤) 너머로 **가게**(辶) 보내니

보낼 견

╋ 유 遺(남길 유, 잃을 유) – 제목번호 456 참고.
╋ 𠂤[쌓일 퇴, 언덕 퇴(𠂤)의 획 줄임]

遣歸(견귀), 分遣(분견), 增遣(증견), 派遣(파견)

흙이 **쌓이고**(𠂤) **많이**(十) 험한 언덕이니 **언덕 부**

+ 𠂤 – 비스듬하게(丿) 흙이 쌓여 있는 모양에서 '쌓일 퇴, 언덕 퇴'로, '쌓일 퇴, 언덕 퇴(堆)'의 원자인 𠂤의 획 줄임.
+ 글자의 왼쪽에 붙는 阝는 언덕 부(阜)가 글자의 변으로 쓰이는 경우로 '언덕 부 변'이라 부르고, 글자의 오른쪽에 붙는 阝는 고을 읍(邑)이 글자의 방으로 쓰이는 경우로 '고을 읍 방'이라 부르죠.
+ 중국 산동성에 있는 곡부(曲阜)라는 도시는 공자님의 유적을 모신 곳으로 유네스코가 지정한 세계문화유산이랍니다.

阜傍(부방), 高阜(고부), 丘阜(구부)

2급 / 8획 / 제부수

---

215   4관[官館琯管] – 官으로 된 한자

(옛날에) **집**(宀)이 높은 **언덕**(𠂤)에 있으면 주로 백성을 다스리는 관청이었으니

관청 관

또 관청에 근무하는 벼슬이니 **벼슬 관**

4급 II / 8획 / 부수 宀

+ 🈠 宮(궁궐 궁) – 제목번호 042 참고.
+ 𠂤[쌓일 퇴, 언덕 퇴(𠂤)의 획 줄임]

官權(관권), 官吏(관리), 貪官汚吏(탐관오리)

출장가면 **먹고**(𩙿) 묵을 수 있도록 **관리**(官)들을 위해 지은 집이나 객사니

집 관, 객사 관

3급 II / 17획 / 부수 食(𩙿)

+ 🈠 舘 – 집(舍) 중 관리(官)들을 위해 지은 집이나 객사니 '집 관, 객사 관'
+ 객사(客舍) – ㉠ 객지에서 묵는 집. ㉡ 고려와 조선 시대에, 왕명으로 내려오는 벼슬아치를 묵게 하던 집.
+ 𩙿(밥 식, 먹을 식 변), 客(손님 객), 舍(집 사)

館長(관장), 本館(본관), 旅館(여관), 會館(회관)

옥(王)으로 **벼슬**(官)한 것처럼 좋은 소리를 내두록 만든 옥피리니

옥피리 관

2급 / 12획 / 부수 玉(王)

+ 王(임금 왕, 으뜸 왕, 구슬 옥 변)
+ 인·지명용 한자.

대(竹)가 **벼슬**(官)한 것처럼 좋게 쓰인 대롱이나 피리니

대롱 관, 피리 관

또 피리 구멍을 잘 조정하여 불듯 잘 관리하니 **관리할 관**

4급 / 14획 / 부수 竹(竹)

+ 竹(대 죽)

木管(목관), 血管(혈관), 管理(관리), 管掌(관장)

급수 외 한자 / 11획 / 부수 口

머리 부분(亠)을 받친(丷) 성(冂) 모양으로 **오래된**(古) 밑동이나 뿌리니

밑동 적, 뿌리 적

+ 亠(머리 부분 두), 丷(받친 모습), 冂(멀 경, 성 경), 古(오랠 고, 옛 고)
+ 啇 商(장사할 상, 헤아릴 상) – 제목번호 226 참고.
+ 밑동 – 나무줄기의 밑부분으로, 사물의 제일 중요한 부분을 말함.

3급II / 14획 / 부수 手(扌)

손(扌)으로 과일의 **밑동**(啇)을 따니 **딸 적**

+ 扌(손 수 변)

摘果(적과), 摘讀(적독), 摘發(적발), 指摘(지적)

3급 / 14획 / 부수 水(氵)

물(氵) 중 **밑동**(啇)으로 떨어지는 물방울이니 **물방울 적**

+ 氵(삼 수 변)

滴露(적로), 滴水(적수), 餘滴欄(여적란), 硯滴(연적)

4급II / 15획 / 부수 攵(攴)

뿌리(啇), 즉 근본까지 **치며**(攵) 달려드는 원수니 **원수 적**

+ 攵(칠 복, = 攴)

敵國(적국), 敵軍(적군), 對敵(대적), 宿敵(숙적)

뿌리(啇)가 알맞은 곳으로 뻗어**가듯**(辶) 알맞게 가니

알맞을 적, 갈 적

+ 辶(뛸 착, 갈 착, = 辶)

適當(적당), 適性(적성), 適者生存(적자생존), 悠悠自適(유유자적)

4급 / 15획 / 부수 辵(辶)

두두 기개[豆頭 豈塏] – 豆, 豈로 된 한자

豆

4급Ⅱ / 7획 / 제부수

제기 모양을 본떠서 **제기 두**

또 제기처럼 둥근 콩이니 **콩 두**

+ 제기(祭器) – 제사 때 쓰는 그릇.
+ 祭(제사 제, 축제 제), 器(그릇 기, 기구 기)

豆腐(두부), 豆油(두유), 大豆(대두)

頭

6급 / 16획 / 부수 頁

콩(豆)처럼 둥근 **머리**(頁)니 **머리 두**

또 조직의 머리가 되는 우두머리니 **우두머리 두**

+ 頁(머리 혈)

頭角(두각), 頭痛(두통), 頭目(두목), 頭領(두령)

豈

3급 / 10획 / 부수 豆

어찌 **산**(山)에 **콩**(豆)을 심을까에서 **어찌 기**

豈敢(기감), 豈不(기불), 豈敢毀傷(기감훼상)

塏

2급 / 13획 / 부수 土

흙(土)이 **산**(山)이나 **제기**(豆)처럼 쌓인 높은 땅이니 **높은 땅 개**

勝塏(승개), 李塏(이개) – 조선 전기의 문신(1417~1456).

TIP

〈명언〉

安居樂業(안거낙업)
[편안하게 살면서 즐거이 일함]
+ 安(편안할 안), 居(살 거), 樂(노래 악, 즐길 락, 좋아할 요), 業(업 업, 일 업)

단일 두(투)투[短壹 鬪] - 효, 로 된 한자

6급II / 12획 / 부수 矢

화살(矢)이 콩(효)만 하여 짧고 모자라니 **짧을 단**, **모자랄 단**

+ 矢(화살 시)

短縮(단축) ↔ 延長(연장), 長短(장단), 短點(단점)

2급 / 12획 / 부수 士

선비(士)가 덮어(冖) 싸 놓은 제기(효) 하나니 **한 일**

+ 액 壺 - 선비(士)가 덮어(冖) 숨겨 놓은 비수(匕) 하나니 '한 일'
+ 제기는 하나씩 싸서 보관한다는 데서 만들어진 글자로, 증서 따위에서 고쳐 쓰지 못하게 할 때 사용하지요.
+ 冖(덮을 멱), 匕(비수 비, 숟가락 비)

壹是(일시), 壹意·一意(일의)

10획 / 부수자

두 왕(王王)이 발을 뻗어(ㅣㅣ) 싸우니 **싸울 두(투)**

4급 / 20획 / 부수

싸움()을 제기(효)의 음식이 법도(寸)에 맞지 않는다고 하니 **싸울 투**

+ 옛날에는 제사를 법도에 맞게 지냈답니다.

鬪技(투기), 鬪病(투병), 鬪志(투지), 健鬪(건투), 惡戰苦鬪(악전고투)

TIP

〈단점, 결점, 약점〉

모두 좋지 않은 점을 가리키지만 엄밀히 구분하면 단점(短點)은 완성도와 상관없이 부정적이어서 허물이 되는 것을 가리키고, 결점(缺點)은 완성도에 비추어 부족한 것을 가리키며, 약점(弱點)은 주로 사람의 경우에 사용하여 능력이 부족하거나 도덕적으로 떳떳하지 못한 점을 가리킵니다.

+ 點(점 점, 불 켤 점), 缺(이지러질 결, 빠질 결), 弱(약할 약)

발 등등증등[癶登燈證鄧] – 癶과 登으로 된 한자

5획 / 부수자

등지고 걸어가는 모습에서 **등질 발, 걸을 발**

7급 / 12획 / 부수 癶

걸어서(癶) 제기(豆)처럼 높은 곳에 오르니 **오를 등**

또 문서에 올려 기재하니 **기재할 등**

登山(등산), 登壇(등단), 登記(등기), 登錄(등록)

4급 II / 16획 / 부수 火

불(火)을 등잔에 **올려(登)** 켠 등불이니 **등불 등**

+ 약 灯 – 불(火)을 고무래(丁) 같은 등잔에 올려 켠 등불이니 '등불 등'
+ 丁(고무래 정, 못 정, 장정 정, 넷째 천간 정)

燈臺(등대), 燈下不明(등하불명), 消燈(소등) ↔ 點燈(점등)

4급 / 19획 / 부수 言

말(言)로 높은 데 **올라(登)**서서 떳떳하게 증명하니 **증명할 증**

+ 약 証 – 말(言)로 바르게(正) 증명하니 '증명할 증'

證明(증명), 證言(증언), 認證(인증), 確證(확증)

2급 / 15획 / 부수 邑(阝)

올라(登)간 높은 **고을(阝)**에 있었던 등나라니 **등나라 등, 성씨 등**

+ 약 邓 – 또(又) 고을(阝)에 있었던 등나라니 '등나라 등, 성씨 등'
+ 阝(고을 읍 방)

鄧小平(등소평) – 중국 최고 지도자(1904~1997).

癸
3급 / 9획 / 부수 癶

등지고(癶) 하늘(天)의 뜻을 헤아리는 북방이니

북방 계, 헤아릴 계, 열째 천간 계, 월경 계

+ 우리가 사는 북반구에서는 대부분 북쪽을 등지고 남쪽을 향하여 하늘을 관측하지요.

癸丑日記(계축일기), 癸期(계기), 天癸(천계) - '월경(月經)'을 한방에서 이르는 말.

揆
2급 / 12획 / 부수 手(扌)

손(扌)으로 헤아리는(癸) 법도니 **헤아릴 규, 법도 규**

揆度(규탁), 一揆(일규) - ㉠ 같은 경우나 경로. ㉡ 한결같은 법칙.

發
6급Ⅱ / 12획 / 부수 癶

걸어가(癶) 활(弓)과 창(殳)을 쏘면 싸움이 일어나니

쏠 발, 일어날 발

+ 얩 発 - 걸어가(癶) 두(二) 사람(儿)이 활을 쏘면 싸움이 일어나니 '쏠 발, 일어날 발'
+ 弓(활 궁), 殳(칠 수, 창 수), 儿(어진 사람 인, 사람 인 발)

發射(발사), 發砲(발포), 發動(발동), 發效(발효)

廢
3급Ⅱ / 15획 / 부수 广

집(广)에 활을 쏘면(發) 부서지고 폐하니 **부서질 폐, 폐할 폐**

+ 얩 廃
+ 广(집 엄), 폐하다 - ㉠ 있던 제도·기관·풍습 따위를 버리거나 없애다. ㉡ 해 오던 일을 중도에 그만 두다. ㉢ 물건 따위를 쓰지 아니하고 버려두다.

廢家(폐가), 廢刊(폐간), 廢業(폐업), 廢車(폐차)

TIP

〈명언〉

發奮忘食(발분망식)

['분발하여 밥 먹는 것까지 잊음'으로, 끼니까지 잊을 정도로 어떤 일에 열중하여 노력함]

+ 奮(떨칠 분, 힘쓸 분), 忘(잊을 망), 食(밥 식, 먹을 식)

01~03 다음 漢字의 訓과 音을 쓰시오.

01. 籠, 獐, 璋

02. 賠, 僻, 怖

03. 締, 阜, 壹

04~06 다음 漢字語의 讀音을 쓰시오.

04. 麗錯, 噫鳴, 彰善

05. 勝塏, 鐵籠, 追憶

06. 音響, 畢竟, 達辯

07~08 다음 문장에서 (　) 안의 漢字語를 漢字(正字)로 바꾸어 쓰시오.

07. 중과부적이라 그날의 전투는 (악전고투)였다.

08. 선택을 해야 하는 순간마다 (은사)님의 말씀이 떠오른다.

09 다음 (　) 안에 알맞은 漢字(正字)를 써넣어 四字成語를 완성하시오.

09. (　)者生存 – 적응하는 생물만이 살아남고, 그렇지 못한 것은 도태되어 멸망하는 현상.

10 다음 [ ] 안의 漢字와 뜻이 비슷한 한자는?

10. [音] ① 聲　② 暗　③ 意　④ 章

11 다음 [ ] 안의 漢字와 뜻이 반대인 한자는?

11. [暗] ① 遠　② 仲　③ 明　④ 過

12 다음 漢字의 部首를 쓰시오.

12. 豈

정답

01. 대바구니 롱, 노루 장, 홀 장　02. 배상할 배, 치우칠 벽, 두려워할 포　03. 맺을 체, 언덕 부, 한 일
04. 방착, 희오, 창선　05. 승개, 철롱, 추억　06. 음향, 필경, 달변
07. 惡戰苦鬪　08. 恩師　09. 適
10. ①　11. ③　12. 豆

221 팽고수[彭鼓樹] - 효로 된 한자

彭

2급 / 12획 / 부수 彡

악기를 **좋게**(吉) **받쳐**(冖) 놓고 **머리카락**(彡) 휘날리며 세차게 많이
연주하니 세찰 **팽**, 많을 **팽**, 성씨 **팽**

+ 吉(길할 길, 상서로울 길), 彡(터럭 삼, 긴머리 삼)
+ 인·지명용 한자.

彭城邑(팽성읍)

鼓

3급Ⅱ / 13획 / 제부수

좋게(吉) **받쳐**(冖) 놓고 두 손으로 **갈라**(支) 두드리는 북이니 북 **고**

또 북을 두드리니 두드릴 **고**

+ 支(다룰 지, 가를 지, 지출할 지)
+ 북을 세워 놓고 양손에 북채를 들고 두드리지요.

鼓動(고동), 鼓舞(고무), 鼓吹(고취), 勝戰鼓(승전고)

樹

6급 / 16획 / 부수 木

나무(木)를 **좋게**(吉) **받쳐**(冖) 법도(寸)에 맞게 세우니 세울 **수**

또 세워 심는 나무니 나무 **수**

樹立(수립), 樹木(수목), 樹液(수액), 有實樹(유실수)

TIP

〈글자, 글자의 훈음(訓音), 단어 선정〉

한자에는 같은 뜻으로 여러 형태의 글자가 있는 경우도 있고, 한 글자에 여러 훈(뜻)과 음이 있는 경우도 있고, 활용 단어가
많은 경우도 있습니다.

이런 경우 일상생활에서 많이 쓰이는 글자와 훈과 음을 선택하였고, 단어도 활용빈도가 높은 것 위주로 선정하여 책에 실었
습니다.

간혹 급수시험을 주관하는 단체에 따라서 글자와 훈과 음이 다른 경우도 있는데, 당연히 일상생활에서 많이 쓰이는 것으로
수정해야 하고, 시험에 나온다면 이것도 정답으로 인정해야 합니다.

5희[喜嬉禧熹憙] – 喜로 된 한자

좋은(吉) 음식을 받쳐 들고(𠃒) 입(口)으로 먹으면 기쁘니 **기쁠 희**

+ 𠃒[받쳐 들 공(廾)의 변형]

喜悲(희비), 喜捨(희사), 喜悅(희열), 歡喜(환희)

4급 / 12획 / 부수 口

DAY
12

여자(女)와 기쁘게(喜) 사는 모습이 아름다우니 **아름다울 희**

嬉笑(희소), 嬉遊(희유), 嬉戲(희희)

2급 / 15획 / 부수 女

신(示)까지 기쁘게(喜) 행동하면 주는 복이니 **복 희**

+ 示(보일 시, 신 시)

禧年(희년), 鴻禧(홍희) – 큰 행운.

+ 鴻(기러기 홍)은 큰 기러기, 雁(기러기 안)은 작은 기러기. – 제목번호 495 참고.

2급 / 17획 / 부수 示

기쁨(喜)이 불(灬)꽃처럼 빛나니 **빛날 희**

+ 灬(불 화 발)
+ 인·지명용 한자.

朱熹(주희) – 남송(南宋)의 유학자(1130~1200).

2급 / 16획 / 부수 火(灬)

기쁜(喜) 마음(心)으로 기뻐하니 **기뻐할 희**

+ 憘는 고자(古字).
+ 인·지명용 한자.

2급 / 16획 / 부수 心

TIP

〈명언〉

聞過則喜(문과즉희)

['(다른 사람이 말해주는) 자신의 허물을 듣고 기뻐함'으로, 잘못을 듣고 기꺼이 받아들인다는 말]

+ 聞(들을 문), 過(지날 과, 지나칠 과, 허물 과), 則(곧 즉, 법칙 칙)

247

5급 / 6획 / 부수 曰

대바구니의 굽은 모양을 본떠서 **굽을 곡**

또 굽은 듯 올라가고 내려가는 가락의 노래니 **노래 곡**

　　曲線(곡선), 屈曲(굴곡), 歌曲(가곡), 名曲(명곡)

5급II / 8획 / 부수 八

굽은(曲) 것도 종류별로 **나누어(八)** 법으로 만든 책이니 **법 전, 책 전**

또 법으로 물건을 저당잡히니 **저당잡힐 전**

+ 曲[굽을 곡, 노래 곡(曲)의 변형]

　　典型(전형), 古典(고전), 法典(법전), 典當鋪(전당포)

4급II / 13획 / 부수 豆

상다리가 **굽을(曲)** 정도로 **제기(豆)**에 음식을 차리게 풍년이니 **풍년 풍**

또 풍년이 든 듯 풍성하니 **풍성할 풍**

+ 원자는 제기에 음식이 많은 모양을 본 뜬 豐이지만 대부분 속자인 豊으로 많이 씁니다.
+ 豆(제기 두, 콩 두), 제기 – 제사 때 쓰는 그릇.

　　豊盛(풍성), 豊年(풍년), 豊滿(풍만), 豊富(풍부)

禮

6급 / 18획 / 부수 示

신(示) 앞에 **풍성한(豊)** 음식을 차리는 것은 신에 대한 예도니 **예도 례(예)**

+ 옌 礼 – 신(礻) 앞에 몸 구부리고(乚) 표하는 예도니 '예도 례(예)'
+ 礻[보일 시, 신 시(示)가 부수로 쓰일 때의 모양으로 '보일 시, 신 시 변'], 乚[새 을, 둘째 천간 을, 둘째 을, 굽을 을(乙)이 부수로 쓰일 때의 모양]

　　禮度(예도), 禮物(예물), 禮拜(예배), 禮節(예절)

2급 / 20획 / 부수 酉

술(酉)처럼 **많이(豊)** 발효시켜 만든 단술이니 **단술 례(예)**

+ 단술 – 쌀밥에 엿기름가루 우린 물을 부어 삭혀 생강과 설탕을 넣고 끓여 식힌 뒤 건져둔 밥알을 띄운 음료. 감주(甘酒), 식혜(食醴).
+ 甘(달 감, 기쁠 감), 酒(술 주), 食(밥 식, 먹을 식, 먹이 사), 醯(초 혜)

　　醴酒(예주), 醴泉(예천)

골활(골)체[骨滑體] – 骨로 된 한자

4급 / 10획 / 제부수

살 속의 뼈를 본떠서 **뼈 골**

骨材(골재), 骨折(골절), 刻骨難忘(각골난망)

2급 / 13획 / 부수 水(氵)

물(氵)이 **뼈**(骨)처럼 딱딱한 것에 묻으면 미끄러우니 **미끄러울 활**

또 미끄러우면 어지러우니 **어지러울 골**

滑走路(활주로), 圓滑(원활), 潤滑油(윤활유)

DAY
12

體

6급Ⅱ / 23획 / 부수 骨

뼈(骨)마디로 **풍성하게**(豊) 이루어진 몸이니 **몸 체**

+ 咅 休(쉴 휴) – 제목번호 070 참고.
+ 얙 体 – 사람(亻)에게 근본(本)은 몸이니 '몸 체'
+ 마음이 없는 몸은 주검이요, 몸이 없는 마음은 귀신이지요. 사랑은 국경도 시간도 심지어는 운명마저도 초월하지만 오직 그 육체인 껍데기를 넘어서지 못하니 사랑할수록 뜻이 클수록 몸의 건강도 보살펴야 합니다.

體格(체격), 體力(체력), 體驗(체험), 身體(신체)

두 야액[亠 夜液] – 亠와 夜로 된 한자

2획 / 부수자

(옛날 갓을 쓸 때) 상투를 튼 머리 부분 모양에서 **머리 부분 두**

+ 상투 – ㉠ 예전에 장가든 남자가 머리털을 끌어 올려 정수리 위에 틀어 감아 맨 것. ㉡ 최고로 오른 주식 시세를 속되게 이르는 말.

6급 / 8획 / 부수 夕

머리(亠) 두르고 **사람**(亻)이 집으로 돌아가는 **저녁**(夕)부터

이어지는(乀) 밤이니 **밤 야**

+ 乀 ('파임 불'이지만 여기서는 이어지는 모양)

夜間(야간), 夜景(야경), 不夜城(불야성)

물(氵)이 밤(夜)처럼 어두운 진액이나 즙이니 **진액 액, 즙 액**

液肥(액비), 不凍液(부동액), 血液(혈액)

언상도 졸취[彦商圖 卒醉] - 亠, 卒로 된 한자

머리(亠)를 받치고(丷) 바위(厂) 아래에서 털(彡)이 길게 자라도록
학문을 닦는 선비니 **선비 언**

+ 厂(굴 바위 엄, 언덕 엄), 위를 文(무늬 문, 글월 문, 성씨 문)으로 써서, '글(文) 공부를 바위(厂)
  밑에서 전념하느라고 털(彡)이 길게 자란 선비니 선비 언'이라고도 합니다.
+ 亠(머리 부분 두), 彡(터럭 삼, 긴 머리 삼), 선비 - 학문을 닦는 사람을 예스럽게 이르는 말.

彦士(언사), 彦聖(언성), 彦會(언회)

머리(亠)에 물건을 이고(丷) 성(冂)안에서 사람(儿)이 말하며(口)
장사하니 **장사할 상**
또 장사하듯 이익을 헤아리니 **헤아릴 상**

+ 丷(머리에 인 모습), 冂(멀 경, 성 경), 儿(사람 인 발, 어진 사람 인), 口(입 구, 구멍 구, 말할 구)

商社(상사), 商店(상점), 商量(상량), 協商(협상)

종이(口)에 말하듯(口) 머리(亠) 돌려(回) 보면서 그리는 그림이니
그림 도
또 그림 그리듯 무슨 일을 꾀하니 **꾀할 도**

+ 약 图 - 일정한 지면(口)을 점점(丷)이 다스려(乂) 그림을 그리고 꾀하니 '그림 도, 꾀할 도'
+ 口['에운담, 나라 국(國)의 약자'지만 여기서는 종이로 봄], 回(돌 회, 돌아올 회, 횟수 회), 乂(벨
  예, 다스릴 예, 어질 예), 꾀하다 - 어떤 일을 이루려고 뜻을 두거나 힘을 쓰다.

圖案(도안), 地圖(지도), 試圖(시도), 意圖(의도)

우두머리(亠) 밑에 모인 사람들(人人)의 많은(十) 무리는 졸병이니
졸병 졸
또 졸병은 전쟁에서 앞장서야 하기 때문에 갑자기 죽어 생을 마치니
갑자기 졸, 죽을 졸, 마칠 졸

+ 약 추 - 많고(九) 많은(十) 졸병이니 '졸병 졸'

卒兵(졸병), 卒倒(졸도), 卒逝(졸서), 卒業(졸업)

술(酉)기운에 졸병(卒)이 된 듯 취하니 **취할 취**

+ 醉 – 술(酉)기운에 졸병(卒)이 된 듯 취하니 '취할 취'
+ '술(酉) 마심을 마치면(卒) 취하니 취할 취'라고도 합니다.

3급Ⅱ / 15획 / 부수 酉

醉氣(취기), 醉興(취흥), 痲醉(마취), 心醉(심취)

---

227 **4망 망망맹황 망맹[亡忙茫望 忘妄盲荒 罔網] - 亡, 罔으로 된 한자**

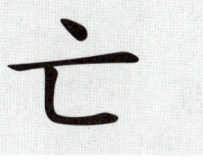

머리(亠)를 감추어야(乚) 할 정도로 망하여 달아나니

망할 망, 달아날 망

또 망하여 죽으니 **죽을 망**

5급 / 3획 / 부수 亠

+ 乚(감출 혜, 덮을 혜, = 匸)

亡國(망국), 亡身(망신), 逃亡(도망), 死亡(사망)

마음(忄)이 망할(亡) 정도로 바쁘니 **바쁠 망**

+ 忄 – 마음 심, 중심 심(心)이 글자의 변으로 쓰일 때의 모양으로 '마음 심 변'

3급 / 6획 / 부수 心(忄)

忙中閑(망중한) ↔ 閑中忙(한중망), 奔忙(분망)

풀(艹)까지 물(氵)에 잠겨 **없어져(亡)** 망망하고 아득하니

망망할 망, 아득할 망

+ 망망하다 – ㉠ 넓고 멀다. ㉡ 막연하고 아득하다.
+ 아득하다 – ㉠ 보이는 것이나 들리는 것이 희미하고 매우 멀다. ㉡ 까마득히 오래되다. ㉢ 정신이 흐려진 상태이다.
+ 艹(초 두), 氵(삼 수 변)

3급 / 10획 / 부수 草(艹)

茫茫大海(망망대해), 茫然(망연), 茫然自失(망연자실)

망가진(亡), 즉 이지러진 **달(月)**을 보고 **왕(王)** 같은 보름달이 되는 보름을 바라니 **바랄 망, 보름 망**

+ 보름 – 음력의 매월 15일. 이때 둥근 보름달이 뜨지요.

5급Ⅱ / 11획 / 부수 月

所望(소망), 熱望(열망), 希望(희망), 望月(망월)

망한(亡) 마음(心)처럼 잊으니 **잊을 망**

忘

3급 / 7획 / 부수 心

+ 忙과 忘 구별 – 글자 성분은 같지만 연결되는 순서가 다르니 순서대로 풀어서 '마음(忄)이 망할(亡) 정도로 바쁘면 바쁠 망(忙)', '망한(亡) 마음(心)이면 잊을 망(忘)'으로 구분하세요.

忘却(망각), 健忘症(건망증), 勿忘草(물망초), 不忘(불망)

정신이 **망한(亡)** 여자(女)처럼 망령되니 **망령될 망**

妄

3급II / 6획 / 부수 女

+ 망령(妄靈) – 정신이 흐려서 말과 행동이 정상을 벗어난 상태.
+ 靈(신령 령, 신령스러울 령)

妄動(망동), 輕擧妄動(경거망동), 妄想(망상), 妖妄(요망)

망한(亡) 눈(目)처럼 눈먼 시각장애인이니 **눈멀 맹, 시각장애인 맹**

또 시각장애인처럼 잘 보지 못하여 무지하니 **무지할 맹**

盲

3급II / 8획 / 부수 目

+ ~盲 – 글자를 모르면 '문맹(文盲)', 컴퓨터를 모르면 '컴맹(–盲)'이라 하듯이, 어느 분야에 무지한 경우에 '눈멀 맹, 시각장애인 맹, 무지할 맹(盲)'을 붙여 말하기도 하지요.

盲動(맹동), 盲人(맹인), 色盲(색맹)

풀(艹)까지 **망가지게(亡)** 냇(巛)물이 휩쓸어 거치니 **거칠 황**

荒

3급II / 10획 / 부수 草(艹)

+ 巛[내 천(川)의 변형]

荒唐(황당), 荒廢(황폐), 虛荒(허황)

그물(罒)로 고기를 잡아 **죽여(亡)** 없으니 **없을 망**

罔

3급 / 8획 / 부수 网(罒)

+ 岡 岡(산등성이 강) – 제목번호 450 참고.
+ 罒[그물 망(网, 罓)의 변형]

罔極(망극), 罔測(망측), 昊天罔極(호천망극)

실(糸)로 만들어 **없는(罔)** 것처럼 쳐 놓는 그물이니 **그물 망**

網

2급 / 14획 / 부수 糸

+ 糸(실 사, 실 사 변)

法網(법망), 一網打盡(일망타진), 投網(투망)

언어신[言語信] – 言으로 된 한자

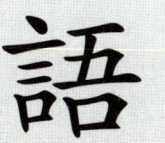

6급 / 7획 / 제부수

머리(亠)로 두(二) 번 이상 생각하고 **입(口)**으로 말하는 말씀이니 **말씀 언**

＋ 자칫 잘못하면 실수하니 말을 조심해야 하지요.
＋ 亠(머리 부분 두), 二(둘 이), 口(입 구, 구멍 구, 말할 구)

言動(언동), 言路(언로), 言約(언약), 確言(확언)

7급 / 14획 / 부수 言

말(言)로 **나(吾)**의 뜻을 알리는 말씀이니 **말씀 어**

＋ 吾(나 오) – 제목번호 015 참고.

語感(어감), 語錄(어록), 語不成說(어불성설)

6급Ⅱ / 9획 / 부수 人(亻)

사람(亻)이 **말한(言)** 대로 행하면 믿으니 **믿을 신**

또 믿을 만한 소식이니 **소식 신**

信念(신념), 信仰(신앙), 信任(신임), 書信(서신), 答信(답신)

해해핵각[亥該核刻] – 亥로 된 한자

3급 / 6획 / 부수 亠

돼지 **머리(亠)**와 뼈대 모양을 본떠서(🐷 → 𠔼) **돼지 해**

또 돼지는 열두째 지지니 **열두째 지지 해**

＋ 亠(머리 부분 두)

亥時(해시), 亥月(해월) – 지지(地支)가 해(亥)로 된 달. 음력 10월.

該

3급 / 13획 / 부수 言

말(言)을 살찐 **돼지(亥)**처럼 넓게 갖추어 바로 그것이라 하니

넓을 해, 갖출 해, 그 해

該博(해박), 該當(해당), 該校(해교), 該洞(해동)

나무(木) 열매에서 **돼지**(亥)가죽처럼 단단한 껍질로 둘러싸인

씨나 알맹이니 **씨 핵, 알맹이 핵**

4급 / 10획 / 부수 木

核家族(핵가족), 核武器(핵무기), 核心(핵심), 結核(결핵)

돼지(亥) 뼈에 **칼**(刂)로 새기니 **새길 각**

또 숫자를 새겨 나타내는 시각이니 **시각 각**

4급 / 8획 / 부수 刀(刂)

+ 요즘 시계도 눈금을 새겨 시각을 나타내기도 하지요. 1각은 15분.
+ 刂(칼 도 방)

木刻(목각), 時時刻刻(시시각각), 刻骨難忘(각골난망)

230

고고호 호호[高稿鎬 豪毫] – 高, 高로 된 한자

높은 누각을 본떠서 **높을 고**

6급II / 10획 / 제부수

+ 丶는 지붕, 口는 창틀, 冂은 받친 기둥, 口는 출입구.

高價(고가), 提高(제고), 最高(최고), 殘高(잔고)

벼(禾)를 수확하고 **높이**(高) 쌓아 놓은 볏짚이니 **볏짚 고**

또 볏짚이 무엇의 재료가 되듯 책의 재료가 되는 원고니 **원고 고**

3급II / 15획 / 부수 禾

+ 禾(벼 화)
+ 옛날이나 지금이나 볏짚은 여러 용도로 쓰입니다.

稿料(고료), 玉稿(옥고), 遺稿(유고), 投稿(투고)

쇠(金)가 **최고**(高)로 나던 호경이니 **호경 호**

또 **쇠**(金)로 된 것 중에 **최고**(高)는 먹을 것을 끓이는 냄비니 **냄비 호**

2급 / 18획 / 부수 金

+ 호경(鎬京) – 중국 섬서성 서안(西安) 부근에 있는 유적으로 무왕이 처음 도읍했던 곳.
+ 예나 지금이나 먹는 것이 최고니, 쇠(金)로 된 것 중 최고(高)는 먹을 것을 담고 끓이는 냄비라는
  데서 '냄비 호(鎬)'입니다.

힘센(亠) 멧**돼지**(豕)처럼 굳세고 뛰어난 호걸이니 **호걸 호, 굳셀 호**

+ 亠[높을 고(高)의 획 줄임], 豕(돼지 시), 돼지는 머리나 주둥이로 밀거나 파고 다니지요.
  豪氣(호기), **豪華**(호화), **強豪**(강호)

높이(亠) 자란 가는 **털**(毛)이니 **가는 털 호**

또 가는 털로 만든 붓이니 **붓 호**

+ 털은 가늘어야 부드럽고 따뜻하여 여러 용도로 쓸 수 있지요.
  秋毫(추호), **揮毫**(휘호), **秋毫不犯**(추호불범)

231 량 호호[亮 濠壕] - 亮과 豪로 된 한자

높게(亠) 배운 **사람**(儿)이 사리에 밝으니 **밝을 량(양)**

+ 사리(事理) – 사물의 이치.
+ 亠[높을 고(高)의 획 줄임], 儿(사람 인 발, 어진 사람 인), 事(일 사, 섬길 사), 理(이치 리, 다스릴 리)
  貞亮(정량), **淸亮**(청량), **諸葛亮**(제갈량)

물(氵)로 **굳게**(豪) 둘러싼 해자니 **해자 호**

또 해자처럼 물로 둘러싸인 호주니 **호주 호**

+ 해자(垓子) – 적의 침입을 막기 위해 성벽 바깥 둘레를 도랑처럼 파서 물이 괴게 한 곳.
  白濠主義(백호주의), **濠洲**(호주)

흙(土)을 파 **굳세게**(豪) 지키려고 성 주위에 만든 해자나 구덩이니

해자 호, 구덩이 호

防空壕(방공호)

정정[亭停] – 亭으로 된 한자

3급Ⅱ / 9획 / 부수 亠

높이(高) 지어 **장정**(丁)들이 쉬도록 한 정자니 **정자 정**

+ 정자(亭子) - 경치가 좋은 곳에 놀거나 쉬기 위하여 벽이 없이 기둥과 지붕으로만 지은 집.
+ 丁(고무래 정, 못 정, 장정 정, 넷째 천간 정)

亭閣(정각), 樓亭(누정), 八角亭(팔각정)

5급 / 11획 / 부수 人(亻)

사람(亻)이 **정자**(亭)에 머무르니 **머무를 정**

+ 亻(사람 인 변)

停車場(정거장), 停止(정지), 停車(정차), 停滯(정체)

형 향순돈[亨 享淳惇] – 亨과 享으로 된 한자

3급 / 7획 / 부수 亠

높은(高) 학문을 **마치면**(了) 만사형통하니 **형통할 형**

+ 형통(亨通)하다 - 모든 일이 뜻과 같이 잘되어 가다.
+ 亠[높을 고(高)의 획 줄임], 了(마칠 료), 通(통할 통)

亨運(형운), 元亨利貞(원형이정)

3급 / 8획 / 부수 亠

높은(高) 학문을 배운 **아들**(子)이 행복을 누리니 **누릴 향**

享年(향년), 享樂(향락), 享有(향유)

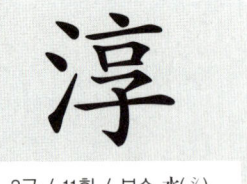

2급 / 11획 / 부수 水(氵)

물(氵)로도 행복을 **누리는**(享) 사람은 순박하니 **순박할 순**

淳俗(순속), 淳朴·淳樸(순박)

마음(忄)이 기쁨을 **누리도록**(享) 도타우니 **도타울 돈**

+ 忄(마음 심 변), 도탑다 - (인정이나 사랑이) 깊고 많다.

惇大(돈대), 惇德(돈덕), 惇信(돈신), 惇惠(돈혜)

2급 / 11획 / 부수 心(忄)

돈돈곽 숙숙[敦燉郭 孰熟] - 享, 孰으로 된 한자

3급 / 12획 / 부수 攵(攴)

행복을 **누리도록**(享) **치면서**(攵) 가르치는 부모의 마음처럼 도타우니

도타울 **돈**

+ 攵(칠 복, = 攴), 도탑다 - 사랑이나 인정이 많고 깊다.

敦篤(돈독), 敦厚(돈후)

2급 / 16획 / 부수 火

불(火)이 **도탑게**(敦) 드러나는 불빛이니 불빛 **돈**

+ 인·지명용 한자.

DAY 12

3급 / 11획 / 부수 邑(阝)

행복을 **누리도록**(享) **고을**(阝)마다 쌓은 성곽이니 성곽 **곽**

또 성곽의 둘레니 둘레 **곽**

+ 성곽(城郭) - ㉠ 내성(內城)과 외성(外城)을 통틀어 이르는 말. ㉡ 성.
+ 阝(고을 읍 방), 城(성 성), 內(안 내, 나인 나), 外(밖 외)

郭內(곽내), 郭外(곽외), 輪郭(윤곽)

3급 / 11획 / 부수 子

행복을 **누리며**(享) **둥글게**(丸) 살기를 바라는 누구니 누구 **숙**

+ 㖿 孰(잡을 집, 집행할 집) - 제목번호 209 참고.
+ 丸(둥글 환, 알 환)

孰誰(숙수), 孰是孰非(숙시숙비)

3급Ⅱ / 15획 / 부수 火(灬)

누구(孰)나 불(灬)에는 익으니 익을 **숙**

또 몸에 익도록 익혀 익숙하니 익숙할 **숙**

+ 㖿 熱(더울 열) - 제목번호 124 참고.
+ 灬(불 화 발)

熟考(숙고), 熟成(숙성), 熟達(숙달), 熟讀玩味(숙독완미)

경량량략 취축[京諒涼掠 就蹴] - 京, 就로 된 한자

6급 / 8획 / 부수 亠

높은(亠) 곳에도 작은(小) 집들이 많은 서울이니 **서울 경**

+ 亠[높을 고(高)의 획 줄임], 지금은 많이 좋아졌지만 옛날에 서울 같은 큰 도시는 땅이 부족하여 높은 곳까지 집을 짓고 살았지요.

京城(경성), 歸京(귀경), 上京(상경), 在京(재경)

3급 / 15획 / 부수 言

말(言)도 서울(京)서는 살펴서 해야 믿으니 **살필 량(양)**, **믿을 량(양)**

諒知(양지), 諒察(양찰), 諒解(양해), 海諒(해량)

3급 / 11획 / 부수 水(氵)

물(氵) 있는 곳은 서울(京)도 서늘하니 **서늘할 량(양)**

+ 凉 凉 - 얼음(冫)이 얼면 서울(京)도 서늘하니 '서늘할 량(양)'

納涼(납량), 淸涼(청량), 淸涼劑(청량제), 荒涼(황량)

3급 / 11획 / 부수 手(扌)

손(扌)으로도 서울(京)서는 잘 노략질하니 **노략질할 략(약)**

+ 노략(擄掠) - 떼를 지어 다니며 재물을 빼앗음.
+ 擄(노략질 노)

掠奪(약탈)

4급 / 12획 / 부수 尢

(벼슬자리가 많은) 서울(京)로 더욱(尤) 나아가 꿈을 이루니

나아갈 취, 이룰 취

+ 尤(더욱 우, 허물 우) - 제목번호 139 참고.

就業(취업), 就任(취임), 就職(취직), 成就(성취), 日就月將(일취월장)

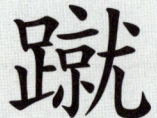

2급 / 19획 / 부수 足(𧾷)

발(𧾷)을 앞으로 나아가게(就) 뻗어 차니 **찰 축**

+ 𧾷[발 족, 넉넉할 족(足)의 변형]

蹴球(축구), 蹴踏(축답), 蹴殺(축살), 一蹴(일축)

236 경경영[景璟影] – 景으로 된 한자

5급 / 12획 / 부수 日

햇(日)볕이 서울(京)을 비추면 드러나는 경치가 크니

볕 경, 경치 경, 클 경

景光(경광), 景致(경치), 景福(경복), 景福宮(경복궁)

2급 / 16획 / 부수 玉(王)

옥(王)에서 볕(景)처럼 빛나는 옥빛이니 **옥빛 경**

+ 인·지명용 한자 – (일상생활 용어에는 쓰이지 않고) 사람이나 땅의 이름에만 주로 쓰이는 한자.

3급II / 15획 / 부수 彡

볕(景)을 가려 머릿결(彡)처럼 아른거리는 그림자니 **그림자 영**

+ 彡(터럭 삼, 긴머리 삼)

陰影(음영), 影響(영향), 無影(무영)

237 요요옥소첨[夭妖沃笑添] – 夭로 된 한자

1급 / 4획 / 부수 大

위(丿)로 크게(大) 자라나는 모습이 젊고 예쁘니 **젊을 요, 예쁠 요**
또 기울어(丿) 큰(大) 뜻을 펼치지 못하고 일찍 죽으니 **일찍 죽을 요**

+ 丿(삐침 별), 大(큰 대)

2급 / 7획 / 부수 女

여자(女)가 예쁘게(夭) 꾸미면 아리땁지만 요망하니

아리따울 요, 요망할 요

+ 아리땁다 – 마음이나 몸가짐 따위가 맵시 있고 곱다.
+ 요망(妖妄) – 요사하고 망령됨. 또는 그러한 짓.
+ 妄(망령될 망)

妖怪(요괴), 妖物(요물), 妖邪(요사)

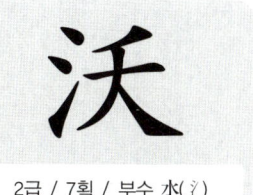

2급 / 7획 / 부수 水(氵)

물(氵)기처럼 예쁘게(夭) 기름지니 **기름질 옥**

沃土(옥토), 肥沃(비옥), 門前沃畓(문전옥답)

대(⺮)가 구부러지듯 허리 굽혀 **예쁘게**(夭) 웃으니 **웃을 소**

+ 누구나 웃는 모습은 예쁘지요.

談笑(담소), 微笑(미소), 拍掌大笑(박장대소)

4급II / 10획 / 부수 竹(⺮)

물(氵)오른 **젊은이**(夭)의 **마음**(忄)처럼 기쁨을 더하니 **더할 첨**

+ 忄 – 마음 심, 중심 심(心)이 글자의 발로 쓰일 때의 모양으로 '마음 심 발'

添加(첨가), 添削(첨삭), 錦上添花(금상첨화) ↔ 雪上加霜(설상가상)

3급 / 11획 / 부수 水(氵)

---

238 4교[喬橋矯僑] – 喬로 된 한자

젊은(夭) 사람이 **높이**(高) 올라가 높으니 **높을 교**

+ 高[높을 고(高)의 획 줄임]

1급 / 12획 / 부수 口

나무(木)로 **높이**(喬) 걸쳐 만든 다리니 **다리 교**

+ 건축자재가 귀했던 옛날에는 다리도 나무로 놓았지요.

橋脚(교각), 橋梁(교량), 架橋(가교)

5급 / 16획 / 부수 木

화살(矢)을 **높이**(喬) 쏘려고 곧게 바로잡으니 **바로잡을 교**

+ 화살은 곧아야 높이나 멀리 나가지요.

矯導(교도), 矯角殺牛(교각살우)

3급 / 17획 / 부수 矢

(먹고 살기 위해) **사람**(亻)이 **높은**(喬) 곳이라도 더부살이하며 객지에 사니
더부살이 교, 객지에 살 교

僑民(교민), 僑胞(교포), 華僑(화교), 僑軍(교군)

2급 / 14획 / 부수 人(亻)

260

의의표충 애쇠(최)상[衣依表衷 哀衰喪] – 衣로 된 한자

6급 / 6획 / 제부수

동정과 옷고름 있는 옛날 저고리를 본떠서 **옷 의**

DAY
12

+ '옷 의(衣)'는 옷을 대표하거나 윗옷을 말함.
+ 부수로 쓰일 때는 '옷 의 변(衤)'이니, 보일 시, 신 시(示)가 부수로 쓰일 때의 '보일 시, 신 시 변(礻)'과 혼동하지 마세요.

衣服(의복), 衣裳(의상), 好衣好食(호의호식)

4급 / 8획 / 부수 人(亻)

사람(亻)이 옷(衣)에 의지하듯 의지하니 **의지할 의**

+ 옷으로 추위를 막고 부끄러운 부분을 가리니 옷에 의지한 것이지요.

依支(의지), 依他(의타), 舊態依然(구태의연)

6급II / 8획 / 부수 衣

흙(土)이 옷(衣)에 묻은 겉이니 **겉 표**

表面(표면), 表題(표제), 表裏不同(표리부동)

2급 / 10획 / 부수 衣

옷(衣) 가운데(中), 즉 속에서 우러나오는 속마음이니 **속마음 충**

衷誠(충성), 衷心(충심), 衷情(충정), 苦衷(고충)

3급II / 9획 / 부수 口

옷(衣)에 입(口)을 가리고 울 정도로 슬프니 **슬플 애**

+ 구멍(口)난 옷(衣)을 입은 사람은 추워 슬프다는 데서 '슬플 애(哀)'라고도 합니다.

哀悼(애도), 哀歡(애환), 喜怒哀樂(희로애락)

3급II / 10획 / 부수 衣

옷(衣)을 추하게(丑) 입은 듯 기운이 쇠하니 **쇠할 쇠**
또 쇠한 모양으로 입는 상복이니 **상복 최**

+ 丑(소 축, 추할 추, 둘째 지지 축), 상복 – 사람이 죽었을 때 상주가 입는 옷.

衰弱(쇠약), 老衰(노쇠), 興亡盛衰(흥망성쇠)

많은(十) 사람의 **입들**(口口)이 **변하도록**(尤) 울면

가족을 잃어 초상난 것이니 **잃을 상, 초상날 상**

+ 초상(初喪) - 사람이 죽어 장사 지낼 때까지의 일.
+ 初(처음 초), 尤[변화할 화, 될 화(化)의 변형]

喪家(상가), 喪家之狗(상가지구), 問喪(문상), 喪失(상실)

---

240 원원원 제제[袁遠園 制製] - 袁, 制로 된 한자

한(一) 벌씩 **옷**(衣)을 **식구**(口) 수대로 챙기니

옷 챙길 원, 성씨 원

옷 챙겨(袁) 가야(辶) 할 만큼 머니 **멀 원**

+ 辶(뛸 착, 갈 착, = 辶)

遠近(원근), 永遠不滅(영원불멸), 望遠鏡(망원경)

옷 챙겨(袁) 싸듯 울타리를 친(口) 동산이나 밭이니 **동산 원, 밭 원**

+ 園은 주로 과수를 심는 밭이나 정원. 苑(동산 원)은 사슴, 공작 따위의 짐승을 기르는 곳.

園藝(원예), 公園(공원), 果樹園(과수원)

소(牛)고기나 **천**(巾)을 **칼**(刂)로 자르는 제도니 **제도 제**

또 제도에 맞도록 억제하니 **억제할 제**

+ 巾('수건 건'이지만 여기서는 천으로 봄), 刂(칼 도 방)

制約(제약), 制壓(제압), 制動(제동), 制御(제어)

제도(制)에 따라 **옷**(衣)을 지어 만드니 **지을 제, 만들 제**

製作(제작), 手製(수제), 外製(외제), 乳製品(유제품)

01~03 다음 漢字의 訓과 音을 쓰시오.

01. 嬉, 禧, 熹

02. 醴, 彦, 網

03. 亮, 淳, 蹴

04~06 다음 漢字語의 讀音을 쓰시오.

04. 揮毫, 防空壕, 惇惠

05. 妖怪, 矯導, 華僑

06. 苦衷, 衰弱, 樹液

07~08 다음 문장에서 (　) 안의 漢字語를 漢字(正字)로 바꾸어 쓰시오.

07. 어학 성적이 뛰어나 다른 친구들보다 일찍 (취직)하였다.

08. 오막살이일망정 고대광실 부럽지 않게 행복을 (향유)했다.

09 다음 [　] 안의 漢字와 뜻이 비슷한 한자는?

09. [刻]　① 汗　② 刊　③ 肝　④ 奸

10 다음 [　] 안의 漢字와 뜻이 반대인 한자는?

10. [笑]　① 沃　② 妖　③ 泣　④ 添

11~12 다음 漢字語의 反對語 또는 相對語를 漢字(正字)로 쓰시오.

11. 不信 ↔ (　　)

12. 停止 ↔ (　　)

정답

01. 아름다울 희, 복 희, 빛날 희
02. 단술 례(예), 선비 언, 그물 망
03. 밝을 량, 순박할 순, 찰 축
04. 휘호, 방공호, 돈혜
05. 요괴, 교도, 화교
06. 고충, 쇠약, 수액
07. 就職
08. 享有
09. ②
10. ③
11. 信任
12. 繼續

241 · 천 걸걸 순순[舛 桀傑 舜瞬] – 舛과 桀, 舜으로 된 한자

舛

특급II / 6획 / 제부수

저녁(夕)에는 어두워 하나(一)씩 덮어(乛) 뚫어도(丨) 어긋나니

어긋날 천

+ 乛[감출 혜, 덮을 혜(匸, ㄴ)의 변형, 丨(뚫을 곤)

桀

2급 / 10획 / 부수 木

어긋난(舛) 사람을 나무(木) 위에 매달아 벌줌이 사나우니

사나울 걸

또 사납기로 대표적인 걸 임금이니 **걸 임금 걸**

姦桀(간걸) – 간교하고 사나운 사람.

+ 姦(간사할 간, 간음할 간)

傑

4급 / 12획 / 부수 人(亻)

사람(亻)이 사납게(桀) 무엇에 열중하면 뛰어나니 **뛰어날 걸**

+ 㘴 杰 – 나무(木)가 불(灬)타듯이 열성적이면 뛰어나니 '뛰어날 걸' – 특급II
+ 灬(불 화 발), 마음이 약하면 뛰어나지 못하지요. 한 번 결심하면 어떤 어려움도 극복하는 사나움이 있어야 뛰어나게 된다는 어원은 우리에게 많은 교훈을 주네요.

傑作(걸작), 傑出(걸출), 英雄豪傑(영웅호걸)

舜

2급 / 12획 / 부수 舛

손톱(爫) 같은 꽃잎에 덮여(冖) 어긋나게(舛) 여기저기 꽃피는 무궁화니

무궁화 순

또 중국에서 성군(聖君)으로 꼽히는 순임금도 나타내어 **순임금 순**

堯舜(요순) – 중국 고대의 성군(聖君)인 요임금과 순임금.

+ 聖(성스러울 성, 성인 성), 君(임금 군, 남편 군, 그대 군)

瞬

3급II / 17획 / 부수 目

눈(目) 깜짝할 사이에 무궁화(舜)는 피고 지니 **눈 깜짝할 순**

瞬間(순간), 瞬息間(순식간), 一瞬間(일순간)

린린린련 무무[粦隣麟憐 無舞] - 粦, 無로 된 한자

급수 외 한자 / 12획 / 부수 米

쌀(米)알처럼 작은 불이 서로 **어긋나게**(舛) 날며 반짝이는 반딧불이니

반딧불 **린(인)**

3급 / 15획 / 부수 阜(阝)

언덕(阝)에 **반딧불**(粦)이 어우러져 반짝이듯 서로 어우러져 사는 이웃이니

이웃 **린(인)**

+ 阝(언덕 부 변)

　隣近(인근), 隣接(인접), 近隣(근린), 善隣(선린)

2급 / 23획 / 부수 鹿

사슴(鹿)처럼 생겨 **반딧불**(粦)처럼 빛나는 무늬가 있는 기린이니

기린 **린(인)**

+ 鹿(사슴 록)

　麒麟(기린), 麒麟兒(기린아) - 지혜와 재주가 썩 뛰어난 사람.

+ 麒(기린 기), 兒(아이 아)

3급 / 15획 / 부수 心(忄)

마음(忄)에 **반딧불**(粦) 깜빡이듯 불쌍히 여기는 마음이 드니

불쌍히 여길 **련(연)**

+ 忄(마음 심 변)

　憐憫(연민), 可憐(가련), 同病相憐(동병상련)

5급 / 12획 / 부수 火(灬)

사람(亠)이 장작더미를 **쌓아서**(卌) 그 밑에 **불**(灬)을 지핀 모양으로,
불타버리고 없으니 없을 **무**

+ 약 无 - 하늘(一) 땅(一) 사이에 사람(儿) 하나 없으니 '없을 무'
　　无 - 하나(一)도 숨은(乚) 사람(儿)이 없으니 '없을 무'
+ 亠[사람 인(人)의 변형], 灬(불 화 발), 乚(감출 혜, 덮을 혜, = 匸)

　無難(무난), 無能(무능), 無線(무선), 無情(무정)

4급 / 14획 / 부수 舛

정신 **없이**(無) 발을 **어긋나게**(舛) 디디며 춤추니 춤출 **무**

+ 無[없을 무(無)의 획 줄임]

　舞臺(무대), 歌舞(가무), 僧舞(승무)

DAY
13

243 재재재[才材財] - 才로 된 한자

6급II / 3획 / 부수 才

땅(一)에 **초목**(ㅣ)의 **싹**(ノ)이 자라나듯이 사람에게도 있는 재주와 바탕이니 **재주 재, 바탕 재**

+ 초목은 처음에는 작지만 자라면 꽃도 피고 열매도 맺고 큰 재목도 되는 것처럼 사람에게도 그런 재주와 바탕이 있다는 데서 만들어진 글자.
+ 삐침 별(ノ)을 우측 위에서 좌측 아래로 그으면 '재주 재, 바탕 재(才)', 좌측 아래에서 우측 위로 그으면 '손 수 변(扌)'

才能(재능), 才媛(재원), 秀才(수재), 天才(천재)

5급II / 7획 / 부수 木

나무(木)가 **바탕**(才)이 되는 재목이나 재료니 **재목 재, 재료 재**

+ '재주 재, 바탕 재(才)'는 눈으로 볼 수 없는 본바탕의 재주고, '재목 재, 재료 재(材)'는 무엇을 만들 때의 재료를 말합니다. 지금은 여러 가지 재료가 있지만 옛날에는 대부분의 재료가 나무였기 때문에 나무 목(木)이 들어가지요.

材木(재목), 材料(재료), 骨材(골재), 教材(교재)

5급II / 10획 / 부수 貝

돈(貝) 버는 **재주**(才)가 있어 늘어나는 재물이니 **재물 재**

+ 貝(조개 패, 재물 패, 돈 패)
+ 貝는 재물을 뜻하는 부수, 財는 재물을 나타내는 글자.

財務(재무), 財産(재산), 財源(재원), 蓄財(축재)

244 촌촌토수[寸村討守] - 寸으로 된 한자

8급 / 3획 / 제부수

손목에서 **맥박**(ヽ)이 **뛰는 곳**(十)까지의 마디니 **마디 촌**

또 마디마디 살피는 법도니 **법도 촌**

+ '법도 촌'으로는 주로 글자 어원에 사용됩니다.
+ 1촌은 손목에서 손가락 하나를 끼워 넣을 수 있는 거리에 있는 맥박이 뛰는 곳까지니, 손가락 하나의 폭으로 약 3cm입니다. 1촌 = 1치, 1자의 1/10.

寸刻(촌각), 寸志(촌지), 寸鐵殺人(촌철살인)

7급 / 7획 / 부수 木

나무(木)를 **마디마디**(寸) 이용하여 집을 지었던 마을이니 **마을 촌**

村家(촌가), 村落(촌락), 江村(강촌), 農村(농촌)

말(言)로 마디**마디**(寸) 치며 토론하니 **칠 土, 토론할 土**

+ 토론(討論) - 어떤 문제에 대하여 여러 사람이 의견을 내세워 그것의 정당함을 논함. 또는 그 논의.
+ 言(말씀 언), 論(논할 론, 평할 론)

討伐(토벌), 聲討(성토), 檢討(검토)

4급 / 10획 / 부수 言

집(宀)에서도 **법도**(寸)는 지키니 **지킬 수**

+ 宀(집 면)

守舊(수구), 守備(수비), 守衛(수위), 守護(수호)

4급Ⅱ / 6획 / 부수 宀

---

245 부부부 부부[付附符 府腐] - 付, 府로 된 한자

사람(亻)들은 촌(寸)수 가까운 친척끼리 서로 주기도 하고 부탁도 하니

줄 부, 부탁할 부

結付(결부), 交付(교부), 發付(발부), 付託(부탁)

3급Ⅱ / 5획 / 부수 人(亻)

언덕(阝)이 큰 산에 **부탁하는**(付) 모양으로 붙어 가까이 하니

붙을 부, 가까이 할 부

+ 阝(언덕 부 변)

附錄(부록), 附屬(부속), 附和雷同(부화뇌동), 附近(부근)

3급Ⅱ / 8획 / 부수 阜(阝)

대(竹)쪽에 글을 써 **주었다가**(付) 나중에 증거로 삼는 부절이나 부호니

부절 부, 부호 부

또 부절처럼 들어맞으니 **들어맞을 부**

+ 竹(대 죽), 부절 - 인쇄술이 발달하기 전에 대나 옥으로 만들어 쓰던 일종의 신분증.

符籍(부적), 符號(부호), 符合(부합), 名實相符(명실상부)

3급Ⅱ / 11획 / 부수 竹(竹)

집(广)에서 문서를 **주고**(付)받는 관청이 있는 마을이니

관청 부, 마을 부

또 **집**(广)에서 **줄**(付) 물건을 넣어 두는 창고니 **창고 부**

4급II / 8획 / 부수 广

+ 广(집 엄), '마을 부'는 옛날 행정 구역의 하나로 쓰였지요.

政府(정부), 司法府(사법부), 府尹(부윤), 府庫(부고)

창고(府)에 있는 **고기**(肉)도 오래되면 썩으니 **썩을 부**

3급II / 14획 / 부수 肉

+ 肉(고기 육)

腐敗(부패), 防腐劑(방부제), 陳腐(진부)

---

246 사(시)시특치등[寺詩特峙等] – 寺로 된 한자

땅(土)에 **법도**(寸)를 지키며 수도하거나 일하도록 지은 절이나 관청이니

절 사, 관청 시

4급II / 6획 / 부수 寸

+ 어느 사회에나 일정한 규칙이 있지만 절 같은 사원(寺院)이 더욱 엄격하지요.
+ 院(집 원, 관청 원)

寺院(사원), 寺刹(사찰), 山寺(산사), 寺正(시정)

말(言)을 아껴 **절**(寺)에서처럼 경건하게 지은 시니 **시 시**

4급II / 13획 / 부수 言

+ 시는 다른 문학 장르에 비해 말을 아끼고 경건하게 지으니, '시는 언어(言語)의 사원(寺院)'인 셈이지요.
+ 言(말씀 언), 語(말씀 어), 院(집 원, 관청 원), 사원(寺院) – 종교의 교당을 통틀어 이르는 말.

詩想(시상), 詩心(시심), 詩人(시인), 童詩(동시)

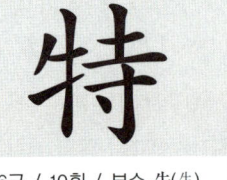

소(牛)가 **절**(寺)에 가는 일처럼 특별하니 **특별할 특**

6급 / 10획 / 부수 牛(牜)

+ 특별(特別) – 보통과 구별되게 다름.
+ 牜[소 우(牛)가 부수로 쓰일 때의 모양으로 '소 우 변'], 別(나눌 별, 다를 별)

特講(특강), 特技(특기), 特出(특출)

峙

2급 / 9획 / 부수 山

산(山)을 절(寺)에서 보면 우뚝 선 모양이니 **산 우뚝 설 치**

峙立(치립), 峙積(치적), 對峙(대치)

等

6급II / 12획 / 부수 竹(⺮)

대(⺮)가 절(寺) 주변에 같은 무리를 이루고 차례로 서 있으니

같을 등, 무리 등, 차례 등

+ ⺮(대 죽)
+ 자주 쓰이니 세 뜻 모두 알아두세요.

等號(등호), 平等(평등), 吾等(오등), 等級(등급), 一等(일등)

---

247 시시지대[時侍持待] – 寺로 된 한자

時

7급II / 10획 / 부수 日

(해시계로 시간을 재던 때에)

해(日)의 위치에 따라 절(寺)에서 종을 쳐 알리던 때니 **때 시**

+ 시계가 없던 옛날에는 해의 위치에 따라 시간을 짐작했답니다. 지금도 절에서 일정한 시간에 종이나 북을 치지요.

時不再來(시불재래), 時宜適切(시의적절), 同時多發(동시다발)

侍

3급II / 8획 / 부수 人(亻)

사람(亻)이 절(寺)에서 부처님을 모시듯 모시니 **모실 시**

+ 亻(사람 인 변)

侍女(시녀), 內侍(내시), 嚴妻侍下(엄처시하)

持

4급 / 9획 / 부수 手(扌)

손(扌)에 절(寺)에서 염주를 가지듯 가지니 **가질 지**

+ 扌(손 수 변)

持久力(지구력), 持見(지견), 持病(지병)

待

6급 / 9획 / 부수 彳

천천히 걸어(彳) 절(寺)에 가며 뒤에 오는 사람을 대접하여 같이 가려고 기다리니 **대접할 대, 기다릴 대**

+ 彳(조금 걸을 척)

待接(대접), 待期(대기), 鶴首苦待(학수고대)

269

신궁 사사[身窮 射謝] – 身, 射로 된 한자

6급II / 7획 / 제부수

임신한 여자의 몸을 본떠서 **몸 신**

身邊(신변), 身分(신분), 身體(신체), 修身齊家(수신제가), 全身(전신)

4급 / 15획 / 부수 穴

구멍(穴)에서 **몸**(身)을 **활**(弓)처럼 웅크리고 사는 모습이 곤궁하니
곤궁할 궁

또 곤궁함을 벗어나려고 최선을 다하니 **다할 궁**

+ 곤궁(困窮) – ㉠ 가난하여 살림이 구차함. ㉡ 처지가 이러지도 저러지도 못하게 난처하고 딱함.
+ 穴(구멍 혈, 굴 혈), 弓(활 궁), 困(곤란할 곤)

追窮(추궁), 窮理(궁리), 無窮花(무궁화), 無窮無盡(무궁무진)

4급 / 10획 / 부수 寸

활이나 총을 **몸**(身)에 대고 조준하여 손**마디**(寸)로 당겨 쏘니 **쏠 사**

射擊(사격), 反射(반사), 注射(주사)

4급II / 17획 / 부수 言

말(言)을 쏘듯이(射) 갈라 끊어 분명하게 사례하고 사절하며 비니
사례할 사, 사절할 사, 빌 사

謝禮(사례), 謝絶(사절), 謝過(사과), 謝罪(사죄)

TIP

〈명언〉

勤爲無價之寶(근위무가지보)요,
慎是護身之符(신시호신지부)라.
[부지런함은 값없는(값으로 칠 수 없는) 보배요,
삼감은 몸을 보호하는 부적이다.]
+ 勤(부지런할 근, 일 근), 爲(할 위, 위할 위), 無(없을 무), 價(값 가, 가치 가), 之(갈 지, ~의 지, 이 지), 寶(보배 보), 慎(삼갈 신),
是(옳을 시, 이 시, ~이다 시), 護(보호할 호), 符(부절 부, 들어맞을 부)

수주도도[壽鑄疇燾] – 壽로 된 한자

3급II / 14획 / 부수 士

선비(士)도 하나(一)같이 장인(工)도 하나(一)같이 입(口)으로 먹으며
마디**마디**(寸) 이어가는 목숨이고 나이니 목숨 **수**, 나이 **수**
또 목숨을 이어 장수하니 장수할 **수**

+ 옙 寿 – 예쁘게(丰) 법도(寸)를 지키며 이어가는 목숨이고 나이니 '목숨 수, 나이 수'
　　　또 목숨을 이어 장수하니 '장수할 수'
+ 士(선비 사), 一[한 일(一)의 변형], 工(장인 공, 만들 공, 연장 공), 寸(마디 촌, 법도 촌),
　丰[풀 무성할 봉, 예쁠 봉, 풍성할 풍(丰)의 변형]

　壽命(수명), 減壽(감수), 夭壽(천수), 長壽(장수)

3급II / 22획 / 부수 金

쇠(金)를 오래(壽) 녹여 틀에 부어 만드니 쇠 부어 만들 **주**

+ 옙 鋳
+ 金(쇠 금, 금 금, 돈 금, 성씨 김)

　鑄物(주물), 鑄造(주조), 鑄鐵(주철), 鑄貨(주화)

2급 / 19획 / 부수 田

밭(田)에 오래(壽)가도록 만든 이랑이니 이랑 **주**
또 이랑처럼 모인 무리니 무리 **주**

+ 옙 畴
+ 田(밭 전), 이랑 – 논이나 밭을 갈아 골을 타서 두둑하게 흙을 쌓아 만든 곳.

　田疇(전주), 範疇(범주) – 동일한 성질을 가진 부류나 범위.

+ 範(법 범, 본보기 범)

?급 / 18획 / 부수 火(灬)

오랫(壽)동안 불(灬)로 덮고 가려진 곳을 비추니
덮을 **도**, 가릴 **도**, 비출 **도**

+ 옙 焘
+ 灬(불 화 발)

　燾育(도육) – '덮어 기름'으로, 천지가 만물을 양육함을 이르는 말.

+ 育(기를 육)

3급 / 4획 / 부수 屮

땅(一)에 싹(屮)이 묻혀 있는 모양에서 **묻힐 둔**

또 묻히듯이 병사들이 숨어 진 치니 **진 칠 둔**

+ 一('한 일'이지만 여기서는 땅의 모양), 屮[싹 날 철, 풀 초(屮)의 변형]

屯防(둔방), 屯營(둔영), 駐屯(주둔), 退屯(퇴둔)

3급 / 12획 / 부수 金

쇠(金)로 묻힌(屯) 것처럼 둔하니 **둔할 둔**

+ 둔하다 – ㉠ 깨우침이 늦고 재주가 무디다. ㉡ 동작이 느리고 굼뜨다. ㉢ 감각이나 느낌이 예리하지 못하다.
+ 몸이 무거우면 행동이 둔하지요.

鈍感(둔감), 鈍器(둔기), 鈍濁(둔탁), 愚鈍(우둔)

2급 / 13획 / 부수 頁

묻히도록(屯) 머리(頁) 숙여 조아리니 **조아릴 돈**

또 조아리듯 잘 정돈하니 **정돈할 돈**

+ 頁(머리 혈), 조아리다 – 상대편에게 존경의 뜻을 보이거나 애원하느라고 이마가 바닥에 닿을 정도로 머리를 자꾸 숙이다.

頓首再拜(돈수재배), 査頓(사돈), 整頓(정돈)

4급II / 10획 / 부수 糸

깨끗한 흰 실(糸)과 아직 땅에 묻혀(屯) 올라오는 새싹처럼 순수하니

순수할 순

+ 순수(純粹)하다 – ㉠ 전혀 다른 것의 섞임이 없음. ㉡ 사사로운 욕심이나 못된 생각이 없음.
+ 糸(실 사, 실 사 변), 粹(순수할 수)
+ 땅속에서 올라오는 새싹은 정말 순수하지요.

純減(순감), 純潔(순결), 純增(순증)

2급 / 13획 / 부수 邑(阝)

꼴(芻)이 많은 고을(阝)에 세운 추나라니 **추나라 추**

+ 芻(꼴 추), 꼴 – 말이나 소에게 먹이는 풀.
+ 阝(고을 읍 방), 추로(鄒魯) – 공자는 노(魯)나라 사람이고 맹자는 추(鄒)나라 사람이라는 뜻으로, 공자와 맹자를 아울러 이르는 말.

鄒魯之鄕(추로지향), 鄒魯學(추로학)

2급 / 17획 / 부수 走

달려(走)가 꼴(芻)을 먹으려고 달리니 **달릴 추**

+ 走(달릴 주, 도망갈 주)

趨步(추보), 趨附(추부), 趨勢(추세), 歸趨(귀추)

수모 배방[手毛 拜邦] – 手毛와 拜邦

7급II / 4획 / 제부수

손가락을 편 손을 본떠서 **손 수**
또 손으로 하는 재주나 재주 있는 사람을 가리켜서
재주 수, 재주 있는 사람 수

+ 부수로 쓰일 때는 '손 수 변(扌)'입니다.

手記(수기), 手足(수족), 手法(수법), 選手(선수)

4급II / 4획 / 제부수

짐승의 꼬리털을 본떠서 **털 모**

毛髮(모발), 毛皮(모피), 羊毛(양모), 九牛一毛(구우일모)

4급II / 9획 / 부수 手(扌)

손(扌)과 손(手)을 하나(一)로 모으고 하는 절이니 **절 배**

+ 扌, 手[손 수, 재주 수, 재주 있는 사람 수(手)의 변형]

敬拜(경배), 歲拜(세배), 崇拜(숭배), 禮拜(예배)

3급 / 7획 / 부수 邑(阝)

풀 무성하듯(丰) 고을(阝)이 번성하여 이루어지는 나라니 **나라 방**

+ 丰[풀 무성할 봉, 예쁠 봉, 풍성할 풍(丰)의 변형], 阝(고을 읍 방)

邦境(방경), 友邦(우방), 異邦人(이방인), 合邦(합방)

봉(풍) 봉봉봉 봉봉봉[丰 夆峰蜂 逢縫蓬] – 丰과 夆, 逢으로 된 한자

특급 / 4획 / 부수 丨

풀이 무성하게 자라 예쁘니 **풀 무성할 봉, 예쁠 봉**
또 재물이 삼(三)대까지 이어질(丨) 정도로 풍성하니 **풍성할 풍**

급수 외 한자 / 7획 / 부수 夂

뒤져 오더라도(夂) 예쁜(丰) 것을 이끌어 만나니 **이끌 봉, 만날 봉**

+ 夂(천천히 걸을 쇠, 뒤져 올 치)

특급II / 10획 / 부수 山

산(山)등성이가 **만나(夆)** 이루어진 산봉우리니 **산봉우리 봉**

雪峰(설봉), 連峰(연봉), 雲峰(운봉), 最高峰(최고봉)

3급 / 13획 / 부수 虫

벌레(虫) 중 **만나(夆)** 무리지어 사는 벌이니 **벌 봉**

+ 虫[벌레 충(蟲)의 속자와 부수], 벌은 여왕을 중심으로 수만 마리가 모여 살지요.

蜂起(봉기), 分蜂(분봉), 養蜂(양봉)

3급II / 11획 / 부수 辵(辶)

필요한 물건이나 사람을 **이끌고(夆) 가서(辶)** 만나니 **만날 봉**

+ 辶(뛸 착, 갈 착, = 辵)

逢變(봉변), 逢別(봉별), 逢着(봉착), 相逢(상봉), 絶處逢生(절처봉생)

2급 / 17획 / 부수 糸

베 조각을 **실(糸)로 만나게(逢)** 꿰매니 **꿰맬 봉**

縫製(봉제), 縫合(봉합), 假縫(가봉), 天衣無縫(천의무봉)

蓬

2급 / 15획 / 부수 草(艹)

풀(艹) 중 흔하여 어디 가나 **만나는(逢)** 쑥이니 **쑥 봉**

+ 圖 蒿 – 풀(艹) 중에 최고(高)는 쑥이니 '쑥 호' – 특급II
+ 쑥은 생명력이 강해 아무 곳이나 잘 자라니 어디서나 볼 수 있지요.

蓬頭亂髮(봉두난발), 麻中之蓬(마중지봉)

해할 계(결·글)결 헌[害割 契潔 憲] - 害, 丰으로 된 한자

5급Ⅱ / 10획 / 부수 宀

집(宀)에서 **어지럽게**(丯) **말하며**(口) 해치니 **해칠 해**

+ 宀(집 면), 丯[풀 무성할 봉, 예쁠 봉, 풍성할 풍(丰)의 변형] - 무성하니 어지럽다는 뜻도 되지요.

害惡(해악), 害蟲(해충), 公害(공해), 妨害(방해)

3급Ⅱ / 12획 / 부수 刀(刂)

해(害) 되는 것을 **칼**(刂)로 베어 나누니 **벨 할, 나눌 할**

+ 刂(칼 도 방)

割當(할당), 割引(할인), 割增(할증), 分割(분할)

3급Ⅱ / 9획 / 부수 大

어지럽지(丯) 않도록 **칼**(刀)로 **크게**(大) 새겨 확실하게 맺으려고 애쓰니

맺을 계, 애쓸 결

또 **어지럽게**(丯) **칼**(刀)로 **크게**(大) 싸우는 부족 이름이니 **부족 이름 글**

+ 글단(契丹) → 거란 - 5세기 중엽부터 내몽골에 살던 유목 민족.
+ 刀(칼 도), 大(큰 대), 丹(붉을 단, 꽃 이름 란)

契機(계기), 契約(계약), *契闊(결활)

4급Ⅱ / 15획 / 부수 水(氵)

물(氵)로 **어지럽게**(丯) 더러워진 **칼**(刀)과 **실**(糸)을 씻어 깨끗하니

깨끗할 결

+ 糸(실 사, 실 사 변)

潔白(결백), 高潔(고결), 純潔(순결), 淸潔(청결)

4급 / 16획 / 부수 心

집(宀)이나 나라의 **어지러운**(丯) 일을 **법망**(罒)으로 다스리기 위해

마음(心)을 다해 만든 법이니 **법 헌**

+ 법망(法網) - '법의 그물'로, 범죄자에 대한 제재를 물고기에 대한 그물로 비유하여 이르는 말.
+ 罒(그물 망), 法(법 법), 網(그물 망)

憲法(헌법), 憲章(헌장), 違憲(위헌) ↔ 合憲(합헌)

3급 / 2획 / 제부수

주먹을 쥔 **오른손()**을 본떠서 **오른손 우**

또 오른손은 또또 자주 쓰이니 **또 우**

+ 㕚 叉(깍지 낄 차) - 1급
+ 글자를 만드는 데는 '오른손'의 뜻으로 많이 쓰이고, 실제 말에서는 '또'라는 의미로 많이 쓰입니다.

又重之(우중지), **又況**(우황), **日新又日新**(일신우일신)

5급II / 4획 / 부수 又

자주(ナ) 손(又) 잡으며 사귀는 벗이니 **벗 우**

+ ナ[열 십, 많을 십(十)의 변형]
+ 友는 같은 뜻의 벗, 朋(벗 붕, 무리 붕)은 같은 또래의 벗.

友愛(우애), **友情**(우정), **朋友有信**(붕우유신)

6급II / 4획 / 부수 又

가린 것(厂)을 손(又)으로 거꾸로 뒤집으니 **거꾸로 반, 뒤집을 반**

+ 厂('굴 바위 엄, 언덕 엄'이지만 여기서는 덮어 가린 것)

反對(반대), **反抗**(반항), **違反**(위반)

3급II / 8획 / 부수 心(忄)

마음(忄)이 또(又) 흙(土)처럼 흩어지면 괴이하니 **괴이할 괴**

+ 괴이(怪異) - 이상야릇하다.
+ 忄(마음 심 변), 土(흙 토), 異(다를 이)

怪物(괴물), **怪疾**(괴질), **奇巖怪石**(기암괴석)

3급II / 10획 / 부수 木

여러 손(𣎴)으로 잎을 따는 뽕나무(木)니 **뽕나무 상**

+ 옙 桒 - 많이(十) 풀(卅)잎을 따는 뽕나무(木)니 '뽕나무 상'
+ 뽕나무 잎을 따서 누에를 기르지요.

桑果(상과), **桑田碧海**(상전벽해), **滄海桑田**(창해상전)

4판 반반[板版販阪 叛返] – 反으로 된 한자

5급 / 8획 / 부수 木

나무(木)를 톱으로 켜면 **반대**(反)쪽으로 벌어지면서 생기는 널조각이니
널조각 판

板書(판서), 板子(판자), 看板(간판), 黑板(흑판)

版

3급Ⅱ / 8획 / 부수 片

나무 **조각**(片)에 글자를 새겨 **뒤집어**(反) 인쇄하니 **인쇄할 판**

+ 片(조각 편)

版權(판권), 版畫(판화), 木版(목판), 出版(출판)

販

3급 / 11획 / 부수 貝

재물(貝)을 **거꾸로**(反) 주며 팔고 장사하니 **팔 판, 장사할 판**

+ 貝(조개 패, 재물 패, 돈 패)

販路(판로), 販促(판촉), 共販(공판), 自販機(자판기)

2급 / 7획 / 부수 阜(阝)

언덕(阝)이 **뒤집어질듯**(反) 경사진 비탈이니 **비탈 판**

+ 图 坂 – 흙(土)이 거꾸로(反) 선 듯한 비탈이니 '비탈 판' – 특급Ⅱ

阪路(판로), 九折阪(구절판)

3급 / 9획 / 부수 又

반(半)씩 나누어도 **뒤집으며**(反) 배반하니 **배반할 반**

+ 半(반 반)

叛骨(반골), 叛起(반기), 叛逆(반역)

3급 / 8획 / 부수 辵(辶)

거꾸로(反) **가게**(辶) 돌이키니 **돌이킬 반**

+ 辶(뛸 착, 갈 착, = 辵)

返納(반납), 返送(반송), 返品(반품), 返還(반환)

4급 / 8획 / 부수 又

손 **위(上)**로 아버지보다 **작은(小) 또(又)** 다른 작은아버지나 아저씨니

작은아버지 숙, 아저씨 숙

+ 백중숙계(伯仲叔季) – 맏이는 맏 백(伯), 둘째는 버금 중(仲), 셋째는 작은아버지 숙(叔), 끝은 끝 계(季)로, 사형제를 차례로 이르는 말.

叔母(숙모), 叔父(숙부), 叔姪(숙질), 堂叔(당숙)

3급II / 11획 / 부수 水(氵)

물(氵)처럼 **아저씨(叔)** 성품이 맑으니 **맑을 숙**

+ 원래는 '물(氵)로만 자란 콩[叔 – 콩 숙(菽)의 축약형]나물은 맑고 깨끗하다는 데서 맑을 숙(淑)'입니다.

淑女(숙녀), 淑明(숙명), 貞淑(정숙)

3급II / 11획 / 부수 宀

집(宀)이 **아저씨(叔)**만 있는 듯 고요하니 **고요할 적**

+ 宀(집 면)

孤寂(고적), 靜寂(정적), 閑寂(한적)

4급II / 13획 / 부수 目

아저씨(叔)가 **보고(目)** 감독하니 **감독할 독**

+ 감독(監督) – 일이나 사람 따위가 잘못되지 아니하도록 살피어 단속함. 또는 일 전체를 지휘함.
+ 目(눈 목, 볼 목, 항목 목), 監(볼 감)

督勵(독려), 督納(독납), 督促(독촉)

TIP

〈명언〉

種瓜得瓜(종과득과)요, 種豆得豆(종두득두)라.
['콩 심은 데 콩 나고 팥 심은 데 팥 난다'로, 뿌린 대로 거둔다는 말]
+種(씨앗 종, 종류 종, 심을 종), 瓜(오이 과), 得(얻을 득), 豆(콩 두, 제기 두)

취취최취[取趣最聚] – 取로 된 한자

4급II / 8획 / 부수 又

귀(耳)로 듣고 손(又)으로 취하여 가지니 **취할 취, 가질 취**

+ 원래는 적군을 죽이고 그 전공을 알리기 위하여 귀(耳)를 잘라 손(又)으로 취하여 가져온다는 데서 생긴 글자지요. 일본에 가면 임진왜란 때 잘라간 귀를 묻은 이총(耳塚 – 귀무덤)이 있답니다.
+ 耳(귀 이), 又(오른손 우, 또 우), 塚(무덤 총)

取得(취득), 取消(취소), 爭取(쟁취), 取捨選擇(취사선택)

4급 / 15획 / 부수 走

달려가(走) 취할(取) 정도로 느끼는 재미와 취미니 **재미 취, 취미 취**

+ 취미(趣味) – 전문적으로 하는 것이 아니라 즐기기 위하여 하는 일.
+ 走(달릴 주, 도망갈 주)

興趣(흥취), 趣旨(취지), 趣向(취향)

5급 / 12획 / 부수 日

(무슨 일을 결정할 때) 여러 말(曰)을 취하여(取) 들음이 가장 최선이니 **가장 최**

+ 曰(가로 왈), 가로다 – '말하다'의 옛말.

最強(최강), 最高(최고), 最古(최고), 最善(최선)

聚

2급 / 14획 / 부수 耳

취하려고(取) 우두머리(ノ)를 따라(ㅣ) 양쪽(ˇˇ)으로 모이니 **모일 취**

+ ノ('삐침 별'이지만 여기서는 우두머리로 봄)

聚落(취락), 聚散(취산), 聚合(취합)

TIP

〈명언〉

知之者(지지자)는 不如好之者(불여호지자)요,
好之者(호지자)는 不如樂之者(불여낙지자)라.

"아는 것은 좋아함만 같지 못하고, 좋아함은 즐기는 것만 같지 못하다"로, 아는 것보다 좋아함이, 좋아함보다 즐기는 것이 더 낫다는 말이네요.

성공하려면 자기가 진정으로 좋아하고 즐기는 일을 찾아 직업으로 삼아야 합니다. 좋아하고 즐기는 일을 하니 능률이 오르고 능률이 오르니 성공하게 되니까요.
+ 知(알 지), 之(갈 지, ~의 지, 이 지), 者(놈 자, 것 자), 好(좋을 호), 樂(노래 악, 즐길 락, 좋아할 요)

피피피 파파피[皮彼被 波坡疲] - 皮로 된 한자

3급II / 5획 / 제부수

언덕(厂)처럼 둘러싸인 것을 칼(丨) 들고 손(又)으로 벗기는 가죽이니 **가죽 피**

또 가죽 같은 살갗의 피부니 **피부 피, 성씨 피**

+ 厂[굴 바위 엄, 언덕 엄(厂)의 변형], 丨('뚫을 곤'이지만 여기서는 칼로 봄), 又(오른손 우, 또 우)

皮膚(피부), 皮革(피혁), 毛皮(모피), 鐵面皮(철면피)

3급II / 8획 / 부수 彳

벗겨 간(彳) 저 가죽(皮)이니 **저 피**

+ 彳(조금 걸을 척)
+ 자기를 중심으로 가까운 것은 '이 차(此)'고, 먼 것은 '저 피(彼)'입니다.

彼我(피아), 彼岸(피안), 彼此(피차), 知彼知己(지피지기)

3급II / 10획 / 부수 衣(衤)

옷(衤)을 살가죽(皮)에 닿도록 입으니 **입을 피**

또 입은 것처럼 무슨 일을 당하니 **당할 피**

+ 衤(옷 의 변)
+ '옷(衤)을 가죽(皮)으로 만들어 입으니 입을 피'라고도 해요.

被服(피복), 被擊(피격), 被告(피고), 被害(피해)

4급II / 8획 / 부수 水(氵)

물(氵)의 가죽(皮)에서 치는 물결이니 **물결 파**

+ 물의 표면이 물의 가죽인 셈이지요.

波及(파급), 波紋(파문), 防波堤(방파제)

2급 / 8획 / 부수 土

흙(土)이 가죽(皮)처럼 단단히 쌓여 만들어진 언덕이니 **언덕 파**

+ 인·지명용 한자.

坡州(파주), 洪蘭坡(홍난파) - 우리나라 근대 음악(音樂)의 선구자이며 작곡가.

疲

4급 / 10획 / 부수 疒

병든(疒) 것처럼 살가죽(皮)에 드러나도록 피곤하니 **피곤할 피**

+ 疒(병들 녁)
+ 피곤하면 피부도 거칠어지지요.

疲困(피곤), 疲勞(피로), 疲勞感(피로감)

5위[韋偉緯違圍] - 韋로 된 한자

2급 / 9획 / 제부수

위아래를 잘 다듬은 가죽을 본떠서 **가죽 위**

또 서로 반대 방향으로 가는(어기는) 모양으로도 보아 **어길 위**

韋編三絶(위편삼절)

＋ 종이가 없던 옛날에는 대 조각에 글을 써서 책으로 만들어 사용했는데, 공자(孔子)가 책을 하도 많이 읽어서 그것을 엮어 놓은 끈이 세 번이나 끊어졌다는 데서 유래.

5급Ⅱ / 11획 / 부수 人(亻)

보통 **사람(亻)**과 **달리(韋)** 크고 훌륭하니 **클 위, 훌륭할 위**

偉功(위공), 偉大(위대), 偉力(위력), 偉人(위인)

3급 / 15획 / 부수 糸

실(糸) 중 날실과 **어긋나게(韋)** 짜는 씨실이니 **씨실 위**

＋ 점 經(지날 경, 날실 경, 경서 경) - 제목번호 364 참고.
＋ 베를 짤 때는 날실의 엇갈린 사이에 씨실을 담은 북이 왔다 갔다 하지요. 길게 늘어뜨린 쪽의 실을 날실 경(經), 좁은 쪽의 실을 씨실 위(緯)라 합니다.

緯度(위도), 緯線(위선), 經緯(경위)

3급 / 13획 / 부수 辵(辶)

어긋나게(韋) 가며(辶) 어기고 잘못하니 **어길 위, 잘못 위**

＋ 辶(뛸 착, 갈 착, = 辶)

違骨(위골), 違反(위반), 違約(위약), 非違(비위)

4급 / 12획 / 부수 囗

가죽(韋)으로 둘레를 **둘러싸니(囗)** **둘레 위, 둘러쌀 위**

＋ 약 囲 - 우물틀(井)처럼 둘레를 둘러싸니(囗) '둘레 위, 둘러쌀 위'
＋ 囗[에운담, 나라 국(國)의 약자], 井(우물 정, 우물틀 정)

周圍(주위), 包圍(포위), 圍立(위립)

행(항)충 위형연[行衝 衛衡衍] – 行으로 된 한자

6급 / 6획 / 제부수

사람이 다니는 사거리를 본떠서 **다닐 행**

또 다니며 일을 행하니 **행할 행**

또 (친척 사이에서) 다니듯 가리는 항렬이니 **항렬 항**

+ 行列 – ① (행렬) ㉠ 여럿이 줄서서 감. 또는 그 줄. ㉡ 어떤 수를 몇 개의 행과 열로 나열한 표. ② (항렬) 같은 혈족에서 갈라져 나간 계통 사이의 대수(代數) 관계. 형제 관계를 같은 항렬이라 함.
+ 列(벌일 렬, 줄 렬)

行人(행인), 行動(행동), 行爲(행위)

3급II / 15획 / 부수 行

무거운(重) 것을 들고 갈(行) 때처럼 잘 볼 수 없어 부딪치고 찌르니

부딪칠 충, 찌를 충

衝擊(충격), 衝突(충돌), 緩衝(완충), 衝天(충천)

4급II / 15획 / 부수 行

서로 **어긋나게(韋)** 바꿔 **다니며(行)** 지키니 **지킬 위**

+ 지키고 보호하기 위하여 보초를 서지요. 보초는 일정한 시간마다 서로 엇갈려 가면서 서야, 즉 장소를 서로 교대하면서 서야 빈틈이 없다는 데서 만들어진 글자.

衛兵(위병), 衛生(위생), 防衛(방위), 守衛(수위)

3급II / 16획 / 부수 行

물고기(魚)처럼 떠서 **움직이는(行)** 저울대니 **저울대 형**

+ 魚[물고기 어(魚)의 변형]
+ 옛날 저울은 막대(저울대)에 추를 달아서 무게를 달도록 만들어, 물건을 달 때는 저울대가 무게에 따라 움직였지요.

衡平(형평), 衡平性(형평성), 均衡(균형), 平衡(평형)

2급 / 9획 / 부수 行

물(氵)이 물건 속으로 스미어 **가면(行)** 불어나 넓게 퍼지니

넓을 연, 퍼질 연

衍文(연문), 衍義(연의), 敷衍(부연)

DAY 13 확인문제

01~03 다음 漢字의 訓과 音을 쓰시오.

01. 麟, 射, 趨

02. 縫, 守, 阪

03. 聚, 坡, 緯

04~06 다음 漢字語의 讀音을 쓰시오.

04. 堯舜, 瞬息間, 範疇

05. 蓬頭亂髮, 興趣, 蓄財

06. 疲勞, 韋編三絕, 姦桀

07~08 다음 문장에서 ( ) 안의 漢字語를 漢字(正字)로 바꾸어 쓰시오.

07. 저는 (상봉)할 날만을 학수고대하고 있어요.

08. 헌신적인 마음속에는 (고결)한 눈물도 있다.

09~10 다음 ( ) 안에 알맞은 漢字(正字)를 써넣어 四字成語를 완성하시오.

09. ( )宜適切 – 그 당시의 사정이나 요구에 아주 알맞음.

10. 修( )齊家 – 몸과 마음을 닦아 수양하고 집안을 다스림.

11 다음 [ ] 안의 漢字와 뜻이 비슷한 한자는?

11. [守] ① 峰   ② 蜂   ③ 護   ④ 蓬

12 다음 [ ] 안의 漢字와 뜻이 반대인 한자는?

12. [害] ① 浸   ② 沈   ③ 陷   ④ 利

정답

01. 기린 린, 쏠 사, 달릴 추 **02.** 꿰맬 봉, 지킬 수, 비탈 판 **03.** 모일 취, 언덕 파, 씨실 위
04. 요순, 순식간, 범주 **05.** 봉두난발, 흥취, 축재 **06.** 피로, 위편삼절, 간걸
07. 相逢 **08.** 高潔 **09.** 時
10. 身 **11.** ③ **12.** ④

261 간건간 한한 조조묘[𣍘乾幹 韓翰 朝潮廟] – 𣍘, 朝로 된 한자

참고자 / 8획

나무 사이에 **해(日)** 돋는 모양에서 **해 돋을 간**

✚ 어원 해설을 위해 추정해 본 글자로 실제 쓰이지는 않습니다.

3급Ⅱ / 11획 / 부수 乙

해 돋아(𣍘) 사람(ㅗ)과 **새(乙)** 등을 살게 하는 하늘이니 **하늘 건**

또 해 돋은 하늘에 물건은 마르니 **마를 건**

✚ ㅗ[사람 인(人)의 변형], 乙(새 을, 둘째 천간 을, 둘째 을, 굽을 을)

乾坤(건곤), 乾燥(건조), 白手乾達(백수건달)

3급Ⅱ / 13획 / 부수 干

해 돋을(𣍘) 때부터 **사람(人)**과 **방패(千)**를 관리하는 간부니 **간부 간**

또 나무에서 간부 같은 줄기니 **줄기 간**

✚ 干(방패 간, 범할 간, 얼마 간, 마를 간)

幹線(간선), 基幹産業(기간산업)

8급 / 17획 / 부수 韋

해 돋는(𣍘) 동쪽의 **위대한(韋)** 한국이니 **한국 한, 성씨 한**

✚ 韋['가죽 위, 어길 위'지만 여기서는 '클 위, 훌륭할 위(偉)'의 획 줄임으로 봄]

韓國(한국), 韓方(한방), 韓服(한복), 韓食(한식), 大韓民國(대한민국)

2급 / 16획 / 부수 羽

해 돋으면(𣍘) 사람(人)이 새의 **깃(羽)**이나 짐승의 털을 묶어 글을 쓰던 붓이니 **붓 한**

또 붓으로 쓰는 글이나 편지니 **글 한, 편지 한**

✚ 羽(날개 우, 깃 우)

翰林(한림), 翰毛(한모), 公翰(공한), 書翰(서한)

해 돋는 데(훍) 아직 달(月)도 있는 아침이니 **아침 조**

또 (신하는) 아침마다 조정에 나가 임금을 뵈었으니 **조정 조, 뵐 조**

6급 / 12획 / 부수 月

+ 그믐이 가까워지면 아침까지 달이 있지요.
+ 뵙다 – 웃어른을 대하여 보다.

　朝刊(조간), 朝飯(조반), 朝廷(조정), 朝會(조회)

바다에서 물(氵)이 **아침(朝)** 저녁으로 들어왔다가 나갔다가 하는 조수니
조수 조

4급 / 15획 / 부수 水(氵)

+ 조수(潮水) – 주기적으로 들었다가 나갔다가 하는 바닷물.

　潮流(조류), 滿潮(만조) ↔ 干潮(간조)

집(广) 중 **아침(朝)**마다 제사 지내는 사당이니 **사당 묘**

3급 / 15획 / 부수 广

+ 뗴 庙 – 집(广) 중 말미암은(由) 조상께 제사 지내는 사당이니 '사당 묘'
+ 사당(祠堂) – 조상의 신주(神主)를 모셔 놓은 집.
+ 广(집 엄), 由(말미암을 유, 까닭 유), 祠(사당 사), 堂(집 당, 당당할 당)

　廟堂(묘당), 廟社(묘사), 宗廟(종묘)

DAY
14

262　유욱 우우우[有郁 右佑祐] – 有, 右로 된 한자

많이(ナ) 고기(月)를 가지고 있으니 **가질 유, 있을 유**

7급 / 6획 / 부수 肉(月)

+ ナ[열 십, 많을 십(十)의 변형]

　所有(소유), 有罪(유죄), 有口無言(유구무언)

자원을 많이 **가진(有)** 고을(阝)처럼 번성하니 **번성할 욱**

2급 / 9획 / 부수 邑(阝)

+ 阝(고을 읍 방)
+ 욱욱(郁郁) – ㉠ 문물이 성하고 빛나는 모양. ㉡ 무늬가 찬란한 모양. ㉢ 향기가 그윽한 모양.

　馥郁(복욱), 郁郁靑靑(욱욱청청) – 향기가 대단히 좋고 나무가 우거져 푸름.

자주(ナ) 써서 말(口)에 잘 움직이는 오른쪽이니 **오른쪽 우**

+ 요즘은 어느 손이나 잘 써야 하지만 옛날에는 오른손을 주로 써서, 습관이 되어 오른손이 편하니 대부분의 일을 오른손으로만 했지요.

右往左往(우왕좌왕), 座右銘(좌우명)

7급Ⅱ / 5획 / 부수 口

사람(イ)이 오른쪽(右)에서 도우니 **도울 우**

+ 첨 佐 – 사람(イ)이 왼쪽(左)에서 도우니 '도울 좌'

佑啓(우계), 佑命(우명), 佑助(우조), 天祐神助(천우신조)

2급 / 7획 / 부수 人(イ)

신(示)이 오른쪽(右)에서 도와주는 복이니 **도울 우, 복 우**

+ 우(佑)와 우(祐)는 '돕다'의 뜻으로 같이 쓰이지만 엄밀하게 구분하면 사람이 도우면 佑, 신이 도우면 祐지요.

幸祐(행우)

2급 / 10획 / 부수 示

| 263 | 재존 좌좌 회탄[在存 左佐 灰炭] – イ, 左, 灰로 된 한자 |

한(一) 사람(イ)에게 땅(土)이 있으니 **있을 재**

+ 土('흙 토'지만 여기서는 땅으로 봄)

在庫(재고), 在室(재실), 在中(재중), 在學(재학)

6급 / 6획 / 부수 土

한(一) 사람(イ)에게 아들(子)이 있으니 **있을 존**

存立(존립), 存續(존속), 共存(공존), 生存(생존)

4급 / 6획 / 부수 子

(목수는 왼손에 자를 들고 오른손에 연필이나 연장을 드니)

많이(ナ) 자(工)를 쥐는 왼쪽이니 **왼쪽 좌**

또 왼쪽은 낮은 자리도 뜻하여 **낮은 자리 좌**

+ 工('장인 공, 만들 공, 연장 공'이지만 여기서는 이 글자를 만들 때 본뜬 '자'를 말합니다.)
+ 예전에 중국에서 오른쪽을 숭상하고 왼쪽을 멸시하였던 데서 유래.

左傾(좌경), 左翼(좌익), 左衝右突(좌충우돌), 左遷(좌천)

7급Ⅱ / 5획 / 부수 工

佐

3급 / 7획 / 부수 人(亻)

사람(亻)이 왼쪽(左)에서 도우니 **도울 좌**

+ 종 佑(도울 우)
+ 사람 인 변(亻)에 왼쪽 좌(左)나 오른쪽 우(右)를 붙이면 모두 돕는다는 뜻이 되네요.

　佐飯(좌반 → 자반), 補佐·輔佐(보좌), 上佐(상좌)

灰

4급 / 6획 / 부수 火

많이(ナ) 불(火)에 타고 남은 재니 **재 회**

+ ナ[열 십, 많을 십(十)의 변형], 火(불 화)

　灰色(회색), 灰心(회심), 石灰石(석회석), 洋灰(양회)

炭

5급 / 9획 / 부수 火

산(山)에 묻힌 재(灰) 같은 숯이나 석탄이니 **숯 탄, 석탄 탄**

+ 山(산 산), 灰[재 회(灰)의 변형]

　炭價(탄가), 炭坑(탄갱), 炭鑛(탄광), 煉炭(연탄)

264　　타(수)타수[隋墮隨] - 隋로 된 한자

隋

2급 / 12획 / 부수 阜(阝)

언덕(阝)의 왼쪽(左) 아래로 몸(月)이 떨어지니 **떨어질 타**

또 중심에서 멀리 떨어져 있던 수나라니 **수나라 수**

+ 수(隋)나라 - 옛날 중국에 있었던 나라(581~618년).

　隋書(수서), 與隋將于仲文詩(여수장우중문시) - '수나라 장수 우중문에게 주는 시'로, 고구려를 침공한 수나라 장수 우중문을 조롱하기 위해 을지문덕이 쓴 시.

+ 與(줄 여, 더불 여, 참여할 여), 將(장수 장, 장차 장, 나아갈 장), 于(어조사 우, 성씨 우), 仲(버금 중), 文(글월 문), 詩(시 시)

墮

3급 / 15획 / 부수 土

떨어져(隋) 흙(土)에 빠지니 **떨어질 타, 빠질 타**

+ 액 堕 - 언덕(阝) 아래에 있는(有) 흙(土)으로 떨어져 빠지니 '떨어질 타, 빠질 타'

　墮落(타락), 墮漏(타루), 墮罪(타죄)

隨

3급Ⅱ / 16획 / 부수 阜(阝)

약간 떨어져(隋) 가며(辶) 따르니 **따를 수**

+ 액 随 - 언덕(阝)까지라도 뜻이 있는(有) 분을 따라가니(辶) '따를 수'
+ 누구를 따를 때는 약간 뒤져서 가지요.
+ 辶(뛸 착, 갈 착, = 辶)

　隨伴(수반), 隨時(수시), 隨筆(수필), 隨行(수행)

287

석척(탁) 연파벽[石拓 研破碧] – 石으로 된 한자

6급 / 5획 / 제부수

언덕(丁) 밑에 있는 돌(口)을 본떠서 **돌 석**

+ 丁[굴 바위 엄, 언덕 엄(厂)의 변형], 口('입 구, 구멍 구, 말할 구'지만 여기서는 돌로 봄)

石器(석기), 石造(석조), 木石(목석), 化石(화석)

3급II / 8획 / 부수 手(扌)

손(扌)으로 돌(石)을 치워 땅을 개척하니 **개척할 척**

또 손(扌)으로 돌(石)에 새겨진 글씨를 눌러 박으니 **박을 탁**

+ 扌(손 수 변)

拓植(척식), 干拓(간척), 拓本(탁본)

4급II / 11획 / 부수 石

돌(石)을 방패(干)와 방패(干)를 이은 것처럼 평평하게 가니 **갈 연**

또 갈고 닦듯이 연구하니 **연구할 연**

+ 옌 研 – 돌(石)의 표면을 한(一)결같게 받쳐 들고(廾) 가니 '갈 연'
    또 갈고 닦듯이 연구하니 '연구할 연'
+ 干(방패 간, 범할 간, 얼마 간, 마를 간), 廾(받쳐 들 공)

研磨(연마), 研鑽(연찬), 研究(연구), 研修(연수)

4급II / 10획 / 부수 石

돌(石) 가죽(皮), 즉 돌 표면처럼 단단하면 잘 깨지니 **깨질 파**

또 깨져서 생명이 다하니 **다할 파**

+ 皮(가죽 피, 피부 피, 성씨 피)
+ 부드러운 것보다 단단한 것이 잘 깨지지요.

破壞(파괴), 破損(파손), 破顔大笑(파안대소), 讀破(독파), 走破(주파)

3급II / 14획 / 부수 石

옥(王)으로 된 흰(白) 돌(石)처럼 희다 못해 푸르니 **푸를 벽**

+ 너무 희면 푸른빛이 나지요.

碧眼(벽안), 碧海(벽해), 碧梧桐(벽오동), 碧溪水(벽계수), 桑田碧海(상전벽해)

3획 / 부수자

고슴도치 머리 모양을 본떠서 **고슴도치 머리 계**

또 오른손의 손가락을 편 모양으로도 보아 **오른손 우**

+ 원래 彐인데 변형된 모습인 彑로도 많이 쓰입니다.
+ 오른손 주먹을 쥔 모양(🖐)을 본떠서 '오른손 우, 또 우(又)', 오른손 손가락을 편 모양(🖐)을 본떠서 '오른손 우(彐)'

3급 / 4획 / 부수 一

오른손(彐)에 쥔 **고삐(丨)**에 매인 소처럼 추하니 **소 축, 추할 추**

또 소는 12지지의 둘째 지지니 **둘째 지지 축**

+ 彐(彐의 변형), 丨('뚫을 곤'이지만 여기서는 소 고삐로 봄), 소를 한 마리씩 몰고 다닐 때는 고삐로 매어 끌지요. 丑은 주로 12지지에 쓰이고, '소'의 뜻으로는 소 우(牛)를 씁니다.

　丑時(축시), 己丑年(기축년)

2급 / 4획 / 부수 尸

오른손(彐)에 **지휘봉(丿)** 들고 다스리는 벼슬이니

다스릴 윤, 벼슬 윤

+ 丿('삐침 별'이지만 여기서는 지휘봉으로 봄)

　府尹(부윤), 判尹(판윤)

伊

2급 / 6획 / 부수 人(亻)

사람(亻)이 **다스리듯(尹)** 가리키며 일컫는 지시 대명사니

저 이, 이 이, 그 이

또 이태리도 나타내어 **이태리 이**

　伊時(이시), 伊太利(이태리)

DAY
14

TIP

〈사람의 몸을 나타내는 글자에 어찌 月이 붙을까?〉

인간은 우주의 일부로 태어나 소우주(小宇宙)라고도 하고, 지구에서 가장 가까운 천체(天體)인 달(月)이 인간에게 지구 다음으로 큰 영향을 준다고도 하지요. 여성이 매달 달거리(月經)를 하고, 그런 생리(生理)과정을 거쳐 수태(受胎)를 하고 출산(出産)을 하게 되는 것도 달의 영향이랍니다. 그래서 한자가 만들어질 때부터 육체(肉體)와 관계되는 글자에는 月을 부수로 붙였고, 이때의 月을 실제의 달 월(月)과 구분하기 위하여 '육 달 월'이라 부르지요. 다른 설로는 고기 육(肉)의 변형이 육 달 월(月)이라고도 합니다. 주로 月이 글자의 왼쪽에 붙으면 '육 달 월'이고, 오른쪽에 붙으면 '달 월'입니다.

+ 宇(집 우, 우주 우), 宙(집 주, 하늘 주), 天(하늘 천), 體(몸 체), 經(날실 경, 지낼 경, 경서 경), 受(받을 수), 胎(임신할 태, 처음 태), 産(낳을 산)

군군군[君郡群] – 君으로 된 한자

4급 / 7획 / 부수 口

다스리며(尹) 입(口)으로 명령하는 임금이니 **임금 군**

또 임금처럼 섬기는 남편이나 그대니 **남편 군, 그대 군**

君臣(군신), 郞君(낭군), 君不見(군불견)

郡

6급 / 10획 / 부수 邑(阝)

임금(君)이 다스리는 **고을(阝)**이니 **고을 군**

+ 阝 – 글자의 왼쪽에 붙으면 언덕 부(阜)가 변으로 쓰인 경우로 '언덕 부 변', 글자의 오른쪽에 붙으면 고을 읍(邑)이 방으로 쓰인 경우로 '고을 읍 방'

郡民(군민), 郡守(군수), 州郡(주군)

群

4급 / 13획 / 부수 羊

임금(君)을 따르는 **양(羊)** 떼처럼 많은 무리니 **무리 군**

+ 羊(양 양)

群島(군도), 群衆(군중), 群鷄一鶴(군계일학)

급진구(귀·균) 민(맹)승[急盡龜 黽繩] –ㅋ, 黽으로 된 한자

6급Ⅱ / 9획 / 부수 心

위험을 느껴 아무 **사람(勹)**이나 **손(ㅋ)**으로 잡아야 하는 **마음(心)**처럼 급하니 **급할 급**

+ 勹[사람 인(人)의 변형], ㅋ(고슴도치 머리 계, 오른손 우)

急求(급구), 急性(급성), 急速(급속), 急行(급행)

盡

4급 / 14획 / 부수 皿

손(ㅋ)에 막대(丨) 하나(一)로 **불(灬)** 있는 화로 **그릇(皿)**을 뒤적이면 꺼져 다하니 **다할 진**

+ 智 尽 – 자(尺)로 눈금을 재면서 한 점(丶) 한 점(丶) 최선을 다하니 '다할 진'
+ 丨('뚫을 곤'이지만 여기서는 막대로 봄), 灬 (불 화 발), 尺(자 척), 불은 뒤적이면 산소에 노출되어 금방 타고 꺼지지요.

極盡(극진), 賣盡(매진), 未盡(미진), 脫盡(탈진), 無窮無盡(무궁무진)

龜

3급 / 16획 / 제부수

거북의 **머리**(勹)와 **등판**(⌐)과 **등뼈**(丨)와 **꼬리**(乚)와 **양 다리**(龜)를 본떠서 **거북 구(귀)**

또 갈라진 거북 등처럼 터지니 **터질 균**

+ 魳 亀 – 머리(勹)와 등판(日)과 몸(日) 속에 꼬리(乚)가 난 거북이니 '거북 구(귀)'
　　　또 갈라진 거북 등처럼 터지니 '터질 균'
+ 勹[사람 인(人)의 변형이지만 여기서는 거북의 머리로 봄], 丨('뚫을 곤'이지만 여기서는 등뼈로 봄),
　乚[새 을, 굽을 을(乙)이 부수로 쓰일 때의 모양이지만 여기서는 꼬리로 봄], 日('가로 왈'이지만
　여기서는 거북의 등판과 몸으로 봄)
+ '거북'의 뜻으로는 단어에 따라 '구, 귀'로 읽고, '터지다'의 뜻으로는 '균'으로 읽습니다.

　龜尾(구미), 龜鑑(귀감), 龜裂(균열)

黽

특급 / 13획 / 제부수

무엇에 매여 힘쓰는 모습이나 맹꽁이를 본떠서 **힘쓸 민, 맹꽁이 맹**

+ 맹꽁이 – ㉠ 맹꽁이과의 양서류. 개구리를 닮았으나 뚱뚱하며 물갈퀴는 없음. 흐린 날이나 비가
　내릴 때 맹꽁맹꽁 하고 소리를 냄. ㉡ 소견이 좁고 아둔한 사람을 이르는 말.

繩

2급 / 19획 / 부수 糸

실(糸)로 **힘쓸**(黽) 수 있게 만든 노끈이니 **노끈 승**

+ 糸(실 사, 실 사 변)

　繩墨(승묵), 繩索(승삭), 捕繩(포승)

269　율률진필 건건건[聿律津筆 建健鍵] – 聿, 建으로 된 한자

聿

특급Ⅱ / 6획 / 제부수

오른손(⺕)에 잡고 쓰는 붓을 본떠서 **붓 율**

+ ⺕(고슴도치 머리 계, 오른손 우)
+ 요즘에는 붓을 대로 만든다는 데서 위에 대 죽(⺮)을 붙여 만든 '붓 필(筆)'로 많이 씁니다.

律

4급Ⅱ / 9획 / 부수 彳

행할(彳) 법을 **붓**(聿)으로 적은 법률이니 **법률 률(율)**

또 법률처럼 지켜야 하는 소리의 음률이니 **음률 률(율)**

+ 彳('조금 걸을 척'으로, 여기서는 '어떤 일을 행하다' 뜻)

　律法(율법), 戒律(계율), 音律(음률), 二律背反(이율배반)

물(氵)이 붓(聿)으로 그린 듯이 가늘게 흐르는 곳에 생긴 나루니 **나루 진**

또 물(氵)이 붓(聿)으로 그린 듯이 가늘게 흐르는 진액이니 **진액 진**

2급 / 9획 / 부수 水(氵)

＋ 옛날 배는 작아서 물이 깊지 않고 물살이 세지 않은 곳이 배를 대기에 좋았음을 생각하고 만든 글자.

津渡(진도), 津液(진액), 松津(송진), 迷津寶筏(미진보벌)

대(艹)로 만든 붓(聿)이니 **붓 필**

또 붓으로 쓰는 글씨니 **글씨 필**

5급II / 12획 / 부수 竹(艹)

＋ 艹(대 죽)

筆記(필기), 筆答(필답), 紙筆硯墨(지필연묵)

붓(聿)으로 길게 써가며(廴) 계획을 세우니 **세울 건**

5급 / 9획 / 부수 廴

＋ 廴(길게 걸을 인)

建立(건립), 建物(건물), 建設(건설), 再建(재건)

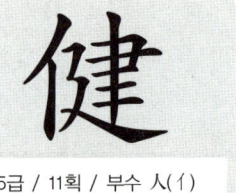

사람(亻)은 몸을 바로 세워야(建) 건강하니 **건강할 건**

5급 / 11획 / 부수 人(亻)

健康(건강), 健勝(건승), 健全(건전), 強健(강건)

쇠(金)를 세워(建) 채우는 자물쇠니 **자물쇠 건**

2급 / 17획 / 부수 金

＋ 옛날의 자물쇠는 대부분 서 있는 모양으로 세워서 채움을 생각하고 만든 글자.

鍵盤(건반), 關鍵(관건)

TIP

〈명언〉

德建名立(덕건명립)

['덕을 세우면 이름도 섬'으로, 항상 덕을 가지고 세상일을 행하면 자연스럽게 이름도 서게 됨]

＋ 德(덕 덕, 클 덕), 名(이름 명, 이름날 명), 立(설 립)

서주 화(획)획[書晝 畫劃] – 붓 율(聿)의 변형(聿)과 畫로 된 한자

書

6급II / 10획 / 부수 日

붓(聿)으로 말하듯(曰) 쓰니 **쓸 서**

또 써 놓은 글이나 책이니 **글 서, 책 서**

+ 聿[붓 율(聿)의 변형], 曰(가로 왈), 가로다 – '말하다'의 옛말.

書記(서기), 書簡(서간), 書堂(서당), 良書(양서)

晝

6급 / 11획 / 부수 日

붓(聿)으로 해(日) 하나(一)를 보고 그릴 수 있는 낮이니 **낮 주**

+ [약] 昼 – 한 자(尺) 이상 아침(旦) 해가 올라온 낮이니 '낮 주'
+ 尺(자 척), 旦(아침 단)

晝間(주간), 晝耕夜讀(주경야독), 晝夜不息(주야불식)

畫

6급 / 12획 / 부수 田

붓(聿)으로 밭(田) 하나(一)를 그린 그림이니 **그림 화**

또 그림 그리듯이 그으니 **그을 획**

+ [참] 畵 – 붓(聿)으로 밭(田)의 경계(凵)까지 그린 그림이니 '그림 화'
　　　　 또 그림 그리듯이 그으니 '그을 획'
+ [약] 画 – 하나(一)를 대상으로 말미암아(由) 경계(凵)까지 그린 그림이니 '그림 화'
　　　　 또 그림 그리듯이 그으니 '그을 획'
+ '그을 획'으로는 劃과 통함. 凵('입 벌릴 감, 그릇 감'이지만 여기서는 경계로 봄), 由(까닭 유, 말미암을 유)

畫家(화가), 畫室(화실), 自畫自讚(자화자찬)

劃

3급II / 14획 / 부수 刀(刂)

그림(畫) 그리듯 칼(刂)로 새겨 그으니 **그을 획**

+ 원래는 그림 화, 그을 획(畫)으로 썼는데 옛날 칼을 차고 다니던 시절 칼로 긋고 계획한다는 데서 칼 도 방(刂)을 붙인 글자입니다.

劃一(획일), 區劃(구획), 計劃(계획), 企劃(기획), 劃順(획순)

DAY
14

> **TIP**

〈명언〉

氣山心海(기산심해)
[기상은 산처럼 우뚝하게, 마음은 바다와 같이 넓게]
+ 氣(기운 기, 대기 기), 山(산 산), 心(마음 심, 중심 심), 海(바다 해)

침침침 혜혜 혜[侵浸寢 彗慧 惠] – 룿, 彗로 된 한자와 惠

4급II / 9획 / 부수 人(亻)

사람(亻)이 비(彐)를 손(又)에 들고 조금씩 쓸어나가듯 남의 땅을 침범하니
침범할 침

+ 彐[비 추(帚)의 획 줄임], 又(오른손 우, 또 우)

侵犯(침범), 侵攻(침공), 侵略(침략), 侵害(침해)

3급II / 10획 / 부수 水(氵)

물(氵)이 비(彐)를 손(又)에 들고 조금씩 쓸어나가듯 점점 잠겨 적시니
잠길 침, 적실 침

浸水(침수), 浸透(침투)

4급 / 14획 / 부수 宀

집(宀)에서 나무 조각(爿)으로 만든 침대에 비(彐)를 손(又)에 들고
쓸고 닦은 다음에 누워 자니 **잘 침**

+ 宀(집 면), 爿(나무 조각 장)

寢睡(침수), 寢臺(침대), 寢食(침식), 就寢(취침)

1급 / 11획 / 부수 彐

풀 무성한 가지 두 개(丰)를 손(彐)으로 묶어 만든 비니 **비 혜**
또 빗자루 모양으로 꼬리를 끌며 날아가는 혜성이니 **혜성 혜**

+ 혜성(彗星) – ㉠ 빛나는 긴 꼬리를 끌고 태양을 도는 별. 꼬리별. ㉡ (밤하늘에 혜성이 갑자기 나타나
   듯) 어떤 분야에서 갑자기 뛰어나 드러남을 비유한 말.
+ 丰(풀 무성할 봉, 예쁠 봉, 풍성할 풍), 星(별 성)

3급II / 15획 / 부수 心

잡념을 비(彗)로 쓸어버린 마음(心)처럼 밝은 지혜니 **밝을 혜, 지혜 혜**

慧敎(혜교), 慧眼(혜안), 智慧(지혜)

4급II / 12획 / 부수 心

언행을 삼가고(叀) 어진 마음(心)으로 베푸는 은혜니 **은혜 혜**

+ 叀 – 차(車)에 점(丶) 찍는 일은 삼가니 '삼갈 전' – 실제 쓰이는 글자는 아닙니다.
+ 叀[수레 거, 차 차(車)의 변형]

恩惠(은혜), 惠澤(혜택), 施惠(시혜), 不費之惠(불비지혜)

병겸 겸혐렴렴[秉兼 謙嫌廉濂] - 秉兼과 兼의 변형(兼)으로 된 한자

2급 / 8획 / 부수 禾

벼(禾)를 손(⺕)으로 잡으니 **잡을 병**

+ 禾(벼 화), ⺕(고슴도치 머리 계, 오른손 우)

秉權(병권), 秉燭(병촉)

3급II / 10획 / 부수 八

(많이) **나뉜(八)** 것을 **한(一)** 손(⺕)에 **두 개(｜｜)**씩 **나누어(八)** 잡으며 겸하니 **겸할 겸**

+ ^약 兼 - 따로(丶)따로(丿) 있는 것도 한(一) 손(⺕)에 두 개(丨 丨)씩 나누어(八) 잡으며 겸하니 '겸할 겸'
+ 겸하다 - 본 업무 외에 다른 직무를 더 맡아 하다.

兼備(겸비), 兼業(겸업), 兼任(겸임), 兼職(겸직)

3급II / 17획 / 부수 言

말(言)이 학식과 인품을 **겸비한(兼)** 사람처럼 겸손하니 **겸손할 겸**

+ 兼[겸할 겸(兼)의 약자(兼)의 변형]

謙恭(겸공), 謙讓(겸양), 謙虛(겸허)

3급 / 13획 / 부수 女

여자(女) 둘을 **겸하여(兼)** 사귀면 싫어하고 의심하니
싫어할 혐, 의심할 혐

嫌忌(혐기), 嫌怒(혐노), 嫌惡(혐오), 嫌疑(혐의)

3급 / 13획 / 부수 广

집(广) 살림까지 **겸하여(兼)** 생활이 검소하고 청렴하니 **청렴할 렴(염)**
또 (이익을 조금 남기고) 청렴하게 팔아 값싸니 **값쌀 렴(염), 성씨 염**

+ 广(집 엄)

廉恥(염치), 廉價(염가), 低廉(저렴)

2급 / 16획 / 부수 水(氵)

물(氵) 중 **청렴하듯(廉)** 엷게 흐르는 물 이름이니
엷을 렴(염), 물 이름 렴(염)

급수 외 한자 / 8획 / 부수 巾

한쪽은 **고슴도치 머리**(ⴺ)처럼 펴지게 하고, 다른 한쪽은 **덮고**(冖)
수건(巾) 같은 천으로 묶어 손잡이를 만든 비니 **비 추**

+ ⴺ(고슴도치 머리 계, 오른손 우), 冖(덮을 멱), 巾(수건 건)

4급II / 11획 / 부수 手(扌)

손(扌)에 **비**(帚) 들고 쓰니 **쓸 소**

+ 扌(손 수 변)

　掃除(소제), 一掃(일소), 淸掃(청소)

4급II / 11획 / 부수 女

여자(女) 중 **비**(帚) 들고 집일을 하는 아내나 며느리니
아내 부, 며느리 부

　夫婦有別(부부유별), 新婦(신부), 主婦(주부), 姑婦(고부)

4급 / 18획 / 부수 止

쌓이고(自) **그쳐**(止) 있던 잡념을 **비**(帚)로 쓸어낸 듯
맑은 마음으로 돌아오거나 돌아가니 **돌아올 귀, 돌아갈 귀**

+ 歸 – 두(丬) 번이나 비(帚)로 쓸어내고 맑은 마음으로 돌아오거나 돌아가니
　　'돌아올 귀, 돌아갈 귀'
+ 自 – 비스듬하게(丿) 흙이 쌓여 있는 모습에서 '쌓일 퇴, 언덕 퇴'로, '쌓일 퇴, 언덕 퇴(堆)'의 원자인
　　㠯의 획 줄임. 止(그칠 지), 丬[칼 도 방(刂)의 변형이지만 여기서는 두 번으로 봄]

　歸家(귀가), 歸結(귀결), 歸路(귀로), 歸鄕(귀향), 事必歸正(사필귀정)

당당당(탕)[唐塘糖] – 唐으로 된 한자

唐
3급II / 10획 / 부수 口

집(广)에서라도 손(ㅋ)에 회초리(l) 들고 입(口)으로 갑자기 소리치면
황당하니 **갑자기 당, 황당할 당**

또 갑자기 세력을 떨쳤던 당나라니 **당나라 당**

+ 갑자기 – 미처 생각할 겨를도 없이 급히.
+ 황당(荒唐)하다 – 말이나 행동 따위가 참되지 않고 터무니없다.
+ 广(집 엄), ㅋ(고슴도치 머리 계, 오른손 우), 荒(거칠 황), l ('뚫을 곤'이지만 여기서는 회초리로 봄)

唐突(당돌), 唐惶(당황)

塘
2급 / 13획 / 부수 土

흙(土)으로 갑자기(唐) 막혀 물이 고인 연못이니 **연못 당**

池塘(지당), 春塘臺(춘당대)

糖
3급II / 16획 / 부수 米

쌀(米)밥에 엿기름을 넣으면 갑자기(唐) 바뀌어 되는 사탕이니
사탕 당, 사탕 탕

糖度(당도), 糖分(당분), 糖水肉(탕수육), 雪糖(설탕)

사경심숙 연[事庚尋肅 淵] – ㅋ로 된 한자와 淵

事
7급II / 8획 / 부수 亅

한(一) 입(口)이라도 더 먹이기 위해 손(ㅋ)에 갈고리(亅) 같은 도구도 들고
하는 일이니 **일 사**

또 일하여 섬기니 **섬길 사**

+ ㅋ(고슴도치 머리 계, 오른손 우), 亅(갈고리 궐)

事故(사고), 事理(사리), 農事(농사), 事大(사대)

庚
3급 / 8획 / 부수 广

집(广)에서 손(ㅋ)으로 사람(人)이 세어 보는 나이니
나이 경, 일곱째 천간 경

+ 广(집 엄)

庚伏(경복), 庚炎(경염), 庚辰(경진)

손(ヨ)으로 만든(工) 것을 입(口)으로 마디**마디**(寸) 평가하며

흠을 찾으니 **찾을 심**

또 누구나 흠을 찾아 말함이 보통이니 **보통 심**

3급 / 12획 / 부수 寸

+ 工(장인 공, 만들 공, 연장 공), 寸(마디 촌, 법도 촌)

尋訪(심방), **推尋**(추심), **尋常**(심상)

손(ヨ)으로 깊은 **연못**(淵)에서 **노**(丨)를 저을 때처럼 엄숙하니 **엄숙할 숙**

4급 / 13획 / 부수 ヰ

+ 위 肅 – 손(ヨ)으로 자루를 뚫어(丨) 쌀(米)의 품질을 이쪽(丿)저쪽(丨)으로 검사할 때처럼 엄숙하니 '엄숙할 숙'
+ 엄숙(嚴肅) – ㉠ 장엄하고 정숙함. ㉡ 위풍 있고 엄중함.
+ 丨('뚫을 곤'이지만 여기서는 노로 봄), 米(쌀 미), 嚴(엄할 엄), 잘못하면 물에 빠지니 엄숙하고, 옛날에는 쌀로 물물 교환을 했으니 헤아릴 때는 엄숙했지요.

肅敬(숙경), **肅拜**(숙배), **肅然**(숙연), **自肅**(자숙)

물(氵)이 고여 있는 **못**(淵)을 본떠서 **못 연**

2급 / 12획 / 부수 水(氵)

+ 못 – ㉠ 부정의 뜻을 나타내는 말. ㉡ 목재 따위의 접합이나 고정에 쓰는 물건. ㉢ 오목하게 팬 땅에 물이 괸 곳. 여기서는 ㉢의 뜻.
+ 淵[연못 연(淵)의 획 줄임]

淵源(연원), **淵衷**(연충), **深淵**(심연)

---

276 조 과고 쟁정정[爪 瓜孤 爭淨靜] – 爪와 瓜, 爭으로 된 한자

손톱 모양을 본떠서 **손톱 조**

1급 / 4획 / 제부수

+ 부수로는 爫 모양으로 짧습니다.

넝쿨에 오이가 열린 모양을 본떠서 **오이 과**

2급 / 5획 / 제부수

瓜菜(과채) **果菜**(과채), **瓜年**(과년)

+ 瓜年(과년) – 결혼하기에 적당한 여자의 나이.
  過年(과년) – 주로 여자의 나이가 보통 혼인할 시기를 지난 상태에 있음.

298

孤

4급 / 8획 / 부수 子

자식(子)이 부모를 잃어 말라 버린 줄기에 **오이**(瓜)만 앙상하게 매달린 모양처럼 외롭게 부모가 없으니 **외로울 고**, 부모 없을 고

孤獨(고독), 孤兒(고아), 孤軍奮鬪(고군분투)

爭

5급 / 8획 / 부수 爪(爫)

손톱(爫)을 세우고 **오른손**(⺕)에 **갈고리**(亅) 같은 도구도 들고 다투니 **다툴 쟁**

+ 얜 争 – 사람(⺈)이 오른손(⺕)에 갈고리(亅) 같은 도구도 들고 다투니 '다툴 쟁'
+ 爫[손톱 조(爪)가 부수로 쓰일 때의 모양], ⺕(고슴도치 머리 계, 오른손 우), 亅(갈고리 궐), ⺈[사람 인(人)의 변형]

爭取(쟁취), 競爭(경쟁), 論爭(논쟁), 戰爭(전쟁), 骨肉相爭(골육상쟁)

淨

3급Ⅱ / 11획 / 부수 水(氵)

물(氵)로 경쟁하듯(爭) 씻어 깨끗하니 **깨끗할 정**

+ 얜 浄

淨潔(정결), 淨化(정화), 淸淨(청정), 上濁下不淨(상탁하부정)

靜

4급 / 16획 / 부수 靑

푸르게(靑), 즉 공정하게 **경쟁하면**(爭) 불평이 없어 고요하니 **고요할 정**

+ 얜 静
+ 靑[푸를 청, 젊을 청(靑)의 약자]

靜寂(정적), 動靜(동정), 鎭靜(진정)

TIP

〈명언〉

風樹之嘆(풍수지탄)

['바람에 흔들리는 나무를 보고 하는 탄식'으로, 부모에게 효도를 하려고 생각할 때에는 이미 돌아가셔서 그 뜻을 이룰 수 없음을 이르는 말]

"수욕정이풍부지(樹欲靜而風不止) 자욕양이친부대(子欲養而親不待) – 나무는 고요하고자 하나 바람이 그쳐 주지 않고, 자식은 봉양하고자 하나 어버이는 기다려 주지 않는다"는 말에서 유래한 말.

+ 風(바람 풍, 풍속·경치·모습·기질·병 이름 풍), 樹(나무 수), 之(갈 지, ~의 지, 이 지), 嘆(탄식할 탄, = 歎), 欲(바랄 욕), 而(말이을 이), 不(아닐 불·부), 止(그칠 지), 子(아들 자, 첫째 지지 자, 자네 자, 접미사 자), 養(기를 양), 親(어버이 친, 친할 친), 待(대접할 대, 기다릴 대)

새가 **발톱**(爫)으로 **알**(子)을 품어 굴리며 알 까게 알 속의 새끼를 기르니

알 깔 **부**, 기를 **부**

특급II / 7획 / 부수 子

+ 爫(손톱 조), 子('아들 자, 첫째 지지 자, 자네 자, 접미사 자'지만 여기서는 '알'로 봄)
+ 알은 품으면서 적당히 굴려 고루 따뜻하게 해야 부화되지요.

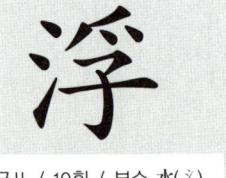

물(氵)에 새 **알 깔**(孚) 때의 모양으로 뜨니 **뜰 부**

3급II / 10획 / 부수 水(氵)

浮上(부상), 浮沈(부침), 浮刻(부각)

기를(孚) 때 **꼭지**(乚)로 먹이는 젖이니 **젖 유**

4급 / 8획 / 부수 乙(乚)

+ 乚[새 을, 둘째 천간 을, 둘째 을, 굽을 을(乙)이 부수로 쓰일 때의 모양이지만 여기서는 꼭지로 봄]

乳兒(유아), 母乳(모유), 牛乳(우유), 乳酸菌(유산균)

손톱(爫)처럼 **덮어**(冖) **손**(又)으로 받으니 **받을 수**

4급II / 8획 / 부수 又

+ 冖(덮을 멱), 又(오른손 우, 또 우)

授受(수수), 受容(수용), 受精(수정), 甘受(감수)

손(扌)으로 **받도록**(受) 주거나 가르치니 **줄 수**, 가르칠 **수**

4급II / 11획 / 부수 手(扌)

+ 扌(손 수 변)

授與(수여), 授乳(수유), 授業(수업), 敎授(교수)

손톱(爫)처럼 **덮어주며**(冖) **마음**(心)으로 서서히 다가가는(夂)

사랑이니 **사랑 애**

또 사랑하여 즐기고 아끼니 **즐길 애**, 아낄 **애**

6급 / 13획 / 부수 心

+ 夂(천천히 걸을 쇠, 뒤져 올 치)

愛人(애인), 愛憎(애증), 愛讀(애독), 愛着(애착)

5채[采採埰彩菜] - 采로 된 한자

2급 / 8획 / 부수 采

손(爫)으로 나무(木)를 캐니 **캘 채**
또 손(爫)으로 나무(木)를 고르는 모양이니 **고를 채, 모양 채**

+ 爫('손톱 조'지만 손으로 보기도 함)

采色不定(채색부정), 風采(풍채)

4급 / 11획 / 부수 手(扌)

손(扌)으로 가려서 캐니(采) **가릴 채, 캘 채**

+ 扌(손 수 변)

採用(채용), 採集(채집), 採取(채취), 採擇(채택)

2급 / 11획 / 부수 土

흙(土)에 난 것을 캐(采) 가지는 영지니 **영지 채**

+ 영지(領地) - 제후의 통치권이 미치는 지역.
+ 領(거느릴 령, 우두머리 령)
+ 인·지명용 한자.

3급II / 11획 / 부수 彡

캔(采) 나물의 **머릿결**(彡)처럼 빛나는 채색 무늬니 **채색 채, 무늬 채**

+ 彡(터럭 삼, 긴머리 삼), 나물은 주로 봄에 캐는데, 추위를 뚫고 파랗게 돋아난 나물의 색은 신비로울 정도로 아름답지요.
+ 채색(彩色) - ㉠ 여러 가지의 고운 빛깔. ㉡ 그림 따위에 색을 칠함.

光彩(광채), 多彩(다채), 水彩畫(수채화)

3급II / 12획 / 부수 草(艹)

풀(艹) 속에서 골라 캐는(采) 나물이니 **나물 채**

+ 艹(초 두)

菜蔬(채소), 菜食(채식), 山菜(산채), 野菜(야채), 薄酒山菜(박주산채)

+ 요즘은 건강을 위하여 술은 도수가 낮은 술을, 또 고기보다 산나물을 더 선호하지만 옛날에는 요즘과 반대였답니다.
+ 薄(엷을 박), 酒(술 주), 山(산 산), 박주(薄酒) - ㉠ 아무렇게나 빚어서 맛이 좋지 않은 술. ㉡ 자기가 남에게 대접하는 술을 겸손하게 이르는 말. 여기서는 ㉠의 뜻.

4원 완난[爰援媛瑗 緩暖] - 爰으로 된 한자

특급II / 9획 / 부수 爪(爫)

손(爫)으로 한(一) 명의 벗(友)을 이에 끌어당기니

이에 원, 끌 원, 당길 원

+ 爫('손톱 조'지만 여기서는 손으로 봄), 友(벗 우)

4급 / 12획 / 부수 手(扌)

손(扌)으로 당겨(爰) 도우니 **도울 원**

援軍(원군), 援用(원용), 援助(원조), 援護(원호), 救援(구원)

2급 / 12획 / 부수 女

여자(女) 중 관심을 끌(爰) 정도로 미인이니 **미인 원, 여자 원**

媛妃(원비), 令媛(영원), 才媛(재원)

2급 / 13획 / 부수 玉(王)

구슬(王) 중 끄는(爰) 모습처럼 굽은 도리옥이니 **도리옥 원, 구슬 원**

+ 도리옥 - 조선시대에 벼슬아치가 붙이던 옥관자(玉貫子), 환옥(環玉).
+ 貫(꿸 관), 環(고리 환)
+ 인·지명용 한자.

3급II / 15획 / 부수 糸

실(糸)을 끌어당긴(爰) 듯 늘어나 느슨하니 **느슨할 완**

또 느슨하게 행동하여 느리니 **느릴 완**

+ 糸(실 사, 실 사 변)

緩急(완급), 緩慢(완만), 緩衝(완충), 緩行(완행)

4급II / 13획 / 부수 日

햇(日)빛을 끌어당긴(爰) 듯 따뜻하니 **따뜻할 난**

+ 㕌 煖(따뜻할 난) - 1급.
+ 해 일, 날 일(日)이 들어간 따뜻할 난(暖)은 날씨, 즉 햇볕으로 인하여 따뜻하다는 말이고,
  불 화(火)가 들어간 따뜻할 난(煖)은 불을 때서, 즉 불로 인하여 따뜻하다는 말입니다.

暖氣(난기), 暖帶(난대), 暖流(난류), 暖陽(난양)

4급II / 12획 / 부수 爪(爫)

손톱(爫) 하나(丿)로라도 허리 **구부리며**(⺕) 불(灬)처럼 뜨겁게 일하고 위하니 할 **위**, 위할 **위**

+ 옙 为 – 점(丶) 하나(丿)까지 허리 구부리며(⺕) 불(灬)처럼 뜨겁게 일하고 위하니 '할 위, 위할 위'
+ 丿('삐침 별'이지만 여기서는 '하나'로 봄), ⺕(구부리는 모습), 灬(불 화 발)

當爲(당위), 爲民(위민), 爲人設官(위인설관)

3급II / 14획 / 부수 人(亻)

(순리에 따르지 않고) **사람**(亻)이 꾸며서 **하는**(爲) 일은 거짓이니 **거짓 위**

+ 옙 伪
+ 亻(사람 인 변)

僞證(위증), 眞僞(진위), 僞善(위선)

4급 / 19획 / 부수 辛

손(爫)에 **창**(⺈) 들고 **성**(冂)을 지키는 군인들이 **사사로운**(厶) 욕심으로 **또**(又) 매서운(辛) 말씀이나 글을 쓰고 물러나니

말씀 사, 글 사, 물러날 사

+ 옙 辞 – 혀(舌)로 매서운(辛) 말씀이나 글을 쓰고 물러나니 '말씀 사, 글 사, 물러날 사'
+ 爫('손톱 조'지만 여기서는 손의 뜻), ⺈[창 모(矛)의 획 줄임], 冂(멀 경, 성 경), 厶(사사로울 사, 나 사), 又(오른손 우, 또 우), 辛(매울 신, 고생할 신, 여덟째 천간 신), 舌(혀 설)

辭典(사전), 祝辭(축사), 辭意(사의), 辭讓(사양)

4급 / 13획 / 부수 乙(乚)

손(爫)에 **창**(⺈) 들고 **성**(冂)을 지키는 군인들이 **사사로운**(厶) 욕심으로 **또**(又) 새(乚) 떼처럼 난리를 일으켜 어지러우니 **어지러울 란(난)**

+ 옙 乱 – 혀(舌)로 아무 말이나 새(乚)처럼 지저귀면 어지러우니 '어지러울 란(난)'
+ 乚[새 을, 둘째 천간 을, 둘째 을, 굽을 을(乙)이 부수로 쓰일 때의 모양], 舌(혀 설)

亂動(난동), 騷亂(소란), 昏亂(혼란), 混亂(혼란)

TIP

〈명언〉

以責人之心(이책인지심)으로 責己(책기)하고
以恕己之心(이서기지심)으로 恕人(서인)하라.
[남을 꾸짖는 마음으로 자기를 꾸짖고,
자기를 용서하는 마음으로 남을 용서하라.] – ≪명심보감(明心寶鑑)≫
+ 以(써 이, 까닭 이), 責(꾸짖을 책, 책임 책), 人(사람 인), 己(몸 기, 자기 기, 여섯째 천간 기), 恕(용서할 서)

DAY 14

01~03 다음 漢字의 訓과 音을 쓰시오.

01. 郁, 佑, 伊

02. 埰, 鍵, 秉

03. 塘, 淵, 瓜

04~06 다음 漢字語의 讀音을 쓰시오.

04. 書翰, 判尹, 捕繩

05. 糖水肉, 肅敬, 風采

06. 才媛, 緩衝, 騷亂

07~08 다음 문장에서 (   ) 안의 漢字語를 漢字(正字)로 바꾸어 쓰시오.

07. (완급)을 잘 조절해야 그동안의 기록을 돌파할 수 있다.

08. 그의 아내는 부덕이 있고 (건강)한 여자였다.

09~10 다음 (   ) 안에 알맞은 漢字(正字)를 써넣어 四字成語를 완성하시오.

09. (   )顔大笑 – 매우 즐거운 표정으로 활짝 웃음.

10. 無窮無(   ) – 끝이 없고 다함이 없음.

11~12 다음 漢字 중 略字는 正字로, 正字는 略字로 쓰시오.

11. 辞

12. 龜

정답

01. 번성할 욱, 도울 우, 저 이	02. 영지 채, 자물쇠 건, 잡을 병	03. 연못 당, 못 연, 오이 과
04. 서한, 판윤, 포승	05. 탕수육, 숙경, 풍채	06. 재원, 완충, 소란
07. 緩急	08. 健康	09. 破
10. 盡	11. 辭	12. 亀

| 281 | 음작은온 도칭균[淫爵隱穩 稻稱菌] – 爫, 禾로 된 한자 |

3급II / 11획 / 부수 水(氵)

물(氵) 묻은 손톱(爫)으로 간사하게(壬) 굴며 음란하니 **음란할 음**

+ 음란(淫亂) – 음탕하고 난잡함.
+ 음탕(淫蕩) – 음란하고 방탕함.
+ 壬(간사할 임, 짊어질 임), 亂(어지러울 란), 蕩(방탕할 탕, 쓸어버릴 탕, 넓을 탕)

　淫談(음담), 樂而不淫(낙이불음)

3급 / 18획 / 부수 爪(爫)

손(爫)에 법망(罒)을 잡고 머물러(艮) 법도(寸)에 맞게 일하는 벼슬이니 **벼슬 작**

또 손(爫)에 그릇(罒)을 잡고 머물러(艮) 조금씩(寸) 따라 마시는 술잔이니 **술잔 작**

+ 爫('손톱 조'지만 여기서는 손으로 봄), 罒(그물 망), 艮[멈출 간, 어긋날 간(艮)의 변형], 寸(마디 촌, 법도 촌), '술잔 작'의 어원 풀이에서는 그물 망(罒)을 그릇 명(皿)의 변형으로 본 것. 법망 – 범죄자에 대한 제재를 물고기에 대한 그물로 비유하여 이르는 말.

　爵位(작위), 高官大爵(고관대작), 獻爵(헌작)

4급 / 17획 / 부수 阜(阝)

언덕(阝)을 손톱(爫)처럼 움푹 패게 만들어(工) 손(彐)과 마음(心)까지 숨으니 **숨을 은**

또 숨은 듯 들려오는 소리나 풍기는 향기가 은은하니 **은은할 은**

+ 㥯 隱 – 언덕(阝)의 손톱(爫)처럼 패인 곳에 손(彐)과 마음(心)까지 숨으니 '숨을 은' 또 숨은 듯 들려오는 소리나 풍기는 향기가 은은하니 '은은할 은'
+ 阝(언덕 부 변), 工(장인 공, 만들 공, 연장 공), 彐(고슴도치 머리 계, 오른손 우), 心(마음 심, 중심 심)

　隱居(은거), 隱密(은밀), 隱隱(은은), 隱忍自重(은인자중)

2급 / 19획 / 부수 禾

곡식(禾)을 손톱(爫)처럼 움푹 패게 만든(工) 곳에 쌓아 놓고 지내면 손(彐)과 마음(心)까지 평온하니 **평온할 온**

+ 평온(平穩) – 평화롭고 안온함.
+ 禾('벼 화'로 곡식을 대표), 平(평평할 평, 평화 평), 옛날에는 항상 식량이 부족하여 이런 글자가 생겼지요.

　穩健(온건), 穩當(온당), 穩全(온전), 不穩(불온)

(옛날에 벼는 절구에 넣어 찧었으니) **벼 화(禾)**에 **절구 요(臽)**를 붙여서

벼 **도**

3급 / 15획 / 부수 禾

+ 벼를 나타내는 글자로는 벼 화(禾)와 벼 도(稻)가 있습니다.
+ 臽 – 손(爫)으로 절구(臼)에서 곡식을 찧어 퍼내는 절구니 '퍼낼 요, 절구 요'
+ 臼(절구 구)

稻作(도작), 稻熱病(도열병), 立稻先賣(입도선매)

벼(禾)를 **손(爫)**으로 **땅(土)**에서 **들어(冂)** 달며 무게를 일컬으니

일컬을 **칭**

4급 / 14획 / 부수 禾

+ 뗀 稱– 벼(禾)의 양을 사람(亻)이 조금(小)씩 재며 일컬으니 '일컬을 칭'
+ 冂('멀 경, 성 경'이지만 여기서는 들어올리는 모습으로 봄)
+ 한자가 만들어지던 옛날에는 주로 농사를 지었기 때문에 곡식이나 농사와 관련된 글자가 많답니다.
+ 亻[사람 인(人)의 변형], 小(작을 소)

稱頌(칭송), 稱讚(칭찬), 稱號(칭호), 尊稱(존칭)

풀(艹)처럼 **창고(口)**의 **벼(禾)** 같은 곡식이 썩은 곳에 생기는 버섯이나 세균이니

버섯 **균**, 세균 **균**

3급Ⅱ / 12획 / 부수 草(艹)

+ 세균(細菌) – 생물체 가운데 가장 미세하고 가장 하등에 속하는 단세포 생명체.
+ 口('에운담'이지만 여기서는 창고로 봄), 禾(벼 화), 細(가늘 세)

滅菌(멸균), 無菌(무균), 殺菌(살균), 抗菌(항균)

---

282 사모 이사[厶牟 以似] - 厶, 以로 된 한자

팔 굽혀 사사로이 나에게 끌어당기는 모습에서 **사사로울 사, 나 사**

2획 / 부수자

+ 지금은 부수로만 쓰이고 '사사롭다'라는 뜻의 글자로는 사사로울 사(私)를 씁니다. – 제목번호 089 참고.

사사로이(厶) 소(牛)가 보리를 탐내니

보리 **모**, 탐낼 **모**, 성씨 **모**

2급 / 6획 / 부수 牛

+ 厶(사사로울 사, 나 사), 보리 같은 곡식을 소가 좋아하지요.

牟麥(모맥), 牟利(모리), 釋迦牟尼(석가모니)

사사로운(厶) 욕심 때문에(까닭에) **사람**(人)으로서의 가치를 잃으니

써 **이**, 까닭 **이**

+ 人(사람 인), 써 – '그것을 가지고', '그것으로 인하여'의 뜻을 지닌 접속부사.

　以上(이상), **以前**(이전), **以熱治熱**(이열치열), **以卵擊石**(이란격석)

5급II / 5획 / 부수 人

사람(亻)들은 **써**(以) 같거나 닮으니 **같을 사**, **닮을 사**

+ 亻(사람 인 변)

　近似(근사), **類似**(유사), **似而非**(사이비)

3급 / 7획 / 부수 人(亻)

283　태(이・대) 시치이 4태[台 始治怡 殆胎颱怠] – 台로 된 한자

사사로운(厶) **말**(口)들처럼 무수히 뜬 수많은 별이니 **별 태**
또 **사사로운**(厶) **말**(口)들에도 나는 기쁘니 **나 이**, **기쁠 이**
또 **사사로이**(厶) **입**(口) 다물고 이르는 누각이나 정자니

누각 대, **정자 대**(臺)의 약자

2급 / 5획 / 부수 口

DAY
15

여자(女)에게 **별**(台)처럼 새 생명이 잉태되는 처음이니 **처음 시**

+ 수리시설이 미비했던 옛날에는 물로 인한 피해가 많았으니, 치산치수(治山治水)가 지도자의 큰 임무였답니다.

　始動(시동), **始作**(시작), **始終一貫**(시종일관)

6급II / 8획 / 부수 女

물(氵)을 **기쁘게**(台) 사용하도록 질 나스리니 **다스릴 치**

+ 수리시설이 미비했던 옛날에는 물로 인한 피해가 많았으니, 치산치수(治山治水)가 지도자의 큰 임무였답니다.

　治療(치료), **治安**(치안), **根治**(근치), **完治**(완치)

4급II / 8획 / 부수 水(氵)

마음(忄)이 **기쁘니**(台) **기쁠 이**

　怡聲(이성), **怡顏**(이안), **怡悅**(이열)

2급 / 8획 / 부수 心(忄)

殆

3급II / 9획 / 부수 歹

죽을지(歹) 모르고 우선 당장 **기쁜**(台) 것만 찾아다니면 거의 위태하니
거의 태, 위태할 태

+ 歹(뼈 앙상할 알, 죽을 사 변)
+ 나쁜 곳은 우선 달콤하여 많이 뛰어들지만 결국에는 위태로운 지경에 빠지게 되지요.

危殆(위태), **殆無**(태무), **殆半**(태반)

胎

2급 / 9획 / 부수 肉(月)

몸(月)에 **별**(台)처럼 작은 생명이 잉태되어 임신하니 **임신할 태**

또 임신함은 생명이 시작한 처음이니 **처음 태**

+ 태(胎) – (아기를 밴 때에) 태아를 싸고 있는 조직. 곧 태반(胎盤)과 탯줄을 말함.
+ 盤(쟁반 반)

胎教(태교), **胎夢**(태몽), **受胎**(수태), **胎動**(태동)

颱

2급 / 14획 / 부수 風

바람(風) 중 **누각**(台)도 흔들릴 정도로 부는 태풍이니 **태풍 태**

颱風(태풍), **颱風警報**(태풍경보)

怠

3급 / 9획 / 부수 心

누각(台)에서 놀기만 하는 **마음**(心)처럼 게으르니 **게으를 태**

怠慢(태만), **怠業**(태업), **勤怠**(근태)

TIP

〈명언〉

待己秋霜(대기추상)
接人春風(접인춘풍)
[자기에게는 가을의 서리처럼 (엄하게) 대하고,
사람을 대할 때는 봄바람처럼 부드럽게 대하라.]
+ 待(대접할 대, 기다릴 대), 己(몸 기, 자기 기, 여섯째 천간 기), 秋(가을 추), 霜(서리 상), 接(이을 접, 대접할 접), 春(봄 춘), 風(바람
풍, 풍속·경치·모습·기질·병 이름 풍)

지일송 분(푼)분[只佾送 分芬] - 八, 分으로 된 한자

입(口)으로 다만 **팔자**(八) 타령만 하니 **다만 지**

+ 팔자(八字) - 태어난 해·달·일·시를 간지(干支)로 말할 때의 여덟 글자로, 사람의 평생 운수를 말함.

只今(지금), 但只(단지)

3급 / 5획 / 부수 口

사람(亻) **여덟**(八) 명씩 **몸**(月)을 세워 춤추는 춤 줄이니 **춤 줄 일**

+ 일무(佾舞) - 사람을 여러 줄에 갈라 세우고 추게 하는 춤.
+ 舞(춤출 무)

八佾舞(팔일무)

2급 / 8획 / 부수 人(亻)

나누어(八) 다른 **하늘**(天) 아래로 **가도록**(辶) 보내니 **보낼 송**

+ 图 送 - 이쪽(丶)저쪽(丿)의 하늘(天) 아래로 가도록(辶) 보내니 '보낼 송'
+ 辶(뛸 착, 갈 착, = 辶)

送金(송금), 送別(송별), 送舊迎新(송구영신)

4급II / 10획 / 부수 辶(辶)

여덟(八) 번이나 **칼**(刀)질하여 나누니 **나눌 분**
또 나누어 놓은 단위나 신분이니 **단위 분(푼), 신분 분**
또 나누듯 분별하여 아는 분수니 **분별할 분, 분수 분**

兩分(양분), 一分(일분), 分錢(푼전), 身分(신분), 分別(분별), 安分知足(안분지족)

6급II / 4획 / 부수 刀

풀(艹)에서 **나누어**(分) 나오는 향기니 **향기 분**

芬芳(분방), 芳芬(방분)

2급 / 8획 / 부수 草(艹)

공송송송옹[公松訟頌翁] - 公으로 된 한자

6급II / 4획 / 부수 八

나눔(八)에 사사로움(厶) 없이 공평하니 공평할 공

또 공평한 사람이 대중에게 통하고 귀공자니 대중 공, 귀공자 공

+ 공평(公平)하다 - 어느 쪽으로도 치우치지 않고 고르다.
+ 厶(사사로울 사, 나 사), 平(평평할 평, 평화 평)

公平無私(공평무사), 公開(공개), 愚公移山(우공이산)

4급 / 8획 / 부수 木

나무(木) 중 귀공자(公)처럼 모양도 빼어나고 두루 쓰이는 소나무니

소나무 송

+ 소나무는 귀공자처럼 모양도 빼어나고 어느 것 하나 버릴 것 없이 두루 쓰이지요.

松林(송림), 松柏(송백), 松津(송진), 靑松(청송)

3급II / 11획 / 부수 言

말하여(言) 공평하게(公) 판정받으려고 소송하니 소송할 송

+ 소송(訴訟) - 판결을 법원에 요구하는 절차.
+ 訴(소송할 소)

訟事(송사), 民事訴訟(민사소송), 使無訟(사무송)

4급 / 13획 / 부수 頁

대중(公)들이 머리(頁) 들어 칭송하니 칭송할 송

+ 칭송(稱頌) - 칭찬하여 기림.
+ 頁(머리 혈), 稱(일컬을 칭)

頌歌(송가), 頌德(송덕), 讚頌(찬송)

3급 / 10획 / 부수 羽

두루(公) 새의 깃(羽)처럼 수염 난 늙은이니 늙은이 옹

+ 羽(날개 우, 깃 우)
+ 나이 들수록 수염이 많이 나지요.

老翁(노옹), 塞翁之馬(새옹지마)

去

5급 / 5획 / 부수 厶

어떤 **땅(土)**으로 **사사로이(厶)** 가니 **갈 거**

또 가서 제거하니 **제거할 거**

+ 趣 來(올 래) – 제목번호 078 참고.
+ 土('흙 토'지만 여기서는 땅으로 봄), 厶(사사로울 사, 나 사)

　去年(거년), 去來(거래), 去就(거취), 除去(제거)

法

5급Ⅱ / 8획 / 부수 水(氵)

물(氵)이 흘러**가듯(去)** 순리에 맞아야 하는 법이니 **법 법**

　立法(입법), 遵法(준법), 法遠拳近(법원권근)

蓋

3급Ⅱ / 14획 / 부수 草(艹)

풀(艹)을 **제거하듯(去)** 베어 **그릇(皿)**을 덮으니 **덮을 개**

또 덮개는 대개 그릇마다 있으니 **대개 개**

+ 趣 盖 – 양(羊)고기 담은 그릇(皿)을 뚜껑으로 덮으니 '덮을 개'
　　　또 덮개는 대개 그릇마다 있으니 '대개 개'
+ 대개(大概·大蓋) – ㉠ 대부분. ㉡ 일반적인 경우에.
+ 皿(그릇 명), 羊[양 양(羊)의 획 줄임], 槪(대개 개, 대강 개)

　覆蓋(복개), 頭蓋骨(두개골), 蓋然性(개연성)

却

3급 / 7획 / 부수 卩

가서(去) 무릎 꿇려(卩) 물리치니 **물리칠 각**

+ 卩(무릎 꿇을 절, 병부 절, = 㔾)

　却說(각설), 却下(각하), 忘却(망각), 燒却(소각)

脚

3급Ⅱ / 11획 / 부수 肉(月)

몸(月)으로 **물리칠(却)** 때 구부려 쓰는 다리니 **다리 각**

　橋脚(교각), 脚線美(각선미), 二人三脚(이인삼각)

TIP

〈속담〉

去言美來言美(거언미래언미)
[가는 말이 고와야 오는 말이 곱다.]
+ 言(말씀 언), 美(아름다울 미), 來(올 래)

3급II / 10획 / 제부수

귀신 형상을 생각하고 만들어서 **귀신 귀**

+ 甶는 머리, 儿은 몸과 다리, 厶는 사악함을 나타냅니다.
+ 귀신(鬼神) - ㉠ 사람이 죽은 뒤에 남는다는 넋. ㉡ 사람에게 화(禍)와 복(福)을 준다는 신령.
  ㉢ 어떤 일에 남보다 뛰어난 재주가 있는 사람을 비유하여 이르는 말.

鬼神(귀신), 鬼才(귀재), 魔鬼(마귀), 惡鬼(악귀)

3급 / 13획 / 부수 心(忄)

마음(忄)에 **귀신**(鬼)에게 벌 받을 것을 걱정할 정도로 부끄러워하니
부끄러워할 괴

+ 부끄러운 일을 저지르면 하늘이나 신에게 벌을 받을까 두렵지요.

愧心(괴심), 自愧之心(자괴지심), 慙愧(참괴)

3급 / 13획 / 부수 土

흙(土)이 **귀신**(鬼)처럼 이상한 모양으로 뭉친 덩어리니 **덩어리 괴**

塊石(괴석), 金塊(금괴), 銀塊(은괴), 地塊(지괴)

2급 / 12획 / 부수 人(亻)

사람(亻)이 **귀신**(鬼)에 홀린 것처럼 남에게 조종당하는
허수아비나 꼭두각시니 **허수아비 괴, 꼭두각시 괴**

+ 꼭두각시 - ㉠ 여러 가지 이상야릇한 탈을 씌운 인형. ㉡ 기괴한 탈을 쓰고 노는 계집. ㉢ 주체성
  없이 배후에 있는 남의 조종에 의하여 행동하는 자의 비유. 여기서는 ㉢의 뜻.

傀奇(괴기), 傀然(괴연)

2급 / 14획 / 부수 木

나무(木) 중 **귀신**(鬼)처럼 영험이 있다는 회화나무니 **회화나무 괴**

+ 회화나무에 지성으로 빌면 병이 낫거나 집안이 화평해지거나 전염병이 피해 간다는 등의 전설이
  있어 많이 심었지요. 중국의 수도 북경은 시를 상징하는 나무로 지정하여 가로수가 모두 회화나무랍
  니다.

槐木(괴목), 槐夢(괴몽), 槐山(괴산)

3급II / 14획 / 부수 鬼

(몸속에 살아서) **말한다는**(云) **귀신**(鬼) 같은 넋이니 **넋 혼**
또 넋처럼 깊은 마음이니 **마음 혼**

+ 云(말할 운), 넋 - 사람의 몸에 있으면서 몸을 거느리고 정신을 다스리는 비물질적인 것.

魂靈(혼령), 魂魄(혼백), 招魂(초혼), 鬪魂(투혼)

참(삼)참삼[參慘蔘] - 參으로 된 한자

5급II / 11획 / 부수 ㅿ

장식품(ㅿ)을 **사람**(人)이 **머리**(彡)에 꽂고 행사에 참여하니 **참여할 참**

또 **사람 인**(人)에 **사사로울 사**(ㅿ)와 **삐침 별**(丿)을 셋씩 썼으니 **석 삼**

+ 옙 参 – 사사로이(ㅿ) 크게(大) 머리(彡)를 꾸미고 행사에 참여하니 '참여할 참'
   또 사사로울 사(ㅿ)와 큰 대(大)에 삐침 별(丿)을 셋씩 썼으니 '석 삼'
+ 석 삼(三)은 보통 말하는 셋으로 쓰이고, 변조하면 안 되는 계약서 등에서는 참여할 참, 석 삼(參)으로 '삼'을 씁니다.
+ ㅿ('사사로울 사, 나 사'지만 여기서는 머리에 꽂은 장식품으로 봄), 彡(터럭 삼, 긴머리 삼)

參加(참가), **參觀**(참관), **參席**(참석), **持參**(지참)

3급 / 14획 / 부수 心(忄)

(직접 하지 못하고) **마음**(忄)으로만 **참여하면**(參) 슬프니 **슬플 참**

+ 옙 惨

慘劇(참극), **悽慘**(처참), **慘變**(참변), **悲慘**(비참)

2급 / 15획 / 부수 草(艹)

풀(艹) 중 병자 **셋**(參)이나 구할 수 있다는 인삼이니 **인삼 삼**

+ 인삼은 약효가 뛰어나 사람을 셋이나 살릴 수 있다는 데서 만든 글자

蔘鷄湯(삼계탕), **乾蔘**(건삼), **山蔘**(산삼), **紅蔘**(홍삼)

진진 료류교[珍診 蓼謬膠] - 㐱, 翏로 된 한자

4급 / 9획 / 부수 玉(王)

옥(王)을 **사람**(人)의 **머릿**(彡)결처럼 정교하게 다듬어 만든 보배니

보배 진

+ 옙 珎 – 구슬(王)처럼 사람(ㅅ)들이 좋아하는 작은(小) 보배니 '보배 진'
+ ㅅ[사람 인(人)의 변형]

珍貴(진귀), **山海珍味**(산해진미), **珍風景**(진풍경)

2급 / 12획 / 부수 言

말(言)도 들어보고 **사람**(人)의 **털**(彡)까지도 자세히 보며 진찰하니

진찰할 진

+ 진찰(診察) – 의사가 병의 원인을 찾거나 치료를 위하여 환자의 증세나 상태를 살핌.
+ 察(살필 찰)

診斷(진단), **診脈**(진맥), **特診**(특진)

새 깃(羽)처럼 사람(人)의 머리털(彡)이 높이 나니 높이 날 료(요)

+ 羽(날개 우, 깃 우), 彡(터럭 삼, 긴머리 삼)

급수 외 한자 / 11획 / 부수 羽

말(言)이 사실을 떠나 높이 날아(翏) 그릇되게 속이니
그릇될 류(유), 속일 류(유)

謬見(유견), 誤謬(오류)

2급 / 18획 / 부수 言

죽은 동물의 몸(月)을 높은(翏) 온도로 고아 만든 아교니 아교 교

+ 아교(阿膠) – 가죽이나 나무를 붙이는 풀.
+ 阿(아첨할 아, 언덕 아)

膠着(교착), 膠着語(교착어), 膠柱鼓瑟(교주고슬)

2급 / 15획 / 부수 肉(月)

---

290 육 철철철[育 徹撤澈] – 育과 㪃로 된 한자

말하며(云) 내 몸(月)처럼 기르니 기를 육

+ 云(말할 운)

育林(육림), 育苗(육묘), 育成(육성), 育兒(육아)

7급 / 8획 / 부수 肉(月)

걸을(彳) 때부터 기르기(育)를 치며(攵) 엄하게 하면
사리에 통하고 뚫으니 통할 철, 뚫을 철

+ 彳(조금 걸을 척), 攵(칠 복, = 攴)

徹夜(철야), 貫徹(관철), 透徹(투철), 徹底(철저)

3급Ⅱ / 15획 / 부수 彳

손(扌)으로 길러서(育) 쳐(攵) 거두니 거둘 철

+ 扌(손 수 변)

撤去(철거), 撤軍(철군), 撤收(철수), 不撤晝夜(불철주야)

2급 / 15획 / 부수 手(扌)

물(氵)을 기르듯(育) 쳐(攵) 거르면 맑으니 **맑을 철**

*澄澈(징철), 瑩澈(형철)

2급 / 15획 / 부수 水(氵)

291 **지질치 실질대[至姪致 室窒臺] – 至로 된 한자**

하나(一)의 사사로운(厶) 땅(土)에 이르니 **이를 지**

또 이르러 보살핌이 지극하니 **지극할 지**

+ 土('흙 토'지만 여기서는 땅으로 봄)

自初至終(자초지종), 至極(지극), 至毒(지독)

4급Ⅱ / 6획 / 제부수

딸(女)처럼 이르러(至) 보살펴야 하는 조카니 **조카 질**

姪女(질녀), 堂姪(당질), 叔姪(숙질)

3급 / 9획 / 부수 女

지극하게(至) 치며(攵) 지도하면 꿈을 이루고 목표에 이르니

이룰 치, 이를 치

+ 攵(칠 복, = 攴)

致富(치부), 拉致(납치), 格物致知(격물치지)

5급 / 10획 / 부수 至

지붕(宀) 아래 이르러(至) 쉬는 집이나 방이니 **집 실, 방 실**

또 주로 집에서 생활하는 아내도 가리켜서 **아내 실**

+ 宀('집 면'이지만 여기서는 지붕으로 봄)

室內(실내), 溫室(온실), 浴室(욕실), 小室(소실)

8급 / 9획 / 부수 宀

구멍(穴) 끝에 이르러(至) 막히니 **막힐 질**

窒塞(질색), 窒酸(질산), 窒素(질소), 窒息(질식)

2급 / 11획 / 부수 穴

315

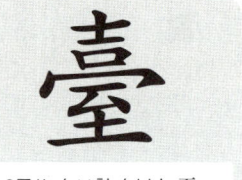

(아름다운 경치에 취해) **선비(士)**들이 **입(口)** 다물고(冖) **이르는(至)**

누각이나 정자니 **누각 대, 정자 대**

+ 얭 台 - 사사로이(厶) 입(口) 다물고 이르는 누각이나 정자니
　　　 '누각 대, 정자 대' - 제목번호 283 참고.
+ 누각은 복잡한 일에서 벗어나 고요히 머리를 식히도록 아름다운 곳에 짓지요.
+ 누각(樓閣) - 사방을 바라볼 수 있도록 문과 벽이 없이 다락처럼 높이 지은 집.
+ 정자(亭子) - 경치 좋은 곳에 놀거나 쉬기 위하여 벽 없이 기둥과 지붕만 있게 지은 집.
+ 樓(다락 루, 누각 루, 층 루), 亭(정자 정)

舞臺(무대), 寢臺(침대), 土臺(토대), 展望臺(전망대)

3급II / 14획 / 부수 至

도도 옥악[到倒 屋握] - 到, 屋으로 된 한자

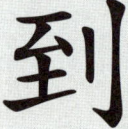

무사히 목적지에 **이르려고(至)** 위험을 대비하여 **칼(刂)**을 가지고

이를 정도로 주도면밀하니 **이를 도, 주도면밀할 도**

+ 주도면밀(周到綿密) - (주의가) 두루 이르러(미쳐) 자세하고 빈틈이 없음.
+ 刂(칼 도 방), 周(두루 주, 둘레 주), 綿(솜 면, 자세할 면, 이어질 면), 密(빽빽할 밀, 비밀 밀)

到達(도달), 殺到(쇄도), 用意周到(용의주도)

5급II / 8획 / 부수 刀(刂)

사람(亻)에 **이르는(至)** 것이 **칼(刂)**이면 찔려 넘어지고 거꾸로 되니

넘어질 도, 거꾸로 도

倒産(도산), 卒倒(졸도), 倒置(도치), 抱腹絶倒(포복절도)

3급II / 10획 / 부수 人(亻)

몸(尸)이 **이르러(至)** 쉬는 집이니 **집 옥**

+ 尸(주검 시, 몸 시)

屋上(옥상), 屋上架屋(옥상가옥), 洋屋(양옥)

5급 / 9획 / 부수 尸

손(扌)으로 **집(屋)**안일을 잡아 쥐니 **잡을 악, 쥘 악**

握手(악수), 掌握(장악), 把握(파악), 握力(악력)

2급 / 12획 / 부수 手(扌)

3획 / 부수자

작고 어린 아기 모습을 본떠서 작을 **요**, 어릴 **요**

+ 실 사, 실 사 변(糸)의 일부분이니 작다는 데서 '작을 요'라고도 합니다.

3급II / 5획 / 부수 幺

아직 **작은(幺) 힘(力)**이면 어리니 어릴 **유**

+ 합 劣(못날 렬) - 제목번호 415 참고.
　幼稚(유치), 幼兒(유아), 長幼有序(장유유서)

2급 / 4획 / 부수 幺

작은(幺) 힘(力)에서 또 일부(丿)가 빠지면 허깨비가 헛보이니

허깨비 **환**, 헛보일 **환**

+ 허깨비 - ㉠ 기(氣)가 허하여 착각이 일어나, 없는데 있는 것처럼 또는 다른 것처럼 보이는 물체.
　㉡ 생각한 것보다 무게가 아주 가벼운 물건. 여기서는 ㉠의 뜻.
　幻滅(환멸), 幻想(환상), 幻影(환영), 幻聽(환청)

7급II / 9획 / 부수 彳

조금씩 걷고(彳) 조금(幺)씩 **천천히 걸으면(夂)** 뒤지고 늦으니

뒤 **후**, 늦을 **후**

+ 彳(조금 걸을 척), 夂(천천히 걸을 쇠, 뒤져 올 치)
　後繼(후계), 後光(후광), 背後(배후), 前後(전후)

幽

3급II / 9획 / 부수 幺

산(山)속에 **작고(幺) 작은(幺)** 것이 보이지 않게 숨어 아득하니

숨을 **유**, 아득할 **유**

　幽獨(유독), 幽靈(유령), 深山幽谷(심산유곡)

胤

2급 / 9획 / 부수 肉(月)

어린(幺) 몸(月)이라도 대를 잇는 **사람(儿)**은 맏아들이나 자손이니

맏아들 **윤**, 자손 **윤**

+ 儿(사람 인 발, 어진 사람 인), 맏아들이 대를 이음을 생각하고 만든 글자.
　胤子(윤자), *胤嗣(윤사)

3급II / 15획 / 부수 田

서울에서 **얼마**(幾) 떨어지지 않은 **밭**(田) 같은 땅이 경기니 **경기 기**

+ 경기(京畿) - 서울을 중심으로 한 가까운 주위의 땅.
+ 幾[몇 기, 기미 기(幾)의 획 줄임]

畿伯(기백), 畿湖(기호)

3급 / 12획 / 부수 幺

(아직은 멀어서) **작고**(幺) **작게**(幺) 보이는 **창**(戈)과 **사람**(人)이지만
몇이나 되는지 살피는 기미니 **몇 기, 기미 기**

+ 기미(幾微·機微) - 낌새.
+ 幺(작을 요, 어릴 요), 戈(창 과), 微(작을 미)

幾十(기십), 幾何級數(기하급수)

4급 / 16획 / 부수 木

나무(木) **몇**(幾) 개로 얽어 만든 베틀이니 **베틀 기**
또 베틀 같이 짜인 기계나 기회니 **기계 기, 기회 기**

斷機之戒(단기지계), 機械(기계), 契機(계기)

2급 / 16획 / 부수 玉(王)

옥(王)과 **몇**(幾) 퍼센트 비슷한 구슬이니 **구슬 기**
또 구슬처럼 반짝이는 별 이름이니 **별 이름 기**

+ 기(璣) - 북두칠성의 셋째 별을 이르는 말.

天璣(천기), *璇璣玉衡(선기옥형)

繼

4급 / 20획 / 부수 糸

실(糸)로 **상자**(匚) 속이나 밖을 조금씩 **계속**(㡭) 이으니 **이을 계**

+ 阅 継 - 실(糸)로 감춰(ㄴ) 놓은 쌀(米)이 나오지 않도록 터진 곳을 이으니 '이을 계'
+ 糸(실 사, 실 사 변), 匚 [상자 방(匚)의 변형], ㄴ(감출 혜, 덮을 혜, = 匸), 米(쌀 미)

繼續(계속), 繼承(계승), 繼走(계주), 後繼(후계), 晝而繼夜(주이계야)

斷

4급II / 18획 / 부수 斤

상자(匚)의 물건을 조금씩 **계속**(㡭) 꺼내어 **도끼**(斤)로 끊으니 **끊을 단**
또 무엇을 끊듯이 결단하니 **결단할 단**

+ 阅 断 - 감춰(ㄴ) 놓은 쌀(米)이 나오도록 도끼(斤)로 끊으니 '끊을 단', 또 무엇을 끊듯이 결단하니 '결단할 단'
+ 決斷(결단) - 결정적인 판단을 하거나 단정을 내림. 또는 그런 판단이나 단정.
+ 斤(도끼 근), 決(정할 결, 터질 결)

斷念(단념), 斷言(단언), 勇斷(용단)

3급 / 10획 / 부수 大

손톱(爫)으로 세상의 **작고(幺) 큰(大)** 일을 어찌할까에서 **어찌 해**

또 **손톱(爫)**으로라도 **작고(幺) 큰(大)** 일을 다 해야 하는 종이니 **종 해**

+ 爫(손톱 조), 大(큰 대)

奚暇(해가), 奚琴(해금), 奚奴(해노)

3급Ⅱ / 13획 / 부수 水(氵)

물(氵)이라고 **어찌(奚)** 말할 수 없는 작은 시내니 **시내 계**

溪谷(계곡), 碧溪水(벽계수), 淸溪(청계)

4급 / 21획 / 부수 鳥

닭은 날지 못하니 **어찌(奚) 새(鳥)**란 말인가에서 **닭 계**

+ 鳥(새 조)

鷄卵(계란), 群鷄一鶴(군계일학), 蔘鷄湯(삼계탕), 養鷄(양계)

4급Ⅱ / 13획 / 부수 邑(阝)

어린(幺) 시절 **흰(白)** 쌀밥을 **숟가락(匕)**으로 먹으며

살던 시골 **고을(阝)**이 고향이니 **시골 향, 고향 향**

+ 액 鄕 – 어린(幺) 시절 멈추어(艮) 살던 시골 고을(阝)이 고향이니 '시골 향, 고향 향'
+ 액 卿(벼슬 경) – 제목번호 196 참고.
+ 幺[작을 요, 어릴 요(幺)의 변형], 艮[멈출 간(艮)의 변형]
+ 먹을 것이 귀하던 옛날에 좋은 음식이었던 흰 쌀밥을 먹던 고을을 고향이라고 했네요. 이처럼 한자가 만들어지던 옛날을 생각해 봄도 한자 이해에 큰 도움이 됩니다.

故鄕(고향), 鄕愁(향수), 愛鄕(애향), 京鄕(경향)

3급Ⅱ / 22획 / 부수 音

시골(鄕)에서 소리(音)지녠 메아리가 울리듯 울리니 **울릴 향**

反響(반향), 影響(영향), 音響(음향), 交響曲(교향곡)

率

3급II / 11획 / 부수 玄

우두**머리**(亠)가 **작은**(幺) 사람을 양쪽에

둘(冫冫)씩 아래에 **열**(十)의 비율로 거느리니 **비율 률(율)**, 거느릴 **솔**

또 잘 거느리려고 솔직하니 **솔직할 솔**

- 비율(比率) – 다른 수나 양에 대한 어떤 수나 양의 비(比).
- 솔직(率直)하다 – 거짓이나 숨김이 없이 바르고 곧다.
- 亠(머리 부분 두), 幺(작을 요, 어릴 요), 比(나란할 비, 견줄 비), 直(곧을 직, 바를 직)

換率(환율), 引率(인솔), 眞率(진솔)

畜

3급II / 10획 / 부수 田

머리(亠) **작은**(幺) 어린 짐승을 **밭**(田)에서 기르니 **기를 축**

또 집에서 기르는 가축이니 **가축 축**

- 가축(家畜) – 집에서 기르는 짐승.

畜舍(축사), 畜産業(축산업), 畜協(축협)

蓄

4급II / 14획 / 부수 草(艹)

풀(艹)을 **가축**(畜)에게 먹이려고 쌓으니 **쌓을 축**

- 艹(초 두)

蓄財(축재), 蓄積(축적), 備蓄(비축), 貯蓄(저축)

樂

6급II / 15획 / 부수 木

(악기의 대표인) **북**(白)을 **작고**(幺) **작은**(幺) 실로

나무(木) 받침대 위에 묶어 놓고 치며 노래 부르고 즐기며 좋아하니

노래 악, 즐길 락(낙), 좋아할 요

- 옛 樂 – (악기의 대표인) 북(白)을 나무(木) 받침대 위에 올려놓고 양손으로 두드리며(幺幺) 노래 부르고 즐기며 좋아하니 '노래 악, 즐길 락(낙), 좋아할 요'
- 白('흰 백, 밝을 백, 깨끗할 백, 아뢸 백'이지만 여기서는 '북'으로 봄), 幺(작을 요, 어릴 요)

音樂(음악), 快樂(쾌락), 樂山樂水(요산요수)

藥

6급II / 19획 / 부수 草(艹)

풀(艹) 중 환자에게 **좋은**(樂) 약이니 **약 약**

- 옛 藥
- 옛날에는 대부분의 약을 풀에서 구했지요.

藥局(약국), 藥水(약수), 藥效(약효), 藥草(약초)

3급II / 5획 / 제부수

머리(亠) 아래 **작은**(幺) 것이 검고 오묘하니 **검을 현, 오묘할 현**

+ 오묘(奧妙)하다 – 심오하고 묘하다.
+ 亠(머리 부분 두), 幺(작을 요, 어릴 요), 奧(속 오), 妙(묘할 묘)

玄米(현미) ↔ 白米(백미), 玄武巖(현무암), 玄關(현관)

3급 / 11획 / 부수 糸

줄(糸)을 퉁기면 **오묘한**(玄) 소리가 나는 악기 줄이니 **악기 줄 현**

+ 糸(실 사, 실 사 변)

絃歌(현가), 絃樂器(현악기), 管絃樂(관현악)

2급 / 9획 / 부수 火

불(火)은 **깜깜한**(玄) 곳일수록 밝고 눈부시니 **밝을 현, 눈부실 현**

炫耀(현요), 炫惑(현혹)

2급 / 13획 / 부수 金

쇠(金)로 된 **검은**(玄) 솥귀니 **솥귀 현**

+ 솥은 귀가 셋이 있어 이 부분을 아궁이에 걸어 밑에 불을 땠으니 검었지요.

鉉席(현석) – '세 솥귀의 자리'로, 삼정승의 지위.

弦

2급 / 8획 / 부수 弓

활(弓)을 맨 **검은**(玄) 줄이 활시위니 **활시위 현**

+ 弓(활 궁), 활시위 – 활 줄.

弦琴(현금), 弦矢(현시), 上弦(상현) ↔ 下弦(하현)

검은(玄)빛 두 개가 겹쳐 더 검으니 **검을 자**

또 검으면 눈에 잘 보이니 가까운 것을 가리키는 지시 대명사로도 쓰여 **이 자**

+ 기미 독립 선언서 내용 중 "오등(吾等)은 자(玆)에 아(我) 조선(朝鮮)의 독립국임을 선언하노라"에 쓰인 '자(玆)'는 '이'의 뜻입니다.

玆白(자백), 今玆(금자), 念念在玆(염념재자)

3급 / 10획 / 부수 玄

(과일이나 채소가) 물(氵) 같은 형태로 영양분을 빨아들여

이렇게(玆) 불어나고 맛도 드니 **불을 자, 맛 자**

滋味(자미), 滋甚(자심), 滋液(자액), 滋養分(자양분)

2급 / 12획 / 부수 水(氵)

돌(石) 중 **이렇게(玆)** 쇠를 끌어당기는 자석이니 **자석 자**

또 돌(石)처럼 **이렇게(玆)** 구워 만든 사기그릇이니 **사기그릇 자**

+ 圖 瓷 – 1급.

磁石(자석), 磁極(자극), 靑磁·靑瓷(청자)

2급 / 14획 / 부수 石

속이 **검게(玆)** 타도 변치 않는 **마음(心)**으로 사랑해 주는 어머니니

사랑 자, 어머니 자

+ 玆[검을 자, 이 자(玆)의 변형]

慈悲(자비), 慈愛(자애), 仁慈(인자), 慈堂(자당), 慈親(자친)

3급Ⅱ / 13획 / 부수 心

TIP

〈명언〉

道德爲心我亦聖(도덕위심아역성)이요,
慈悲行世誰非佛(자비행세수비불)이리요?
[도덕을 마음으로 삼으면 나 역시 성인이요,
자비를 세상에 행하면 누가 부처가 아니리요?]

+ 道(길 도, 도리 도, 말할 도), 德(덕 덕, 클 덕), 爲(할 위, 위할 위), 心(마음 심, 중심 심), 我(나 아), 亦(또 역), 聖(성스러울 성, 성인 성), 悲(슬플 비), 行(다닐 행, 행할 행, 항렬 항), 世(세대 세, 세상 세), 誰(누구 수), 非(어긋날 비, 아닐 비, 나무랄 비), 佛(부처 불, 프랑스 불)

실을 감아놓은 실타래를 본떠서 **실 사, 실 사 변**

特급 / 6획 / 제부수

+ 타래 - 사리어 뭉쳐 놓은 실이나 노끈 따위의 뭉치.
+ 주로 실 사(絲)의 약자나 실을 나타내는 부수로 쓰입니다.

실(糸)타래의 실이 겹쳐진 모양을 본떠서 **실 사**

4급 / 12획 / 부수 糸

+ ⑲ 糸

鐵絲(철사), 一絲不亂(일사불란)

실(糸)을 **나누어**(分) 놓은 듯 헝클어져 어지러우니 **어지러울 분**

3급II / 10획 / 부수 糸

+ ⑭ 粉(가루 분) - 제목번호 095 참고.

紛糾(분규), 紛亂(분란), 紛爭(분쟁), 內紛(내분)

(누에 같은 벌레가) **실**(糸) 뽑아 집 짓는 일은 **겨울**(冬)이 되기 전에 다하여
마치니 **다할 종, 마칠 종**

5급 / 11획 / 부수 糸

+ 冬(겨울 동)

終結(종결), 終日(종일), 終點(종점), 臨終(임종)

結

실(糸)로 **좋게**(吉) 맺으니 **맺을 결**

5급II / 12획 / 부수 糸

+ 吉(길할 길, 상서로울 길) - 제목번호 118 참고.

結果(결과), 結論(결론), 結婚(결혼), 凝結(응결)

DAY
15

3급 / 13획 / 부수 糸

실(糸)을 누에의 **입**(口)을 통해 **몸**(月)에서 나온 것으로 짠 비단이니

비단 **견**

✛ 누에의 입으로 몸속 실이 나오지요.

絹絲(견사), 絹織物(견직물), 人造絹(인조견)

3급 / 11획 / 부수 牛

검은(玄) 고삐로 **묶어**(冖) **소**(牛)를 끄니 **끌 견**

✛ 玄(검을 현, 아득할 현), 冖('덮을 멱'이지만 여기서는 묶은 모양), 牛(소 우)

牽引(견인), 牽制(견제), 牽牛織女(견우직녀)

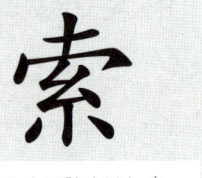

3급II / 10획 / 부수 糸

많이(十) **꼬아서**(冖) 만든 동아**줄**(糸)이니 **동아줄 삭**

또 동아줄로 묶어 두었다가 잃으면 찾으니 **찾을 색**

또 누구를 찾아야 할 정도로 쓸쓸하니 **쓸쓸할 삭**

索道(삭도), 索出(색출), 檢索(검색)

> **TIP**

〈명언〉

건강 십훈(健康十訓)

       - 이율곡

1. 소식다작(小食多嚼) [음식은 적게 먹고, 많이 씹는다.]
2. 소육다채(小肉多菜) [고기는 적게, 채소는 많이 먹는다.]
3. 소염다초(小鹽多酢) [소금은 적게, 식초는 많이 먹는다.]
4. 소주다과(小酒多果) [술은 적게 마시고, 과일은 많이 먹는다.]
5. 소분다소(小憤多笑) [분한 것을 참고, 많이 웃는다.]
6. 소번다면(小煩多眠) [근심은 적게 하고, 잠은 많이(깊이) 잔다.]
7. 소언다행(小言多行) [말은 적게 하고(필요한 말만 하고), 활동은 많이 한다.]
8. 소욕다시(小欲多施) [욕심은 적게 하고(버리고), 많이 베푼다.]
9. 소차다보(小車多步) [차는 적게 타고, 많이 걷는다.]
10. 소의다욕(小衣多浴) [옷은 적게(가볍게) 입고, 목욕은 많이(자주) 한다.]

✛ 小('작을 소'지만 여기서는 '적다'의 뜻), 食(밥 식, 먹을 식), 多(많을 다), 嚼(씹을 작), 肉(고기 육), 菜(나물 채), 鹽(소금 염), 酢(초 초), 酒(술 주), 果(과실 과, 결과 과), 憤(분할 분), 笑(웃을 소), 煩(번거로울 번), 眠(잘 면), 欲(바랄 욕), 施(베풀 시), 車(수레 거, 차 차), 步(걸음 보), 衣(옷 의), 浴(목욕할 욕)

DAY 15 확인문제

01~03 다음 漢字의 訓과 音을 쓰시오.

01. 穩, 怡, 颱

02. 芬, 佾, 槐

03. 蔘, 診, 膠

04~06 다음 漢字語의 讀音을 쓰시오.

04. 窒塞, 牟麥, 胎夢

05. 塞翁之馬, 魂魄, 誤謬

06. 撤收, 澄澈, 掌握

07~09 다음 문장에서 ( ) 안의 漢字語를 漢字(正字)로 바꾸어 쓰시오.

07. (태풍)이 불어도 끄떡하지 않는 낙락장송을 보아라.

08. (자애)로우신 어머님께 자초지종을 다 말씀드렸다.

09. 저의 (고향)은 전라선의 종착역이 있는 여수입니다.

10 다음 [ ] 안의 漢字와 뜻이 비슷한 한자는?

10. [玄] ① 黑   ② 絃   ③ 炫   ④ 鉉

11~12 다음 [ ] 안의 漢字와 뜻이 반대인 한자는?

11. [繼] ① 連   ② 續   ③ 承   ④ 斷

12. [送] ① 迎   ② 去   ③ 應   ④ 走

정답

01. 평온할 온, 기쁠 이, 태풍 태   02. 향기 분, 춤 줄 일, 회화나무 괴   03. 인삼 삼, 진찰할 진, 아교 교
04. 질색, 모맥, 태몽   05. 새옹지마, 혼백, 오류   06. 철수, 징철, 장악
07. 颱風   08. 慈愛   09. 故鄕
10. ①   11. ④   12. ①

301
련변만 만만 섭[戀變蠻 灣灣 燮] – 戀, 變으로 된 한자와 燮

戀

3급II / 23획 / 부수 心

실(絲)처럼 계속 말(言)과 마음(心)이 이어가며 사모하니 **사모할 련(연)**

+  恋 – 또(亦) 자꾸 마음(心)에 생각하며 사모하니 '사모할 련(연)'
+ 絲(실 사), 亦(또 역)

　戀慕(연모), 戀人(연인), 戀情(연정), 悲戀(비련)

變

5급II / 23획 / 부수 言

실(絲)처럼 길게 **말하며(言)** 치면(攵) 변하니 **변할 변**

+ 略 変 – 역시(亦) 세상 만물은 또(又)한 변하니 '변할 변'
　変 – 또(亦) 천천히(夂) 변하니 '변할 변'
+ 攵(칠 복, = 攴), 亦(또 역), 又(오른손 우, 또 우), 夂(천천히 걸을 쇠, 뒤져 올 치)

　變更(변경), 變動(변동), 變遷(변천), 變化(변화), 處變無變(처변무변)

蠻

2급 / 25획 / 부수 虫

실(絲)처럼 말(言)이 길고 **벌레(虫)**처럼 행동하는 오랑캐니 **오랑캐 만**

+ 略 蛮 – 또(亦) 벌레(虫)처럼 행동하는 오랑캐니 '오랑캐 만'
+ 오랑캐 – ㉠ 예전에, 두만강 일대의 만주 지방에 살던 여진족을 멸시하여 이르던 말. ㉡ '이민족(異民族)'을 낮잡아 이르는 말로, 예의범절을 모르고 야만스럽다고 여겼음.

　蠻勇(만용), 蠻行(만행), 野蠻(야만)

灣

2급 / 25획 / 부수 水(氵)

물(氵)이 육지로 **굽어(彎)** 들어온 물굽이니 **물굽이 만**

+ 略 湾
+ 육지가 바다 쪽으로 조금 뻗으면 곶(串), 많이 뻗어 나가면 반도(半島), 굽어 들어오면 만(灣)입니다.

　迎日灣(영일만), 港灣(항만), 臺灣(대만)

燮

2급 / 17획 / 부수 火

불(火)처럼 따뜻이 **말하고(言)** 불(火)처럼 **또(又)** 마음을 쓰며
온화하게 화해하니 **온화할 섭, 화해할 섭**

+ 온화(溫和)하다 – (날씨나 바람·마음 따위가) 따뜻하다.
+ 溫(따뜻할 온, 익힐 온), 和(화목할 화)

　燮理(섭리), 燮伐(섭벌), 燮和(섭화)

계계손 현현[系係孫 縣懸] – 系, 縣으로 된 한자

4급 / 7획 / 부수 糸

하나(一)의 실(糸)처럼 이어지는 혈통이니 **이을 계, 혈통 계**

系列(계열), 直系卑屬(직계비속), 母系(모계)

4급Ⅱ / 9획 / 부수 人(亻)

사람(亻)들은 서로 **이어져(系)** 관계되니 **관계될 계**

또 관계되는 사람끼리 모인 계니 **계 계**

+ 계(係) – 사무나 작업 분담의 작은 갈래.

因果關係(인과관계), 係員(계원), 係長(계장)

6급 / 10획 / 부수 子

아들(子)의 대를 **이어주는(系)** 손자니 **손자 손**

+ 子(아들 자, 첫째 지지 자, 자네 자, 접미사 자)

孫子(손자), 代代孫孫(대대손손), 祖孫(조손)

3급 / 16획 / 부수 糸

한 **눈(目)**에 **덮어(ㄴ)** 바라볼 정도로 **조금(小)**씩 **혈통(系)**이 같은 사람끼리

모여 사는 고을이니 **고을 현**

+ 옌 県 – 한 눈(目)에 덮어(ㄴ) 바라볼 수 있는 작은(小) 고을이니 '고을 현'
+ 目(눈 목, 볼 목, 항목 목), ㄴ(감출 혜, 덮을 혜, = 匸)

縣監(현감), 縣令(현령), 縣吏(현리)

DAY 16

3급Ⅱ / 20획 / 부수 心

고을(縣)에서 **마음(心)** 나쁜 자들을 매달고 멀리하니 **매달 현, 멀 현**

+ 心(마음 심, 중심 심)

懸賞金(현상금), 懸垂幕(현수막), 懸案(현안), 懸隔(현격)

복외박부[卜外朴赴] - 卜으로 된 한자

3급 / 2획 / 제부수

(옛날에는 거북 등껍데기를 불태워 갈라진 모양을 보고 점쳤으니)

거북 등껍데기가 갈라진 모양을 본떠서 **점 복**

+ 옛날에는 점을 많이 쳐서 점과 관련된 한자도 많네요.

卜居(복거), 卜吉(복길), 卜年(복년), 卜債(복채)

8급 / 5획 / 부수 夕

저녁(夕)에 점(卜)치러 나가던 밖이니 **밖 외**

外勤(외근), 外貌(외모), 外遊(외유), 內憂外患(내우외환)

6급 / 6획 / 부수 木

나무(木) 껍질이나 점(卜)칠 때 쓰는 거북 등처럼 갈라진 모양으로 순박하니

순박할 박, 성씨 박

+ 꾸미지 않고 갈라진 채로 있으니 순박한 것이지요.
+ 순박(淳朴) - 순하고 꾸밈이 없음.
+ 淳(순박할 순)

素朴(소박), 質朴(질박)

3급 / 9획 / 부수 走

달려(走) 목적지에 다다라 점(卜)친 것을 알리니 **다다를 부, 알릴 부**

+ 走(달릴 주, 도망갈 주)

赴任(부임), 赴援(부원), 赴告(부고)

4정[貞偵楨禎] - 貞으로 된 한자

3급II / 9획 / 부수 貝

점(卜)치듯 요모조모 따져 **재물**(貝)을 씀이 곧으니 **곧을 정**

+ 貝(조개 패, 재물 패, 돈 패)

貞潔(정결), 貞烈(정렬), 貞淑(정숙), 貞操(정조)

2급 / 11획 / 부수 人(亻)

사람(亻)들이 **곧게**(貞) 일하는지 엿보며 염탐하니

엿볼 정, 염탐할 정

偵察(정찰), 偵探(정탐), 探偵(탐정)

2급 / 13획 / 부수 木

나무(木) 중 담을 **곧게**(貞) 잡아 주는 담 기둥이니 **담 기둥 정**

楨幹(정간) - 담을 쌓을 때에 양편에 세우는 나무 기둥으로, 사물의 근본을 이르는 말.

+ 幹(간부 간, 줄기 간)

禎

2급 / 14획 / 부수 示

신(示)이 **곧게**(貞) 마음 쓴 듯 상서로우니 **상서로울 정**

+ 상서(祥瑞)롭다 - 복되고 좋은 일이 있을 듯하다.
+ 示(보일 시, 신 시), 祥(상서로울 상), 瑞(상서로울 서)

禎祥(정상) - 경사롭고 복스러운 징조.

DAY

16

329

예준선 찬찬찬[睿濬璿 粲燦璨] - 睿, 粲으로 된 한자

2급 / 14획 / 부수 目

점(卜) 같은 미신을 **덮어**(宀) 버리고 **하나**(一)같이 **파고**(八) **파**(八) **눈**(目)으로 직접 보는 밝은 슬기니 **밝을 예, 슬기 예**

+ 천자나 성인에 관한 사물에 붙여 썼는데, 우리나라에서는 왕세자에 대한 경칭으로도 쓰였습니다.
　睿德(예덕), 睿智(예지) - 뛰어난 깊은 지혜.
+ 智(지혜 지)

2급 / 17획 / 부수 水(氵)

물(氵) 속까지 들여다보이게 **밝게**(睿) 치워 깊으니 **깊을 준**

　濬潭(준담), 濬源(준원), 濬哲(준철)

2급 / 18획 / 부수 玉(王)

옥(王) 중 **밝게**(睿) 빛나는 아름다운 옥이니 **아름다운 옥 선**

　璿源大鄕(선원대향) - 조선 시대에 이씨 왕실의 본관을 높여 이르는 말.
+ 源(근원 원), 鄕(시골 향, 고향 향)

특급II / 13획 / 부수 米

몸에 좋고 나쁨을 **가려**(卜) **저녁**(夕)마다 **또**(又) 먹게 **쌀**(米)을 정미하니 **정미 찬**

또 정미한 듯 색이 선명하니 **선명할 찬**

+ 정미(精米) - 쌀을 찧음. 쌀은 겉 부분에 영양소가 많으니 너무 찧으면 건강에 좋지 않고 덜 찧으면 먹기에 거치니 잘 가려 찧어야 하지요.
+ 精(정밀할 정, 찧을 정)

2급 / 17획 / 부수 火

불(火)이 **선명하게**(粲) 빛나니 **빛날 찬**

　燦爛(찬란), 燦然(찬연), 豪華燦爛(호화찬란)

2급 / 17획 / 부수 玉(王)

옥(王)에서 **선명하게**(粲) 빛나는 옥빛이니 **옥빛 찬**

+ 인·지명용 한자.

점점 종종[占店 從縱] - 占, 從으로 된 한자

4급 / 5획 / 부수 卜

점(卜)쟁이에게 **말하며**(口) 점치니 **점칠 점**

또 **표지판**(卜)을 **땅**(口)에 세우고 점령하니 **점령할 점**

+ 점령(占領) - (일정한 곳을) 점령하여 거느림.
+ 口(입 구, 구멍 구, 말할 구), 뒤 어원의 口는 땅으로 봄, 領(거느릴 령, 우두머리 령)

占術(점술), 占據(점거), 獨占(독점)

5급Ⅱ / 8획 / 부수 广

집(广)에 **점령하듯**(占) 물건을 진열하여 파는 가게니 **가게 점**

+ 广(집 엄)

飯店(반점), 商店(상점), 書店(서점), 酒店(주점)

4급 / 11획 / 부수 彳

걸어서(彳) **두 사람**(人人) 중 **점쳐**(卜) 고른 **사람**(人)을 좇아 따르니

좇을 종, 따를 종

+ 앤 從 - 걸어서(彳) 이쪽(丶)저쪽(丿)으로 아래(下)까지 사람(人)을 좇아 따르니 '좇을 종, 따를 종'
+ 앤 从 - 사람(人)이 사람(人)을 좇아 따르니 '좇을 종, 따를 종'
+ 彳(조금 걸을 척), 卜(점 복)

從屬(종속), 追從(추종), 從多數(종다수), 順從(순종)

3급Ⅱ / 17획 / 부수 糸

실(糸)을 **따라**(從) 세로로 놓으니 **세로 종, 놓을 종**

+ 앤 縱, 纵
+ 糸(실 사, 실 사 변)

縱斷(종단) ↔ 橫斷(횡단), 縱橫無盡(종횡무진), 放縱(방종)

5급 / 12획 / 제부수

굴뚝(里)이 불(灬)에 그을려 검으니 **검을 흑**

+ ⑩ 黒 – 마을(里)이 불(灬)에 그을려 검으니 '검을 흑'
+ 里 – 그을린 굴뚝의 모양. 灬(불 화 발), 里(마을 리, 거리 리)

黑白(흑백), 黑字(흑자), 黑板(흑판), 暗黑(암흑)

4급 / 17획 / 부수 黑

검게(黑) 점령하듯(占) 찍은 점이니 **점 점**

또 점을 찍듯 불을 켜니 **불 켤 점**

+ ⑩ 点 – 점령하듯(占) 찍은 네 점(灬)이니 '점 점'
+ ⑩ 奌 – 점령하듯(占) 크게(大) 찍은 점이니 '점 점'

點檢(점검), 點數(점수), 得點(득점), 點燈(점등)

3급Ⅱ / 16획 / 부수 黑

캄캄하고(黑) 개(犬)도 짖지 않는 밤처럼 말없이 고요하니

말없을 묵, 고요할 묵

+ ⑩ 黙

默過(묵과), 默默不答(묵묵부답), 默認(묵인), 沈默(침묵)

3급Ⅱ / 15획 / 부수 土

검게(黑) 흙(土)으로 만든 먹이니 **먹 묵**

+ ⑩ 墨
+ 먹 – 벼루에 물을 붓고 갈아서 글씨를 쓰거나 그림을 그릴 때 사용하는 검은 물감.

墨畫(묵화), 水墨畫(수묵화), 白墨(백묵)

4훈[熏壎勳薰] – 熏으로 된 한자

熏

2급 / 14획 / 부수 火(灬)

천(千) 갈래로 퍼지는 불길의 **검은(黑)** 연기니 **불길 훈, 연기 훈**

+ 통 燻 – 불(火)길에서 나는 연기(熏)니 '불길 훈, 연기 훈' – 특급Ⅱ

熏肉(훈육), 熏製·燻製(훈제), 熏蒸(훈증)

壎

2급 / 17획 / 부수 土

흙(土)으로 만들어 **연기(熏)**로 구워 만든 질 나팔이니 **질 나팔 훈**

+ 훈(壎) – 고대 중국에서 흙으로 빚어 구워 만든 악기의 하나로 여섯 개나 여덟 개의 구멍이 뚫려 있는 계란 모양의 악기. 서양의 오카리나(ocarina)는 이를 모방한 것이라 합니다.
+ 질 – 질그릇을 만드는 흙.

勳

2급 / 16획 / 부수 力

연기(熏)처럼 솟아오르는 **힘(力)**으로 이룬 공이니 **공 훈**

+ 참 功(공 공, 공로 공) – 제목번호 379 참고.
+ 공 – 힘들여 이루어 낸 결과.

勳舊(훈구), 勳章(훈장), 功勳(공훈), 報勳(보훈)

薰

2급 / 18획 / 부수 草(艹)

풀(艹) 중 **연기(熏)**처럼 향기 나는 향 풀이니 **향 풀 훈**

薰氣(훈기), 薰風(훈풍), 薰薰(훈훈)

상 하변면[上 下卞沔] - 上과 下로 된 한자

7급 / 3획 / 부수 一

일정한 **기준**(一)보다 위로 오르니 **위 상, 오를 상**

+ 一('한 일'이지만 여기서는 일정한 기준으로 봄)

上官(상관), 雪上加霜(설상가상), 浮上(부상), 上京(상경)

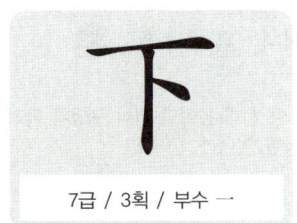

7급 / 3획 / 부수 一

일정한 **기준**(一)보다 아래로 내리니 **아래 하, 내릴 하**

下意上達(하의상달) ↔ 上意下達(상의하달), 上濁下不淨(상탁하부정), 下山(하산)

2급 / 4획 / 부수 卜

위(丶)를 **아래**(下)에서 뚫을 정도로 조급하니 **조급할 변, 성씨 변**

卞急(변급) - 참을성 없이 매우 급함.

+ 急(급할 급)

2급 / 7획 / 부수 水(氵)

물(氵)은 아무리 **가려도**(丏) 어디론가 흐르니
물 흐를 면, 물 이름 면

+ 丏 - 아래(下)를 길게(丨) 가리니(乚) '가릴 면' - 급수 외 한자
+ 丨('뚫을 곤'이지만 여기서는 '길게'의 뜻으로 봄), 乚(감출 혜, 덮을 혜, = 匸)

沔沔(면면), 沔川面(면천면)

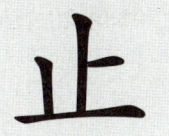

그쳐있는(서 있는) 두 발의 정강이와 발을 본떠서 **그칠 지**

止血(지혈), 禁止(금지), 防止(방지), 停止(정지)

5급 / 4획 / 제부수

땅(土) 중 건물이 **머물렀던**(止) 터니 **터 지**

寺址(사지), 史蹟址(사적지)

2급 / 7획 / 부수 土

사람(人)이 하던 일을 **그치고**(止) 무엇을 바라고 꾀하니

바랄 기, 꾀할 기

+ 꾀하다 – 어떤 일을 이루려고 뜻을 두거나 힘을 쓰다.

企待(기대), 企圖(기도), 企業(기업), 企劃(기획)

3급Ⅱ / 6획 / 부수 人

일을 **그치고**(止) **몸**(月)을 쉬며 즐기니 **즐길 긍**

또 즐기며 그러하다고 긍정하니 **긍정할 긍**

+ 긍정(肯定)하다 – 그러하다고 생각하여 옳다고 인정함.
+ 定(정할 정)

肯可(긍가), 肯意(긍의), 首肯(수긍)

3급 / 8획 / 부수 肉(月)

씹기를 **그치고**(止) **윗니**(人人)와 **나란히**(一) **아랫니**(人人)가

입 벌린(凵) 속에 있는 모양에서 **이 치**

또 (옛날에) 이의 숫자로 알았던 나이니 **나이 치**

+ 閏 齒 – 씹기를 그치고(止) 입 벌린(凵) 속에 있는 쌀 미(米) 자처럼 나눠진 이의 모양에서 '이 치'
+ 凵(입 벌릴 감, 그릇 감), 米(쌀 미), 사랑니처럼 나이가 들어야 나는 이도 있으니 옛날에는 이의 숫자로 나이를 알았답니다. 지금도 짐승의 나이는 이의 숫자로 짐작하지요.

齒牙(치아), 齒藥(치약), 蟲齒(충치), 年齒(연치), 如拔痛齒(여발통치)

4급Ⅱ / 15획 / 제부수

4급II / 7획 / 부수 止

한 발은 **멈추고**(止) 다른 발은 **조금씩**(少) 옮기는 것을 반복하며 걷는 걸음이니

걸음 **보**

+ 止(그칠 지), 少[적을 소, 젊을 소(少)의 획 줄임]

步幅(보폭), 步行(보행), 速步(속보), 進步(진보), 步武堂堂(보무당당)

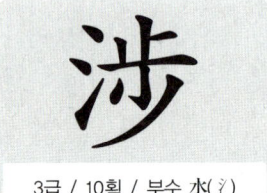

3급 / 10획 / 부수 水(氵)

물(氵)길을 **걸어**(步) 건너니 건널 **섭**

涉歷(섭력), 涉外(섭외), 干涉(간섭), 交涉(교섭)

2급 / 10획 / 부수 阜(阝)

언덕(阝)을 **걸어**(步) 오르니 오를 **척**

+ 阝(언덕 부 변)

陟降(척강), 三陟(삼척), 進陟(진척)

4급II / 8획 / 부수 止

하나(一)의 **주살**(弋)로도 적의 침략을 **그치게**(止) 하는 군사니 군사 **무**

또 군사들이 사용하는 무기니 무기 **무**

+ 弋(주살 익), 주살 - 줄을 매어 쏘는 화살.

武功(무공), 武力(무력), 武裝(무장), 文武(문무)

3급II / 15획 / 부수 貝

재물(貝)을 **무력**(武)으로 세금 거두어 필요한 곳에 주니

세금 거둘 **부**, 줄 **부**

또 무슨 일에 써 주는 문체 이름이니 문체 이름 **부**

+ 貝(조개 패, 재물 패, 돈 패)

賦課(부과), 賦與(부여), 天賦(천부), 赤壁賦(적벽부)

주기월도[走起越徒] – 走로 된 한자

走

4급II / 7획 / 제부수

흙(土)을 점(卜)치듯 **사람**(人)이 가려 디디며 달리고 도망가니

달릴 **주**, 도망갈 **주**

走行(주행), 繼走(계주), 滑走路(활주로), 逃走(도주)

起

4급II / 10획 / 부수 走

달리려고(走) **몸**(己)이 일어나니 **일어날 기**

또 일어나 시작하니 **시작할 기**

+ 꿇 巳(다다를 부, 알릴 부) – 제목번호 303 참고.

起床(기상), 起死回生(기사회생), 起工(기공)

越

3급II / 12획 / 부수 走

달려가며(走) **도끼**(戊)로 협박하면 달아나려고 뛰어넘으니

넘을 **월**, 월나라 **월**

+ 戊 – 창(戈)처럼 아래로 찍는(丿) 도끼니 '도끼 월' – 급수 외 한자

越權(월권), 移越(이월), 追越(추월), 吳越同舟(오월동주)

徒

4급 / 10획 / 부수 彳

한갓 **걷거나**(彳) 달리는(走) 무리니 **한갓 도, 걸을 도, 무리 도**

+ 彳(조금 걸을 척)

徒步(도보), 信徒(신도), 徒勞無功(도로무공), 無爲徒食(무위도식)

TIP

〈鄕約(향약)〉

조선 시대에, 권선징악과 상부상조를 목적으로 만든 향촌의 자치 규약으로 다음 네 가지 덕목이 있습니다.

德業相勸(덕업상권) 좋은 일(德業)은 서로 권하여 장려함.
禮俗相交(예속상교) 예의를 지키며 서로 사귐.
過失相規(과실상규) 지나친 실수(나쁜 행실)를 하지 못하도록 서로 규제함.
患難相恤(환난상휼) 환난(患難)이 생겼을 때 서로 불쌍히 여기고 도와줌.

+ 鄕(시골 향, 고향 향), 德(덕 덕, 클 덕), 業(업 업, 일 업), 相(서로 상, 모습 상, 볼 상, 재상 상), 勸(권할 권), 덕업(德業) – 어질고 착한 업적이나 사업. 禮(예도 례), 俗(풍속 속), 交(사귈 교, 오고 갈 교), 過(지날 과, 지나칠 과, 허물 과), 失(잃을 실), 規(법 규), 患(근심 환), 難(어려울 난, 비난할 난), 환난(患難) – 근심과 걱정.

4급 / 7획 / 부수 廴

비뚤어져(丿) 하던 일을 그치고(止) 길게 걸으면서(廴) 시간을 끌고 늘이니 **끌 연, 늘일 연, 성씨 연**

+ 丿(삐침 별), 止[그칠 지(止)의 변형], 廴(길게 걸을 인)

延期(연기), 延長(연장), 遲延(지연)

3급 / 14획 / 부수 言

말(言)을 늘이(延)듯 길게 울면서 태어나니 **태어날 탄**

誕降(탄강), 誕生(탄생), 聖誕(성탄)

3급II / 7획 / 부수 廴

임무를 맡고(壬) 걸어가는(廴) 조정이나 관청이니 **조정 정, 관청 정**

+ 조정(朝廷) – 임금이 정사를 펴며 의식을 행하는 곳.
+ 壬(간사할 임, 짊어질 임, 아홉째 천간 임), 朝(아침 조, 조정 조, 뵐 조)

宮廷(궁정), 退廷(퇴정), 開廷(개정), 法廷(법정)

2급 / 11획 / 부수 玉(王)

옥(王) 중 조정(廷)에서 사용하는 옥 이름이나 옥홀이니
옥 이름 정, 옥홀 정

+ 옥홀 – 제후들을 조회할 때 천자가 지니던 옥(玉)으로 만든 홀.
+ 인·지명용 한자.

배(舟)가 조정(廷)만하게 작은 거룻배니 **거룻배 정, 작은 배 정**

+ 舟(배 주), 거룻배 – 돛을 달지 않은 작은 배.

救命艇(구명정), 小艇(소정), 艦艇(함정)

2급 / 13획 / 부수 舟

집(广) 안에 조정(廷)처럼 가꾼 뜰이니 **뜰 정**

+ 广(집 엄)

庭園(정원), 家庭(가정), 校庭(교정), 親庭(친정), 缺損家庭(결손가정)

6급II / 10획 / 부수 广

(무엇이나) **하나**(一)에 **그쳐**(止) 열중해야 바르니 **바를 정**

+ 止(그칠 지)
+ 무슨 일이나 오직 하나(一)에 그쳐(止) 열중해야 바르지요.

正義(정의), 正直(정직), 破邪顯正(파사현정)

7급II / 5획 / 부수 止

가서(彳) **바로**(正) 잡으려고 치니 **칠 정**

+ 彳(조금 걸을 척)

征伐(정벌), 征服(정복), 遠征(원정), 出征(출정)

3급II / 8획 / 부수 彳

바르도록(正) **치면서**(攵) 다스리니 **다스릴 정**

+ 攵(칠 복, = 攴)

政府(정부), 政治(정치), 政派(정파), 善政(선정)

4급II / 9획 / 부수 攴(攵)

집(宀)안의 물건도 **바르게**(疋) 자리를 정하니 **정할 정**

+ 집(宀) 아래(下) 사람(人)이 잘 곳을 정하니 '정할 정'이라고도 합니다.
+ 圖 㝎 – 집(宀)에서 갈(之) 곳을 정하니 '정할 정'
+ 宀(집 면), 疋[바를 정(正)의 변형], 之(갈 지, ~의 지, 이 지)

定價(정가), 定着(정착), 安定(안정), 限定(한정), 會者定離(회자정리)

6급 / 8획 / 부수 宀

DAY
16

(개수가 많은 물건은 가운데를)
묶어(束) 양끝을 **쳐서**(攵) **바르게**(正) 하면 가지런하니

가지런할 정

+ 束(묶을 속)

整理(정리), 整頓(정돈), 端整(단정), 調整(조정), 李下不整冠(이하부정관)

4급 / 16획 / 부수 攴(攵)

아니(不) **바르게**(正) 비뚤어져 기울고 어긋나니
비뚤 왜, 기울 외, 어긋날 왜

歪曲(왜곡), 歪調(외조), 歪力(왜력)

2급 / 9획 / 부수 止

병(疒)을 **바르게**(正) 진단할 때 알아야 하는 병세니 **병세 증**

+ 疒(병들 녁)

症狀(증상), 症勢(증세), 渴症(갈증), 痛症(통증)

3급Ⅱ / 10획 / 부수 疒

바르게(正) **새**(烏)는 어찌 나뭇가지에도 앉을 수 있는지 궁금하니

어찌 언, 어조사 언

+ 烏[새 조(鳥)의 획 줄임]

於焉間(어언간), 終焉(종언), 焉敢生心(언감생심)

3급 / 11획 / 부수 火(灬)

---

315   **시식 제제제[是湜 提堤題] – 是로 된 한자**

해(日)처럼 밝고 **바르면**(正) 옳으니 **옳을 시**
또 **해**(日)처럼 밝게 **바로**(正) 이것이라며 가리키니 **이 시, ~이다 시**

+ 正[바를 정(正)의 변형]
+ 是에는 '~이다'라는 뜻도 있습니다.

是非(시비), 是認(시인) ↔ 否認(부인), 實事求是(실사구시)

4급Ⅱ / 9획 / 부수 日

물(氵)의 **옳은**(是) 모습은 맑으니 **물 맑을 식**

+ 오염되지 않은 원래 물은 맑지요.
+ 인·지명용 한자.

2급 / 12획 / 부수 水(氵)

손(扌)으로 **옳게**(是) 끌어 내놓으니 **끌 제, 내놓을 제**

+ 扌(손 수 변)

提高(제고), 提示(제시), 提供(제공), 提出(제출)

4급Ⅱ / 12획 / 부수 手(扌)

흙(土)으로 물이 **옳게**(是) 흐르도록 쌓은 제방이니 **제방 제**

+ 제방을 쌓아 물이 일정한 방향으로 흐르게 하지요.
+ 제방(堤防) – 둑. 방죽.
+ 防(둑 방, 막을 방)

堤防(제방), 防波堤(방파제)

3급 / 12획 / 부수 土

내용을 **옳게**(是) 알 수 있는 글의 **머리**(頁)는 제목이니 **제목 제**

또 먼저 쓰는 제목처럼 먼저 내는 문제니 **문제 제**

6급II / 18획 / 부수 頁

+ 頁(머리 혈), 문제는 정답보다 먼저 내지요.

　題目(제목), 主題(주제), 宿題(숙제), 演題(연제), 問題(문제)

---

316 **필(疋) 초초 족족착[疋 楚礎 足促捉] - 疋과 楚, 足으로 된 한자**

하나(一)씩 **점**(卜)치듯 가늠하여 **사람**(人)이 일정하게 묶어

베를 세는 단위인 필이니 **필 필**

또 무릎부터 발까지의 모양으로도 보아 **발 소**

1급 / 5획 / 제부수

+ 一[한 일(一)의 변형], 卜(점 복)
+ 필(疋)은 일정한 길이로 말아 놓은 피륙을 세는 단위로 짝 필, 하나 필, 단위 필(匹)과 같이 쓰입니다.

수풀(林)의 **발**(疋), 즉 밑 부분에서 자란 나무는 어려서 고우니 **고울 초**

또 곱게 자란 가지로 회초리를 만들어 쳐도 아프니

회초리 초, 아플 초, 초나라 초

2급 / 13획 / 부수 木

+ 林(수풀 림)
+ 楚 - 중국 춘추 전국 시대에 양자강 중류에 있었던 나라.

　淸楚(청초), 苦楚(고초), 四面楚歌(사면초가)

돌(石)을 **아프게**(楚) 받친 주춧돌이나 기초니 **주춧돌 초, 기초 초**

3급II / 18획 / 부수 石

+ 주춧돌 - 기둥 밑에 기초로 받쳐 놓은 돌.

　礎石(초석), 基礎(기초), 礎稿(초고)

무릎(口)부터 **발**(龰)까지를 본떠서 **발 족**

또 발까지 편해야 마음이 넉넉하니 **넉넉할 족**

7급II / 7획 / 제부수

+ 발이 건강해야 신체 모두가 건강하다고 하지요. 그래서 발 마사지, 족욕(足浴) 등등 발 관련 프로그램이 많답니다.
+ 口('입 구, 구멍 구, 말할 구'지만 여기서는 무릎 뼈의 모양으로 봄), 龰(발의 모습), 浴(목욕할 욕)

　發足(발족), 手足(수족), 滿足(만족), 充足(충족), 安分知足(안분지족)

사람(亻)이 발(足)까지 구르며 재촉하니 **재촉할 촉**

+ 재촉(再促) – (어떤 일을) 빨리 하라고 다그침.
+ 再(다시 재, 두 번 재)

促求(촉구), 促迫(촉박), 督促(독촉)

3급Ⅱ / 9획 / 부수 人(亻)

손(扌)으로 발(足)목을 잡으니 **잡을 착**

+ 扌(손 수 변)

捉去(착거), 捉來(착래), 捉送(착송), 捕捉(포착)

3급 / 10획 / 부수 手(扌)

---

317 경 량량 만[冂 兩輛 滿] – 冂과 兩으로 된 한자와 滿

멀리 떨어져 윤곽만 보이는 성이니 **멀 경, 성 경**

+ 좌우 두 획은 문의 기둥이고 가로획은 지붕을 그린 것이지요.

2획 / 부수자

하나(一)의 성(冂)을 둘로 **나누어**(丨) 양쪽에 **들어**(入) 있는
둘이나 짝이니 **두 량(양), 짝 량(양)**
또 화폐 단위로도 쓰여 **냥 냥**

+ 액 両 – 하나(一)의 성(冂)이 산(山) 때문에 나뉜 둘이나 짝이니 '두 량(양), 짝 량(양)'
+ 유 雨(비 우) – 제목번호 372 참고.

兩面(양면), 兩論(양론), 兩立(양립), 萬兩(만냥)

4급Ⅱ / 8획 / 부수 入

수레(車) 중 양(兩)쪽으로 바퀴 달린 수레니 **수레 량**

車輛(차량)

2급 / 15획 / 부수 車

물(氵)이 여기저기 나는 **잡초**(艹)처럼 양(兩)쪽에 가득 차니 **찰 만**

+ 액 満
+ 艹[초 두(艹)의 약자], 両[두 량, 짝 량, 냥 냥(兩)의 약자]

滿開(만개), 滿期(만기), 圓滿(원만), 充滿(충만), 得意滿面(득의만면)

4급Ⅱ / 14획 / 부수 水(氵)

4동(통) 형[同銅桐洞 炯] – 同으로 된 한자

7급 / 6획 / 부수 口

성(冂)에서 하나(一)의 출입구(口)로 같이 다니니 **같을 동**

+ 图 소 – 사람(人)이 똑같이 만들어(工) 같으니 '같을 동' – 특급Ⅱ

同一(동일), 同苦同樂(동고동락), 表裏不同(표리부동)

4급Ⅱ / 14획 / 부수 金

금(金)과 같은(同) 색의 구리니 **구리 동**

+ 색 구분이 분명하지 않았던 옛날에 금과 구리의 색을 같다고 본 것입니다.

銅鏡(동경), 銅賞(동상), 銅像(동상), 銅錢(동전)

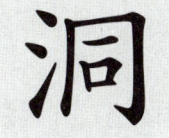

2급 / 10획 / 부수 木

나뭇(木)결이 한결같은(同) 오동나무니 **오동나무 동**

+ 오동나무는 가볍고 부드러우며 좀이 슬지 않아 예로부터 거문고 등의 악기나 귀중한 물건을 넣는 장롱 등을 만들 때 사용합니다.

梧桐(오동), 碧梧桐(벽오동)

7급 / 9획 / 부수 水(氵)

물(氵)을 같이(同) 쓰는 마을이나 동굴이니 **마을 동, 동굴 동**
또 물(氵) 같이(同) 살아 사리에 밝으니 **밝을 통**

+ 氵(삼 수 변)
+ 물은 자기 모양을 주장하지 않으며, 항상 낮은 곳으로만 흐르고, 구덩이가 있으면 채우고 넘쳐야 흐르는 등 배울 점이 많지요. 그래서 이런 물 같이 살면 사리에 밝다고 본 것이네요.

洞里(동리), 洞窟(동굴), 洞察(통찰) *通察(통찰)

DAY
16

炯

2급 / 9획 / 부수 火

불(火)빛이 성(冂)에 뚫린 구멍(口)으로 빛나니 **빛날 형**

炯炯(형형), 炯心(형심), 炯眼(형안), 炯然(형연)

내(나)납예 육[内納芮 肉] - 内로 된 한자와 肉

7급II / 4획 / 부수 入

성(冂)으로 들어(入)간 안이니 **안 내**

또 궁궐 안에서 임금을 모시던 나인이니 **나인 나**

+ 图 内 – 성(冂)으로 사람(人)이 들어간 안이니 '안 내'
       또 궁궐 안에서 임금을 모시던 나인이니 '나인 나'
+ 冂(멀 경, 성 경), 나인 – 궁궐 안에서 윗분을 모시는 내명부를 통틀어 이르는 말.

  内容(내용), 内科(내과), 外柔内剛(외유내강)

4급 / 10획 / 부수 糸

실(糸)을 안(内)으로 들여 바치니 **들일 납, 바칠 납**

+ 图 納
+ 糸(실 사, 실 사 변)
+ 화폐가 별로 없었던 옛날에는 곡식이나 천, 그리고 실을 돈처럼 사용했답니다.

  納付(납부), 納稅(납세), 未納(미납), 返納(반납)

2급 / 8획 / 부수 草(艹)

풀(艹)이 땅 속(内)에서 뾰족뾰족 나오니

풀 뾰족뾰족 날 예, 성씨 예

+ 예예(芮芮) – 풀의 싹이 나서 자라는 모양.

4급II / 6획 / 제부수

고깃덩어리(冂)에 근육이나 기름이 있는 **모양(仌)**을 본떠서 **고기 육**

또 부수로 쓰일 때는 **육 달 월(月)**

+ 冂('멀 경, 성 경'이지만 여기서는 고깃덩어리로 봄), 月이 肉의 부수로 쓰일 때는 실제의 달 월(月)과
  구분하기 위하여 '육 달 월'이라 부릅니다.

  肉感(육감), 肉體(육체), 血肉(혈육), 苦肉之計(고육지계)

丙

3급Ⅱ / 5획 / 부수 一

(북반구의) **하늘**(一)에서는 **안**(内)이 남쪽이고 밝으니

남쪽 **병**, 밝을 **병**, 셋째 천간 **병**

+ 一('한 일'이지만 여기서는 하늘로 봄), 内[안 내, 나인 나(内)의 속자]

丙種(병종), 丙子胡亂(병자호란)

柄

2급 / 9획 / 부수 木

나무(木)로 **밝게**(丙), 즉 분명히 박은 자루니 **자루 병**

또 자루처럼 잡고 휘두르는 권세니 **권세 병**

+ 閼 棅 – 나무(木)로 잡게(秉) 만든 자루니 '자루 병', 또 자루처럼 잡고 휘두르는 권세니
　　　'권세 병' – 특급Ⅱ
+ 秉(잡을 병) – 제목번호 272 참고.

柄部(병부), 斗柄(두병), 權柄(권병)

炳

2급 / 9획 / 부수 火

불(火)처럼 **밝은**(丙) 불꽃이니 **불꽃 병**

炳然(병연), 炳映(병영), 炳燿(병요), 炳煜(병욱)

昞

2급 / 9획 / 부수 日

해(日)처럼 **밝으니**(丙) **밝을 병**

+ 인·지명용 한자.

昺

2급 / 9획 / 부수 日

해(日)처럼 **밝으니**(丙) **밝을 병**

+ 인·지명용 한자.

DAY 16 확인문제

01~03 다음 漢字의 訓과 音을 쓰시오.

01. 蠻, 濬, 燦

02. 壎, 勳, 址

03. 陟, 湜, 輛

04~06 다음 漢字語의 讀音을 쓰시오.

04. 燮和, 港灣, 楨幹

05. 睿智, 薰風, 卞急

06. 艦艇, 歪曲, 淸楚

07~08 다음 문장에서 (   ) 안의 漢字語를 漢字(正字)로 바꾸어 쓰시오.

07. 원수를 갚기 위해 절치부심하며 어떤 (고초)라도 참고 견뎠다.

08. (정원)을 밭으로 이용하여 채소를 심어 자급자족하고 있다.

09 다음 [   ] 안의 漢字와 뜻이 비슷한 한자는?

09. [止] ① 停   ② 址   ③ 祉   ④ 企

10 다음 [   ] 안의 漢字와 뜻이 반대인 한자는?

10. [陟] ① 平   ② 降   ③ 抵   ④ 橫

11~12 다음 漢字 중 略字는 正字로, 正字는 略字로 쓰시오.

11. 齒

12. 定

정답

01. 오랑캐 만, 깊을 준, 빛날 찬
02. 질 나팔 훈, 공 훈, 터 지
03. 오를 척, 물 맑을 식, 수레 량
04. 섭화, 항만, 정간
05. 예지, 훈풍, 변급
06. 함정, 왜곡, 청초
07. 苦楚
08. 庭園
09. ①
10. ②
11. 齒
12. 㝎

321

향상재[向尚再] - 冂으로 된 한자

6급 / 6획 / 부수 口

표시(丿)된 성(冂) 입구(口)를 향하여 나아가니 **향할 향, 나아갈 향**

+ 丿('삐침 별'이지만 여기서는 안내 표시로 봄), 冂(멀 경, 성 경)

向方(향방), 向後(향후), 趣向(취향), 回心向道(회심향도)

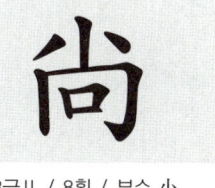

3급II / 8획 / 부수 小

(말도 실수하지 않으려고) 작은(小) 일이라도 성(冂)처럼 입(口) 지킴을 오히려 높이 숭상하니 **오히려 상, 높을 상, 숭상할 상**

時機尙早(시기상조), 崇尙(숭상), 尙武(상무)

5급 / 6획 / 부수 冂

한(一) 개의 성(冂)처럼 흙(土)으로 다시 두 번이나 쌓으니 **다시 재, 두 번 재**

再建(재건), 再起(재기), 非一非再(비일비재)

常

4급II / 11획 / 부수 巾

숭상하듯(尚) 수건(巾) 같은 천으로 옷을 만들어 입음은
항상 보통의 일이니 **항상 상, 보통 상**
또 항상 정직하게 살아 떳떳하니 **떳떳할 상**

+ 尚[오히려 상, 높을 상, 숭상할 상(尙)의 변형], 巾(수건 건)
+ 인간의 생존에 기본으로 필요한 것을 식(食), 주(住)보다 의(衣)를 먼저 써서 '의식주(衣食住)'라고
　함은 옷의 중요함을 강조한 것이지요.

恒常(항상), 常識(상식), 非常(비상), 常理(상리)

裳

3급II / 14획 / 부수 衣

허리에 **높이**(尚) 묶어 입는 **옷**(衣)이 치마니 **치마 상**

衣裳(의상), 同價紅裳(동가홍상), 綠衣紅裳(녹의홍상)

嘗

3급 / 14획 / 부수 口

숭상하는(尚) 맛(旨)을 내려고 맛보니 **맛볼 상**
또 맛은 먹기 전에 일찍 보니 **일찍 상**

+ 〔액〕甞 - 숭상하는(尚) 단(甘)맛을 내려고 맛보니 '맛볼 상'
+ 旨(맛 지, 뜻 지) - 제목번호 422 참고, 甘(달 감)

嘗味(상미), 未嘗不(미상불)

堂

6급II / 11획 / 부수 土

높이(尙) 흙(土)을 다져 세운 집이니 **집 당**
또 자기 집에서처럼 당당하니 **당당할 당**

+ 당당(堂堂) - 남 앞에 내세울 만큼 떳떳한 모습이나 태도.

講堂(강당), 食堂(식당), 殿堂(전당), 正正堂堂(정정당당)

當

5급II / 13획 / 부수 田

숭상하여(尙) 먹을거리를 생산하는 **전답**(田)을 잘 가꾸는 일처럼 마땅하니
마땅할 당
또 마땅하게 어떤 일을 당하니 **당할 당**

+ 〔액〕当 - 작은(丷) 손(크)길이라도 정성스럽게 대해야 함이 마땅하니 '마땅할 당'
　　　　 또 마땅하게 어떤 일을 당하니 '당할 당'
+ 丷[작을 소(小)의 변형], 크(고슴도치 머리 계, 오른손 우)

當然(당연), 當爲(당위), 當到(당도), 當番(당번)

높은(尚) 뜻을 품고 **어두운**(黑) 현실을 밝히려고 모인 무리니 **무리 당**

+ 얩 党 – (어떤 뜻을) 숭상하는(尚) 사람(儿)들의 무리니 '무리 당'
+ 요즘 돌아가는 정치 현실을 보면 '숭상하는(尚) 것이 검은(黑) 무리니 무리 당'으로도 풀어지네요.
+ 黑(검을 흑), 儿(어진 사람 인, 사람 인 발)

黨派(당파), 朋黨(붕당), 作黨(작당), 不偏不黨(불편부당)

4급II / 20획 / 부수 黑

숭상하듯(尙) 손(手)에서 쥐어지는 손바닥이니 **손바닥 장**

掌握(장악), 合掌(합장), 如反掌(여반장)

3급II / 12획 / 부수 手

숭상(尚)하여 **재물**(貝)로 상도 주고 구경도 보내니
상줄 상, 구경할 상

+ 貝(조개 패, 재물 패, 돈 패)

賞金(상금), 受賞(수상), 信賞必罰(신상필벌), 賞春客(상춘객)

5급 / 15획 / 부수 貝

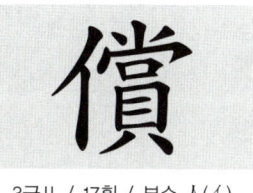

공을 세운 **사람**(亻)에게 **상**(賞)을 주어 갚고 보답하니
갚을 상, 보답할 상

+ 亻(사람 인 변)

償債(상채), 償還(상환), 辨償(변상), 補償(보상)

3급II / 17획 / 부수 人(亻)

앙앙영 영영영[央殃映 英暎瑛] - 央, 英으로 된 한자

央

3급II / 5획 / 부수 大

성(冂)처럼 큰(大) 둘레의 가운데니 가운데 **앙**

+ 冂(멀 경, 성 경), 大(큰 대)

中央(중앙), 中央廳(중앙청), 中央煖房(중앙난방)

殃

3급 / 9획 / 부수 歹

죽음(歹) 가운데(央) 빠지는 재앙이니 재앙 **앙**

+ 歹(뼈 앙상할 알, 죽을 사 변)

池魚之殃(지어지앙), 殃及子孫(앙급자손)

映

4급 / 9획 / 부수 日

해(日)처럼 가운데(央)서 비치니 비칠 **영**

+ 日(해 일, 날 일)

映畫(영화), 反映(반영), 放映(방영)

英

6급 / 9획 / 부수 草(艹)

풀(艹)의 가운데(央)에서 핀 꽃부리니 꽃부리 **영**

또 꽃부리처럼 빛나는 업적을 쌓은 영웅이니 영웅 **영**

+ 艹(초 두), 꽃부리 - 꽃잎 전체를 이르는 말.

英靈(영령), 英才(영재), 育英(육영), 英雄豪傑(영웅호걸)

暎

2급 / 13획 / 부수 日

해(日)가 꽃부리(英)를 비치니 비칠 **영**

+ 비칠 영(映)의 속자

瑛

2급 / 13획 / 부수 玉(王)

옥(王)에서 꽃부리(英)처럼 빛나는 옥빛이니 옥빛 **영**

+ 王(임금 왕, 으뜸 왕, 구슬 옥 변)
+ 인·지명용 한자.

특급 / 4획 / 부수 大

가운데 앙(央)의 한쪽이 터지니 **터질 쾌**

4급II / 7획 / 부수 心(忄)

막혔던 **마음**(忄)이 **터진**(夬) 듯 상쾌하니 **상쾌할 쾌**

+ 상쾌(爽快) – 기분이 시원하고 거뜬함.
+ 忄(마음 심 변), 爽(시원할 상)

　快樂(쾌락), 快晴(쾌청), 明快(명쾌)

5급II / 7획 / 부수 水(氵)

물(氵)이 한쪽으로 **터지니**(夬) **터질 결**

또 **물**(氵)이 한쪽으로 **터지듯**(夬) 무엇을 한쪽으로 정하니 **정할 결**

　決裂(결렬), 決定(결정), 票決(표결), 解決(해결)

4급II / 10획 / 부수 缶

장군(缶)이 **터지면**(夬) 이지러지고 내용물이 빠지니

이지러질 결, 빠질 결

+ 약 欠[하품 흠, 모자랄 흠, 이지러질 결, 빠질 결(缺)의 약자] – 제목번호 167 참고.
+ 缶(장군 부, 두레박 관 – 옛날에 액체를 담았던 통으로, 나무나 도자기로 만들었음)

　缺陷(결함), 補缺(보결), 缺席(결석)

3급II / 11획 / 부수 言

말(言)을 **터놓고**(夬) 다 하며 이별하니 **이별할 결**

또 꽉 막혔던 **말**(言)을 비로소 **터지게**(夬) 하는 비결이니 **비결 결**

+ 참고 지내다가도 막상 이별할 때는 할 말을 다하지요.

　訣別(결별), 永訣式(영결식), 要訣(요결)

DAY
17

351

원(엔)단(란)주[円丹舟] – 冂으로 된 한자

특급Ⅱ / 4획 / 부수 冂

성(冂)은 세로(丨)나 가로(一)로 보아도 둥근 둘레니
둥글 원, 둘레 원

또 일본 화폐 단위로도 쓰여 **일본 화폐 단위 엔**

3급Ⅱ / 4획 / 부수 丶

성(冂)안에 불똥(丶) 하나(一)가 붉으니 **붉을 단**

또 붉게 꽃피는 모란이니 **모란 란**

+ 冂(멀 경, 성 경), 丶(점 주, 불똥 주)
+ 모란(牡丹)은 꽃도 좋지만 뿌리는 한약재로 사용되어 화초명은 '모란', 약초명은 '목단'입니다.

　丹心(단심), 丹粧(단장), 丹楓(단풍), 牡丹(모란)

3급 / 6획 / 제부수

통나무를 파서 만든 작은 배를 본떠서 **배 주**

　舟遊(주유), 一葉片舟(일엽편주)

력(격)격융헌 정[鬲隔融蟲獻 鼎] – 鬲으로 된 한자와 鼎

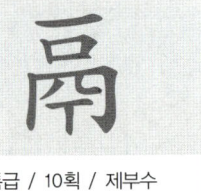

특급 / 10획 / 제부수

하나(一)의 구멍(口)이 성(冂)처럼 패이고(八) 아래를 막은(丁)
솥의 모양에서 **솥 력, 막을 격**

3급Ⅱ / 13획 / 부수 阜(阝)

언덕(阝)처럼 막으니(鬲) **막을 격**

또 막으면 사이가 뜨니 **사이 뜰 격**

+ 阝(언덕 부 변)

　隔年(격년), 隔離(격리), 隔差(격차), 間隔(간격)

솥(鬲)에 들어간 **벌레(虫)**처럼 녹아 물과 화하니 **녹을 융, 화할 융**

+ 虫(벌레 충), 화(和)하다 – ㉠ (무엇을) 타거나 섞다. ㉡ (날씨나 바람·마음 따위가) 따뜻하고 부드럽다.
+ 화(化)하다 – 다른 상태가 되다. 여기서는 '화(和)하다'의 ㉠.

融合(융합), 融資(융자), 融和(융화), 融通性(융통성)

2급 / 16획 / 부수 虫

범(虍) 대신 **솥(鬲)**에 **개(犬)**를 삶아 바치니 **바칠 헌**

+ 인 献 – 남쪽(南)에서 개(犬)를 삶아 바치니 '바칠 헌'
+ 虍(범 호 엄), 犬(개 견), 南(남쪽 남)

獻金(헌금), 獻身(헌신), 獻血(헌혈), 貢獻(공헌)

3급Ⅱ / 20획 / 부수 犬

아궁이에 걸어 놓은 솥을 본떠서 **솥 정**

鼎談(정담), 鼎立(정립), 鼎足之勢(정족지세)

2급 / 13획 / 제부수

---

327 아속률 요요 담담[襾粟栗 要腰 覃潭] – 襾, 要, 覃으로 된 한자

뚜껑(兀)을 덮으니(冂) **덮을 아**

+ 兀(뚜껑의 모양), 冂['멀 경, 성 경'이지만 여기서는 덮을 멱(冖)의 변형으로 봄]

6획 / 부수자

DAY 17

껍질로 **덮인(覀) 쌀(米)**은 벼니 **벼 속**

또 벼처럼 식량으로 쓰는 조니 **조 속**

+ 覀[덮을 아(襾)의 변형]
+ 조 – 볏과의 한해살이풀. 오곡의 하나.

粟米(속미), 粟田(속전), 滄海一粟(창해일속)

3급 / 12획 / 부수 米

가시로 **덮인(覀) 나무(木)** 열매는 밤이니 **밤 률(율)**

栗木(율목), *棗栗梨柿(조율이시)

3급Ⅱ / 10획 / 부수 木

덮듯(襾) 몸에 입는 옷이 **여자**(女)에게는 더욱 중요하고 필요하니

중요할 **요**, 필요할 **요**

5급Ⅱ / 9획 / 부수 襾(襾)

要人(요인), 要地(요지), 重要(중요), 必要(필요)

몸(月)에서 **중요한**(要) 허리니 **허리 요**

3급 / 13획 / 부수 肉(月)

+ 허리를 다치면 몸을 잘 움직이지도 못하니 허리가 몸에서 중요하지요.

腰帶(요대), 腰痛(요통), 腰折腹痛(요절복통)

덮여(襾) **일찍**(早)부터 생겨 깊고 넓게 미치니

깊을 **담**, 넓을 **담**, 미칠 **담**

특급Ⅱ / 12획 / 부수 襾(襾)

+ 早(일찍 조)

물(氵)이 **깊은**(覃) 못이니 **못 담**

潭水(담수), 潭深(담심), 潭陽郡(담양군), 白鹿潭(백록담)

2급 / 15획 / 부수 水(氵)

---

328 표표표 천[票漂標 遷] - 票로 된 한자와 遷

덮인(襾) 것이 잘 **보이게**(示) 표시한 표니 표시할 **표**, 표 **표**

4급Ⅱ / 11획 / 부수 示

+ 示(보일 시, 신 시)

票決(표결), 開票(개표), 投票(투표)

물(氵) 위에 **표**(票)나게 뜨니 **뜰 표**
또 물(氵)가에 **표**(票)나게 앉아 빨래하니 **빨래할 표**

3급 / 14획 / 부수 水(氵)

漂流(표류), 漂母(표모), 漂白(표백)

나무(木)로 알리려고 **표시한**(票) 표니 **표시할 표, 표 표**

+ 표시(標示) – 표를 하여 외부에 드러내 보임.
+ 표시(表示) – 겉으로 드러내 보임.
+ 票와 標는 같이 쓰지만, 엄밀히 말하면 票는 종이에 써서 만든 일반적 표시, 標는 나무로 드러나게 한 표시.
+ 表(겉 표)

標記(표기), 標本(표본), 標示(표시), 標的(표적)

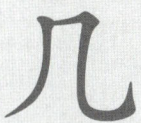

덮듯(襾) 크게(大) 무릎 꿇어(巴) 항복하고 옮겨 가니(辶) **옮길 천**

+ 약 迁 – 많이(千) 옮겨 가니(辶) '옮길 천'
+ 巴(무릎 꿇을 절, 병부 절, = 卩), 千(일천 천, 많을 천, 성씨 천)

遷都(천도), 變遷(변천), 改過遷善(개과천선)

---

329 궤 범범축 풍풍[几 凡汎築 風楓] – 几와 凡, 風으로 된 한자

안석이나 책상의 모양을 본떠서 **안석 궤, 책상 궤**

+ 안석(案席) – 앉을 때 몸을 기대는 방석.
+ 案(책상 안, 생각 안, 계획 안), 席(자리 석)

공부하는 **책상**(几)에 점(丶)이 찍힘은 무릇 보통이니 **무릇 범, 보통 범**

+ 丶(점 주, 불똥 주), 무릇 – 종합하여 살펴보건대.

凡例(범례), 凡常(범상), 非凡(비범), 平凡(평범)

물(氵)에는 **무릇**(凡) 물건이 뜨니 **뜰 범**
또 물(氵)은 **무릇**(凡) 넓게 퍼지고 넘치니 **넓을 범, 넘칠 범**

汎舟(범주), 汎愛(범애), 汎濫(범람)

대(⺮)로도 장인(工)은 무릇(凡) 나무(木)처럼 쌓고 지으니

쌓을 축, 지을 축

+ ⺮(대 죽), 工(장인 공, 만들 공, 연장 공)

築臺(축대), 築造(축조), 建築(건축), 改築(개축)

4급II / 16획 / 부수 竹(⺮)

무릇(凡) 벌레(虫)도 옮기는 바람이니 **바람 풍**

또 어떤 바람으로 말미암은 **풍속·경치·모습·기질·병 이름 풍**

+ 虫[벌레 충(蟲)의 속자와 부수], 작은 벌레는 바람을 타고 옮겨간다고 하지요.

暴風(폭풍), 美風良俗(미풍양속), 風景(풍경), 風貌(풍모), 威風(위풍), 中風(중풍)

6급II / 9획 / 제부수

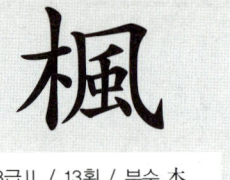

나뭇(木)잎이 찬**바람(風)**에 물든 단풍이니 **단풍 풍**

+ 木(나무 목)

丹楓(단풍), 楓菊(풍국), 楓林(풍림), 楓嶽山(풍악산)

3급II / 13획 / 부수 木

---

330 **연연연선[㕁沿鉛船] - 㕁으로 된 한자**

안석(几)처럼 패인 **구멍(口)**에 물이 고인 늪이니 **늪 연**

+ 几(안석 궤, 책상 궤), 口(입 구, 구멍 구, 말할 구)
+ 늪 - ㉠ 땅바닥이 우묵하게 패이고 늘 물이 괴어 있는 곳. ㉡ 빠져나오기 힘든 상태나 상황을 비유적으로 이르는 말.
+ 어원 풀이를 위한 참고용으로, 실제 쓰이는 글자는 아니에요.

참고자 / 5획

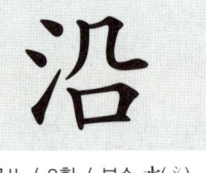

물(氵) 따라가며 **늪(㕁)**이 이어지니 **물 따라갈 연, 따를 연**

+ 氵(삼 수 변)

沿邊(연변), 沿岸(연안), 沿海(연해), 沿道(연도)

3급II / 8획 / 부수 水(氵)

鉛

쇠(金) 중 **늪(㕁)**의 물처럼 잘 녹는 납이니 **납 연**

+ ⑨ 鈆 - 쇠(金) 중 대중(公)들이 쉽게 녹여 쓰는 납이니 '납 연'
+ 公(공평할 공, 대중 공, 귀공자 공)
+ 납은 낮은 온도에도 잘 녹습니다.

鉛筆(연필), 無鉛(무연), 色鉛筆(색연필), 黑鉛(흑연)

4급 / 13획 / 부수 金

배(舟) 중 늪(㕣)에도 다니도록 만든 배니 **배 선**

+ 䑶 舩 – 배(舟) 중 대중(公)들이 타도록 만든 배니 '배 선'
+ 舟(배 주)는 작은 통나무 배, 般(배 선)은 보통의 배.

船歌(선가), 船團(선단), 船上(선상), 乘船(승선)

5급 / 11획 / 부수 舟

---

331 괘(와)화과설[咼禍過卨] – 咼로 된 한자

입(口)이 비뚤어진 모양을 본떠서 **입 비뚤어질 괘(와)**

+ 비뚤어지다 – 바르지 아니하고 한쪽으로 기울어지거나 쏠리다.

급수 외 한자 / 9획 / 부수 口

신(示)이 비뚤어진(咼) 사람에게 주는 재앙이니 **재앙 화**

+ 재앙(災殃) – 뜻하지 아니하게 생긴 불행한 변고. 또는 천재지변으로 인한 불행한 사고.
+ 示(보일 시, 신 시), 災(재앙 재), 殃(재앙 앙)

禍根(화근), 遠禍召福(원화소복), 吉凶禍福(길흉화복)

3급II / 14획 / 부수 示

비뚤어지게(咼) 지나가(辶) 지나치니 **지날 과, 지나칠 과**

또 지나쳐서 생기는 허물이니 **허물 과**

+ 辶(뛸 착, 갈 착, = 辶)

過去(과거), 過速(과속), 過食(과식), 功過(공과)

5급II / 13획 / 부수 辶(辶)

점(卜)치듯 진단하여 **입 비뚤어진(咼)** 것도 고쳤던 사람 이름이니

사람 이름 설

+ 설 – 은나라 시조(始祖)의 이름.
+ 卜(점 복), 始(처음 시), 祖(할아버지 조, 조상 조)

2급 / 11획 / 부수 卜

특급 / 4획 / 제부수

안석(几) 같은 것을 손(又)에 들고 치니 **칠 수**

또 들고 치는 창이나 몽둥이니 **창 수, 몽둥이 수**

+ 几(안석 궤, 책상 궤), 又(오른손 우, 또 우)

3급 / 13획 / 부수 殳

절구(臼)처럼 만들어(工) 곡식을 넣고 **치면(殳)** 허니 **헐 훼**

+ 웹 毀 - 절구(臼)에 흙(土)을 넣고 치면 허니 '헐 훼'
+ 원자는 毀이지만 속자인 毀로 많이 쓰여 표제자로 놓았어요.
+ 臼(절구 구), 工(장인 공, 만들 공, 연장 공), 土(흙 토), 헐다 - 상처가 나서 살이 짓무르다. 쌓은 것이 무너지다.

毀棄(훼기), 毀傷(훼상), 毀損(훼손)

2급 / 10획 / 부수 殳

밝게(白) 힘껏(刀) **치며(殳)** 일하여 성하니 **성할 은**

또 **밝게(白) 힘껏(刀) 쳐서(殳)** 세운 은나라니 **은나라 은, 성씨 은**

+ 은(殷)나라 - 중국 고대의 왕조. 하(夏)나라 다음의 왕조.
+ 刀[힘 력(力)의 변형]

殷殷(은은) 隱隱(은은), 殷鑑不遠(은감불원)

3급Ⅱ / 9획 / 부수 疒

병(疒)이 창(殳) 들고 쳐들어오듯 빨리 전염되는 염병이니
염병 역, 전염병 역

+ 疒(병들 녁), 염병 - '장티푸스'를 속되게 이르는 말로, 요즘은 검역(檢疫), 방역(防疫)처럼 전염병의 대명사로도 쓰입니다.
+ 검역(檢疫) - '전염병을 검사함'으로, 해외에서 전염병이나 해충이 들어오는 것을 막기 위하여 공항이나 항구에서 하는 일들을 통틀어 이르는 말.
+ 방역(防役) - '전염병을 막음'으로, 전염병이 발생하거나 유행하는 것을 미리 막는 일.
+ 檢(검사할 검), 防(둑 방, 막을 방)

疫神(역신), 免疫(면역), 紅疫(홍역)

3급Ⅱ / 10획 / 부수 舟

옛날 배(舟)는 창(殳) 같은 노를 저어 옮겨감이 일반이었으니
옮길 반, 일반 반

+ 주로 '일반 반'으로 쓰이고, 옮기다의 뜻으로는 손 수 변(扌)을 붙인 '옮길 반, 나를 반(搬)'으로 많이 씁니다.
+ 일반(一般) - 특별한 것이 아니라 전체에 두루 해당되는 것.

全般(전반), 諸般(제반), 彼此一般(피차일반)

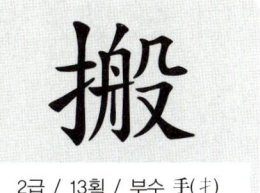

손(扌)으로 **옮겨(般)** 나르니 **옮길 반, 나를 반**

2급 / 13획 / 부수 手(扌)

搬送(반송), 搬入(반입), 搬出(반출), 運搬(운반)

물건을 **옮길(般)** 때 쓰는 **그릇(皿)**이 쟁반이니 **쟁반 반**

+ 쟁반 – 둘레의 높이가 얕고 둥글납작하거나 네모난 넓고 큰 그릇.
+ 皿(그릇 명)

3급Ⅱ / 15획 / 부수 皿

盤松(반송), 骨盤(골반), 基盤(기반), 盤石(반석)

---

333   설역투살(쇄) 단단[設役投殺 段鍛] – 殳, 段으로 된 한자

말(言)로 상대의 주장을 **치며(殳)** 자기 주장을 세우고 베푸니

세울 설, 베풀 설

+ 言(말씀 언)

4급Ⅱ / 11획 / 부수 言

設計(설계), 設立(설립), 設備(설비), 爲人設官(위인설관)

가서(彳) **창(殳)** 들고 부리니 **부릴 역**

+ 彳(조금 걸을 척)

役割(역할), 苦役(고역), 兒役(아역), 用役(용역)

3급Ⅱ / 7획 / 부수 彳

손(扌)으로 **창(殳)**을 더지니 **던질 투**

投稿(투고), 投手(투수), 全力投球(전력투구)

4급 / 7획 / 부수 手(扌)

베고(乂) 나무(木)로 찍고(丶) **쳐서(殳)** 죽여 빨리 감하니

죽일 살, 빠를 쇄, 감할 쇄

+ 감(減)하다 – 일정한 양이나 정도에서 일부를 떼어 줄이거나 적게 하다.
+ 乂(벨 예, 다스릴 예, 어질 예)

4급Ⅱ / 11획 / 부수 殳

殺蟲(살충), 殺到(쇄도), 減殺(감쇄), 相殺(상쇄)

DAY

17

언덕(厂)을 **치고**(殳) 깎아서 차례로 만든 계단이니 **차례 단, 계단 단**

+ 厂[언덕 애(厓)의 변형]

階段(계단), 段階(단계), 昇段(승단), 初段(초단)

4급 / 9획 / 부수 殳

쇠(金)를 **차례**(段)로 불에 달구어 두드리며 쇠 불리니 **쇠 불릴 단**

또 쇠 불리듯 단련하니 **단련할 단**

+ 쇠 불리다 - 쇠를 불에 달구어 성질을 변화시키다.

鍛鋼(단강), 鍛工(단공), 鍛金(단금), 鍛鍊(단련)

2급 / 17획 / 부수 金

334

각곡 격계[殼穀 擊繫] – 殳, 𣪊으로 된 한자

군사(士)들이 **덮어**(冖) 지키듯 **하나**(一)의 **안석**(几)처럼 편안히 감싸

쳐도(殳) 끄떡없는 껍질이니 **껍질 각**

+ 士(선비 사, 군사 사, 칭호나 직업 이름에 붙이는 말 사), 冖(덮을 멱), 几(안석 궤, 책상 궤)

1급 / 12획 / 부수 殳

껍질(𣪊) 속에 여물어 차 있는 **벼**(禾) 같은 곡식이니 **곡식 곡**

+ 𣪊[껍질 각(殼)의 획 줄임], 禾(벼 화)

穀氣(곡기), 穀物(곡물), 雜穀(잡곡)

4급 / 15획 / 부수 禾

수레(車)가 **산**(山)길을 갈 때 부딪**치듯**(殳) **손**(手)으로 치니 **칠 격**

擊破(격파), 突擊(돌격), 反擊(반격), 打擊(타격), 聲東擊西(성동격서)

4급 / 17획 / 부수 手

수레(車)가 **산**(山)길을 갈 때 부딪**침**(殳)을 대비하여 **실**(糸)로 단단히 매니

맬 계

+ 糸(실 사, 실 사 변)

繫留(계류), 繫留場(계류장), 連繫(연계)

3급 / 19획 / 부수 糸

경성형[磬聲馨] - 殸으로 된 한자

磬

1급 / 16획 / 부수 石

선비(士)가 몸(尸)을 묶어(丨) 치면(殳)

소리 나도록 돌(石)로 만든 경쇠니 **경쇠 경**

+ 경쇠 - 틀에 옥돌을 달아, 뿔 망치로 쳐 소리를 내는 악기.
+ 士(선비 사), 尸(주검 시, 몸 시), 丨('뚫을 곤'이지만 여기서는 묶은 모습으로 봄)

聲

4급II / 17획 / 부수 耳

선비(士)가 놀라 뱀(尸)을 칠(殳) 때처럼 귀(耳)에 들려오는 소리니

소리 성

+ 앱 声 - 선비(士)가 뱀(尸)처럼 길게 내는 소리니 '소리 성'
+ 士(선비 사, 군사 사, 칭호나 직업 이름에 붙이는 말 사), 尸[뱀 파(巴)의 변형], 殳(칠 수, 창 수, 몽둥이 수), 耳(귀 이)

聲明(성명), 歡呼聲(환호성), 異口同聲(이구동성)

馨

2급 / 20획 / 부수 香

경쇠(殸) 소리처럼 향기(香)가 뻗어와 향기로우니 **향기로울 형**

+ 殸[경쇠 경(磬)의 획 줄임], 香(향기 향)

馨氣(형기), 馨香(형향) - 향기.

미휘 징(치)징[微徽 徵懲] - 微와 徵으로 된 한자

微

3급II / 13획 / 부수 彳

걸어(彳) 산(山)에 가 한(一) 개의 안석(几)을 만들기 위해

나무를 치고(攵) 보니 작다는 데서 **작을 미**

또 작으면 잘 숨으니 **숨을 미**

+ 彳(조금 걸을 척), 攵(칠 복, = 攴)

微動(미동), 微微(미미), 微笑(미소), 微行(미행), 微官末職(미관말직)

徽

2급 / 17획 / 부수 彳

작은(微) 부분까지 실(糸)로 꾸며 아름다우니 **아름다울 휘**

또 아름답게 만든 표기니 **표기 휘**

+ 微[작을 미(微)의 획 줄임], 糸(실 사, 실 사 변)
+ 표기(標旗) - ㉠ 목표물로 세운 기. ㉡ 조선 시대에 병조(兵曹)의 푯대가 되던 깃발.
+ 標(표 표), 旗(기 기), 兵(군사 병), 曹(무리 조, 관청 조)

徽言(휘언), 徽章(휘장), 徽旨(휘지)

DAY

17

작아도(微) 실력만 있으면 왕(王)이 부르니 **부를 징**

또 부르듯 소리 내는 음률 이름이니 **음률 이름 치**

+ 微[작을 미, 숨을 미(微)의 획 줄임], 王(임금 왕, 으뜸 왕, 구슬 옥 변), 치(徵) – 동양 음악 오음계인
　궁상각치우의 하나.

徵兵(징병), 徵收(징수), 徵用(징용), 徵候(징후)

3급II / 15획 / 부수 彳

불러서(徵) 뉘우치는 마음(心)이 들도록 징계하니 **징계할 징**

+ 징계(懲戒) – 허물이나 잘못을 뉘우치도록 나무라며 경계함.
+ 心(마음 심, 중심 심), 戒(경계할 계)

懲罰(징벌), 懲役(징역), 膺懲(응징), 勸善懲惡(권선징악)

3급 / 19획 / 부수 心

337　4항갱[亢抗航沆坑] – 亢으로 된 한자

머리(亠) 아래 안석(几)처럼 이어진 목이니 **목 항**

또 목처럼 높으니 **높을 항**

+ 亠(머리 부분 두)

亢龍(항룡), 亢鼻(항비), 亢龍有悔(항룡유회)

2급 / 4획 / 부수 亠

손(扌)으로 높은(亢) 자에 대항하니 **대항할 항**

+ 대항(對抗) – ㉠ 굽히거나 지지 않으려고 맞서서 버티거나 항거함. ㉡ 그것끼리 서로 겨룸.
+ 扌(손 수 변), 對(상대할 대, 대답할 대)

抗拒(항거), 抗告(항고), 抗議(항의), 反抗(반항), 不可抗力(불가항력)

4급 / 7획 / 부수 手(扌)

(옛날 돛단배로 건너던 시절에는) 배(舟)에 높은(亢) 돛을 세우고 건넜으니

건널 항

+ 舟(배 주)

航空(항공), 航路(항로), 航海(항해), 歸航(귀항)

4급II / 10획 / 부수 舟

물(氵)이 높은(亢) 곳까지 차 넓으니 **넓을 항**

+ 인·지명용 한자.

흙(土)이 목(亢)구멍처럼 움푹 패인 구덩이니 **구덩이 갱**

坑內(갱내), 坑道(갱도), 坑木(갱목), 坑夫(갱부)

---

338 서 인연견[西 垔煙甄] – 西와 垔으로 된 한자

지평선(一) 아래(囗)로 해가 **들어가는(儿)** 서쪽이니 **서쪽 서**

+ ㈜ 襾(덮을 아) – 제목번호 327 참고.
+ 囗['에운담, 나라 국(國)의 약자(囗)'의 변형이지만 여기서는 지평선 아래 땅으로 봄], 儿('어진 사람 인, 사람 인 발'이지만 여기서는 들어가는 모양으로 봄)
+ 부수는 襾(덮을 아)네요.

東問西答(동문서답), 紅東白西(홍동백서)

서쪽(西)을 흙(土)으로 막으니 **막을 인**

+ 덮을 아(襾)의 변형(覀)과 흙 토(土)의 구조로 보아 '덮어(襾) 흙(土)으로 막으니 막을 인'으로 풀기도 합니다.

DAY 17

불(火)을 잘 타지 못하게 **막으면(垔)** 나는 연기니 **연기 연**

또 연기 내며 피우는 담배니 **담배 연**

+ ㈜ 烟 – 불(火)로 말미암아(囙) 나는 연기니 '연기 연'
　　　　또 연기 내며 피우는 담배니 '담배 연' – 특급Ⅱ
+ 火(불 화), 囙(말미암을 인, 의지할 인)

煙氣(연기), 煙幕(연막), 禁煙(금연)

불길을 **막고(垔)** 살펴 **기와(瓦)**처럼 구워 만든 질그릇이니

살필 견, 질그릇 견, 성씨 견

+ 瓦(기와 와, 질그릇 와, 실패 와)

甄拔(견발), 甄別(견별), 甄表(견표), 甄萱(견훤)

유주추의[酉酒醜醫] – 酉로 된 한자

酉

3급 / 7획 / 제부수

술 담는 그릇을 본떠서 **술그릇 유, 술 유**

또 술 마시듯 고개를 들고 물을 마시는 닭이니 **닭 유**

또 닭은 열째 지지니 **열째 지지 유**

➕ 술과 관련된 글자에 부수로도 쓰입니다.

酉時(유시) – 십이시(十二時)의 열째 시. 오후 5시부터 7시까지.

酒

4급 / 10획 / 부수 酉

물(氵)처럼 **술그릇**(酉)에 있는 술이니 **술 주**

酒量(주량), 酒店(주점), 淸酒(청주), 濁酒(탁주)

醜

3급 / 17획 / 부수 酉

술(酉)을 많이 마신 **귀신**(鬼)처럼 용모가 추하니 **추할 추**

➕ 귀신(鬼)이 술(酉)을 마시면 '추할 추(醜)', 마약(麻)을 먹으면 '마귀 마(魔)' – 제목번호 073 참고.
➕ 鬼(귀신 귀), 麻(삼 마, 마약 마)

醜聞(추문), 醜惡(추악), 醜雜(추잡)

醫

6급 / 18획 / 부수 酉

상자(匚)처럼 패이고 **화살**(矢)과 **창**(殳)에 찔린 곳을

약술(酉)로 소독하고 치료하는 의원이니 **의원 의**

➕ 옙 医 – 약 상자(匚)를 들고 화살(矢)처럼 달려가 치료하는 의원이니 '의원 의'
➕ 匚(상자 방), 矢(화살 시), 殳(칠 수, 창 수, 몽둥이 수), 술은 알코올 성분이 있기 때문에 소독약 대신 사용되기도 하지요.

醫院(의원), 醫療(의료), 醫師(의사), 醫術(의술), 先病者醫(선병자의)

추유 존준 전정[酋猶 尊遵 奠鄭] - 酋, 尊, 奠으로 된 한자

1급 / 9획 / 부수 酉

나누어(八) 술(酉)까지 주는 우두머리니 **우두머리 추**

3급II / 12획 / 부수 犬(犭)

개(犭)같이 행동하면 **우두머리**(酋)라도 오히려 머뭇거리니

같을 유, 오히려 유, 머뭇거릴 유

+ 오히려 - ㉠ 일반적인 기준이나 예상, 짐작, 기대와는 전혀 반대가 되거나 다르게. ㉡ 그럴 바에는 차라리. 여기서는 ㉠의 뜻.
+ 犭(큰 개 견, 개 사슴 록 변)

猶不足(유부족), 猶豫(유예), 過猶不及(과유불급)

4급II / 12획 / 부수 寸

우두머리(酋)에게는 말 한 **마디**(寸)라도 높이니 **높일 존**

尊敬(존경), 尊稱(존칭), 唯我獨尊(유아독존)

3급 / 16획 / 부수 辵(辶)

높이는(尊) 사람을 따라**가니**(辶) **따라갈 준**

+ 辶(뛸 착, 갈 착, = 辶)

遵敎(준교), 遵法(준법), 遵奉(준봉), 遵守(준수)

1급 / 12획 / 부수 大

우두머리(酋)가 **크게**(大) 자리를 정하고 제사 지내니

정할 전, 제사 지낼 전

2급 / 15획 / 부수 邑(阝)

미리 **정한**(奠) 고을(阝)에 세운 정나라니 **정나라 정, 성씨 정**
또 **정해진**(奠) 고을(阝)에 안정되게 살아 정중하니 **정중할 정**

+ 阝(고을 읍 방)
+ 정(鄭)나라 - 중국 춘추 시대의 나라로, 주(周)나라 선왕(宣王)의 아우인 우(友)를 시조로 하여 세운 나라.
+ 정중(鄭重) - 점잖고 무게가 있음.

DAY 17 확인문제

01~03 다음 漢字의 訓과 音을 쓰시오.

01. 暎, 鼎, 潭

02. 卨, 馨, 沆

03. 坑, 醜, 懲

04~06 다음 漢字語의 讀音을 쓰시오.

04. 融通性, 運搬, 鍛鍊

05. 徽章, 甄拔, 鄭重

06. 綠衣紅裳, 償還, 滄海一粟

07~08 다음 문장에서 ( ) 안의 漢字語를 漢字(正字)로 바꾸어 쓰시오.

07. 계층 간의 (간격)을 좁히는 방안 마련을 위해 설문 조사를 했다.

08. 만장일치로 (수상)자가 결정되었다.

09 다음 [ ] 안의 漢字와 뜻이 비슷한 한자는?

09. [常] ① 干 ② 空 ③ 虛 ④ 恒

10 다음 [ ] 안의 漢字와 뜻이 반대인 한자는?

10. [禍] ① 快 ② 決 ③ 福 ④ 缺

11~12 다음 漢字 중 略字는 正字로, 正字는 略字로 쓰시오.

11. 參

12. 黨

정답

01. 비칠 영, 솥 정, 못 담

02. 사람 이름 설, 향기로울 형, 넓을 항

03. 구덩이 갱, 추할 추, 징계할 징

04. 융통성, 운반, 단련

05. 휘장, 견발, 정중

06. 녹의홍상, 상환, 창해일속

07. 間隔

08. 受賞

09. ④

10. ③

11. 参

12. 党

341

문문문한 개폐관은[門問聞閑 開閉關閣] – 門으로 된 한자

8급 / 8획 / 제부수

좌우 두 개의 문짝이 붙은 문을 본떠서 **문 문**

+ 한 짝으로 된 문을 본떠서 '문 호, 집 호(戶)', 두 짝으로 된 문을 본떠서 '문 문(門)'

門中(문중), 家門(가문), 門前成市(문전성시)

問

7급 / 11획 / 부수 口

문(門) 앞에서 **말하여**(口) 물으니 **물을 문**

+ 어른이 계신 방은 문 열지 않고 문 앞에서 묻지요.

問答(문답), 問安(문안), 問題(문제), 問責(문책)

6급II / 14획 / 부수 耳

문(門)에 **귀**(耳) 대고 들으니 **들을 문**

+ 벽보다 문 쪽이 더 잘 들리니 문에 귀를 대고 듣지요.

見聞(견문), 所聞(소문), 前代未聞(전대미문)

4급 / 12획 / 부수 門

문(門) 안에서 **나무**(木)를 가꿀 정도로 한가하니 **한가할 한**

+ 통 閑 – 문(門) 안에서 달(月)을 볼 정도로 한가하니 '한가할 한' – 특급II

閑暇(한가), 閑中忙(한중망) ↔ 忙中閑(망중한), 閑中珍味(한중진미)

開

6급 / 12획 / 부수 門

문(門)의 **빗장**(一)을 받쳐 **들듯**(廾) 잡아 여니 **열 개**

+ 一('한 일'이지만 여기서는 빗장으로 봄), 廾(받쳐 들 공)

開發(개발), 開封(개봉), 開會(개회), 公開(공개)

문(門)에 빗장(才)을 끼워 닫으니 **닫을 폐**

+ 才('재주 재, 바탕 재'지만 여기서는 빗장으로 봄)

閉幕(폐막), 閉鎖(폐쇄), 閉會(폐회) ↔ 開會(개회)

문(門)을 작고(ㅅ) 작게(ㅅ) 이쪽(丷)저쪽(丨)을 이어 거는 빗장이니

빗장 관

또 빗장처럼 이어지는 관계니 **관계 관**

+ 옙 関 – 문(門)의 양쪽(丷)으로 나눠지는 문짝을 하나(一)로 크게(大) 이어 닫는 빗장이니 '빗장 관'
+ 빗장 – 문을 닫고 가로질러 잠그는 것.
+ ㅅ(작을 요, 어릴 요)

關門(관문), 關聯(관련), 無關(무관), 吾不關焉(오불관언)

문(門) 안에서 정답게 주고받는 말(言)처럼 온화하게 풍기는 향기니

온화할 은, 향기 은

+ 인·지명용 한자.

---

342 민민 윤윤 간간[閔憫 閏潤 間簡] – 閔, 閏, 間으로 된 한자

초상집 대문(門)에 붙은 조문(文)을 보면 가엽게 여기며 위문하니

가엽게 여길 민, 위문할 민, 성씨 민

+ 文(무늬 문, 글월 문, 성씨 문)

閔妃(민비)

마음(忄)으로 대문(門)에 붙은 조문(文)을 보면 민망하고 불쌍히 여기니

민망할 민, 불쌍히 여길 민

+ 忄(마음 심 변), 文(무늬 문, 글월 문)
+ 민망(憫惘) – 답답하고 딱하여 안타까움.

憫然(민연), 憫情(민정), 憐憫(연민)

3급 / 12획 / 부수 門

(대궐 밖에 나가지 않고) **문(門)** 안에만 **왕(王)**이 있었던 윤달이니 **윤달 윤**

+ 윤달이 되면 왕이 대궐 밖에 나가지 않고 문 안에만 있었답니다.
+ 태양력에는 4년마다 한 번의 윤일이 있고(2월 29일), 태음력에서는 5년에 두 번 비율로 1년을 13개월로 하여 윤달을 두지요.

閏年(윤년) ↔ 平年(평년), 閏月(윤월), 閏秒(윤초)

3급Ⅱ / 15획 / 부수 水(氵)

물(氵)이 **윤달(閏)**처럼 남아돌면 살림이 윤택하고 이익이 붙으니
윤택할 윤, 붙을 윤

+ 氵(삼 수 변)

潤濕(윤습), 潤氣(윤기), 潤文(윤문), 利潤(이윤), 內潤外朗(내윤외랑)

7급Ⅱ / 12획 / 부수 門

문(門) 안으로 **햇(日)**빛이 들어오는 사이니 **사이 간**

間隔(간격), 間食(간식), 間接(간접)

4급 / 18획 / 부수 竹(⺮)

종이가 없던 옛날에 **대(⺮)**조각 **사이(間)**에 적은 편지니 **편지 간**

또 편지처럼 필요한 말만 써 간단하니 **간단할 간**

+ ⺮(대 죽)

書簡(서간), 簡單(간단), 簡潔(간결)

한 짝으로 된 문을 본떠서 **문 호**

또 (옛날 집들은 대부분) 문이 한 짝씩 달린 집이었으니 **집 호**

+ 엄 尸(주검 시, 몸 시) - 제목번호 347 참고.
+ 한 짝으로 된 문은 '문 호(戸)', 두 짝으로 된 문은 '문 문(門)'.

4급Ⅱ / 4획 / 제부수

門戸(문호), 窓戸(창호), 戸籍(호적), 戸主(호주)

집(戸)에 도끼(斤)를 두는 장소니 **장소 소**

또 장소처럼 앞에서 말한 내용을 이어받는 '바'로도 쓰여 **바 소**

+ 바 - ㉠ 앞에서 말한 내용 그 자체나 일 따위를 나타내는 말. ㉡ (어미 '~을' 뒤에 쓰여) 일의 방법이나 방도.
+ 斤(도끼 근, 저울 근)
+ 도끼는 위험하여 아무 데나 두지 않고 집의 일정한 장소에 보관하지요.

7급 / 8획 / 부수 戸

住所(주소), 所見(소견), 所望(소망), 無所不知(무소부지)

마음의 문(戸)이 열리도록 **치고(攵) 말하며(口) 일깨우니**

열 계, 일깨울 계

+ 攵(칠 복, = 攴)
+ 문 같은 물질적인 것을 열면 '열 개(開)', 마음의 문이 열리도록 일깨우면 '열 계, 일깨울 계(啓)'

3급Ⅱ / 11획 / 부수 口

啓導(계도), 啓蒙(계몽), 啓發(계발), 啓示(계시)

문(戸)처럼 몸(月)에서 쩍 벌어진 어깨니 **어깨 견**

肩骨(견골), 肩章(견장), 比肩(비견)

3급 / 8획 / 부수 肉(月)

물(氵) 중 집(戸)의 개(犬)만도 못하다고 뉘우치며 흘리는 눈물이니

눈물 루(누)

落淚(낙루), 催淚(최루), 催淚彈(최루탄), 血淚(혈루)

3급 / 11획 / 부수 水(氵)

4창[倉滄創蒼] - 倉으로 된 한자

倉

3급 II / 10획 / 부수 人

사람(人)이 문(尸)을 잠그고(一) 입(口)에 먹을 식량을

저장해 두는 창고니 창고 **창**

또 창고에 저장해 둔 것을 꺼내 써야 할 정도로 급하니 급할 **창**

+ 一('한 일'이지만 여기서는 잠근 모양으로 봄)

倉庫(창고), 倉卒間(창졸간)

滄

2급 / 13획 / 부수 水(氵)

물(氵)의 창고(倉) 같은 큰 바다니 큰 바다 **창**

또 큰 바다처럼 차니 찰 **창**

滄海(창해), 滄海一粟(창해일속), 滄熱(창열)

創

4급 II / 12획 / 부수 刀(刂)

창고(倉) 짓는 일은 칼(刂)로 재목 자르는 데에서 비롯하여 시작하니

비롯할 **창**, 시작할 **창**

+ 刂(칼 도 방)

創刊(창간), 創作(창작), 創造(창조), 草創期(초창기)

蒼

3급 II / 14획 / 부수 草(艹)

풀(艹)로 덮인 창고(倉)처럼 푸르니 푸를 **창**

+ 艹(초 두)

蒼空(창공), 古色蒼然(고색창연), 萬頃蒼波(만경창파)

TIP

〈명언〉

花笑聲未聽(화소성미청)이요, 鳥啼淚難看(조제루난간)이라.

[꽃은 웃어도 소리는 들리지 않고, 새는 울어도 눈물을 보기 어렵도다.] - ≪추구(推句)≫

+ 花(꽃 화), 笑(웃을 소), 聲(소리 성), 未(아닐 미, 아직 ~ 않을 미), 聽(들을 청), 鳥(새 조), 啼(울 제), 淚(눈물 루), 難(어려울 난), 看(볼 간)

DAY

18

책 룐론륜륜륜[冊 侖論倫輪崙] - 冊과 侖으로 된 한자

4급 / 5획 / 부수 冂

글을 적은 대 조각을 한 줄로 엮어서 만들었던 책이니 **책 책**

또 책을 세우듯 어떤 벼슬 자리에 세우니 **세울 책**

+ 종이가 없던 옛날에는 나무나 대 조각에 글을 썼다지요.

冊曆(책력), 冊床(책상), 別冊(별책), 冊封(책봉)

특급II / 8획 / 부수 人

사람(人)이 한(一) 권씩 **책(冊)**을 들고 모이니 **모일 룐(윤)**

+ 冊[책 책(冊)의 변형으로 필순도 달라지네요.]

4급II / 15획 / 부수 言

말(言)로 모여서(侖) 논의하고 평하니 **논의할 론(논)**, **평할 론(논)**

+ 言(말씀 언)

論述(논술), 論議(논의), 論爭(논쟁), 論評(논평)

3급II / 10획 / 부수 人(亻)

사람(亻)이 모이면(侖) 지켜야 할 윤리니 **윤리 륜(윤)**

+ 윤리(倫理) - 사람이 지켜야 할 도리와 규범.

不倫(불륜), 人倫(인륜), 天倫(천륜)

4급 / 15획 / 부수 車

수레(車)에서 둥근(侖) 바퀴니 **바퀴 륜**

또 바퀴처럼 둥글어 잘 도니 **둥글 륜(윤)**, **돌 륜(윤)**

+ 바퀴에 수레나 차의 무게가 모이니 잘 관리해야 사고 나지 않지요.

車輪(차륜), 輪番(윤번), 輪廻(윤회)

2급 / 11획 / 부수 山

산(山) 중 둥근(侖) 모습의 산 이름이니 **산 이름 륜(윤)**

+ 곤륜산(崑崙山) - 중국 전설 속에 나오는 산.
+ 崑(산 이름 곤)

2급 / 9획 / 부수 戶

문(戶)이 **책**(冊)처럼 작고 넓적하니 **작을 편, 넓적할 편**

+ 戶(문 호, 집 호), 冊[책 책(册)의 변형]

扁額(편액), 扁題(편제)

3급Ⅱ / 11획 / 부수 人(亻)

사람(亻)은 **작은**(扁) 이익에도 잘 치우치니 **치우칠 편**

偏見(편견), 偏食(편식), 偏愛(편애), 偏重(편중), 不偏不黨(불편부당)

3급Ⅱ / 15획 / 부수 糸

실(糸)로 **작은**(扁) 것들을 엮으니 **엮을 편**

+ 糸(실 사, 실 사 변)

編曲(편곡), 編成(편성), 編入(편입), 編輯(편집)

4급 / 15획 / 부수 竹(⺮)

(종이가 없던 옛날에)
대(⺮)를 **작게**(扁) 잘라 글을 써서 만든 책이니 **책 편**

+ ⺮(대 죽)

短篇(단편), 玉篇(옥편), 全篇(전편), 千篇一律(천편일률)

遍

3급 / 13획 / 부수 辵(辶)

작은(扁) 곳까지 두루 **가니**(辶) **두루 편**

+ 辶(뛸 착, 갈 착, = 辵)

遍歷(편력), 普遍(보편)

DAY
18

시루 척국[尸漏 尺局] - 尸, 尺으로 된 한자

특급 II / 3획 / 제부수

사람이 누워 있는 몸을 본떠서 **주검 시, 몸 시**

+ 阝 戶(문 호, 집 호) - 제목번호 343 참고.
+ 사람이나 집과 관련된 글자에 부수로도 쓰입니다.

3급 II / 14획 / 부수 水(氵)

물(氵)이 지붕(尸)의 뚫린 틈으로 비(雨)만 오면 새니 **샐 루(누)**

+ 尸('주검 시, 몸 시'지만 여기서는 지붕으로 봄), 雨(비 우)

漏落(누락), 漏水(누수), 脫漏(탈루)

3급 II / 4획 / 부수 尸

몸(尸) 구부리고(乀) 길이를 재는 자니 **자 척**

+ 乀['파임 불'이지만 여기서는 구부리는 모습으로 봄], 1자는 30.3cm.

尺度(척도), 越尺(월척), 吾鼻三尺(오비삼척)

局

5급 II / 7획 / 부수 尸

자(尸)로 재어 말(口)로 구역을 확정지은 판이나 관청이니

판 국, 관청 국

또 어떤 판 같은 상황이니 **상황 국**

+ 尸[자 척(尺)의 변형]

局面(국면), 局長(국장), 局部(국부), 局限(국한)

TIP

〈명언〉

尺璧非寶(척벽비보)니 寸陰是競(촌음시경)하라.
"한 자나 되는 보물(尺璧)도 시간의 소중함에 견주어 보면 보배라 할 수 없으니, 짧은 시간(寸陰)이라도 아껴 쓰라"는 뜻이네요.

석시여금(惜時如金: 시간 아끼기를 금같이 하라)과 촌음가석(寸陰可惜 : 짧은 시간이라도 아깝게 여기라)이란 말도 있습니다. 백년을 살아도 삼만 육천 오백 일뿐이니 인생을 아낀다면 시간을 아껴 써야 합니다.

+ 璧(구슬 벽), 非(어긋날 비, 아닐 비, 나무랄 비), 寶(보배 보), 寸(마디 촌, 법도 촌), 陰(그늘 음), 是(옳을 시, 이 시, ~이다 시), 競(겨룰 경), 惜(아낄 석, 가엾을 석), 時(때 시), 如(같을 여), 金(쇠 금, 금 금, 돈 금, 성씨 김), 可(옳을 가, 가히 가, 허락할 가), 惜(아낄 석, 가엾을 석)

주검(尸)을 **보아도**(示) 두려워하지 않고 **법도**(寸)에 따라
처리하는 벼슬이니 **벼슬 위**

2급 / 11획 / 부수 寸

尉官(위관), 尉級(위급), 中尉(중위), 大尉(대위)

벼슬아치(尉)가 **마음**(心)으로 위로하니 **위로할 위**

+ 위로(慰勞) – 따뜻한 말이나 행동으로 괴로움을 덜어 주거나 슬픔을 달래 줌.
+ 勞(수고할 로, 일할 로)

4급 / 15획 / 부수 心

慰靈祭(위령제), 慰問(위문), 慰安(위안)

풀(艹)이 **벼슬**(尉)한 것처럼 성하고 아름다우니
성할 울, 아름다울 위

2급 / 15획 / 부수 草(艹)

蔚山(울산), 彬蔚(빈울)

몸(尸)이 **나가려고**(出) 굽은 곳에서는 굽히니 **굽을 굴, 굽힐 굴**

4급 / 8획 / 부수 尸

屈曲(굴곡), 屈伏(굴복), 百折不屈(백절불굴)

손(扌)을 **굽혀**(屈) 파니 **팔 굴**

+ 扌(손 수 변)

2급 / 11획 / 무수 扌(扌)

發掘(발굴), 臨渴掘井(임갈굴정)

구멍(穴)이 **굽어서**(屈) 계속되는 굴이니 **굴 굴**

+ 穴(구멍 혈, 굴 혈)

2급 / 13획 / 부수 穴

洞窟(동굴), 貧民窟(빈민굴), 巢窟(소굴)

居

4급 / 8획 / 부수 尸

몸(尸)이 **오래**(古) 머물러 사니 **살 거**

+ 古(오랠 고, 옛 고)

居室(거실), 居住(거주), 同居(동거), 居間(거간)

尾

3급II / 7획 / 부수 尸

짐승의 **몸**(尸)에서 **털**(毛)이 난 꼬리니 **꼬리 미**

또 꼬리처럼 무엇의 끝이니 **끝 미**

尾行(미행), 交尾(교미), 末尾(말미), 後尾(후미)

刷

3급II / 8획 / 부수 刀(刂)

나무의 **몸**(尸)을 **수건**(巾)으로 닦고 **칼**(刂)로 새겨서 인쇄하니

닦을 쇄, 인쇄할 쇄

+ 巾(수건 건), 刂(칼 도 방)
+ 옛날에는 넓적한 나무판에 글자를 새겨 인쇄했는데, 이를 목판(木板) 인쇄라 하지요.

刷掃(쇄소), 刷新(쇄신), 印刷(인쇄), 縮刷版(축쇄판)

尿

2급 / 7획 / 부수 尸

주검(尸)으로 소화되어 나오는 **물**(水)이 오줌이니 **오줌 뇨(요)**

糖尿(당뇨), 放尿(방뇨), 糞尿(분뇨), 泌尿器(비뇨기)

后

2급 / 6획 / 부수 口

몸(厂)이나 **입**(口)으로 지시하는 임금이나 왕후니 **임금 후, 왕후 후**

+ 厂[주검 시, 몸 시(尸)의 변형]. 원래는 사람의 몸 뒤에 있는 똥구멍의 뜻이었는데, 음을 빌려 임금의 뜻(侯·皇)으로 쓰다가, 요즘에는 侯(과녁 후, 제후 후)를 남자 임금, 后를 왕후(王后)의 뜻으로 씁니다.
+ 皇(황제 황)

后妃(후비), 王后(왕후), 后蜂(후봉)

展

5급II / 10획 / 부수 尸

몸(尸) 앞을 가리던 **풀**(艹)이 쓰러져 펴지고 넓게 **되니**(𧘇)

펼 전, 넓을 전

+ 艹[초 두(艹)의 변형], 𧘇[될 화, 변화할 화, 가르칠 화(化)의 변형], 무엇이 없으면 넓게 보이지요.

展開(전개), 進展(진전), 展望臺(전망대), 展示(전시)

집(尸) 중 여러 사람들이 **함께**(共) **쳐서**(殳) 지은 대궐이나 큰 집이니

대궐 **전**, 큰 집 **전**

+ 尸('주검 시, 몸 시'지만 여기서는 집으로 봄), 共(함께 공), 殳(칠 수, 창 수, 몽둥이 수)
+ 중요한 분을 모시거나 울 안에서 제일 큰 집이 殿입니다.

宮殿(궁전), 聖殿(성전), 大雄殿(대웅전)

3급II / 13획 / 부수 殳

지붕(𠃌)을 **두**(二) 번이나 **장인**(⺕)의 **손**(又)을 빌려 고쳐야 하는 허물이니

빌릴 **가**, 허물 **가**

+ 𠃌[주검 시, 몸 시(尸)의 변형이지만 여기서는 지붕으로 봄], ⺕[장인 공, 만들 공, 연장 공(工)의 변형], 又(또 우, 오른손 우)
+ 叚가 들어간 글자를 약자로 쓸 때는 叚 부분을 거꾸로 반, 뒤집을 반(反)으로 씁니다.

급수 외 한자 / 9획 / 부수 又

사람(亻)이 **빌려서**(叚) 꾸민 거짓이고 임시니 거짓 **가**, 임시 **가**

+ 얩 仮 – 사람(亻)이 거꾸로(反) 꾸민 거짓이고 임시니 '거짓 가, 임시 가'

假面(가면), 假飾(가식), 假建物(가건물), 假想(가상)

4급II / 11획 / 부수 人(亻)

날(日)을 **빌린**(叚) 듯 겨를이 있고 한가하니 겨를 **가**, 한가할 **가**

+ 얩 昄 – 날(日)이 거꾸로(反) 흐른 듯 겨를이 있고 한가하니 '겨를 가, 한가할 가'
+ 겨를 – 어떤 일을 하다가 남는 시간적 여유. 한가(閑暇)하다 – 겨를이 생겨 여유가 있다.

病暇(병가), 餘暇(여가), 休暇(휴가), 閑暇(한가)

4급 / 13획 / 부수 日

周

4급 / 8획 / 부수 口

성(冂)안의 **영토**(土)를 **입**(口)으로 잘 설명하여 두루 둘레까지 알게 하니

두루 주, 둘레 주

+ 冂(멀 경, 성 경)

周旋(주선), 周知(주지), 周邊(주변), 周圍(주위), 周到綿密(주도면밀)

調

5급Ⅱ / 15획 / 부수 言

말(言)을 **두루**(周) 듣고 고르게 잘 어울리니 **고를 조, 어울릴 조**

또 높낮이가 고르게 어울린 노랫가락이니 **가락 조**

調和(조화), 調味料(조미료), 協調(협조), 曲調(곡조), 雨順風調(우순풍조)

彫

2급 / 11획 / 부수 彡

두루(周) **털**(彡)까지 조각하여 새기니 **새길 조**

+ 彡(터럭 삼, 긴머리 삼)

彫刻(조각), 彫刻刀(조각도), 浮彫(부조)

週

5급Ⅱ / 12획 / 부수 辶(辶)

각 요일을 **두루**(周) **뛰어**(辶) 돌 듯 도는 주일이니 **돌 주, 주일 주**

+ 주일(週日) - 월요일부터 일요일까지의 이레 동안.

週刊(주간), 週年(주년), 週末(주말), 週番(주번), 一週(일주)

TIP

〈명언〉

士其業者(사기업자)는 必至於登名(필지어등명)하고
農其業者(농기업자)는 必至於積粟(필지어적속)하고
工其業者(공기업자)는 必至於作巧(필지어작교)하고
商其業者(상기업자)는 必至於盈貨(필지어영화)하라.

[선비로 그 직업을 삼은 자는 반드시 이름을 날림에 이르러야 하고
농업으로 그 직업을 삼은 자는 반드시 곡식을 쌓음에 이르러야 하고
공업으로 그 직업을 삼은 자는 반드시 교묘함을 지음에 이르러야 하고
상업으로 그 직업을 삼은 자는 반드시 돈이 넘침에 이르러야 한다.]

— 《주자(朱子)》의 부자기문(不自棄文)에서

+ 士(선비 사), 其(그 기), 業(업 업, 일 업), 者(놈 자, 것 자), 必(반드시 필), 至(이를 지, 지극할 지), 於(어조사 어, 탄식할 오), 登(오를 등), 名(이름 명, 이름날 명), 農(농사 농), 積(쌓을 적), 粟(벼 속, 조 속), 工(장인 공, 만들 공, 연장 공), 作(지을 작), 巧(교묘할 교), 商(장사할 상, 헤아릴 상), 盈(찰 영), 貨(재물 화, 물품 화)

用

6급II / 5획 / 제부수

성(冂)에서 두(二) 개의 송곳(丨)을 쓰니 **쓸 용**

+ 冂(멀 경, 성 경), 丨('뚫을 곤'이지만 여기서는 송곳으로 봄)
+ 원래는 '(옛날에는 거북이 등 껍데기도 도구로 썼으니) 거북이 등 껍데기 모양을 본떠서 쓸 용'입니다.

濫用(남용), 善用(선용), 惡用(악용), 誤用(오용), 利用厚生(이용후생)

備

4급II / 12획 / 부수 人(亻)

짐승 기르는 **사람**(亻)은 **풀**(艹)을 **굴 바위**(厂) 위에 말려 겨울에 **쓸**(用) 건초를 갖추니 **갖출 비**

+ 艹[초 두(艹)의 약자], 厂(굴 바위 엄, 언덕 엄)

備忘錄(비망록), 備蓄(비축), 備品(비품), 有備無患(유비무환)

庸

3급 / 11획 / 부수 广

자기 **집**(广)에서는 **손**(彐)에 **송곳**(丨)을 들고 **써도**(用) 떳떳하니
떳떳할 용

또 떳떳해도 사랑이 없으면 어리석으니 **어리석을 용**

+ 떳떳하다 – 굽힐 것이 없이 당당하다.
+ 广(집 엄), 彐(고슴도치 머리 계, 오른손 우), 過(지날 과, 지나칠 과, 허물 과), 足(발 족, 넉넉할 족)

中庸(중용), 庸劣(용렬), 庸夫(용부), 庸弱(용약), 庸人(용인)

傭

2급II / 13획 / 부수 人(亻)

사람(亻)이 **떳떳이**(庸) 일하고 품삯을 받는 품팔이니 **품팔이 용**

+ 품팔이 – 품삯을 받고 남의 일을 해주는 일. 또는 그런 사람.

傭兵(용병), 傭船(용선), 傭人(용인), 雇傭(고용)

鏞

2급 / 19획 / 부수 金

쇠(金)가 **떳떳하듯**(庸) 크게 소리 내는 쇠북이니 **쇠북 용**

鏞鼓(용고), 丁若鏞(정약용) – 조선 후기의 학자(1762~1836).

DAY 18

甫

2급 / 7획 / 부수 用

많이(十) 쓰이도록(用) 점(丶)까지 찍어가며 만들어 크고 넓으니
클 보, 넓을 보

＋ 술보, 졸보, 울음보처럼 사람의 별명에 쓰이기도 합니다.

甫田(보전), 酒甫(주보), 拙甫(졸보), 甫吉島(보길도)

補

3급Ⅱ / 12획 / 부수 衣(衤)

옷(衤)에 난 큰(甫) 구멍을 기우니 **기울 보**

＋ 衤(옷 의 변), 깁다 – 해진 데에 조각을 대고 꿰매다.

補強(보강), 補缺(보결), 補償(보상), 補充(보충), 斷長補短(단장보단)

輔

2급 / 14획 / 부수 車

차(車)로 널리(甫) 도우니 **도울 보**

＋ 수레나 차는 생활에 많은 도움이 되지요.

輔國(보국), 輔導(보도), 輔弼(보필), 輔佐(보좌)

捕

3급Ⅱ / 10획 / 부수 手(扌)

손(扌)을 크게(甫) 벌려 잡으니 **잡을 포**

＋ 扌(손 수 변)

生捕(생포), 逮捕(체포)

浦

3급Ⅱ / 10획 / 부수 水(氵)

물(氵)이 넓게(甫) 퍼진 물가니 **물가 포**

浦口(포구), 浦村(포촌), 浦落(포락), 南浦(남포)

鋪

2급 / 15획 / 부수 金

쇠(金)를 넓게(甫) 펴니 **펼 포**
또 쇠(金)를 넓게(甫) 펴서 만든 가게니 **가게 포**

鋪裝道路(포장도로), 店鋪(점포), 典當鋪(전당포)

葡

2급 / 13획 / 부수 草(艹)

풀(艹)잎 아래 **싸여**(勹) **크는**(甫) 포도니 **포도 포**

✚ 포도는 위로 줄기와 잎이 자라고 그 아래에 포도 열매가 자람을 생각하고 만든 글자.

　*葡萄(포도), *乾葡萄(건포도), *靑葡萄(청포도)

---

354 부(포)박부부 박부[尃博傅敷 薄簿] - 尃, 溥으로 된 한자

尃

급수 외 한자 / 10획 / 부수 寸

널리(甫) **법도**(寸)에 맞게 펴니 **펼 부(포)**

✚ 悠 專(오로지 전, 마음대로 할 전) - 제목번호 360 참고.

博

4급Ⅱ / 12획 / 부수 十

여러(十) 방면에 두루 **펴**(尃) 넓으니 **넓을 박**

　博士(박사), 博識(박식), 博愛(박애), 該博(해박), 博而不精(박이부정)

傅

2급 / 12획 / 부수 人(亻)

사람(亻) 중 두루 **펴**(尃) 가르치는 스승이니 **스승 부**

✚ 悠 傳(전할 전, 이야기 전) - 제목번호 360 참고.
✚ 悠 師(스승 사, 전문가 사, 군사 사) - 제목번호 214 참고.

　傅育(부육), 師傅(사부) - 자기를 가르쳐 이끌어 주는 사람.

敷

2급 / 15획 / 부수 攵

크게(甫) 어떤 **방향**(方)으로 **쳐서**(攵) 펴고 베푸니 **펼 부, 베풀 부**

✚ 悠 旉 - 크게(甫) 어떤 방향(方)으로 펴고 베푸니 '펼 부, 베풀 부'
✚ 方(모 방, 방향 방, 방법 방), 攵(칠 복, = 攴)

　敷設(부설), 敷衍(부연), 敷地(부지), 高水敷地(고수부지)

DAY 18

薄

3급Ⅱ / 17획 / 부수 草(艹)

(가라앉지 않고) **풀**(艹)처럼 **물**(氵) 위에 **펴지도록**(尃) 엷으니 **엷을 박**

　薄待(박대), 薄命(박명), 薄弱(박약), 淺薄(천박), 如履薄氷(여리박빙)

종이가 없던 옛날 대(竹) 조각을 물(氵)처럼 넓게 **펴지도록**(尃) 깎아 글을 적은 장부니 **장부 부**

3급Ⅱ / 19획 / 부수 竹(⺮)

+ 장부(帳簿) – (돈이나 물건의 출납·수지 계산 등을) 기록하는 문서.
+ ⺮(대 죽), 帳(장막 장, 장부 장)

簿記(부기), 名簿(명부), 學籍簿(학적부)

---

355   용송용통[甬誦勇通] – 甬으로 된 한자

꽃봉오리가 부풀어 솟아오르는 모양을 본떠서 **솟을 용**

특급Ⅱ / 7획 / 부수 用

(마음 속에) 말(言)이 **솟아**(甬) 오르도록 외우니 **외울 송**

誦讀(송독), 誦詩(송시), 朗誦(낭송), 愛誦(애송)

3급 / 14획 / 부수 言

솟는(甬) 힘(力)이 있어 날래니 **날랠 용**

+ 甬[솟을 용(甬)의 변형]

勇敢(용감), 勇斷(용단), 勇猛(용맹), 勇退(용퇴)

6급Ⅱ / 9획 / 부수 力

통

무슨 일이나 **솟을**(甬) 정도로 **뛰며**(辶) 열심히 하면 통하니 **통할 통**

+ 辶(뛸 착, 갈 착, = 辵)

通告(통고), 通達(통달), 窮卽通(궁즉통), 無不通知(무불통지)

6급 / 11획 / 부수 辵(辶)

각해촉[角解觸] – 角으로 된 한자

6급II / 7획 / 제부수

소나 양의 뿔을 본떠서 **뿔 각**

또 뿔은 모나서 싸우거나 겨룰 때도 쓰이니 **모날 각, 겨룰 각**

+ 뿔난 짐승들은 주로 뿔로 싸우지요.

矯角殺牛(교각살우), 三角(삼각), 角逐(각축), 角者無齒(각자무치)

解

4급II / 13획 / 부수 角

뿔(角)부터 칼(刀)로 소(牛)를 갈라 해부하니 **해부할 해**

또 해부하듯 문제를 푸니 **풀 해**

+ ⑱ 觧 – 뿔(角)부터 양(羊)을 갈라 해부하니 '해부할 해', 또 해부하듯 문제를 푸니 '풀 해'
+ 짐승을 잡을 때는 뿔부터 가릅니다.

解渴(해갈), 解決(해결), 解答(해답), 結者解之(결자해지)

觸

3급II / 20획 / 부수 角

뿔(角)로 애벌레(蜀)는 촉감을 알려고 휘둘러 닿으니 **닿을 촉**

+ ⑱ 触 – 뿔(角)로 벌레(虫)는 촉감을 알려고 휘둘러 닿으니 '닿을 촉'
+ 촉수(觸手) – 하등 무척추 동물의 몸 앞부분이나 입 주위에 있는 돌기 모양의 기관.
+ 蜀(애벌레 촉), 手(손 수, 재주 수, 재주 있는 사람 수)

觸覺(촉각), 觸感(촉감), 一觸卽發(일촉즉발)

거(차)진궤고[車陣軌庫] – 車로 된 한자

7급II / 7획 / 제부수

수레 모양을 본떠서 **수레 거**

또 수레처럼 물건이나 사람을 실어 옮기는 차니 **차 차**

+ 口은 수레의 몸통, l은 바퀴의 축, 一과 一은 양 바퀴.

自轉車(자전거), 停車場(정거장), 車庫(차고), 列車(열차)

4급 / 10획 / 부수 阜(阝)

언덕(阝) 옆에 수레(車)들이 진 치는 줄이니 **진 칠 진, 줄 진**

+ ⑱ 陳(늘어놓을 진, 묵을 진) – 제목번호 077 참고.
+ 언덕(阝) 옆에 수레(車)들이 진 치는 줄이니 '진 칠 진, 줄 진', 언덕(阝)의 동쪽(東)에 늘어놓고 묵으니 '늘어놓을 진, 묵을 진'으로 구분하세요.
+ 阝(언덕 부 변)

長蛇陣(장사진), 陣地(진지), 敵陣(적진), 布陣(포진)

수레(車)도 다니도록 **크게(九)** 만든 길이니 **길 궤**

또 길처럼 따라야 할 법이니 **법 궤**

3급 / 9획 / 부수 車

軌道(궤도), 軌跡(궤적), 挾軌(협궤), 軌範(궤범)

집(广)에 **수레(車)** 같은 물건을 넣어 두는 창고니 **창고 고**

+ 广(집 엄)

4급 / 10획 / 부수 广

金庫(금고), 寶庫(보고), 在庫(재고), 車庫(차고)

---

358 **련련련[連漣蓮] – 連으로 된 한자**

차(車)가 지나간(辶) 바퀴 자국처럼 이으니 **이을 련(연)**

+ 辶(뛸 착, 갈 착, = 辶)

4급Ⅱ / 11획 / 부수 辵(辶)

連結(연결), 連絡(연락), 連戰連勝(연전연승)

물(氵)에 계속 **이어지는(連)** 잔물결이니 **잔물결 련(연)**

또 잔물결처럼 계속 눈물 흘리는 모양이니 **눈물 흘리는 모양 련(연)**

2급 / 14획 / 부수 水(氵)

漣痕(연흔), 漣漣(연연)

풀(艹) 뿌리가 **이어지듯(連)** 뻗어가며 자라는 연이니 **연 련(연)**

3급Ⅱ / 15획 / 부수 草(艹)

蓮根(연근), 蓮池(연지), 白蓮(백련), 紅蓮(홍련)

384

군휘휘운[軍揮輝運] - 軍으로 된 한자

덮어서(冖) 차(車)까지 위장한 군사니 **군사 군**

+ 冖(덮을 멱)
+ 군사들은 적에게 들키지 않으려고 주위 환경에 어울리게 무엇으로 덮어 위장하지요.

軍歌(군가), 軍紀(군기), 孤軍奮鬪(고군분투)

8급 / 9획 / 부수 車

손(扌) 휘둘러 군사(軍)를 지휘하니 **휘두를 휘, 지휘할 휘**

揮毫(휘호), 揮發(휘발), 發揮(발휘), 指揮(지휘), 一筆揮之(일필휘지)

4급 / 12획 / 부수 手(扌)

빛(光)에 군사(軍)의 계급장이 빛나니 **빛날 휘**

+ 한자가 만들어지던 옛날에는 종족과 종족, 나라와 나라 사이에 싸움이 많았기에 전쟁이나 군사, 무기와 관련된 글자가 많습니다.

輝光(휘광), 輝煌(휘황)

3급 / 15획 / 부수 車

軍사(軍)들이 갈(辶) 때는 차도 운전하여 옮기니 **운전할 운, 옮길 운**

또 삶을 옮기는 운수니 **운수 운**

+ 운수(運數) - 미리 정하여져 인간의 힘으로 어찌할 수 없는 운명.

運動(운동), 運轉(운전), 運命(운명), 幸運(행운)

6급Ⅱ / 13획 / 부수 辵(辶)

전전전단[專傳轉團] – 專으로 된 한자

4급 / 11획 / 부수 寸

삼가고(叀) 마디**마디**(寸) 살피며 오로지 하나에만 전념하니 **오로지 전**

또 오로지 자기 마음대로 하니 **마음대로 할 전**

+ 叀 – 차(車)에 점(丶) 찍는 일은 삼가니 '삼갈 전'
+ 丶(점 주, 불똥 주)

專攻(전공), 專念(전념), 專屬(전속), 專權(전권)

傳

5급II / 13획 / 부수 人(亻)

사람(亻)들은 **오로지**(專) 자기 뜻을 전하니 **전할 전**

또 전하는 이야기니 **이야기 전**

+ 옙 伝 – 사람(亻)이 자기 뜻을 말하여(云) 전하니 '전할 전'
+ 云(말할 운)

傳達(전달), 傳承(전승), 自敍傳(자서전)

轉

4급 / 18획 / 부수 車

수레(車)바퀴처럼 **오로지**(專) 구르니 **구를 전**

+ 옙 転 – 수레(車)바퀴가 말하듯(云) 소리내며 구르니 '구를 전'

轉科(전과), 轉勤(전근), 轉禍爲福(전화위복)

5급II / 14획 / 부수 囗

에워싼(囗) 듯 **오로지**(專) 하나로 둥글게 모이니 **둥글 단, 모일 단**

+ 옙 団 – 에워싼(囗) 듯 법도(寸)에 맞게 둥글게 모이니 '둥글 단, 모일 단'
+ 囗[에운담, 나라 국(國)의 약자]

團結(단결), 團合(단합), 集團(집단)

TIP

〈명언〉

非禮勿視(비례물시)하고 非禮勿聽(비례물청)하고
非禮勿言(비례물언)하며 非禮勿動(비례물동)하라.

[예가 아니면 보지 말고, 예가 아니면 듣지 말고,
예가 아니면 말하지 말며, 예가 아니면 행동하지 말라.] – ≪논어(論語)≫의 안연(顏淵)편에서

+ 非(어긋날 비, 아닐 비, 나무랄 비), 禮(예도 례), 勿(말 물, 없을 물), 視(볼 시, 살필 시), 聽(들을 청), 言(말씀 언), 動(움직일 동)

01~03 다음 漢字의 訓과 音을 쓰시오.

01. 崙, 尉, 掘

02. 窟, 尿, 彫

03. 傭, 鏞, 輔

04~06 다음 漢字語의 讀音을 쓰시오.

04. 滄熱, 蒼空, 后妃

05. 鋪裝道路, 師傅, 敷設

06. 漣痕, 潤濕, 刷新

07~09 다음 문장에서 (   ) 안의 漢字語를 漢字(正字)로 바꾸어 쓰시오.

07. (천륜)을 어기면 혈루를 쏟으며 후회해도 소용없다.

08. (불편부당)한 태도, 백절불굴의 의지로 살겠습니다.

09. (주말)마다 차를 운행하여 여행을 떠난다.

10 다음 [　] 안의 漢字와 뜻이 비슷한 한자는?

10. [戶]　① 所　② 家　③ 展　④ 居

11 다음 [　] 안의 漢字와 뜻이 반대인 한자는?

11. [屈]　① 曲　② 直　③ 殿　④ 尾

12 다음 漢字를 略字로 쓰시오.

12. 假

정답

01. 산 이름 륜, 벼슬 위, 팔 굴　　02. 굴 굴, 오줌 뇨, 새길 조　　03. 품팔이 용, 쇠북 용, 도울 보
04. 창열, 창공, 후비　　　　　　05. 포장도로, 사부, 부설　　　06. 연흔, 윤습, 쇄신
07. 天倫　　　　　　　　　　　08. 不偏不黨　　　　　　　　　09. 週末
10. ②　　　　　　　　　　　　11. ②　　　　　　　　　　　　12. 仮

361~380

천천훈 주주[川釧訓 州洲] – 川, 州로 된 한자

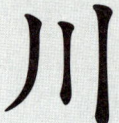

물 흐르는 내를 본떠서 **내 천**

7급 / 3획 / 제부수

+ 잠겨 있는 물에 물결이 이는 모양을 본떠서 '물 수(水)'
+ 내 천(川)이 부수로 쓰일 때는 巛으로, 개미허리 모양 같다 하여 '개미허리 천'이라 부릅니다. –
  제목번호 363 참고.

　川邊(천변), 山川草木(산천초목), 河川(하천)

쇠(金)로 만들어 팔에 **내**(川)처럼 둘러차는 팔찌니 **팔찌 천**

2급 / 11획 / 부수 金

　寶釧(보천)

말(言)을 **내**(川)처럼 길게 하며 가르치니 **가르칠 훈**

6급 / 10획 / 부수 言

+ 무엇을 가르치려고 말을 길게 하지요.

　訓戒(훈계), 訓練(훈련), 訓手(훈수), 訓話(훈화), 家訓(가훈), 訓戒放免(훈계방면)

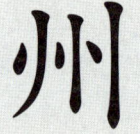

내(川) 사이에 **점들**(ᐟᐟ)처럼 집들이 있는 고을이니 **고을 주**

5급 II / 6획 / 부수 川

+ 약 州
+ 약자로는 州인데 가로획이 오른쪽으로 나오지 않도록 해야 해요. 가로획이 오른쪽으로 나오면 삼십
  을 나타내는 글자가 됩니다.
+ 나주(羅州), 충주(忠州)처럼, 고을 이름에 주(州)가 들어가면 물가에 있지요.

　州郡(주군), 州牧(주목), 全州(전주)

물(氵)로 둘러싸인 **고을**(州)이면 물가나 섬이니 **물가 주, 섬 주**

3급 II / 9획 / 부수 水(氵)

+ 氵(삼 수 변)

　洲島(주도), 三角洲(삼각주), 六大洲(육대주)

류류 소소[流硫 疏蔬] – 川, 疏로 된 한자

5급II / 10획 / 부수 水(氵)

물(氵)이 소리 내며(云) 내(川)를 이루어 흐르고 번져나가니

흐를 류(유), 번져나갈 류(유)

+ 云(말할 운)

流浪(유랑), 流失(유실), 流行(유행)

2급 / 12획 / 부수 石

돌(石) 중 화산에서 **소리 내며(云) 내(川)**처럼 흘러 굳어진 유황이니

유황 류(유)

+ 유황(硫黃) – 비금속 원소로서 황색·무취의 파삭파삭한 결정체. 화약·성냥 등의 원료로 쓰임.
+ 石(돌 석), 黃(누를 황)

脫硫(탈류)

3급II / 12획 / 부수 疋

발(疋)로 차며 **소리치면(云)** 막힘이 **내(川)**처럼 트이니 **트일 소**

또 트인 듯 관계가 드물고 성기니 **드물 소, 성길 소**

+ 闇 疎 – 발(疋)을 묶어(束) 놓은 듯 왕래가 드무니 '드물 소', 또 왕래가 드물면 도로는 잘 트이니 '트일 소'
  또 트인 듯 관계가 성기니 '성길 소' – 1급
+ 束(묶을 속), 성기다 – ㉠ 물건의 사이가 뜨다. ㉡ 관계가 깊지 않고 서먹하다.

疏通(소통), 疏外·疎外(소외), 親疏(친소)

3급 / 16획 / 부수 草(艹)

풀(艹) 중 **트인(疏)** 듯 자주 먹는 나물이나 채소니 **나물 소, 채소 소**

+ 艹(초 두)

蔬飯(소반), 菜蔬(채소), 蔬食(소식), 蔬店(소점)

3획 / 부수자

내 천(川)이 부수로 쓰일 때의 모양으로 개미허리 모양 같다 하여

개미허리 **천**

5급 / 7획 / 부수 火

냇물(巛)이나 불(火)로 인하여 입는 재앙이니 재앙 **재**

+ 재앙(災殃) - 뜻하지 아니하게 생긴 불행한 변고. 또는 천재지변으로 인한 불행한 사고.
+ 火(불 화), 殃(재앙 앙)
+ 재앙은 대부분 물이나 불로 인한 경우가 많으니 글자도 물과 불을 뜻하는 글자로 만들었네요.

災難(재난), 災害(재해), 天災地變(천재지변)

3급Ⅱ / 7획 / 부수 川(巛)

냇물(巛)이 낮은 곳을 살펴 흘러가듯(辶) 살피며 도니 살필 **순**, 돌 **순**

+ 辶(뛸 착, 갈 착, = 辶)

巡警(순경), 巡訪(순방), 巡視(순시), 巡廻(순회)

3급Ⅱ / 13획 / 부수 肉(月)

몸(月)에서 냇물(巛)처럼 쉴 새 없이 생각하는 정수리(囟)의 뇌니 뇌 **뇌**

+ 약 腦 - 몸(月)에서 점들(丷)처럼 흉한(凶) 모양으로 들어 있는 뇌니 '뇌 뇌'
+ 囟(정수리 신), 정수리 - 머리 위에 있는 자리. 凶(흉할 흉, 흉년 흉)

腦裏(뇌리), 頭腦(두뇌), 洗腦(세뇌), 首腦(수뇌)

3급 / 12획 / 부수 心(忄)

어떤 마음(忄)이 냇물(巛)처럼 정수리(囟)에 계속 흘러 괴로워하니

괴로워할 **뇌**

+ 약 惱 - 마음(忄)에 점들(丷)처럼 흉한(凶) 것이 생각나 괴로워하니 '괴로워할 뇌'
+ 어떤 생각이 잊히지 않고 계속 떠오르면 괴롭지요.

苦惱(고뇌), 煩惱(번뇌), 百八煩惱(백팔번뇌)

3급 / 18획 / 부수 犬(犭)

개(犭)가 짐승의 목 갈기(巤)를 물며 사냥하니 사냥할 **렵(엽)**

+ 참 鼠(쥐 서) - 1급.
+ 약 猟 - 개(犭)가 점들(丷)처럼 묻은 냄새를 이용하여(用) 사냥하니 '사냥할 렵(엽)'
+ 巤 - 내(巛)처럼 흘러내린 목(囟)에 털이 난(巤) 목 갈기니 '목 갈기 렵(엽), 쥐털 렵(엽)'
+ 犭(큰 개 견, 개 사슴 록 변), 囟(목의 모양), 巤(털 난 모양), 用[쓸 용(用)의 변형]
+ 갈기 - 말이나 사자 따위의 목덜미에 난 긴 털.
+ 개는 냄새로 짐승을 찾고, 짐승을 잡을 때는 짐승의 목을 물지요.

獵師(엽사), 獵銃(엽총)

4경[巠輕經徑] - 巠으로 된 한자

급수 외 한자 / 7획 / 부수 川(巛)

하나(一)의 냇물(巛)처럼 **만들어져**(工) 흐르는 물줄기니 **물줄기 경**

+ 통 坙 - 또(又) 흙(土) 위에 생긴 물줄기니 '물줄기 경'
+ 工(장인 공, 만들 공, 연장 공), 又(오른손 우, 또 우), 土(흙 토)

5급 / 14획 / 부수 車

수레(車)가 **물줄기**(巠)처럼 저절로 달리도록 가벼우니 **가벼울 경**

+ 약 軽

輕減(경감), 輕微(경미), 輕傷(경상), 輕率(경솔), 輕敵必敗(경적필패)

4급Ⅱ / 13획 / 부수 糸

실(糸)이 **물줄기**(巠) 같이 길게 지나가는 날실이니 **지날 경, 날실 경**

또 베를 짤 때 날줄이 기본이듯이 사람 사는 기본을 적어 놓은 경서니 **경서 경**

+ 약 経
+ 베를 짤 때 세로로 늘어뜨린 실을 날실 경(經), 좁은 쪽의 실을 씨실 위(緯)라 합니다.

經緯(경위), 經歷(경력), 經費(경비), 經書(경서)

3급Ⅱ / 10획 / 부수 彳

걸을(彳) 때 **물줄기**(巠)처럼 빨리 가는 지름길이니
지름길 경, 길 경

+ 약 径
+ 동 逕 - 사람(彳)이 물줄기(巠)처럼 빨리 가는 지름길이니 '지름길 경, 길 경'

徑路(경로), 半徑(반경), 直徑(직경)

TIP

〈명언〉

玉不琢(옥부탁)이면 **不成器**(불성기)요,
人不學(인불학)이면 **不知道**(부지도)라.
[옥은 쪼지 않으면 그릇이 되지 못하고,
사람은 배우지 않으면 도를 모른다.] - ≪예기(禮記)≫
+ 玉(구슬 옥), 琢(쫄 탁), 成(이룰 성), 器(그릇 기), 學(배울 학), 道(길 도, 도리 도, 말할 도)

DAY
19

유유유 수유[俞楡踰 輸愈] - 俞로 된 한자

2급 / 9획 / 부수 入

산에 **들어가**(入) **한**(一) **달**(月)에 걸쳐 **냇**(巛)물로 씻으며 치료하면

대답하듯 통하고 병도 나으니 **대답할 유, 통할 유, 병 나을 유**

+ 약 俞 - 사람(人)이 한(一) 달(月)에 걸쳐 칼(刂)로 수술도 하며 치료하면 대답하듯 병이 나으니
  '대답할 유, 병 나을 유, 성씨 유'
+ 巛 [내 천(川)의 부수 개미허리 천(巛)이 줄어든 모양]

2급 / 13획 / 부수 木

나무(木) 중 병을 **낫게**(俞)하는 성분이 있는 느릅나무니 **느릅나무 유**

+ 약 楡
+ 느릅나무 - 봄에 어린잎은 식용하며 한방에서 껍질을 약재로 쓰는데, 치습(治濕)·이뇨제(利尿劑)
  ·소종독(消腫毒)에 사용하지요.
+ 治(다스릴 치), 濕(젖을 습), 利(이로울 리, 날카로울 리), 尿(오줌 뇨), 劑(약 지을 제), 消(끌 소,
  삭일 소, 물러설 소), 腫(부스럼 종), 毒(독할 독)

楡皮(유피) - 느릅나무의 껍질.

+ 皮(가죽 피, 피부 피, 성씨 피)

2급 / 16획 / 부수 足(⻊)

발(⻊)로 **대답하듯**(俞) 걸어 넘으니 **넘을 유**

+ 약 踰
+ ⻊[발 족, 넉넉할 족(足)의 변형]

踰年(유년), 踰嶺(유령), 踰越(유월), 踰限(유한)

3급Ⅱ / 16획 / 부수 車

차(車)로 **대답하듯**(俞) 짐을 실어 보내고 나르니 **보낼 수, 나를 수**

+ 약 輸
+ 車(수레 거, 차 차)

輸送(수송), 輸出入(수출입), 輸血(수혈), 禁輸(금수)

3급 / 13획 / 부수 心

병이 낫는다(俞)는 **마음**(心)이 들면 더욱 좋아 병이 더 잘 나으니

더욱 유, 좋을 유, 병 나을 유

+ 약 愈
+ 心(마음 심, 중심 심)

愈愈(유유), 治愈(치유), 愈往愈甚(유왕유심)

화경 염담담[火炅 炎談淡] – 火, 炎으로 된 한자

타오르는 불을 본떠서 **불 화**

＋ 불 화(火)의 총획이 4획이니, 글자의 발로 쓰일 때도 점 네 개를 찍어 '불 화 발(灬)'이라 부릅니다.
　火力(화력), 火災(화재), 發火(발화), 放火(방화)

8급 / 4획 / 제부수

해(日)나 불(火)처럼 빛나니 **빛날 경**

＋ 인·지명용 한자.

2급 / 8획 / 부수 火

불(火)과 불(火)이 겹쳐 더우니 **더울 염**

또 덥게 열나면서 아픈 염증이니 **염증 염**

＋ 염증(炎症) – 붉게 붓고 아픈 병세.
＋ 症(병세 증)
　炎涼(염량), 炎天(염천), 暴炎(폭염), 炎涼世態(염량세태)

3급Ⅱ / 8획 / 부수 火

말(言)로 따뜻하게(炎) 하는 말씀이니 **말씀 담**

＋ '말씀 담(談)'은 주로 정답게 서로 주고받는 이야기에 쓰입니다.
　談笑(담소), 談合(담합), 美談(미담), 情談(정담)

5급 / 15획 / 부수 言

물(氵)을 덥게(炎) 끓여 소독하면 맑고 깨끗하니 **맑을 담, 깨끗할 담**

＋ 氵(삼 수 변)
＋ 물은 끓여서 소독하기도 하시요.
　淡水(담수), 濃淡(농담), 淡淡(담담), 淡白(담백)

3급Ⅱ / 11획 / 부수 水(氵)

DAY
19

TIP

〈명언〉

病從口入(병종구입)이요, 禍從口出(화종구출)이라.
['병은 입을 따라 들어오고 재앙은 입을 따라 나간다'로, 병은 음식을 조심하지 않는 데에서 생기고 재앙은 말을 조심하지 않은 데서 생긴다는 말]
＋病(병들 병, 근심할 병), 從(좇을 종, 따를 종), 口(입 구, 구멍 구, 말할 구), 入(들 입), 禍(재앙 화), 出(나올 출, 나갈 출)

3급 / 16획 / 부수 虫

불(火)과 불(火)에 덮인(冖) 듯 반짝이는 벌레(虫)는 반딧불이니

반딧불 **형**

+ 얙 蛍 – 불꽃(⺍)으로 덮인(一) 듯 반짝이는 반딧불이니 '반딧불 형'
+ 冖(덮을 멱), 虫[벌레 충(蟲)의 속자와 부수]

螢光燈(형광등), 螢雪之功(형설지공)

4급Ⅱ / 14획 / 부수 木

불(火)과 불(火)에 덮인(冖) 듯 나무(木)에 꽃이 피어 성하니 성할 **영**

또 성하여 누리는 영화니 영화 **영**

+ 얙 栄 – 반짝이는 불꽃(⺍)으로 덮인(一) 듯 나무에 꽃이 피어 성하니 '성할 영'
　　　또 성하여 누리는 영화니 '영화 영'
+ ⿲火火火, ⿱火火, ⿱火火 부분을 약자로 쓸 때는 '⺍'로 씁니다.
+ 영화(榮華) – 권력과 부귀를 마음껏 누림.
+ 華(화려할 화, 빛날 화)

榮光(영광), 繁榮(번영), 榮華(영화)

5급Ⅱ / 12획 / 부수 力

불(火)과 불(火)에 덮인(冖) 것 같은 어려운 상황에서도

힘(力)써 수고하며 일하니 수고할 **로(노)**, 일할 **로(노)**

+ 얙 労 – 불꽃(⺍)으로 덮인(一) 것 같은 어려운 상황에서도 힘(力)써 수고하며 일하니 '수고할 로(노), 일할 로(노)'

勞苦(노고), 過勞(과로), 徒勞無功(도로무공)

2급 / 15획 / 부수 玉(王)

불(火)과 불(火)에 덮인(冖) 듯 밝은 옥(玉)돌이니

밝을 **형**, 옥돌 **영**

瑩澈(형철), 未瑩(미형), 瑩鏡(영경)

2급 / 18획 / 부수 水(氵)

물(氵)이 불(火)과 불(火)에 덮인(冖) 옥(玉)빛처럼 맑으니

물 맑을 **형**

+ 인·지명용 한자.

등뼈가 서로 이어진 모양(↓ → 몸)을 본떠서 **등뼈 려(여)**

또 등뼈처럼 소리의 높낮음이 이어진 음률이나 성씨니

음률 려(여), 성씨 여

2급 / 7획 / 부수 口

六呂(육려), 律呂(율려) - 음악이나 음성의 가락.

+ 律(법칙 율, 법칙 률)

불(火)과 불(火)에 **덮인(冖)** 듯 열성으로 **음률(呂)**을 다스리니 **다스릴 영**

또 다스리듯 일을 경영하니 **경영할 영**

4급 / 17획 / 부수 火

+ 옐 営 - 불꽃('''')으로 덮인(冖) 듯 열성으로 음률(呂)을 다스리니 '다스릴 영'
+ 음률 - 음악. 음악의 곡조.

營利(영리), **營業**(영업), **營爲**(영위), **國營**(국영)

---

368 역적 적사 혁혁[亦跡 赤赦 赫嚇] - 亦, 赤, 赫으로 된 한자

머리(亠)가 불(灬)타듯 또 고민하니 **또 역**

+ 亠(머리 부분 두), 고민하면 머리에 열이 나면서 아프지요.

亦是(역시), **全亦**(전역), **此亦**(차역)

발(足)로 밟으면 또(亦) 생기는 발자국이니 **발자국 적**

3급Ⅱ / 13획 / 부수 足(足)

+ 足[발 족, 넉넉할 족(足)의 변형]

人跡(인적), **遺跡·遺蹟**(유적)

흙(土)이 불(灬)타늣이 붉으니 **붉을 적**

또 붉게 발가벗으니 **발가벗을 적**

5급 / 7획 / 제부수

+ 灬[불 화(火)의 변형]

赤色(적색), **赤字**(적자) ↔ **黑字**(흑자), **赤裸裸**(적나라), **赤子之心**(적자지심)

(용서는 하지만 두고 보기 위하여) **붉게(赤)** 칠하고 **쳐서(攵)** 놓아 주며

용서하니 **용서할 사**

2급 / 11획 / 부수 赤

+ 攵(칠 복, = 攴), 눈에 잘 띄도록 붉게 표시했겠지요.

赦過(사과), **赦免**(사면), **赦罪**(사죄), **特赦**(특사)

붉고(赤) 붉게(赤) 빛나며 붉으니 **빛날 혁, 붉을 혁**

2급 / 14획 / 부수 赤

赫赫(혁혁), 赫業(혁업), 赫怒(혁노)

불(火)에서 **붉게(赫)** 빛나는 불빛이니 **불빛 혁**

2급 / 18획 / 부수 火

+ 인·지명용 한자.

| 369 | 수칠지 구구구[氷漆遲 求救球] – 氷, 求로 된 한자 |

물 수(水)가 글자의 발로 쓰일 때의 모양으로 **물 수 발**

5획 / 부수자

물(氵) 같은 진액이 나오도록 **나무(木)**를 **상처(人)**내어 뽑아 쓰는 **액(氺)**이 옻이니 **옻 칠**

또 옻처럼 검으니 **검을 칠**

3급II / 14획 / 부수 水(氵)

+ ㉵ 柒 – 물(氵)처럼 많이(七) 나무(木)에서 뽑아 쓰는 옻이니 '옻 칠'
+ 人('사람 인'이지만 여기서는 액을 뽑기 위해 낸 상처로 봄), 七('일곱 칠'에는 많다는 뜻도 있음)
+ 옻은 약용이나 공업용 등 여러 용도에 쓰입니다.

漆器(칠기), 漆板(칠판), 漆黑(칠흑)

몸(尸)이 물(〿)에 젖은 **무소(牛)**처럼 천천히 **가(辶)** 더디고 늦으니
더딜 지, 늦을 지

3급 / 16획 / 부수 辵(辶)

+ 尸(주검 시, 몸 시), 〿[물 수 발(氺)의 변형], 辶(뛸 착, 갈 착, = 辵)

遲刻(지각), 遲延(지연), 遲遲不進(지지부진), 遲滯(지체)

求

하나(一)의 물(水)방울(丶)이라도 구하니 **구할 구**

4급II / 7획 / 부수 水(氺)

求乞(구걸), 求道(구도), 求愛(구애), 求職(구직)

(나쁜 길에 빠진 사람을 쳐서라도) **구하기**(求) 위하여 **치며**(攵) 구원하고 도우니

구원할 구, 도울 구

+ 攵(칠 복, = 攴)
+ 내가 필요해서 구하면 구할 구(求), 남을 구원하고 도와주면 구원할 구, 도울 구(救)

救命(구명), 救助(구조), 救急(구급)

5급 / 11획 / 부수 攵(攴)

구슬(玉)처럼 재료를 **구해**(求) 만든 둥근 공이니 **둥글 구, 공 구**

+ 구슬은 대부분 둥글게 가공하여 둥글지요.

球根(구근), 地球(지구), 球技(구기), 排球(배구)

6급Ⅱ / 11획 / 부수 玉(王)

---

370 이(대)예강체[隶隷康逮] - 隶로 된 한자

씻기 위하여 **손**(⺕)이 **물**(氺)에 이르러 미치니 **미칠 이(대)**

+ 여기서 '미치다'는 ㉠ 정신에 이상이 생기다. ㉡ 보통 때와 달리 몹시 흥분하다. ㉢ 어떤 일에 자기를 잊을 만큼 열중하다. ㉣ (어느 곳에) 이르다, 닿다 중 ㉣의 뜻.
+ ⺕(고슴도치 머리 계, 오른손 우), 氺(물 수 발)

8획 / 부수자

선비(士) 같은 주인이 **보이는**(示) 곳에 **미쳐**(隶) 있는 종처럼 붙으니

종 예, 붙을 예

+ 종은 항상 주인 곁에 붙어 있지요.

奴隷(노예), 隷屬(예속), 隷書(예서)

3급 / 16획 / 부수 隶

일 끝내고 **집**(广)에서 **손**(⺕)을 **물**(氺)에 씻은 것처럼 편안하니 **편안할 강**

+ 广(집 엄)

康健(강건), 健康(건강), 壽福康寧(수복강녕)

4급Ⅱ / 11획 / 부수 广

미치도록(隶) **가서**(辶) 잡으니 **미칠 체, 잡을 체**

+ 辶(뛸 착, 갈 착, = 辶)

逮鞫(체국), 逮捕(체포), 被逮(피체)

3급 / 12획 / 부수 辶(辵)

DAY

19

엇갈려(⺈) 돼지(豕)가 여기저기를 물어 끊으니 끊을 단

+ ⺈(엇갈리는 모양), 豕(돼지 시)
+ 원래는 彑와 豕의 구조로 보아 부수가 크이네요. 크(고슴도치 머리 계, 오른손 우)는 변형하여 彑로도 쓰이니까요.

특급II / 9획 / 부수 크(⺈)

실(糸)로 끊어진(彖) 곳을 잇듯이 서로를 이어주는 인연이니 인연 연

緣故(연고), 緣分(연분), 緣由(연유), 結緣(결연), 前後事緣(전후사연)

4급 / 15획 / 부수 糸

엇갈리게(⺈) 한(一)곳으로 물(氺) 같은 진액이 나오도록 나무를 깎으니 깎을 록(녹)

또 나무를 깎아 새기니 **새길 록(녹)**

+ 氺(물 수 발)

특급 / 8획 / 부수 크(⺈)

쇠(金)를 깎아(彔) 기록하니 기록할 록(녹)

錄音(녹음), 錄畫(녹화), 記錄(기록), 附錄(부록)

4급II / 16획 / 부수 金

신(示)께 나무 깎아(彔) 만든 위패를 모시고 제사 지내면 복을 주듯 일하면 주는 봉급이니 봉급 록(녹)

+ 示(보일 시, 신 시)

祿俸(녹봉), 福祿(복록)

3급II / 13획 / 부수 示

실(糸)이 나무 깎을(彔) 때 나오면 푸르니 푸를 록(녹)

+ 糸(실 사, 실 사 변)

綠陰(녹음), 綠茶(녹차), 常綠樹(상록수), 草綠同色(초록동색)

6급 / 14획 / 부수 糸

5급II / 8획 / 제부수

하늘(一)의 구름(冂)에서 물(氺)로 내리는 비니 **비 우**

+ 亩 兩(두 량, 짝 량, 냥 냥) - 제목번호 317 참고.
+ 一('한 일'이지만 여기서는 하늘의 모양), 冂('멀 경, 성 경'이지만 여기서는 구름의 모양), 氺(물 수 발)
+ 雨는 날씨와 관계되는 글자의 부수로도 쓰입니다.

雨傘(우산), 雨後竹筍(우후죽순), 暴雨(폭우)

3급II / 21획 / 부수 雨

빗(雨)방울처럼 길(路)가에 이슬이 맺혀 드러나니

이슬 로(노), **드러날 로(노)**

+ 새벽이 되면 이슬이 어려 드러나지요.

寒露(한로), 露出(노출), 吐露(토로), 暴露(폭로)

6급II / 11획 / 부수 雨

비(雨)가 얼어 **고슴도치 머리**(彐)처럼 어지럽게 내리는 눈이니 **눈 설**

또 하얀 눈처럼 깨끗하게 씻으니 **씻을 설**

+ 彐(고슴도치 머리 계, 오른손 우)

雪景(설경), 雪糖(설탕), 嚴冬雪寒(엄동설한), 雪憤(설분), 雪辱(설욕)

3급II / 17획 / 부수 雨

비(雨) 같은 습기가 서로(相) 얼어붙은 서리니 **서리 상**

+ 相(서로 상, 모습 상, 볼 상, 재상 상)

霜雪(상설), 秋霜(추상), 風霜(풍상), 傲霜孤節(오상고절)

3급II / 24획 / 부수 雨

비(雨) 오게 해달라고 여러 사람의 **입들**(口口口)이 **무당**(巫)처럼 비는

신령스러운 신령이니 **신령스러울 령(영)**, **신령 령(영)**

+ 앺 霊 - 머리(彐)를 불(火)꽃처럼 나부끼며 나타난다는 신령스러운 신령이니
　　'신령스러울 령, 신령 령'
+ 巫(무당 무), 火(불 화), 신령하다 - 신기하고 영묘하다.

靈感(영감), 靈肉(영육), 靈魂(영혼), 靈藥(영약)

3급 / 13획 / 부수 雨

비(雨)와 **명령**(令)처럼 위에서 아래로 떨어지니 **떨어질 령(영)**

또 떨어지면 영이니 **영 령(영)**

+ 令(하여금 령, 명령할 령, 착할 령, 아름다울 령, 계절 령), 영(零) - 값이 없는 수. 0으로 표기.

零細(영세), 零點(영점), 零下(영하)

비(雨) 올 때 **밭(田)** 같은 넓은 구름 사이에서 치는 천둥이니

천둥 뢰(뇌), **우레 뢰(뇌)**

3급Ⅱ / 13획 / 부수 雨

+ 천둥 – 뇌성과 번개를 동반하는 대기 중의 방전 현상. '우레'와 같은 말.

雷聲(뇌성), 地雷(지뢰), 附和雷同(부화뇌동)

비(雨) 올 때 번쩍 빛을 **펴는(电)** 번개니 **번개 전**

또 번개처럼 빛을 내는 전기니 **전기 전**

7급Ⅱ / 13획 / 부수 雨

+ 电[아뢸 신, 펼 신, 원숭이 신, 아홉째 지지 신(申)의 변형]

電擊(전격), 電燈(전등), 電池(전지), 充電(충전)

---

373 운운(예)운음[云芸雲陰] – 云으로 된 한자

云

둘(二)이 **사사로이(厶)** 말하니 **말할 운**

3급 / 4획 / 부수 二

+ 二(둘 이), 厶(사사로울 사, 나 사)

云云(운운), 云爲(운위), 云謂(운위)

芸

풀(艹) 중에 무엇을 **말하듯(云)** 향기 나는 향 풀이니 **향 풀 운**

또 향 풀에서 향기 나듯 사람에게 있는 재주니 **재주 예**(藝)의 약자

2급 / 8획 / 부수 草(艹)

+ 藝 – 제목번호 124 참고.

芸窓(운창), 芸草(운초)

雲

비(雨)가 오리라고 **말해(云)** 주는 구름이니 **구름 운**

5급Ⅱ / 12획 / 부수 雨

+ 雨(비 우), 구름이 끼면 비가 올 것을 알게 되지요.

雲集(운집), 雲海(운해), 靑雲(청운), 靑雲之志(청운지지)

陰

언덕(阝) 아래는 **지금(今)도 말하자면(云)** 그늘이니 **그늘 음**

4급Ⅱ / 11획 / 부수 阜(阝)

+ 阴 陰 – 언덕(阝)처럼 생기는 사람(人)의 긴(镸) 그늘이니 '그늘 음'
+ 阝 – 언덕 부(阜)가 글자의 왼쪽에 붙는 변으로 쓰일 때의 모양으로 '언덕 부 변', 今(이제 금, 오늘 금), 镸[길 장, 어른 장(長)의 변형]

陰曆(음력), 陰地(음지), 陰凶(음흉), 光陰(광음), 陰德陽報(음덕양보)

거신호와[巨臣互瓦] – 巨와 비슷한 한자

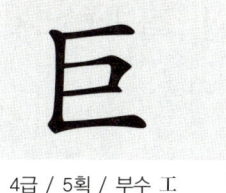

口자 형의 큰 자를 손에 든 모양을 본떠서(𢀖) **클 거**

4급 / 5획 / 부수 工

巨金(거금), 巨物(거물), 巨富(거부), 巨人(거인), 名門巨族(명문거족)

임금 앞에 엎드려 눈을 크게 뜬 신하를 본떠서 **신하 신**

5급II / 6획 / 제부수

臣道(신도), 奸臣(간신), 功臣(공신), 忠臣(충신)

새끼줄이 서로 번갈아 꼬이는 모양을 본떠서(𢀖 → 互) **서로 호**

3급 / 4획 / 부수 二

＋ 유 五(다섯 오) – 제목번호 014 참고.

互相(호상), 互換(호환), 互角之勢(호각지세)

지붕에 엇갈리게 겹쳐 놓은 기와를 본떠서 **기와 와**

또 기와처럼 구워서 만든 질그릇이나 실패니 **질그릇 와, 실패 와**

3급II / 5획 / 제부수

＋ '와해(瓦解)되다'라는 말은 잘 맞추어 놓은 지붕의 기와가 풀어진 것처럼 어떤 일이나 모임이 허물어 진다는 뜻이지요.
＋ 解(해부할 해, 풀 해)

瓦屋(와옥), 瓦解(와해), 弄瓦之慶(농와지경)

손(扌)을 크게(巨) 벌려 막거나 물리치니 막을 **거**, 물리칠 **거**

+ 扌(손 수 변), 巨(클 거)

拒否(거부), 拒逆(거역), 拒絶(거절), 抗拒(항거)

4급 / 8획 / 부수 手(扌)

발(𧾷)로 크게(巨) 걸어야 할 정도로 떨어진 거리니

떨어질 **거**, 거리 **거**

+ 𧾷[발 족, 넉넉할 족(足)의 변형]

距離(거리), 近距離(근거리), 長距離(장거리)

3급II / 12획 / 부수 足(𧾷)

임금 앞에 허리 굽히던 **신하**(臣)처럼 **사람**(人)이 엎드리거나 누우니

엎드릴 **와**, 누울 **와**

臥病(와병), 臥床(와상), 臥薪嘗膽(와신상담)

3급 / 8획 / 부수 臣

엎드려(𦣞) 물건(品) 가까이 임하니 임할 **림(임)**

+ 역 临
+ 𦣞[엎드릴 와, 누울 와(臥)의 변형], 品(물건 품, 등급 품, 품위 품)

臨迫(임박), 臨終(임종), 降臨(강림), 君臨(군림)

3급II / 17획 / 부수 臣

여자(女) 중 **턱**(𦣞) 아래까지 시중드는 여자니 여자 **희**, 성씨 **희**

+ 족 姬 - 여자(女) 중 신하(臣)처럼 활동하는 여자이니 '여자 희, 성씨 희'
+ 𦣞(턱 이)

姬妾(희첩), 舞姬(무희), 美姬(미희)

2급 / 10획 / 부수 女

턱(𦣞) 아래까지 혀를 날름거리는 **뱀**(巳)처럼 **불**(灬)꽃이 빛나니 빛날 **희**

+ 巳(뱀 사, 여섯째 지지 사), 灬(불 화 발)

熙光(희광), 熙隆(희륭), 熙笑(희소)

2급 / 14획 / 부수 火(灬)

감감함람 람람 염[監鑑艦濫 藍覽 鹽] – 監으로 된 한자와 鹽

監

4급Ⅱ / 14획 / 부수 皿

(거울이 귀하던 시절에는)

엎드려(⺊) 물(一) 있는 그릇(皿)에 비추어 보았으니 **볼 감**

+ 앱 監 – 칼(刂)로 대(⺍)를 잘라 그릇(皿)을 만들려고 보니 '볼 감'
+ 皿(그릇 명), 一('한 일'이지만 여기서는 물의 평평한 모양으로 봄), 刂[칼 도 방(刂)의 변형], ⺍[대 죽(竹)의 축약형]
+ 한 일(一) 대신에 점 주, 불똥 주(丶)를 쓰기도 합니다.

監禁(감금), 監督(감독), 監査(감사), 監視(감시)

鑑

3급Ⅱ / 22획 / 부수 金

쇠(金)를 갈아 잘 **보이도록**(監) 만든 거울이니 **거울 감**

또 거울을 보듯 살피니 **살필 감**

+ 앱 鑑
+ 옛날에는 쇠로 거울을 만들었지요.

龜鑑(귀감), 鑑別(감별), 鑑賞(감상), 鑑定(감정)

艦

2급 / 20획 / 부수 舟

적의 배(舟)를 감시하며(監) 싸울 수 있도록 만든 큰 배니

큰 배 함, 싸움배 함

+ 앱 艦
+ 舟(배 주)

艦船(함선), 驅逐艦(구축함), 巡洋艦(순양함), 敵艦(적함)

濫

3급 / 17획 / 부수 水(氵)

물(氵)이 밖으로 **보이게**(監) 넘치니 **넘칠 람(남)**

+ 앱 濫

濫用(남용), 濫發(남발)

藍

2급 / 18획 / 부수 草(艹)

풀(艹) 중 잘 **보이는**(監) 물감이 나오는 쪽이니 **쪽 람(남)**

+ 앱 藍
+ 쪽 – 마디풀과에 딸린 한해살이 풀로, 잎은 진한 푸른빛의 염료로 쓰임.

藍色(남색), 伽藍(가람), 靑出於藍(청출어람) = 氷出於水(빙출어수)

DAY
19

4급 / 21획 / 부수 見

보고(𥃦) 또 보니(見) 볼 **람(남)**

+ 약 览, 覧
+ 𥃦[볼 감(監)의 변형], 見(볼 견, 뵐 현)

觀覽(관람), 博覽(박람), 要覽(요람), 展覽會(전람회)

鹽

3급II / 24획 / 부수 鹵

엎드린(𦥑) 듯 허리 구부리고 **소금밭(鹵)**에서 만들어 **그릇(皿)**에 담는

소금이니 **소금 염**

+ 약 塩 – 흙(土)에서 사람(ㅗ)이 입(口)에 먹을 것을 만들어 그릇(皿)에 담는 소금이니 '소금 염'
+ 皿(그릇 명), 鹵 – 소금밭을 본떠서 '소금 로, 소금밭 로'

鹽度(염도), 鹽分(염분), 鹽田(염전), 鹽藏(염장)

377   장 장장[臧 藏臟] – 臧과 藏으로 된 한자

臧

특급II / 14획 / 부수 臣

장수(爿)가 창(戈)으로 **신하(臣)**를 보호하고 숨겨주는 마음이 착하니

숨길 장, 착할 장

+ 爿(나무 조각 장, 장수 장 변), 戈(창 과), 臣(신하 신)

藏

3급II / 18획 / 부수 草(艹)

풀(艹)로 **숨겨(臧)** 감추니 **감출 장**

또 감추듯 저장해 두는 곳간이니 **곳간 장**

+ 곳간(庫間) – 물건을 간직하여 두는 곳.
+ 庫(창고 고), 間(사이 간)

秘藏(비장), 死藏(사장), 貯藏(저장)

臟

3급II / 22획 / 부수 肉(月)

몸(月)속에 있는 **곳간(藏)** 같은 오장이니 **오장 장**

+ 오장육부(五臟六腑) – 폐장, 심장, 비장, 간장, 신장의 다섯 가지 내장과 대장(大腸), 소장(小腸),
  위(胃), 담(膽), 방광(膀胱), 삼초(三焦)의 총칭.
+ 腑(장부 부), 腸(창자 장), 胃(밥통 위), 膽(쓸개 담, 담력 담), 膀(오줌보 방), 胱(오줌보 광), 焦(탈
  초, 볶을 초)

臟器(장기), 肝臟(간장), 內臟(내장)

4급 / 11획 / 부수 土

신하(臣)처럼 **오른손(又)**을 **땅(土)**에 짚고 충성을 맹세함이 굳고 강하니

굳을 **견**, 강할 **견**

+ ⑩ 坚 - 칼(刂)을 손(又)으로 땅(土)에 꽂고 맹세함이 굳으니 '굳을 견'
+ 臣(신하 신), 又(오른손 우, 또 우), 土(흙 토), 刂[칼 도 방(刂)의 변형]

堅固(견고), **堅實**(견실), **堅持**(견지), **堅強**(견강), **堅忍不拔**(견인불발)

4급Ⅱ / 15획 / 부수 貝

신하(臣)의 마음으로 **또(又) 돈(貝)** 벌어 베풂이 어지니 어질 **현**

+ ⑩ 贤 - 칼(刂)을 손(又)에 들고 재물(貝)을 관리함이 어지니 '어질 현'
+ 貝(조개 패, 재물 패, 돈 패)

賢明(현명), **賢淑**(현숙), **賢哲**(현철), **賢母良妻**(현모양처)

2급 / 12획 / 부수 肉(月)

조정에서 궂은일을 하는 **신하(臣)**처럼 **또(又) 몸(月)**의
노폐물을 배설시키는 콩팥이니 콩팥 **신**

+ 신장(腎臟) - 사람이나 동물의 오줌을 내보내는 기관. 콩팥.
+ 臟(오장 장)

腎囊(신낭), **腎不全**(신부전)

3급Ⅱ / 14획 / 부수 糸

신하(臣)처럼 구부리고 무엇을 **치듯(攵) 실(糸)**을 급하게 찾아
긴요하게 쓰니 급할 **긴**, 긴요할 **긴**

+ ⑩ 紧 - 칼(刂)로 또(又) 실(糸)을 급하게 끊어 긴요하게 쓰니 '급할 긴, 긴요할 긴'
+ 糸(실 사, 실 사 변), 攵(칠 복, = 攴)

緊急(긴급), **緊密**(긴밀), **緊迫**(긴박), **緊縮**(긴축)

TIP

〈명언〉

石可破(석가파)나 **不奪其堅**(불탈기견)이라.
'돌은 가히 깨뜨릴 수 있으나 그 견고함은 뺏을 수 없다'로, 무엇이 부러우면 그렇게 되도록 노력해야지 억지로 빼앗을 수
없다는 말입니다.
+ 石(돌 석), 可(옳을 가, 가히 가, 허락할 가), 破(깨질 파), 奪(빼앗을 탈)

DAY
19

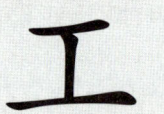

7급 / 3획 / 제부수

장인이 물건을 만들 때 쓰는 자를 본떠서 **장인 공, 만들 공, 연장 공**

+ 장인 - ㉠ 장인(匠人) - 물건 만듦을 직업으로 삼는 기술자. ㉡ 장인(丈人) - 아내의 친아버지. 여기서는 ㉠의 뜻.
+ 匠(장인 장), 丈(어른 장, 존칭 장, 길이 장)

木工(목공), 工業(공업), 工作(공작), 工具(공구)

7급 / 6획 / 부수 水(氵)

물(氵)이 흘러가며 **만들어지는**(工) 강이니 **강 강**

+ 氵(삼 수 변)

江山(강산), 江村(강촌), 江邊(강변)

4급 / 9획 / 부수 糸

(붉은색을 제일 좋아하는 중국에서) **실**(糸)을 **가공하면**(工) 주로 붉은색이니 **붉을 홍**

+ 지금도 중국인들은 화려한 색인 붉은색을 제일 좋아하여 환영, 찬양, 축하의 뜻으로 많이 사용하지요.

紅蔘(홍삼), 紅顔(홍안), 紅一點(홍일점)

6급 / 5획 / 부수 力

만드는(工) 데 **힘**(力)들인 공이니 **공 공, 공로 공**

+ 공 - 힘들여 이루어 낸 결과.

功過(공과), 功德(공덕), 成功(성공), 有功(유공)

3급Ⅱ / 10획 / 부수 貝

만든(工) **재물**(貝)을 바치니 **바칠 공**

貢納(공납), 貢物(공물), 貢獻(공헌), 朝貢(조공)

3급Ⅱ / 10획 / 부수 心

(잘 만드는) **장인**(工)도 **무릇**(凡) 실수할까 봐 **마음**(心)으로는 두려우니 **두려울 공**

+ 凡(무릇 범, 보통 범)

恐龍(공룡), 可恐(가공), 恐怖(공포)

공감 엄암[攻敢 嚴巖] – 攻, 嚴으로 된 한자

攻

4급 / 7획 / 부수 攴(攵)

연장(工)으로 **치고**(攵) 닦으니 **칠 공, 닦을 공**

+ 攵(칠 복, = 攴)

攻擊(공격), 攻略(공략), 侵攻(침공), 專攻(전공)

敢

4급 / 12획 / 부수 攴(攵)

적을 **치고**(攻) 감히 **귀**(耳)를 잘라옴이 용감하니 **감히 감, 용감할 감**

+ 감(敢)히 – 송구함을 무릅쓰고, 겁 없이.
+ 옛날에는 잘라온 귀의 수로 그 공을 따졌답니다.

勇敢(용감), 果敢(과감), 焉敢生心(언감생심)

嚴

4급 / 20획 / 부수 口

소리 소리(口 口)치며 **언덕**(厂)도 **용감히**(敢) 오르도록 엄하니
엄할 엄, 성씨 엄

+ 唸 严 – 반짝이는 불꽃('')처럼 바위(厂)도 용감히(敢) 오르도록 엄하니 '엄할 엄, 성씨 엄'
+ 厂(굴 바위 엄, 언덕 엄)

嚴格(엄격), 嚴選(엄선), 嚴守(엄수), 嚴肅(엄숙)

巖

3급II / 23획 / 부수 山

산(山)에 **엄한**(嚴) 모양으로 서 있는 바위니 **바위 암**

+ 唸 岩 – 산(山)에서 보이는 돌(石)은 바위니 '바위 암'
+ 산의 숲 속에서도 보이는 돌은 큰 바위지요.

巖壁(암벽), 巖盤(암반), 奇巖怪石(기암괴석)

TIP

〈명언〉

念力通巖(염력통암)
'생각하는 힘은 바위도 뚫는다'로, 일을 함에 있어 온 정성을 기울이면 무엇이나 안 되는 것이 없다는 말.
+ 念(생각 념), 力(힘 력), 通(통할 통)

DAY 19

01~03 다음 漢字의 訓과 音을 쓰시오.

01. 釧, 硫, 楡

02. 踰, 瀅, 赦

03. 熙, 藍, 腎

04~06 다음 漢字語의 讀音을 쓰시오.

04. 禁輸, 螢光燈, 律呂

05. 赫業, 遲滯, 被逮

06. 芸窓, 舞姬, 腎不全

07~08 다음 문장에서 ( ) 안의 漢字語를 漢字(正字)로 바꾸어 쓰시오.

07. (장거리) 달리기에서 세계 신기록이 나왔다.

08. 회담에 앞서 양가의 (가훈)을 주제로 환담을 나눴다.

09~10 다음 ( ) 안에 알맞은 漢字(正字)를 써넣어 四字成語를 완성하시오.

09. 嚴冬( )寒 - 눈 내리는 깊은 겨울의 심한 추위.

10. 名門( )族 - 이름나고 크게 번창한 집안.

11 다음 [ ] 안의 漢字와 뜻이 비슷한 한자는?

11. [赦] ① 謝 ② 恕 ③ 怒 ④ 貫

12 다음 [ ] 안의 漢字와 뜻이 반대인 한자는?

12. [遲] ① 晩 ② 長 ③ 延 ④ 速

정답

01. 팔찌 천, 유황 류, 느릅나무 유 02. 넘을 유, 물 맑을 형, 용서할 사 03. 빛날 희, 쪽 람, 콩팥 신
04. 금수, 형광등, 율려 05. 혁업, 지체, 피체 06. 운창, 무희, 신부전
07. 長距離 08. 家訓 09. 雪
10. 巨 11. ② 12. ④

381 교혜빙과오[巧兮聘誇汚] - 丂로 된 한자

3급II / 5획 / 부수 工

(예술을 하는) **장인**(工)처럼 **크게**(丂) 교묘하니 **교묘할 교**

+ 丂['공교할 교, 교묘할 교'지만 여기서는 큰 대(大)의 변형으로 봄]
+ 丂 - 한(一) 번에 묶어 싸는(丂) 기술이 공교하고 교묘하니 '공교할 교, 교묘할 교'
+ 丂[쌀 포(勹)의 변형]

奸巧(간교), 計巧(계교), 技巧(기교), 精巧(정교)

3급 / 4획 / 부수 八

입김 **퍼져**(八) 나감이 **큰**(丂) 어조사니 **어조사 혜**

+ 반 分(나눌 분, 단위 분·푼, 신분 분, 분별할 분, 분수 분) - 제목번호 284 참고.
+ '어조사 혜(兮)'는 감동을 나타내는 어조사로 쓰임.

3급 / 13획 / 부수 耳

귀(耳)로 **말미암아**(由) 들리도록 **크게**(丂) 부르니 **부를 빙**

또 하객들을 불러놓고 장가드니 **장가들 빙**

+ 耳(귀 이), 由(까닭 유, 말미암을 유)

招聘(초빙), 聘母(빙모), 聘父(빙부), 聘丈(빙장)

3급II / 13획 / 부수 言

말(言)을 **크게**(大) **한**(一) 번 하고도 **크게**(丂) 부풀려 자랑하니

자랑할 과

+ 言(말씀 언)

誇大(과대), 誇示(과시), 誇張(과장), 誇負(과부) - 뽐내며 자부(自負)함.

3급 / 6획 / 부수 水(氵)

(홍수가 나서) **물**(氵)로 **크게**(丂) **한**(一) 번 젖은 듯 더러우니 **더러울 오**

+ 氵(삼 수 변)

汚物(오물), 汚水(오수), 汚染(오염), 汚點(오점)

3급 / 4획 / 제부수

도끼나 옛날 저울을 본떠서 **도끼 근, 저울 근**

➕ 도끼나, 물건을 들어 올려 달던 옛날 저울 모양입니다.

斤量(근량), 千斤萬斤(천근만근)

3급 / 8획 / 부수 木

나무(木)를 도끼(斤)로 쪼개니 **쪼갤 석**

析出(석출), 分析(분석), 解析(해석) *解釋(해석)

3급 / 12획 / 부수 斤

그(其) 도끼(斤)가 바로 이 도끼라는 데서 **이 사**

➕ 其(그 기), 원래는 그(其)것을 도끼(斤)로 자른다는 뜻이었으나 바뀌어 지시대명사 '이 사(斯)'로 쓰입니다.

斯界(사계), 斯文(사문), 斯民(사민)

3급Ⅱ / 9획 / 부수 示

신(示) 앞에 두 손을 도끼(斤)날처럼 모으고 비니 **빌 기**

➕ 示(보일 시, 신 시)

祈求(기구), 祈禱(기도), 祈願(기원), 祈雨祭(기우제)

2급 / 7획 / 부수 水(氵)

물(氵) 중 저울(斤)대처럼 평평하게 흐르는 물 이름이니 **물 이름 기**

沂水(기수), 浴沂(욕기)

➕ 浴(목욕할 욕)

3급 / 5획 / 부수 斤

도끼(斤)를 불똥(丶) 튀듯 휘둘러 물리치니 **물리칠 척**

➕ 丶(점 주, 불똥 주)

斥拒(척거), 斥棄(척기), 斥邪(척사), 排斥(배척)

말(言)로 **물리치기**(斥) 위하여 소송하니 **소송할 소**

上訴(상소), 泣訴(읍소), 呼訴(호소)

3급II / 12획 / 부수 言

---

383 근질 구구악병[近質 丘邱岳兵] – 斤, 됴로 된 한자

(저울에 물건을 달 때) **저울**(斤)의 막대가 조금씩 **움직이는**(辶)
거리처럼 가깝고 비슷하니 **가까울 근, 비슷할 근**

+ 辶(뛸 착, 갈 착, = 辶)

附近(부근), 遠近(원근), 親近(친근), 近似(근사)

6급 / 8획 / 부수 辶(辶)

도끼(斤)나 **저울**(斤)로 **재물**(貝)을 나눌 때 드러나는 바탕이니 **바탕 질**

+ 贸 質 – 도끼(斤)로 재물(貝)을 나눌 때 드러나는 바탕이니 '바탕 질'
+ 斤[도끼 근(斤)의 변형], 貝(조개 패, 재물 패, 돈 패), 재물을 나눌 때 본심, 즉 바탕이 드러나지요.

質量(질량), 質問(질문), 性質(성질)

5급II / 15획 / 부수 貝

도끼(斤)를 **하나**(一)씩 들고 지키는 언덕이니 **언덕 구, 성씨 구**

+ 언덕은 숨어서 적을 지켜보기 좋은 곳이지요. 무기가 별로 없었던 옛날에는 도끼로도 싸웠던가 봐요.

丘陵(구릉), 青丘永言(청구영언), 波丘(파구)

3급II / 5획 / 부수 一

언덕(丘) 중 **고을**(阝)처럼 큰 언덕이니 **언덕 구**

+ 보통의 언덕보다 큰 언덕에 쓰이는 글자.
+ 阝(고을 읍 방), 고을 – 옛날에 관청이 있던 곳.

大邱(대구), 首邱初心(수구초심)

2급 / 8획 / 부수 邑(阝)

언덕(丘)처럼 넓게 솟은 큰 **산**(山)이니 **큰 산 악**

岳頭(악두), 山岳(산악), 楓岳山(풍악산)

3급 / 8획 / 부수 山

언덕(丘) 밑에 **여덟**(八) 명씩 있는 군사니 **군사 병**

+ 요즘도 군대의 작은 단위(분대)는 약 8~9명으로 편성됩니다.

兵士(병사), 將兵(장병), 千兵萬馬(천병만마)

5급II / 7획 / 부수 八

---

384 참점잠참[斬漸暫慙] – 斬으로 된 한자

옛날에는 죄인을 **수레**(車)에 매달거나 **도끼**(斤)로 베어 죽였으니 **벨 참, 죽일 참**

斬首(참수), 斬新(참신)

2급 / 11획 / 부수 斤

물(氵)로 **베인**(斬) 듯 점점 깎이니 **점점 점**

漸減(점감), 漸增(점증), 漸入佳境(점입가경)

3급II / 14획 / 부수 水(氵)

무엇을 싹둑 **베듯**(斬) 해(日)가 비치는 잠깐이니 **잠깐 잠**

+ 좁은 공간은 햇볕도 잠깐만 비치지요.

暫間(잠간 → 잠깐), 暫見(잠견), 暫時(잠시)

3급II / 15획 / 부수 日

베어(斬) 버리고 싶도록 **마음**(心)에 부끄러우니 **부끄러울 참**

+ 慚 – 마음(忄)에 베어(斬) 버리고 싶도록 부끄러우니 '부끄러울 참' – 급수 외 한자

慙愧(참괴), 慙色(참색), 慙悔(참회)

3급 / 15획 / 부수 心

절철서서석[折哲逝誓晳] - 折로 된 한자

4급 / 7획 / 부수 手(扌)

손(扌)에 도끼(斤) 들고 찍어 꺾으니 **꺾을 절**

+ 扌(손 수 변)

折半(절반), 曲折(곡절), 屈折(굴절), 百折不屈(백절불굴)

3급II / 10획 / 부수 口

꺾어서(折) 분명히 말할(口) 정도로 밝으니 **밝을 철**

+ 동 喆 - 제목번호 118 참고

哲學(철학), 明哲(명철), 明哲保身(명철보신)

3급 / 11획 / 부수 辵(辶)

(목숨이) 꺾어져(折) 가(辶) 죽으니 **갈 서, 죽을 서**

+ 辶(뛸 착, 갈 착, = 辵)

逝去(서거), 逝者(서자), 急逝(급서), 卒逝(졸서)

3급 / 14획 / 부수 言

꺾듯이(折) 딱 잘라서 분명히 말하며(言) 맹세하니 **맹세할 서**

+ 맹세하는 말은 대부분 짧고 단정적이지요.

誓文(서문), 誓盟(서맹), 誓詞(서사), 誓約(서약)

2급 / 12획 / 부수 日

쪼개면(析) 속까지 해(日)가 비추어 밝으니 **밝을 석**

明晳(명석), 白晳(백석) - 얼굴빛이 희고 잘생김.

무잠잠 기개개[无(無)潛蠶 旣慨槪] – 无(無), 旣로 된 한자

특급II / 4획 / 제부수

하늘과 땅(二) 사이에 **사람**(儿) 하나 없으니 **없을 무**

+ 없을 무(無)의 고자(古字)지만 현재는 약자로 쓰임.
+ 통 旡 – 하나(一)도 숨은(ㄴ) 사람(儿)이 없으니 '없을 무'
+ 二('둘 이'지만 여기서는 하늘과 땅으로 봄), 儿[사람 인 발, 어진 사람 인(儿)의 변형], 古(오랠 고, 옛 고), 字(글자 자), ㄴ(감출 혜, 덮을 혜, = ㄷ)

3급II / 15획 / 부수 水(氵)

물(氵)에 자취 **없이**(旡) 소리 **없이**(旡) 말하지도(曰) 못하고 잠기니

잠길 잠

또 잠기도록 감추어 숨기니 **감출 잠, 숨길 잠**

+ 曰(가로 왈), 가로다 – '말하다'의 옛말.

潛水(잠수), 潛跡(잠적), 潛伏(잠복)

2급 / 24획 / 부수 虫

자취 **없이**(旡) 소리 **없이**(旡) 말하듯(曰) 입으로 실을 토해 내는

벌레(虫)와 **벌레**(虫)들은 누에니 **누에 잠**

+ 약 蚕 – 하늘(天)이 준 벌레(虫)는 누에니 '누에 잠'
+ 누에 실은 잘 보이지 않으니 없을 무(旡, = 無)와, 누에는 여러 마리가 모여 사니 虫(벌레 충)을 겹쳐 만든 것이죠.

蠶食(잠식), 養蠶(양잠)

3급 / 11획 / 부수 无(旡)

날이 **하얀**(白) **비수**(匕)로 이미 **없애니**(旡) **이미 기**

+ 약 既 – 그쳐(艮) 이미 없애니(旡) '이미 기'
+ 匕(비수 비, 숟가락 비), 비수 – 짧고 날카로운 칼. 艮[멈출 간, 어긋날 간(艮)의 변형]

旣得權(기득권), 旣往之事(기왕지사), 旣婚(기혼)

3급 / 14획 / 부수 心

마음(忄) 속으로 **이미**(旣) 때가 늦었음을 느끼며 슬퍼하니 **슬퍼할 개**

+ 忄(마음 심 변), 旣[이미 기(旣)의 변형]

慨嘆(개탄), 感慨(감개), 感慨無量(감개무량), 憤慨(분개)

3급II / 15획 / 부수 木

나무(木)가 **이미**(旣) 다 자라면 대개 대강 살피니 **대개 개, 대강 개**

+ 대개(大槪) – 대체의 큰 사연. 줄거리.

槪括(개괄), 槪論(개론), 槪觀(개관), 槪要(개요)

익과 대대 벌벌벌[弋戈 代垈 伐筏閥] – 弋戈와 代, 伐로 된 한자

주살을 본떠서 **주살 익**

＋ 주살 – 줄을 매어 쏘는 화살.

특급 / 3획 / 제부수

몸체가 구부러지고 손잡이 있는 창을 본떠서 **창 과**

戈甲(과갑), 戈劍(과검), 戈矛(과모), 干戈(간과)

2급 / 4획 / 제부수

전쟁터에서는 **사람(亻)**이 할 일을 **주살(弋)**이 대신하니 **대신할 대**

또 부모를 대신하여 이어가는 세대니 **세대 대**

또 물건을 대신하여 치르는 대금이니 **대금 대**

6급Ⅱ / 5획 / 부수 人(亻)

＋ 화살이나 주살은 멀리 떨어져 있는 적을 향해 쏠 수도 있고 글이나 불을 묶어 보낼 수도 있으니 사람이 할 일을 대신한다고 한 것이지요.
＋ 세대(世代) – ㉠ 어린아이가 성장하여 부모 일을 이어받을 때까지 약 30년 정도 되는 기간. ㉡ 같은 시대에 살면서 공통의 의식을 가지는 비슷한 연령층의 사람 전체. ㉢ 한 생물이 생겨나서 생존을 끝마칠 때까지의 기간. 여기서는 ㉠의 뜻.

代價(대가), 代辯(대변), 代表(대표), 代代孫孫(대대손손),
代金(대금) – 물건의 값으로 치르는 돈.

농사짓는 **대신(代)** 집을 짓는 **땅(土)**은 집터니 **집터 대**

垈田(대전), 垈地(대지), 裸垈地(나대지)

2급 / 8획 / 부수 土

사람(亻)이 **창(戈)** 들고 적을 치니 **칠 벌**

伐木(벌목), 伐草(벌초), 征伐(정벌), 討伐(토벌), 十伐之木(십벌지목)

4급Ⅱ / 6획 / 부수 人(亻)

대(竹)를 쳐서**(伐)** 엮어 만든 뗏목이니 **뗏목 벌**

＋ 竹[대 죽(竹)이 부수로 쓰일 때의 모습]
＋ 뗏목 – 통나무를 떼로 가지런히 엮어서 물에 띄워 사람이나 물건을 운반할 수 있도록 만든 것.

筏橋(벌교), 筏流(벌류), 筏夫(벌부)

2급 / 12획 / 부수 竹(竹)

DAY
20

415

문(門)까지 **사람**(亻)이 **창**(戈) 들고 지키는 집의 문벌이니 **문벌 벌**

+ 문벌(門閥) – 대대로 내려오는 그 집안의 사회적 신분이나 지위.

財閥(재벌), 派閥(파벌), 學閥(학벌)

2급 / 14획 / 부수 門

388　　**식식시 이[式軾試 貳]** – 式으로 된 한자와 貳

주살(弋)을 **만들**(工) 때 따르는 법과 의식이니 **법 식, 의식 식**

+ 의식(儀式) – 예식을 갖추는 법식.
+ 工(장인 공, 만들 공, 연장 공), 儀(거동 의)

格式(격식), 正式(정식), 定式(정식) *定食(정식)

6급 / 6획 / 부수 弋

수레(車)에서 **법도**(式)에 맞게 절할 때 손으로 잡는 수레 앞턱 가로 나무니

수레 앞턱 가로 나무 식

+ 인·지명용 한자.

金富軾(김부식) – 고려 시대의 학자·정치가(1075~1151).

2급 / 13획 / 부수 車

말(言)이 **법**(式)에 맞는지 시험하니 **시험할 시**

試圖(시도), 試鍊(시련), 試驗(시험), 應試(응시)

4급Ⅱ / 13획 / 부수 言

주살(弋) **두**(二) 개를 **돈**(貝) 주고 사니 **둘 이**

+ 옐 弍 – 주살(弋) 두(二) 개가 있으니 '둘 이'
+ 옐 弎 – 한(一) 번에 주살(弋) 두(二) 개씩 사니 '둘 이'
+ 貝(조개 패, 재물 패, 돈 패), 둘의 뜻으로는 二를 쓰지만 계약서 같은 데서 쉽게 변조하지 못하게 할 때는 貳를 사용합니다.

貳車(이거), 貳心(이심), 懷貳(회이)

2급 / 12획 / 부수 貝

416

잔(전)전잔 천천천[戔錢殘 踐賤淺] - 戔으로 된 한자

급수 외 한자 / 8획 / 부수 戈

창(戈)을 두 개나 들고 해치니 **해칠 잔**

또 해치면 적어도 원망이 쌓이고 찌꺼기가 남으니

적을 전, 쌓일 전, 나머지 전

+ 앱 戋 - 창(戈)을 두(二) 개나 들고 해치니 '해칠 잔'
　　　또 해치면 적어도 원망이 쌓이고 찌꺼기가 남으니 '적을 전, 쌓일 전, 나머지 전'
+ 戈(창 과), 戔이 들어간 글자를 약자로 쓸 때는 戔 부분을 戋으로 씁니다.
+ 戔의 일본어 한자는 戔, 중국어 한자는 戋으로, 우리 한자의 약자는 대부분 일본어 한자로 씁니다.

4급 / 16획 / 부수 金

쇠(金)로 만들어 쌓아(戔) 두는 돈이니 **돈 전**

+ 앱 銭
　錢穀(전곡), 銅錢(동전), 本錢(본전), 紙錢(지전)

4급 / 12획 / 부수 歹

죽도록(歹) 잔인하게 해쳐도(戔) 남는 나머지니

잔인할 잔, 해칠 잔, 나머지 잔

+ 앱 残
+ 歹(뼈 앙상할 알, 죽을 사 변)
　骨肉相殘(골육상잔), 殘金(잔금), 敗殘兵(패잔병), 殘忍(잔인)

3급II / 15획 / 부수 足(⻊)

발(⻊)을 해치도록(戔) 많이 밟고 행하니 **밟을 천, 행할 천**

+ 앱 践
+ ⻊[발 족, 넉넉할 족(足)의 변형]
　踐歷(천력), 實踐(실천)

3급II / 15획 / 부수 貝

재물(貝)을 해치도록(戔) 낭비하면 천하여 업신여기니

천할 천, 업신여길 천

+ 앱 贱
+ 貝(조개 패, 재물 패, 돈 패)
　賤民(천민), 貴賤(귀천), 賤待(천대), 賤視(천시)

3급II / 11획 / 부수 水(氵)

물(氵)속에 돌이나 흙이 쌓여(戔) 얕으니 **얕을 천**

+ 앱 浅
　淺薄(천박), 深淺(심천)

DAY
20

417

4급 / 8획 / 부수 戈

창(戈) 들고 **식구**(口)와 **땅**(一)을 지키며

혹시라도 있을지 모르는 적의 침입에 대비하니 **혹시 혹**

+ 戈(창 과), 口('입 구, 구멍 구, 말할 구'지만 여기서는 식구로 봄), 一('한 일'이지만 여기서는 땅으로 봄)

或間(혹간), 或時(혹시), 或如(혹여), 或者(혹자)

4급 / 11획 / 부수 土

땅(土)에서 **혹시**(或)라도 있을지 모르는 분쟁을 막기 위하여

나눠 놓은 구역이니 **구역 역**

區域(구역), 域內(역내), 領域(영역), 異域(이역)

3급Ⅱ / 12획 / 부수 心

혹시(或)나 하는 **마음**(心)으로 유혹하면 어지러우니

유혹할 혹, 어지러울 혹

+ 유혹(誘惑) – 꾀어서 정신을 혼미하게 하거나 좋지 아니한 길로 이끎.
+ 誘(꾈 유)
+ 마음이 일정하게 정해져 있지 못하고 혹시나 하는 마음을 가진 사람이 유혹도 잘하고 잘 넘어가지요.

魅惑(매혹), 當惑(당혹), 迷惑(미혹), 疑惑(의혹)

8급 / 11획 / 부수 口

사방을 **에워싸고**(口) **혹시**(或)라도 쳐들어올 것을 지키는 나라니 **나라 국**

+ 약 国 – 사방을 에워싸고(口) 구슬(玉)처럼 소중히 국민을 지키는 나라니 '나라 국'
+ 玉(구슬 옥), 口['에운담'이지만 둘러싼 나라의 국경으로도 보아 둘레 위, 둘러쌀 위(圍)와 나라 국(國)의 고자(古字). 현재는 나라 국(國)의 약자로도 쓰임]

國歌(국가), 國境(국경), 母國(모국), 國利民福(국리민복)

TIP

〈명언〉

良藥(양약)은 **苦於口**(고어구)나 **利於病**(이어병)이요,
忠言(충언)은 **逆於耳**(역어이)나 **利於行**(이어행)이라.

[좋은 약은 입에는 쓰나 병에는 이롭고,
충성스런 말은 귀에는 거슬리나 행동에는 이롭다.]

+ 良(좋을 량, 어질 량), 藥(약 약), 苦(쓸 고, 괴로울 고), 於(어조사 어), 口(입 구, 구멍 구, 말할 구), 利(이로울 리, 날카로울 리), 病(병 병), 忠(충성 충), 逆(거스를 역), 耳(귀 이), 行(다닐 행, 행할 행, 항렬 항)

참고자 / 6획

많이(十) 창(戈)으로 찍어 끊으니 끊을 재

+ 실제 쓰이는 글자는 아니지만, 아래 글자들의 공통부분으로, 아래 글자들에서 보듯이 𢦏에는 '끊다'의 뜻이 있고, 음도 '재'라고 추정한 것이죠.
+ 十(열 십, 많을 십), 戈(창 과)

3급II / 10획 / 부수 木

자른(𢦏) 나무(木) 묘목을 심고 기르니 심을 재, 기를 재

栽培(재배), 植栽(식재)

3급II / 12획 / 부수 衣

잘라(𢦏) 옷(衣)감을 재단하려고 몸의 크기를 헤아리고 결단하니
재단할 재, 헤아릴 재, 결단할 재

+ 재단 - ㉠ 財團 - 일정한 목적에 바친 재산을, 개인 소유로 아니하고 독립된 것으로 운영하기 위하여 법률적으로 구성된 법인. ㉡ 裁斷 - 마름질(옷감이나 재목 따위를 치수에 맞도록 재거나 자르는 일). 여기서는 ㉡.
+ 衣(옷 의), 財(재물 재), 團(둥글 단, 모일 단), 斷(끊을 단, 결단할 단)

裁判(재판), 裁量(재량), 獨裁(독재), 決裁(결재)

3급II / 13획 / 부수 車

물건을 잘라(𢦏) 수레(車)에 실으니 실을 재
또 모든 것을 싣고 가는 세월, 즉 해(年)의 뜻도 있어서 해 재

+ 실을 재(載)에 어찌 '해 재'의 뜻도 있을까요? 세상 모든 것을 싣고 가는 세월, 즉 해(年)라는 데서 붙여진 것이지요.

揭載(게재), 積載(적재), 千載一遇(천재일우)

2급 / 17획 / 부수 戈

끊어(𢦏) 버리고 다른(異) 사람을 추대하여 받드니 받들 대
또 받들듯 머리에 이니 일 대

+ 異(다를 이)

推戴(추대), 戴冠式(대관식), 男負女戴(남부여대)

끊어서(戈) 말할(口) 때 붙이는 어조사니 **어조사 재**

또 끊어서(戈) 단정적으로 **말하며**(口) 비로소 일을 시작하니 **비로소 재**

+ 약 㦲 – 말을 힘(力)껏 끊을(戈) 때 붙이는 어조사니 '어조사 재'
+ 어조사(語助辭)란 뜻 없이 말에 힘만 더해 주는 말.
+ 力[힘 력(力)의 변형], 語(말씀 어), 助(도울 조), 辭(말씀 사, 글 사, 물러날 사)

嗚呼痛哉(오호통재), 哀哉(애재), 快哉(쾌재)

3급 / 9획 / 부수 口

쇠(金) 중에 **비로소**(哉) **왕**(王)이 된 철이니 **쇠 철**

+ 약 鉄 – 쇠(金) 중 흔하여 잃어도(失) 되는 철이니 '쇠 철'
+ 철은 쇠 중에 제일 많이 쓰이니 쇠 중의 왕인 셈이고, 또 흔하니 잃어도 된다고 했네요.
+ 失(잃을 실)

鐵鋼(철강), 鐵骨(철골), 鐵道(철도), 鐵則(철칙), 鐵面皮(철면피)

5급 / 21획 / 부수 金

---

392 이이치 련섭집[耳珥恥 聯攝輯] – 耳로 된 한자

귀를 본떠서 **귀 이**

耳順(이순), 牛耳讀經(우이독경), 忠言逆耳(충언역이)

5급 / 6획 / 제부수

옥(玉)으로 만든 **귀**(耳)고리니 **귀고리 이**

玉珥(옥이), 李珥(이이) – 조선 중기의 문신·학자(1536~1584).

2급 / 10획 / 부수 玉(王)

잘못을 귀(耳)로 들은 듯 **마음**(心)에 부끄러우니 **부끄러울 치**

恥部(치부), 恥辱(치욕), 廉恥(염치), 破廉恥(파렴치)

3급Ⅱ / 10획 / 부수 心

바늘 귀(耳)에 실을 꿰어 **작고**(幺) **작게**(幺) **이쪽**(丬)과 **저쪽**(阝)을
잇닿게 이으니 **잇닿을 련(연), 이을 련(연)**

+ 약 联 – 귀(耳)처럼 양쪽(丷)으로 하나(一)같이 크게(大) 잇닿아 이으니 '잇닿을 련, 이을 련'
+ 幺(작을 요, 어릴 요), 大(큰 대)

聯立(연립), 聯想(연상), 聯合(연합), 關聯(관련)

3급Ⅱ / 17획 / 부수 耳

손(扌)으로 소곤거리는(聶) 것을 끌어 잡아 알맞게 다스리니
끌어 잡을 **섭**, 다스릴 **섭**

+ 摄 – 손(扌)으로 귀(耳)의 이쪽(ㆍ)저쪽(ㆍ)에서 들려오는 소리를 끌어 잡아 알맞게 다스리니 '끌어 잡을 섭, 다스릴 섭'
+ 聶 – 귀들(聶)에 대고 소곤거리니 '소곤거릴 섭'

攝取(섭취), 包攝(포섭), 攝生(섭생), 攝理(섭리)

3급 / 21획 / 부수 手(扌)

차(車) 타고 다니며 사람들이 **말하는**(口) 것을 귀(耳)로 듣고 모아
편집하니 **편집할 집**

輯要(집요), 輯載(집재), 編輯(편집)

2급 / 16획 / 부수 車

393
야야 직직식(지)[耶倻 職織識] – 耶, 戠로 된 한자

귀(耳)에 **고을**(阝)에서 들려오는 소문처럼 별 뜻 없는 어조사니 **어조사 야**

+ 阝(고을 읍 방)

有耶無耶(유야무야), 耶蘇(야소), 耶蘇教(야소교) – '예수교'의 음역어.

3급 / 9획 / 부수 耳

사람 인 변(亻)에 **어조사 야**(耶)를 붙여서 **가야 야**

+ 우리나라에서 만든 글자. 가야(伽倻) – 신라 유리왕 때 김수로왕 육형제가 세웠다는 여섯 나라의 총칭.
+ 伽(절 가)

2급 / 11획 / 부수 人(亻)

귀(耳)로 들은 상관의 **소리**(音)대로 **창**(戈) 들고 일하는 직업이나 직장이니
직업 **직**, 직장 **직**

+ 다른 종족과 싸움이 많았던 옛날에는 모두 무기를 갖고 일했으니 이런 모양으로 만들어졌지요.

求職(구직), 天職(천직), 賤職(천직), 遷職(천직)

4급 II / 18획 / 부수 耳

바디로 **실(糸)** 치는 **소리(音)**가 **창(戈)** 부딪치는 소리를 내며 짜니 **짤 직**

+ 베를 짤 때 날실에 씨실을 쳐 넣는 바디 소리가 나지요. '바디'는 베틀에서 날실에 씨실을 쳐서 베를 짜는 구실을 하는 도구.
+ 糸(실 사, 실 사 변)

織工(직공), 織物(직물), 紡織(방직), 組織(조직)

4급 / 18획 / 부수 糸

말(言)이나 **소리(音)**를 **창(戈)**으로 알게 기록하니 **알 식, 기록할 지**

識見(식견), 知識(지식), 標識(표지), 博學多識(박학다식)

5급II / 19획 / 부수 言

---

394 정정정 타녕[丁訂汀 打寧] – 丁으로 된 한자

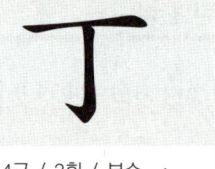

고무래나 못을 본떠서( ) **고무래 정, 못 정**
또 고무래처럼 튼튼한 장정도 가리켜서
장정 정, 넷째 천간 정, 성씨 정

+ 고무래는 곡식을 말릴 때 넓게 펴서 고르는 도구니, 단단한 나무로 튼튼하게 만들지요.

丁男(정남), 丁女(정녀), 兵丁(병정)

4급 / 2획 / 부수 一

말(言)을 **고무래(丁)**로 곡식을 펴듯 바로잡으니 **바로잡을 정**

訂正(정정), 改訂(개정), 修訂(수정)

3급 / 9획 / 부수 言

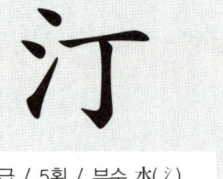

물(氵) 옆의 **고무래(丁)**처럼 두둑한 물가니 **물가 정**

汀線(정선), 汀岸(정안), 汀洲(정주)

2급 / 5획 / 부수 水(氵)

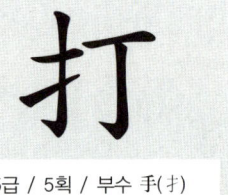

손(扌)에 망치 들고 **못(丁)**을 치듯이 치니 **칠 타**

+ 扌(손 수 변)

打開(타개), 打擊(타격), 打破(타파)

5급 / 5획 / 부수 手(扌)

집(宀)에서 **마음**(心)껏 **그릇**(皿)에 음식을 담아먹는 **장정**(丁)이니

어찌 편안하지 않을까에서 어찌 **녕(영)**, 편안할 **녕(영)**

+ 얜 寍 – 집(宀)에서 마음(心)껏 음식을 그릇(皿)으로 먹을 수 있으니 어찌 편안하지 않을까에서
　　'어찌 녕(영), 편안할 녕(영)'
+ 宀(집 면), 心(마음 심, 중심 심), 皿(그릇 명)

寧日(영일), 安寧(안녕), 壽福康寧(수복강녕)

3급II / 14획 / 부수 宀

---

395 **4가 아하 하하[可柯軻歌 阿河 何荷] – 可, 何로 된 한자**

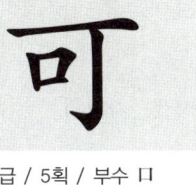

장정(丁)처럼 씩씩하게 **말할**(口) 수 있는 것이면 옳으니 옳을 **가**

또 옳으면 가히 허락하니 가히 **가**, 허락할 **가**

+ 가히 – ('~ㄹ 만하다', '~ㄹ 수 있다', '~ㅁ 직하다' 따위와 함께 쓰여) '능히, 넉넉히'의 뜻입니다.

可否(가부), 許可(허가), 不問可知(불문가지)

5급 / 5획 / 부수 口

나무(木)에서 **가히**(可) 뻗어가는 가지니 가지 **가**

또 가지로 여러 도구에 박아 쓰는 자루니 자루 **가**

柯葉(가엽), 南柯一夢(남가일몽), 斧柯(부가)

2급 / 9획 / 부수 木

수레(車) 중 **가히**(可) 탈 수 있도록 만든 수레니

수레 **가**, 맹자 이름 **가**

+ 軻는 굴대만으로 엉성하게 만든 수레.

坎軻(감가), 孟軻(맹가) – 맹자의 본명. 중국 전국 시대의 사상가.

2급 / 12획 / 부수 車

옳다(可) **옳다**(可) 하며 **하품하듯**(欠) 입 벌리고 부르는 노래니 노래 **가**

+ 欠(하품 흠, 모자랄 흠, 이지러질 결, 빠질 결)

歌曲(가곡), 歌手(가수), 歌謠(가요), 戀歌(연가)

7급 / 14획 / 부수 欠

DAY

20

3급II / 8획 / 부수 阜(阝)

언덕(阝)에 오를 때처럼 허리 굽히고 **옳다**(可)고만 하면서 아첨하니

아첨할 **아**

또 아첨하듯 구부러진 언덕이니 **언덕 아**

+ 아첨(阿諂) - 남의 환심을 사거나 잘 보이려고 알랑거리는 것.
+ 阝(언덕 부 변), 諂(아첨할 첨)

阿附(아부), 阿膠(아교), 阿丘(아구)

5급 / 8획 / 부수 水(氵)

물(氵)이 **가히**(可) 틀을 잡고 흘러가며 이룬 내나 강이니 **내 하, 강 하**

+ 氵(삼 수 변)

河川(하천), 渡河(도하), 氷河(빙하), 運河(운하)

3급II / 7획 / 부수 人(亻)

사람(亻)이 **옳은**(可) 일만 하는데 어찌 무엇을 나무라겠는가에서

어찌 **하**, 무엇 **하**

+ 亻(사람 인 변)

何等(하등), 何時(하시), 何處(하처), 誰何(수하), 抑何心情(억하심정)

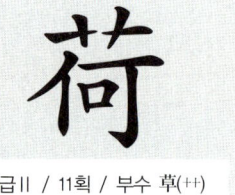

3급II / 11획 / 부수 草(艹)

풀(艹) 중 사람(亻)에게 **가히**(可) 쓰이는 연이니 **연 하**

또 풀(艹)을 사람(亻)이 **옳게**(可) 묶어 메는 짐이니 **멜 하, 짐 하**

+ 연은 뿌리나 줄기, 잎까지도 음식이나 차로 이용되지요.
+ 옛날에는 퇴비로 쓰거나 짐승을 먹여 기르기 위하여 산과 들에 나가 풀을 베었는데, 풀은 짧아서 잘 묶어지지 않으니 요령 있게 잘 묶어 짊어져야 했지요.

荷香(하향), 負荷(부하), 荷重(하중), 荷役(하역), 賊反荷杖(적반하장)

---

396 **4기[奇騎琦寄] - 奇로 된 한자**

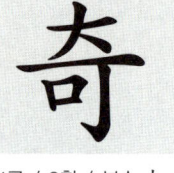

4급 / 8획 / 부수 大

크게(大) **옳으면**(可) 기이하니 **기이할 기**

또 기이함이 짝도 없는 홀수니 **홀수 기**

+ 可(옳을 가, 가히 가, 허락할 가)

奇異(기이), 奇特(기특), 好奇心(호기심), 奇數(기수)

말(馬)을 기이하게(奇) 타니 **말 탈 기**

騎馬隊(기마대), 騎馬戰(기마전), 騎士(기사)

3급II / 18획 / 부수 馬

옥(王) 중에 기이한(奇) 옥 이름이니 **옥 이름 기**, **기이할 기**

琦行(기행) – 기이한 행동. 기행(奇行).

2급 / 12획 / 부수 玉(王)

집(宀)에 기이하게(奇) 붙어사니 **붙어살 기**
또 붙어살도록 부치니 **부칠 기**

+ 宀(집 면), 부치다 – 편지나 물건 따위를 일정한 수단이나 방법을 써서 상대에게로 보내다.
寄生(기생), 寄宿舍(기숙사), 寄稿(기고), 寄贈(기증)

4급 / 11획 / 부수 宀

397

사사사[司詞飼] – 司로 된 한자

허리 구부리고(ㄱ) 한(一) 사람의 입(口)에서 나온 명령을 맡으니
맡을 사
또 (취직할 곳이 관청밖에 없었던 옛날) 관청에서 일을 맡아 하는 벼슬이니
벼슬 사

3급II / 5획 / 부수 口

+ 벼슬 – 관청에서 일을 맡아 다스리는 자리. 또는 그런 일.
司牧(사목), 司正(사정), 司會(사회), 上司(상사)

말(言)을 맡아서(司) 하는 말이나 쓰는 글이니 **말 사**, **글 사**

歌詞(가사), 感歎詞(감탄사), 臺詞(대사), 作詞(작사)

3급II / 12획 / 부수 言

먹이(飠)를 맡아(司) 먹이고 기르니 **먹일 사**, **기를 사**

+ 飠(밥 식, 먹을 식 변)
飼料(사료), 飼養(사양), 飼育(사육), 放飼(방사)

2급 / 14획 / 부수 食(飠)

DAY
20

425

무무 수술척[戊茂 戍戌戚] - 戊로 된 한자

3급 / 5획 / 부수 戈

초목(丿)이 창(戈)처럼 자라 무성하니 **무성할 무, 다섯째 천간 무**

+ 丿('삐침 별'이지만 여기서는 초목으로 봄), 戈(창 과)
+ 이 글자는 주로 다섯째 천간으로 쓰이고, '무성하다' 뜻으로는 위에 초 두(艹)를 붙인 무성할 무(茂)를 많이 씁니다.

戊夜(무야), 戊午士禍(무오사화)

3급Ⅱ / 9획 / 부수 草(艹)

풀(艹)이 무성하니(戊) **무성할 무**

茂林(무림), 茂盛(무성), 松茂柏悅(송무백열)

1급 / 6획 / 부수 戈

무성해도(戊) 점(丶)까지 따지며 지키니 **지킬 수**

+ 丶(점 주, 불똥 주)

3급 / 6획 / 부수 戈

무성하던(戊) 잎 하나(一)까지 떨어지는 구월이니 **구월 술**

또 무성하게(戊) 하나(一) 같이 짖는 개니 **개 술**

또 개는 열한 번째 지지니 **열한 번째 지지 술**

+ 한자의 어원에 나오는 날짜나 달은 모두 음력이고, 가을은 7, 8, 9월이니 구월은 늦가을이지요.

戌方(술방), 戌時(술시), 戌日(술일)

3급Ⅱ / 11획 / 부수 戈

무성한(戊) 콩(尗)이 한 줄기에 여러 개 열리듯이 같은 줄기에 태어난

여러 친척이니 **친척 척**

+ 친척(親戚) - 친족과 외족을 아울러 이르는 말.
+ 尗 - 위(上)로부터 작게(小) 열매맺는 콩이니 '콩 숙 (= 菽)'
+ 親(어버이 친, 친할 친)

外戚(외척), 姻戚(인척)

成

6급II / 6획 / 부수 戈

무성하게(戊) 장정(ㄱ)처럼 일하여 이루니 이룰 성

+ ㄱ[고무래 정, 못 정, 장정 정, 넷째 천간 정(丁)의 변형]

成功(성공), 成就(성취), 完成(완성), 自手成家(자수성가)

城

4급II / 9획 / 부수 土

흙(土)을 쌓아 이룬(成) 성이니 성 성

城壁(성벽), 山城(산성), 入城(입성), 鐵甕城(철옹성)

誠

4급II / 13획 / 부수 言

말(言)한 대로 이루려고(成) 들이는 정성이니 정성 성

誠金(성금), 誠實(성실), 精誠(정성), 忠誠(충성), 孝誠(효성), 誠心誠意(성심성의)

晟

2급 / 10획 / 부수 日

해(日)처럼 이루어져(成) 밝고 성하니 밝을 성, 성할 성

大晟樂(대성악) - 중국 송나라 때에, 휘종(徽宗)이 대성부(大晟府)라는 관청에 명하여 작곡하게 한 음악. 우리나라에는 고려 예종 때 전래되어 궁중 음악으로 발전하였으며, 조선 세종 때 박연(朴堧)이 이를 새로 정리하였음.

盛

4급II / 11획 / 부수 皿

이루어진(成) 음식을 그릇(皿)에 많이 차려 성하니 성할 성

+ 皿(그릇 명), 성(盛)하다 - 무성하다. 왕성하다.

盛大(성대), 盛衰(성쇠), 盛業(성업), 盛況(성황), 興亡盛衰(흥망성쇠)

4급 / 9획 / 부수 女

개(戌)처럼 못난 사람이 **여자(女)** 같은 약자에게 보이는 위엄이니 **위엄 위**

+ 위엄(威嚴) - 위세가 있어 의젓하고 엄숙한 태도.
+ 개는 약한 모습을 보이면 더욱 달려 들지요.
+ 戌(구월 술, 개 술, 열한 번째 지지 술), 女(여자 녀), 嚴(엄할 엄)

威脅(위협), 示威(시위), 威勢(위세), 虛威(허위)

3급II / 13획 / 부수 水(氵)

물(氵)을 개(戌)에 붙은 불(火)에 뿌리면 꺼지니 **꺼질 멸**

또 꺼지듯 멸하니 **멸할 멸**

滅菌(멸균), 滅亡(멸망), 滅私奉公(멸사봉공)

5급II / 13획 / 부수 止

크기를 그치고(止) 개(戌)가 작은(少) 새끼를 낳으면 태어난 지

한 해가 된 세월이고 먹는 나이니 **해 세, 세월 세, 나이 세**

+ 歲月(세월) - ㉠ 흘러가는 시간. ㉡ 지내는 형편이나 사정 또는 재미. ㉢ 살아가는 세상. 여기서는 ㉠의 뜻.
+ 止(그칠 지), 少[적을 소, 젊을 소(少)의 획 줄임으로 여기서는 작다는 뜻].
+ 개는 태어난 지 1년쯤 되면 크기를 그치고(다 커서) 새끼를 낳는다는 데서 만들어진 글자.

歲暮(세모), 歲拜(세배), 年年歲歲(연년세세), 萬歲(만세)

2급 / 16획 / 부수 水(氵)

물(氵)이 오랜 세월(歲) 고여 더러우니 **더러울 예, 종족 이름 예**

+ 예맥(濊貊) - ㉠ 한족(韓族)의 선민(先民)들의 총칭. ㉡ 고조선 때 있었던 나라이름.
+ 貊(종족 이름 맥, 오랑캐 맥), 族(겨레 족)

汚濊・汚穢(오예) - 지저분하고 더러움. 또는 그런 것.

TIP

〈명언〉

歲寒然後(세한연후)에 知松栢之後凋(지송백지후조)라.

"해가 추운 연후에야 소나무, 잣나무의 늦게 시듦(절개가 있음)을 안다."는 말이 있습니다. 누가 생명력이 강하고 절개가 있는가를 상황이 좋을 때는 다 그런 것 같아 분간하기 어렵지만 시련을 겪은 연후에야 분명히 알게 된다는, 즉 어려움을 겪어 봐야 사람의 진정한 모습을 알 수 있다는 말이지요. 내가 만약 식물이라면 나는 추위에도 끄떡없는 소나무일까, 서리만 내려도 금방 시들고 마는 풀일까를 생각해 볼 일입니다.

+ 寒(찰 한), 然(그러할 연), 後(뒤 후), 知(알 지), 松(소나무 송), 栢(잣나무 백, 측백나무 백), 之(갈 지, ~의 지, 이 지), 後(뒤 후), 凋(시들 조)

DAY 20 확인문제

01~03 다음 漢字의 訓과 音을 쓰시오.

01. 邱, 晳, 蠶

02. 戈, 垈, 筏

03. 貳, 珥, 輯

04~06 다음 漢字語의 讀音을 쓰시오.

04. 斬新, 慙悔, 派閥

05. 推戴, 攝理, 汀線

06. 南柯一夢, 騎馬戰, 飼養

07~09 다음 문장에서 ( ) 안의 漢字語를 漢字(正字)로 바꾸어 쓰시오.

07. 어린 왕을 대신하여 대비가 (정성)을 다하여 섭정하였다.

08. 기적이 일어나지 않는 한 노력 없이 (성공)할 수 없다.

09. 그는 어떤 (위협)에도 굴하지 않는다.

10 다음 [ ] 안의 漢字와 뜻이 비슷한 한자는?

10. [試] ① 驗   ② 殘   ③ 錢   ④ 踐

11~12 다음 [ ] 안의 漢字와 뜻이 반대인 한자는?

11. [晳] ① 折   ② 昏   ③ 逝   ④ 誓

12. [可] ① 義   ② 正   ③ 否   ④ 安

정답

01. 언덕 구, 밝을 석, 누에 잠
02. 창 과, 집터 대, 뗏목 벌
03. 둘 이, 귀고리 이, 편집할 집
04. 참신, 참회, 파벌
05. 추대, 섭리, 정선
06. 남가일몽, 기마전, 사양
07. 精誠
08. 成功
09. 威脅
10. ①
11. ②
12. ③

401

함감 감감[咸減 感憾] – 咸, 感으로 된 한자

咸
3급 / 9획 / 부수 口

개(戌)는 한 마리만 짖어도(口) 다 짖으니 **다 함**

+ 口('입 구, 구명 구, 말할 구'지만 여기서는 짖는 것으로 봄)

咸告(함고), 咸悅(함열), 咸平(함평), 咸興差使(함흥차사)

減
4급II / 12획 / 부수 水(氵)

물(氵)기를 다(咸) 빼면 줄어드니 **줄어들 감**

+ ⚑ 減 – 얼음(氵)이 다(咸) 녹으면 줄어드니 '줄어들 감'
+ 氵(삼 수 변), 冫[얼음 빙(氷)이 부수로 쓰일 때의 모양으로 '이 수 변']

減少(감소), 減速(감속), 加減乘除(가감승제)

感
6급 / 13획 / 부수 心

정성을 다해(咸) 마음(心) 쓰면 느끼고 감동하니 **느낄 감, 감동할 감**

+ 감동(感動) – 크게 느끼어 마음이 움직임.
+ 정성을 다하면 느껴서 감동하고, 감동하면 영원히 잊지 못하지요. 그러니 영원하려면 감동을 주어야 하고, 감동을 주려면 정성을 다해야 합니다.

感激(감격), 生動感(생동감), 多情多感(다정다감)

憾
2급 / 16획 / 부수 心(忄)

마음(忄)에 느낌(感)만 있을 뿐 실제 하지 못하면 한탄스럽고 섭섭하니
한탄할 감, 섭섭할 감

+ 忄(마음 심 변)

憾恨(감한), 私憾(사감), 遺憾(유감), 含憾(함감)

궁인조 제제[弓引弔 弟第] – 弓, 弟로 된 한자

등이 굽은 활 모양을 본떠서 **활 궁**

弓道(궁도), 洋弓(양궁), 傷弓之鳥(상궁지조)

3급II / 3획 / 제부수

활(弓)시위에 **화살(丨)**을 걸고 잡아끄니 **끌 인**

+ 丨('뚫을 곤'이지만 여기서는 화살로 봄)

引上(인상), 引率(인솔), 牽引(견인), 割引(할인)

4급II / 4획 / 부수 弓

옛날 전쟁터에서 전우가 죽으면 **활(弓)**을 **막대(丨)**에 걸고 조문했으니

조문할 조

+ 宔 吊 – 입(口)에 수건(巾)을 대고 슬퍼하며 조문하니 '조문할 조'
+ 巾(수건 건)

弔文(조문), 弔詞·弔辭(조사), 謹弔(근조)

3급 / 4획 / 부수 弓

머리를 **가장귀(丫)**처럼 묶고 **활(弓)**과 **화살(丿)**을 가지고 노는 아이는

아우나 제자니 **아우 제, 제자 제**

+ 丫 – 나뭇가지의 갈라진 부분(가장귀)을 본떠서 만든 상형문자로 '가장귀 아, 가장귀지게 묶은 머리 아'
+ 丿('삐침 별'이지만 여기서는 화살의 모양)

兄弟(형제), 妻弟(처제), 弟子(제자), 師弟(사제)

8급 / 7획 / 부수 弓

第

대(⺮)마디나 **아우(弟)**처럼 있는 차례니 **차례 제**

+ ⺮(대 죽), 弔[아우 제, 제자 제(弟)의 변형]

第三者(제삼자), 第一(제일), 及第(급제) ↔ 落第(낙제)

6급II / 11획 / 부수 竹(⺮)

3급 / 6획 / 부수 大

크게(大) 활(弓)을 잘 쏘는 동쪽 민족이니 **동쪽 민족 이**

또 **큰**(大) 활(弓)을 들고 싸우려고만 했던 오랑캐니 **오랑캐 이**

+ 㮰 胡(오랑캐 호) - 제목번호 023 참고.
+ 말이나 뜻으로 해결하려 하지 않고 미개하여 싸우려고만 하는 민족을 오랑캐라 불렀습니다.

東夷(동이), **征夷**(정이), **以夷制夷**(이이제이)

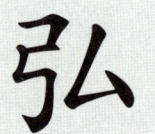

3급 / 5획 / 부수 弓

활(弓)시위를 내(厶) 앞으로 당긴 듯 넓게 커지니 **넓을 홍, 클 홍**

+ 厶(사사로울 사, 나 사)

弘敎(홍교), **弘報**(홍보), **弘益人間**(홍익인간), **弘大**(홍대)

2급 / 8획 / 부수 水(氵)

물(氵)이 넓게(弘) 자리 잡은 깊은 못이니 **물 깊을 홍, 못 홍**

深泓(심홍) - 깊은 못.

+ 深(깊을 심)

强

6급 / 11획 / 부수 弓

큰(弘) 벌레(虫)처럼 강하니 **강할 강**

또 강하게 밀어붙이는 억지니 **억지 강**

+ 虫[벌레 충(蟲)의 속자와 부수], 속자인 強으로 많이 씁니다.
+ 㮰 强 - 활(弓)처럼 입(口)으로 당겨 벌레(虫)가 무는 힘이 강하니 '강할 강'
    또 강하게 밀어 붙이는 억지니 '억지 강'

强弱(강약), **自强不息**(자강불식), **强賣**(강매)

6급Ⅱ / 10획 / 부수 弓

한 번에 **활 두 개**(弓弓)에다 **화살 둘**(ノノ)씩을 끼워 쏜 듯 힘이 약하니
약할 약

+ ノ('삐침 별'이지만 여기서는 화살로 봄)

微弱(미약), **虛弱**(허약), **弱肉強食**(약육강식)

溺

2급 / 13획 / 부수 水(氵)

(헤엄치지 못하고) 물(氵)에 약하여(弱) 빠지니 **물에 빠질 닉(익)**

溺死(익사), **溺愛**(익애), **耽溺**(탐닉)

弗
2급 / 5획 / 부수 弓

하나의 **활**(弓)로 동시에 **두 개의 화살**(ノ ノ)은 쓰지 않으니 **아닐 불**

또 글자가 미국 돈 달러($)와 비슷하니 **달러 불**

+ 弗로 된 글자를 약자로 쓸 때는 弗 부분을 사사로울 사, 나 사(厶)로 씁니다.
+ ノ('삐침 별'이지만 여기서는 화살로 봄), 아닐 불·부(不)와 아닐 불(弗)은 같은 뜻의 부정사지만 습관상 '아닐 불·부(不)'를 많이 쓰지요.

中人弗勝(중인불승), 弗貨(불화), 歐洲弗(구주불)

佛
4급Ⅱ / 7획 / 부수 人(亻)

보통 **사람**(亻)이 **아닌**(弗) 도를 깨친 부처니 **부처 불**

또 발음이 프랑스와 비슷하여 **프랑스 불**

+ 앱 仏 - 사람(亻)이 사사로이(厶) 모시는 부처니 '부처 불'

佛教(불교), 佛經(불경), 念佛(염불), 佛語(불어)

拂
3급Ⅱ / 8획 / 부수 手(扌)

손(扌)으로 **아니라며**(弗) 떨치니 **떨칠 불**

+ 앱 払 - 손(扌)으로 사사로운(厶) 것을 떨치니 '떨칠 불'
+ 떨치다 - ㉠ 세게 흔들어 떨어지게 하다. ㉡ 불길한 생각이나 명예, 욕심 따위를 완강하게 버리다.

先拂(선불), 完拂(완불), 支拂(지불)

費
5급 / 12획 / 부수 貝

귀하지 **않게**(弗) 재물(貝)을 쓰니 **쓸 비**

또 쓰는 비용이니 **비용 비**

+ 비용(費用) - 어떤 일을 하는 데 드는 비용.
+ 貝(조개 패, 재물 패, 돈 패), 用(쓸 용)

浪費(낭비), 消費(소비), 費用(비용), 旅費(여비)

TIP

〈명언〉

不費之惠(불비지혜)

['비용을 들이지 않은 은혜'로, 자기에게 해가 될 것이 없어도 남에게는 이익(利益)이 될 만한 은혜]

밝은 미소, 상냥한 인사, 따뜻한 말 한마디로 은혜를 베푸는 것도 不費之惠입니다.
+ 不(아닐 불·부), 之(갈 지, ~의 지, 이 지), 惠(은혜 혜), 利(이로울 리, 날카로울 리), 益(더할 익, 유익할 익)

화살을 본떠서 **화살 시**

弓矢(궁시), 已發之矢(이발지시)

3급 / 5획 / 제부수

화살 시(矢)의 위를 연장하여 이미 쏘아버린 화살을 나타내어

(쏘아진 화살은 잃어버린 것이란 데서) **잃을 실**

失格(실격), 失望(실망), 失業(실업), 喪失(상실)

6급 / 5획 / 부수 大

내(厶)가 쏜 **화살(矢)**이 목표에 다다랐다는 데서,

문장의 끝에 쓰여 완료를 나타내는 어조사니 **어조사 의**

+ 厶(사사로울 사, 나 사)

鮮矣仁(선의인), 足且足矣(족차족의)

3급 / 7획 / 부수 矢

흙(土)으로 사사롭게(厶) **화살(矢)**처럼 떨어지는 티끌이니 **티끌 애**

+ 공중으로 올라간 화살이 땅에 떨어지듯이 그렇게 떨어지는 것을 티끌이라고 했네요. 한자가 만들어 지던 옛날에는 활과 칼을 항상 옆에 두었으니 쉽게 보이는 것으로 글자를 만든 것이지요.

埃滅(애멸), 埃塵(애진), 塵埃(진애)

2급 / 10획 / 부수 土

(과녁을 맞히는) **화살(矢)**처럼 사실에 맞추어 **말할(口)** 정도로 아니 **알 지**

知覺(지각), 知己(지기), 知性(지성), 親知(친지), 溫故知新(온고지신)

5급II / 8획 / 부수 矢

아는(知) 것을 응용하여 해(日)처럼 비추는 지혜니 **지혜 지**

+ 知와 智 - 음식을 먹었다고 바로 살로 가는 것이 아니고 잘 소화하여 필요한 대로 섭취하여 이용해야 만 살로 가는 것이지요. 마찬가지로 무엇을 배워 알았다(知) 해도 그것을 응용하여 자기 나름의 지혜(智)로 터득해 놓지 않으면 그냥 먹어 놓은 음식물에 지나지 않습니다. 知를 智로 바꾸어야 진정한 자기 것이 되지요.

智略(지략), 奇智(기지), 銳智(예지), 衆智(중지)

4급 / 12획 / 부수 日

후후후[侯喉候] - 侯로 된 한자

侯

3급 / 9획 / 부수 人(亻)

사람(亻)이 만들어(ㄱ) 화살(矢)을 쏘는 과녁이니 **과녁 후**

또 과녁을 잘 맞히는 사람이 되었던 제후니 **제후 후**

+ 제후(諸侯) - 봉건 시대에 제왕으로부터 일정한 영토(領土)를 받아 영내의 백성을 다스리는 영주.
+ ㄱ[장인 공, 만들 공, 연장 공(工)의 변형], 諸(모든 제, 여러 제), 領(거느릴 령, 우두머리 령)

侯爵(후작), 王侯將相(왕후장상)

喉

2급 / 12획 / 부수 口

입(口)안에 과녁(侯)처럼 둥근 목구멍이니 **목구멍 후**

+ 과녁의 둥근 원처럼 생긴 목구멍을 생각하고 만든 글자.

喉頭(후두), 咽喉(인후), 耳鼻咽喉科(이비인후과)

候

4급 / 10획 / 부수 人(亻)

바람에 날릴까 봐 과녁(侯)에 화살(丨)을 쏠 때는 기후를 염탐하니

기후 후, 염탐할 후

+ 염탐(廉探) - 몰래 남의 사정을 조사함.
+ 丨('뚫을 곤'이지만 여기서는 화살로 봄), 廉(청렴할 렴, 값쌀 렴, 살필 렴), 探(찾을 탐)

氣候(기후), 候鳥(후조), 候補(후보), 徵候(징후)

의응애[疑凝礙] - 疑로 된 한자

疑

4급 / 14획 / 부수 疋

비수(匕)와 화살(矢)과 창(ㄱ)으로 무장하고 점(卜)치며 사람(人)이

의심하니 **의심할 의**

+ 匕(비수 비, 숟가락 비), ㄱ[창 보(矛)의 획 줄임], 卜(섬 복), 人(사람 인)

疑懼(의구), 疑問(의문), 疑心(의심), 疑惑(의혹)

凝

3급 / 16획 / 부수 冰(冫)

얼음(冫)인가 의심할(疑) 정도로 엉기니 **엉길 응**

+ 冫(이 수 변)
+ 엉기다 - 한 덩어리가 되면서 굳어지다.

凝結(응결), 凝固(응고), 凝視(응시), 凝集(응집)

돌(石)로 의심나게(疑) 막아 거리끼니 **막을 애, 거리낄 애**

+ ⑱ 碍 - 돌(石)로 아침(旦)부터 마디마디(寸) 막아 거리끼니 '막을 애, 거리낄 애'
+ 旦(아침 단), 寸(마디 촌, 법도 촌)

礙子(애자), 礙滯(애체), 拘礙(구애)

2급 / 19획 / 부수 石

---

408 녁병질통[疒病疾痛] - 疒으로 된 한자

머리 부분(亠)을 나무 조각(爿)에 기대야 할 정도로 병드니 **병들 녁**

+ 亠(머리 부분 두), 爿[나무 조각 장(爿)의 약자]

5획 / 부수자

병(疒)들어 밤새 불 **밝혀**(丙) 놓고 치료하며 근심하니

병들 병, 근심할 병

+ 丙(남쪽 병, 밝을 병, 셋째 천간 병)

病苦(병고), 病歷(병력), 病魔(병마), 鬪病(투병)

6급 / 10획 / 부수 疒

병(疒) 중 **화살**(矢)처럼 빨리 번지는 병이니 **병 질, 빠를 질**

+ 矢(화살 시)
+ 病은 걸리기도 어렵고 낫기도 어려운 병이고, 疾은 걸리기도 쉽고 낫기도 쉬운 가벼운 병입니다.

疾病(질병), 疾患(질환), 疾走(질주), 速成疾亡(속성질망)

3급Ⅱ / 10획 / 부수 疒

병(疒) 기운이 **솟은**(甬) 듯 아프니 **아플 통**

+ 甬(솟을 용, 날랠 용) - 제목번호 355 참고.

痛感(통감), 痛哭(통곡), 痛症(통증), 齒痛(치통), 大聲痛哭(대성통곡)

4급 / 12획 / 부수 疒

나무(木)를 세로로 나눈 오른쪽 조각을 본떠서 **조각 편**

片紙·便紙(편지), 一片丹心(일편단심)

3급Ⅱ / 4획 / 제부수

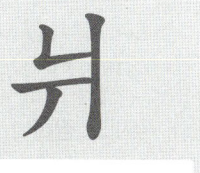

나무(木)를 세로로 나눈 왼쪽 조각을 본떠서 **나무 조각 장**

또 나무 조각이라도 들고 싸우는 장수니 **장수 장 변**

+ 옙 丬

4획 / 부수자

(전쟁터에 나가기 전에) **나무 조각**(爿)에 **고기**(夕)를 차려 놓고

법도(寸)에 따라 제사 지내는 장수니 **장수 장**

또 장수는 장차 전쟁이 나면 나아가 싸워야 하니 **장차 장, 나아갈 장**

+ 옙 将 - 나무 조각(丬)이라도 들고 손톱(爫)도 마디마디(寸) 세우고 싸우는 장수니 '장수 장'
　　　또 장수는 장차 전쟁이 나면 나아가 싸워야 하니 '장차 장, 나아갈 장'
+ 夕[달 월, 육 달 월(月)의 변형], 寸(마디 촌, 법도 촌), 爫(손톱 조)

將兵(장병), 將來(장래), 日就月將(일취월장), 王侯將相(왕후장상)

4급Ⅱ / 11획 / 부수 寸

풀(艹) 중 물속에서도 **장수**(將)처럼 씩씩하게 자라는 줄이니

줄 장, 성씨 장

+ 옙 蒋
+ 줄 - 볏과의 여러해살이풀.

蔣茅(장모), 蔣英實(장영실), 蔣介石(장개석)

2급 / 15획 / 부수 艸(艹)

장차(將) **크게**(大) 되도록 장려하니 **장려할 장**

+ 옙 奖
+ 밑에 큰 대(大) 대신에 개 견(犬)을 쓴 獎으로도 씁니다.

勸奬(권장), 奬勵(장려)

4급 / 14획 / 부수 大

나무 조각(爿)에 그린 개(犬)의 모양이니 모양 상

또 (글자가 없었던 옛날에) 모습을 그려 작성했던 문서니 **문서 장**

4급II / 8획 / 부수 犬

+ 약 状
+ 爿[나무 조각 장(爿)의 약자]
+ 종이가 귀하던 옛날에는 나무 조각이나 대쪽에 어떤 모습을 그리거나 글을 써 문서를 작성했다는 데서 '모양 상, 문서 장'입니다.

症狀(증상), 形狀(형상), 答狀(답장), 案內狀(안내장)

나무 조각(爿)이라도 들고 선비(士)가 싸우는 모습이 굳세고 장하니

굳셀 장, 장할 장

4급 / 7획 / 부수 土

+ 약 壮
+ 士(선비 사, 군사 사, 칭호나 직업 이름에 붙이는 말 사)

壯士(장사), 老益壯(노익장), 壯元(장원), 雄壯(웅장)

초목(艹)을 장하게(壯) 가꾸어 장엄하니 장엄할 장

또 초목(艹)을 장하게(壯) 가꾼 곳에 지은 별장이니 별장 장

3급II / 11획 / 부수 草(艹)

+ 약 荘
+ 장엄(莊嚴) - 씩씩하고 웅장하며 엄숙함.
+ 별장(別莊) - 살림을 하는 집 외에 경치 좋은 곳에 따로 지어 놓고 때때로 묵으면서 쉬는 집.
+ 嚴(엄할 엄), 別(나눌 별, 다를 별)

莊園(장원), 莊重(장중), 山莊(산장)

장하게(壯) 옷(衣)으로 꾸미니 꾸밀 장

4급 / 13획 / 부수 衣

+ 약 装
+ 衣(옷 의)

裝飾(장식), 包裝(포장), 裝備(장비), 武裝(무장)

부(관)도울 4요[缶陶鬱 㫃搖謠遙] - 缶, 㫃로 된 한자

特급II / 6획 / 제부수

사람(𠂉)이 **하나(一)**의 **산(山)**처럼 길쭉하게 만든 장군이나 두레박이니
장군 부, 두레박 관

+ 두레박 관(罐)의 약자.
+ 장군 - 옛날 액체를 담던 통으로, 달걀을 눕혀놓은 모양.

3급II / 11획 / 부수 阜(阝)

언덕(阝)의 **가마(匋)**에서 구워 만든 질그릇이니 **질그릇 도**
또 질그릇으로 술을 마시며 즐기니 **즐길 도**

+ 匋 - 흙으로 싸서(勹) 장군(缶)처럼 만든 질그릇 가마니 '질그릇 가마 도'
　　또 질그릇 가마에 구워 만든 질그릇이니 '질그릇 도'
+ 阝(언덕 부 변), 勹(쌀 포)

　陶工(도공), 陶器(도기), 陶磁器(도자기), 陶醉(도취)

2급 / 29획 / 부수 鬯

나무(木)와 **나무(木)** 사이에 **장군(缶)**을 **덮어(冖)** 놓은 듯
좋은 **술(鬯)**의 **향기(彡)**도 맡을 수 없어 답답하니 **답답할 울**
또 답답할 정도로 울창하니 **울창할 울**

+ 鬱 - 나무(木)와 나무(木)들이 사귀듯(爻) 얽힌 그물(罒) 같은 곳에 멈춰(艮) 한 마디(寸)도
　　　움직일 수 없도록 답답하니 '답답할 울', 또 답답할 정도로 울창하니 '울창할 울'
+ 鬯 - 그릇(凵)에 곡식의 낟알(米)이 담겨 술이 된 것을 숟가락(匕)으로 뜨는 울창주니 '울창주 창'
+ 울창(鬱蒼)하다 - 나무가 빽빽하게 우거지고 푸르다.
+ 울창주(鬱鬯酒) - 울금향(鬱金香)을 넣어 빚은 향기 나는 술.
+ 冖(덮을 멱), 彡('터럭 삼'이지만 여기서는 향기 나는 모습으로 봄), 艮[멈출 간(艮)의 변형], 凵(입
　벌릴 감, 그릇 감), 匕(비수 비, 숟가락 비), 蒼(푸를 창), 酒(술 주)

　抑鬱(억울), 鬱寂(울적), 憂鬱(우울), 鬱鬱蒼蒼(울울창창)

급수 외 한자 / 10획 / 부수 缶

고기(夕) 등을 넣도록 **장군(缶)**처럼 만든 질그릇이니 **질그릇 요**

+ 夕[달 월, 육 달 월(月)의 변형]

3급 / 13획 / 부수 手(扌)

손(扌)으로 **질그릇(㫃)**을 흔드니 **흔들 요**

+ 扌(손 수 변)

　搖動(요동), 搖亂(요란), 搖之不動(요지부동)

말(言)하듯 질그릇(岳) 같은 술잔을 두드리며 부르는 노래니 **노래 요**

+ 술자리에서 흥이 나면 상이나 술잔을 두드리며 노래하기도 하지요.

歌謠(가요), 童謠(동요), 民謠(민요), 俗謠(속요)

4급II / 17획 / 부수 言

(상점이 없었던 옛날에) 질그릇(岳)을 사러 **가는**(辶) 곳처럼 머니 **멀 요**

+ 교통이 발달하지 않았던 옛날에 질그릇을 굽는 가마는 질그릇의 재료인 황토와 구울 때 쓰는 나무가 많은 곳에 있었지요.

遙拜(요배), 遙昔(요석), 遙遠(요원)

3급 / 14획 / 부수 辶(辶)

---

412 | 도인인인[刀刃忍認] - 刀에서 연결고리로 된 한자

옛날 **칼**(🗡 → 刀)을 본떠서 **칼 도**

+ 글자의 오른쪽에 붙는 부수인 방으로 쓰일 때는 '칼 도 방(刂)'

短刀(단도), 面刀(면도), 一刀兩斷(일도양단)

3급II / 2획 / 제부수

칼 도(刀)의 **날**(丿) 부분에 **점**(丶)을 찍어서 **칼날 인**

+ 한자에서는 점 주, 불똥 주(丶)나 삐침 별(丿)로 어느 부분이나 무엇을 강조합니다.

刃器(인기), 刃傷(인상)

2급 / 3획 / 부수 刀

칼날(刃)로 **심장**(心)을 위협하는 것 같은 상황도 참으니 **참을 인**
또 **칼날**(刃)로 **심장**(心)을 위협하듯 잔인하니 **잔인할 인**

+ 잔인(殘忍) - 인정이 없고 아주 모짊.
+ 心(심장을 본떠서 만든 글자로 '마음 심, 중심 심'), 殘(잔인할 잔, 해칠 잔, 나머지 잔)

忍耐(인내), 忍之爲德(인지위덕), 目不忍見(목불인견)

3급II / 7획 / 부수 心

남의 **말**(言)을 **참고**(忍) 들어 알고 인정하니 **알 인, 인정할 인**

認可(인가), 認定(인정), 認知(인지), 默認(묵인)

4급II / 14획 / 부수 言

나초체(절) 별반[那初切 別班] - 刀, 刂로 된 한자

那

3급 / 7획 / 부수 邑(阝)

칼(刀) 두(二) 개로 **고을**(阝)을 어찌 지킬 것인가에서 **어찌 나**

또 **칼**(刀) **두**(二) 개로 **고을**(阝)을 지키면 짧은 시간에 당하니

짧은 시간 나

＋ 阝(고을 읍 방)

那邊(나변), 那落(나락), 刹那(찰나)

初

5급 / 7획 / 부수 刀

옷(衤) 만드는 데는 옷감을 **칼**(刀)로 자르는 일이 처음이니 **처음 초**

＋ 衤 - '옷 의(衣)'가 글자의 변으로 쓰일 때의 모양으로 '옷 의 변'

初期(초기), 初面(초면), 初志一貫(초지일관)

切

5급Ⅱ / 4획 / 부수 刀

일곱(七) 번이나 **칼**(刀)질하여 모두 끊으니 **모두 체**, **끊을 절**

또 목숨이 끊어질 정도로 간절하니 **간절할 절**

一切(일체), 切斷(절단), 懇切(간절), 親切(친절)

別

6급 / 7획 / 부수 刀(刂)

입(口)으로 먹기 위해 **힘**(勿)껏 **칼**(刂)로 나누어 다르니

나눌 별, 다를 별

＋ 勿[힘 력(力)의 변형], 刂(칼 도 방)

別個(별개), 別居(별거), 別名(별명), 差別(차별)

班

6급Ⅱ / 10획 / 부수 玉(王)

구슬(王)과 **구슬**(王)을 **칼**(刂)로 나누니 **나눌 반**

또 옛날에 시민과 나누어 대접했던 양반이니 **양반 반**

＋ 刂[칼 도 방(刂)의 변형]

班長(반장), 越班(월반), 班常(반상)

소소소초초소 소조[召沼紹超招邵 昭照] - 召, 昭로 된 한자

칼(刀)처럼 날카롭게 입(口)으로 부르니 **부를 소**

+ 刀(칼 도), 口(입 구, 구멍 구, 말할 구)

召集(소집), 遠禍召福(원화소복)

3급 / 5획 / 부수 口

물(氵)이 불러(召)온 듯 항상 고여 있는 늪이니 **늪 소**

+ 늪 - 물이 항상 고여 있는 곳.

沼畔(소반), 沼澤(소택), 沼湖(소호), 龍沼(용소)

2급 / 8획 / 부수 水(氵)

실(糸)처럼 불러(召) 이으니 **이을 소**

또 이어서 소개하니 **소개할 소**

紹絶(소절), 紹介(소개), 紹介狀(소개장)

2급 / 11획 / 부수 糸

달려가며(走) 급히 부르면(召) 빨리 오려고 이것저것을 뛰어넘으니
뛰어넘을 초

+ 走(달릴 주, 도망갈 주)

超過(초과), 超然(초연), 超越(초월), 超人(초인)

3급II / 12획 / 부수 走

손(扌)짓하여 부르니(召) **부를 초**

+ 입으로 부르면 부를 소(召), 손짓하여 부르면 부를 초(招), 큰 소리로 부르면 부를 호(呼) - 제목번호 038 참고.

招來(초래), 招請(초청), 招魂(초혼), 自招(자초)

4급 / 8획 / 부수 手(扌)

부르면(召) 들릴 정도로 가까운 고을(阝)의 땅 이름이니
땅 이름 소, 성씨 소

+ 阝(고을 읍 방)
+ 인·지명용 한자.

2급 / 8획 / 부수 邑(阝)

昭

3급 / 9획 / 부수 日

해(日)를 불러(召)온 듯 밝으니 **밝을 소**

昭光(소광), 昭明(소명), 昭詳(소상), 昭陽江(소양강)

照

3급Ⅱ / 13획 / 부수 火(灬)

밝게(昭) 불(灬)로 비추니 **비출 조**

+ 灬(불 화 발)

照度(조도), 照明(조명), 照準(조준), 觀照(관조)

---

415 력조렬노 죽근[力助劣努 竹筋] - 力, 竹으로 된 한자

力

7급Ⅱ / 2획 / 제부수

팔에 힘줄이 드러난 모습에서 **힘 력(역)**

+ 힘드는 일이나 운동을 많이 하면 근육이 발달하여 힘줄이 드러나지요.

力說(역설), 努力(노력), 能力(능력), 風力(풍력)

助

4급Ⅱ / 7획 / 부수 力

또(且) 힘(力)써 도우니 **도울 조**

+ 且(또 차)

內助(내조), 協助(협조), 相扶相助(상부상조)

劣

3급 / 6획 / 부수 力

적은(少) 힘(力)이면 못나니 **못날 렬(열)**

+ 힘이 적다는 것은 능력이 적고 못나고 질이 떨어진다는 말이지요.

劣等(열등), 劣勢(열세), 劣惡(열악), 優劣(우열)

努

4급Ⅱ / 7획 / 부수 力

종(奴)처럼 힘(力)쓰니 **힘쓸 노**

+ 奴(종 노) - 제목번호 179 참고.

努力(노력), 努力家(노력가)

443

잎이 붙은 대를 본떠서(ᙠᙡ) **대 죽**

+ 부수로 쓰일 때는 내려 그은 획을 짧게 쓴 ⺮입니다.

竹刀(죽도), 竹馬故友(죽마고우)

4급II / 6획 / 제부수

筋

대(⺮) 줄기처럼 질겨 몸(月)에서 힘(力)쓰는 힘줄이니 **힘줄 근**

+ 力(힘 력)

筋力(근력), 筋肉(근육), 心筋(심근), 鐵筋(철근)

4급 / 12획 / 부수 竹(⺮)

---

416   협협협 패(발)발발[劦協脅 孛勃渤] - 劦, 孛으로 된 한자

劦

힘(力)을 셋이나 합하니 **힘 합할 협**

+ 한자는 많음을 나타낼 경우 같은 글자를 세 번 반복하여 씁니다.

급수 외 한자 / 6획 / 부수 力

많이(十) 힘 합하여(劦) 도우니 **도울 협**

協同(협동), 協助(협조), 農協(농협), 妥協(타협)

4급II / 8획 / 부수 十

힘 합하여(劦) 몸(月)을 으르고 협박하니 **으를 협, 협박할 협**

+ 으르다 – 상대편이 겁을 먹도록 무서운 말이나 행동으로 위협하다.

威脅(위협), 脅迫(협박), 脅迫狀(협박장)

3급II / 10획 / 부수 肉(月)

孛

많이(十) 무엇에 싸여(冖) 태어나는 자식(子)처럼 떠가는 혜성이니
혜성 패
또 혜성처럼 갑자기 안색이 변하니 **안색 변할 발**

+ 혜성(彗星) – ㉠ 가스 상태의 빛나는 긴 꼬리를 끌고 태양을 초점으로 긴 타원이나 포물선에 가까운 궤도를 그리며 운행하는 천체. 꼬리별. 꽁지별. ㉡ 어떤 분야에서 갑자기 뛰어나게 드러나는 존재를 비유적으로 이르는 말.
+ 彗(비 혜, 꽁지별 혜), 星(별 성)

특급 / 7획 / 부수 子

혜성(孛)처럼 **힘**(力)쓰며 갑자기 일어나니 **갑자기 일어날 발**

물(氵)결이 **갑자기 일어나는**(勃) 바다 이름이니 **바다 이름 발**

渤海(발해)

---

417 가가 가하가[加伽 架賀迦] – 加로 된 한자

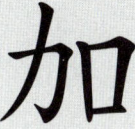

힘(力)써 **말하며**(口) 용기를 더하니 **더할 가**

+ 🔁 減(줄어들 감) – 제목번호 401 참고.
+ 힘든 일은 '아자아자, 으쌰으쌰' 등의 소리를 내면서 하면 효과가 있지요.

加減(가감), 加重(가중), 雪上加霜(설상가상)

사람(亻)이 정성을 **더하여**(加) 수도하는 절이니 **절 가**

伽藍(가람), 僧伽(승가), 伽倻琴(가야금)

더하여(加) 나무(木)로 꾸민 시렁이니 **꾸밀 가, 시렁 가**

+ '시렁'은 물건을 얹어 놓기 위해 벽에 붙여 만든 선반.

架空(가공), 架橋(가교), 架設(가설), 書架(서가)

더하여(加) 재물(貝)을 주며 축하하니 **축하할 하**

+ 貝(조개 패, 재물 패, 돈 패)

賀客(하객), 賀禮(하례), 慶賀(경하), 謹賀(근하)

더하고(加) 가도록(辶) 막으니 **막을 가**

또 믿음을 더하여(加) 가도록(辶) 가르쳤던 부처 이름이니

부처 이름 가

2급 / 9획 / 부수 辵(辶)

+ 辶(뛸 착, 갈 착, = 辶)

釋迦牟尼(석가모니)

---

418 **7방[方訪防妨紡芳房] – 方으로 된 한자**

(쟁기로 갈아지는 흙이 모나고 일정한 방향으로 넘어가니)

쟁기로 밭 가는 모양을 본떠서 **모 방, 방향 방**

또 쟁기는 밭을 가는 중요한 방법이니 **방법 방**

7급II / 4획 / 제부수

+ 쟁기 – 옛날에 논밭을 갈았던 농기구의 하나.
+ 모 – 여기서는 '모서리'의 준말.

方圓(방원), 雙方(쌍방), 方法(방법), 處方(처방)

좋은 **말씀(言)**을 듣기 위해 어느 **방향(方)**으로 찾아 방문하니

찾을 방, 방문할 방

4급II / 11획 / 부수 言

巡訪(순방), 尋訪(심방), 探訪(탐방), 訪問(방문)

언덕(阝)처럼 어느 **방향(方)**에 쌓은 둑이니 **둑 방**

또 둑을 쌓아 막으니 **막을 방**

4급II / 7획 / 부수 阜(阝)

+ 둑 – ㉠ 높은 길을 내려고 쌓은 언덕. ㉡ 하천이나 호수의 물, 바다의 범람을 막기 위하여 설치하는, 흙이나 콘크리트 따위로 만든 구축물.
+ 阝(언덕 부 변)

堤防(제방), 防犯(방범), 防音(방음)

여자(女)가 여러 **방법(方)**으로 유혹하듯 방해하니 **방해할 방**

+ 妨害(방해) – 남의 일에 해를 끼침.
+ 無妨(무방) – 거리낄 것이 없이 괜찮음.
+ 害(해칠 해), 無(없을 무)

妨害物(방해물), 妨害罪(방해죄)

실(糸)을 일정한 **방향**(方)으로 뽑으며 하는 길쌈이니

실 뽑을 방, 길쌈 방

+ 길쌈 – 실을 내어 옷감을 짜는 모든 일을 통틀어 이르는 말.

紡絲(방사), 紡績(방적), 紡織(방직), 混紡(혼방)

2급 / 10획 / 부수 糸

풀(艹) 향기가 **사방**(方)으로 퍼지며 꽃다우니 **꽃다울 방**

+ 艹(초 두)

芳甘(방감), 芳年(방년), 芳香(방향), 流芳百世(유방백세)

3급II / 8획 / 부수 草(艹)

집(戶)의 어떤 **방향**(方)에 설치한 방이니 **방 방**

+ 戶(문 호, 집 호)

暖房(난방), 獨房(독방), 貰房(셋방)

4급II / 8획 / 부수 戶

---

419 어(오)알 유정[於闕 遊旌] – 於, 扩로 된 한자

사방(方)으로 **사람**(人) 둘(冫)씩 인연 맺어 주듯 말과

말을 연결시켜 주는 어조사이니 **어조사 어**

또 어조사처럼 소리 내며 탄식하니 **탄식할 오**

+ 冫(둘을 나타냄)

於中間(어중간), 於此彼(어차피), 於乎(오호)

3급 / 8획 / 부수 方

문(門)의 **사방**(方)에 **사람**(人) 둘(冫)씩 세워 막으니 **막을 알**

+ 門(문 문)

闕塞(알색), 闕英(알영)

2급 / 16획 / 부수 門

447

사방(方)으로 **사람**(ㅗ)이 **아들**(子)을 데리고 **다니며**(辶) 놀고 여행하니

놀 유, 여행할 유

+ ㅗ[사람 인(人)의 변형]

遊興(유흥), 遊覽(유람), 遊說(유세), 遊學(유학), 遊必有方(유필유방)

사방(方)에서 **사람**(ㅗ)들이 알아보도록 **살아**(生) 나부끼게 끝을 꾸민 기니

기 정

+ 정(旌) – 깃대 끝을 깃으로 꾸민 기.

旌旗(정기), 旌閭(정려), 旌銘(정명), 旌門(정문)

---

420 려족시기 선선[旅族施旗 旋璇] – 方, 旋으로 된 한자

사방(方) **사람**(ㅗ)들이 **씨족**(氏)처럼 모인 군사니 **군사 려(여)**

또 군사처럼 지나가는 나그네니 **나그네 려(여)**

+ ㅗ[사람 인(人)의 변형], 氏 [성 씨, 뿌리 씨, 사람을 높여 부르는 조사 씨(氏)의 변형]

旅團(여단), 旅券(여권), 旅費(여비), 旅行(여행)

사방(方)에서 **사람**(ㅗ)과 **사람**(ㅗ)들이 **크게**(大) 모여 이룬 겨레니

겨레 족

+ 겨레 – 같은 핏줄을 이어받은 민족.

族譜(족보), 家族(가족), 氏族(씨족), 同族相殘(동족상잔)

사방(方)에서 **사람**(ㅗ)들이 **또한**(也) 일을 행하고 은혜를 베푸니

행할 시, 베풀 시

+ 也(또한 야, 어조사 야)

施賞(시상), 施政(시정), 施惠(시혜), 實施(실시)

사방(方) 사람(𠂉)들이 알아보도록 만든 그(其)것은 기니 **기 기**

7급 / 14획 / 부수 方

+ 其(그 기), 기(旗) – 헝겊이나 종이 따위에 글자나 그림, 색깔 따위를 넣어 특정한 단체를 나타내는 데 쓰이는 물건.

旗手(기수), 國旗(국기), 叛旗(반기)

사방(方)으로 사람(𠂉)들이 발(疋)을 움직여 도니 **돌 선**

3급II / 11획 / 부수 方

+ 疋(필 필, 발 소 – 말이나 베를 세는 단위) – 제목번호 316 참고.

旋風(선풍), 旋回(선회), 旋律(선율), 周旋(주선)

옥(王) 중 무늬가 도는(旋) 모습의 아름다운 옥이니
아름다운 옥 선, 별 이름 선

2급 / 15획 / 부수 玉(王)

+ 선 – 북두칠성의 둘째 별.

璇室(선실), 璇璣玉衡(선기옥형)

01~03 다음 漢字의 訓과 音을 쓰시오.

01. 溺, 埃, 喉

02. 刃, 沼, 渤

03. 伽, 閼, 旌

04~06 다음 漢字語의 讀音을 쓰시오.

04. 遺憾, 礙滯, 鬱寂

05. 紹介, 施惠, 同族相殘

06. 微弱, 銳智, 病魔

07~09 다음 문장에서 ( ) 안의 漢字語를 漢字(正字)로 바꾸어 쓰시오.

07. (노익장)을 과시하며 상부상조에 힘쓰고 계시는 우리 아버님.

08. (온고지신)하는 자세가 바로 지혜를 기르는 길입니다.

09. 임 향한 장수의 (일편단심)은 변하지 않을 것이요.

10 다음 ( ) 안에 알맞은 漢字(正字)를 써넣어 四字成語를 완성하시오.

10. 目不( )見 – 눈앞에 벌어진 상황 따위를 눈 뜨고는 차마 볼 수 없음.

11 다음 [ ] 안의 漢字와 뜻이 비슷한 한자는?

11. [凝] ① 刃   ② 固   ③ 喉   ④ 那

12 다음 [ ] 안의 漢字와 뜻이 반대인 한자는?

12. [劣] ① 憂   ② 優   ③ 拙   ④ 庸

정답

01. 물에 빠질 닉, 티끌 애, 목구멍 후 02. 칼날 인, 늪 소, 바다 이름 발 03. 절 가, 막을 알, 기 정
04. 유감, 애체, 울적 05. 소개, 시혜, 동족상잔 06. 미약, 예지, 병마
07. 老益壯 08. 溫故知新 09. 一片丹心
10. 忍 11. ② 12. ②

| 421 | **방방오격[放倣傲激]** – 放으로 된 한자 |

아무 **방향(方)**이나 가도록 **쳐(攵)** 놓으니 **놓을 방**

+ 攵(칠 복, = 攴)

放牧(방목), 放置(방치), 放學(방학), 釋放(석방)

6급II / 8획 / 부수 攴(攵)

사람(亻)이 주체성을 **놓아버리고(放)** 남만 모방하니 **모방할 방**

+ 모방(模倣) – 본뜨거나 본받는 것.
+ 模(본보기 모, 본뜰 모, 모호할 모)

倣古(방고), 倣似(방사)

3급 / 10획 / 부수 人(亻)

傲

사람(亻)을 흙(土)바닥에 **놓고(放)** 대함이 거만하니 **거만할 오**

+ 거만(倨慢) – 잘난 체하며 남을 업신여기는 데가 있음.
+ 土('흙 토'지만 여기서는 땅으로 봄), 倨(거만할 거), 慢(게으를 만, 오만할 만)

傲氣(오기), 傲慢(오만) ↔ 謙遜(겸손), 傲霜孤節(오상고절)

3급 / 13획 / 부수 人(亻)

激

물(氵)결이 하얗게(白) 일어나도록 격하게 **놓아(放)** 부딪치니
격할 격, 부딪칠 격

激突(격돌), 激勵(격려), 激烈(격렬), 自激之心(자격지심)

4급 / 16획 / 부수 水(氵)

1급 / 2획 / 제부수

비수를 본떠서 **비수 비**

또 비수로 찌르듯 입에 넣어 먹는 숟가락이니 **숟가락 비**

+ 비수(匕首) - 짧고 날이 날카로운 칼.
+ 首(머리 수, 우두머리 수)

2급 / 5획 / 부수 尸

몸(尸)의 머리털을 비수(匕)로 깎은 여승이니 **여승 니(이)**

+ 尸(주검 시, 몸 시)

尼僧(이승), 比丘尼(비구니), 釋迦牟尼(석가모니)

3급II / 8획 / 부수 水(氵)

물(氵)로 이겨 집의 몸(尸) 같은 벽에

비수(匕) 같은 흙손으로 바르는 진흙이니 **진흙 니(이)**

+ 尸(주검 시, 몸 시)

泥工(이공), 泥路(이로), 泥田鬪狗(이전투구)

2급 / 6획 / 부수 日

비수(匕)로 햇(日)빛에 익은 과일을 잘라 먹어 보는 맛이니 **맛 지**

또 말이나 글에 담긴 맛은 뜻이니 **뜻 지**

甘旨(감지), 論旨(논지), 要旨(요지), 趣旨(취지)

4급II / 9획 / 부수 手(扌)

손(扌)으로 맛(旨)볼 때 쓰는 손가락이니 **손가락 지**

또 손가락으로 무엇을 가리키니 **가리킬 지**

+ 扌(손 수 변)

指壓(지압), 指南(지남), 指導(지도), 指示(지시)

2급 / 10획 / 부수 肉(月)

고기(月)에서 맛(旨)을 내는 기름이니 **기름 지**

脂肪(지방), 脂肪肝(지방간), 脫脂綿(탈지면)

화화화[化花貨] - 化로 된 한자

化

5급Ⅱ / 4획 / 부수 匕

사람(亻)이 비수(匕) 같은 마음을 품고 일하면 안 되는 일도 되고 변화하니
될 화, 변화할 화
또 되도록 가르치니 **가르칠 화**

開化(개화), 變化(변화), 敎化(교화), 鈍化(둔화)

花

7급 / 8획 / 부수 草(艹)

풀(艹)의 일부가 변하여(化) 피는 꽃이니 **꽃 화**

+ 艹(초 두)

花壇(화단), 開花(개화), 生花(생화), 花容月態(화용월태)

貨

4급Ⅱ / 11획 / 부수 貝

변하여(化) 돈(貝)이 되는 재물이나 물품이니 **재물 화, 물품 화**

+ 貝(조개 패, 재물 패, 돈 패)

貨物(화물), 貨幣(화폐), 雜貨(잡화), 鑄貨(주화)

혁화국패 연[革靴鞠霸 燕] - 革으로 된 한자와 燕

革

4급 / 9획 / 제부수

걸어놓은 짐승 가죽의 **머리(艹)와 몸통(口)과 다리(一)와 꼬리(丨)**를
본떠서 **가죽 혁**
또 가죽으로 무엇을 만들려고 고치니(가공하니) **고칠 혁**

+ 짐승 가죽을 잘 손질하고 고쳐서 이용하지요.

革帶(혁대), 皮革(피혁), 革命(혁명), 革新(혁신)

靴

2급 / 13획 / 부수 革

가죽(革)을 변화시켜(化) 만든 가죽신이니 **가죽신 화**

靴工(화공), 軍靴(군화), 長靴(장화)

가죽(革)처럼 튼튼히 싸(勹) 보호하며 쌀(米) 같은 곡식을 먹여 기르니

기를 국

또 가죽(革)으로 싸(勹) 쌀(米)자루처럼 만든 가죽 공이니 **가죽 공 국**

또 가죽 공처럼 차며 국문하니 **국문할 국, 성씨 국**

+ 圖 鞫 – 가죽(革)처럼 둘러싸고(勹) 말하며(言) 기르니 '기를 국'
　　　　또 가죽(革)처럼 둘러싸고(勹) 말하도록(言) 국문하니 '국문할 국' – 특급Ⅱ
+ 勹(쌀 포), 米(쌀 미), 言(말씀 언), 국문(鞠問) – 중대한 죄인을 신문하던 일.

鞠育(국육), 鞠問(국문), 鞠正(국정)

비(雨) 올 때처럼 숨겨 혁명(革)을 달(月)빛을 이용하여 일으켜

으뜸가는 두목이 되니 **으뜸 패, 두목 패**

+ 圖 覇 – (남이 눈치 채지 않게) 덮어(覀) 숨겨 혁명(革)을 달(月)빛을 이용하여 일으켜 으뜸가는
　　　　두목이 되니 '으뜸 패, 두목 패'
+ 혁명(革命) – '명을 고침'으로, ㉠ 비합법적인 수단으로 정권을 잡음. ㉡ 국가나 사회의 조직·형태
　를 급격히 바꾸는 일. 여기서는 ㉠의 뜻. 혁명은 적이 예상하지 못할 때를 이용하여 일으킴을 생각하
　고 만든 글자.
+ 雨(비 우), 覀[덮을 아(襾)의 변형], 命(명령할 명, 목숨 명, 운명 명)

霸者(패자), 霸功(패공), 霸業(패업)

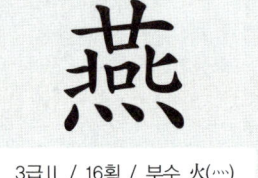

먹이를 문 **부리(廿)**와 **양 날개(北)**와 **몸통(口)**과

갈라진 **꼬리(灬)** 모양을 본떠서 **제비 연, 연나라 연**

또 제비처럼 떠들며 여는 잔치니 **잔치 연**

+ 연경(燕京) – 북경의 옛 이름. 연(燕)나라의 수도였던 데서 유래.

燕賀(연하), 燕尾服(연미복), 燕雁代飛(연안대비)

425　경환환[睘環還] – 睘으로 된 한자

눈(罒)이 하나(一)의 입(口)처럼 크게 변하며(𧘇) 휘둥그레지니

눈 휘둥그레질 경

+ 휘둥그레지다 – 놀라거나 두려워서 눈이 크고 둥그렇게 되다.
+ 罒['그물 망'이지만 여기서는 '눈 목(目)'을 눕혀 놓은 모양으로 봄], 𧘇[변화할 화, 될 화(化)의 변형]

옥(王)으로 눈 휘둥그레지듯이(睘) 둥글게 만든 고리니 **고리 환**

또 고리처럼 두르니 **두를 환**

4급 / 17획 / 부수 玉(王)

環境(환경), 環太平洋(환태평양), 花環(화환)

놀라서 눈이 휘둥그레졌다가(睘) 다시 제 위치로 **돌아오니**(辶)
돌아올 환

+ 辶(뛸 착, 갈 착, = 辶)

3급Ⅱ / 17획 / 부수 辵(辶)

還甲(환갑), 還元(환원), 返還(반환), 償還(상환), 錦衣還鄕(금의환향)

| 426 | 진진신[眞鎭愼] – 眞으로 된 한자 |

비수(匕)처럼 눈(目)뜨고 감추어진(乚) 것을 나누고(八) 파헤쳐 보아도
참되니 참 진

+ 옙 真 – 많은(十) 눈(目)이 쳐다봐도 하나(一)같이 팔(八)방에 통하도록 참되니 '참 진'
+ 乚(감출 혜, 덮을 혜, = ㄷ)

4급Ⅱ / 10획 / 부수 目

眞價(진가), 眞假(진가), 眞善美(진선미), 寫眞(사진)

쇠(金)처럼 무거운 것으로 참(眞)되게 눌러 진압하니
누를 진, 진압할 진

3급Ⅱ / 18획 / 부수 金

鎭靜(진정), 鎭痛劑(진통제), 鎭魂(진혼), 鎭火(진화)

마음(忄)까지 참(眞)되게 하려고 삼가니 **삼갈 신**

+ 忄(마음 심 변)

3급Ⅱ / 13획 / 부수 心(忄)

愼獨(신독), 愼慮(신려), 愼重(신중), 謹愼(근신)

간한한근 은퇴 금(김)은[艮恨限根 垠退 金銀] - 艮, 金으로 된 한자

2급 / 6획 / 제부수

눈(⻚)에 **비수**(乀)를 품고 멈추어 바라볼 정도로 어긋나니

멈출 간, 어긋날 간, 괘 이름 간

＋ ⻚[눈 목(目)의 변형], 乀[비수 비, 숟가락 비(匕)의 변형]

艮方(간방), 艮時(간시), 艮坐(간좌)

4급 / 9획 / 부수 心(忄)

항상 **마음**(忄)에 **머물러**(艮) 한하고 뉘우치니 **한할 한, 뉘우칠 한**

＋ 한(恨) - ㉠ 억울하고 원통한 일이 풀리지 못하고 응어리져 맺힌 마음. ㉡ '한탄(恨歎)'의 준말.
＋ 忄(마음 심 변), 歎(탄식할 탄, 감탄할 탄, = 嘆)

恨歎(한탄), 怨恨(원한), 恨不早圖(한불조도)

4급Ⅱ / 9획 / 부수 阜(阝)

언덕(阝)에 막혀 **멈춰야**(艮) 하는 한계니 **한계 한**

＋ 阝(언덕 부 변)

限界(한계), 限定(한정), 局限(국한), 時限(시한)

6급 / 10획 / 부수 木

나무(木)를 **멈춰**(艮) 있게 하는 뿌리니 **뿌리 근**

根幹(근간), 根據(근거), 根本(근본), 事實無根(사실무근), 草根木皮(초근목피)

2급 / 9획 / 부수 土

흙(土)이 **멈춘**(艮) 지경의 끝이니 **지경 은, 끝 은**

垠際(은제)

4급Ⅱ / 10획 / 부수 辵(辶)

하던 일을 **멈추고**(艮) **물러나니**(辶) **물러날 퇴**

＋ 辶(뛸 착, 갈 착, = 辵)

退勤(퇴근), 勇退(용퇴), 早退(조퇴), 後退(후퇴)

덮여 있는(人) 한(一)곳의 흙(土)에 반짝반짝(丷) 빛나는 쇠나 금이니
쇠 금, 금 금

또 금처럼 귀한 돈이나 성씨니 **돈 금, 성씨 김**

8급 / 8획 / 제부수

+ 人('사람 인'이지만 여기서는 덮여 있는 모양으로 봄), 土(흙 토)

金庫(금고), 金銀(금은), 現金(현금)

銀

6급 / 14획 / 부수 金

(가치가) 금(金) 다음에 머물러(艮) 있는 은이니 **은 은**

+ 금이 제일 좋고 다음이 은이라는 데서 만들어진 글자.
+ 은행(銀行) – 금이 더 비싼데 은행(bank)을 금행(金行)으로 하지 않고 왜 은행(銀行)이라 했을까? 옛날에는 은이 금보다 생산량도 적고 정제 방법도 더 까다롭기 때문에 더 비싸서 세계 각국들이 은을 화폐의 기본으로 했기 때문이지요. 지금도 중국에서는 계산대(casher)를 수은대(收銀臺)라고 합니다.
+ 收(거둘 수), 臺(누각 대, 정자 대)

銀塊(은괴), 銀賞(은상), 銀河水(은하수)

---

428 량랑랑낭 랑랑[良浪朗娘 郎廊] – 良, 郎으로 된 한자

점(丶) 같은 작은 잘못도 그쳐(艮) 좋고 어지니
좋을 량(양), 어질 량(양)

5급Ⅱ / 7획 / 부수 艮

+ 丶(점 주, 불똥 주)

良質(양질), 改良(개량), 良心(양심), 賢母良妻(현모양처)

물(氵)이 보기 좋게(良) 출렁이는 물결이니 **물결 랑(낭)**

또 물결치듯 함부로 하니 **함부로 랑(낭)**

3급Ⅱ / 10획 / 부수 水(氵)

+ 氵(삼 수 변)

放浪(방랑), 流浪(유랑), 風浪(풍랑), 浪費(낭비)

어질게(良) 마음 씀이 달빛(月)처럼 밝으니 **밝을 랑(낭)**

5급Ⅱ / 11획 / 부수 月

+ 액 朗
+ 艮[좋을 량, 어질 량(良)의 변형]

朗讀(낭독), 朗報(낭보), 朗誦(낭송), 明朗(명랑)

457

여자(女) 중 젊어서 **좋게(良)** 보이는 아가씨니 아가씨 **낭**

娘子(낭자) ↔ 朗君(낭군), 娘子軍(낭자군)

3급II / 10획 / 부수 女

어짊(良)이 **고을(阝)**에서 뛰어난 사내니 사내 **랑(낭)**

+ 回 郞
+ 阝 (고을 읍 방)

郎君(낭군) ↔ 娘子(낭자), 新郎(신랑), 花郎(화랑)

3급II / 10획 / 부수 邑(阝)

집(广)에서 주로 **사내(郞)**가 거처하는 행랑이니 행랑 **랑(낭)**

+ 回 廊
+ 행랑(行廊) - 한옥에서 대문의 양쪽이나 문간 옆에 있는 방.
+ 广 (집 엄)

舍廊房(사랑방), 畫廊(화랑), 回廊(회랑)

3급II / 13획 / 부수 广

---

429 식(사) 기음반식[食 飢飮飯飾] - 食과 飠으로 된 한자

사람(人) 몸에 **좋은(良)** 것은 밥이고 그런 밥을 먹으니 밥 **식**, 먹을 **식**
또 밥 같은 먹이니 먹이 **사**

+ 부수로 쓰일 때는 飠 모양으로 '밥 식, 먹을 식 변'이라 부릅니다.

食堂(식당), 食糧(식량), 飮食(음식)

7급II / 9획 / 제부수

밥(飠)을 못 먹어 힘없이 **책상(几)**에 기댈 정도로 굶주리니 굶주릴 **기**

+ 几(안석 궤, 책상 궤) - 제목변호 329 참고.

飢渴(기갈), 飢餓(기아), 療飢(요기), 虛飢(허기)

3급 / 11획 / 부수 食(飠)

먹을(飠) 때 **하품(欠)**하듯 입 벌리고 마시니 마실 **음**

+ 欠(하품 흠, 모자랄 흠, 이지러질 결, 빠질 결)

飮食(음식), 飮酒(음주), 過飮(과음), 米飮(미음)

6급II / 13획 / 부수 食(飠)

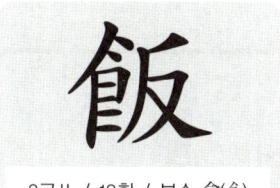

먹을(食) 때 혀로 이리저리 **뒤집으며(反)** 씹어 먹는 밥이니 **밥 반**

+ 反(거꾸로 반, 뒤집을 반)

飯店(반점), 飯饌(반찬), 飯酒(반주), 白飯(백반)

3급II / 13획 / 부수 食(食)

밥(食) 먹는 식탁을 **사람(亻)**이 **수건(巾)** 같은 천으로 꾸미니 **꾸밀 식**

+ 亻[사람 인(人)의 변형], 巾(수건 건)

假飾(가식), 裝飾(장식), 粧飾(장식), 虛飾(허식)

3급II / 14획 / 부수 食(食)

---

430 **능파태웅[能罷態熊]** – 能으로 된 한자

곰은 **주둥이(厶)**와 **몸뚱이(月)**와 **네 발(匕)**로 재주 부림이 능하니 **능할 능**

+ 厶('사사로울 사, 나 사'지만 여기서는 곰의 주둥이로 봄), 匕[비수 비, 숟가락 비(匕) 둘이지만 여기서는 네 발로 봄]

能動(능동), 能力(능력), 可能(가능), 有能(유능), 多才多能(다재다능)

5급II / 10획 / 부수 肉(月)

법의 **그물(罒)**에 걸리면 **유능한(能)** 사람도 파하여 마치니

파할 파, 마칠 파

+ 罒(그물 망), 파(罷)하다 – ㉠ (어떤 모임이나 함께하던 일이) 끝나서 헤어지다. ㉡ (일정한 일을) 마치거나 그만두다.

罷免(파면), 罷業(파업), 罷場(파장)

3급 / 15획 / 부수 网(罒)

능히(能) 할 수 있다는 **마음(心)**이 얼굴에 나타나는 모양이나 태도니

모양 태, 태도 태

+ 얼굴을 보면 그 사람의 마음뿐만 아니라 건강 상태도 알 수 있지요.
+ 태도(態度) – ㉠ 몸의 동작이나 몸을 거두는 모양새. ㉡ 어떤 사물이나 상황 따위를 대하는 자세.
+ 度(법도 도, 정도 도, 헤아릴 탁)

動態(동태), 世態(세태), 姿態(자태), 千態萬象(천태만상)

4급II / 14획 / 부수 心

능히(能) **불(灬)** 속에서도 재주 부리는 곰이니 **곰 웅**

+ 灬(불 화 발)

熊女(웅녀), 熊膽(웅담), 熊皮(웅피)

2급 / 14획 / 부수 火(灬)

충사충[虫蛇蟲] – 虫으로 된 한자

특급 / 6획 / 제부수

벌레 모양(🐛 → 𠁁)을 본떠서

벌레 충(蟲)이 속자나 부수로 쓰일 때의 모양이니 **벌레 충**

3급II / 11획 / 부수 虫

벌레(虫)처럼 집(宀)에서 **비수(匕)** 같은 혀를 날름거리는 뱀이니 **뱀 사**

+ 宀(집 면), 匕(비수 비, 숟가락 비), 비수 – 날카롭고 짧은 칼.

　毒蛇(독사), 長蛇陣(장사진), 龍頭蛇尾(용두사미)

4급II / 18획 / 부수 虫

(벌레는 원래 한 마리가 아니니)

많은 벌레가 모인 모양을 본떠서 **벌레 충**

+ 森(빽빽할 삼, 엄숙할 삼), 晶(수정 정, 맑을 정), 品(물건 품, 등급 품, 품위 품)처럼 한자에서 많음은 같은 글자를 세 번 반복하여 나타냅니다.

　蟲齒(충치), 害蟲(해충) ↔ 益蟲(익충), 殺蟲劑(살충제)

TIP

〈명언〉

讀書起家之本(독서기가지본) 글을 읽는 것은 집을 일으키는 근본.

循理保家之本(순리보가지본) 이치에 따르는 것은 집을 보전하는 근본.

勤儉治家之本(근검치가지본) 근면하고 검소함은 집을 다스리는 근본.

和順濟家之本(화순제가지본) 화목하고 순종함은 집을 가지런히 하는 근본.

　　　　　　　　　　　　　　　　　　　　　　　　　　　　– ≪명심보감(明心寶鑑)≫

+ 讀(읽을 독, 구절 두), 書(쓸 서, 글 서, 책 서), 起(일어날 기, 시작할 기), 家(집 가, 전문가 가), 之(갈 지, ~의 지, 이 지), 本(근본 본, 뿌리 본), 循(돌 순, 좇을 순), 理(이치 리, 다스릴 리), 保(지킬 보, 보호할 보), 勤(부지런할 근, 일 근), 儉(검소할 검), 治(다스릴 치), 和(화목할 화), 順(순할 순), 濟(건널 제, 구제할 제)

장장장[長張帳] - 長으로 된 한자

8급 / 8획 / 제부수

입(一)의 위아래에 난 긴 수염을 본떠서 **길 장**

또 수염도 긴 어른이니 **어른 장**

+ 一('한 일'이지만 여기서는 다문 입으로 봄), 수염은 나이 들면 주로 입 주위에 많이 나지요.

長短(장단), 校長(교장), 長幼有序(장유유서)

4급 / 11획 / 부수 弓

활(弓)시위를 길게(長) 벌리니 **벌릴 장**

또 벌리듯 마음을 열고 베푸니 **베풀 장, 성씨 장**

+ 弓(활 궁)

張力(장력), 誇張(과장), 主張(주장), 擴張(확장), 虛張聲勢(허장성세)

4급 / 11획 / 부수 巾

수건(巾) 같은 천으로 길게(長) 둘러 가린 장막이니 **장막 장**

또 장막처럼 남에게 보이지 않게 가리고 쓰는 장부니 **장부 장**

+ 장부(帳簿) – 금품의 수입 지출을 기록하는 책.
+ 巾(수건 건), 簿(장부 부)

帳幕(장막), 布帳馬車(포장마차), 元帳(원장), 通帳(통장)

DAY
22

이내 수유 단단서[而耐 需儒 端湍瑞] - 而, 需, 耑으로 된 한자

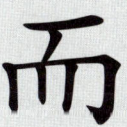

3급 / 6획 / 제부수

입(一) 아래(丿) 이어진 수염(巾)처럼 말이 이어지는 어조사니

말 이을 이, 어조사 이

+ 一('한 일'이지만 여기서는 다문 입으로 봄)

博而不精(박이부정), 似而非(사이비)

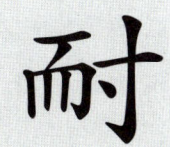

3급Ⅱ / 9획 / 부수 而

이어지는(而) 고통도 법도(寸)에 따라 참고 견디니 **참을 내, 견딜 내**

+ 寸(마디 촌, 법도 촌)

忍耐(인내), 耐久性(내구성), 耐震(내진)

需

3급II / 14획 / 부수 雨

비(雨)가 이어져(而) 내리면 구하여 여러 가지에 쓰니 **구할 수, 쓸 수**

+ 雨(비 우)

需給(수급), 需要(수요) ↔ 供給(공급), 需用(수용), 婚需(혼수)

儒

4급 / 16획 / 부수 人(亻)

사람(亻)에게 **쓰이는**(需) 도를 공부하고 가르치는 선비나 유교니

선비 유, 유교 유

+ 亻(사람 인 변)

儒生(유생), 儒家(유가)

端

4급II / 14획 / 부수 立

서(立) 있는 곳이 산(山)으로 **이어진**(而) 끝이니 **끝 단**

또 일의 끝에 서면 마음이나 옷차림을 바르게 하여 찾는 실마리니

바를 단, 실마리 단

末端(말단), 尖端(첨단), 端整(단정), 端緒(단서)

湍

2급 / 12획 / 부수 水(氵)

물(氵)이 산(山)으로 **이어진**(而) 좁은 곳을 흐르는 여울이니 **여울 단**

+ 여울 – 강이나 바다의 바닥이 얕거나 폭이 좁아 물살이 세차게 흐르는 곳.

湍水(단수), 急湍(급단)

瑞

2급 / 13획 / 부수 玉(王)

구슬(王)로 된 산(山)이 **이어진**(而) 듯 상서로우니 **상서로울 서**

+ 상서(祥瑞)롭다 – 복되고 좋은 일이 있을 듯하다.
+ 祥(상서로울 상)

瑞光(서광), 瑞氣(서기), 瑞夢(서몽) – 상서로운 꿈.

렬례렬렬[列例烈裂] - 列로 된 한자

뼈 앙상하게(歹) 칼(刂)로 잘라 벌이니 벌일 렬(열)

또 벌여 놓은 줄이니 **줄 렬(열)**

4급II / 6획 / 부수 刀(刂)

+ 歹(뼈 앙상할 알, 죽을 사 변) - 제목번호 435 참고.
+ 刂(칼 도 방)
+ 벌이다 - ㉠ 일을 계획하여 시작하거나 펼쳐 놓다. ㉡ 놀이판이나 놀음판 따위를 차려 놓다.
  ㉢ 여러 가지 물건을 늘어놓다. 여기서는 ㉢의 뜻.
+ 벌리다 - 둘 사이를 넓히거나 멀게 하다.

列擧(열거), 列車(열차), 系列(계열), 行列(행렬)·行列(항렬)

사람(亻)이 물건을 벌여(列) 놓는 법식과 보기니
법식 례(예), 보기 례(예)

6급 / 8획 / 부수 人(亻)

+ 법식(法式) - 법도와 양식.
+ 法(법 법), 式(법 식, 의식 식)

例規(예규), 條例(조례), 例示(예시), 例外(예외)

넓게 벌이며(列) 타는 불(灬)처럼 사납고 매우니
사나울 렬(열), 매울 렬(열)

4급 / 10획 / 부수 火(灬)

+ 灬(불 화 발)

強烈(강렬), 烈女(열녀), 痛烈(통렬)

벌여지게(列) 옷(衣)이 찢어지고 터지니
찢어질 렬(열), 터질 렬(열)

3급II / 12획 / 부수 衣

+ 衣(옷 의)

決裂(결렬), 分裂(분열), 龜裂(균열), 支離滅裂(지리멸렬)

알(사) 사시장[歹 死屍葬] - 歹과 死로 된 한자

특급 / 4획 / 제부수

하루(一) 저녁(夕) 사이에 뼈만 앙상하게 말라 죽으니

뼈 앙상할 **알**, 죽을 사 변

+ 歺 - 점(卜)쳐 나온 대로 저녁(夕)에 뼈 앙상하게 말라 죽으니 '뼈 앙상할 알, 죽을 사 변'
+ 夕(저녁 석), 卜(점 복)

6급 / 6획 / 부수 歹

뼈 앙상하게(歹) 비수(匕)에 찔려 죽으니 **죽을 사**

+ 匕(비수 비, 숟가락 비)

死境(사경), 死亡(사망), 決死(결사), 生死(생사), 起死回生(기사회생)

2급 / 9획 / 부수 尸

몸(尸)이 죽은(死) 주검이니 **주검 시**

屍身(시신), 屍體(시체)

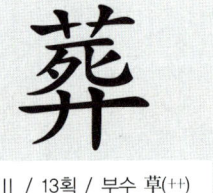

3급Ⅱ / 13획 / 부수 草(艹)

풀(艹)로 죽은(死) 사람을 **받쳐 들고**(廾) 가 장사 지내니 **장사 지낼 장**

+ 艹(초 두), 廾(받쳐 들 공)
+ 장사(葬事) - 죽은 사람을 땅에 묻거나 화장하는 일.
+ 事(일 사, 섬길 사)

葬禮(장례), 葬地(장지), 埋葬(매장), 埋藏(매장)

진(신)진 신진욕순 농농[辰振 晨震辱脣 農濃] - 辰, 農으로 된 한자

3급Ⅱ / 7획 / 제부수

전갈자리 별 모양(🦂→辰)을 본떠서

별 **진**, 날 **신**, 다섯째 지지 **진**

辰宿(진수), 生辰(생신), 日辰(일진)

3급Ⅱ / 10획 / 부수 手(扌)

손(扌)으로 만든 물건이 **별**(辰)처럼 빛나 이름을 떨치니 **떨칠 진, 떨 진**

+ 떨치다 - ㉠ 세게 흔들어서 떨어지게 하다. ㉡ 위세나 명성 따위가 널리 알려지다. 여기서는 ㉡의 뜻.

振作(진작), 振興(진흥), 振動(진동)

3급 / 11획 / 부수 日

해(日)는 뜨는데 아직 **별**(辰)도 있는 새벽이니 **새벽 신**

晨明(신명), 晨夕(신석), 晨出夜歸(신출야귀)

3급Ⅱ / 15획 / 부수 雨

비(雨) 올 때 **별**(辰)처럼 번쩍이며 치는 벼락이니 **벼락 진**

또 벼락치면 천지가 진동하니 **진동할 진**

＋ 벼락 – ㉠ 공중의 전기와 땅 위의 물체에 흐르는 전기 사이에 방전 작용으로 일어나는 자연현상.
㉡ 몹시 심하게 하는 꾸지람이나 나무람을 비유적으로 이르는 말. 여기서는 ㉠의 뜻.
＋ 진동(震動) – 물체가 몹시 울리어 흔들림. 또는 물체 따위를 흔듦.
＋ 진동(振動) – ㉠ 흔들려 움직임. ㉡ 냄새 따위가 심하게 나는 상태.

震怒(진노), 地震(지진), 耐震(내진)

3급Ⅱ / 10획 / 부수 辰

별(辰)처럼 빛나는 사람을 시기하여 한**마디**(寸)씩 욕되게 하는 욕이니
욕할 욕, 욕 욕

辱說(욕설), 榮辱(영욕), 恥辱(치욕), 知足不辱(지족불욕)

3급 / 11획 / 부수 肉(月)

별(辰)처럼 **몸**(月)에서 붉게 빛나는 입술이니 **입술 순**

脣亡齒寒(순망치한), 口脣(구순), 丹脣皓齒(단순호치)

7급Ⅱ / 13획 / 부수 辰

허리 **구부리고**(曲) **별**(辰) 있는 새벽부터 짓는 농사니 **농사 농**

＋ 曲(굽을 곡, 노래 곡), 농사는 새벽부터 밤 늦게까지 일해야 하는 힘든 일이지요.

農夫(농부), 農繁期(농번기), 農村(농촌), 都農(도농)

2급 / 16획 / 부수 水(氵)

물(氵)이 넉넉하여 **농사**(農)가 잘되면 곡식의 색도 짙으니 **짙을 농**

濃淡(농담), 濃度(농도), 濃霧(농무), 濃厚(농후)

5급 / 4획 / 제부수

두 사람이 나란히 앉은 모양에서 **나란할 비**

또 나란히 앉혀 놓고 견주니 **견줄 비**

比較(비교), 比喩(비유), 比率(비율)

4급 / 7획 / 부수 手(扌)

손(扌)으로 **견주어**(比) 비평하니 **비평할 비**

+ 扌(손 수 변)

批正(비정), 批准(비준), 批判(비판)

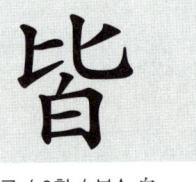

2급 / 9획 / 부수 比

밭(田)에서 **나란히**(比) 일하며 도우니 **도울 비**

+ 뜀 毗 - 특급Ⅱ

毘補(비보), 毘益(비익), 毘盧峰(비로봉), 茶毘(다비)

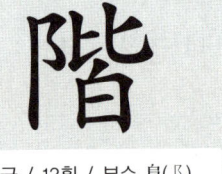

3급 / 9획 / 부수 白

나란히(比) 앉아 **말하는**(白) 모두 다니 **다 개**

+ 白(흰 백, 밝을 백, 깨끗할 백, 아뢸 백), 아뢰다 - 말씀드려 알리다.

皆骨山(개골산), 皆勤(개근), 皆兵(개병), 擧皆(거개)

4급 / 12획 / 부수 阜(阝)

언덕(阝)에 오르도록 **다**(皆) 같은 간격으로 만들어 놓은 계단이니 **계단 계**

또 계단처럼 단계가 있는 계급이니 **계급 계**

+ 阝(언덕 부 변)

階層(계층), 段階(단계), 層階(층계), 階級(계급)

混

4급 / 11획 / 부수 水(氵)

물(氵)과 **햇**(日)빛이 적당히 **비례하는**(比) 곳에 동식물이 섞여 살 듯 섞으니
섞을 혼

+ 氵(삼 수 변)

混同(혼동), 混食(혼식), 混用(혼용), 混濁(혼탁)

물(氵)이 햇(日)빛이나 작고(幺) 작은(幺) 불(灬)빛처럼 스며들어 젖으니
젖을 습

3급II / 17획 / 부수 水(氵)

+ 옙 湿 – 물(氵)이 햇(日)빛 같이(⎜⎜) 이쪽저쪽(丷)으로 스며들어(一) 젖으니 '젖을 습'
+ 幺(작을 요, 어릴 요), 灬(불 화 발)

濕氣(습기), 濕度(습도), 高溫多濕(고온다습)

438　록진 려려(리) 경천[鹿塵 麗驪 慶薦] - 鹿, 麗로 된 한자와 慶薦

사슴 모양을 본떠서 **사슴 록(녹)**

3급 / 11획 / 제부수

鹿角(녹각), 鹿茸(녹용)

사슴(鹿)이 마른 흙(土)에서 뛸 때처럼 날리는 티끌이니 **티끌 진**

2급 / 14획 / 부수 土

塵境(진경), 塵界(진계), 塵埃(진애), 風塵(풍진)

고운(丽) 사슴(鹿)처럼 곱고 빛나니 **고울 려(여), 빛날 려(여)**

4급II / 19획 / 부수 鹿

+ 옙 丽 – 하나(一) 하나(⎜)씩 어울려 이리저리(丷) 다니는 사슴(鹿)처럼 곱고 빛나니
　　'고울 려(여), 빛날 려(여)'
+ 丽 – 이쪽(丽)저쪽(丽)을 꾸며 곱고 빛나니 '고울 려(여), 빛날 려(여)'

秀麗(수려), 流麗(유려), 華麗(화려), 美辭麗句(미사여구)

말(馬) 중 색이 고운(麗) 검은 말이니
검은 말 려(여), 검은 말 리(이)

2급 / 29획 / 부수 馬

+ 털빛이 온통 검은 말로, 가라말이라고도 하지요.

驪州(여주) – 경기도에 있는 고을 이름.

사슴(严)처럼 하나(一)씩 기쁜 마음(心)으로 서서히(夂) 모여드는 경사니
경사 경

4급II / 15획 / 부수 心

+ 严[사슴 록(鹿)의 획 줄임], 一[한 일(一)의 변형], 夂(천천히 걸을 쇠, 뒤져 올 치)

慶弔(경조), 慶祝(경축), 慶賀(경하)

薦

3급 / 17획 / 부수 草(艹)

약초(艹)와 **사슴**(𢉖)과 **새**(𪆧)를 잡아 드리며 약에 쓰기를 추천하니

드릴 천, 추천할 천

+ 艹(초 두), 𪆧 [새 조(鳥)의 획 줄임]

薦擧(천거), 薦新(천신), 推薦(추천), 毛遂自薦(모수자천)

439 차자자시[此雌紫柴] - 此로 된 한자

此

3급II / 6획 / 부수 止

멈추어(止) **비수**(匕)로도 잴 만한 가까운 이것이니 **이 차**

+ 止(그칠 지), 匕(비수 비, 숟가락 비), 비수 - 짧고 날카로운 칼.

此際(차제), 此後(차후), 於此彼(어차피), 彼此(피차)

雌

2급 / 14획 / 부수 隹

수컷 옆에 **그쳐**(止) **비수**(匕) 같은 부리로 먹이를 먹는 **새**(隹)는 암컷이니

암컷 자

+ 隹(새 추)

雌犬(자견), 雌雄(자웅), 雌性(자성)

紫

3급II / 12획 / 부수 糸

이(此) 세상에서 가장 아름다운 **실**(糸)의 색은 자줏빛이니 **자줏빛 자**

+ 糸(실 사, 실 사 변)

紫色(자색), 紫外線(자외선), 山紫水明(산자수명)

柴

2급 / 10획 / 부수 木

그쳐(止) **비수**(匕) 같은 낫으로 자른 땔**나무**(木)니

땔나무 시, 섶 시

또 땔나무 같은 나무를 꽂아 만든 울타리니 **울타리 시**

+ 섶 - 잎나무, 풋나무, 물거리 따위의 땔나무를 통틀어 이르는 말.

柴奴(시노), 柴木(시목), 柴糧(시량), 柴扉(시비)

배(북)배 괴승[北背 乖乘] - 北, 乖로 된 한자

8급 / 5획 / 부수 匕

두 사람이 등지고 달아나는 모습에서 **등질 배, 달아날 배**

또 항상 남쪽을 향하여 앉았던 임금의 등진 북쪽이니 **북쪽 북**

+ 윤 比(나란할 비, 견줄 비) - 제목번호 437 참고.
+ 임금은 어느 장소에서나 그곳의 북쪽에서 남쪽을 향하고 앉았답니다.

敗北(패배), 北極(북극), 北進(북진), 北韓(북한)

4급II / 9획 / 부수 肉(月)

등진(北) 몸(月)의 등이니 **등질 배, 등 배**

+ 북쪽의 뜻으로는 주로 北을 쓰고, '등지다'의 뜻으로는 주로 背를 씁니다.

背景(배경), 背叛(배반), 背信(배신)

1급 / 8획 / 부수 丿

많이(千) 등져(北) 어긋나니 **어긋날 괴**

+ 어긋나다 - 잘 맞물려 있는 물체가 틀어져서 맞지 아니하다.

乘

3급II / 10획 / 부수 丿

두 발을 어긋나게(乖) 디디며 **사람(人)**이 타니 **탈 승**

또 타는 수레를 세는 단위나 어긋나게 곱하는 뜻으로도 쓰여 **대 승, 곱할 승**

+ 나무에 오르거나 차를 탈 때는 두 발을 어긋나게 디디며 타지요.
+ 액 乘 - 많은(千) 풀(卄)이 땅(一)을 뚫고(八) 올라오듯 올라타니 '탈 승'
　　　　또 타는 수레를 세는 단위나 어긋나게 곱하는 뜻으로도 쓰여 '대 승, 곱할 승'

乘車(승차), 萬乘之國(만승지국), 加減乘除(가감승제)

DAY
22

01~03 다음 漢字의 訓과 音을 쓰시오.

01. 脂, 靴, 艮

02. 熊, 湍, 瑞

03. 屍, 濃, 塵

04~06 다음 漢字語의 讀音을 쓰시오.

04. 比丘尼, 霸業, 茶毘

05. 風塵, 雌雄, 柴糧

06. 傲霜孤節, 激烈, 銀塊

07~08 다음 문장에서 (   ) 안의 漢字語를 漢字(正字)로 바꾸어 쓰시오.

07. (식량)은 생명유지의 필수품이다.

08. 친절하고 (명랑)한 태도가 보기에도 좋아요.

09~10 다음 (   ) 안에 알맞은 漢字(正字)를 써넣어 四字成語를 완성하시오.

09. 多才多(   ) - 재주와 능력이 여러 가지로 많음.

10. 草(   )木皮 - '풀뿌리와 나무껍질'로, 맛이나 영양 가치가 없는 거친 음식을 비유적으로 이르는
말.

11~12 다음 漢字語의 反對語 또는 相對語를 漢字(正字)로 쓰시오.

11. 需要 ↔ (   )

12. 退勤 ↔ (   )

정답

01. 기름 지, 가죽신 화, 멈출 간
02. 곰 웅, 여울 단, 상서로울 서
03. 주검 시, 짙을 농, 티끌 진
04. 비구니, 패업, 다비
05. 풍진, 자웅, 시량
06. 오상고절, 격렬, 은괴
07. 食糧
08. 明朗
09. 能
10. 根
11. 供給
12. 出勤

441 조요 4도[兆姚 挑桃跳逃] – 兆로 된 한자

兆

3급II / 6획 / 부수 儿

점치던 거북 등 껍데기의 갈라진 모양에 나타난 조짐이니 **조짐 조**

또 큰 숫자인 조를 나타내어 **조 조**

+ 옛날에는 거북 등 껍데기를 태워서 그 갈라진 모양을 보고 길흉화복의 조짐을 점쳤답니다.
+ 조짐(兆朕) – 좋거나 나쁜 일이 생길 기미가 보이는 현상.
+ 朕(나 짐, 조짐 짐)

吉兆(길조) ↔ 凶兆(흉조), 亡兆(망조), 億兆(억조)

姚

2급 / 9획 / 부수 女

여자(女)가 **조짐(兆)** 좋게 예쁘고 날래니 **예쁠 요, 날랠 요**

姚冶(요야)

挑

3급 / 9획 / 부수 手(扌)

손(扌)으로 **조짐(兆)**을 보이며 돋우고 끌어내니 **돋을 도, 끌어낼 도**

+ 扌(손 수 변)

挑發(도발), 挑戰(도전), 挑出(도출)

桃

3급II / 10획 / 부수 木

나무(木)에 열리는 **조(兆)**자 모양이 무늬가 있는 복숭아니 **복숭아 도**

+ 복숭아를 보면 조(兆)자 모양의 무늬가 있지요.

桃花(도화), 黃桃(황도), 武陵桃源(무릉도원)

跳

3급 / 13획 / 부수 足(⻊)

발(⻊)을 **조(兆)**자 모양으로 벌리며 뛰니 **뛸 도**

+ ⻊[발 족, 넉넉할 족(足)의 변형]

跳舞(도무), 跳躍(도약), 棒高跳(봉고도)

조짐(兆)을 알아차리고 **뛰어(辶)** 달아나니 **달아날 도**

+ 辶(뛸 착, 갈 착, = 辶)

逃亡(도망), 逃走(도주), 逃避(도피)

---

442 비비배배 죄비배 배섬[非匪排俳 罪悲輩 裵織] – 非로 된 한자

새의 날개가 양쪽으로 어긋나 있음을 본떠서 **어긋날 비**

또 어긋나면 아니라며 나무라니 **아닐 비**, **나무랄 비**

非理(비리), 是非(시비), 非常(비상), 非難(비난)

4급II / 8획 / 제부수

物건을 **상자(匚)**에 **그릇되게(非)** 담아 가는 비적이니 **비적 비**

+ 비적(匪賊) – 떼를 지어 다니며 살인·약탈 등을 일삼는 도둑.
+ 匚(상자 방), 賊(도둑 적)

匪徒(비도), 匪擾(비요), 共匪(공비), 武裝共匪(무장공비)

2급 / 10획 / 부수 匚

손(扌)으로 그게 **아니(非)**라며 물리치거나 다시 배열하니

물리칠 배, **배열할 배**

+ 扌(손 수 변)

排他(배타), 排斥(배척), 排列(배열)

3급II / 11획 / 부수 手(扌)

사람(亻) 중 실제가 **아닌(非)** 행동을 꾸며서 연기하는 배우니 **배우 배**

俳優(배우), 俳諧(배해), 嘉俳(가배)

2급 / 10획 / 부수 人(亻)

법의 **그물(罒)**에 걸릴 정도로 **어긋나(非)** 죄지은 허물이니

죄지을 죄, **허물 죄**

犯罪(범죄), 謝罪(사죄), 罪責(죄책)

5급 / 13획 / 부수 网(罒)

아니(非) 된다고 느끼는 **마음(心)**은 슬프니 **슬플 비**

+ '바라는 일이 어긋날(非) 때 느끼는 마음(心)이니 슬플 비(悲)'라고도 합니다.

悲歌(비가), 悲觀(비관), 喜悲(희비), 興盡悲來(흥진비래) ↔ 苦盡甘來(고진감래)

4급II / 12획 / 부수 心

어긋날(非) 정도로 **수레(車)**에 많이 탄 무리니 **무리 배**

輩出(배출), 先輩(선배) ↔ 後輩(후배), 不良輩(불량배)

3급II / 15획 / 부수 車

옷(衣)자락이 **어긋날(非)** 정도로 치렁치렁하니

치렁치렁할 배, 성씨 배

+ 🔲 裵 – 어긋나게(非) 옷(衣)자락이 치렁치렁하니 '치렁치렁할 배, 성씨 배'

裵裨將傳(배비장전) – 작가 미상의 조선 시대 소설.

2급 / 14획 / 부수 衣

실(糸)을 두 **사람(人人)**이 **창(戈)**으로 **부추(韭)**처럼 쪼개서 가느니

가늘 섬

+ 🔲 纤 – 실(糸)을 쪼개(戈) 나란히(Ⅱ) 이쪽(丶)저쪽(丿)으로 땅(一)에 높은 것처럼 가느니 '가늘 섬'
+ 戈(창 과), 㦹(끊을 재) – 제목번호 391 참고.

纖細(섬세), 纖維(섬유), 纖纖玉手(섬섬옥수)

2급 / 23획 / 부수 糸

---

443 망벌서치라 릉멸[罒罰署置羅 楞蔑] – 罒으로 된 한자

양쪽 기둥에 그물을 얽어 맨 모양을 본떠서 **그물 망**

+ 网은 6획, 罒은 4획이네요.

5획 / 부수자

법의 **그물(罒)**에 걸린 사람을 **말(言)**로 꾸짖고 **칼(刂)**로 베어 벌주니

벌줄 벌

+ 刂(칼 도 방)

罰金(벌금), 罰則(벌칙), 一罰百戒(일벌백계)

4급II / 14획 / 부수 网(罒)

473

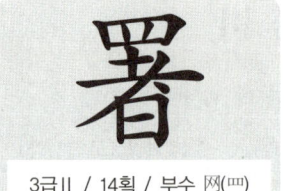

署

3급II / 14획 / 부수 网(罒)

그물(罒) 같은 촘촘한 법으로 **사람**(者)을 다스리는 관청이니 **관청 서**

또 촘촘한 **그물**(罒)처럼 **사람**(者)이 철저히 책임진다고 서명하니

서명할 서

+ 㬋 불(더울 서) - 제목번호 127 참고.
+ 署가 붙은 관청은 경찰서, 세무서처럼 그물(罒) 같은 촘촘한 법으로 사람(者)을 다스리는 관청입니다.

署長(서장), 官署(관서), 署名(서명), 連署(연서)

置

4급II / 13획 / 부수 网(罒)

새를 잡기 위해 **그물**(罒)을 **곧게**(直) 쳐 두니 **둘 치**

+ 直(곧을 직, 바를 직)

放置(방치), 備置(비치), 位置(위치), 措置(조치)

羅

4급II / 19획 / 부수 网(罒)

그물(罒) 중 **실**(糸)로 떠서 **새**(隹)를 잡으려고 만든 새그물을 벌이니

새 그물 라, 벌일 라

또 그물 같은 얇은 비단도 뜻하여 **비단 라, 성씨 라**

+ 罒(그물 망, = 网, 罓), 隹(새 추), 벌이다 - ㉠ 일을 계획하여 시작하거나 펼쳐 놓다. ㉡ 놀이판이나 노름판 따위를 차려 놓다. ㉢ 여러 가지 물건을 늘어 놓다.

網羅(망라), 羅列(나열), 森羅萬象(삼라만상)

楞

2급 / 13획 / 부수 木

나무(木)로 그물(罒)코처럼 **네모**(方)지게 만드니

네모질 릉(능), 모 릉(능)

+ 方(모 방, 방향 방, 방법 방)
+ 그물코 - 그물에 뚫려 있는 구멍.

楞伽經(능가경) - 대승 불교 경전의 하나. 楞嚴經(능엄경) - 불경의 하나.

蔑

2급 / 15획 / 부수 艸(艹)

풀(艹)로 만든 엉성한 **그물**(罒)로 **개**(戌)를 잡으려 하면 모두 업신여기니

업신여길 멸

+ 戌(구월 술, 개 술, 열한 번째 지지 술)

蔑視(멸시), 蔑稱(멸칭), 輕蔑(경멸)

買

5급 / 12획 / 부수 貝

가져온 **그물**(罒)에 **물건**(貝)을 넣으며 사니 **살 매**

+ 貝(조개 패, 재물 패, 돈 패)
+ 어려우니 쉽게 풀어 '그물(罒)을 돈(貝) 주고 사니 살 매'로 이해해도 되네요.

買占(매점), 競買(경매) ↔ 競賣(경매), 豫買(예매)

賣

5급 / 15획 / 부수 貝

열(十) **한**(一) 배의 이익을 남기고 **산**(買) 것을 파니 **팔 매**

+ 일 売 – 선비(士)가 덮어(冖)놓고 사람(儿)에게 물건을 파니 '팔 매'
+ 士(선비 사, 군사 사, 칭호나 직업에 붙이는 말 사), 冖(덮을 멱), 儿(어진 사람 인, 사람 인 발)

賣買(매매), 賣物(매물), 强賣(강매), 買占賣惜(매점매석)

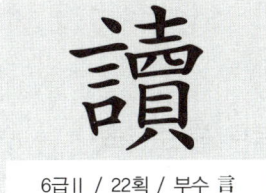

讀

6급II / 22획 / 부수 言

말(言)하여 물건을 **팔듯**(賣) 소리 내어 읽으니 **읽을 독**

또 띄어 읽는 구절이니 **구절 두**

+ 일 読

愛讀(애독), 句讀點(구두점), 晝耕夜讀(주경야독)

續

4급II / 21획 / 부수 糸

실(糸)을 **팔려고**(賣) 이으니 **이을 속**

+ 일 続
+ 糸(실 사, 실 사 변)

續開(속개), 續出(속출), 繼續(계속), 永續性(영속성)

촉촉독탁속[蜀燭獨濁屬] - 蜀으로 된 한자

2급 / 13획 / 부수 虫

그물(罒)같은 집에 **싸여(勹)**있는 **애벌레(虫)**니 애벌레 **촉**

또 그물(罒)같은 집에 **싸여(勹)**있는 **애벌레(虫)**처럼 산과 물로 둘러싸여 있던 촉나라니 촉나라 **촉**

+ 罒(그물 망), 勹(쌀 포), 虫[벌레 충(蟲)의 속자와 부수]
+ 애벌레는 누에고치처럼 촘촘하게 엮은 집 안에 들어있지요.
+ 촉(蜀)나라 - 촉한(蜀漢). 유비(劉備)가 사천(四川)·운남(雲南)·귀주(貴州) 북부 및 한중(韓中) 일대에 세운 나라.
+ 蜀이 들어간 글자를 약자로 쓸 때는 蜀부분을 벌레 충(虫)으로 씁니다.

3급 / 17획 / 부수 火

불(火)꽃이 **애벌레(蜀)**가 꿈틀거리듯 흔들리는 촛불이니 촛불 **촉**

+ 阽 烛 - 불(火)꽃이 벌레(虫)가 꿈틀거리듯 흔들리는 촛불이니 '촛불 촉'
+ 촛불은 작은 바람결에도 흔들리지요.

燭光(촉광), 洞燭(통촉), 秉燭(병촉), 華燭(화촉)

5급Ⅱ / 16획 / 부수 犬(犭)

개(犭)와 **애벌레(蜀)**의 관계처럼 어울리지 못하고 홀로니 홀로 **독**

또 늙어서 홀로 지내게 자식이 없으니 자식 없을 **독**

+ 阽 独 - 개(犭)와 벌레(虫)의 관계처럼 어울리지 못하고 홀로니 '홀로 독'
　　　　또 늙어서 홀로 지내는 자식 없는 사람이니 '자식 없을 독'
+ 犭(큰 개 견, 개 사슴 록 변)

獨立(독립), 孤獨(고독), 唯我獨尊(유아독존)

3급 / 16획 / 부수 水(氵)

물(氵)속에서 **애벌레(蜀)**가 꿈틀거린 듯 흐리니 흐릴 **탁**

濁水(탁수), 濁酒(탁주), 淸濁(청탁), 混濁(혼탁), 上濁下不淨(상탁하부정)

4급 / 21획 / 부수 尸

몸(尸)에 **진액(氺)**을 빨아먹으려고 **벌레(蜀)**들이 붙어사니 붙어살 **속**

또 붙어사는 무리니 무리 **속**

+ 阽 属 - 몸(尸)에 비스듬히(丿) 붙어살며 가운데(中)를 발자국(内)처럼 파먹는 벌레들의 무리니 '붙어살 속, 무리 속'
+ 尸(주검 시, 몸 시), 氺[물 수 발(水)의 변형], 内(발자국 유), 진액 - 생물의 몸 안에서 나는 액체.

專屬(전속), 從屬(종속), 直屬(직속), 等屬(등속)

특급II / 9획 / 부수 木

나무(木)를 가려 그물(罒)처럼 촘촘하게 썼던 편지니

가릴 간, 편지 간

+ 罒(그물 망), 종이가 없었던 옛날에는 나무나 댓조각에 글자를 새겼답니다.

5급II / 15획 / 부수 糸

실(糸)을 가려(柬) 짜듯 무엇을 가려 익히니 **익힐 련(연)**

+ 원뜻은 생사(生絲)를 잿물로 익히는 것.
+ 糸(실 사, 실 사 변), 生(날 생, 살 생, 사람을 부를 때 쓰는 접사 생), 絲(실 사)

練習(연습), *演習(연습), 修練(수련), 訓練(훈련)

3급II / 17획 / 부수 金

쇠(金)의 성질을 가려(柬) 불에 달구며 단련하니 **단련할 련(연)**

教鍊(교련), 老鍊(노련), 鍛鍊(단련), 試鍊(시련)

2급 / 13획 / 부수 火

불(火)에 가려(柬) 달구니 **달굴 련(연)**
또 불(火)에 잘 타는 것을 가려(柬) 만든 연탄이니 **연탄 련(연)**

煉瓦(연와), 煉乳(연유), 煉炭(연탄)

특급 / 17획 / 부수 門

문(門)에 적당한 것을 가려(柬) 막으니 **막을 란(난)**

3급II / 21획 / 부수 木

(떨어지지 않도록) 나무(木)로 막은(闌) 난간이나 테두리니

난간 란(난), 테두리 란(난)

+ 난간(欄干) - 층계·다리·마루 따위의 가장자리에 일정한 높이로 막아 세우는 구조물. 사람이 떨어지는 것을 막거나 장식으로 설치함.
+ 테두리 - ㉠ 죽 둘러서 친 금. 또는 장식. ㉡ 둘레의 가장자리. ㉢ 일정한 범위나 한계.

欄干(난간), 空欄(공란), 餘滴欄(여적란)

DAY
23

爛

2급 / 21획 / 부수 火

불(火)을 바람 **막고**(闌) 켜 놓아 빛나고 분위기가 무르익으니
빛날 **란(난)**, 무르익을 **란(난)**

燦爛(찬란), 豪華燦爛(호화찬란), 能手能爛(능수능란)

蘭

3급II / 21획 / 부수 草(艹)

풀(艹) 중 문(門) 안에 장소를 **가려**(柬) 키우는 난초니 난초 **란(난)**

+ 난초는 직사광선이 아닌 비껴드는 햇볕과 바람이 통하는 곳에서 잘 자라지요.

梅蘭菊竹(매란국죽), 芝蘭之交(지란지교), 金蘭之交(금란지교)

---

447 회회괴[褱懷壞] – 褱로 된 한자

褱

급수 외 한자 / 16획 / 부수 衣

옷(衣)으로 그물(罒)처럼 가리고 눈물(氺)을 흘릴 정도로 사연을 품으니
품을 **회**

+ 유 襄(도울 양) – 제목번호 469 참고.
+ 암 褱 – 많이(十) 그물(罒)이나 옷(衣) 속에 품으니 '품을 회'
+ 품을 회, 생각할 회(懷)의 옛 글자.
+ 衣(옷 의), 罒(그물 망), 氺[물 수 발(水)의 변형]

懷

3급II / 19획 / 부수 心(忄)

마음(忄)에 **품고**(褱) 생각하니 품을 **회**, 생각할 **회**

+ 암 懐
+ 忄(마음 심 변)

懷疑(회의), 懷抱(회포), 懷古(회고), 感懷(감회), 虛心坦懷(허심탄회)

壞

3급II / 19획 / 부수 土

흙(土)으로만 **품으면**(褱) 단단하지 못하여 무너지니 무너질 **괴**

+ 암 壊
+ 유 壤(흙 양, 땅 양) – 제목번호 469 참고.

壞滅(괴멸), 壞變(괴변), 崩壞(붕괴), 破壞(파괴)

만만만[曼慢漫] – 曼으로 된 한자

특급II / 11획 / 부수 曰

말하면(曰) 그 말이 그물(罒)처럼 또(又) 길고 넓게 퍼지니

길 만, 넓을 만

+ 曰(가로 왈), 又(오른손 우, 또 우)

3급 / 14획 / 부수 心(忄)

마음(忄)이 넓게(曼) 늘어져 게으르고 오만하니

게으를 만, 오만할 만

+ 오만(傲慢) – 태도나 행동이 건방지거나 거만함. 또는 그 태도나 행동.
+ 忄(마음 심 변), 傲(거만할 오)

慢性(만성), 怠慢(태만), 驕慢(교만)

3급 / 14획 / 부수 水(氵)

물(氵)이 넓게(曼) 흩어져 질펀하니 흩어질 만, 질펀할 만

또 흩어지면 부질없으니 부질없을 만

+ 부질없다 – 대수롭지 않고 쓸모가 없다.

散漫(산만), 漫談(만담), 漫評(만평), 漫畫(만화)

회회 4증승층[會檜 曾增贈憎僧層] – 會, 曾으로 된 한자

6급II / 13획 / 부수 曰

사람(人)이 하나(一)같이 마음의 창(罒)을 열고 말하기(曰) 위해 모이니

모일 회

+ 액 会 – 사람(人)이 말하기(云) 위해 모이니 '모일 회'
+ 罒(그물 망)
+ 云(말할 운), 罒(창문 창)은 실제 쓰이는 글자는 아닙니다.

會見(회견), 會談(회담), 會食(회식), 會議(회의)

2급 / 17획 / 부수 木

나무(木) 중 여러 가지가 모인(會) 것처럼 무성히 자라는 전나무나 노송나무니

전나무 회, 노송나무 회

+ 액 桧
+ 전나무나 노송나무는 상록수로 무성히 우거져 자라지요.

檜皮(회피), 檜木(회목)

3급II / 12획 / 부수 日

열고(八) 창문(罒) 사이로 **말하면**(曰) 일찍부터 거듭 만나던 사이니

일찍 증, 거듭 증

+ ^의 曽 – 이쪽(丷)저쪽(丷)의 밭(田)에 날(日)마다 일찍 나가 거듭 일하니 '일찍 증, 거듭 증'

　曾孫(증손), 曾思(증사), 未曾有(미증유)

4급II / 15획 / 부수 土

흙(土)을 **거듭**(曾) 더하니 **더할 증**

+ ^의 増

　增資(증자) ↔ 減資(감자), 增築(증축), 割增(할증)

3급 / 19획 / 부수 貝

재물(貝)을 **거듭**(曾) 주니 **줄 증**

+ ^의 贈
+ 貝(조개 패, 재물 패, 돈 패)

　贈與(증여), 贈與稅(증여세), 贈呈(증정), 寄贈(기증)

3급II / 15획 / 부수 心(忄)

섭섭한 **마음**(忄)이 **거듭**(曾) 쌓이도록 미워하니 **미워할 증**

+ ^의 憎
+ 忄(마음 심 변)

　憎惡(증오), 可憎(가증), 愛憎(애증)

3급II / 14획 / 부수 人(亻)

사람(亻) 중 **거듭**(曾) 도를 닦는 중이니 **중 승**

+ ^의 僧

　僧侶(승려), 僧舞(승무), 帶妻僧(대처승)

4급 / 15획 / 부수 尸

지붕(尸) 위에 **거듭**(曾) 지은 층이니 **층 층**

+ ^의 層
+ 尸('주검 시, 몸 시'지만 여기서는 지붕의 모양)

　層階(층계), 加一層(가일층), 階層(계층), 深層(심층)

2급 / 8획 / 부수 山

그물(网 → 罒)을 친 것 같은 **산**(山)등성이니 **산등성이 강**

+ 罔 罔(없을 망) - 제목번호 227 참고.
+ 罒[그물 망(网)의 변형]
+ 높이 올라서서 바라보면 수많은 산등성이가 마치 그물을 친 것 같지요.

岡陵(강릉), 岡阜(강부)

3급II / 16획 / 부수 金

쇠(金) 중에 **산등성이**(岡)처럼 강한 강철이니 **강철 강**

鋼管(강관), 鋼鐵(강철), 鋼板(강판)

3급II / 14획 / 부수 糸

실(糸) 중에 **산등성이**(岡)처럼 강한 벼리니 **벼리 강**

또 벼리처럼 중요한 것만 대강 처리하니 **대강 강**

+ '벼리'란 그물의 위쪽 코를 오므렸다 폈다 하는 줄로 그물에서 제일 중요하여 질기고 강한 실로 만드니, 일이나 글의 뼈대가 되는 줄거리로 비유되기도 하지요. 벼리를 뜻하는 한자에는 '벼리 기, 질서 기, 해 기, 기록할 기(紀), 벼리 유, 묶을 유, 끈 유(維)'도 있습니다.
+ 대강(大綱) - (자세한 내용이 아닌) 큰 줄기. [우리말에 대강 처리한다는 말이 있는데 이 말은 대강(大綱), 즉 일의 중요한 큰 부분만 대충 처리한다는 뜻이지요.]

綱領(강령), 紀綱(기강), 要綱(요강)

3급II / 10획 / 부수 刀(刂)

산등성이(岡)도 자를 만큼 칼(刂)이 굳세고 단단하니

굳셀 강, 단단할 강

+ 刂(칼 도 방)

剛健(강건), 剛直(강직), 外柔內剛(외유내강)

2급 / 11획 / 부수 山

산(山)의 **산등성이**(岡)나 언덕이니 **산등성이 강, 언덕 강**

+ 岡의 속자.

花崗石(화강석), 花崗巖(화강암)

1급 / 5획 / 제부수

받침 있는 그릇을 본떠서 **그릇 명**

+ 㓁 罒(그물 망) - 제목번호 443 참고.

4급 / 12획 / 부수 皿

침(氵) 흘리며 하품(欠)하듯 입 벌리고 **그릇(皿)**의 음식을 훔치는 도둑이니
훔칠 도, 도둑 도

+ 氵('삼 수 변'이지만 여기서는 침으로 봄), 欠(하품 흠, 모자랄 흠)

盜用(도용), 盜聽(도청), 強盜(강도), 竊盜(절도)

2급 / 9획 / 부수 皿

(비워도) 곧(乃) 또(又) **그릇(皿)**에 차니 **찰 영**

+ 乃(이에 내, 곧 내), 又(오른손 우, 또 우)

盈月(영월), 盈虛(영허), 盈不可久(영불가구)

4급II / 10획 / 부수 皿

나누고(八) 한(一) 번 더 나누어(八) **그릇(皿)**에 더하니 **더할 익**
또 더하면 유익하니 **유익할 익**

+ 益 益 - 양쪽(丷)으로 하나(一)씩 나누어(八) 그릇(皿)에 더하니 '더할 익'
    또 더하면 유익하니 '유익할 익'

老益壯(노익장), 多多益善(다다익선), 損益(손익)

2급 / 18획 / 부수 金

쇠(金)를 더하여(益) 재는 무게 단위니 **무게 단위 일**

+ 금화의 무게 단위. 24냥.

血

4급II / 6획 / 제부수

핏방울(丿)이 **그릇(皿)**에 떨어지는 모양에서 **피 혈**

+ 丿('삐침 별'이지만 여기서는 떨어지는 피로 봄)

血氣(혈기), 血統(혈통), 獻血(헌혈), 鳥足之血(조족지혈)

핏(血)줄 가까운 **우두머리**(丿)를 **따라**(l) **양쪽**(ᄊ)으로 모인 무리니

무리 중

4급II / 12획 / 부수 血

+ 爲 象(코끼리 상, 모양 상, 본뜰 상) – 제목번호 476 참고.
+ 丿('삐침 별'이지만 여기서는 우두머리로 봄)

衆口難防(중구난방), 觀衆(관중), 群衆(군중)

452

패 구구 즉(칙)측측[貝 具俱 則側測] – 貝와 具, 則으로 된 한자

아가미가 나온 조개를 본떠서 **조개 패**

또 인쇄술이 발달하기 전에는 조개껍데기를 돈 같은 재물로 썼으니

재물 패, 돈 패

3급 / 7획 / 제부수

+ 爲 頁(머리 혈) – 제목번호 457 참고.
　　見(볼 견, 뵐 현) – 제목번호 160 참고.

貝殼(패각), 貝類(패류), 貝物(패물)

재물(貝)을 **하나**(一)씩 갖추니 **갖출 구**

또 갖추어 놓고 쓰는 기구니 **기구 구, 성씨 구**

5급II / 8획 / 부수 八

具備(구비), 家具(가구), 工具(공구)

사람(亻)들이 장비를 **갖추어**(具) 함께하니 **함께 구**

3급 / 10획 / 부수 人(亻)

父母俱存(부모구존), 俱樂部(구락부)

재물(貝)을 **칼**(刂)로 나누는 데 곧 있어야 하는 법칙이니 **곧 즉, 법칙 칙**

5급 / 9획 / 부수 刀(刂)

+ 爲 卽(곧 즉) – 제목번호 193 참고.
+ 刂(칼 도 방)

然則(연즉), 規則(규칙), 罰則(벌칙), 原則(원칙)

사람(亻)이 곧(則)바로 알 수 있는 곁이니 **곁 측**

+ 곁 – ㉠ 어떤 대상의 옆. 또는 공간적·심리적으로 가까운 데. ㉡ 가까이서 보살펴 주거나 도와줄만 한 사람.

側近(측근), **側面**(측면), **兩側**(양측)

3급II / 11획 / 부수 人(亻)

물(氵)의 양이나 깊이를 정해진 **법칙**(則)에 따라 헤아리니 **헤아릴 측**

測量(측량), **測定**(측정), **計測**(계측), **觀測**(관측)

4급II / 12획 / 부수 水(氵)

---

453   원손운원[**員損韻圓**] - 員으로 된 한자

입(口)에 먹고 살기 위하여 **재물**(貝)을 받고 일하는 관원이나 사람이니

관원 원, 사람 원

+ 옙 貟 – 사사로이(厶) 재물(貝)을 받고 일하는 관원이나 사람이니 '관원 원, 사람 원'
+ 관원(官員) – 관청의 직원.
+ 厶(사사로울 사, 나 사), 官(관청 관, 벼슬 관), 옛날에는 취직할 곳이 관청밖에 없었으니 '관원 원'도 되지요.

減員(감원) ↔ **增員**(증원), **隊員**(대원), **滿員**(만원)

4급II / 10획 / 부수 口

손(扌)으로 **사람**(員)이 물건을 덜어낸 듯 잃으니 **덜 손, 잃을 손**

+ 扌(손 수 변)

損失(손실), **損益**(손익), **損害**(손해), **破損**(파손)

4급 / 13획 / 부수 手(扌)

소리(音)를 **사람**(員)이 운치 있게 내는 운이니 **운치 운, 운 운**

+ 音(소리 음)
+ 운치 – 고상하고 우아한 멋. 운(韻) – 운자(韻字)의 준말로, 한시에서 가락을 맞추는 것.

餘韻(여운), **韻母**(운모), **韻文**(운문)

3급II / 19획 / 부수 音

사람(員)을 에워싼(口) 모습처럼 둥그니 **둥글 원**

또 옛날 돈은 둥글었으니 화폐 단위로도 쓰여 **화폐 단위 원**

圓角(원각), **圓滿**(원만), **圓滑**(원활), **方圓**(방원)

4급II / 13획 / 부수 口

관관실 보[貫慣實 寶] - 貫으로 된 한자와 寶

3급Ⅱ / 11획 / 부수 貝

(옛날 돈인 엽전은 구멍이 있어서 일정한 양만큼 꿰어 보관했으니)

꿰어(毌) 놓은 돈(貝)을 생각하여 꿸 관, 무게 단위 관

+ 毌(꿰뚫을 관), 貝(조개 패, 재물 패, 돈 패), 1관은 3.75kg.

貫通(관통), 始終一貫(시종일관), 尺貫法(척관법)

3급Ⅱ / 14획 / 부수 心(忄)

마음(忄)에 꿰어져(貫) 버리지 못하는 버릇이니 버릇 관

+ 忄(마음 심 변)

慣性(관성), 慣習(관습), 慣行(관행), 習慣(습관)

5급Ⅱ / 14획 / 부수 宀

수확하여 집(宀)에 꿰어(貫) 놓은 열매니 열매 실

또 열매처럼 중요한 실제니 실제 실

+ ⑨ 実 – 집(宀)에 두(二) 개씩 크게(大) 꿰어 놓은 열매니 '열매 실'
　　　또 열매처럼 중요한 실제니 '실제 실'
+ 宀(집 면)
+ 열매가 익으면 수확하여 꿰어 달아 놓았지요.

果實(과실), 有實樹(유실수), 實感(실감), 實費(실비), 實勢(실세)

寶

4급Ⅱ / 20획 / 부수 宀

집(宀)의 구슬(王)과 장군(缶) 속에 간직한 재물(貝) 같은 보배니 보배 보

+ ⑨ 宝 – 집(宀)에 구슬(玉) 같은 보배니 '보배 보'
+ 王(임금 왕, 으뜸 왕, 구슬 옥 변), 缶(장군 부, 두레박 관)

寶庫(보고), 寶物(보물), 寶石(보석), 國寶(국보)

TIP

〈명언〉

勿恨早榮(물한조영)하라. 晩可成就(만가성취)하리라.

['(남의) 일찍 영화로움을 보고 (자신은 그렇지 못함을) 한탄하지 말라. (나는) 늦어도 반드시 이루겠노라.]

+ 勿(말 물), 恨(한탄할 한), 早(일찍 조), 榮(성할 영, 영화 영), 晩(늦을 만), 可(옳을 가, 가히 가, 허락할 가), 成(이룰 성), 就(이룰 취)

저적부뢰쇄[貯賊負賴鎖] - 貝로 된 한자

貯

5급 / 12획 / 부수 貝

재물(貝)을 집(宀)에 고무래(丁)로 당기듯 모아 쌓으니 **쌓을 저**

+ 宀(집 면), 丁(고무래 정, 못 정, 장정 정, 넷째 천간 정)

貯金(저금), 貯水池(저수지), 貯藏(저장), 貯蓄(저축)

賊

4급 / 13획 / 부수 貝

재물(貝)을 창(戈) 들고 많이(十) 훔치는 도둑이니 **도둑 적**

+ 戈(창 과)

賊反荷杖(적반하장), 逆賊(역적), 海賊(해적)

負

4급 / 9획 / 부수 貝

사람(勹)이 재물(貝)을 가져 가려고 짊어지니 **질 부**

또 싸움에 지고 빚도 지니 **패할 부, 빚질 부**

+ 勹[사람 인(人)의 변형], 貝(조개 패, 재물 패, 돈 패), 刀(칼 도)

負荷(부하), 男負女戴(남부여대), 勝負(승부), 負債(부채)

賴

3급II / 16획 / 부수 貝

묶어(束) 놓은 칼(刀)과 재물(貝)에 힘입어 의지하니

힘입을 뢰(뇌), 의지할 뢰(뇌)

+ 束(묶을 속), 刀(칼 도)

信賴(신뢰), 依賴(의뢰), 無賴漢(무뢰한)

鎖

3급II / 18획 / 부수 金

쇠(金)로 작은(丷) 조개(貝)를 엮듯이 엮어 만든 쇠사슬이나 자물쇠니

쇠사슬 쇄, 자물쇠 쇄

+ 丷[작을 소(小)의 변형]

連鎖(연쇄), 連鎖店(연쇄점), 鎖國(쇄국), 閉鎖(폐쇄)

귀유 고(가)가 대[貴遺 賈價 貸] – 貴, 賈로 된 한자와 貸

貴

5급 / 12획 / 부수 貝

가운데(中) 간직한 **하나(一)**의 **재물(貝)**이 귀하니 **귀할 귀**
또 **상대를 높여 부르는 말 귀**

＋ 위험할 때는 물건들 사이에 돈을 넣어 보관하기도 하지요.

貴重(귀중), 貴賤(귀천), 高貴(고귀), 富貴功名(부귀공명)

遺

4급 / 16획 / 부수 辵(辶)

귀한(貴) 물건을 **가면서(辶)** 남기거나 잃으니 **남길 유, 잃을 유**

＋ 辶(뛸 착, 갈 착, = 辶)

遺産(유산), 遺言(유언), 遺失(유실) *流失(유실)

賈

2급 / 13획 / 부수 貝

덮어(覀) 쌓아 놓고 **재물(貝)**을 파는 장사니 **장사 고, 성씨 가**

＋ 覀[덮을 아(襾)의 변형]

賈人(고인), 賈島(가도)

價

5급Ⅱ / 15획 / 부수 人(亻)

사람(亻)이 **장사(賈)**할 때 부르는 값이니 **값 가**
또 값을 매기는 가치니 **가치 가**

＋ 역 価 – 사람(亻)이 물건을 덮어(覀) 놓고 파는 값이니 '값 가', 또 값을 매기는 가치니 '가치 가'

價値(가치), 單價(단가), 原價(원가), 定價(정가)

貸

3급Ⅱ / 12획 / 부수 貝

사는 대신(代) 돈(貝) 주고 빌리니 **빌릴 대**

＋ 代(대신할 대, 세대 대, 대금 대), 貝(조개 패, 재물 패, 돈 패)

貸與(대여), 貸付(대부), 貸出(대출), 賃貸(임대)

特級II / 9획 / 제부수

머리에서 목까지를 본떠서 **머리 혈**

+ 阝 貝(조개 패, 재물 패, 돈 패) - 제목번호 452 참고.
　　見(볼 견, 뵐 현) - 제목번호 160 참고.
+ 一은 머리, 自는 이마와 눈 있는 얼굴, 八은 목 부분, 즉 머리에서 목까지의 모양을 본떠서 '머리 혈(頁)'로, 혈(頁)을 부수로 가진 글자는 '머리'와 관련된 글자입니다.

3급II / 12획 / 부수 頁

공(工) 자 모양으로 **머리**(頁) 아래 있는 목이니 **목 항**

+ 阝 頃(잠깐 경, 즈음 경, 이랑 경) - 제목번호 459 참고.
+ 工(장인 공, 만들 공, 연장 공)

項硬症(항경증), 項目(항목), 各項(각항), 事項(사항)

3급 / 14획 / 부수 頁

머리털 없이 살**가죽**(皮)만 있는 **머리**(頁)처럼 자못 치우쳐 보이니

자못 파, 치우칠 파

+ 皮(가죽 피, 피부 피, 성씨 피)
+ 자못 - 생각보다 매우.

頗多(파다), 偏頗(편파)

3급II / 14획 / 부수 宀

집(宀) 재산을 사람 **머릿**(頁)수대로 **칼**(刀)로 나누면 몫이 적으니 **적을 과**
또 **집**(宀)의 **머리**(頁)인 남편이 **칼**(刀) 들고 전쟁터에 나가 죽으니
홀로된 과부를 뜻하여 **과부 과**

獨寡占(독과점), 寡婦(과부), 衆寡不敵(중과부적)

2급 / 13획 / 부수 頁

옥(王)으로 만든 **머리**(頁)는 잘 깨져 조심하고 삼가니 **삼갈 욱**
또 삼가는 모습처럼 멍하니 **멍할 욱**

頊頊(욱욱) - 멍함. 넋을 잃은 모양.

2급 / 13획 / 부수 頁

내(予)가 **머리**(頁)로 생각하고 미리 맡기니 **미리 예** (≒ 豫), **맡길 예**

+ 豫(미리 예) - 제목번호 476 참고.
+ 予[줄 여, 나 여, 미리 예(豫)의 약자], 象(코끼리 상, 모양 상, 본뜰 상)

預感·豫感(예감), 預買·豫買(예매), 預金(예금)

돌(石)처럼 머리(頁)가 크니 **클 석**

+ 頁(머리 혈)

碩德(석덕), 碩士(석사), 碩學(석학)

2급 / 14획 / 부수 石

458

빈안류액현[頻顏類額顯] - 頁로 된 한자 2

걸을(步) 때도 머리(頁)에 자주 생각나니 **자주 빈**

+ 步(걸음 보)

頻起(빈기), 頻度(빈도), 頻發(빈발), 頻繁(빈번)

3급 / 16획 / 부수 頁

선비(彦)처럼 머리(頁)에서 빛나는 얼굴이니 **얼굴 안**

+ 彦(선비 언) - 제목번호 226 참고.
+ 亠(머리 부분 두), 厂(굴 바위 엄, 언덕 엄), 彡(터럭 삼, 긴머리 삼)

顏面(안면), 紅顏(홍안), 厚顏無恥(후안무치)

3급II / 18획 / 부수 頁

쌀(米)밥을 보고 달려오는 개(犬)들의 머리(頁)처럼 닮은 무리니

닮을 류(유), 무리 류(유)

類似(유사), 類類相從(유유상종), 貝類(패류)

5급II / 19획 / 부수 頁

額

손님(客)의 머리(頁)에서 잘 드러나는 이마니 **이마 액**

또 이마처럼 드러나게 걸어 놓은 현판이니 **현판 액**

또 손님(客)의 머릿(頁)수로 계산한 액수니 **액수 액**

+ 현판(懸板) - 글자나 그림을 새겨 벽에 거는 널조각.
+ 客(손님 객), 懸(매달 현, 멀 현), 板(널조각 판)

額面(액면), 總額(총액), 額子(액자), 額字(액자)

4급 / 18획 / 부수 頁

顯

4급 / 23획 / 부수 頁

햇(日)빛이나 작고(幺) 작은(幺) 불(灬)빛에도 머리(頁)는 드러나니

드러날 **현**

+ 옙 顯 – 해(日)와 같이(ㅣㅣ) 이쪽(ヽ)저쪽(ノ)의 땅(一)에 머리(頁)가 드러나니 '드러날 현'
+ 幺(작을 요, 어릴 요), 灬(불 화 발)

顯功(현공), 顯警(현경), 顯著(현저), 顯忠日(현충일)

---

459 순수번정 경경[順須煩頂 頃傾] – 頁, 頃으로 된 한자

順

5급Ⅱ / 12획 / 부수 頁

(위에서 아래로 흐르는) 냇물(川)처럼 우두머리(頁)의 명령을 따름이 순하니

순할 **순**

+ 川(내 천)

順理(순리), 順産(순산), 順序(순서), 順從(순종)

須

3급 / 12획 / 부수 頁

터럭(彡)은 머리(頁)에 반드시 필요하니 **반드시 수**

또 터럭(彡) 중 머리(頁)에서 잠깐 사이에 자라는 수염이니

잠깐 **수**, 수염 **수**

+ 터럭 삼(彡)은 긴 털의 모양으로 우측 위에서 좌측 아래로 쓰고, 이와 비슷한 삼 수 변(氵)은 그냥 세 점이거나 터럭 삼(彡)의 반대로 좌측 아래에서 우측 위로 씁니다.

須知(수지), 必須(필수), 須髮(수발)

煩

3급 / 13획 / 부수 火

불(火)난 것처럼 머릿(頁)속이 번거로우니 **번거로울 번**

煩惱(번뇌), 煩悶(번민), 煩雜(번잡), 頻煩(빈번)

頂

3급Ⅱ / 11획 / 부수 頁

고무래(丁)처럼 굽은 머리(頁)의 정수리니 **정수리 정**

또 정수리 있는 머리 꼭대기니 **꼭대기 정**

+ 이마 위의 머리를 만져보아 약간 들어간 곳이 정수리로, 머리 위의 숨구멍이 있는 자리. 한자로 정문(頂門), 뇌천(腦天)이라고도 합니다.
+ 丁(고무래 정, 못 정, 장정 정, 넷째 천간 정), 腦(뇌 뇌)

頂門一鍼(정문일침), 頂上(정상), 絶頂(절정)

비수(匕)처럼 번쩍 **머리**(頁)에 어떤 생각이 스치는 잠깐이니 **잠깐 경**

또 잠깐 사이의 어떤 즈음이나 잠깐 사이에 만들어지는 이랑이니

즈음 경, 이랑 경

3급II / 11획 / 부수 頁

+ 硏 項(목 항) – 제목번호 457 참고.
+ 匕(비수 비, 숟가락 비), 비수 – 짧고 날카로운 칼. 이랑 – 갈아 놓은 밭의 한 두둑과 한 고랑을 아울러 이르는 말.

頃刻(경각), 萬頃蒼波(만경창파)

사람(亻)은 **잠깐**(頃) 사이에 어느 곳으로 기우니 **기울 경**

傾斜(경사), 傾聽(경청), 傾向(경향), 左傾(좌경)

4급 / 13획 / 부수 人(亻)

---

460 령령랭명 령령[令玲冷命 領嶺] – 令, 領으로 된 한자

사람(人)으로 하여금 **하나**(一)같이 **무릎 꿇게**(卩) 명령하니

하여금 령(영), 명령할 령(영)

또 명령을 잘 따르며 착하고 아름다우니 **착할 령(영), 아름다울 령(영)**

또 하늘의 명령에 따라 바뀌는 계절이니 **계절 령(영)**

5급 / 5획 / 부수 人

+ 卩[무릎 꿇을 절, 병부 절(卩)의 변형]

假令(가령), 命令(명령), 待令(대령), 指令(지령)

옥(王)이 **명령하듯**(令) 부딪쳐 내는 옥 소리가 고우니

옥 소리 령(영), 고울 령(영)

*玲瓏(영롱), *五色玲瓏(오색영롱)

2급 / 9획 / 부수 玉(王)

얼음(冫)처럼 상관의 **명령**(令)은 차니 **찰 랭(냉)**

+ 冫(이 수 변)

冷氣(냉기), 冷溫(냉온), 冷戰(냉전), 冷情(냉정)

5급 / 7획 / 부수 氷(冫)

입(口)으로 명령하니(令) 명령할 명

또 명령으로 좌우되었던 목숨이나 운명이니 **목숨 명, 운명 명**

+ 후대로 내려오면서 '하여금 령, 명령할 령, 착할 령, 아름다울 령, 계절 령(令)'은 문서로 내리는
명령으로 쓰이고, 입으로 하는 명령은 여기에 '입 구, 구멍 구, 말할 구(口)'를 더한 '명령할 명,
목숨 명, 운명 명(命)'을 쓰게 되지요.

  命令(명령), 救命(구명), 薄命(박명), 生命(생명)

7급 / 8획 / 부수 口

명령하며(令) 거느리는 우두머리(頁)니
거느릴 령(영), 우두머리 령(영)

+ 頁(머리 혈)

  領導(영도), 大統領(대통령), 首領(수령), 占領(점령)

5급 / 14획 / 부수 頁

산(山)이 거느린(領) 고개나 재니 고개 령(영), 재 령(영)

+ 山(산 산), 고개 아래로 산이 이어져 있으니 마치 고개가 산을 거느린 것 같지요.

  分水嶺(분수령), 俊嶺(준령), 泰山峻嶺(태산준령)

3급Ⅱ / 17획 / 부수 山

TIP

〈명시〉

北征歌 (북정가)

                    - 남이장군

白頭山石磨刀盡(백두산석마도진)이요.
豆滿江水飮馬無(두만강수음마무)라.
男兒二十未平國(남아이십미평국)이면
後世誰稱大丈夫(후세수칭대장부)리요?

[백두산 돌은 칼을 갈아 다하고
두만강 물은 말을 먹여 없애네.
사나이 스물에 나라를 평정하지 못한다면
훗날 누가 대장부라 이르리요?]

+ 北(북쪽 북), 征(칠 정), 歌(노래 가), 白(흰 백, 밝을 백, 깨끗할 백, 아뢸 백), 頭(머리 두, 우두머리 두), 石(돌 석), 磨(갈 마), 刀(칼
도), 盡(다할 진), 豆(콩 두, 제기 두), 滿(찰 만), 江(강 강), 飮(마실 음), 馬(말 마), 無(없을 무), 男(사내 남), 兒(아이 아), 未(아닐
미, 아직 ~않을 미), 平(평평할 평, 평화 평), 國(나라 국), 後(뒤 후), 歲(해 세, 세월 세, 나이 세), 誰(누구 수), 稱(일컬을 칭), 丈(어른
장, 존칭 장, 길이 장), 夫(사내 부, 남편 부)

01~03 다음 漢字의 訓과 音을 쓰시오.

01. 俳, 纖, 蔑

02. 岡, 鎰, 盈

03. 碩, 煩, 俱

04~06 다음 漢字語의 讀音을 쓰시오.

04. 姚冶, 武裝共匪, 煉炭

05. 豪華燦爛, 檜皮, 花崗巖

06. 分水嶺, 跳躍, 晝耕夜讀

07~09 다음 문장에서 (   ) 안의 漢字語를 漢字(正字)로 바꾸어 쓰시오.

07. 장기 (저축)에 가입하면 이자율이 할증되어 유리하다.

08. 회칙은 지출되는 (실비)를 인정해주는 방향으로 개정되었다.

09. 딱딱한 내용을 (만화)로 쉽게 만든 책들이 애독자가 많다.

10~11 다음 漢字 중 略字는 正字로, 正字는 略字로 쓰시오.

10. 烛

11. 賣

12 다음 漢字의 部首를 쓰시오.

12. 蜀

461 쇠(치)하동 우우[夂夏冬 憂優] - 夂, 憂로 된 한자

3획 / 부수자

사람(夂)이 다리를 끌며(乀) 천천히 걸어 뒤져 오니

천천히 걸을 쇠, 뒤져 올 치

+ 🔑 攵(칠 복, = 攴) - 제목번호 465 참고.
+ 원래 천천히 걸을 쇠(夂)와 뒤져 올 치(夂)는 다르지만 획수도 같고 모양과 뜻도 비슷하여 같이 취급하였어요.
+ 夂[사람 인(人)의 변형], 乀['파임 불(乀)'의 변형이지만 여기서는 다리를 끄는 모습으로 봄], 천천히 걸을 쇠, 뒤져 올 치(夂)는 3획, 칠 복(攵, = 攴)은 4획입니다.

7급 / 10획 / 부수 夂

(너무 더워서) 하나(一)같이 스스로(自) 천천히 걸으려고(夂) 하는

여름이니 **여름 하**

+ 自(자기 자, 스스로 자, 부터 자)

夏服(하복), 夏節(하절), 夏至(하지), 春夏秋冬(춘하추동)

7급 / 5획 / 부수 氷(冫)

계절 중 뒤에 와서(夂) 물이 어는(冫) 겨울이니 **겨울 동**

+ 冫[얼음 빙(氷)이 부수로 쓰일 때의 모양인 이 수 변(冫)의 변형]

冬至(동지), 嚴冬雪寒(엄동설한), 異常暖冬(이상난동)

3급II / 15획 / 부수 心

머리(百)에 걱정하는 마음(心)이 있어 천천히 걸으며(夂) 근심하니

근심할 우

+ 百[머리 혈(頁)의 변형], 心(마음 심, 중심 심)

憂慮(우려), 憂愁(우수), 憂鬱(우울), 憂患(우환)

優

4급 / 17획 / 부수 人(亻)

사람(亻)이 근심하며(憂) 노력하여 우수하니 **우수할 우**

또 사람(亻)이 근심하며(憂) 머뭇거리니 **머뭇거릴 우**

또 사람(亻)이 근심하듯(憂) 주어진 대본을 생각하며 연기하는 배우니

배우 우

+ 돼지처럼 편안히만 있는 사람보다 노력하고 고민하는 사람이 우수하다는 어원, 정말 어떻게 살 것인가를 알려 주는 글자의 어원이네요.

優秀(우수), 優柔不斷(우유부단), 俳優(배우)

2급 / 4획 / 부수 人(儿)

내(厶)가 **사람**(儿) 중 맏이를 진실로 믿고 허락하니

맏 **윤**, 진실로 **윤**, 믿을 **윤**, 허락할 **윤**

+ 厶(사사로울 사, 나 사), 儿(사람 인 발, 어진 사람 인)

允君(윤군), 允當(윤당), 允許(윤허), 允可(윤가)

2급 / 12획 / 부수 金

쇠(金)로 만들어 **진실로**(允) 필요할 때 쓰는 병기니 **병기 윤**

+ 주로 시신(侍臣), 즉 경비원이 가졌던 병기로 창의 일종.
+ 金(쇠 금, 금 금, 돈 금, 성씨 김), 侍(모실 시), 臣(신하 신)
+ 인·지명용 한자.

급수 외 한자 / 7획 / 부수 夊

믿음직스럽도록(允) 의젓하게 **천천히 걸어**(夊) 가니

의젓하게 걸을 **준**, 갈 **준**

+ 의젓하다 – 말이나 행동 따위가 점잖고 무게가 있다.
+ 夊(천천히 걸을 쇠, 뒤져 올 치)

3급 / 9획 / 부수 人(亻)

사람(亻)이 **의젓하게 걸을**(夋) 정도로 실력이 뛰어나니 **뛰어날 준**

+ 자신이 있고 실력이 있으면 걸음걸이부터 의젓하지요.

俊傑(준걸), 俊德(준덕), 俊秀(준수), 俊才(준재)

2급 / 10획 / 부수 土

흙(土)이 **의젓하게**(夋) 선 모습으로 가파르고 높으니

가파를 **준**, 높을 **준**

+ 인·지명용 한자.

2급 / 10획 / 부수 山

산(山)이 **의젓한**(夋) 모습으로 높으니 **높을 준**

峻嶺(준령), 峻嚴(준엄), 峻險(준험), 險峻(험준)

해(日)가 **의젓하게(夋)** 떠 밝으니 **밝을 준**

+ 인·지명용 한자.

2급 / 11획 / 부수 日

말(馬) 중 의젓한 모양으로 잘 **달리는(夋)** 준마니 **준마 준**

+ 준마(駿馬) – 잘 달리는 말.

駿敏(준민), 駿逸(준일), 駿足(준족)

2급 / 17획 / 부수 馬

물(氵)을 배가 **의젓하게 가도록(夋)** 깊게 하니 **깊게 할 준**

浚巡(준순), 浚井(준정)

2급 / 10획 / 부수 水(氵)

입(口)으로 **가도록(夋)** 부추기니 **부추길 사**

唆囑(사촉), 敎唆(교사), 示唆(시사)

2급 / 10획 / 부수 口

발효시킨 **술(酉)**은 시간이 **가면(夋)** 시어져 시니 **실 산**

+ 酉(술 그릇 유, 술 유, 닭 유, 열째 지지 유)

酸味(산미), 酸性(산성), 酸素(산소), 炭酸(탄산)

2급 / 14획 / 부수 酉

496

복복복 부(복)부(복)리[复腹複 復覆履] – 复, 復으로 된 한자

급수 외 한자 / 9획 / 부수 夊

사람(亻)들은 해(日)가 지면 **천천히 걸어(夊)** 날마다 집으로 돌아오기를 거듭하니 **돌아올 복, 거듭 복**

+ 亻[사람 인(人)의 변형]

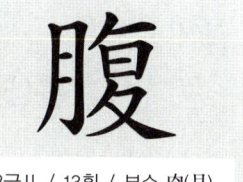

3급II / 13획 / 부수 肉(月)

몸(月)에 **거듭(复)** 포개진 내장이 들어있는 배니 **배 복**

腹部(복부), 腹案(복안), 腹痛(복통), 空腹(공복)

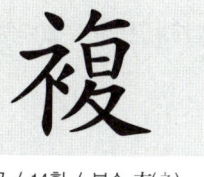

4급 / 14획 / 부수 衣(衤)

옷(衤)을 **거듭(复)** 입어 겹치니 **겹칠 복**

+ 衤(옷 의 변)

複數(복수), 複雜(복잡), 複寫(복사), 複線(복선)

4급II / 12획 / 부수 彳

걸어서(彳) 다시 돌아오니(复) 다시 부, 돌아올 복

+ 彳(조금 걸을 척)

復舊(복구), 回復(회복), 復活(부활), 復興(부흥)

3급II / 18획 / 부수 襾(覀)

덮어(襾) 버리고 **다시(復)** 하도록 뒤집히니
덮을 부, 다시 복, 뒤집힐 복

+ 覀[덮을 아(襾)의 변형]

天覆(천부), 覆蓋(복개), 覆面(복면), 飜覆(번복)

몸(尸)이 가거나 **돌아올(復)** 때 신는 신이니 **신 리(이)**
또 신을 신고 밟으니 **밟을 리(이)**

+ 尸(주검 시, 몸 시)

履行(이행), 履歷書(이력서)

3급II / 15획 / 부수 尸

강(항)릉릉 총총총[降陵隆 悤總聰] - 阝, 悤으로 된 한자

4급 / 9획 / 부수 阜(阝)

언덕(阝)에서 **천천히 걸어**(夂) **소**(牛)처럼 내려오니 **내릴 강**

또 내려와 몸을 낮추고 항복하니 **항복할 항**

➕ 阝(언덕 부 변), 夂(천천히 걸을 쇠, 뒤져 올 치), 牛[소 우(牛)의 변형]

降雨(강우), 昇降機(승강기), 降伏·降服(항복), 降者不殺(항자불살)

3급II / 11획 / 부수 阜(阝)

언덕(阝)처럼 **흙**(土)이 쌓여 **사람**(儿)이 **천천히 걸어야**(夂) 할

임금 무덤이나 큰 언덕이니 **임금 무덤 릉(능)**, **큰 언덕 릉(능)**

王陵(왕릉), 丘陵(구릉), 武陵桃源(무릉도원)

3급II / 12획 / 부수 阜(阝)

언덕(阝)도 **차분히**(夂) 오르며 **하나**(一)같이 잘 **살려고**(生) 노력하면

높고 성하니 **높을 륭(융)**, **성할 륭(융)**

隆起(융기), 隆冬(융동), 隆盛(융성)

특급II / 11획 / 부수 心

끈(丿)으로 **게으름**(夂)을 **에워싸 버린**(口) **마음**(心)처럼 바쁘고 밝으니

바쁠 총, 밝을 총

➕ 丿('삐침 별'이지만 여기서는 끈으로 봄), 夂('천천히 걸을 쇠, 뒤져 올 치'로 여기서는 게으름을 말함), 口(에운담)

4급II / 17획 / 부수 糸

실(糸)로 **바쁘고**(悤) 복잡한 것을 모두 모아 거느리니

모두 총, 모을 총, 거느릴 총

➕ 몡 総 – 실(糸)을 공평한(公) 마음(心)으로 모두 묶어 거느리니 '모두 총, 모을 총, 거느릴 총'
➕ 糸(실 사, 실 사 변), 公(공평할 공, 대중 공, 귀공자 공)

總計(총계), 總論(총론), 總督(총독)

3급 / 17획 / 부수 耳

귀(耳) **밝아**(悤) 말을 빨리 알아듣고 총명하니

귀 밝을 총, 총명할 총

➕ 총명(聰明) – ㉠ 보거나 들은 것을 오래 기억하는 힘이 있음. 또는 그 힘. ㉡ 썩 영리하고 재주가 있음.

聰氣(총기), 聰敏(총민), 聰智(총지)

攵

4획 / 부수자

이리(丿)저리(一) 엇갈리게(乂) 치니 **칠 복**

+ '사람(㐅)이 이리(丿)저리(乀) 치니 칠 복'이라고도 합니다.
+ 同 攴 – 점(卜)칠 때 오른손(又)에 회초리 들고 툭툭 치면서 점친다는 데서 '칠 복(攴)'.
+ 乂('벨 예, 다스릴 예, 어질 예'지만 여기서는 엇갈리는 모양으로 봄), 卜(점 복), 又(오른손 우, 또 우)
+ 유 夊(천천히 걸을 쇠, 뒤져 올 치) – 제목번호 461 참고.
+ 칠 복(攵, 攴)은 4획, 천천히 걸을 쇠, 뒤져 올 치(夊)는 3획입니다.

故

4급Ⅱ / 9획 / 부수 攵(攴)

오래된(古) 일이지만 하나씩 **짚으며**(攵) 묻는 연고 있는 옛날이니

연고 고, 옛 고

+ 연고(緣故) – ㉠ 사유. ㉡ 혈통·정분·법률 따위로 맺어진 관계. ㉢ 인연.
+ 古(오랠 고, 옛 고), 緣(인연 연)

故鄕(고향), 故意(고의) ↔ 過失(과실), 故事(고사)

敗

5급 / 11획 / 부수 攵(攴)

재물(貝) 때문에 **치고**(攵) 싸워서 패하니 **패할 패**

+ 貝(조개 패, 재물 패, 돈 패)

敗亡(패망), 敗北(패배), 敗因(패인), 失敗(실패), 驕兵必敗(교병필패)

敎

8급 / 11획 / 부수 攵(攴)

어질게(乂) 많이(ナ) 자식(子)을 **치며**(攵) 가르치니 **가르칠 교**

+ 약 教 – 늙은이(耂)가 자식(子)을 치며(攵) 가르치니 '가르칠 교'
+ 乂(벨 예, 다스릴 예, 어질 예), ナ[열 십, 많을 십(十)의 변형], 耂(늙을 로 엄)

敎育(교육), 敎材(교재), 說敎(설교), 布敎(포교), 敎學相長(교학상장)

牧

4급Ⅱ / 8획 / 부수 牛(牜)

소(牛)를 **치며**(攵) 기르니 **기를 목**

+ 牛(소 우)
+ 〈양치기 소년〉에서 '치기', '가축을 치다'에서 '치다'도 牧의 어원과 같네요.

牧童(목동), 牧夫(목부), 牧場(목장), 牧畜(목축)

散

4급 / 12획 / 부수 攵(攴)

풀(艹)이 난 **땅**(一)에 고기(月)를 놓고 **친**(攵) 듯 여러 조각으로 흩어지니

흩어질 산

+ 艹[초 두(艸)의 약자], 月(달 월, 육 달 월)

散髮(산발), 散發(산발), 散在(산재), 離散(이산)

유유수조[攸悠修條] - 攸로 된 한자

특급II / 7획 / 부수 攵(攴)

사람(亻)이 **지팡이(丨)**로 땅을 **치면서(攵)** 사라져 아득하니 **아득할 유**

+ 丨('뚫을 곤'이지만 여기서는 지팡이로 봄)
+ 아득하다 - ㉠ 보이는 것이나 들리는 것이 희미하고 매우 멀다. ㉡ 까마득히 오래되다. ㉢ 정신이 흐려진 상태이다. 여기서는 ㉠의 뜻.

3급II / 11획 / 부수 心

아득히(攸) 먼 앞날까지 **마음(心)**에 생각할 정도로 한가하니 **한가할 유**

또 **아득하게(攸)** **마음(心)**에 느껴질 정도로 머니 **멀 유**

悠悠自適(유유자적), 悠久(유구), 悠遠(유원)

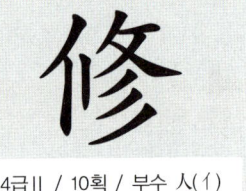

4급II / 10획 / 부수 人(亻)

아득히(攸) 흐르가는 깨끗한 물에 **머리(彡)** 감듯이 마음을 닦고 다스리니

닦을 수, 다스릴 수

+ 彡(터럭 삼, 긴머리 삼)

修女(수녀), 修道(수도), 修練(수련), 修身(수신)

4급 / 11획 / 부수 木

아득히(攸) **나무(木)**에서 뻗어 가는 가지니 **가지 조**

또 가지처럼 나누어진 조목이니 **조목 조**

+ 侰 条 - (본 줄기보다) 뒤져서(夂) 나무(木)에 돋는 가지니 '가지 조'
　　　　또 가지처럼 나누어진 조목이니 '조목 조'
+ 夂(천천히 걸을 쇠, 뒤져 올 치)

鐵條網(철조망), 條目(조목), 條件(조건), 條約(조약), 金科玉條(금과옥조)

TIP

〈명언〉

釋己而敎人者逆(석기이교인자역)이요,
正己而化人者順(정기이화인자순)이라.

[자기를 풀어서 남을 가르친 자는(자기는 아무렇게나 행동하면서 남만 잘하라고 하는 사람은) 거슬리고, 자기를 바르게 하고서 남을 감화시킨 자는(솔선수범하면서 남을 감동으로 가르친 사람은) 순하다(잘 따라 온다).] - 《명심보감》

+ 釋(풀 석), 己(몸 기, 자기 기, 여섯째 천간 기), 而(말 이을 이), 敎(가르칠 교), 者(놈 자, 것 자), 正(바를 정), 化(변화할 화, 될 화), 順(순할 순)

특급 / 12획 / 부수 攴(攵)

작은(小) 성(冂)은 조금(小)만 쳐도(攵) 해지고 깨지니
해질 폐, 깨질 폐

+ 해지다 - 닳아서 떨어지다.
+ 小(작을 소), 冂(멀 경, 성 경), 攵(칠 복, = 攴)

3급 / 16획 / 부수 草(艹)

풀(艹)로 해진(敝) 곳을 가리고 덮으니 가릴 폐, 덮을 폐

蔽空(폐공), 建蔽率(건폐율), 隱蔽(은폐)

3급Ⅱ / 15획 / 부수 廾

깨져(敝) 아래를 받쳐야(廾) 하는 폐단이니 폐단 폐

+ 폐단(弊端) - 괴롭고 번거로운 일.
+ 廾(받쳐 들 공), 端(끝 단, 바를 단, 실마리 단)

弊習(폐습), 弊害(폐해), 民弊(민폐), 惡弊(악폐)

3급 / 15획 / 부수 巾

(많이 써서) 해진(敝) 수건(巾) 같은 돈이니 돈 폐
또 돈이나 선물을 넣어 보내는 폐백이니 폐백 폐

+ 폐백(幣帛) - ㉠ 신부가 처음으로 시부모를 뵐 때 올리는 것. ㉡ 결혼 전에 신랑이 신부댁에 보내는 예물.
+ 巾(수건 건), 帛(비단 백)

僞幣(위폐), 造幣(조폐), 紙幣(지폐), 貨幣(화폐)

敞

2급 / 12획 / 부수 攵

높은(尙) 것을 쳐(攵) 버리면 시원하고 넓으니 시원할 창, 넓을 창

+ 尙(오히려 상, 높을 상, 숭상할 상), 攵(칠 복, = 攴)

敞然(창연), 高敞(고창), 寬敞(관창)

나무로 엇갈리게 쌓아 만든 우물틀 모양을 본떠서 **우물 정, 우물틀 정**

+ 옛날에는 우물을 파고 흙이 메워지지 않도록 통나무를 井모양으로 엇갈려 네모지게 쌓았지요.

井華水(정화수), 油井(유정), 坐井觀天(좌정관천)

3급II / 4획 / 부수 二

가래(耒)로 **우물**(井)을 파듯 깊게 밭을 가니 **밭 갈 경**

+ 가래 – 밭을 가는 농기구

耕作(경작), 耕地(경지), 晝耕夜讀(주경야독), 休耕(휴경)

3급II / 10획 / 부수 耒

우물틀(开) 같은 형틀에 매어 **칼**(刂)로 집행하는 형벌이니 **형벌 형**

+ 冊 책(책 펴낼 간) – 제목번호 036 참고.
+ 刂(칼 도 방)

刑期(형기), 刑罰(형벌), 刑法(형법), 減刑(감형)

4급 / 6획 / 부수 刀(刂)

우물틀(开)처럼 **칼**(刂)로 **흙**(土)을 깎아서 만든 틀이나 모형이니
틀 형, 모형 형

+ 형(型) – ㉠ 거푸집. ㉡ 꼴. ㉢ 다른 것들과 구별되는 특징을 이루는 유형이나 형태.
+ 거푸집 – 만들려는 물건의 모양대로 속이 비어 있어 거기에 쇠붙이를 녹여 붓도록 되어 있는 틀.

大型(대형), 模型(모형), 新型(신형)

2급 / 9획 / 부수 土

우물틀(开)처럼 싸인 **고을**(阝)에 세운 형나라니 **형나라 형, 성씨 형**

+ 阝(고을 읍 방)
+ 형(邢)나라 – 중국 주대에 있었던 나라.

2급 / 7획 / 부수 邑(阝)

우물(开)에 **머리털**(彡)이 비친 모양이니 **모양 형**

+ 开[우물 정, 우물틀 정(井)의 변형], 彡(터럭 삼, 긴머리 삼)
+ 거울이 없던 옛날에는 우물에 자기의 모습을 비추어 보기도 했지요.

形狀(형상), 形式(형식), 形言(형언), 成形(성형)

6급II / 7획 / 부수 彡

4양 한색(새)[襄讓壤孃 寒塞] - 襄, 寒으로 된 한자

2급 / 17획 / 부수 衣

(드러나지 않게) 옷(衣) 속에 **입들(口口)**을 가리고 **우물틀(井)**처럼 얽혀

한(一)결같이 도우니 **도울 양**

+ 앱 襄 - 옷(衣)을 나누어(八) 싸고 우물틀(井)처럼 얽혀 한(一)결같이 도우니 '도울 양'
+ 衣(옷 의), 井(우물 정, 우물틀 정)

襄禮(양례), 宋襄之仁(송양지인)

3급II / 24획 / 부수 言

말(言) 한 마디라도 **도움(襄)**되게 사양하고 겸손하니

사양할 양, 겸손할 양

+ 앱 譲

讓渡(양도), 讓步(양보), 讓位(양위), 辭讓(사양)

3급II / 20획 / 부수 土

흙(土)이 일을 **도와주려는(襄)** 듯 고운 흙으로 된 땅이니 **흙 양, 땅 양**

+ 앱 壤
+ 흙으로 무엇을 할 때 고운 흙이 좋으니, 고운 흙이면 도와주는 셈이지요.

擊壤歌(격양가), 土壤(토양), 天壤之差(천양지차)

2급 / 20획 / 부수 女

여자(女) 중 일을 **도와주는(襄)** 아가씨니 **아가씨 양**

+ 앱 孃
+ 요즘은 결혼해서도 직장을 다니지만 옛날에는 결혼하기 전 아가씨 때만 직장에 다녔지요.

貴孃(귀양), 令孃(영양)

5급 / 12획 / 부수 宀

집(宀) 우물(井) 하나(一)에서 **나뉘어(八)** 나온 물이 **얼음(冫)**처럼 차니

찰 한

+ 宀(집 면), 冫(이 수 변)

寒氣(한기), 酷寒(혹한) ↔ *酷暑(혹서), 脣亡齒寒(순망치한)

3급II / 13획 / 부수 土

집(宀)의 벽을 **우물틀(井)**처럼 **하나(一)**씩 **나누어(八) 흙(土)**으로 막으니

막을 색

또 출입을 막고 지키는 변방이니 **변방 새**

窮塞(궁색), 要塞(요새), 塞翁之馬(새옹지마)

구구구강[冓構購講] - 冓로 된 한자

급수 외 한자 / 10획 / 부수 冂

우물틀(井)처럼 다시(再) 쌓으니 쌓을 **구**

+ 井(우물 정, 우물틀 정), 再(다시 재, 두 번 재) - 제목번호 321 참고.

4급 / 14획 / 부수 木

나무(木)를 쌓아(冓) 얽으니 얽을 **구**

構圖(구도), 構想(구상), 構成(구성), 虛構性(허구성)

돈(貝)을 쌓아(冓) 모아 물건을 사니 살 **구**

+ 貝(조개 패, 재물 패, 돈 패)

購讀(구독), 購買(구매), 購入(구입), 購販場(구판장)

2급 / 17획 / 부수 貝

4급II / 17획 / 부수 言

말(言)을 쌓듯이(冓) 여러 번 익혀 강의하니 익힐 **강**, 강의할 **강**

講論(강론), 講習(강습), 講義(강의), 講師(강사)

양양상상 상양달[羊洋祥詳 庠樣達] - 羊으로 된 한자

羊

4급II / 6획 / 제부수

앞에서 바라본 양을 본떠서 양 **양**

+ 양은 성질이 온순하여 방목하거나 길들이기도 좋으며 부드럽고 질긴 털과 가죽, 그리고 고기를 주니 이로운 짐승이지요. 그래서 양이 부수로 쓰이면 대부분 좋은 의미의 글자랍니다.
+ 한자가 만들어진 중국에서는 양을 많이 길러서 양(羊)이 들어간 글자가 많습니다.

羊毛(양모), 羊肉(양육), 羊頭狗肉(양두구육)

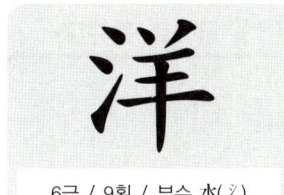

물(氵)결이 수만 마리 **양**(羊) 떼처럼 출렁이는 큰 바다니 **큰 바다 양**

또 큰 바다 건너편에 있는 서양이니 **서양 양**

+ '바다 해(海)'는 작은 바다. - 제목번호 184 참고.

太平洋(태평양), 洋食(양식), 洋裝(양장), 洋酒(양주)

6급 / 9획 / 부수 水(氵)

보임(示)이 **양**(羊)처럼 좋은 상서로운 조짐이니

상서로울 상, 조짐 상

+ 상서(祥瑞)롭다 - 복되고 좋은 일이 있을 듯하다.
+ 조짐 - 어떤 일이 생길 기미가 보이는 현상.
+ 示(보일 시, 신 시), 瑞(상서로울 서)

發祥地(발상지), 不祥事(불상사), 吉祥(길상)

3급 / 11획 / 부수 示

말(言)을 **양**(羊)처럼 순하고 좋게 하며 자상하니 **자상할 상**

+ 자상(仔詳)하다 - ㉠ 자세하고 친절하다. ㉡ 인정이 넘치고 마음 씀이 넉넉하다.
+ 仔(자세할 자)

詳報(상보), 詳細(상세), 詳述(상술), 未詳(미상)

3급Ⅱ / 13획 / 부수 言

DAY 24

집(广) 안에서 **양**(羊) 떼처럼 많은 아이들을 가르치는 학교니 **학교 상**

+ 畩 痒(가려울 양) - 특급Ⅱ
+ 중국 주나라 때 지방학교 이름.

庠校(상교), 庠序(상서)

2급 / 9획 / 부수 广

나무(木) 옆에 **양**(羊) 떼가 길게(永) 늘어선 모양이니 **모양 양**

+ 약 様 - 나무(木) 옆에 양(羊)이 물(水) 먹는 모양이니 '모양 양'
+ 羊[양 양(羊)의 변형], 永(길 영, 오랠 영), 水(물 수 발)

貌樣·模樣(모양), 多樣(다양), 紋樣(문양) 各樣各色(각양각색)

4급 / 15획 / 부수 木

흙(土)에만 살던 **양**(羊)도 뛰어(辶) 풀밭에 잘도 이르니 **이를 달**

또 완전에 이르도록 익혀 통달하니 **통달할 달**

+ 통달(通達) - (어떤 일에) 막힘없이 통하여 훤히 앎.
+ 羊(양 양), 通(통할 통)

達成(달성), 傳達(전달), 達辯(달변), 達人(달인)

4급Ⅱ / 13획 / 부수 辶(辶)

미강양착차 선선[美姜養着差 善繕] - 羊의 변형(羊), 善으로 된 한자

양(羊)이 커(大)가는 모양처럼 아름다우니 **아름다울 미**

+ 羊[양 양(羊)의 변형], 순한 양이 커가는 모양은 더욱 아름답게 보이지요.

美觀(미관), 美德(미덕), 美術(미술), 美人(미인)

6급 / 9획 / 부수 羊(羊)

양(羊) 치는 여자(女)처럼 강한 성질의 성씨니 **성씨 강**

+ 치다 - 여러 뜻이 있지만 여기서는 '가축 따위를 기르다'의 뜻.
+ 중국 북부에 가면 양을 방목하여 기릅니다.

姜太公(강태공) - 주(周)나라 초기의 정치가이자 공신.

2급 / 9획 / 부수 女

양(羊)처럼 먹여(食) 기르니 **기를 양**

+ 食(밥 식, 먹을 식)

養鷄(양계), 養殖(양식), 奉養(봉양), 養虎遺患(양호유환)

5급Ⅱ / 15획 / 부수 食

털에 가린 양(羊)의 붙은(丿) 눈(目)처럼 붙으니 **붙을 착**

+ 目(눈 목, 볼 목, 항목 목), 丿('삐침 별'이지만 여기서는 붙은 모양)

着陸(착륙), 着眼(착안), 接着(접착), 定着(정착)

5급Ⅱ / 12획 / 부수 目

양(羊)처럼 붙어(丿) 서서 똑같이 만들어도(工) 다르고 어긋나니
다를 차, 어긋날 차

+ 工(장인 공, 만들 공, 연장 공)

差等(차등), 差別(차별), 誤差(오차), 千差萬別(천차만별)

4급 / 10획 / 부수 工

善

양(羊)처럼 풀(丷)만 입(口)으로 먹는 짐승은 순하고 착하니 **착할 선**

또 착하면 좋고 시키는 일도 잘하니 **좋을 선, 잘할 선**

+ 초식 동물은 대부분 순하고, 사람도 초식을 좋아하면 성질이 온순해진다지요. 초 두(艹)는 원래 4획이나 여기서는 약자 형태(艹)의 변형(丷)인 3획으로 봅니다.

善良(선량), 改善(개선), 善戰(선전), 善防(선방)

5급 / 12획 / 부수 口

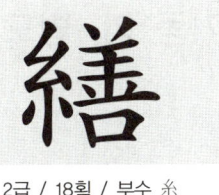

실(糸)로 좋게(善) 기우니 **기울 선**

繕補(선보), 繕寫(선사), 修繕(수선), 營繕(영선)

2급 / 18획 / 부수 糸

---

473 아아 의의의 희[我餓 義議儀 羲] – 我, 義로 된 한자와 羲

손(手)에 창(戈) 들고 지켜야 할 존재는 바로 나니 **나 아**

+ 手(손 수, 재주 수, 재주 있는 사람 수), 戈(창 과)
+ 조금만 방심하면 잡념이 생기고 남의 공격도 받게 됨을 생각하고 만든 글자네요.

我軍(아군), 我執(아집), 沒我(몰아), 彼我(피아)

3급 II / 7획 / 부수 戈

밥(飠)이 나(我)에게 제일 생각나도록 굶주리니 **굶주릴 아**

+ 飠 – 밥 식, 먹을 식, 밥 사(食)가 글자의 왼쪽에 붙는 부수인 변으로 쓰일 때의 모양으로 '밥 식, 먹을 식 변'

餓鬼(아귀), 餓倒(아도), 餓死(아사), 飢餓(기아)

3급 / 16획 / 부수 食(飠)

양(羊)처럼 순하고 착하게 내(我)가 행동함이 옳고 의로우니

옳을 의, 의로울 의

+ 羊[양 양(羊)의 변형]

義擧(의거), 義理(의리), 義士(의사), 正義(정의)

4급 II / 13획 / 부수 羊(羊)

(좋은 결론을 위해) 말(言)로 의롭게(義) 의논하니 **의논할 의**

議決(의결), 會議(회의), 謀議(모의), 不可思議(불가사의)

4급 II / 20획 / 부수 言

사람(亻)이 의롭게(義) 행동하는 거동이나 법도니 **거동 의, 법도 의**

+ 거동 – 일에 나서서 움직이는 태도. 몸가짐.

儀禮(의례), 儀式(의식), 儀典(의전), 儀仗隊(의장대)

4급 / 15획 / 부수 人(亻)

양(羊)이 벼(禾)를 많이(丂) 먹고 창(戈)처럼 길게 쉬는 숨이니 **숨 희**

또 중국 전설상의 제왕 중 복희씨니 **복희씨 희**

+ 禾(벼 화), 丂['공교할 교, 교묘할 교'지만 여기서는 큰 대(大)의 변형으로 봄], 戈(창 과)
+ 복희씨(伏羲氏·伏犧氏) – 중국 고대 전설상의 제왕. 삼황오제의 우두머리이며, 팔괘를 처음으로 만들고 그물을 발명하여 고기잡이의 방법을 가르쳤다고 함.

羲皇上人(희황상인), 羲皇世界(희황세계)

2급 / 16획 / 부수 羊

474 　시돈탁가대 축수[豕豚琢家隊 逐邃] – 豕, 逐으로 된 한자

서 있는 돼지를 본떠서 **돼지 시**

특급Ⅱ / 7획 / 제부수

(다른 짐승에 비해) 살(月)이 많은 돼지(豕)니 **돼지 돈**

+ '돼지 시(豕)'에 다시 고기를 뜻하는 '육 달 월(月)'을 붙여 '돼지 돈(豚)'을 만든 것은 돼지는 다른 짐승에 비해 살이 많기 때문입니다.

豚舍(돈사), 豚肉(돈육), 養豚(양돈), 種豚(종돈)

3급 / 11획 / 부수 豕

구슬(王)을 다듬으려고 돼지(豕)가 발로 땅을 찍듯이(丶) 정으로 쪼며 다듬으니 **쫄 탁, 다듬을 탁**

+ 쪼다 – ㉠ 뾰족한 끝으로 쳐서 찍다. ㉡ 조금 어리석고 모자라 제구실을 못하는 사람을 속되게 이르는 말. 여기서는 ㉠의 뜻.

琢器(탁기), 琢磨(탁마), 切磋琢磨(절차탁마)

2급 / 12획 / 부수 玉(王)

지붕(宀) 아래 **돼지**(豕)를 기르며 살았던 집이니 **집 가**

또 어느 분야에 일가를 이룬 전문가도 뜻하여 **전문가 가**

+ 뱀이 많아 집안에도 들어왔던 옛날에는 집에 꼭 돼지를 키웠답니다. 뱀은 돼지를 아주 무서워하여 냄새만 나도 도망가니까요.
+ 일가(一家) - ㉠ 성(姓)과 본(本)이 같은 거레붙이. ㉡ 어느 분야에 뛰어나 독자적인 경지를 이루는 상태. 여기서는 ㉡의 뜻.

家庭(가정), 家族(가족), 作家(작가), 一家見(일가견)

7급II / 10획 / 부수 宀

언덕(阝)에 **여덟**(八) 마리의 **돼지**(豕)처럼 모인 무리니 **무리 대**

또 무리를 이루는 군대도 뜻하여 **군대 대**

+ 阝(언덕 부 변)

隊員(대원), 軍隊(군대), 入隊(입대), 除隊(제대)

4급II / 12획 / 부수 阜(阝)

멧**돼지**(豕)를 뛰어가(辶) 쫓으니 **쫓을 축**

+ 지금도 농촌에는 멧돼지의 피해가 심하지요.

逐出(축출), 角逐(각축), 驅逐艦(구축함), 逐條審議(축조심의)

3급 / 11획 / 부수 辵(辶)

팔(八)방으로 **쫓아**(逐) 다니며 정성들여 드디어 이루니

드디어 수, 이룰 수

遂行(수행), 完遂(완수), 未遂(미수)

3급 / 13획 / 부수 辵(辶)

치모맥간[豸貌貊懇] - 豸로 된 한자

급수 외 한자 / 7획 / 부수자

먹이를 잡기 위해 몸을 웅크리고 노려보는 모양을 본떠서 **웅크리고 노려볼 치**

또 지렁이 같은 발 없는 벌레의 총칭으로 **발 없는 벌레 치**

3급II / 14획 / 부수 豸

발 없는 벌레(豸)가 **흰(白)** 탈을 쓴 **사람(儿)** 모양이니 **모양 모**

+ 앤 皃 - 흰(白) 탈을 쓴 사람(儿) 모양이니 '모양 모'
+ 儿(사람 인 발, 어진 사람 인)

貌樣·模樣(모양), 面貌(면모), 美貌(미모), 全貌(전모)

2급 / 13획 / 부수 豸

발 없는 벌레(豸)처럼 한곳에 **많이(百)** 머물러 사는 종족 이름이니

종족 이름 맥

+ 예맥(濊貊) - ㉠ 우리 민족의 선민(先民)들을 총칭하던 호칭. ㉡ 고조선 때 있었던 나라 이름.
+ 濊(더러울 예), 선민(先民) - 선대의 사람.

3급II / 17획 / 부수 心

발 없는 벌레(豸)처럼 계속 **머물러(艮)** 먹이를 구하는 **마음(心)**이

간절하니 **간절할 간**

+ 艮(멈출 간, 어긋날 간)

懇曲(간곡), 懇求(간구), 懇請(간청)

TIP

〈명언〉

立志無處無工夫(입지무처무공부)
"뜻만 세우면(立志) 공부(工夫) 안 되는 곳이 없다"로, 뜻이 있다면 언제 어디서 무엇을 보고 들어도 다 자기를 위한 공부가
된다는 말입니다.
+ 立(설 립), 志(뜻 지), 無(없을 무), 工(장인 공, 만들 공, 연장 공), 夫(사내 부, 남편 부)

상상예 몽몽[象像豫 夢蒙] - 象으로 된 한자와 夢蒙

4급 / 12획 / 부수 豕

코끼리 모양을 본떠서 **코끼리 상**, 모양 **상**, 본뜰 **상**

+ 阅 衆(무리 중) - 제목번호 451 참고.

象牙(상아), 象徵(상징), 印象(인상), 象形(상형)

3급Ⅱ / 14획 / 부수 人(亻)

사람(亻)이 **코끼리(象)** 모양을 본떠 그리니 **모양 상**, 본뜰 **상**

+ 亻(사람 인 변)

銅像(동상), 佛像(불상), 受像機(수상기), 自畫像(자화상)

4급 / 16획 / 부수 豕

자기(予)가 할 일을 **코끼리(象)**는 미리 아니 **미리 예**

+ 阅 予
+ 予[나 여, 줄 여, 미리 예(豫)의 약자] - 제목번호 185 참고.

豫告(예고), 豫報(예보), 豫備(예비), 豫想(예상)

DAY 24

3급Ⅱ / 14획 / 부수 夕

풀(艹)로 만든 **그물(罒)** 같은 이불을 **덮고(冖)** 자는 **저녁(夕)**에 꾸는 꿈이니 **꿈 몽**

+ 阅 梦 - 수풀(林) 속처럼 어두운 저녁(夕)에 꾸는 꿈이니 '꿈 몽'
+ 罒(그물 망), 冖(덮을 멱), 夕(저녁 석), 林(수풀 림)

吉夢(길몽) ↔ 凶夢(흉몽), 惡夢(악몽), 胎夢(태몽), 晝思夜夢(주사야몽)

3급Ⅱ / 14획 / 부수 草(艹)

풀(艹)에 **덮인(冖)** **한(一)** 마리의 **돼지(豕)**처럼 어리석고 어리니 **어리석을 몽**, 어릴 **몽**

啓蒙(계몽), 無知蒙昧(무지몽매), 蒙固(몽고) - 어리석고 고집이 셈.

아아사아[牙雅邪芽] - 夬로 된 한자

3급II / 4획 / 제부수

코끼리 어금니를 본떠서 **어금니 아**

牙城(아성), 齒牙(치아), 象牙塔(상아탑)

3급II / 12획 / 부수 隹

어금니(牙)를 가는 것처럼 내는 **새(隹)** 소리는 맑고 아담하게 들리니 **맑을 아, 아담할 아**

✚ 아담(雅淡) - (눈부시지는 않아도) 맑고 깨끗함. 조촐하고 산뜻함.
✚ 隹(새 추), 淡(맑을 담, 깨끗할 담)

雅潔(아결), 雅量(아량), 優雅(우아), 淸雅(청아), 雅致高節(아치고절)

3급II / 7획 / 부수 邑(阝)

입속의 **어금니(牙)**나 구석진 **고을(阝)** 같은 곳에 숨어서 간사하니 **간사할 사**

✚ 간사(奸邪) - 성질이 간교하고 행실이 바르지 못함.
✚ 阝(고을 읍 방), 奸(간사할 간)

邪惡(사악), 妖邪(요사), 破邪顯正(파사현정), 邪不犯正(사불범정)

3급II / 8획 / 부수 草(艹)

풀(艹) 중 **어금니(牙)**처럼 돋아나는 싹이니 **싹 아**

麥芽(맥아), 發芽(발아)

호허희 호호체 [虍虛戲 虎號遞] – 虍, 虎로 된 한자

6획 / 부수자

범의 머리를 본떠서 **범 호 엄**

＋ 범 – 호랑이
＋ '엄'은 글자의 위와 왼쪽을 덮는 부수 이름이고, 虍가 범과 관련된 글자라 제목을 '호'로 했습니다.

4급II / 12획 / 부수 虍

범(虍)이 이쪽(ㅂ)저쪽(ㅏ)으로 다니는 **땅(一)**은 다른 동물이 모두 도망가

비니 **빌 허**

또 비어 아무것도 못 잡아 헛되니 **헛될 허**

＋ 옌 虚 – 범(虍) 같은(ㅣㅣ) 사나운 짐승이 이쪽(丶)저쪽(丿)으로 다니는 땅(一)은 다른 동물이 모두
　　도망가 비니 '빌 허'

　虛空(허공), 虛飢(허기), 虛妄(허망), 虛費(허비)

戲

3급II / 17획 / 부수 戈

범(虍) 무늬를 제기(豆) 위에 놓고 **창(戈)**으로 찌르는 시늉을 하며

놀고 희롱하니 **놀 희, 희롱할 희**

＋ 옌 戏 – 헛된(虛) 거짓 창(戈)을 들고 놀며 희롱하니 '놀 희, 희롱할 희'
＋ 戈(창 과), 豆(제기 두, 콩 두)

　戲曲(희곡), 戲劇(희극), 戲弄(희롱), 戲筆(희필)

虎

3급II / 8획 / 부수 虍

범(虍)은 사람처럼 영리하니 **사람 인 발(儿)**을 붙여서 **범 호**

＋ 儿(사람 인 발, 어진 사람 인)

　猛虎(맹호), 虎死留皮(호사유피), 騎虎之勢(기호지세)

號

6급 / 13획 / 부수 虍

입(口)을 크게(丂) 벌리고 **범(虎)**처럼 부르짖는 이름이나 부호니

부르짖을 호, 이름 호, 부호 호

＋ 옌 号 – 입(口)을 크게(丂) 벌려 부르짖는 이름이나 부호니 '부르짖을 호, 이름 호, 부호 호'
＋ 丂[큰 대(大)의 변형], 虎[범 호(虎)의 변형]

　號令(호령), 國號(국호), 番號(번호), 暗號(암호)

遞

3급 / 14획 / 부수 辵(辶)

언덕(厂)을 **범(虎)**이 왔다갔다(辶) 하듯 이리저리 다니며 전하니 **전할 체**

＋ 옌 递 – 언덕(厂)을 두(二) 번이나 수건(巾) 두르고 왔다갔다(辶)하며 전하니 '전할 체'
＋ 厂(굴 바위 엄, 언덕 엄), 巾(수건 건)

　遞信(체신), 遞信廳(체신청), 郵遞局(우체국)

4급II / 11획 / 부수 虍

범(虍)처럼 천천히 걸으며(夊) 안석(几)같이 편한 곳에 사니

곳 **처**, 살 **처**

또 살면서 많은 일을 처리하니 **처리할 처**

+ 옙 处 - 천천히 걸으며(夊) 안석(几)처럼 편한 곳에 사니 '곳 처, 살 처'
　　　　또 살면서 많은 일을 처리하니 '처리할 처'
+ 夊(천천히 걸을 쇠, 뒤져 올 치), 几(안석 궤)

處所(처소), 處世(처세), 處方(처방), 處置(처치)

4급 / 16획 / 부수 手(扌)

손(扌)으로 범(虍)이나 돼지(豕)를 잡으려고 도구에 의지하니

의지할 **거**

+ 옙 拠 - 손(扌)으로 어느 곳(処)을 잡고 의지하니 '의지할 거'
+ 扌(손 수 변), 豕(돼지 시)

據點(거점), 論據(논거), 占據(점거), 證據(증거)

4급 / 15획 / 부수 刀(刂)

범(虍)과 돼지(豕)를 잡으려고 칼(刂)로 찌르는 것이 심하니 **심할 극**

또 심하게 실제와 똑같이 하는 연극이니 **연극 극**

+ 刂(칼 도 방)

劇藥(극약), 劇場(극장), 悲劇(비극), 喜劇(희극)

4급 / 15획 / 부수 心

범(虍)처럼 무서운 것을 자꾸 생각하고(思) 염려하니

생각할 **려(여)**, 염려할 **려(여)**

+ 思(생각할 사), 옛날에는 범이 최고로 무서웠으니 자주 생각났겠지요.

念慮(염려), 考慮(고려), 思慮(사려), 憂慮(우려)

2급 / 9획 / 부수 虍

범(虍)이 발톱(⺕)으로 해치듯이 모질게 학대하니 **모질 학**, 학대할 **학**

+ 虍(범 호 엄), ⺕[손톱 조(爪)의 변형]

虐殺(학살), 殘虐(잔학), 虐待(학대), 自虐(자학)

盧

2급 / 16획 / 부수 皿

범(虍)처럼 입이 크고 밭(田)처럼 가운데가 넓은 밥그릇(皿)이니
밥그릇 로(노), 성씨 로(노)

+ 田(밭 전), 皿(그릇 명)

毘盧峯(비로봉), 盧生之夢(노생지몽)

爐

3급II / 20획 / 부수 火

불(火) 담는 그릇(盧) 같은 화로니 화로 로(노)

+ 약 炉 - 불(火) 담는 집(戶) 같은 화로니 '화로 로(노)'
+ 戶(문 호, 집 호)

暖爐(난로), 香爐(향로), 鎔鑛爐(용광로)

蘆

2급 / 20획 / 부수 草(艹)

풀(艹) 중 밥그릇(盧)도 만들 수 있는 갈대니 갈대 로(노)

+ 약 芦 - 풀(艹) 중 베어다 엮어 문(戶) 앞에 치는 갈대니 '갈대 로(노)'
+ 艹(초 두)

蘆笛(노적), 蘆花(노화)

DAY
24

廬

2급 / 19획 / 부수 广

(세간이 없고) 집(广)에 밥그릇(盧)만 있는 오두막집이니
오두막집 려(여)

또 오두막집처럼 허름한 여인숙이니 여인숙 려(여)

+ 약 庐 - 집(广) 중 문(戶)만 있는 것 같은 오두막집이니 '오두막집 려(여)'
+ 广(집 엄)

草廬(초려), 三顧草廬(삼고초려), 廬舍(여사)

°TIP

〈명언〉

萬事亨通(만사형통)
[모든 일이 순탄하게 진행됨]

萬事亨通하시길 빕니다.
만사여의(萬事如意 - 모든 일이 뜻대로 됨)하시길 빕니다.

+ 萬(많을 만, 일만 만), 事(일 사, 섬길 사), 通(통할 통), 如(같을 여), 意(뜻 의), 형통(亨通) - 모든 일이 뜻과 같이 잘되어 감.

01~03 漢字의 訓과 音을 쓰시오.

01. 鈗, 峻, 唆

02. 酸, 孃, 購

03. 繕, 貊, 蘆

04~06 다음 漢字語의 讀音을 쓰시오.

04. 駿敏, 寬敞, 模型

05. 琢磨, 虐待, 三顧草廬

06. 嚴冬雪寒, 俳優, 說教

07~08 다음 문장에서 (   ) 안의 漢字語를 漢字(正字)로 바꾸어 쓰시오.

07. 그는 조각품의 (문양)에 대한 심미안이 있다.

08. 최선을 다하여 부모를 (봉양)하는 모습이 보기 좋았다.

09~10 다음 (   ) 안에 알맞은 漢字(正字)를 써넣어 四字成語를 완성하시오.

09. 千(   )萬別 – 여러 가지 사물이 모두 차이가 있고 구별이 있음.

10. 多多益(   ) – 많으면 많을수록 더욱 좋음.

11 다음 [   ] 안의 漢字와 뜻이 비슷한 한자는?

11. [可] ① 義 ② 議 ③ 儀 ④ 羲

12 다음 [   ] 안의 漢字와 뜻이 반대인 한자는?

12. [如] ① 着 ② 差 ③ 養 ④ 姜

정답

01. 병기 윤, 높을 준, 부추길 사
02. 실 산, 아가씨 양, 살 구
03. 기울 선, 종족 이름 맥, 갈대 로
04. 준민, 관창, 모형
05. 탁마, 학대, 삼고초려
06. 엄동설한, 배우, 설교
07. 紋樣
08. 奉養
09. 差
10. 善
11. ①
12. ②

481   마빙(풍)독 조소[馬馮篤 蚤騷] – 馬, 蚤로 된 한자

서 있는 말을 본떠서 **말 마**

5급 / 10획 / 제부수

馬力(마력), 馬術(마술), 乘馬(승마), 走馬看山(주마간산)

얼음(冫)이나 **말(馬)** 위에 올라타 의지하니
올라탈 **빙**, 의지할 **빙**, 성씨 **풍**

2급 / 12획 / 부수 馬

馮虛(빙허), 馮據(빙거)

대(⺮)나무로 **말(馬)** 타던 어린 시절 친구처럼 정이 두터우니 **두터울 독**

3급 / 16획 / 부수 竹(⺮)

+ ⺮(대 죽)
+ 두텁다 – 신의, 믿음, 관계, 인정 따위가 굳고 깊다.
+ 놀이기구가 없던 옛날에는 여럿이 말을 타듯 두 다리 사이에 긴 대를 끼우고 뛰면서 놀았다는 데서 어린 시절의 친구를 죽마고우(竹馬故友)라 하지요.

篤實(독실), 敦篤(돈독), 篤志家(독지가), 危篤(위독)

또(又) 자꾸 **콕콕(丶丶)** 쏘는 **벌레(虫)**는 벼룩이니 **벼룩 조**

특급Ⅱ / 10획 / 부수 虫

+ 👉 蛋(새알 단) – 1급
+ 丶('점 주, 불똥 주'지만 여기서는 여기저기 콕콕 쏘는 모습), 虫(벌레 충)

말(馬)이 **벼룩(蚤)**처럼 날뛰면 시끄러우니 **시끄러울 소**

또 시끄럽게 없던 일도 꾸며서 글 지으니 **글 지을 소**

3급 / 20획 / 부수 馬

+ 蚤 – 또(又) 콕콕(丶丶) 쏘는 벌레(虫)는 벼룩이니 '벼룩 조' – 특급Ⅱ
+ 又(오른손 우, 또 우)

騷動(소동), 騷亂(소란), 騷音(소음), 騷人(소인)

을돌걸 지지[乙乫乞 之芝] - 乙, 之로 된 한자

3급II / 1획 / 제부수

목과 가슴 사이가 굽은 새 모양을 본떠서 **새 을**

또 십간(十干)의 둘째 천간으로도 쓰여 **둘째 천간 을, 둘째 을**

또 새 모양처럼 굽으니 **굽을 을**

甲男乙女(갑남을녀), 甲論乙駁(갑론을박)

2급 / 6획 / 부수 石

돌 석(石)과 새 을(乙)의 훈과 음을 결합하여 **이름 돌**

＋ 인·지명용 한자.

3급 / 3획 / 부수 乙

사람(𠂉)이 새 을(乙) 자처럼 몸 구부리고 비니 **빌 걸**

＋ 乏(가난할 핍, 모자랄 핍) - 1급
＋ 𠂉[사람 인(人)의 변형]

乞客(걸객), 乞人(걸인), 求乞(구걸), 伏乞(복걸)

3급II / 4획 / 부수 丿

초목의 싹이 움터서 자라 나가는 모양을 본떠서 **갈 지**

또 가듯이 무엇에 속하는 '~의'니 **~의 지**

또 향하여 가듯이 향하여 가리키는 이것이니 **이 지**

之東之西(지동지서), 感之德之(감지덕지)

2급 / 8획 / 부수 草(艹)

풀(艹)처럼 번져 가며(之) 자라는 지초나 버섯이니 **지초 지, 버섯 지**

＋ 지초(芝草) - ㉠ 지치. 지치과에 딸린 다년생 풀. ㉡ 영지(靈芝). 활엽수의 그루터기에 나는 버섯.
＋ 靈(신령스러울 령, 신령 령)

芝蘭(지란), 芝蘭之交(지란지교)

야지지타[也地池他] – 也로 된 한자

3급 / 3획 / 부수 乙

힘껏(力) 새(乚) 같은 힘이라도 또한 보태는 어조사니 **또한 야, 어조사 야**

+ 丩[힘 력(力)의 변형], 乚[새 을(乙)이 부수로 쓰일 때의 모양], '어조사(語助辭)'란 뜻 없이 다른 말의 뜻만 확실하 게 되도록 도와주는 말.
+ 語(말씀 어), 助(도울 조), 辭(말씀 사, 글 사, 물러날 사)

獨也靑靑(독야청청), 言則是也(언즉시야)

7급 / 6획 / 부수 土

흙(土) 또한(也) 온 누리에 깔린 땅이니 **땅 지**

또 어떤 땅 같은 처지니 **처지 지**

+ 土(흙 토)

地表(지표), 驚天動地(경천동지), 易地思之(역지사지)

3급Ⅱ / 6획 / 부수 水(氵)

물(氵) 또한(也) 넓게 고인 연못이니 **연못 지**

+ 氵(삼 수 변)

池塘(지당), 貯水池(저수지), 電池(전지), 蓄電池(축전지)

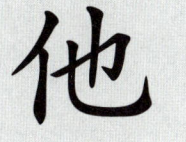

5급 / 5획 / 부수 人(亻)

사람(亻) 또한(也) 모두 다르고 남이니 **다를 타, 남 타**

+ 亻(사람 인 변)

他道(타도), 他鄕(타향), 排他(배타), 依他(의타)

DAY
25

권권권 권권[𠔉拳券 卷圈] - 𠔉, 卷으로 된 한자

참고자 / 6획

팔(八) 자 걸음으로 사내(夫)가 걸으며 구부정하게 구부리니 구부릴 권

➕ 아래 쓰인 글자들의 공통부분을 추측해 음과 뜻을 정해 본 글자로, 실제 쓰이는 글자는 아닙니다.

3급II / 10획 / 부수 手

구부려(𠔉) 손(手)가락을 말아 쥔 주먹이니 주먹 권

拳鬪(권투), 赤手空拳(적수공권), 跆拳(태권)

4급 / 8획 / 부수 刀

구부리고(𠔉) 앉아 칼(刀)로 새겨 만든 문서니 문서 권

➕ 옛날에는 나무 조각에 칼로 글자를 새겨서 문서를 펴냈다지요.
➕ 券과 卷의 구분 - 칼(刀)로 새겨 만든 문서면 문서 권(券), 무릎 꿇고(㔾) 앉아 읽는 책이면 책 권(卷)

券書(권서), 福券(복권), 食券(식권), 旅券(여권)

4급 / 8획 / 부수 㔾(㔾)

허리 구부리고(𠔉) 무릎 꿇고(㔾) 앉아 읽는 책이니 책 권

➕ 㔾(무릎 꿇을 절, 병부 절, = 卩)

卷頭言(권두언), 壓卷(압권), 手不釋卷(수불석권)

2급 / 11획 / 부수 囗

둘러싼(囗) 책(卷)의 둘레니 둘레 권

또 둘레를 막아 만든 우리니 우리 권

➕ 囗(에운담), 우리 - 짐승을 가두어 기르는 곳.

圈內(권내), 商圈(상권) 圈養(권양)

승등등등[勝騰謄藤] - 朕으로 된 한자

몸(月) 구부려(犬) 힘(力)써서 이기니 **이길 승**

또 이기면 뭔가 나으니 **나을 승**

6급 / 12획 / 부수 力

勝利(승리), 連戰連勝(연전연승), 勝景(승경), 絶勝(절승)

몸(月) 구부려(犬) 말(馬)에 뛰어오르니 **오를 등**

3급 / 20획 / 부수 馬

騰落(등락), 反騰(반등), 暴騰(폭등)

몸(月) 구부리고(犬) 앉아 말(言)을 베끼니 **베낄 등**

2급 / 17획 / 부수 言

謄本(등본), 謄寫(등사), 戶籍謄本(호적등본)

풀(艹) 중 몸(月) 구부려(犬) 물(氺)줄기처럼 뻗어가는 등나무니
등나무 등

2급 / 19획 / 부수 草(艹)

+ 氺(물 수 발), 등나무 - 콩과의 낙엽 덩굴성 식물. 줄기는 길이가 10미터 정도로 뻗고 마디가 있음.

藤架(등가), 葛藤(갈등)

기기기[气汽氣] – 气로 된 한자

4획 / 부수자

사람(𠂉) 입에서 **입김(一)**이 **나오는(乀)** 기운이니 **기운 기**

+ 𠂉[사람 인(人)의 변형]
+ 기운 – ㉠ 살아 움직이는 힘. ㉡ 눈에는 보이지 않으나 느껴지는 현상.

5급 / 7획 / 부수 水(氵)

물(氵)이 끓으면서 **기운(气)**차게 올라가는 김이니 **김 기**

+ 김 – 액체가 열을 받아서 기체로 변한 것.

汽管(기관), 汽船(기선), 汽笛(기적), 汽車(기차)

7급II / 10획 / 부수 气

기운(气)이 **쌀(米)**밥을 지을 때처럼 올라가는 기운이니 **기운 기**

또 이런 기운으로 이루어지는 대기니 **대기 기**

+ 閻 気 – 기운(气)이 교차하는(乂) 모양에서 '기운 기'
+ 대기(大氣) – '공기'를 달리 이르는 말.

氣力(기력), 感氣(감기), 氣象(기상)

승승 비번[升昇 飛飜] – 升, 飛로 된 한자

2급 / 4획 / 부수 十

천(千), 십(十) 등의 숫자로 곡식의 양을 헤아리는 되니 **되 승**

또 (되로 곡식의 양을 헤아릴 때) 되에 곡식을 퍼 올리듯 오르니 **오를 승**

+ 되 – 곡식, 가루, 액체 따위를 담아 분량을 헤아리는 데 쓰는 그릇.
+ 千[일천 천, 많을 천, 성씨 천(千)의 변형]

升級・昇級(승급), 升斗之利(승두지리)

3급II / 8획 / 부수 日

해(日)가 **떠오르듯이(升)** 오르니 **오를 승**

昇降機(승강기), 昇進(승진), 昇天(승천)

새가 날개 치며 날아**오르는**(升) 모양을 본떠서 날 **비**

또 날면 높고 빠르니 높을 **비**, 빠를 **비**

4급II / 9획 / 제부수

飛行(비행), 雄飛(웅비), 飛躍(비약), 飛虎(비호)

차례(番)로 **날아**(飛)오르며 뒤집어 나부끼니 뒤집을 **번**, 나부낄 **번**

또 말을 뒤집어 번역하니 번역할 **번**

3급 / 21획 / 부수 飛

+ 番(차례 번, 번지 번) – 제목번호 087 참고.

翻覆(번복), 翻譯(번역), 翻案(번안)

488　조명 오오[鳥鳴 烏嗚] – 鳥, 烏로 된 한자

앉아있는 새의 옆모양을 본떠서 새 **조**

4급II / 11획 / 제부수

鳥類(조류), 鳥足之血(조족지혈)

입(口)으로 새(鳥)처럼 우니 울 **명**

4급 / 14획 / 부수 鳥

悲鳴(비명), 自鳴鐘(자명종), 春雉自鳴(춘치자명)

(너무 검어 눈이 구분되지 않아) 새 조(鳥)에서 눈을 나타내는 일(一)을 빼서
까마귀 **오**

또 까마귀처럼 검으니 어찌할까에서 검을 **오**, 어찌 **오**

3급II / 10획 / 부수 火(灬)

+ 까마귀는 눈까지도 새까매서 눈이 구분되지 않으니 본뜰 때 눈(一)을 뺀 모양이 '까마귀 오(烏)'고, '검을 오, 어찌 오'로도 쓰입니다. 一('한 일'이지만 여기서는 눈으로 봄)

烏飛梨落(오비이락), 烏石(오석), 烏竹(오죽)

입(口)으로 까마귀(烏) 울음처럼 슬프게 탄식하니 탄식할 **오**

+ 까마귀를 흉조로 보고 그 울음소리를 불길하게 생각하여 만든 글자네요.
+ 탄식(歎息) – 한탄하며 한숨을 쉼.
+ 歎(탄식할 탄, 감탄할 탄), 息(쉴 식, 숨 쉴 식, 소식 식, 자식 식, 늘어날 식)

3급 / 13획 / 부수 口

嗚泣(오읍), 嗚呼痛哉(오호통재)

급수 외 한자 / 8획 / 제부수

꽁지 짧은 새를 본떠서 **새 추**

+ 宀 住(살 주, 사는 곳 주) - 제목번호 132 참고.
  佳(아름다울 가) - 제목번호 120 참고.
+ 새 추(隹)는 작은 새, 새 조(鳥)는 큰 새나 보통의 새를 말합니다.

4급II / 12획 / 부수 辶(辶)

(앞으로만 나아가는) **새(隹)**처럼 나아**가니(辶) 나아갈 진**

+ 辶(뛸 착, 갈 착, = 辶)
+ 새는 뒤로는 가지 못하고 앞으로만 가지요.

進級(진급), 進度(진도), 前進(전진) ↔ 後退(후퇴), 競進(경진)

3급II / 14획 / 부수 糸

실(糸)로 엮어 **새(隹)**를 잡는 그물의 벼리니 **벼리 유**

또 벼리처럼 튼튼한 끈으로 묶으니 **끈 유, 묶을 유**

+ 糸(실 사, 실 사 변), 벼리 - ① 그물코를 꿴 굵은 줄. ② 일이나 글의 뼈대가 되는 줄거리.

維新(유신), 維持(유지), 進退維谷(진퇴유곡), 纖維(섬유)

3급 / 11획 / 부수 心(忄)

마음(忄)이 앞으로만 가는 **새(隹)**처럼 오직 한 방향으로만 생각하니
생각할 유, 오직 유

+ 忄(마음 심 변)

思惟(사유), 惟獨(유독), 惟一(유일)

唯

3급 / 11획 / 부수 口

입(口)으로 **새(隹)**가 지저귐은 뜻을 알 수 없는 오직 소리뿐이니 **오직 유**

또 **입(口)**으로 **새(隹)** 지저귀듯 대답하니 **대답할 유**

唯物(유물), 唯一(유일), 唯唯諾諾(유유낙낙)

推

4급 / 11획 / 부수 手(扌)

(놓아 주려고) 손(扌)으로 새(隹)를 미니 **밀 추, 밀 퇴**

+ '밀 퇴'로는 퇴고(推敲)에만 쓰입니다.
+ 퇴고(推敲) - '밀고 두드림'으로, 글을 지을 때 여러 번 생각하여 고치고 다듬음.
+ 扌(손 수 변), 敲(두드릴 고)

推戴(추대), 推仰(추앙), 推薦(추천)

稚

3급II / 13획 / 부수 禾

벼(禾)가 작은 새(隹)만큼 겨우 자라 어리니 **어릴 치**

+ 禾(벼 화), 隹('새 추'로 작은 새를 가리킴)

稚拙(치졸), 幼稚(유치), 幼稚園(유치원)

雉

2급 / 13획 / 부수 隹

(걷다가) 화살(矢)처럼 갑자기 날아오르는 새(隹)는 꿩이니 **꿩 치**

+ 矢(화살 시), 꿩은 주로 걷다가 급하면 갑자기 화살처럼 공중으로 날아오름을 생각하고 만든 글자.

雉湯(치탕), 春雉自鳴(춘치자명)

誰

3급 / 15획 / 부수 言

말(言)을 새(隹)처럼 하니 누가 알아들을까에서 **누구 수**

誰某(수모), 誰何(수하), 誰怨誰咎(수원수구)

雖

3급 / 17획 / 부수 隹

입(口)에 벌레(虫)를 문 새(隹)는 비록 작아도 새끼를 기르니 **비록 수**

+ 虫[벌레 충(蟲)의 속자와 부수]

雖然(수연), 雖乞食厭拜謁(수걸식염배알)

雄

5급 / 12획 / 부수 隹

열(ナ) 마리를 사사로이(ム) 거느린 새(隹)는 수컷이며 크니
수컷 웅, 클 웅

+ ナ[열 십, 많을 십(十)의 변형], ム(사사로울 사, 나 사)
+ 보통 수컷 한 마리에 암컷 열 마리의 비율로 짐승을 기르지요.

雌雄(자웅), 雄辯(웅변), 雄壯(웅장), 英雄(영웅)

2급 / 10획 / 부수 水(氵)

얼음(冫)처럼 냉정하고 새(隹)처럼 높이 살펴 비준하니 **비준할 준**

+ 冫[얼음 빙(氷)이 부수로 쓰일 때의 모습으로 '이 수 변']

　准尉(준위), 准將(준장), 批准(비준), 認准(인준)

2급 / 11획 / 부수 水(氵)

물(氵) 중 새(隹)들이 많이 사는 곳의 물 이름이니 **물 이름 회**

+ 회수(淮水) - 중국 하남성(河南省) 동백산에서 발원하여 황하로 흘러드는 강.

　淮南子(회남자), 淮陽郡(회양군)

2급 / 12획 / 부수 隹

집(戶)에 갇힌 새(隹)처럼 남의 집에서 품 파는 머슴이니

품 팔 고, 머슴 고

또 남의 집(戶)에 알 낳는 새(隹)는 뻐꾸기니 **뻐꾸기 호**

+ 戶(문 호, 집 호)

　雇價(고가), 雇傭(고용), 雇用(고용), 解雇(해고)

3급 / 21획 / 부수 頁

집(戶)에서 키우는 새(隹)의 머리(頁)처럼 주인을 자주 돌아보니 **돌아볼 고**

+ 頁(머리 혈)
+ 먹이를 언제 주나 하고 돌아보지요.

　顧客(고객), 顧問(고문), 回顧(회고), 三顧草廬(삼고초려)

2급 / 12획 / 부수 火(灬)

새(隹)의 깃처럼 불(灬)에 잘 타니 **탈 초**

+ 灬(불 화 발)

　焦眉(초미), 焦思(초사), 焦燥(초조), 焦土(초토)

2급 / 16획 / 부수 日

해(日)가 작은 새(隹) 꼬리만큼 조금씩 올라오며(辶) 해 돋으니 **해 돋을 섬**

또 해 돋는 곳의 나라 이름이니 **나라 이름 섬**

+ 인·지명용 한자.
+ 섬라(暹羅) - 타이(Thailand)의 예전 이름인 시암(Siam)의 한자음 표기. 지금의 태국.
+ 羅(새 그물 라, 벌일 라, 비단 라, 성씨 라)

최최 집척쌍[崔催 集隻雙] - 崔, 隹로 된 한자 4

산(山)에 새(隹)가 나는 것처럼 높으니 **높을 최, 성씨 최**

+ 새가 평지에서 날 때보다 산에서 날 때가 더 높겠지요.

崔崔(최최), 崔致遠(최치원)

2급 / 11획 / 부수 山

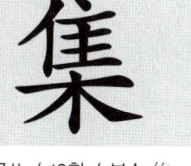

사람(亻)에게 높이(崔) 오르라고 재촉하며 열고 베푸니

재촉할 최, 열 최, 베풀 최

催告(최고), 催淚彈(최루탄), 開催(개최), 主催(주최)

3급Ⅱ / 13획 / 부수 人(亻)

새(隹)가 나무(木) 위에 모이듯 모으니 **모일 집, 모을 집**

또 여러 내용을 모아 만든 책이니 **책 집**

集合(집합), 採集(채집), 文集(문집), 全集(전집)

6급Ⅱ / 12획 / 부수 隹

새(隹) 한 마리만 또(又) 날아가는 홀로니 **홀로 척**

또 홀로 한 척씩 다니는 배를 세는 단위인 외짝이니 **외짝 척**

+ 又(오른손 우, 또 우)
+ 배를 세는 단위로도 쓰입니다.

隻手(척수), 隻身(척신), 隻愛(척애)

2급 / 10획 / 부수 隹

새(隹)와 새(隹) 두 마리가 손(又) 위에 있는 쌍이니 **둘 쌍**

+ 역 双 - 손(又)과 손(又)이 둘로 쌍이니 '둘 쌍'
+ 쌍 - 둘씩 짝을 이룬 것.

雙雙(쌍쌍), 雙發(쌍발), 雙方(쌍방)

3급Ⅱ / 18획 / 부수 隹

雜

4급 / 18획 / 부수 隹

우두**머리**(亠) 아래 모인 **사람**(人)과 **사람**(人)들이 **나무**(木) 위에 여러 종류의 **새**(隹)들처럼 섞이니 **섞일 잡**

+ 젠 雜 – 많이(九) 나무(木) 위에 여러 종류의 새(隹)들처럼 섞이니 '섞일 잡'
+ 亠(머리 부분 두), 木(나무 목), 九(아홉 구, 클 구, 많을 구)

雜穀(잡곡), 雜技(잡기), 雜多(잡다), 雜務(잡무)

携

3급 / 13획 / 부수 手(扌)

손(扌)으로 **새**(隹)를 잡듯 **곧**(乃) 끌어 가지니 **끌 휴, 가질 휴**

+ 扌(손 수 변), 새는 부리나 발로 무엇을 끌어 가지지요.

携帶(휴대), 携帶品(휴대품), 携引(휴인), 提携(제휴)

舊

5급Ⅱ / 18획 / 부수 臼

풀(艹)로 **새**(隹)들이 **절구**(臼) 같은 둥지를 만듦은 오래된 예부터니 **오랠 구, 옛 구**

+ 젠 旧 – 일(丨) 일(日)만 지났어도 오래된 옛날이니 '오랠 구, 옛 구'
+ 臼(절구 구)

舊殼(구각), 舊式(구식), 舊態依然(구태의연), 新舊(신구), 親舊(친구)

懼

3급 / 21획 / 부수 心(忄)

마음(忄)이 **두 눈**(目目) 두리번거리는 **새**(隹)처럼 두려워하니 **두려워할 구**

+ 忄(마음 심 변)

疑懼(의구), 疑懼心(의구심)

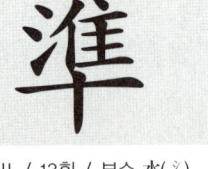

準

4급Ⅱ / 13획 / 부수 水(氵)

물(氵) 위에 **새**(隹) **열**(十) 마리가 평평하게 법도에 준하여 날아가니 **평평할 준, 법도 준, 준할 준**

+ 젠 準 – 얼음(冫)처럼 추운 하늘에 새(隹) 열(十) 마리가 평평하게 법도에 준하여 날아가니 '평평할 준, 법도 준, 준할 준'
+ 준하다 – 어떤 본보기에 비추어 그대로 좇다.
+ 새들은 법도에 준하듯 일정한 대열을 이루고 날아가지요.

平準化(평준화), 基準(기준), 準決勝(준결승)

2급 / 13획 / 부수 隹

머리(亠)까지 **작은(彡) 새(隹)**처럼 안아주면 마음이 누그러지고 화하니

누그러질 **옹**, 화할 **옹**

+ 亠(머리 부분 두), 彡[작을 요, 어릴 요(幺)의 변형], 隹(새 추)
+ 화(和)하다 – ㉠ (무엇을) 타거나 섞다. ㉡ (날씨나 바람·마음 따위가) 따뜻하고 부드럽다. 여기서는 ㉡의 뜻.
+ 화(化)하다 – 다른 상태가 되다.

雍也(옹야), 雍容(옹용), 雍和(옹화) – 화목(和睦).

2급 / 18획 / 부수 瓦

누그러지게(雍) 반죽한 진흙으로 크게 만들어 **질그릇(瓦)**처럼 구워 만든 독이니

독 **옹**

+ 瓦(기와 와, 질그릇 와, 실패 와), 독 – ㉠ 건강이나 생명에 해가 되는 성분. ㉡ 간장·술·김치 따위를 담가 두는 데에 쓰는 큰 오지그릇이나 질그릇. 여기서는 ㉡의 뜻.

甕器(옹기), 甕棺(옹관), 鐵甕城(철옹성)

3급 / 16획 / 부수 手(扌)

손(扌)으로 **머리(亠)**까지 **작은(彡) 새(隹)**처럼 안으니 **안을 옹**

+ 彡[작을 요, 어릴 요(幺)의 변형]

擁立(옹립), 擁壁(옹벽), 擁護(옹호), 抱擁(포옹)

DAY
25

4급 / 19획 / 부수 隹

짐승(离)이나 **새(隹)**처럼 기약 없이 헤어지니 **헤어질 리(이)**

+ 离 – 머리 부분(亠)에 베인(乂) 듯 입 벌린 모양(凵)의 짐승이 사사로이(厶) 성(冂) 같은 발자국을 남기고 떠나니 '짐승 리(이), 떠날 리(이)'
+ 亠(머리 부분 두), 乂(벨 예, 다스릴 예, 어질 예), 凵(입 벌릴 감, 그릇 감), 厶(사사로울 사, 나 사), 冂(멀 경, 성 경)
+ ⨔ 雜 – 글(文)을 남기고 새(隹)처럼 울며 헤어지니 '헤어질 리(이)'
+ 짐승이나 새는 기약 없이 헤어지지요.

離別(이별), 離散(이산), 會者定離(회자정리)

그물(人)로 씌워 잡는 **짐승(离)**은 날짐승이니 **날짐승 금**

+ 人('사람 인'이지만 여기서는 그물로 봄), 凵(입 벌릴 감, 그릇 감)
+ 총이 없었던 옛날에는 날짐승을 그물로 씌워 잡았지요.

禽獸(금수), 禽獸魚蟲(금수어충), 禽獸行(금수행)

3급Ⅱ / 14획 / 부수 鳥

안석(几)에 새기는 하나(一)의 새(鳥)는 봉황새니 봉황새 봉

+ 안석(案席) – 앉을 때 몸을 기대는 방석.
+ 봉황(鳳凰)은 상서로움을 상징하는 상상의 새로, 귀한 분의 안석이나 여러 도구, 상장 등에 새기지요.
+ 几(안석 궤, 책상 궤), 案(책상 안, 생각 안, 계획 안), 席(자리 석), 凰(봉황새 황), 봉(鳳)은 수컷, 황(凰)은 암컷.

鳳仙花 (봉선화), 龍味鳳湯 (용미봉탕)

3급 / 17획 / 부수 鳥

강(江)에 사는 새(鳥) 중 기러기니 기러기 홍

鴻功 (홍공), 鴻基 (홍기)

5급 / 10획 / 부수 山

바다에 새(鳥)들이 사는 산(山)처럼 높은 섬이니 섬 도

+ 동 嶋 – (바다에) 산(山)처럼 높아 새(鳥)들도 사는 섬이니 '섬 도'
+ 鳥 [새 조(鳥)의 획 줄임], 山(산 산)

群島 (군도), 半島 (반도), 列島 (열도)

3급 / 12획 / 부수 隹

바위(厂)틈에 살며 사람(亻)처럼 예의 바른 새(隹鳥)는 기러기니 기러기 안

+ 厂(굴 바위 엄, 언덕 엄), 亻(사람 인 변)
+ 홍(鴻)은 큰 기러기, 안(雁)은 작은 기러기로 구분하세요.

雁書 (안서), 雁信 (안신), 雁柱 (안주), 雁行 (안항)

4급Ⅱ / 17획 / 부수 心

집(广)에서 사람(亻)이 키운 새(隹)가 주인을 따르듯 마음(心)에 응하니 응할 응

+ 일 応 – 집(广)에 적응하는 마음(心)처럼 무엇에 응하니 '응할 응'
+ 广(집 엄)

應感 (응감), 應擧 (응거), 應急 (응급), 應試 (응시)

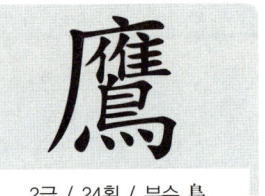

2급 / 24획 / 부수 鳥

집(广)에서 사람(亻)이 기르는 새(隹) 중 다른 새(鳥)를 잡는 매니 매 응

+ 옛날에는 집에서 매를 길러 짐승을 잡는 매사냥이 많았다지요.

鷹犬 (응견), 鷹視 (응시). *凝視 (응시)

3급II / 16획 / 부수 大

큰(大) 새(隹)가 밭(田)에서 먹이를 찾으려고 다른 일은 떨치고 힘쓰니

떨칠 **분**, 힘쓸 **분**

+ 떨치다 - ㉠ 위세나 명성 같은 것이 널리 알려지다. ㉡ 세게 떨어지게 하다. 여기서는 ㉡의 뜻.

奮起(분기), 奮發(분발), 興奮(흥분), 孤軍奮鬪(고군분투)

3급II / 14획 / 부수 大

큰(大) 새(隹)가 발 마디(寸)를 굽혀 잡듯 남의 것을 빼앗으니 **빼앗을 탈**

+ 寸(마디 촌, 법도 촌)

奪骨(탈골), 奪取(탈취), 強奪(강탈), 掠奪(약탈)

4급II / 15획 / 부수 石

돌(石)로 덮으면(冖) 새(隹)도 날지 못함이 굳게 확실하니

굳을 **확**, 확실할 **확**

+ 확실(確實)하다 - 틀림없이 그러하다.
+ 冖(덮을 멱), 實(열매 실, 실제 실)

確答(확답), 確實(확실), 的確(적확), 正確(정확)

鶴

3급II / 21획 / 부수 鳥

목이 길어 하늘(冖)을 찌르는 모양으로

날아가는 작은 새(隹)나 큰 새(鳥)는 모두 학이니 **학 학**

+ 학 - 두루미
+ 冖('덮을 멱'이지만 여기서는 하늘로 봄)

鶴舞(학무), 鶴髮(학발), 群鷄一鶴(군계일학)

護

4급II / 21획 / 부수 言

말(言) 못하는 풀(艹) 속의 새(隹)들이지만 또(又)한 보호하니

보호할 **호**

+ 보호(保護) - ㉠ 위험이나 곤란 따위가 미치지 아니하도록 잘 보살펴 돌봄. ㉡ 잘 지켜 원래대로 보존되게 함.
+ 又(오른손 우, 또 우), 保(보호할 보)

護國(호국), 看護(간호), 辯護(변호)

穫

3급 / 19획 / 부수 禾

벼(禾)를 풀(艹) 속의 새(隹)들이 또(又) 먹을까 염려되어 거두니

거둘 **확**

+ 새가 많았던 옛날에는 곡식이 익어갈 무렵이면 들에 나가 새를 쫓았지요.

收穫(수확), 多收穫(다수확), 一樹百穫(일수백확)

개(犭)가 풀(艹) 속에 있는 새(隹)를 또(又) 잡아와 얻으니 **얻을 획**

+ 犭(큰 개 견, 개 사슴 록 변)
+ 사냥을 가거나 농사일에 따라온 개가 짐승이나 꿩 같은 새를 잡아 온다는 글자입니다.

獲得(획득), 濫獲(남획), 漁獲(어획)

3급Ⅱ / 17획 / 부수 犬(犭)

---

497 **관권 관권환[雚權 觀勸歡] – 雚으로 된 한자**

풀(艹) 속에 입(口)과 입(口)을 넣어 먹이를 찾는 새(隹)는 황새니
황새 관

+ 艹(초 두), 隹(새 추)
+ 雚이 들어간 글자를 약자로 쓸 때는 雚부분을 隺이나 오른손 우, 또 우(又)로 씁니다.

급수 외 한자 / 18획 / 부수 隹

나무(木)에 앉은 황새(雚)처럼 의젓해 보이는 권세니 **권세 권**

+ 약 権, 权

權座(권좌), 權利(권리), 棄權(기권), 債權(채권)

4급Ⅱ / 22획 / 부수 木

황새(雚)처럼 목을 늘이고 보니(見) **볼 관**

+ 약 観, 观
+ 見(볼 견, 뵐 현)

觀光(관광), 觀覽(관람), 觀相(관상), 觀衆(관중)

5급Ⅱ / 25획 / 부수 見

황새(雚)처럼 의젓하도록 힘써(力) 권하니 **권할 권**

+ 약 勧, 劝

勸學(권학), 勸誘(권유), 勸善懲惡(권선징악)

4급Ⅱ / 20획 / 부수 力

황새(雚)가 하품(欠)하듯 입을 벌리며 기뻐하니 **기뻐할 환**

+ 약 歓, 欢
+ 欠(하품 흠, 모자랄 흠, 이지러질 결, 빠질 결)

歡談(환담), 歡迎(환영) ↔ 歡送(환송), 哀歡(애환)

4급 / 22획 / 부수 欠

3급Ⅱ / 6획 / 제부수

새의 양 날개와 깃을 본떠서 **날개 우, 깃 우**

+ 깃 – 새 날개의 털.

羽角(우각), 羽毛(우모), 羽化登仙(우화등선)

2급 / 11획 / 부수 羽

세워(立) 깃(羽)을 치듯이 도우니 **도울 익**

翊戴(익대), 翊成(익성)

6급 / 11획 / 부수 羽

아직 깃(羽)이 흰(白) 어린 새가 나는 법을 익히니 **익힐 습**

+ 새도 처음부터 나는 것이 아니라 나는 법을 익혀서 날지요. 새는 종류에 관계없이 아주 어릴 때는 모두 깃이 흰색이랍니다.

習慣(습관), 習性(습성), 熟習難防(숙습난방)

5급 / 18획 / 부수 日

해(日) 뜨면 깃(羽) 치는 새(隹)들처럼 활동하는 요일이니 **요일 요**

+ 요일(曜日) – 일주일의 각 날을 이르는 말.

曜日表(요일표), 月曜日(월요일)

2급 / 20획 / 부수 羽

빛(光)이 날개(羽) 치는 새(隹)처럼 빛나니 **빛날 요**

+ 光(빛 광)

耀耀(요요), 耀德(요덕), 光耀(광요)

3급 / 21획 / 부수 足(⻊)

발(⻊)로 날개(羽) 가진 새(隹)가 땅에서 다닐 때처럼 팔짝팔짝 뛰니 **뛸 약**

+ ⻊[발 족, 넉넉할 족(足)의 변형]

躍動(약동), 躍進(약진), 跳躍(도약), 飛躍(비약)

물(氵) 속에 날개(羽)를 넣고 새(隹)들도 몸을 씻으니 씻을 **탁**

또 씻어 빠니 빨 **탁**

3급 / 17획 / 부수 水(氵)

濯足(탁족), 洗濯(세탁)

---

499 4우 만려려 우[禺偶遇愚 萬勵礪 禹] - 禺, 萬으로 된 한자와 禹

밭(田)에 기른 농작물을 발자국(内) 남기며 훔쳐 먹는 원숭이니

원숭이 **우**

급수 외 한자 / 9획 / 부수 内

+ 内 - 성(冂)처럼 사사로이(厶) 남긴 발자국이니 '발자국 유'
+ 田(밭 전), 冂(멀 경, 성 경), 厶(사사로울 사, 나 사)

사람(亻)이 원숭이(禺)를 닮음은 우연이니 우연 **우**

또 우연히 서로 닮은 짝이나 허수아비니 짝 **우**, 허수아비 **우**

3급Ⅱ / 11획 / 부수 人(亻)

+ 우연(偶然) - 아무런 인과 관계 없이 뜻하지 않게 일어난 일.
+ 허수아비 - ㉠ 곡식을 해치는 새·짐승 따위를 막기 위하여 막대기와 짚 따위로 만들어 논밭에 세우는 사람 모양의 물건. ㉡ 제 구실을 못하고 자리만 차지하고 있는 사람을 비유적으로 이르는 말. ㉢ 주관 없이 남이 시키는 대로 행동하는 사람을 비유적으로 이르는 말.

偶發(우발), 配偶者(배우자), 偶像(우상)

원숭이(禺)처럼 뛰어가(辶) 만나서 대접하니 만날 **우**, 대접할 **우**

4급 / 13획 / 부수 辵(辶)

+ 辶(뛸 착, 갈 착, = 辶)

不遇(불우), 待遇(대우), 禮遇(예우), 處遇(처우)

원숭이(禺)의 마음(心) 정도로 어리석으니 어리석을 **우**

3급Ⅱ / 13획 / 부수 心

+ 어리석다 - 슬기롭지 못하고 둔하다.

愚鈍(우둔), 愚直(우직), 愚問愚答(우문우답)

풀(艹)밭에는 **원숭이**(禹)도 많으니 **많을 만**

또 많은 숫자인 일만이니 **일만 만**

8급 / 13획 / 부수 草(艹)

+ 얙 万 – 하늘(一) 아래에는 싸여(勹)있는 물건도 많으니 '많을 만'
　　　또 많은 숫자인 일만이니 '일만 만'
+ 一('한 일'이지만 여기서는 '하늘'로 봄), 勹(쌀 포)
+ 한자가 만들어진 중국에는 원숭이도 많습니다.

萬能(만능), 萬物(만물), 萬福(만복), 萬歲(만세), 萬事如意(만사여의)

굴 바위(厂) 밑 같은 상황에서도 **많이**(萬) **힘**(力)쓰니
힘쓸 려(여)

3급Ⅱ / 17획 / 부수 力

+ 윤 勸(권할 권) – 제목번호 497 참고.
+ 얙 励
+ 厂(굴 바위 엄, 언덕 엄), 力(힘 력)

激勵(격려), 督勵(독려), 奬勵(장려), 刻苦勉勵(각고면려)

돌(石) 중 굴 바위(厂)처럼 걸어놓고 칼을 **많이**(萬) 가는 숫돌이니
숫돌 려(여), 갈 려(여)

2급 / 20획 / 부수 石

+ 갈다 – 칼날을 날카롭게 세우기 위하여, 또는 표면을 매끄럽게 하기 위하여 다른 물건에 대고 문지르다.
+ 숫돌 – 칼이나 낫 따위의 연장을 갈아 날을 세우는 데 쓰는 돌.

礪石(여석), 礪行(여행)

DAY

25

삐뚤어진(丿) 일도 항상 **중심**(中)을 잡고 **짐승 발자국**(内)처럼
큰 흔적을 남기게 일했던 우임금이니 **우임금 우, 성씨 우**

2급 / 9획 / 부수 内

+ 内 – 사사로이(厶) 성(冂)처럼 남긴 짐승 발자국이니 '짐승 발자국 유'
+ 우(禹) – ㉠ 중국의 전설상의 천자(天子). 요·순 시대에 대규모의 치수 공사에 성공하고 순 임금으로부터 임금 자리를 물려받아 하 왕조(夏王朝)의 시조(始祖)가 되었다 함. ㉡ 성(姓)씨의 하나.

田禹治傳(전우치전) – 조선 시대의 국문 소설

5급 / 11획 / 제부수

물고기를 잡아서 걸어놓은 모양을 본떠서 물고기 **어**, 성씨 **어**

魚類(어류), 魚族(어족), 活魚(활어), 一魚濁水(일어탁수)

5급 / 14획 / 부수 水(氵)

물(氵)에서 물고기(魚)를 잡으니 고기 잡을 **어**

+ 물고기 모양을 본떠서 '물고기 어(魚)', 물에서 물고기를 잡으니 물을 뜻하는 삼 수 변(氵)을 붙여서 '고기 잡을 어(漁)'로 구분하세요.

漁夫·漁父(어부), 豊漁(풍어), 漁父之利(어부지리)

5급II / 17획 / 부수 魚

물고기(魚)가 양(羊)처럼 곱게 깨끗하고 싱싱하니

고울 **선**, 깨끗할 **선**, 싱싱할 **선**

+ 羊(양 양)이 들어가면 대부분 좋은 의미의 글자입니다.

鮮度(선도), 鮮明(선명), 生鮮(생선), 新鮮(신선)

3급II / 20획 / 부수 草(艹)

(못 먹어 영양실조에 걸린 사람은)
채소(艹)와 물고기(魚)와 벼(禾) 같은 곡식을 먹으면 깨어나 소생하니

깨어날 **소**, 소생할 **소**

+ 통 甦 - 다시(更) 살아나(生) 소생하니 '소생할 소' - 1급
+ 통 - 뜻이 서로 통하는 글자.
+ 艹('초 두로', 여기서는 채소로 봄), 禾('벼 화'로, 벼는 곡식의 대표), 更(고칠 경, 다시 갱)

蘇生(소생), 回蘇(회소), 蘇鐵(소철), 蘇聯(소련)

2급 / 15획 / 부수 魚

물고기(魚)가 해(日)를 따라 나와 말라 죽듯이 자기 죽는 줄도 모르게
어리석으니 어리석을 **로(노)**, 노나라 **노**

愚魯(우로), 魚魯不辨(어로불변)

01~03 다음 漢字의 訓과 音을 쓰시오.

01. 藤, 雉, 准

02. 淮, 焦, 甕

03. 鷹, 翊, 耀

04~06 다음 漢字語의 讀音을 쓰시오.

04. 芝蘭之交, 圈內, 謄寫

05. 礪石, 敦篤, 蓄電池

06. 汽笛, 昇降機, 蘇生

07~09 다음 문장에서 ( ) 안의 漢字語를 漢字(正字)로 바꾸어 쓰시오.

07. (신구) 임원들이 한자리에 다 집합했습니다.

08. (경진) 대회에 나가기 위해 열심히 준비했지요.

09. (확실)한 답변을 우리는 학수고대하고 있어요.

10 다음 [ ] 안의 漢字와 뜻이 비슷한 한자는?

10. [收] ① 確 ② 護 ③ 穫 ④ 獲

11~12 다음 漢字語의 反對語 또는 相對語를 漢字(正字)로 쓰시오.

11. 敗北 ↔ (   )

12. 降等 ↔ (   )

정답

01. 등나무 등, 꿩 치, 비준할 준   02. 물 이름 회, 탈 초, 독 옹   03. 매 응, 도울 익, 빛날 요
04. 지란지교, 권내, 등사   05. 여석, 돈독, 축전지   06. 기적, 승강기, 소생
07. 新舊   08. 競進   09. 確實
10. ③   11. 勝利   12. 昇進

往者不可諫, 來者猶可追.
"지나간 일은 되돌릴 수 없으나,
다가올 일은 결정할 수 있다."

－ ≪논어≫, 〈미자(微子)〉 －

제3편

한자 응용하기

고사성어

고사성어는 단 몇 글자로 말하고 싶은 내용을 선명하게 표현할 수 있다는 장점이 있어서 각종 시험에 출제됨은 물론 일상생활에도 많이 쓰입니다.

무조건 외지 마시고 먼저 글자대로 해석해 보고 다음에 의역을 하여 뜻을 분명히 알아 두었다가 일상생활에서 자주 사용해 보시면 자신도 모르게 익혀집니다.

시험에서는 ① 고사성어를 제시하고 뜻을 고르라거나, ② 뜻을 제시하고 그 뜻에 맞는 고사성어를 쓰라던가, ③ 뜻을 제시하고 고사성어의 일부 빈칸을 채우라는 식으로 출제되는데 시험에서는 주로 ③의 방식으로 많이 출제됩니다.

고사성어도 있는 그대로만 익혀서 쓰지 말고 상황에 맞게 글자를 바꾸어 써 보는, 즉 (조사도 붙지 않고 어미 변화도 없이 그 모양 그대로 뜻을 가지고 있는) 한자의 특성을 마음껏 활용해보는 습관이 풍부하고 다양한 어휘력 신장의 지름길이지요.

예 유전무죄(有錢無罪) 돈만 있으면 죄가 없음.

무전유죄(無錢有罪) 돈이 없는 것이 죄가 있음(됨).

유전유죄(有錢有罪) 돈이 있는 것이 죄가 있음(됨).

무전무죄(無錢無罪) 돈도 없고 죄도 없음.

+ 有(가질 유, 있을 유), 錢(돈 전), 無(없을 무), 罪(허물 죄)

위 경우처럼 실생활에서 응용하여 사용하면, 그 말의 분명한 이해는 물론, 상황에 맞는 적당한 표현을 할 수도 있고, 어휘력과 문장력도 나날이 향상됩니다.

各人各色(각인각색) '각 사람마다 각각의 색'으로, 태도·언행 등이 사람마다 다 다름. 圇 各人各樣(각인각양), 十人十色(십인십색)

+ 제2편 한자 익히기에서 글자 형태가 유사한 글자를 圇로 나타냈는데 고사성어에서는 圇를 뜻이 유사한 고사성어로 봅니다.

+ 各(각각 각), 人(사람 인), 色(빛 색)

感慨無量(감개무량) 감동이나 느낌이 헤아릴 수 없을 만큼 많음(끝이 없음). 또는 그런 감동이나 느낌.

+ 感(느낄 감, 감동할 감), 慨(슬퍼할 개), 無(없을 무), 量(헤아릴 량, 용량 량)

甘井先渴(감정선갈) '(물맛이) 단(좋은) 우물이 먼저 마름'으로, 재능 있는 사람이 일찍 쇠함을 이르는 말. 圇 甘泉先渴(감천선갈), 直木先伐(직목선벌), 佳人薄命(가인박명), 美人薄命(미인박명), 紅顔薄命(홍안박명)

+ 甘(달 감), 井(우물 정, 우물들 정), 先(먼저 선), 渴(마를 갈)

感之德之(감지덕지) '감사하고 덕스럽게 생각함'으로, 대단히 고맙게 여김.

+ 感(느낄 감, 감동할 감), 之(갈 지, ~의 지, 이 지), 德(덕 덕, 클 덕)

改頭換面(개두환면) '머리를 고치고 얼굴을 바꿈'으로, 내용은 그대로 두고 단지 그 표면만을 고치거나 일을 근본적으로 고치지 않고 사람만 바꿔 놓음.

+ 改(고칠 개), 頭(머리 두, 우두머리 두), 換(바꿀 환), 面(얼굴 면, 향할 면, 볼 면, 행정 구역의 면)

開門納賊(개문납적) '문을 열고 도둑을 들임'으로, 제 스스로 화를 만듦.

+ 開(열 개), 門(문 문), 納(들일 납), 賊(도둑 적)

蓋世之才(개세지재) '세상을 덮을만한 재주'로, 세상을 마음대로 다스릴만한 뛰어난 재주. 또는 그러한 재주를 가진 사람. – 〈사기(史記) 항우본기(項羽本紀)〉

+ 항우(項羽)의 역발산기개세(力拔山氣蓋世 – 힘은 산을 뽑을 만하고 기상은 세상을 덮을만하도다)라는 시(詩) 구절에서 유래.

+ 蓋(덮을 개, 대개 개), 世(세대 세, 세상 세), 之(갈 지, ~의 지, 이 지), 才(재주 재, 바탕 재)

客反爲主(객반위주) ‘손님이 거꾸로 주인 행세를 함’으로, ① 주객(主客)이 전도됨. ② 사물의 대소(大小)·경중(輕重)·전후(前後)가 뒤바뀜. ㊌ 主客顚倒(주객전도)

+ 客(손님 객), 反(거꾸로 반, 뒤집을 반), 爲(할 위, 위할 위), 主(주인 주), 輕(가벼울 경), 重(무거울 중, 귀중할 중, 거듭 중), 前(앞 전), 後(뒤 후)

客窓寒燈(객창한등) ‘손님의 창에 비치는 차가운 등불’로, 외로운 나그네의 신세를 이르는 말.

+ 窓(창문 창), 寒(찰 한), 燈(등불 등)

更無道理(갱무도리) ‘다시는 어찌할 도리가 없음’으로, 한 번 일을 그르쳐서 잘못된 뒤에는 그것을 어떻게 수습할 방안이 없음을 이르는 말.

+ 更(고칠 경, 다시 갱), 無(없을 무), 道(길 도, 도리 도, 말할 도, 행정 구역의 도), 理(이치 리, 다스릴 리)

去去益甚(거거익심) 갈수록 더욱 심함.

+ 去(갈 거, 제거할 거), 益(더할 익, 유익할 익), 甚(심할 심)

乞人憐天(걸인연천) ‘거지가 하늘을 불쌍히 여김’으로, ① 부질없는 걱정을 함. ② 불행한 처지에 놓여 있는 사람이 부질없이 행복한 사람을 동정함. - 〈순오지(旬五志)〉

+ 乞(빌 걸), 人(사람 인), 憐(불쌍히 여길 련), 天(하늘 천)

見危授命(견위수명) ‘위태로움을 보면 목숨을 줌(바침)’으로, 나라가 위태로움에 빠지면 목숨을 아끼지 않고 나라를 위하여 싸움. - 〈논어(論語)〉 ㊌ 見危致命(견위치명)

+ 見(볼 견, 뵐 현), 危(위험할 위), 授(줄 수, 가르칠 수), 命(명령할 명, 목숨 명, 운명 명)

堅忍不拔(견인불발) ‘굳게 참으며 뽑지 않음’으로, 굳게 참아 견디어 마음이 흔들리지 않음.

+ 堅(굳을 견), 忍(참을 인, 잔인할 인), 不(아닐 불·부), 拔(뽑을 발)

犬兎之爭(견토지쟁) ‘개와 토끼의 다툼’으로, 양자의 싸움에서 제 3자가 이익 봄을 이르는 말. ㊌ 漁夫之利(어부지리)

+ 개가 토끼를 쫓아 산을 돌고 돌다가 둘이 다 지쳐 죽으므로 농부가 주워 갔다는 데서 유래.
+ 犬(개 견), 兎(토끼 토), 之(갈 지, ~의 지, 이 지), 爭(다툴 쟁)

兼人之勇(겸인지용) 겸한 사람의(혼자서 능히 몇 사람을 당해 낼만한) 용기. ㊌ 兼人之力(겸인지력)

+ 兼(겸할 겸), 人(사람 인), 勇(날랠 용)

經國濟世(경국제세) ‘나라를 다스려 세상을 구제함’으로, 나라를 잘 다스려 도탄에 빠진 백성을 구함. ㊌ 經世濟民(경세제민), 經濟(경제)

+ 經(지날 경, 날실 경, 경서 경), 國(나라 국), 濟(건널 제, 구제할 제), 世(세대 세, 세상 세)

傾國之色(경국지색) ‘나라도 기울게 할 정도의 여색’으로, 임금이 빠져 나라가 기울어도 모를 만한 미인, 즉 매우 아름다운 여자를 이르는 말. ㊌ 天下絶色(천하절색)

+ 傾(기울 경), 之(갈 지, ~의 지, 이 지), 色(빛 색, 여색 색)

輕敵必敗(경적필패) 적을 가볍게 보면 반드시 패함.

+ 輕(가벼울 경), 敵(원수 적), 必(반드시 필), 敗(패할 패)

敬天勤民(경천근민) 하늘을 공경하고 백성을 부지런히 다스림.

+ 敬(공경할 경), 天(하늘 천), 勤(부지런할 근, 일 근), 民(백성 민)

經天緯地(경천위지) ‘하늘과 땅을 날과 씨로 엮음’으로, ① 온 천하를 조직적으로 잘 계획하여 다스림. ② 일을 계획적으로 준비하고 다스림.

+ 經(지날 경, 날실 경, 경서 경), 天(하늘 천), 緯(씨실 위), 地(땅 지, 처지 지)

高官大爵(고관대작) 높고 큰 벼슬자리. 또는 그 벼슬아치.

+ 高(높을 고), 官(관청 관, 벼슬 관), 爵(벼슬 작, 술잔 작)

高臺廣室(고대광실) ‘높은 누각 넓은 집’으로, 크고 좋은 집. ㊌ 高樓巨閣(고루거각) ㊙ 一間斗屋(일간두옥)

+ 臺(누각 대, 정자 대), 廣(넓을 광), 室(집 실, 방 실, 아내 실)

古色蒼然(고색창연) ‘오래되어 색이 푸름’으로, 오래되어 푸른 이끼가 끼어 예스러운 풍치가 그윽함.

+ 古(오랠 고, 옛 고), 色(빛 색), 蒼(푸를 창), 然(그러할 연, 형용사 뒤에 붙어서 앞말의 뜻만 강조하기도 함), 예스럽다 - 옛 것다운 맛이 있다.

苦肉之策(고육지책) ‘괴로운 몸의 꾀’로, 적을 속이거나 어려운 사태를 벗어나기 위한 수단으로 제 몸을 괴롭혀 가면서까지 짜내는 계책. - 〈삼국지연의(三國志演義)〉 ㊌ 苦肉之計(고육지계), 苦肉計(고육계), 苦肉策(고육책)

+ 苦(쓸 고, 괴로울 고), 肉(고기 육), 策(채찍 책, 꾀 책), 計(셈할 계, 꾀할 계)

固執不通(고집불통) ‘굳게 잡아 통하지 않음’으로, 조금도 융통성 없이 자기주장만 계속 내세움. 또는 그런 사람.

+ 固(굳을 고, 진실로 고), 執(잡을 집, 집행할 집), 不(아닐 불·부), 通(통할 통), 고집(固執) – 자기의 의견을 바꾸거나 고치지 않고 굳게 버팀. 또는 그렇게 버티는 성미.

高枕短命(고침단명) '베개가 높으면 목숨이 짧아짐'으로, 베개는 적당한 높이로 베어야 함을 이르는 말.
+ 枕(베개 침), 短(짧을 단, 모자랄 단), 命(명령할 명, 목숨 명, 운명 명)

高枕安眠(고침안면) '베개를 높이 하고 편히 잠을 잠'으로, 근심걱정 없이 한가로이 살아감을 이르는 말.
囧 高枕而臥(고침이와)
+ 枕(베개 침), 安(편안할 안), 眠(잘 면)

骨肉相爭(골육상쟁) '뼈와 살이 서로 다툼'으로, 동족끼리 서로 싸움. 囧 同族相殘(동족상잔)
+ 骨(뼈 골), 肉(고기 육), 相(서로 상, 모습 상, 볼 상, 재상 상), 爭(다툴 쟁)

公卿大夫(공경대부) (조선 시대에) 삼공(三公)과 구경(九卿)과 대부(大夫), 곧 벼슬이 높은 사람들을 이르는 말.
+ 公(공평할 공, 대중 공, 귀공자 공), 卿(벼슬 경), 大(큰 대), 夫(사내 부, 남편 부), 삼공(三公) – 삼정승으로, 영의정, 좌의정, 우의정.
+ 구경(九卿) – 육조판서(六曹判書), 좌우(左右) 참찬(參贊), 한성(漢城) 판윤(判尹)의 아홉 대신.
+ 대부(大夫) – 고려·조선 시대에, 벼슬의 품계에 붙이던 칭호.

公私多忙(공사다망) 공적·사적인 일로 많이 바쁨.
+ 공적인 일로 바쁘면 公事多忙(공사다망), 사적인 일로 바쁘면 私事多忙(사사다망)이네요.
+ 私(사사로울 사), 多(많을 다), 忙(바쁠 망), 事(일 사, 섬길 사)

公平無私(공평무사) (어느 쪽에도 치우치지 않고) 공평하여 사사로움이 없음.
+ 平(평평할 평, 평화 평), 無(없을 무), 私(사사로울 사)

過失相規(과실상규) '지나친 실수(나쁜 행실)를 하지 못하도록 서로 규제함'으로, 잘못이 있으면 서로 고쳐준다는 말.
+ 향약(鄕約)의 네 가지 덕목 가운데 하나.
+ 過(지날 과, 지나칠 과, 허물 과), 失(잃을 실), 相(서로 상, 모습 상, 볼 상, 재상 상), 規(법 규), 鄕(시골 향, 고향 향), 約(맺을 약, 약속할 약)

管中之天(관중지천) '대롱 가운데의 하늘'로, 견문과 학식이 좁음을 이르는 말. 囧 坐井觀天(좌정관천)
+ 管(대롱 관, 피리 관, 관리할 관), 中(가운데 중, 맞힐 중), 之(갈 지, ~의 지, 이 지), 天(하늘 천)

交友以信(교우이신) 믿음으로써 벗을 사귐.
+ 세속오계(世俗五戒)의 하나.
+ 사람들과의 관계에서는 '믿음'이 으뜸 덕목입니다. 세속오계(世俗五戒)의 交友以信에도 삼강오륜(三綱五倫)의 붕우유신(朋友有信)에도 모두 믿을 신(信)이 들어갔네요.
+ 交(사귈 교, 오고 갈 교), 友(벗 우), 以(써 이, 까닭 이), 信(믿을 신), 朋(벗 붕, 무리 붕), 有(가질 유, 있을 유), 세속오계(世俗五戒) – 신라(新羅) 26대 진평왕 때의 원광법사(圓光法師)가 세운 다섯 가지의 계율.

救世濟民(구세제민) (어지러운) 세상을 구하고 (고통 받는) 민중을 구제함.
+ 救(구원할 구, 도울 구), 世(세대 세, 세상 세), 濟(건널 제, 구제할 제), 民(백성 민)

口外不出(구외불출) '입 밖에 내지 않음'으로, 어떤 일을 말하지 않음.
+ 口(입 구, 구멍 구, 말할 구), 外(밖 외), 不(아닐 불·부), 出(나올 출, 나갈 출)

口耳之學(구이지학) '귀로 들은 대로 이야기하는 학문'으로, 깊이 새겨보지도 않고 남에게 전하기만 하는 학문. 囧 道聽塗說(도청도설)
+ 耳(귀 이), 學(배울 학)

國利民福(국리민복) 국가의 이익과 백성의 행복.
+ 國(나라 국), 利(이로울 리, 날카로울 리), 民(백성 민), 福(복 복)

君臣有義(군신유의) 임금과 신하 사이에는 의리가 있어야 함.
+ 오륜(五倫)의 하나.
+ 君(임금 군, 남편 군, 그대 군), 臣(신하 신), 有(가질 유, 있을 유), 義(옳을 의, 의로울 의)

君爲臣綱(군위신강) 임금은 신하의 벼리(모범)가 되어야 함.
+ 삼강(三綱)의 하나.
+ 爲(할 위, 위할 위), 臣(신하 신), 綱(벼리 강, 대강 강), 벼리 – ① 그물의 위쪽 코를 꿰어 놓은 줄로, 잡아당겨 그물을 오므렸다 폈다 하는데 매우 중요한 역할을 함. ② 일이나 글의 뼈대가 되는 줄거리.

君子不器(군자불기) '군자는 그릇이 아님'으로, 그릇의 용도는 한 가지지만 군자는 일기일예(一技一藝 – 한 가지 재주나 기술)에 편중되지 않고 두루 능함을 이르는 말.
+ 不(아닐 불·부), 器(그릇 기, 기구 기), 技(재주 기), 藝(재주 예, 기술 예)

君子三樂(군자삼락) '군자의 세 가지 즐거움'으로, 부모가 다 살아 계시고 형제가 무고(無故)한 것, 하늘과 사람에게 부끄러워할 것이 없는 것, 천하의 영재를 얻어서 가르치는 것을 말함. -〈맹자(孟子) 진심편(盡心篇)〉㊅ 人生三樂(인생삼락), 三樂(삼락)
✛ 三(석 삼), 樂(노래 악, 즐길 락, 좋아할 요), 無(없을 무), 故(연고 고, 옛 고), 무고(無故) - ① 아무런 까닭이 없음. ② 사고 없이 평안함. 여기서는 ②의 뜻.

群衆心理(군중심리) '무리 심리'로, 많은 사람이 모였을 때에 자제력을 잃고 쉽사리 흥분하거나 다른 사람의 언동에 따라 움직이는 일시적이고 특수한 심리 상태.
✛ 群(무리 군), 衆(무리 중), 心(마음 심, 중심 심), 理(이치 리, 다스릴 리)

權門勢家(권문세가) '권세 있는 문중과 세도 있는 집안'으로, 대대로 사회적인 세력이 막강한 집안. ㊅ 權門勢族(권문세족)
✛ 權(권세 권), 門(문 문), 勢(기세 세), 家(집 가, 전문가 가)

闕席裁判(궐석재판) '(당사자들이) 자리에 빠진 상태에서 하는 재판'으로, 신속한 재판을 위하여 당사자들이 직접 출석하지 않은 상태에서 판결을 내리는 재판. ㊅ 缺席裁判(결석재판)
✛ 闕(대궐 궐, 빠질 궐), 席(자리 석), 裁(재단할 재, 헤아릴 재, 결단할 재), 判(판단할 판), 缺(이지러질 결, 빠질 결)

克伐怨慾(극벌원욕) 이기고자 하며, 제 자랑하기를 좋아하며, 원망하며, 탐욕하는 네 가지 나쁜 행위를 아울러 이르는 말. -〈논어(論語)〉
✛ 克(능할 극, 이길 극), 伐(칠 벌), 怨(원망할 원), 慾(욕심 욕)

極惡無道(극악무도) 지극히 악하고 도의심이 없음.
✛ 極(끝 극, 다할 극), 惡(악할 악, 미워할 오), 無(없을 무), 道(길 도, 도리 도, 말할 도, 행정 구역의 도)

近朱者赤(근주자적) '붉은 것을 가까이한 자 붉어짐'으로, 나쁜 친구를 사귀면 나빠지기 쉬움을 이르는 말. ㊅ 近墨者黑(근묵자흑) ㊉ 麻中之蓬(마중지봉), 麻中之蒿(마중지호)
✛ 近(가까울 근, 비슷할 근), 朱(붉을 주), 者(놈 자, 것 자), 赤(붉을 적)

今昔之感(금석지감) '지금과 옛날의 느낌'으로, 지금과 옛날의 차이(변화)가 너무 큰 데서 일어나는 느낌. ㊅ 桑田碧海(상전벽해)
✛ 今(이제 금, 오늘 금), 昔(옛 석), 之(갈 지, ~의 지, 이 지), 感(느낄 감, 감동할 감)

金城湯池(금성탕지) '쇠로 된 성과 (그 둘레에 파놓은) 끓는 연못'으로, 방어시설이 잘 되어있는 성. ㊅ 金城鐵壁(금성철벽), 難攻不落(난공불락)
✛ 金(쇠 금, 금 금, 돈 금, 성씨 김), 城(성 성), 湯(끓일 탕, 국 탕), 池(연못 지)

禽獸魚蟲(금수어충) '새와 짐승과 고기와 벌레'로, 사람이 아닌 모든 동물을 이르는 말.
✛ 禽(날짐승 금), 獸(짐승 수), 魚(물고기 어), 蟲(벌레 충)

急轉直下(급전직하) '급히 굴러 곧바로 내림'으로, 갑자기 형세가 뒤바뀌어 곤두박질하듯이 걷잡을 수 없이 내리밀림.
✛ 急(급할 급), 轉(구를 전), 直(곧을 직, 바를 직), 下(아래 하, 내릴 하)

基幹産業(기간산업) (비료·시멘트·철강·에너지·기계처럼) 산업의 바탕이 되는 주요 사업.
✛ 基(터 기, 기초 기), 幹(줄기 간), 産(낳을 산), 業(업 업, 일 업), 기간(基幹) - 어떤 분야나 부문에서 가장 으뜸이 되거나 중심이 되는 부분.

豈敢毀傷(기감훼상) '(부모께서 낳아 길러 주신 이 몸을) 어찌 감(敢)히 헐고 상하게 할 수 있으랴?'로, 부모께서 낳아 길러 주신 이 몸을 감히 훼상할 수 없음을 이르는 말.
✛ 豈(어찌 기), 敢(용감할 감, 감히 감), 毀(헐 훼), 傷(상할 상)

起承轉結(기승전결) ① 한시 구성법의 한 가지로, 시의(詩意)를 첫 구에서 일으키고(起), 둘째 구에서 이어받아(承), 셋째 구에서 변화를 주고(轉), 넷째 구에서 전체를 마무리함(結). ② 논설문 따위의 글을 짜임새 있게 짓는 형식.
✛ 起(일어날 기, 시작할 기), 承(받들 승, 이을 승), 轉(구를 전), 結(맺을 결), 詩(시 시), 意(뜻 의)

奇巖怪石(기암괴석) 기이하고 괴상하게 생긴 바위와 돌.
✛ 奇(기이할 기, 홀수 기), 巖(바위 암), 怪(괴이할 괴), 石(돌 석)

旣往之事(기왕지사) 이미 지나간 일. ㊅ 已往之事(이왕지사), 已過之事(이과지사)
✛ 旣(이미 기), 往(갈 왕), 之(갈 지, ~의 지, 이 지), 事(일 사, 섬길 사)

騎虎難下(기호난하) '범을 타서 내리기가 어려움'으로, (타고 있는 범을 내리면 잡아먹으니 내리기가 어렵다는 데서) 이미 한 일이라 중도에서 그만두기가 어려움. ㊅ 騎虎之勢(기호지세), 騎獸之勢(기수지세)

＋騎(말 탈 기), 虎(범 호), 難(어려울 난, 비난할 난), 下(아래 하, 내릴 하)

吉凶禍福(길흉화복) '길함과 흉함과 재앙과 복'으로, 사람의 운수를 이르는 말.
＋吉(길할 길, 상서로울 길), 凶(흉할 흉), 禍(재앙 화), 福(복 복)

ㄴ

落落長松(낙락장송) 떨어지고 떨어진(가지를 아래로 축축 늘어뜨린) 긴(큰) 소나무.
＋落(떨어질 락), 長(길 장, 어른 장), 松(소나무 송)

落木寒天(낙목한천) 나뭇잎 떨어진 겨울의 춥고 쓸쓸한 자연(풍경). 또는 그런 계절.
＋木(나무 목), 寒(찰 한), 天(하늘 천)

難忘之恩(난망지은) 잊기 어려운 은혜. 帝 白骨難忘(백골난망)
＋難(어려울 난, 비난할 난), 忘(잊을 망), 之(갈 지, ～의 지, 이 지), 恩(은혜 은)

亂臣賊子(난신적자) '어지러운 신하와 도적 같은 아들'로, 나라를 어지럽히는 불충한 무리를 이르는 말. 帝 無父無君(무부무군), 奸臣賊子(간신적자)
＋亂(어지러울 란), 臣(신하 신), 賊(도둑 적), 子(아들 자, 첫째 지지 자, 자네 자, 접미사 자)

南柯一夢(남가일몽) '남쪽 가지 밑에서의 한 번의 꿈'으로, 한 때의 헛된 부귀영화를 이르는 말. 帝 一場春夢(일장춘몽)
＋당나라 순우분(淳于棼)이 취중에 느티나무의 남쪽 가지 밑에서 잠이 들어 꿈에 괴안국(槐安國)에 이르러 임금의 딸을 맞아 아내로 삼고 남가군(南柯郡)의 태수가 되어 영화를 누리다가 꿈을 깨고 보니 그 곳은 남쪽 가지 밑 개미의 집이었다는 데서 유래.
＋南(남쪽 남), 柯(가지 가), 夢(꿈 몽)

男女有別(남녀유별) (유교 사상에서) 남자와 여자 사이에는 구별(분별)이 있어야 함을 이르는 말.
＋男(사내 남), 女(여자 녀), 有(가질 유, 있을 유), 別(나눌 별, 다를 별)

年豊民樂(연풍민락) 한 해 농사가 풍년이 들어 백성들이 즐거워함.
＋年(해 년, 나이 년), 豊(풍년 풍, 풍성할 풍), 民(백성 민), 樂(노래 악, 즐길 락, 좋아할 요)

怒甲移乙(노갑이을) '갑에게 당한 노여움을 을에게로 옮김'으로, 어떤 사람에게서 당한 노여움을 전혀 관계없는 딴사람에게 화풀이함. 속 종로에서 뺨 맞고 한강에서 화풀이한다.
＋怒(성낼 노), 甲(첫째 갑, 첫째 천간 갑, 갑옷 갑), 移(옮길 이), 乙(새 을, 둘째 천간 을), 遷(옮길 천)

怒氣衝天(노기충천) '노기(怒氣)가 하늘을 찌름'으로, 화가 머리끝까지 나 있음. 帝 怒氣登天(노기등천), 怒髮衝冠(노발충관), 怒發大發(노발대발)
＋氣(기운 기, 대기 기), 衝(찌를 충), 天(하늘 천)

路柳墻花(노류장화) '길의 버들과 담의 꽃'으로, (길가에 심어진 버들이나 담 밑에 피어 있는 꽃은 누구든지 꺾을 수 있다는 데서) 창녀나 기생을 이르는 말.
＋路(길 로), 柳(버들 류), 墻(담 장), 花(꽃 화)

盧生之夢(노생지몽) '노생의 꿈'으로, ① 인생의 영고성쇠는 한바탕 꿈처럼 덧없음. ② 한때의 헛된 부귀영화를 이르는 말. 帝 一場春夢(일장춘몽)
＋노생(盧生)이 한단(邯鄲)이란 곳에서 여옹(呂翁)의 베개를 빌려 잠을 잤는데, 꿈속에서 80년 동안 부귀영화를 다 누렸으나 깨어 보니 메조로 밥 짓는 동안이었다는 데서 유래.
＋盧(밥그릇 로, 성씨 노), 生(날 생, 살 생, 사람을 부를 때 쓰는 접사 생), 夢(꿈 몽)

綠楊芳草(녹양방초) 푸른 버드나무와 꽃처럼 향기로운 풀. 帝 綠陰芳草(녹음방초)
＋綠(푸를 록), 楊(버들 양), 芳(꽃다울 방), 草(풀 초)

鹿皮曰字(녹피왈자) '사슴 가죽에 쓴 가로 왈(曰) 자'로, 신축성 있는 사슴 가죽에 가로 왈(曰)자를 써 놓고 가로로 잡아당기면 가로 왈(曰)자가 되고 세로로 잡아당기면 해 일, 날 일(日)이 되는 것처럼 이렇게도 되고 저렇게도 됨을 이르는 말. 帝 耳懸鈴鼻懸鈴(이현령비현령)
＋鹿(사슴 록), 皮(가죽 피, 피부 피, 성씨 피), 曰(가로 왈), 字(글자 자)

弄假成眞(농가성진) '거짓 희롱이 참을 이룸'으로, 장난삼아 한 것이 진심으로 한 것 같이 됨. 帝 假弄成眞(가농성진)
＋假(거짓 가, 임시 가), 弄(희롱할 롱, 가지고 놀 롱), 成(이룰 성), 眞(참 진)

弄璋之慶(농장지경) '홀을 가지고 놂의 경사'로, 아들을 낳은 경사를 이르는 말. 帝 弄璋之喜(농장지희) 반 弄瓦之慶(농와지경), 弄瓦之喜(농와지희)
＋옛날 중국에서 아들을 낳으면 구슬로 된 홀(璋)을 장난감으로 준 고사에서 유래.
＋璋(홀 장), 慶(경사 경), 瓦(기와 와, 질그릇 와, 실패 와)

ㄷ

多事多難(다사다난) (여러 가지로) 일도 많고 어려움도 많음.
+ 多(많을 다), 事(일 사, 섬길 사), 難(어려울 난, 비난할 난)

斷金之交(단금지교) '쇠라도 자를 만한 굳은 사귐'으로, 매우 두터운 우정. ㈜ 斷金之契(단금지계)
+ 斷(끊을 단, 결단할 단), 金(쇠 금, 금 금, 돈 금, 성씨 김), 交(사귈 교, 오고 갈 교)

膽大心小(담대심소) '담력은 크게 마음은 작게'로, 배짱은 크게 갖되 마음 씀씀이는 실수하지 않도록 세심해야 된다는 말.
+ 膽(쓸개 담, 담력 담), 大(큰 대), 心(마음 심, 중심 심), 小(작을 소)

代代孫孫(대대손손) 대대(代代)로 이어오는 자손(子孫). ㈜ 世世孫孫(세세손손), 子子孫孫(자자손손)
+ 代(대신할 대, 세대 대, 대금 대), 孫(손자 손), 子(아들 자, 첫째 지지 자, 자네 자, 접미사 자)

大書特筆(대서특필) '크게 쓴 특별한 글씨'로, 신문 따위의 출판물에서 어떤 기사에 큰 비중을 두어 다룸.
+ 書(쓸 서, 글 서, 책 서), 特(특별할 특), 筆(붓 필, 글씨 필)

大逆無道(대역무도) '크게 거스르고 도가 없음'으로, 죄악이 크게 도리에 어긋남을 이르는 말. ㈜ 大逆不道(대역부도)
+ 逆(거스를 역), 無(없을 무), 道(길 도, 도리 도, 말할 도, 행정 구역의 도)

對牛彈琴(대우탄금) '소를 상대하여 거문고를 탄 것 같음'으로, 어리석은 사람은 아무리 도리를 가르쳐도 알아듣지 못함. ㈜ 馬耳東風(마이동풍)
+ 對(상대할 대, 대답할 대), 牛(소 우), 彈(튕길 탄, 탄알 탄), 琴(거문고 금)

大義名分(대의명분) '큰 의리와 명예와 분수'로, ① 사람으로서 마땅히 지키고 행하여야 할 도리나 본분. ② 어떤 일을 꾀하는 데 내세우는 합당한 구실이나 이유.
+ 義(옳을 의, 의로울 의), 名(이름 명, 이름날 명), 分(나눌 분, 단위 분, 단위 푼, 신분 분, 분별할 분, 분수 분)

大智如愚(대지여우) '큰 지혜는 어리석은 것 같음'으로, 대인군자(大人君子)의 소행은 어디까지나 공명정대(公明正大)하여 잔재주를 부리지 않아 소인들이 보기에

어리석게 보인다는 말. ㈜ 大智若愚(대지약우), 大巧若拙(대교약졸) ㉑ 眞金不鍍(진금부도)
+ 智(지혜 지), 如(같을 여), 愚(어리석을 우), 公(공평할 공, 대중 공, 귀공자 공), 明(밝을 명), 正(바를 정), 若(만약 약, 같을 약, 반야 야, 젊을 약), 拙(못날 졸)

大海一滴(대해일적) '큰 바다에 하나의 물방울'로, 광대한 것 중의 아주 하찮은 것. ㈜ 大海一粟(대해일속), 滄海一粟(창해일속), 滄海一滴(창해일적), 九牛一毛(구우일모)
+ 海(바다 해), 滴(물방울 적)

德業相勸(덕업상권) 좋은 일(德業)은 서로 권하여 장려해야 함.
+ 향약(鄕約)의 네 가지 덕목 가운데 하나.
+ 德(덕 덕, 클 덕), 業(업 업, 일 업), 相(서로 상, 모습 상, 볼 상, 재상 상), 勸(권할 권), 덕업(德業) – 어질고 착한 업적이나 사업.

徒勞無功(도로무공) 한갓(헛되이) 애만 쓰고 공(보람)이 없음. ㈜ 徒勞無益(도로무익), 勞而無功(노이무공)
+ 스님이 평생을 두고 아미타불을 외우지만 아무 효과도 없다는 뜻으로, 고생만 하고 아무 소득이 없게 됨을 비유적으로 이르는 '도로(徒勞)아미타불'과 같은 말이네요.
+ 徒(한갓 도, 걸을 도, 무리 도), 勞(수고할 로, 일할 로), 無(없을 무), 功(공 공, 공로 공), 益(더할 익, 유익할 익)

徒費脣舌(도비순설) '한갓 입술과 혀만 소비함(수고롭게 함)'으로, ① 공연히 말만 많이 하고 아무 보람이 없음. ② 부질없이 보람 없는 말을 늘어놓음을 이르는 말.
+ 徒(한갓 도, 걸을 도, 무리 도), 費(쓸 비, 비용 비), 脣(입술 순), 舌(혀 설)

刀折矢盡(도절시진) '칼은 꺾어지고 화살은 다함'으로, 더 이상 싸울 기력이 없음을 이르는 말.
+ 刀(칼 도), 折(꺾을 절), 矢(화살 시), 盡(다할 진)

途中下車(도중하차) '길 가운데에서 차를 내림'으로, ① 목적지에 닿기 전에 차에서 내림. ② 일을 하다가 끝장을 보지 못하고 중간에서 그만둠.
+ 途(길 도), 中(가운데 중, 맞힐 중), 下(아래 하, 내릴 하), 車(수레 거, 차 차)

道聽塗說(도청도설) '길에서 듣고 길에서 이야기함'으로, ① 거리에서 들은 것을 남에게 아는 체하며 말함. ② 깊이 생각하지 않고 예사로 듣고 말함. ③ 길거리에 떠돌아다니는 뜬소문. – 〈논어(論語)〉
+ 道(길 도, 도리 도, 말할 도, 행정 구역의 도), 聽(들을 청), 塗(바를 도, 진흙 도), 說(달랠 세, 말씀 설, 기쁠 열)

塗炭之苦(도탄지고) '진구렁이나 숯불에 빠진 괴로움'으로, 몹시 곤궁함이나 말할 수 없이 비참함.
+ 炭(숯 탄), 苦(쓸 고, 괴로울 고)

倒行逆施(도행역시) '거꾸로 행하고 거스르게 베풂'으로, 도리(道理)에 순종하지 않고 상도(常道)를 벗어나서 일을 함. - 〈사기(史記)〉
+ 倒(넘어질 도, 거꾸로 도), 行(다닐 행, 행할 행, 항렬 항), 逆(거스를 역), 施(베풀 시), 理(이치 리, 다스릴 리), 常(항상 상, 보통 상, 떳떳할 상), 상도(常道) - '떳떳한 도리'로, 정상적인 법도를 말함.

讀書三到(독서삼도) '책을 읽는데 세 가지에 이름'으로, 독서를 하는 세 가지 방법인 구도(口到), 안도(眼到), 심도(心到)를 말함.
+ 입으로 다른 말을 아니 하고 책만 읽는 구도(口到), 눈으로 다른 것을 보지 않고 책만 보는 안도(眼到), 마음속에 깊이 새기는 심도(心到)를 이르는 말.
+ 到(이를 도, 주도면밀할 도), 口(입 구, 구멍 구, 말할 구), 眼(눈 안), 心(마음 심, 중심 심)

讀書三昧(독서삼매) 딴 생각 없이 오직 책 읽기에만 몰두함. 윤 讀書三昧境(독서삼매경)
+ 昧(어두울 매), 삼매(三昧) - [불교] 잡념을 떠나서 오직 하나의 대상에만 정신을 집중하는 경지.

獨也靑靑(독야청청) '홀로 푸름'으로, 산의 나무들이 온통 단풍들어 떨어졌는데도 소나무·잣나무만 홀로 푸르듯이 어려운 상황에서도 변치 않는 절개를 이르는 말.
+ 獨(홀로 독, 자식 없을 독), 也(또한 야, 어조사 야), 靑(푸를 청, 젊을 청)

棟樑之材(동량지재) '대들보가 될 만한 재목'으로, 한 집안이나 나라의 기둥이 될 만한 인물.
+ 棟(대들보 동, 마룻대 동), 樑[들보 량(梁)의 속자], 之(갈 지, ~의 지, 이 지), 材(재목 재, 재료 재)

同名異人(동명이인) 이름은 같으나 사람이 다름. 또는 그러한 사람.
+ 글자를 바꾸어 '동인이명(同人異名 - 사람은 같은데 이름만 다름)'으로 만들어 쓸 수도 있네요.
+ 同(같을 동), 名(이름 명, 이름날 명), 異(다를 이), 人(사람 인)

同門修學(동문수학) '같은 문에서 학문을 닦음'으로, 같은 스승의 문하에서 같이 학문을 닦고 배움. 윤 同門同學(동문동학), 同門受學(동문수학)
+ 門(문 문), 修(닦을 수), 學(배울 학)

東西古今(동서고금) '동양이나 서양이나 예나 지금이나'로, 어디서나 언제나. 윤 古今東西(고금동서)
+ 東(동쪽 동), 西(서쪽 서), 古(오랠 고, 옛 고), 今(이제 금, 오늘 금)

同姓同本(동성동본) 성도 같고 본(본관)도 같음.
+ 姓(성씨 성, 백성 성), 本(뿌리 본, 근본 본)

同時多發(동시다발) 같은 시간에 (여기저기서) 많이 발생함.
+ 時(때 시), 多(많을 다), 發(쏠 발, 일어날 발)

同族相殘(동족상잔) 동족끼리 서로 해침. 윤 同族相爭(동족상쟁), 骨肉相殘(골육상잔), 骨肉相爭(골육상쟁)
+ 族(겨레 족), 相(서로 상, 모습 상, 볼 상, 재상 상), 殘(잔인할 잔, 해칠 잔, 나머지 잔)

東取西貸(동취서대) '동쪽에서 취하고 서쪽에서 빌림'으로, 이곳저곳에서 돈을 빌려 씀. 윤 東西貸取(동서대취), 東推西貸(동추서대)
+ 取(취할 취, 가질 취), 西(서쪽 서), 貸(빌릴 대)

得失相半(득실상반) '이득과 손실이 서로 반반임'으로, 이로움과 해로움이 서로 마찬가지임.
+ 得(얻을 득), 失(잃을 실), 相(서로 상, 모습 상, 볼 상, 재상 상), 半(반 반)

得意揚揚(득의양양) 뜻하는 바를 얻어(이루어) 우쭐거리며 뽐냄. 윤 意氣揚揚(의기양양)
+ 意(뜻 의), 揚(날릴 양, 높일 양)

ㅁ

麻中之蓬(마중지봉) '삼 가운데의 쑥'으로, (쑥이 위로 곧게 자라는 삼밭에 섞여 자라면 저절로 곧아짐에 빗대어) 좋은 사람들 사이에 있으면 그 영향으로 자기도 모르게 좋은 사람이 됨을 이르는 말. 윤 麻中之蒿(마중지호)
+ 麻(삼 마, 마약 마 - 삼은 위로 곧게 자라는 특성이 있음), 中(가운데 중, 맞힐 중), 蓬(쑥 봉), 蒿(쑥 호)

萬年不敗(만년불패) '만년이 가도 패하지 않음'으로, 아주 튼튼하여 절대 깨지지 아니함.
+ 萬(일만 만, 많을 만), 年(해 년, 나이 년), 不(아닐 불·부), 敗(패할 패)

萬里前程(만리전정)   '만 리 앞길'로, 주로 젊은이들의 희망찬 앞길을 이르는 말.
+ 里(마을 리, 거리 리), 前(앞 전), 程(법 정, 정도 정), 전정(前程) – 앞길

滿面愁色(만면수색)   얼굴에 가득한 근심의 빛.
+ 滿(찰 만), 面(얼굴 면, 볼 면, 행정 구역의 면), 愁(근심 수), 色(빛 색)

萬事如意(만사여의)   모든 일이 뜻과 같음(뜻대로 됨). 유 萬事亨通(만사형통)
+ 事(일 사, 섬길 사), 如(같을 여), 意(뜻 의)

萬乘之國(만승지국)   '병거(兵車) 일 만대를 동원할 수 있는 나라'로, 천자(天子)의 나라를 이르는 말.
+ 乘(탈 승, 대 승, 곱할 승), 國(나라 국), 兵(군사 병), 車(수레 거, 차 차), 병거(兵車) – 전쟁할 때 쓰는 수레.

滿場一致(만장일치)   '마당 가득(전체가) 하나를 이룸'으로, 회의장에 모인 모든 사람의 의견이 완전히 같음. 유 全員一致(전원일치)
+ 場(마당 장), 致(이룰 치, 이를 치)

萬折必東(만절필동)   '만 번이나 꺾여도 반드시 동쪽'으로, [중국의 황하(黃河)가 수없이 꺾여 흘러가도 바다가 있는 동쪽으로 흐른다는 데서] ① 결국은 본뜻대로 됨. ② 충신의 절개는 꺾을 수 없음을 이르는 말.
+ 折(꺾을 절), 必(반드시 필), 東(동쪽 동), 黃(누를 황), 河(내 하, 강 하), 황하(黃河) – 중국 북부를 서에서 동으로 흐르는 중국 제2의 강.

忘年之交(망년지교)   '나이를 잊은 사귐'으로, 나이에 거리끼지 않고 허물없이 서로 사귐. 유 忘年之友(망년지우)
+ 忘(잊을 망), 年(해 년, 나이 년), 交(사귈 교, 오고 갈 교)

望洋之嘆(망양지탄)   '넓은 바다를 보고 탄식(嘆息)함'으로, ① 남의 원대함에 감탄하고 나의 미흡함을 부끄러워함. ② 어떤 일에 제 힘이 미치지 못할 때 하는 탄식. 유 望洋之歎(망양지탄)
+ 望(바랄 망, 보름 망), 洋(큰 바다 양, 서양 양), 嘆(탄식할 탄, 감탄할 탄, = 歎), 息(쉴 식, 숨 쉴 식, 소식 식, 자식 식, 늘어날 식)

望雲之情(망운지정)   '구름을 바라봄의 정'으로, 자식이 타향에서 고향의 부모를 그리는 정. – 〈당서(唐書)〉
+ 당(唐)나라 적인걸(狄仁傑)이 고향을 떠나 멀리 외직(外職)에 있을 때 산에 올라가 고향 쪽 하늘의 구름을 바라보고 부모를 그리워하였다는 데서 유래.
+ 雲(구름 운), 情(정 정), 外(밖 외), 職(직업 직, 직장 직)

忘恩背義(망은배의)   은혜를 잊고 의리를 등짐. 유 背恩忘德(배은망덕)
+ 忘(잊을 망), 恩(은혜 은), 背(등 배, 등질 배), 義(옳을 의)

亡子計齒(망자계치)   '죽은 자식 나이 세기'로, 이미 지나간 쓸데없는 일을 생각하며 애석히 여김을 이르는 말.
+ 亡(망할 망, 달아날 망, 죽을 망), 子(아들 자, 첫째 지지 자, 자네 자, 접미사 자), 計(셈할 계, 꾀할 계), 齒(이 치, 나이 치)

罔知所措(망지소조)   '둘(조치할) 바를 알지 못함'으로, 매우 급하여 어찌할 바를 모르고 허둥지둥함.
+ 罔(없을 망), 知(알 지), 所(장소 소, 바 소), 措(둘 조)

麥秀之嘆(맥수지탄)   '보리 이삭이 빼어남(무성히 자람)을 보고 하는 탄식'으로, 고국의 멸망에 대한 탄식을 이르는 말. – 〈사기(史記)〉 유 亡國之歎(망국지탄), 亡國之恨(망국지한)
+ 은(殷)나라가 망한 뒤 기자(箕子)가 폐허가 된 은나라 서울을 지나면서 무심한 보리 이삭만 빼어나게 자란 것을 보고 한탄했다는 데서 유래.
+ 麥(보리 맥), 秀(빼어날 수), 之(갈 지, ~의 지, 이 지), 嘆(탄식할 탄, = 歎)

孟母三遷(맹모삼천)   '맹자의 어머니가 (집을) 세 번 옮김'으로, (맹자의 어머니가 맹자를 제대로 교육하기 위하여 집을 세 번이나 옮겼다는 데서) 교육에는 환경이 매우 중요하다는 가르침. 유 三遷之敎(삼천지교)
+ 맹자의 어머니가 처음에는 공동묘지 근처에 살았는데 맹자가 장사(葬事)지내는 흉내를 내는 것을 보고 시장 근처로 옮겼더니 이번에는 물건 파는 흉내를 냈다. 그래서 다시 글방 옆으로 거처를 옮기자 맹자가 공부에 흥미를 느껴 열심히 글을 읽었다는 데서 유래.
+ 孟(맏 맹, 맹자 맹), 母(어미 모), 三(석 삼), 遷(옮길 천), 葬(장사 지낼 장), 事(일 사, 섬길 사)

綿綿不絕(면면부절)   이어지고 이어져 끊어지지 않음.
+ 綿(솜 면, 자세할 면, 이어질 면), 不(아닐 불·부), 絕(끊을 절, 죽을 절, 가장 절)

面目可憎(면목가증)   '얼굴과 눈이 가히 미움'으로, 인상이 좋지 않고 꺼림칙함.
+ 面(얼굴 면, 향할 면, 볼 면, 행정구역의 면), 目(눈 목, 볼 목, 항목 목), 可(옳을 가, 가히 가, 허락할 가), 憎(미워할 증)

面壁參禪(면벽참선)   (아무 것도 보지 않고 도를 닦으려고) 벽만 향하고 고요함에 참여함(빠짐). 유 面壁修道(면벽수도)
+ 壁(벽 벽), 參(참여할 참, 석 삼), 禪(고요할 선), 示(보일 시, 신 시), 單(홀 단), 師(스승 사)

548

名存實無(명존실무) 이름만 존재하고 실상은 없음. 🔠 有名無實(유명무실) 🔁 名存實無(명존실무), 名實相反(명실상반), 有名無實(유명무실)
+ 名(이름 명, 이름날 명), 存(있을 존), 實(열매 실, 실제 실), 無(없을 무)

無根之說(무근지설) '근거 없는 말'로, 아무 근거 없이 떠도는 헛소문.
+ 無(없을 무), 根(뿌리 근), 之(갈 지, ~의 지, 이 지), 說(달랠 세, 말씀 설, 기쁠 열)

無男獨女(무남독녀) 아들 없는 집안의 외동딸.
+ 男(사내 남), 獨(홀로 독, 자식 없을 독), 女(여자 녀)

無念無想(무념무상) '(일체의) 생각이 없음'으로, ① 무아(無我)의 경지에 이르러 일체의 상념(想念)을 떠남. ② 모든 잡념을 버린 상태.
+ 念(생각 념), 想(생각할 상), 我(나 아), 상념(想念) – 마음속에 품고 있는 여러 가지 생각

無頭無尾(무두무미) '머리도 없고 꼬리도 없음'으로, 일에 계통이나 체계가 서지 않아 어지러움을 이르는 말.
+ 頭(머리 두, 우두머리 두), 尾(꼬리 미, 끝 미)

無味乾燥(무미건조) '맛도 없고 마르고 탐'으로, 재미나 취미가 없고 메마름.
+ 味(맛 미), 乾(하늘 건, 마를 건), 燥(탈 조, 마를 조)

無病長壽(무병장수) 병 없이 오래 삶.
+ 病(병들 병, 근심할 병), 長(길 장, 어른 장), 壽(목숨 수, 나이 수, 장수할 수)

無本大商(무본대상) '근본(자본) 없이 하는 큰 장사'로, 도둑을 놀림조로 이르는 말. 🔠 綠林豪傑(녹림호걸), 梁上君子(양상군자)
+ 本(뿌리 본, 근본 본), 大(큰 대), 商(장사할 상, 헤아릴 상)

無父無君(무부무군) '아비도 없고 임금도 없음'으로, 어버이도 임금도 모르는 막된 사람. 🔠 奸臣賊子(간신적자), 亂臣賊子(난신적자)
+ 父(아비 부), 君(임금 군, 남편 군, 그대 군)

無所不爲(무소불위) '하지 못할 바(일)가 없음'으로, 무엇이나 할 수 있는 강한 권력. 🔠 無所不能(무소불능)
+ 所(장소 소, 바 소), 不(아닐 불·부), 爲(할 위, 위할 위)

無所不知(무소부지) 알지 못하는 바가 없음. 🔠 博學多識(박학다식)
+ 知(알 지), 博(넓을 박), 學(배울 학), 多(많을 다), 識(알 식, 기록할 지)

無用之物(무용지물) '쓸모없는 물건'으로, 아무 소용없는 물건이나 사람.
+ 用(쓸 용), 之(갈 지, ~의 지, 이 지), 物(물건 물)

無爲而化(무위이화) '하는 것 없어도 됨'으로, ① 힘들이지 않아도 저절로 변하여 잘됨. ② 위정자(爲政者)의 덕이 크면 백성이 저절로 교화가 됨. – 〈노자(老子)〉
+ 爲(할 위, 위할 위), 而(말 이을 이, 어조사 이), 化(될 화, 변화할 화, 가르칠 화), 政(다스릴 정), 者(놈 자, 것 자)

無將之卒(무장지졸) ① 지휘하는 장수가 없는 군사. ② 이끌어 갈 지도자가 없는 무리.
+ 將(장수 장, 장차 장, 나아갈 장), 卒(졸병 졸, 갑자기 졸, 마칠 졸)

無知莫知(무지막지) '아는 것이 없음'으로, 몹시 무지하고 상스러우며 포악함.
+ 知(알 지), 莫(없을 막, 말 막, 가장 막)

無知蒙昧(무지몽매) 아는 것이 없고 사리에 어두움.
+ 蒙(어리석을 몽, 어릴 몽), 昧(어두울 매)

無處不當(무처부당) '당하지 못할 곳이 없음'으로, 무슨 일을 당하든지 못할 것이 없음.
+ 處(곳 처, 살 처, 처리할 처), 不(아닐 불·부), 當(마땅할 당, 당할 당)

默默不答(묵묵부답) 입을 다문 채 아무 대답도 하지 아니함.
+ 默(말없을 묵, 고요할 묵), 不(아닐 불·부), 答(대답할 답, 갚을 답)

門前乞食(문전걸식) '문 앞에서 빌어먹음'으로, 이 집 저 집 돌아다니며 빌어먹음.
+ 門(문 문), 前(앞 전), 乞(빌 걸), 食(밥 식, 먹을 식, 먹이 사)

門前沃畓(문전옥답) '문(집) 앞에 있는 기름진 논'으로, 많은 재산을 이르는 말. 🔠 門前沃土(문전옥토)
+ 前(앞 전), 沃(기름질 옥), 畓(논 답)

物心兩面(물심양면) 물질적인 면과 정신적인 면의 양면.
+ 物(물건 물), 心(마음 심, 중심 심), 兩(두 량, 짝 량, 냥 냥), 面(얼굴 면, 향할 면, 볼 면, 행정 구역의 면)

微官末職(미관말직) '작은 관직의 끝 직책'으로, 보잘 것 없는 제일 낮은 벼슬자리를 이르는 말.
+ 微(작을 미), 官(관청 관, 벼슬 관), 末(끝 말), 職(직업 직, 직장 직)

蜜月旅行(밀월여행) '꿀처럼 달콤하고 달처럼 환상적인 여행'으로, 신혼여행을 달리 이르는 말.
+ 신혼여행(新婚旅行)을 영어로 honeymoon trip이라 하는데, 이 말을 한자로 풀면 밀월여행(蜜月旅行)이 되네요. 이처럼 영어와 한문에는 서로 통하는 말도 많습니다.
+ 蜜(꿀 밀), 月(달 월, 육 달 월), 旅(나그네 려, 군사 려), 行(다닐 행, 행할 행, 항렬 항), 新(새로울 신), 婚(결혼할 혼)

ㅂ

博聞強記(박문강기) '널리 듣고 힘써 기억함'으로, 널리 여러 사람의 말을 많이 듣고 잘 기억함.
+ 博(넓을 박), 聞(들을 문), 強(강할 강, 억지 강), 記(기록할 기, 기억할 기)

薄酒山菜(박주산채) '엷은 술(도수가 낮고 맛이 좋지 않은 술)과 산나물'로, 자기가 내는 술과 안주를 겸손하게 이르는 말.
+ 薄(엷을 박), 酒(술 주), 山(산 산), 菜(나물 채), 박주(薄酒) ─ ① 아무렇게나 빚어서 맛이 좋지 않은 술. ② 자기가 남에게 대접하는 술을 겸손하게 이르는 말.

薄志弱行(박지약행) '엷은 뜻 약한 행동'으로, ① 의지가 박약하여 일을 단행(斷行)하는 힘이 없음. ② 뜻과 행실이 약하여 어려움을 견디지 못함.
+ 志(뜻 지), 弱(약할 약), 行(다닐 행, 행할 행, 항렬 항), 斷(끊을 단, 결단할 단), 단행(斷行) ─ 결단하여 실행함.
+ 결단(決斷) ─ 결정적인 판단을 하거나 단정을 내림. 또는 그런 판단이나 단정.

博學多識(박학다식) 널리 배우고 많이 앎.
+ 博(넓을 박), 學(배울 학), 多(많을 다), 識(알 식, 기록할 지)

反對給付(반대급부) '반대로 줌'으로, ① 어떤 일에 대응하여 얻게 되는 이익. ② [법률] 쌍무 계약에서, 한 쪽의 급부에 대한 다른 쪽의 급부.
+ 反(거꾸로 반, 뒤집을 반), 對(상대할 대, 대답할 대), 給(줄 급, 공급할 급), 付(줄 부, 부탁할 부), 급부(給付) ─ ① 재물 따위를 대어 줌. ② [법률] 채권의 목적이 되는, 채무자가 하여야 할 행위.

反面教師(반면교사) '반대되는 면(나쁜 면)을 가르쳐 주는 선생'으로, 다른 사람이나 사물의 부정적인 측면에서 가르침을 얻는 경우를 이르는 말. 劉 他山之石

(타산지석) 劉 正面教師(정면교사), 龜鑑(귀감)
+ 面(얼굴 면, 향할 면, 볼 면, 행정 구역의 면), 教(가르칠 교), 師(스승 사)

半生半死(반생반사) '반절쯤 살고 반절쯤 죽음'으로, 거의 죽게 되어 죽을지 살지 모를 지경에 이름.
+ 半(반 반), 生(날 생, 살 생, 사람을 부를 때 쓰는 접사 생), 死(죽을 사)

半身不隨(반신불수) '몸의 절반이 따르지 않음'으로, 몸의 절반을 쓰지 못하는 증상. 또는 그런 사람.
+ 身(몸 신), 不(아닐 불·부), 隨(따를 수)

方長不折(방장부절) '방향이 길면(한창 자라는 초목은) 꺾지 아니함'으로, 앞길이 유망한 사람이나 사업에 대하여 방해하지 않음을 이르는 말.
+ 方(모 방, 방향 방, 방법 방), 長(길 장, 어른 장), 不(아닐 불·부), 折(꺾을 절)

背山臨水(배산임수) '지세(地勢)가 뒤로는 산을 등지고 앞으로는 물에 면하여 있음'으로, 살기 편리한 좋은 여건을 가지고 있음.
+ 背(등 배, 등질 배), 臨(임할 림), 地(땅 지, 처지 지), 勢(기세 세), 지세(地勢) ─ 땅의 생긴 모양이나 형세.

百家爭鳴(백가쟁명) '많은 전문가가 다투어 말함'으로, ① 여러 사람이 서로 자기주장을 내세우는 일. ② 많은 학자들의 활발한 논쟁을 이르는 말.
+ 百(일백 백, 많을 백), 家(집 가, 전문가 가), 爭(다툴 쟁), 鳴(울 명)

百計無策(백계무책) '백 가지를 꾀해 봐도 대책이 없음'으로, 어려운 일을 당하여 온갖 계교를 다 써 봐도 해결할 방도를 찾지 못함.
+ 計(셈할 계, 꾀할 계), 無(없을 무), 策(채찍 책, 꾀 책)

百年佳約(백년가약) '백 년의 아름다운 약속'으로, 결혼하여 평생을 같이 지낼 약속.
+ 年(해 년, 나이 년), 佳(아름다울 가), 約(맺을 약, 약속할 약)

百年之客(백년지객) '백 년(일평생) 동안의 손님'으로, (아무리 스스럼이 없어져도 예의를 잊지 말아야 한다는 데서) '사위'를 이르는 말.
+ 之(갈 지, ~의 지, 이 지), 客(손님 객)

百無一失(백무일실) '백에 하나도 잃은 것이 없음'으로, 무슨 일이든지 다 능하여 백에 한 가지도 실수가 없음.
+ 無(없을 무), 失(잃을 실)

白髮還黑(백발환흑) '흰머리가 도로(다시) 검어짐'으로, 다시 젊어짐을 이르는 말. ㉯ 落齒復生(낙치부생)

+ 白(흰 백, 밝을 백, 깨끗할 백, 아뢸 백), 髮(머리털 발), 還(돌아올 환), 黑(검을 흑)

白手乾達(백수건달) 돈 한 푼 없이 빈둥거리며 놀고 먹는 건달.

+ 手(손 수, 재주 수, 재주 있는 사람 수), 乾(마를 건, 하늘 건), 達(이를 달, 통달할 달), 건달(乾達) – 하는 일 없이 빈둥빈둥 놀거나 게으름을 부리는 짓. 또는 그런 사람.

百戰老將(백전노장) ① 수많은 싸움을 치른 노련한 장수. ② 온갖 어려운 일을 많이 겪은 노련한 사람. ㉯ 百戰老卒(백전노졸)

+ 戰(싸울 전, 무서워 떨 전), 老(늙을 로), 將(장수 장, 장차 장, 나아갈 장)

百花爛漫(백화난만) '많은 꽃이 무르익게 피어 퍼짐'으로, 온갖 꽃이 만발하여 아름답게 어우러진 모양.

+ 花(꽃 화), 爛(빛날 란, 무르익을 란), 漫(질펀할 만, 물 퍼질 만)

伐齊爲名(벌제위명) '제나라를 친다고 이름만 나게 함'으로, 겉으로는 어떤 일을 하는 체하고 속으로는 딴 짓함. ㉯ 聲東擊西(성동격서)

+ 伐(칠 벌), 齊(가지런할 제), 爲(할 위, 위할 위), 名(이름 명, 이름날 명)

法古創新(법고창신) '옛것을 본받아 새로운 것을 창조함'으로, 옛것에 토대를 두되 그것을 변화시킬 줄 알고 새것을 만들되 근본을 잃지 말아야 한다는 말. ㉯ 溫故知新(온고지신)

+ 法(법 법), 古(오랠 고, 옛 고), 創(비롯할 창, 시작할 창), 新(새로울 신)

法遠拳近(법원권근) '법은 멀고 주먹은 가까움'으로, 아주 다급할 때는 법보다 힘센 사람이 우선함을 이르는 말.

+ 遠(멀 원), 拳(주먹 권), 近(가까울 근)

變法自彊(변법자강) 낡은 제도와 법령을 고쳐서 스스로를 강화시킴.

+ 變(변할 변), 自(자기 자, 스스로 자, 부터 자), 彊(굳셀 강, = 強)

變化無雙(변화무쌍) '변화가 둘도 없음'으로, 변화와 재주를 부리는 것이 아주 기발함.

+ 化(될 화, 변화할 화, 가르칠 화), 無(없을 무), 雙(둘 쌍)

步武堂堂(보무당당) (행진하는) 걸음걸이가 씩씩하고 당당함.

+ 步는 한 걸음, 武는 반걸음.
+ 步(걸음 보), 武(군사 무, 무기 무), 堂(집 당, 당당할 당)

保身之策(보신지책) 몸을 지키기 위한 꾀.

+ 保(지킬 보, 보호할 보), 身(몸 신), 策(채찍 책, 꾀 책)

腹高如山(복고여산) '배 높이가 산 같음'으로, 임신한 부인의 아랫배가 부른 것이나 부자의 교만함을 형용하여 이르는 말.

+ 腹(배 복), 高(높을 고), 如(같을 여), 山(산 산)

覆盃之水(복배지수) '뒤집어진 잔의 물'로, 엎질러진 물은 다시 담을 수 없듯이 한 번 저질러진 일은 다시 돌이킬 수 없음.

+ 覆(덮을 부, 다시 복, 뒤집힐 복), 盃(잔 배), 水(물 수)

伏地不動(복지부동) '땅에 엎드려 움직이지 않음'으로, 마땅히 해야 할 일을 하지 않고 몸을 사림.

+ 복마전[伏魔殿 – 악마가 엎드려(숨어) 있는 곳. 나쁜 일을 꾀하는 무리들이 많이 모여 있는 곳] 같은 세상이 되다 보니 이상한 말이 다 생기네요. 사정(司正) 한파가 몰아칠 때는 땅에 엎드려 움직이지 않는다는 복지부동(伏地不動), 땅에 엎드려 눈동자만 굴리면서 주위를 살핀다는 복지안동(伏地眼動), 그리고 땅에 엎드려 대장이나 대통령의 남은 임기만 셈해본다는 복지탁수(伏地度數)라는 말도 있네요.
+ 伏(엎드릴 복), 地(땅 지, 처지 지), 不(아닐 불·부), 動(움직일 동), 魔(마귀 마), 殿(대궐 전, 큰 집 전), 司(맡을 사, 벼슬 사), 正(바를 정), 眼(눈 안), 度(법도 도, 정도 도, 헤아릴 탁), 數(셀 수, 두어 수, 자주 삭, 운수 수), 사정(司正) – 그릇된 일을 다스려 바로잡음.

蓬頭亂髮(봉두난발) '쑥대머리처럼 어지러운 머리털'로, 머리털이 쑥대머리같이 헙수룩하게 마구 흐트러짐. 또는 그런 머리털.

+ 蓬(쑥 봉), 頭(머리 두, 우두머리 두), 亂(어지러울 란), 髮(머리털 발)

富貴功名(부귀공명) 재산이 많고 지위가 높으며 공을 세워 이름이 드러남.

+ 富(넉넉할 부, 부자 부), 貴(귀할 귀), 功(공 공, 공로 공), 名(이름 명, 이름날 명)

夫婦有別(부부유별) '남편과 아내는 분별이 있어야 함'으로, 부부 사이에는 인륜상 각각의 직분이 있고 서로 침범하지 못할 구별이 있다는 말.

+ 오륜(五倫)의 하나.
+ 夫(사내 부, 남편 부), 婦(아내 부, 며느리 부), 有(가질 유, 있을 유), 別(나눌 별, 다를 별)

俯仰無垠(부앙무은)　굽어보고 올려 봐도 끝없이 넓음.
+ 俯(구부릴 부, 엎드릴 부), 仰(우러를 앙), 無(없을 무), 垠(지경 은, 끝 은)

附炎棄寒(부염기한)　'더울 때는 붙었다가 차가워지면 버림'으로, 이로울 때는 이용하고 필요 없으면 버리는 인정(人情)의 가벼움. 🔄 甘呑苦吐(감탄고토)
+ 附(붙을 부, 가까이 할 부), 炎(더울 염, 염증 염), 棄(버릴 기), 寒(찰 한), 情(정 정)

夫爲婦綱(부위부강)　남편은 아내의 벼리(모범)가 되어야 하고 아내는 남편을 섬기는 것이 근본임.
+ 삼강(三綱)의 하나.
+ 爲(할 위, 위할 위), 婦(아내 부, 며느리 부), 綱(벼리 강, 대강 강), 벼리 – ① 그물의 위쪽 코를 꿰어 놓은 줄로, 잡아당겨 그물을 오므렸다 폈다 하는 중요한 줄. ② 일이나 글의 뼈대가 되는 줄거리.

父爲子綱(부위자강)　아버지는 아들의 벼리(모범)가 되어야 하고 아들은 아버지를 섬기는 것이 근본임.
+ 삼강(三綱)의 하나.
+ 父(아비 부), 爲(할 위, 위할 위), 子(아들 자, 첫째 지지 자, 자네 자, 접미사 자)

父子有親(부자유친)　아버지와 아들 사이의 도리는 친애(親愛)에 있음.
+ 오륜(五倫)의 하나.
+ 有(가질 유, 있을 유), 親(어버이 친, 친할 친), 愛(사랑 애, 즐길 애, 아낄 애)

不正腐敗(부정부패)　'바르지 않고 썩어 패함'으로, 정직하지 못하고 사리사욕(私利私慾)에만 눈이 어두워 썩어 못쓰게 됨.
+ 不(아닐 불·부), 正(바를 정), 腐(썩을 부), 敗(패할 패), 私(사사로울 사), 利(이로울 리, 날카로울 리), 慾(욕심 욕)

釜中生魚(부중생어)　'솥 안에 물고기가 생김'으로, 매우 가난하여 오랫동안 밥을 짓지 못함을 이르는 말.
+ 釜(가마 부), 中(가운데 중, 맞힐 중), 生(날 생, 살 생, 사람을 부를 때 쓰는 접사 생), 魚(물고기 어)

釜中之魚(부중지어)　'솥 안에 있는 물고기'로, 생명에 위험이 닥쳤음을 비유하여 이르는 말.
+ 之(갈 지, ~의 지, 이 지)

富則多事(부즉다사)　'부자면 일이 많음'으로, 재물이 많으면 일도 많아짐.
+ 富(넉넉할 부, 부자 부), 則(곧 즉, 법칙 칙), 多(많을 다), 事(일 사, 섬길 사)

負債如山(부채여산)　(남에게) 진 빚이 산더미같이 많음.
+ 負(질 부, 패할 부, 빚질 부), 債(빚 채), 如(같을 여), 山(산 산)

不共戴天(불공대천)　'하늘을 함께 이지 못함'으로, 한 세상에서 함께 살 수 없는 원수를 이르는 말. 🔄 不俱戴天(불구대천), 氷炭之間(빙탄지간)
+ 不(아닐 불·부), 共(함께 공), 戴(받들 대, 일 대), 天(하늘 천), 俱(함께 구)

不期而會(불기이회)　'기약하지 않았는데 모임(만남)'으로, 우연히 서로 만남을 이르는 말.
+ 期(기간 기, 기약할 기), 而(말 이을 이, 어조사 이), 會(모일 회)

不眠不休(불면불휴)　'자지도 않고 쉬지도 않음'으로, 밤잠도 설쳐가며 쉬지 않고 열심히 일함.
+ 眠(잘 면), 休(쉴 휴)

不費之惠(불비지혜)　'비용 들이지 않음의 은혜'로, 자기에게도 해가 될 것이 없으면서 남에게도 이익(利益)이 될 만하게 베풀어 주는 은혜. 🔄 不費施惠(불비시혜)
+ 費(쓸 비, 비용 비), 惠(은혜 혜), 利(이로울 리, 날카로울 리), 益(더할 익, 유익할 익), 施(베풀 시)

不息之功(불식지공)　'쉬지 않음의 공'으로, 쉬지 않고 노력하여 이룬 공.
+ 息(쉴 식, 숨 쉴 식, 소식 식, 자식 식, 늘어날 식), 之(갈 지, ~의 지, 이 지), 功(공 공, 공로 공)

不遠千里(불원천리)　'천리 길도 멀다고 여기지 않음'으로, 먼 길인데도 개의치 않고 열심히 달려감을 이르는 말. 🔄 不遠萬里(불원만리)
+ 遠(멀 원), 千(일천 천, 많을 천, 성씨 천), 里(마을 리, 거리 리)

不蔽風雨(불폐풍우)　'비바람도 가리지 못함'으로, 집이 허술하여 비바람도 가리지 못하는 몹시 살기 어려움을 이르는 말.
+ 蔽(가릴 폐, 덮을 폐), 風(바람 풍, 풍속·경치·모습·기질·병 이름 풍), 雨(비 우)

不學無識(불학무식)　배우지도 못하고 아는 것도 없음.
+ 學(배울 학), 無(없을 무), 識(알 식, 기록할 지)

崩城之痛(붕성지통)　'성이 무너지는 아픔'으로, 남편이 죽은 슬픔을 이르는 말. 🔄 天崩之痛(천붕지통)
+ 崩(무너질 붕), 城(성 성), 之(갈 지, ~의 지, 이 지), 痛(아플 통)

朋友有信(붕우유신) 친구 사이의 도리는 믿음에 있음.
+ 오륜(五倫)의 하나.
+ 朋(벗 붕), 友(벗 우), 有(가질 유, 있을 유), 信(믿을 신)

鵬程萬里(붕정만리) '붕새가 날아갈 길이 만 리'로, ① 머나먼 노정(路程). ② 훤히 펼쳐진 앞길. -〈장자(莊子)〉 囧 前程萬里(전정만리)
+ 鵬(붕새 붕), 程(법 정, 정도 정), 萬(일만 만, 많을 만), 里(마을 리, 거리 리), 路(길 로), 노정(路程) - ① 목적지까지의 거리. 또는 목적지까지 걸리는 시간. ② 거쳐 지나가는 길이나 과정

非命橫死(비명횡사) '운명이 아닌데 갑자기 죽음'으로, 갑작스럽게 재난이나 사고 따위로 죽는 죽음. 囮 臥席終身(와석종신)
+ 非(어긋날 비, 아닐 비, 나무랄 비), 命(명령할 명, 목숨 명, 운명 명), 橫(가로 횡, 제멋대로 할 횡), 死(죽을 사), 횡사(橫死) - 갑작스러운 재앙(災殃)에 걸리어 죽음.

非武非文(비무비문) '무관(武官)도 아니고 문관(文官)도 아님'으로, 어느 쪽으로도 능력이 없는 엉거주춤한 사람을 이르는 말. 囧 半僧半俗(반승반속), 非僧非俗(비승비속)
+ 武(군사 무, 무기 무), 文(무늬 문, 글월 문), 官(관청 관, 벼슬 관)

鼻聲如雷(비성여뢰) '코고는 소리가 우레 같음'으로, 코고는 소리가 매우 큼을 이르는 말.
+ 鼻(코 비, 비롯할 비), 聲(소리 성), 如(같을 여), 雷(천둥 뢰, 우레 뢰)

非僧非俗(비승비속) '중도 아니고 속인(俗人)도 아님'으로, 어중간한 것을 두고 이르는 말. 囧 半僧半俗(반승반속), 非武非文(비무비문)
+ 僧(중 승), 俗(저속할 속, 속세 속, 풍속 속)

貧者小人(빈자소인) '가난하면 소인이 됨'으로, 가진 것이 없으면 소인처럼 위축된다는 말.
+ 貧(가난할 빈), 者(놈 자, 것 자), 小(작을 소), 人(사람 인)

貧者一燈(빈자일등) '가난한 사람이 바치는 등불 하나'로, 물질의 많고 적음보다 정성이 중요함을 이르는 말.
+ 왕이 부처에게 바친 백 개의 등불은 밤사이에 다 꺼졌으나 가난한 노파 난타(難陀)가 정성으로 바친 하나의 등불은 꺼지지 않았다는 데서 유래.
+ 燈(등불 등)

氷炭之間(빙탄지간) '얼음과 숯의 사이'로, (얼음과 숯은 서로 그 성질이 상반되어 조화를 이룰 수 없다는 데서) 서로 화합할 수 없는 사이를 이르는 말. 囧 犬猿之間(견원지간), 不共戴天(불공대천), 不俱戴天(불구대천)
+ 氷(얼음 빙), 炭(숯 탄), 間(사이 간)

事君以忠(사군이충) 충성으로써 임금을 섬김.
+ 세속오계(世俗五戒)의 하나.
+ 事(일 사, 섬길 사), 君(임금 군, 남편 군, 그대 군), 以(써 이, 까닭 이), 忠(충성 충)

士氣旺盛(사기왕성) 사기(士氣)가 매우 성함.
+ 士(선비 사, 군사 사, 칭호나 직업 이름에 붙이는 말 사), 氣(기운 기, 대기 기), 旺(왕성할 왕), 盛(성할 성), 사기(士氣) - ① 선비의 꿋꿋한 기개. ② 의욕이나 자신감 따위로 충만하여 굽힐 줄 모르는 기세. 여기서는 ②의 뜻.

士農工商(사농공상) 선비·농부(農夫)·장인(匠人)·상인(商人)의 네 신분을 아울러 이르던 말.
+ 農(농사 농), 工(장인 공, 만들 공, 연장 공), 商(장사할 상, 헤아릴 상), 夫(사내 부, 남편 부), 匠(장인 장)

私利私慾(사리사욕) (개인의) 사사로운 이익과 욕심.
+ 私(사사로울 사), 利(이로울 리, 날카로울 리), 慾(욕심 욕)

四面春風(사면춘풍) '사면에 봄바람'으로, 언제 어떠한 경우라도 좋은 낯으로 남을 대함. 囧 到處春風(도처춘풍), 四時春風(사시춘풍)
+ 面(얼굴 면, 향할 면, 볼 면, 행정 구역의 면), 春(봄 춘), 風(바람 풍, 풍속·경치·모습·기질·병 이름 풍)

事不如意(사불여의) 일이 뜻과 같이 되지 않음.
+ 不(아닐 불·부), 如(같을 여), 意(뜻 의)

事非偶然(사비우연) '일에 우연이란 없음'으로, 일을 이루는 것은 어떤 계획에 의한 필연적인 노력으로 되는 것이지 결코 우연(偶然)이 아니라는 말.
+ 非(어긋날 비, 아닐 비, 나무랄 비), 偶(우연 우, 짝 우, 허수아비 우), 然(그러할 연)

捨生取義(사생취의) '삶(생명)을 버리고 의(義)를 취함'으로, 비록 목숨을 버릴지언정 옳은 일을 함. 囧 殺身成仁(살신성인)
+ 捨(버릴 사), 生(날 생, 살 생, 사람을 부를 때 쓰는 접사 생), 取(취할 취, 가질 취), 義(옳을 의, 의로울 의)

四時長春(사시장춘) '사시가 긴(항상) 봄'으로, ① 사철의 어느 때나 늘 봄과 같음. ② 늘 잘 지냄을 이르는 말.
+ 四(넉 사), 時(때 시), 長(길 장, 어른 장), 春(봄 춘)

事實無根(사실무근) '사실이라는 근거가 없음'으로, 근거가 없거나 사실과 전혀 다름.
+ 實(열매 실, 실제 실), 無(없을 무), 根(뿌리 근)

事親以孝(사친이효) 어버이를 효도로써 섬김.
+ 세속오계(世俗五戒)의 하나.
+ 親(어버이 친, 친할 친), 以(써 이, 까닭 이), 孝(효도 효)

山高水長(산고수장) '산처럼 높고 물처럼 길게 흐름'으로, 군자의 덕이 높고 끝없음을 산의 우뚝 솟음과 큰 냇물의 흐름에 비유하여 이르는 말.
+ 高(높을 고), 長(길 장)

山重水複(산중수복) '산이 거듭되고 물이 겹침'으로, 갈 길은 먼데 길은 보이지 않고 난제(難題)가 가득한 형국을 이르는 말.
+ 重(무거울 중, 귀중할 중, 거듭 중), 複(겹칠 복), 難(어려울 난, 비난할 난), 題(제목 제, 문제 제)

山川草木(산천초목) '산과 내와 풀과 나무'로, 자연을 이르는 말.
+ 川(내 천), 草(풀 초), 木(나무 목)

殺生有擇(살생유택) '살생하는 데에 가림이 있음'으로, 살생을 함부로 하지 말고 가려서 해야 함.
+ 세속오계(世俗五戒)의 하나.
+ 殺(죽일 살, 빠를 쇄, 감할 쇄), 生(날 생, 살 생, 사람을 부를 때 쓰는 접사 생), 有(가질 유, 있을 유), 擇(가릴 택)

三綱五倫(삼강오륜) 유교의 도덕에서 기본이 되는 세 가지의 강령과 지켜야 할 다섯 가지의 도리.
+ 삼강(三綱) – 유교의 도덕에서 기본이 되는 세 가지 강령으로, 군위신강(君爲臣綱)·부위자강(父爲子綱)·부위부강(夫爲婦綱)을 말함.
+ 오륜(五倫) – 유교의 도덕에서 사람이 지켜야 할 다섯 가지 도리로, 부자유친(父子有親)·군신유의(君臣有義)·부부유별(夫婦有別)·장유유서(長幼有序)·붕우유신(朋友有信)을 말함.
+ 綱(벼리 강, 대강 강), 五(다섯 오), 倫(윤리 륜)

三生緣分(삼생연분) '전생(前生)·현생(現生)·후생(後生)의 끊어지지 않는 가장 깊은 인연'으로, 부부(夫婦)의 인연을 이르는 말. ㊦ 三生之緣(삼생지연)
+ 緣(인연 연), 分(나눌 분, 단위 분, 단위 푼, 신분 분, 분별할 분, 분수 분), 前(앞 전), 現(이제 현, 나타날 현), 後(뒤 후)

三旬九食(삼순구식) '서른 날에 아홉 끼니밖에 먹지 못함'으로, 집안이 가난하여 먹을 것이 없어 굶주린다는 말.
+ 旬(열흘 순), 九(아홉 구, 클 구, 많을 구), 食(밥 식, 먹을 식, 먹이 사)

三從之道(삼종지도) '(예전에) 여자가 따라야 할 세 가지 도리를 이르던 말'로, 어려서는 아버지를, 결혼해서는 남편을, 남편이 죽은 후에는 자식을 따라야 함을 이르는 말.
+ 從(좇을 종, 따를 종), 道(길 도, 도리 도, 말할 도, 행정 구역의 도)

喪家之狗(상가지구) '초상집 개'로, ① 별 대접을 받지 못하는 사람. ② 여위고 지칠 대로 지친 수척한 사람. ③ 궁상맞은 초라한 모습으로 이곳저곳 기웃거리며 얻어먹을 것만 찾아다니는 사람을 비유하여 이르는 말.
+ 초상집에서는 경황이 없어 개밥을 제대로 주지 못하므로 개가 몹시 여윈다는 데서 만들어진 말.
+ 喪(잃을 상, 초상날 상), 家(집 가, 전문가 가), 狗(개 구)

傷弓之鳥(상궁지조) '화살에 맞아 상처를 입었던 새'로, (활에 상처를 입은 새는 굽은 나무만 보아도 놀란다는 데서) ① 한번 놀란 사람이 조그만 일에도 겁을 내어 위축됨. ② 어떤 일에 봉변을 당한 뒤에는 뒷일을 경계함을 이르는 말. ㊠ 자라보고 놀란 가슴 소댕(솥뚜껑) 보고 놀란다.
+ 傷(상할 상), 弓(활 궁), 鳥(새 조)

相扶相助(상부상조) 서로서로 돕고 도움.
+ 相(서로 상, 모습 상, 볼 상, 재상 상), 扶(도울 부), 助(도울 조)

上意下達(상의하달) 윗사람의 뜻이 아랫사람에게 전달됨. ㊤ 下意上達(하의상달)
+ 上(위 상, 오를 상), 意(뜻 의), 下(아래 하, 내릴 하), 達(이를 달, 통달할 달)

生殺與奪(생살여탈) '살리고 죽이고 주고 빼앗음'으로, 어떤 사람이나 사물을 마음대로 쥐고 흔듦을 이르는 말. (옛날의 군왕은 이것을 마음대로 장악하여 폐단이 많았음)
+ 生(날 생, 살 생, 사람을 부를 때 쓰는 접사 생), 殺(죽일 살, 빠를 쇄, 감할 쇄), 與(줄 여, 더불 여, 참여할 여), 奪(빼앗을 탈)

生而知之(생이지지) '(학문을 닦지 않아도) 태어나면서부터 앎'으로, 태어나면서부터 아는 성인(聖人).
+ 도(道)를 깨달아 가는 지(知)의 단계에는 생이지지(生而知之), 학이지지(學而知之), 곤이지지(困而知之)의 세 단계가 있습니다.
+ 而(말 이을 이, 어조사 이), 知(알 지), 聖(성스러울 성, 성인 성), 道(길 도, 도리 도, 말할 도, 행정구역의 도), 學(배울 학), 困(곤란할 곤)

昔時如金(석시여금) 시간 아끼기를 금 같이 함.
+ 惜(아낄 석, 가없을 석), 時(때 시), 如(같을 여), 金(쇠 금, 금 금, 돈 금, 성씨 김)

仙風道骨(선풍도골) '신선의 풍채(風采)와 도사의 골격(骨格)'으로, 남달리 뛰어난 풍채를 이르는 말. 🈯 玉骨仙風(옥골선풍)
+ 仙(신선 선), 風(바람 풍, 풍속·경치·모습·기질·병 이름 풍), 道(길 도, 도리 도, 말할 도, 행정 구역의 도), 骨(뼈 골), 采(캘 채, 고를 채, 모양 채), 格(격식 격, 헤아릴 격)

雪膚花容(설부화용) '눈 같이 흰 살결과 꽃 같이 고운 얼굴'로, 살결이 희고 얼굴이 아름다운 미인.
+ 雪(눈 설, 씻을 설), 膚(살갗 부), 花(꽃 화), 容(얼굴 용, 받아들일 용, 용서할 용)

纖纖玉手(섬섬옥수) '가녀리고 가녀린 옥 같은 손'으로, 가냘프고 고운 여자의 손.
+ 纖(가늘 섬), 玉(구슬 옥), 手(손 수, 재주 수, 재주 있는 사람 수)

星行夜歸(성행야귀) 별 있는 새벽에 집을 나갔다가 밤에 돌아옴.
+ 星(별 성), 行(다닐 행, 행할 행, 항렬 항), 夜(밤 야), 歸(돌아올 귀, 돌아갈 귀)

勢窮力盡(세궁력진) '형세가 다하고 힘이 다함'으로, 어려운 지경에 빠져 아주 힘이 없어짐.
+ 勢(기세 세), 窮(다할 궁, 궁색할 궁), 力(힘 력), 盡(다할 진)

世變風移(세변풍이) (시대의 흐름에 따라) 세상이 변하고 풍속이 달라짐.
+ 世(세대 세, 세상 세), 變(변할 변), 風(바람 풍, 풍속·경치·모습·기질·병 이름 풍), 移(옮길 이)

勢不十年(세불십년) '세도가 십 년을 가지 못함'으로, ① 권력은 오래가지 못하고 늘 변함. ② 영화는 일시적이어서 계속되지 않음. 🈯 權不十年(권불십년)
+ 勢(기세 세), 不(아닐 불·부), 十(열 십, 많을 십), 年(해 년, 나이 년), 權(권세 권)

世俗五戒(세속오계) 신라 때에 화랑(花郞)의 다섯 가지 계율.
+ 진평왕 때에 원광(圓光)이 정한 것으로, 사군이충(事君以忠), 사친이효(事親以孝), 교우이신(交友以信), 임전무퇴(臨戰無退), 살생유택(殺生有擇)을 말함.
+ 俗(저속할 속, 속세 속, 풍속 속), 五(다섯 오), 戒(경계할 계)

笑裏藏刀(소리장도) '웃음 속에 칼을 감춤'으로, 겉으로는 온화하고 점잖은 척하지만 속에는 악랄한 음모가 내포되어 있음. 🈯 表裏不同(표리부동)
+ 笑(웃을 소), 裏(속 리, = 裡), 藏(감출 장, 곳간 장), 刀(칼 도)

所向無敵(소향무적) '향한 바에 적이 없음'으로, 가는 곳마다 그 덕에 감동되어 어디를 가든지 대적(對敵)할 사람이 없다는 말.
+ 所(장소 소, 바 소), 向(향할 향, 나아갈 향), 無(없을 무), 敵(원수 적), 對(상대할 대, 대답할 대)

率先垂範(솔선수범) '먼저 거느리고 본보기를 드리움'으로, 앞장서서 모범을 보임.
+ 率(비율 률, 거느릴 솔, 솔직할 솔), 先(먼저 선), 垂(드리울 수), 範(법 범, 본보기 범)

松茂栢悅(송무백열) '소나무가 무성하면 잣나무가 기뻐함'으로, 벗이나 형제가 잘됨을 기뻐한다는 말. 🈯 蘭焚蕙歎(난분혜탄), 蕙焚蘭悲(혜분난비)
+ 소나무와 잣나무는 닮아 형제 같으니 송무백열(松茂栢悅)은 형제나 친구가 잘 됨을 기뻐할 때 쓰면 좋은 말이고, 난초와 혜초는 닮았으니 형제나 친구가 잘못 됨을 슬퍼할 때는 난분혜탄(蘭焚蕙歎)이나 혜분난비(蕙焚蘭悲)라 합니다.
+ 松(소나무 송), 茂(무성할 무), 栢(잣나무 백, 측백나무 백, = 柏), 悅(기쁠 열), 蘭(난초 란), 焚(불사를 분), 蕙(혜초 혜), 歎(탄식할 탄, 감탄할 탄, = 嘆), 悲(슬플 비)

送厄迎福(송액영복) 재앙을 보내고 복을 맞이함.
+ 送(보낼 송), 厄(재앙 액), 迎(맞이할 영), 福(복 복)

水落石出(수락석출) '물이 떨어지면(빠지면) 돌이 드러남'으로, ① 물가의 겨울 경치. ② 때가 되면 사건의 진상이 명백하게 드러남을 이르는 말.
+ 水(물 수), 落(떨어질 락), 石(돌 석), 出(나올 출, 나갈 출)

首尾相應(수미상응) '머리와 꼬리가 서로 응함'으로, ① 양쪽 끝이 서로 응하여 잘 도와줌. ② 뜻이 잘 맞아 일이 잘 되어감.
+ 首(머리 수, 우두머리 수), 尾(꼬리 미, 끝 미), 相(서로 상, 모습 상, 볼 상, 재상 상), 應(응할 응)

壽福康寧(수복강녕) 장수하고 복을 누리며 건강하고 마음이 편안함.
+ 壽(목숨 수, 나이 수, 장수할 수), 福(복 복), 康(편안할 강), 寧(어찌 녕, 편안할 녕, 차라리 녕)

誰曰不可(수왈불가) '누가 옳지 않다고 말하리요?'로, 누구든지 다 옳다하고 옳지 않다고 말할 사람이 없음을 강조하여 이르는 말.
+ 誰(누구 수), 曰(가로 왈), 不(아닐 불·부), 可(옳을 가, 가히 가, 허락할 가)

需要供給(수요공급)　'수요(需要)에 공급(供給)함'으로, 필요해서 구함에 대어 줌.
+ 需(구할 수, 쓸 수), 要(중요할 요, 필요할 요), 供(줄 공, 이바지할 공), 給(줄 급, 공급할 급)

壽夭長短(수요장단)　'오래 살고 일찍 죽는 길고 짧은 것'으로, 수요(壽夭)를 강조하여 이르는 말.
+ 壽(목숨 수, 나이 수, 장수할 수), 夭(젊을 요, 예쁠 요, 일찍 죽을 요), 長(길 장, 어른 장), 短(짧을 단, 모자랄 단)

誰怨誰咎(수원수구)　'누구를 원망하며 누구를 탓하리요?'로, 모두 자기 탓이니 남을 원망하거나 꾸짖을 것이 없다는 말.
+ "수원수구(誰怨誰咎)하며 자원자구(自怨自咎)하리라 – 누구를 원망하며 누구를 탓하리요? 스스로를 원망하며 스스로를 탓하리라"라는 말에서 유래.
+ 誰(누구 수), 怨(원망할 원), 咎(허물 구, 미워할 구, 탓할 구), 自(자기 자, 스스로 자, 부터 자)

受恩罔極(수은망극)　은혜를 받음이 끝이 없음.
+ 受(받을 수), 恩(은혜 은), 罔(없을 망), 極(끝 극, 다할 극)

隨意契約(수의계약)　(경쟁 또는 입찰에 의하지 않고) 뜻에 따라 일방적으로 상대방을 골라 체결하는 계약. 땐 競爭契約(경쟁계약)
+ 隨(따를 수), 意(뜻 의), 契(맺을 계, 애쓸 결, 부족 이름 글), 約(맺을 약, 약속할 약)

銖積寸累(수적촌루)　아주 적은 것이라도 쌓이고 쌓이면 큰 것이 됨. 윤 積小成大(적소성대)
+ 銖(저울눈 수, 무게 단위 수, 무딜 수 – 1냥의 1/24. 또는 적은 양의 뜻으로 쓰임), 積(쌓을 적), 寸(마디 촌, 법도 촌), 累(여러 루, 쌓일 루, 폐 끼칠 루)

隨衆逐隊(수중축대)　'대중을 따르고 무리를 쫓음'으로, 일정한 주견(主見) 없이 맹목적으로 대중을 따라 움직임을 이르는 말. 윤 附和雷同(부화뇌동)
+ 隨(따를 수), 衆(무리 중), 逐(쫓을 축), 隊(무리 대, 군대 대), 主(주인 주), 見(볼 견, 뵐 현, 주견(主見) – 자기의 주장이 있는 의견.

熟讀玩味(숙독완미)　'익숙하도록 읽으며 맛을 구경함(뜻을 깊이 음미함)'으로, 문장의 뜻을 잘 생각하면서 차분히 읽고 음미(吟味)함. 윤 熟讀詳味(숙독상미)
+ 熟(익을 숙, 익숙할 숙), 讀(읽을 독, 구절 두), 玩(노리개 완, 구경할 완), 味(맛 미), 吟(읊을 음)

宿虎衝鼻(숙호충비)　'자는 범의 코를 찌름'으로, 가만히 있는 사람을 건드려서 화를 스스로 불러들임을 이르는 말.

+ 宿(잘 숙, 오랠 숙, 별자리 수), 虎(범 호), 衝(찌를 충, 부딪칠 충), 鼻(코 비, 비롯할 비)

崇德辨惑(숭덕변혹)　'덕을 숭상하고 유혹을 분별함'으로, 덕 있는 분을 높여 소중히 여기고 의심나고 마음을 흐리게 하는 유혹은 능히 가려낼 줄 앎.
+ 崇(높일 숭, 공경할 숭), 德(덕 덕, 클 덕), 辨(분별할 변), 惑(유혹할 혹, 어지러울 혹)

習與性成(습여성성)　'익힌 것이 더불어 성품을 이룸'으로, 습관이 오래되면 마침내 성품이 됨.
+ 習(익힐 습), 與(줄 여, 더불 여, 참여할 여), 性(성품 성, 바탕 성, 성별 성), 成(이룰 성)

升斗之利(승두지리)　'한 되나 한 말의 이익'으로, 대수롭지 아니한 이익.
+ 升(되 승), 斗(국자 두, 말 두), 利(이로울 리, 날카로울 리)

始勤終怠(시근종태)　처음에는 부지런하지만 마지막에는(나중에는) 게으름. 윤 龍頭蛇尾(용두사미), 有頭無尾(유두무미) 땐 始終一貫(시종일관)
+ 始(처음 시), 勤(부지런할 근), 終(다할 종, 마칠 종), 怠(게으를 태)

時機尙早(시기상조)　'때(時機)가 오히려 이름'으로, 아직 때가 되지 않음.
+ 時(때 시), 機(베틀 기, 기계 기, 기회 기), 尙(오히려 상, 높을 상, 숭상할 상), 早(일찍 조)

時不再來(시불재래)　(한 번 지난) 때는 다시 오지 아니함.
+ 요즘에는 억(億)이나 조(兆)를 쉽게 말하지만 우리 인생은 백년을 살아도 삼만 육천 오백일밖에 되지 않지요. 이 중에서 잠잘 때와 병든 날과 어려서 철모르던 때와 늙어 활동하지 못할 때를 빼고 나면 정말 짧은 우리 인생입니다. 오늘도 우리는 그 정해진 날 중에서 하루를 쓰고 있네요.
+ 不(아닐 불·부), 再(다시 재, 두 번 재), 來(올 래), 億(억 억), 兆(조짐 조, 조 조)

視死如生(시사여생)　'죽음을 삶과 같이 봄'으로, 죽음을 조금도 두려워하지 아니함, 즉 생사를 초월함을 이르는 말. 윤 視死如歸(시사여귀)
+ 視(볼 시), 死(죽을 사), 如(같을 여), 生(날 생, 살 생, 사람을 부를 때 쓰는 접사 생)

時移事變(시이사변)　'때가 달라지면 일이 변함'으로, 세월이 흐르면 사물도 변함.
+ 移(옮길 이), 事(일 사, 섬길 사), 變(변할 변)

識字憂患(식자우환)　'글자를 잘 아는 것이 오히려 근심이 됨'으로, ① 알기는 알아도 똑바로 잘 알지 못하기 때문에 그 지식이 오히려 걱정거리가 됨. ② 도리를 알고 있는 것이 오히려 불리하게 됨. ③ 차라리 모르는 편이 나을 때를 이르는 말. 屬 아는 것이 병.

+ 識(알 식, 기록할 지), 字(글자 자), 憂(근심 우), 患(근심 환)

申申當付(신신당부)　펴고 펴서(여러 번 되풀이하여) 간곡히 부탁함. 㕚 申申付託(신신부탁)

+ 申(펼 신, 아뢸 신, 원숭이 신, 아홉째 지지 신), 當(마땅할 당, 당할 당), 付(줄 부, 부탁할 부)

身言書判(신언서판)　'몸·말씨·글씨·판단력'으로, 옛날 중국 당나라의 관리를 뽑는 시험에서 인물 평가의 기준으로 삼았던 네 가지 조건. - 〈당서(唐書)〉

+ 사람을 평가할 때는 첫째 인물이 잘났나, 둘째 말을 잘 할 줄 아는가, 셋째 글씨는 잘 쓰는가, 넷째 사물의 판단이 옳은가의 네 가지를 보아야 한다는 말.

+ 身(몸 신), 言(말씀 언), 書(쓸 서, 글 서, 책 서), 判(판단할 판)

新入故出(신입고출)　새것이 들어오고 묵은 것은 나가 자리가 바뀜.

+ 新(새로울 신), 入(들 입), 故(연고 고, 옛 고), 出(나올 출, 나갈 출)

信之無疑(신지무의)　믿어 의심하지 않음.

+ 信(믿을 신), 之(갈 지, ~의 지, 이 지), 無(없을 무), 疑(의심할 의)

新陳代謝(신진대사)　'새것이 묵은 것을 대신하여 바뀜'으로, 생명을 유지하기 위하여 생물체가 필요한 것을 섭취하고 불필요한 것을 배설하는 현상. 㕚 物質代謝(물질대사), 物質交代(물질교대), 物質交換(물질교환)

+ 新(새로울 신), 陳(늘어놓을 진, 묵을 진), 代(대신할 대, 세대 대, 대금 대), 謝(사례할 사, 사절할 사, 빌 사)

神通旁通(신통방통)　'신과 통하고 널리 통함'으로, 매우 대견하고 칭찬해 줄 만함.

+ 神(귀신 신, 신비할 신, 정신 신), 通(통할 통), 旁(곁 방, 두루 방, 넓을 방)

心不在焉(심불재언)　마음에 있지 않음. - 〈대학(大學)〉

+ "심불재언(心不在焉) 시이불견(視而不見) 청이불문(聽而不聞) 식이부지기미(食而不知其味) - 마음에 있지 않으면 보아도 보이지 않고, 들어도 들리지 않고, 먹어도 그 맛을 모른다"는 말에서 유래.

+ 心(마음 심, 중심 심), 不(아닐 불·부), 在(있을 재), 焉(어찌 언, 어조사 언), 視(볼 시), 而(말 이을 이, 어조사 이), 見(볼 견, 뵐 현), 聽(들을 청), 聞(들을 문), 食(밥 식, 먹을 식), 知(알 지), 其(그 기), 味(맛 미)

深山幽谷(심산유곡)　깊숙하고 고요한 산과 골짜기. 㕚 深山窮谷(심산궁곡)

+ 深(깊을 심), 山(산 산), 幽(숨을 유, 아득할 유), 谷(골짜기 곡)

心悅誠服(심열성복)　진심으로 기뻐하며 정성을 다하여 복종함.

+ 悅(기쁠 열), 誠(정성 성), 服(옷 복, 먹을 복, 복종할 복)

十中八九(십중팔구)　'열 가운데 여덟이나 아홉'으로, ① 거의 모두. 대부분. ② 거의 예외 없이 그러할 것이라는 추측을 나타내는 말.

+ 中(가운데 중, 맞힐 중)

雙頭馬車(쌍두마차)　① 두 필의 말이 끄는 마차. ② 어떤 한 분야에서 주축이 되는 두 사람이나 사물 따위를 이르는 말. 㕚 兩頭馬車(양두마차)

+ 雙(둘 쌍), 頭(머리 두, 우두머리 두 - 말이나 소는 머리로 마리 수를 헤아리니 마소를 세는 단위로도 쓰임. '마리'는 '머리'에서 유래된 말), 馬(말 마), 車(수레 거, 차 차)

惡衣惡食(악의악식)　좋지 않은 옷과 맛없는 음식. 凡 好衣好食(호의호식)

+ 惡(악할 악, 미워할 오), 衣(옷 의), 食(밥 식, 먹을 식, 먹이 사)

安居樂業(안거락업)　(큰 고생 없이) 편히 살면서 생업(生業)을 즐김. 㕚 安家樂業(안가낙업)

+ 安(편안할 안), 居(살 거), 樂(노래 악, 즐길 락, 좋아할 요), 業(업 업, 일 업)

安居危思(안거위사)　편안하게 살면서도 위태로울 때를 생각함(대비함). 㕚 有備無患(유비무환)

+ 居(살 거), 危(위험할 위), 思(생각할 사)

顔面不知(안면부지)　'얼굴을 알지 못함'으로, 한 번도 만난 일이 없는 아주 모르는 사람.

+ 顔(얼굴 안), 面(얼굴 면, 향할 면, 볼 면, 행정 구역의 면), 不(아닐 불·부), 知(알 지)

安分知足(안분지족)　'편안한 마음으로 제 분수를 지키며 만족할 줄을 앎'으로, 자기 분수에 만족하여 다른 데 마음 두지 않음을 이르는 말. 㕚 安貧樂道(안빈낙도), 淸貧樂道(청빈낙도)

+ 分(나눌 분, 단위 분, 단위 푼, 신분 분, 분별할 분, 분수 분), 知(알 지), 足(발 족, 넉넉할 족, 만족할 족)

557

安心立命(안심입명) 마음을 편안히 하고 천명(天命)에 세움(맡김·따름).

+ 心(마음 심, 중심 심), 立(설 립), 命(명령할 명, 목숨 명, 운명 명), 天(하늘 천), 천명(天命) - ① 타고난 수명. ② 타고난 운명. ③ 하늘의 명령. 여기서는 ②의 뜻.

安如盤石(안여반석) '편안하기가 반석 같음'으로, 편안하고 끄떡없기가 반석 같아서 제아무리 수단을 써서 건드려 봐도 흔들리지 않음을 이르는 말.

+ 如(같을 여), 盤(쟁반 반), 石(돌 석), 반석(盤石) - 쟁반처럼 넓적한 돌.

眼中無人(안중무인) '눈 가운데 (보이는) 사람이 없음'으로, 성질이 방자하고 교만하여 남을 업신여김. 🈳 眼下無人(안하무인)

+ 眼(눈 안), 中(가운데 중, 맞힐 중), 無(없을 무), 人(사람 인)

殃及子孫(앙급자손) 재앙이 자손에게 미침. 🈳 殃及池魚(앙급지어), 池魚之殃(지어지앙), 橫厄(횡액)

+ 殃(재앙 앙), 及(이를 급, 미칠 급), 子(아들 자, 첫째 지지 자, 자네 자, 접미사 자), 孫(손자 손)

仰天大笑(앙천대소) '하늘을 우러러 크게 웃음'으로, 일이 가소롭다거나 절망상태에 이르렀을 때 하늘을 쳐다보고 실성한 듯 크게 웃는다는 말. 🈳 呵呵大笑(가가대소), 拍掌大笑(박장대소)

+ 仰(우러를 앙), 天(하늘 천), 大(큰 대), 笑(웃을 소)

哀而不傷(애이불상) '슬프지만 상하게 (지나치게) 슬퍼하지 않음'으로, 슬퍼하지만 도를 넘지 아니함을 이르는 말. 🈳 哀而不悲(애이불비)

+ 哀(슬플 애), 而(말 이을 이, 어조사 이), 不(아닐 불·부), 傷(상할 상), 悲(슬플 비), 哀는 주로 속으로 슬퍼하는 것, 悲는 주로 겉으로 드러내는 슬픔을 말하지요.

揚善隱惡(양선은악) '착한 것은 드러내고 악한 것은 숨김'으로, 사람의 잘하는 일은 찬양하여 주고 잘못하는 일은 숨겨서 감싸줌.

+ 揚(날릴 양, 높일 양), 善(착할 선, 좋을 선), 隱(숨을 은, 은은할 은), 惡(악할 악, 미워할 오)

羊質虎皮(양질호피) '양 바탕에 범 가죽'으로, 본바탕은 아름답지 아니하면서 겉모양만 꾸밈을 이르는 말. 🈳 表裏不同(표리부동)

+ 羊(양 양), 質(바탕 질), 虎(범 호), 皮(가죽 피)

魚頭肉尾(어두육미) '물고기는 머리, 짐승은 꼬리'로, 물고기는 머리 쪽이 짐승은 꼬리 쪽이 맛있다는 말.

+ 魚(물고기 어), 頭(머리 두, 우두머리 두), 肉(고기 육), 尾(꼬리 미, 끝 미)

魚魯不辨(어로불변) '어(魚) 자와 로(魯) 자를 분별하지 못함'으로, 아주 무식함. 🈳 目不識丁(목불식정)

+ 魚(물고기 어), 魯(어리석을 로, 노나라 노), 不(아닐 불·부), 辨(분별할 변)

御用學者(어용학자) '임금이 쓰는 학자'로, 집권자에게 매이어 학문의 정도에서 벗어난 이론으로 아첨하는 학자.

+ 御(말 몰 어, 다스릴 어, 임금 어), 用(쓸 용), 學(배울 학), 者(놈 자, 것 자)

億兆蒼生(억조창생) 수많은 백성(사람). 🈳 億萬之衆(억만지중), 億萬蒼生(억만창생)

+ 億(억 억), 兆(조 조, 조짐 조), 蒼(푸를 창), 生(날 생, 살 생, 사람을 부를 때 쓰는 접사 생), 창생(蒼生) - '우거지듯 많은 사람들'로, 세상의 모든 사람.

言之無益(언지무익) '말해도 유익함이 없음'으로, 실패한 뒤에 아무리 좋은 의견을 말해봤자 이미 때가 지나 유익하지 않다는 말.

+ 言(말씀 언), 之(갈 지, ~의 지, 이 지), 無(없을 무), 益(더할 익, 유익할 익)

言則是也(언즉시야) '말인즉 옳음'으로, 말하는 것이 사리에 맞음.

+ 則(곧 즉, 법칙 칙), 是(옳을 시, 이 시, ~이다 시), 也(어조사 야)

嚴妻侍下(엄처시하) '엄한 아내를 모시고 있는 아래'로, 아내에게 쥐여사는 남자를 놀림조로 이르는 말.

+ 嚴(엄할 엄), 妻(아내 처), 侍(모실 시), 下(아래 하, 내릴 하)

如鼓琴瑟(여고금슬) '거문고와 비파를 타는 것 같음'으로, 부부 사이가 다정함을 이르는 말. -〈시경(詩經)〉 🈳 琴瑟之樂(금슬지락)

+ 如(같을 여), 鼓(북 고, 두드릴 고), 琴(거문고 금), 瑟(비파 슬, 거문고 슬)

如狂如醉(여광여취) '(기뻐서) 미친 것 같기도 하고 취한 것 같기도 함'으로, 너무 좋아서 미친 듯이 취한 듯이 마음이 설레어 날뜀. 🈳 如醉如狂(여취여광)

+ 狂(미칠 광), 醉(취할 취)

旅進旅退(여진여퇴) '나그네처럼 나아가고 나그네처럼 물러남'으로, 줏대 없이 무리에 어울려 함께함을 이르는 말. 🈳 附和雷同(부화뇌동)

+ 旅(군사 려, 나그네 려), 進(나아갈 진), 退(물러날 퇴)

如風過耳(여풍과이) '바람이 귀를 지나는 것 같음'으로, (귓가에 바람이 지나듯) 남의 말을 귀담아 듣지 않는 태도를 이르는 말. 🈳 馬耳東風(마이동풍)
+ 風(바람 풍, 풍속·경치·모습·기질·병 이름 풍), 過(지날 과, 지나칠 과, 허물 과), 耳(귀 이)

女必從夫(여필종부) 여자는 반드시 남편의 뜻을 따라야 함.
+ 과거 가부장(家父長)적 사회 구조 속에서 남성 중심의 관념으로 인해 생겨난 논리. 🈳 男唱女隨(남창여수), 夫唱婦隨(부창부수)
+ 女(여자 녀), 必(반드시 필), 從(좇을 종, 따를 종), 夫(사내 부, 남편 부), 家(집 가, 전문가 가), 父(아비 부), 長(길 장, 어른 장), 가부장(家父長) – 봉건 사회에서, 가족에 대하여 절대적인 권력을 가지는 아버지를 말함.

如合符節(여합부절) '부절(符節) 같이 꼭 들어맞음'으로, 두 개의 사물이 조금도 틀림이 없이 꼭 들어맞음. 🈳 若合符節(약합부절)
+ 合(합할 합, 맞을 합), 符(부절 부, 부호 부, 들어맞을 부), 節(마디 절, 절개 절, 계절 절, 명절 절), 부절(符節) – 옛날 인쇄술이 발달하기 전에 사용했던 일종의 신분증. 하나를 만들어 쪼개 가지거나 똑같이 만들어 나누어 가졌다가 나중에 맞추어 보았다 함.

易子而敎(역자이교) '자식은 바꾸어서 가르침'으로, 자기 자식은 자기가 가르치기가 어려우니 서로 바꾸어 가르친다는 말.
+ 易(바꿀 역, 쉬울 이), 子(아들 자, 첫째 지지 자, 자네 자, 접미사 자), 而(말 이을 이, 어조사 이), 敎(가르칠 교)

驛傳競走(역전경주) '역(驛)을 이어주는 경주'로, (일정한 거리마다 있는 역처럼) 장거리를 몇 개의 구간으로 나누어 몇 사람이 한 팀이 되어 맡은 구간을 달리게 하는 경주.
+ 驛(역 역), 傳(전할 전, 이야기 전), 競(겨룰 경), 走(달릴 주, 도망갈 주)

易地皆然(역지개연) '처지를 바꾸면 다 그러함'으로, (사람은 처지에 따라 행동이 달라지니) 처지를 서로 바꾸면 누구나 다 똑같아진다는 말.
+ 易(바꿀 역, 쉬울 이), 地(땅 지, 처지 지), 皆(다 개), 然(그러할 연)

燕雁代飛(연안대비) '(여름새인) 제비와 (겨울새인) 기러기는 서로 대신하여(바꾸어) 낢'으로, (제비가 올 때에 기러기는 떠나고 기러기가 올 때에는 제비가 날아가듯이) 인연이 없어서 서로 만나기 어려운 것을 이르는 말. 🈳 燕鴻之歎(연홍지탄)
+ 燕(제비 연), 雁(기러기 안), 代(대신할 대, 세대 대, 대금 대), 飛(날 비, 높을 비, 빠를 비)

戀戀不忘(연연불망) 그립고 그리워서 잊지 못함.
+ 생각을 멀리하면 잊을 수도 있다는데 / 고된 살음에 잊었는가 하다가도 / 가다가 월컥 한 가슴 밀고 드는 그리움. – 〈이영도 시조시인의 '그리움' 전문〉
+ 戀(사모할 련), 不(아닐 불·부), 忘(잊을 망)

念念不忘(염념불망) '생각나고 생각나 잊지 못함'으로, 자꾸 생각이 나서 잊지 못함.
+ 念(생각 념)

念力通巖(염력통암) '생각하는 힘은 바위도 통함(뚫음)'으로, 정신을 가다듬어 쉬지 않고 노력하면 마침내 이루어진다는 말.
+ 집중하면 강철도 뚫을 수 있는 힘이 생긴다. 초점을 맞추는 것의 힘은 빛을 통해서 알 수 있다. 넓게 흩어진 빛은 힘이나 영향력이 거의 없다. 하지만 빛의 초점을 맞추면 에너지를 모을 수 있다. 돋보기를 통해서 태양빛을 모아 잔디나 종이를 태울 수 있다. 레이저 광선처럼 빛이 더 강하게 한 초점으로 모아지면 강철도 뚫을 수 있다. – 〈릭 워렌의 '목적이 이끄는 삶'에서〉
+ 力(힘 력), 通(통할 통), 巖(바위 암)

厭世主義(염세주의) 세상을 싫어하는 생각, 곧 세상이나 인생에는 살만한 값어치가 없다는 생각. 🈳 厭世觀(염세관) 🈺 樂天主義(낙천주의)
+ 厭(싫어할 염), 世(세대 세, 세상 세), 主(주인 주), 義(옳을 의, 의로울 의)

榮枯盛衰(영고성쇠) '영화롭고 마르고 성하고 쇠함'으로, 사물의 성함과 쇠함이 서로 뒤바뀌는 현상. 🈳 興亡盛衰(흥망성쇠)
+ 榮(영화 영), 枯(마를 고, 죽을 고), 盛(성할 성), 衰(쇠할 쇠, 상복 최)

英雄豪傑(영웅호걸) '영웅(英雄)과 호걸(豪傑)'로, 지혜와 재능이 뛰어나고 용맹하여 보통 사람이 하기 어려운 일을 해내는 사람을 이르는 말.
+ 英(꽃부리 영, 영웅 영), 雄(수컷 웅, 클 웅), 豪(호걸 호, 굳셀 호), 傑(뛰어날 걸)

永遠不滅(영원불멸) 영원히 멸하지 아니함.
+ 永(길 영, 오랠 영), 遠(멀 원), 不(아닐 불·부), 滅(꺼질 멸, 멸할 멸)

寧爲鷄口(영위계구) '차라리 닭의 입이 되겠다'로, 작은 일이라도 책임자가 될지언정 남의 지배는 받기 싫다는 말. – 〈전국책(戰國策) 한책(韓策)〉
+ "영위계구 물위우후(寧爲鷄口 勿爲牛後 – 차라리 닭의 입이 될지언정 소의 꼬리는 되지 마라)"에서 유래.
+ 寧(어찌 녕, 편안할 녕), 爲(할 위, 위할 위), 鷄(닭 계), 口(입 구, 구멍 구, 말할 구), 勿(없을 물, 말 물), 牛(소 우), 後(뒤 후)

令出多門(영출다문) ‘명령이 여러 문에서 나옴’으로, 명령 계통이 어지러워 한 가지 일에 대해서 명령이 여러 갈래로 나옴을 이르는 말.
+ 令(하여금 령, 명령할 령, 착할 령, 아름다울 령, 계절 령), 出(나올 출, 나갈 출), 多(많을 다), 門(문 문)

禮俗相交(예속상교) ‘예의와 풍속에 맞게 서로 사귐’으로, 예의범절을 지켜 서로 사귐.
+ 향약(鄕約)의 네 가지 덕목 가운데 하나.
+ 禮(예도 례), 俗(저속할 속, 속세 속, 풍속 속), 相(서로 상, 모습 상, 볼 상, 재상 상), 交(사귈 교, 오고 갈 교)

五穀百果(오곡백과) 온갖 곡식과 과실.
+ 五(다섯 오), 穀(곡식 곡), 百(일백 백, 많을 백), 果(과실 과, 결과 과), 오곡(五穀) - ① 다섯 가지 중요한 곡식으로, 쌀·보리·콩·조·기장. ② 온갖 곡식을 통틀어 이르는 말.

吾不關焉(오불관언) 나는 상관하지 않음. 또는 그런 태도. 冊 馬耳東風(마이동풍)
+ 吾(나 오), 不(아닐 불·부), 關(빗장 관, 관계할 관), 焉(어찌 언, 어조사 언)

傲霜孤節(오상고절) ‘거만한(차가운) 서리에도 굴하지 않고 외로이 지키는 절개’로, 충신(忠臣)이나 국화(菊花)를 이르는 말. 冊 歲寒孤節(세한고절)
+ 傲(거만할 오), 霜(서리 상), 孤(외로울 고, 부모 없을 고), 節(마디 절, 절개 절, 계절 절, 명절 절), 忠(충성 충), 臣(신하 신), 菊(국화 국), 花(꽃 화)

玉骨仙風(옥골선풍) ‘옥 같은 뼈로 된 신선 같은 풍채’로, 남달리 뛰어난 풍채(風采)를 이르는 말. 冊 仙風道骨(선풍도골)
+ 玉(구슬 옥), 骨(뼈 골), 仙(신선 선), 風(바람 풍, 풍속·경치·모습·기질·병 이름 풍), 采(캘 채, 고를 채, 모양 채)

屋上架屋(옥상가옥) ‘집 위에 또 집을 꾸밈(세움)’으로, 물건이나 일을 쓸데없이 거듭함을 이르는 말. 冊 屋上屋(옥상옥)
+ 屋(집 옥, 지붕 옥), 上(위 상, 오를 상), 架(시렁 가, 꾸밀 가), 屋(집 옥)

臥席終身(와석종신) ‘누운 자리에서 몸을 마침’으로, 객지에서 죽거나 제명대로 살지 못하는 비명횡사(非命橫死)가 아닌 올바른 죽음을 이르는 말. 冊 非命橫死(비명횡사)
+ 臥(누울 와), 席(자리 석), 終(마칠 종), 身(몸 신), 非(어긋날 비, 아닐 비, 나무랄 비), 命(명령할 명, 목숨 명, 운명 명), 橫(가로 횡, 제멋대로 할 횡), 死(죽을 사)

王侯將相(왕후장상) ‘왕과 제후와 장수와 재상’으로, 훌륭한 사람들을 이르는 말.
+ 王(임금 왕, 으뜸 왕, 구슬 옥 변), 侯(과녁 후, 제후 후), 將(장수 장, 장차 장, 나아갈 장), 相(서로 상, 모습 상, 볼 상, 재상 상)

外貧內富(외빈내부) ‘겉으로는 가난한 것 같지만 안으로는 부자’로, 몸치장을 하지 않아서 겉으로 보기에는 초라한 것 같지만 실속이 있다는 말.
+ 외부내빈(外富內貧)으로 글자를 바꾸면 반대말이 되고, 겉도 부자고 속도 부자면 外富內富, 겉도 가난하고 속도 가난하면 外貧內貧으로 만들어 쓸 수 있네요.
+ 外(밖 외), 貧(가난할 빈), 內(안 내), 富(넉넉할 부, 부자 부)

要式行爲(요식행위) ‘(신청·출원·기소 등의 기타 법률 행위를 하는 데) 일정한 형식을 필요로 하는 행위’로, (어음의 발행이나 정관 작성·증여·혼인·입양·유언 따위처럼) 일정한 형식을 갖추지 않으면 완전한 효력을 발생시킬 수 없는 법률 행위.
+ 要(중요할 요, 필요할 요), 式(법 식, 의식 식), 行(다닐 행, 행할 행, 항렬 항), 爲(할 위, 위할 위)

腰折腹痛(요절복통) (몹시 우스워서) 허리가 끊어지고 배가 아플 지경임.
+ 腰(허리 요), 折(꺾을 절), 腹(배 복), 痛(아플 통)

欲求不滿(욕구불만) 욕구(欲求), 즉 바라고 구함이 차지 않음.
+ 欲(바랄 욕), 求(구할 구), 不(아닐 불·부), 滿(찰 만)

龍味鳳湯(용미봉탕) ‘용의 맛 봉황의 끓임’으로, (귀하게 여기는 용과 봉황으로 만든 음식이라는 데서) 매우 맛있는 음식을 이르는 말. 冊 山海珍味(산해진미)
+ 龍(용 룡), 味(맛 미), 鳳(봉황 봉), 湯(끓일 탕, 국 탕)

優勝劣敗(우승열패) ‘우수하면 이기고 못나면 패함’으로, 강한 것이 이기고 약한 것이 패하는 생존경쟁(生存競爭) 자연도태(自然淘汰)의 법칙을 이르는 말. 冊 弱肉強食(약육강식), 適者生存(적자생존)
+ 優(우수할 우, 머뭇거릴 우, 배우 우), 勝(이길 승, 나을 승), 劣(못날 렬), 敗(패할 패), 生(날 생, 살 생, 사람을 부를 때 쓰는 접사 생), 存(있을 존), 競(겨룰 경), 爭(다툴 쟁), 自(자기 자, 스스로 자, 부터 자), 然(그러할 연), 淘(쌀 일 도), 汰(씻을 태, 추릴 태)

羽化登仙(우화등선) ‘몸에 날개가 돋아 하늘로 올라가 신선이 됨’으로, ① 번잡한 세상일에서 떠나 즐겁게 지내는 상태. ② 술이 거나하게 취하여 기분이 좋음을 이르는 말. - 〈소식(蘇軾)의 적벽부(赤壁賦)〉
+ 우화(羽化)는 원래 번데기가 날개 달린 나방으로 변하는 것을 말하는데, 번잡한 세상일에서 떠나 즐겁게 지내는 상태나 술에 취하여 기분 좋은 모습을 이르는 말로도 쓰임.
+ 羽(깃 우), 化(될 화, 변화할 화, 가르칠 화), 登(오를 등, 기재할 등), 仙(신선 선)

雲泥之差(운니지차) '구름과 진흙의 차이'로, 하늘과 땅 차이처럼 서로 차이가 매우 큼을 이르는 말. 沍 天壤 之差(천양지차)

＋ 雲(구름 운), 泥(진흙 니), 之(갈 지, ~의 지, 이 지), 差(다를 차, 어긋날 차)

雄飛跳躍(웅비도약) '크게 날고 뛰어오름'으로, 기운 차고 용기 있게 나는 듯 뛰어올라 눈부시게 발전하는 모습.

＋ 雄(수컷 웅, 클 웅), 飛(날 비, 높을 비, 빠를 비), 跳(뛸 도), 躍(뛸 약)

月明星稀(월명성희) '달이 밝으면 별빛은 희미해짐'으로, 한 영웅이 나타나면 다른 군웅(群雄)의 존재가 희미해짐을 이르는 말.

＋ 月(달 월, 육 달 월), 明(밝을 명), 星(별 성), 稀(드물 희), 群(무리 군), 雄(수컷 웅, 클 웅)

胃酸過多(위산과다) 위산이 너무 많이 분비(되어 위벽을 상하게 함).

＋ 胃(밥통 위), 酸(실 산), 過(지날 과, 지나칠 과, 허물 과), 多(많을 다)

爲人設官(위인설관) 어떤 사람을 위하여 벼슬자리를 새로 마련함.

＋ 爲(할 위, 위할 위), 設(세울 설, 베풀 설), 官(관청 관, 벼슬 관)

柔能制剛(유능제강) '부드러운 것이 능히 강한 것을 이김'으로, ① 부드럽게 대함이 강한 것을 이김. ② 약한 것을 보이다가 적의 허술한 틈을 타 능히 강한 것을 제압함. 沍 柔能勝剛(유능승강), 齒亡舌存(치망설존), 太剛則折(태강즉절)

＋ 柔(부드러울 유), 能(능할 능), 制(제도 제, 억제할 제), 剛(굳셀 강)

有頭無尾(유두무미) '머리만 있고 꼬리는 없음'으로, 일이 흐지부지 끝나 버림을 이르는 말. 沍 始勤終怠(시근종태), 龍頭蛇尾(용두사미) 뻔 始終一貫(시종일관)

＋ 有(가질 유, 있을 유), 頭(머리 두, 우두머리 두), 無(없을 무), 尾(꼬리 미, 끝 미)

類萬不同(유만부동) ① 닮은(비슷한) 점이 많으나 서로 같지는 아니함. ② 분수에 맞지 않거나 정도에 지나침의 뜻으로도 쓰임.

＋ "유만부동(類萬不同)이지 너무 한다"는 말은 "다름을 아무리 인정한다 하더라도 너무 차이가 난다(너무 정도에 지나치다)"는 뜻이지요.

＋ 類(무리 류, 닮을 류), 萬(일만 만, 많을 만), 不(아닐 불·부), 同(같을 동)

遊手不業(유수불업) 손을 놀리며 일을 안 함.

＋ 遊(놀 유, 여행할 유), 手(손 수, 재주 수, 재주 있는 사람 수), 不(아닐 불·부), 業(일 업, 업 업)

由我而死(유아이사) '나로 말미암아 죽음'으로, 나로 말미암아 피해가 남에게 미침을 이르는 말.

＋ 由(말미암을 유), 我(나 아), 而(말 이을 이, 어조사 이), 死(죽을 사)

有耶無耶(유야무야) 있는지 없는지 흐리멍덩한 모양.

＋ 耶(어조사 야), 無(없을 무)

有害無益(유해무익) 해만 있고 아무 이로울 것이 없음. 沍 百害無益(백해무익)

＋ 害(해칠 해), 無(없을 무), 益(더할 익, 유익할 익)

恩反爲讐(은반위수) 은혜를 베푼 것이 거꾸로(도리어) 원수가 됨.

＋ 恩(은혜 은), 反(거꾸로 반, 뒤집을 반), 爲(할 위, 위할 위), 讐(원수 수)

恩威竝行(은위병행) '은혜와 위엄을 아울러 행함'으로, 은혜만 베풀면 버릇이 없게 되고 위력만 앞세우면 거리가 멀어지니 양자를 병행하여 폐단이 없게 함을 이르는 말.

＋ 威(위엄 위), 竝(나란히 설 병), 行(다닐 행, 행할 행, 항렬 항)

飮水思源(음수사원) '물을 마시면서 그 기원을 생각함'으로, 무슨 일을 하던지 그 근본을 잊지 않음을 이르는 말.

＋ "음방천이부지기원[飮芳泉而不知其源 – '꽃다운 샘물(芳泉)을 마시면서도 그 근원(根源)을 모름'으로, 오늘 날 윤택하게 사는 것이 할아버지 아버지의 피나는 노력으로 된 줄을 모르고 자기가 잘나서 그런 줄로만 안다는 말]"에서 유래.

＋ 飮(마실 음), 水(물 수), 思(생각할 사), 源(근원 원), 芳(꽃다울 방), 泉(샘 천), 而(말 이을 이, 어조사 이), 不(아닐 불·부), 知(알 지), 其(그 기), 根(뿌리 근)

意氣銷沈(의기소침) ① 의기(意氣)가 쇠하여 사그라짐. ② 기운을 잃고 풀이 죽음.

＋ 意(뜻 의), 氣(기운 기, 대기 기), 銷(녹일 소), 沈(잠길 침, 성씨 심), 의기(意氣) – ① 기세가 좋은 적극적인 마음. ② 장한 마음

意馬心猿(의마심원) '뜻(생각)은 말처럼 달리고 마음은 원숭이처럼 설렘'으로, 세속의 번뇌(煩惱)와 욕정(欲情) 때문에 마음이 흐트러져 억누를 수 없음을 이르는 말.

＋ 馬(말 마), 心(마음 심, 중심 심), 猿(원숭이 원), 煩(번거로울 번), 惱(괴로워할 뇌), 欲(바랄 욕), 情(정 정), 번뇌(煩惱) – ①

마음이 시달려서 괴로워함. 또는 그런 괴로움. ② [불교] 마음이나 몸을 괴롭히는 노여움이나 욕망 따위의 망념(妄念).
+ 욕정(欲情, 慾情) - ① 한순간의 충동으로 일어나는 욕심. ② 이성에 대한 육체적 욕망.

以小易大(이소역대)　작은 것으로써 큰 것과 바꿈.
+ 以(써 이, 까닭 이), 小(작을 소), 易(쉬울 이, 바꿀 역), 大(큰 대)

利用厚生(이용후생)　'이롭게 써서 삶을 두텁게(좋게) 함'으로, 기구를 편리하게 쓰고 먹을 것과 입을 것을 넉넉하게 하여 국민의 생활을 나아지게 함. 🔁 經世致用(경세치용)
+ 利(이로울 리, 날카로울 리), 用(쓸 용), 厚(두터울 후), 生(날 생, 살 생, 사람을 부를 때 쓰는 접사 생)

以夷制夷(이이제이)　'오랑캐로써 오랑캐를 제어(制御)함'으로, 오랑캐(적)를 이용하여 다른 오랑캐(적)를 제어함. 🔁 以夷攻夷(이이공이)
+ 夷(오랑캐 이), 制(제도 제, 억제할 제), 御(말 몰 어, 다스릴 어, 임금 어), 제어(制御) - ① 상대편을 억눌러서 제 마음대로 다룸. ② 감정·충동·생각 따위를 막거나 누름. ③ 기계나 설비 또는 화학 반응 따위가 알맞게 작용하도록 조절함. 여기서는 ①의 뜻.

以人爲本(이인위본)　사람으로써 근본을 삼음.
+ '인간적이다', '인간적으로 존경합니다'라는 말보다 더 큰 찬사는 없고, '인간적으로 실망했다'보다 더 큰 욕은 없습니다.
+ 爲(할 위, 위할 위), 本(뿌리 본, 근본 본)

以逸待勞(이일대로)　'편안함으로써 피로할 때를 기다림'으로, 편히 쉬고 있다가 적이 피로할 때를 기다려 공격함을 이르는 말.
+ 逸(숨을 일, 뛰어날 일, 편안할 일), 待(대접할 대, 기다릴 대), 勞(수고할 로, 일할 로)

以財發身(이재발신)　'재물로써 몸이 일어남(출세함)'으로, 재물의 힘으로 미약한 자리에서 몸을 일으켜 출세함을 이르는 말.
+ 財(재물 재), 發(쏠 발, 일어날 발), 身(몸 신)

泥田鬪狗(이전투구)　'진흙 밭에서 싸우는 개'로, ① 볼썽사납게 서로 헐뜯거나 다투는 모양을 이르는 모양. ② 강인한 성격의 함경도 사람을 평한 말.
+ ②는 옛날 우리나라 8도의 사람들에 대한 특징을 4자로 평가한 4자평(四字評)에서 유래.
+ 泥(진흙 니), 田(밭 전), 鬪(싸울 투), 狗(개 구)

益者三友(익자삼우)　'(사귀어서 자기에게) 도움이 되는 세 가지의 벗'으로, 정직한 사람, 친구의 도리를 지키는 사람, 지식이 있는 사람을 이르는 말.
+ 益(더할 익, 유익할 익), 者(놈 자, 것 자), 友(벗 우)

因果關係(인과관계)　'원인과 결과의 관계'로, 어떤 행위와 그 후에 발생한 사실과의 사이에 원인과 결과의 관계가 있는 일.
+ 因(말미암을 인, 의지할 인), 果(과실 과, 결과 과), 關(빗장 관, 관계할 관), 係(관계될 계, 계 계)

仁者樂山(인자요산)　'어진 사람은 산을 좋아함'으로, 인자는 의리에 만족하며 생각이 깊고 행동의 신중함이 산과 같으므로 자연히 산을 좋아함. - 〈논어(論語)〉
+ "인자요산 지자요수(仁者樂山 智者樂水 - 어진 자는 의리에 밝고 산과 같이 중후하여 변하지 않으므로 산을 좋아하고, 지혜로운 자는 사리에 통달하여 물과 같이 막힘이 없으므로 물을 좋아한다)"에서 인용한 말.
+ 仁(어질 인), 者(놈 자, 것 자), 樂(노래 악, 즐길 락, 좋아할 요), 智(지혜 지)

日久月深(일구월심)　'날이 오래고 달이 깊어감'으로, 무언가 바라는 마음이 세월이 갈수록 더해짐.
+ 日(해 일, 날 일), 久(오랠 구), 月(달 월, 육 달 월), 深(깊을 심)

一騎當千(일기당천)　'혼자서 말 타고 천 명을 당함'으로, ① 남달리 뛰어난 기술이나 경험이 있음. ② 혼자 일시에 능히 많은 일을 잘 처리해 나감을 이르는 말. 🔁 一人當千(일인당천)
+ 騎(말 탈 기), 當(마땅할 당, 당할 당), 千(일천 천, 많을 천, 성씨 천)

一念通天(일념통천)　'하나의 생각이 하늘과 통함'으로, 한결같은 마음으로 열중하면 하늘도 감동하여 일을 성취한다는 말. 🔁 滴水穿石(적수천석)
+ 念(생각 념), 通(통할 통), 天(하늘 천), 不(아닐 불·부), 可(옳을 가, 가히 가, 허락할 가), 能(능할 능)

一刀兩斷(일도양단)　'한 칼에 둘로 끊음(나눔)'으로, 칼로 무엇을 자르듯 머뭇거리지 않고 일을 과감히 처리함을 이르는 말.
+ 刀(칼 도), 兩(두 량, 짝 량, 냥 냥), 斷(끊을 단, 결단할 단)

一動一靜(일동일정)　'한 번의 움직임과 한 번의 고요함(가만히 있음)'으로, 하나하나의 동정이나 모든 동작을 이르는 말. 🔁 一靜一動(일정일동), 一舉一動(일거일동), 一舉手一投足(일거수일투족)
+ 動(움직일 동), 靜(고요할 정)

一望無際(일망무제)　'한 번 바라보는 곳마다 끝이 없음'으로, 눈앞이 탁 트여서 한없이 바라보임.
+ 望(바랄 망, 보름 망), 無(없을 무), 際(즈음 제, 때 제, 경계 제, 사귈 제)

一面如舊(일면여구) '한 번 본 얼굴이 오래된 것 같음'으로, 처음 만났지만 오래된 친구처럼 친밀함을 이르는 말.
+ 面(얼굴 면, 향할 면, 볼 면, 행정 구역의 면), 如(같을 여), 舊(오랠 구, 옛 구)

一身多役(일신다역) '한 몸에 많은 역할'로, 혼자서 여러 역할을 맡음. ㉤ 一身兩役(일신양역), 一人二役(일인이역)
+ 身(몸 신), 多(많을 다), 役(부릴 역)

一心專力(일심전력) 한 마음 한 뜻으로 온힘을 다함.
+ 心(마음 심, 중심 심), 專(오로지 전, 마음대로 할 전), 力(힘 력)

一言可破(일언가파) '한마디 말로 가히 깨뜨림'으로, 여러 말 하지 않고 한마디로 잘라 말해도 곧 판단될 수 있음.
+ 言(말씀 언), 可(옳을 가, 가히 가, 허락할 가), 破(깨질 파, 다할 파)

一言之下(일언지하) '한마디 말의 버림'으로, 한마디로 딱 잘라 거절함. 또는 두말할 나위 없음을 이르는 말.
+ 言(말씀 언), 之(갈 지, ~의 지, 이 지), 下(아래 하, 내릴 하)

一以貫之(일이관지) '하나로써 뚫음'으로, ① 처음부터 끝까지 변하지 않음. ② 막힘없이 끝까지 밀고 나감. ㉤ 始終一貫(시종일관) ㉫ 龍頭蛇尾(용두사미), 有頭無尾(유두무미), 始勤終怠(시근종태)
+ 以(써 이, 까닭 이), 貫(꿸 관, 무게 단위 관)

一進一退(일진일퇴) ① 한 번 나아감과 한 번 물러섬. ② 나아갔다가 물러섬. ③ 좋아졌다 나빠졌다 함.
+ 進(나아갈 진), 退(물러날 퇴)

一陣狂風(일진광풍) '한바탕의 미친바람'으로, 한바탕 부는 사납고 거센 바람.
+ 陣(진 칠 진, 줄 진), 狂(미칠 광), 風(바람 풍, 풍속·경치·모습·기질·병 이름 풍)

一波萬波(일파만파) '하나의 물결이 연쇄적으로 많은 물결을 일으킴'으로, 한 사건이 그 사건에 그치지 아니하고 잇따라 많은 사건으로 번짐.
+ 波(물결 파), 萬(일만 만, 많을 만)

臨渴掘井(임갈굴정) '목이 말라서 우물을 팜'으로, 미리 준비하고 있지 않다가 다급해져서야 허둥지둥 서두름을 이르는 말. ㉪ 소 잃고 외양간 고친다. ㉫ 晚時之歎(만시지탄), 亡羊之嘆(망양지탄), 死後藥方文(사후

약방문) ㉫ 居安思危(거안사위), 有備無患(유비무환)
+ 臨(임할 림), 渴(마를 갈), 掘(팔 굴), 井(우물 정)

任大責重(임대책중) 임무가 크고 책임이 무거움.
+ 任(맡을 임), 大(큰 대), 責(꾸짖을 책, 책임 책), 重(무거울 중, 귀중할 중, 거듭 중)

臨戰無退(임전무퇴) 전쟁에 임하면(나가면) 물러섬이 없음.
+ 삼국 통일의 원동력이 된 화랑(花郞)의 세속오계(世俗五戒) 중 하나
+ 戰(싸울 전, 무서워 떨 전), 無(없을 무), 退(물러날 퇴)

任賢使能(임현사능) '어진 이에게 맡기고 능한 이에게 시킴'으로, 인재를 잘 뽑아 씀을 이르는 말.
+ 인사(人事)가 만사(萬事)라고 하지요. 좋은 인재를 잘 뽑아서 적재적소에 배치하여 그 능력을 최고로 발휘할 수 있게 하면 모든 일이 잘 풀리고 순리대로 돌아간다는 말입니다.
+ 賢(어질 현), 使(하여금 사, 부릴 사), 能(능할 능), 事(일 사, 섬길 사), 萬(일만 만, 많을 만)

粒粒辛苦(입립신고) '낱알 한 알 한 알에 고생과 괴로움이 스며있음'으로, 곡식 한 알 한 알에 농부의 노고가 스며있으니 한 알이라도 소중히 여겨야 한다는 말.
+ 粒(낟알 립), 辛(매울 신, 고생할 신), 苦(쓸 고, 괴로울 고)

自愧之心(자괴지심) 스스로 부끄러워하는 마음. ㉤ 自愧心(자괴심)
+ 自(자기 자, 스스로 자, 부터 자), 愧(부끄러워할 괴), 心(마음 심, 중심 심)

自今爲始(자금위시) 지금부터 시작함.
+ 今(이제 금, 오늘 금), 爲(힐 위, 위힐 위), 始(저음 시, 시작할 시)

自作自受(자작자수) '자기가 지어 자기가 받음'으로, 자기가 저지른 일의 결과를 자기가 받음. ㉤ 因果應報(인과응보)
+ 作(지을 작), 受(받을 수)

自稱天子(자칭천자) '스스로 천자라 칭함'으로, 자기 자랑이 매우 심한 사람을 놀림조로 이르는 말. ㉤ 自稱王(자칭왕), 自稱君子(자칭군자)
+ 稱(일컬을 칭), 天(하늘 천), 子(아들 자, 첫째 지지 자, 자네 자, 접미사 자, 천자(天子) - 천제(天帝)의 아들. 하늘의 뜻을 받아 하늘을 대신하여 천하를 다스리는 사람.

自他共認(자타공인) 자기나 남이 함께(모두) 인정함.
+ 他(다를 타, 남 타), 共(함께 공), 認(인정할 인)

長幼有序(장유유서) 어른과 어린이 사이에는 차례가 있음.
+ 오륜(五倫)의 하나.
+ 長(길 장, 어른 장), 幼(어릴 유), 有(가질 유, 있을 유), 序(먼저 서, 차례 서)

再起不能(재기불능) '다시 일어설 능력이 없음'으로, 한번 호되게 얻어맞아 쓰러진 뒤에 입은 상처가 너무 커서 다시 일어설 능력을 잃게 됨.
+ 再(다시 재, 두 번 재), 起(일어날 기, 시작할 기), 不(아닐 불·부), 能(능할 능)

積土成山(적토성산) '흙을 쌓아서 산을 이룸'으로, 작은 것도 쌓이면 큰 것이 됨을 이르는 말. ㊒ 積小成大(적소성대)
+ 積(쌓을 적), 土(흙 토), 成(이룰 성), 山(산 산)

前功可惜(전공가석) '이전에 쌓은 공로가 가히 애석함'으로, 애써서 하던 일을 중도에 포기하게 되어 그동안 쌓은 공로가 아깝다는 말.
+ 前(앞 전), 功(공 공, 공로 공), 可(옳을 가, 가히 가, 허락할 가), 惜(아낄 석, 가엾을 석)

全力投球(전력투구) '온전한 힘으로 공을 던짐'으로, ① 야구에서 투수가 타자를 상대로 모든 힘을 기울여 공을 던짐. ② 어떤 일에 최선을 다함.
+ 全(온전할 전), 力(힘 력), 投(던질 투), 球(둥글 구, 공 구)

前人未踏(전인미답) '앞사람이 아직 밟지 않음'으로, 지금까지 아무도 손을 대거나 발을 디딘 일이 없음.
+ 前(앞 전), 未(아닐 미, 아직 ~않을 미, 여덟째 지지 미), 踏(밟을 답)

前程萬里(전정만리) '앞길이 만 리'로, 나이가 젊어 장래가 아주 유망함을 이르는 말. ㊒ 鵬程萬里(붕정만리)
+ 程(법 정, 정도 정), 萬(일만 만, 많을 만), 里(마을 리, 거리 리)

絶海孤島(절해고도) 끊어진(육지에서 멀리 떨어진) 바다에 외로운 섬(외딴 섬).
+ 絶(끊을 절, 죽을 절, 가장 절), 海(바다 해), 孤(외로울 고, 부모 없을 고), 島(섬 도)

鳥之兩翼(조지양익) '새의 양 날개'로, 이해관계가 서로 밀접하여 한쪽이 망하면 다른 한쪽도 위태로워짐을 이르는 말. ㊒ 脣亡齒寒(순망치한)
+ 鳥(새 조), 之(갈 지, ~의 지, 이 지), 兩(두 량, 짝 량, 냥 냥), 翼(날개 익)

存亡之秋(존망지추) '존속하느냐 망하느냐의 가을 같은 때'로, 존속과 멸망, 생존과 사망이 결정되는 아주 절박한 경우나 시기를 이르는 말.
+ 存(있을 존), 亡(망할 망, 달아날 망, 죽을 망), 秋(가을 추, 가을에 서리가 내리면 초목 중에는 죽는 것도 있고 살아남는 것도 있으니 가을이라 했네요.

縱橫無盡(종횡무진) '세로나 가로나 다함이 없음'으로, 행동을 마음 내키는 대로 자유자재로 함.
+ 縱(세로 종, 놓을 종), 橫(가로 횡, 제멋대로 할 횡), 無(없을 무), 盡(다할 진)

坐井觀天(좌정관천) '우물 안에 앉아서 하늘을 봄'으로, ① 견문이 매우 좁음. ② 세상물정을 너무 모름을 이르는 말. ㊍ 우물 안 개구리 ㊒ 井中觀天(정중관천)
+ 坐(앉을 좌), 井(우물 정, 우물틀 정), 觀(볼 관), 天(하늘 천)

主客一體(주객일체) '주인과 손님이 한 몸'으로, 어떤 대상에 완전히 동화된 경지를 이르는 말. ㊒ 物我一體(물아일체), 物心一如(물심일여), 忘我之境(망아지경), 沒我之境(몰아지경), 無我之境(무아지경), 無我境(무아경)
+ 主(주인 주), 客(손님 객), 體(몸 체)

周到綿密(주도면밀) (주의가) 두루 이르러(미처) 자세하고 빈틈이 없음.
+ 周(두루 주, 둘레 주), 到(이를 도, 주도면밀할 도), 綿(솜 면, 자세할 면, 이어질 면), 密(빽빽할 밀, 비밀 밀)

走馬看山(주마간산) '말을 타고 달리면서 산을 봄'으로, 바쁘게 대충 보며 지나감. ㊍ 수박 겉핥기. 처삼촌 묘 벌초하기 ㊒ 走馬看花(주마간화)
+ 走(달릴 주, 도망갈 주), 馬(말 마), 看(볼 간), 山(산 산)

柱石之臣(주석지신) '기둥과 주춧돌 같은 신하'로, 나라에 없어서는 안 될 가장 중요한 위치에 있는 신하를 이르는 말.
+ 柱(기둥 주), 石(돌 석), 之(갈 지, ~의 지, 이 지), 臣(신하 신)

指導鞭撻(지도편달) 가르쳐 이끌기 위하여 채찍으로 매질함.
+ 指(손가락 지, 가리킬 지), 導(이끌 도), 鞭(채찍 편), 撻(매질할 달), 편달(鞭撻) - ① 채찍으로 때림. ② 종아리나 볼기를 침. ③ 경계하고 격려함. '채찍질'로 순화.

之東之西(지동지서) '동으로 갔다가 서로 갔다 함'으로, 줏대 없이 이리저리 갈팡질팡함을 이르는 말.
+ 之(갈 지, ~의 지, 이 지), 東(동쪽 동), 西(서쪽 서)

564

知命之年(지명지년) '천명(天命)을 아는 나이'로, 나이 50을 이르는 말.
+ 공자(孔子)님이 50세에 天命을 알았다는 데서 유래.
+ 知(알 지), 命(명령할 명, 목숨 명, 운명 명), 年(해 년, 나이 년)

至死爲限(지사위한) '죽음에 이르는 것으로 끝을 삼음'으로, 죽을 때까지 자기의 의견을 굽히지 않겠다는 말. 㕥 至死不屈(지사불굴)
+ 至(이를 지, 지극할 지), 死(죽을 사), 爲(할 위, 위할 위), 限(한계 한)

池魚之殃(지어지앙) '연못 물고기의 재앙'으로, 생각지 않았던 재난으로 화가 다른 곳까지 미침을 이르는 말. 㕥 殃及池魚(앙급지어), 殃及子孫(앙급자손), 橫厄(횡액)
+ 池(연못 지), 魚(물고기 어), 殃(재앙 앙), 寶(보배 보), 珠(구슬 주)

智者不惑(지자불혹) '지혜로운 사람은 유혹되지 않음'으로, 슬기로운 사람은 도리를 잘 알기 때문에 어떤 일에도 유혹당하지 아니함. – 〈논어(論語)〉
+ 智(지혜 지), 者(놈 자, 것 자), 不(아닐 불·부), 惑(유혹할 혹, 어지러울 혹)

遲遲不進(지지부진) 매우 더뎌 잘 진척되지 않음.
+ 遲(더딜 지, 늦을 지), 進(나아갈 진)

紙筆硯墨(지필연묵) 종이와 붓과 벼루와 먹을 아울러 이르는 말. 㕥 文房四寶(문방사보), 文房四友(문방사우)
+ 紙(종이 지), 筆(붓 필), 硯(벼루 연), 墨(먹 묵)

直系卑屬(직계비속) '곧게 이어진 낮은 무리'로, 자기로부터 곧게 이어 내려간 혈족. 곧, 아들·손자·증손 등을 말함. 凷 直系尊屬(직계존속)
+ 直(곧을 직, 바를 직), 系(이을 계, 혈통 계), 卑(낮을 비), 屬(붙어살 속, 무리 속)

懲忿窒慾(징분질욕) '분한 것을 징계하고 욕심을 막음'으로, 마음의 노여움을 참아내고 욕심을 억제하여 누름을 이르는 말.
+ 懲(징계할 징), 忿(성낼 분), 窒(막힐 질), 慾(욕심 욕)

✱

創氏改名(창씨개명) 성을 새로 만들고 이름을 고침.
+ 1940년 일제(日帝)가 한국인의 성명을 일본식 성명으로 강제 변경시킨 일.

+ 創(비롯할 창, 시작할 창), 氏(성 씨, 뿌리 씨, 사람을 높여 부르는 조사 씨), 改(고칠 개), 名(이름 명, 이름날 명)

隻手空拳(척수공권) '외손에 빈주먹'으로, 아무것도 가진 것이 없음을 이르는 말. 㕥 赤手空拳(적수공권)
+ 隻(홀로 척, 외짝 척), 手(손 수, 재주 수, 재주 있는 사람 수), 空(빌 공, 하늘 공), 拳(주먹 권), 赤(붉을 적)

千軍萬馬(천군만마) '많은 군사와 많은 말'로, 수효가 썩 많은 군사와 말을 이르는 말. 㕥 千兵萬馬(천병만마)
+ 千(일천 천, 많을 천, 성씨 천), 軍(군사 군), 萬(일만 만, 많을 만), 馬(말 마), 兵(군사 병)

千斤萬斤(천근만근) '(무게가) 천 근 만 근'으로, (물건이나 어떤 일을 감당함이) 아주 무거움을 이르는 말.
+ 斤(도끼 근, 저울 근), 근(斤) – 재래식 척관법으로 나타내는 저울로 다는 무게의 단위. 1근은 보통 약 600g이 원칙이나, 약초 같은 것은 375g으로 함.

天生配匹(천생배필) 하늘이 낸(정하여 준) 인연.
+ 天(하늘 천), 生(날 생, 살 생, 사람을 부를 때 쓰는 접사 생), 緣(인연 연), 分(나눌 분, 단위 분, 단위 푼, 신분 분, 분별할 분, 분수 분)

天意難違(천의난위) 하늘의 뜻은 어기기 어려움.
+ 意(뜻 의), 難(어려울 난, 비난할 난), 違(어길 위, 잘못 위)

天眞爛漫(천진난만) '천진함이 무르익고 넘침'으로, 조금도 꾸밈없이 아주 순진하고 참됨. 㕥 純潔無垢(순결무구), 純眞無垢(순진무구)
+ 眞(참 진), 爛(빛날 란, 무르익을 란), 漫(흩어질 만, 질펀할 만, 부질없을 만), 천진(天眞) – ① 꾸밈이나 거짓이 없이 자연 그대로 깨끗하고 순진함. ② [불교] 불생불멸의 참된 마음. 여기서는 ①의 뜻.
+ 난만(爛漫) – ① 꽃이 활짝 많이 피어 화려함. ② 광채가 강하고 선명함. ③ 주고받는 의견이 충분히 많음. 여기서는 ②의 뜻.

晴耕雨讀(청경우독) '날이 개면 밭을 갈고 비가 오면 책을 읽음'으로, 부지런히 일하면서 틈나는 대로 공부함을 이르는 말. 㕥 晝耕夜讀(주경야독)
+ 晴(날 갤 청), 耕(밭 갈 경), 雨(비 우), 讀(읽을 독, 구절 두)

聽若不聞(청약불문) 듣고도 못들은 체 함.
+ 聽(들을 청), 若(만약 약, 같을 약, 반야 야, 젊을 약), 不(아닐 불·부), 聞(들을 문)

草根木皮(초근목피) ① '풀뿌리와 나무껍질'로, 맛이나 영양이 없는 거친 음식. ② 한약 재료를 이르는 말.
+ 草(풀 초), 根(뿌리 근), 木(나무 목), 皮(가죽 피, 피부 피, 성씨 피)

焦眉之急(초미지급) '눈썹이 타게 될 만큼 위급한 상태'로, 그대로 방치할 수 없는 매우 다급한 일이나 경우를 이르는 말. ㉾ 風前燈火(풍전등화)
+ 焦(탈 초), 眉(눈썹 미), 急(급할 급)

焦眉之厄(초미지액) '눈썹이 타는 재앙'으로, 매우 급하게 닥치는 재앙을 이르는 말. ㉾ 風前燈火(풍전등화)
+ 眉(눈썹 미), 厄(재앙 액)

追友江南(추우강남) '친구 따라 강남 감'으로, ① 확실한 주관도 없이 남의 의견이나 행동에 덩달아 따름. ② 자기는 하고 싶지 아니하나 남에게 끌려서 덩달아 하게 됨을 이르는 말. ㉾ 附和雷同(부화뇌동)
+ 追(쫓을 추, 따를 추), 友(벗 우), 江(강 강), 南(남쪽 남)

追遠報本(추원보본) '멀리(조상의 덕을) 추모하고 근본을 갚음'으로, 조상의 덕을 생각하여 제사에 정성을 다하고 자기가 태어난 근본을 잊지 않고 은혜 갚음을 이르는 말.
+ 遠(멀 원), 報(알릴 보, 갚을 보, 신문 보), 本(뿌리 본, 근본 본)

春雉自鳴(춘치자명) '봄에는 꿩이 스스로 욺'으로, 자기 허물을 스스로 드러내어 화를 자초함을 이르는 말.
+ 春(봄 춘), 雉(꿩 치), 自(자기 자, 스스로 자, 부터 자), 鳴(울 명)

出嫁外人(출가외인) '시집가면 집 밖의 사람'으로, 시집간 딸은 친정 사람이 아니고 남과 다를 것이 없다는 말.
+ 出(나올 출, 나갈 출), 嫁(시집갈 가), 外(밖 외), 人(사람 인)

醉生夢死(취생몽사) '술에 취한 듯 살다가 꿈을 꾸듯이 죽음'으로, 한평생을 아무 하는 일 없이 흐리멍덩하게 살아감을 이르는 말.
+ 醉(취할 취), 生(날 생, 살 생, 사람을 부를 때 쓰는 접사 생), 夢(꿈 몽), 死(죽을 사)

置身無地(치신무지) '몸 둘 땅이 없음'으로, 두려워 몸 둘 바를 모름.
+ 置(둘 치), 身(몸 신), 無(없을 무), 地(땅 지, 처지 지)

置之度外(치지도외) '놓아두고 도외시(度外視)함'으로, 내버려 두고 상대하지 않음. ㉾ 度外視(도외시)
+ 度(법도 도, 정도 도, 헤아릴 탁), 外(밖 외), 도외시(度外視) ─ ① 안중에 두지 아니하고 무시함. ② 문제 삼지 않음. ③ 불문에 부침.

七去之惡(칠거지악) '(예전에) 일곱 가지 (아내를) 쫓아낼 수 있는 악'으로, 시부모에게 불순함, 자식이 없음, 행실이 음탕함, 투기함, 악성질환이 있음, 말이 많음, 도둑질함을 말함.
+ 七(일곱 칠), 去(갈 거, 제거할 거), 惡(악할 악, 미워할 오)

脫兔之勢(탈토지세) '우리를 벗어나는 토끼의 기세'로, 매우 빠르고 날랜 기세를 이르는 말.
+ 脫(벗을 탈), 兔(토끼 토), 勢(기세 세)

貪權樂勢(탐권락세) 권력을 탐내고 세도 부리기를 즐김. ㉾ 貪權(탐권)
+ 貪(탐낼 탐), 權(권세 권), 樂(노래 악, 즐길 락, 좋아할 요), 勢(기세 세)

貪位慕祿(탐위모록) 지위를 탐내고 재물을 탐함.
+ 位(자리 위), 慕(사모할 모), 祿(봉급 록)

泰山峻嶺(태산준령) 큰 산과 험한 고개.
+ 泰(클 태, 편안할 태), 峻(높을 준), 嶺(고개 령, 재 령)

太平聖代(태평성대) '크게 평화로운 성스러운 시대'로, 어진 임금이 잘 다스리는 태평한 세상이나 시대. ㉾ 太平烟月(태평연월)
+ 平(평평할 평, 평화 평), 聖(성인 성, 성스러울 성), 代(대신할 대, 세대 대, 대금 대)

太平烟月(태평연월) 세상이 평화롭고 안락한 때. ㉾ 太平聖代(태평성대)
+ 烟(연기 연, = 煙), 月(달 월, 육 달 월), 연월(煙月) ─ ① 연기에 어린 은은한 달빛. ② (옛날 못 먹고 살던 시절 끼니때가 되면 밥 짓는 연기가 올라가는 모습이 태평이었으니) 세상이 매우 태평함을 이르는 말. 여기서는 ②의 뜻.

兔角龜毛(토각구모) '토끼의 뿔과 거북의 털'로, 세상에 있을 수 없는 일을 이르는 말.
+ 兔(토끼 토), 角(뿔 각, 모날 각, 겨룰 각), 龜(거북 구, 거북 귀, 터질 균), 毛(털 모)

波瀾曲折(파란곡절) '물결의 구부러짐과 꺾임'으로, 사람의 생활이나 일의 진행에서 일어나는 여러 가지 어려움이나 시련. 또는 그런 변화를 이르는 말.
+ 波(물결 파), 瀾(물결 란), 曲(굽을 곡, 노래 곡), 折(꺾을 절)

破廉恥漢(파렴치한) '염치를 깬 사람'으로, 염치나 부끄러움을 모르는 사람을 이르는 말. 🔄 破廉恥犯(파렴치범), 破廉恥罪(파렴치죄)

＋ 破(깨질 파, 다할 파), 廉(청렴할 렴, 값쌀 렴), 恥(부끄러울 치), 漢(한나라 한, 남을 흉하게 부르는 접미사 한)

八面不知(팔면부지) '팔면을 알지 못함'으로, 어느 모로 보나 전혀 모름. 또는 그런 사람을 이르는 말.

＋ 八(여덟 팔, 나눌 팔), 面(얼굴 면, 향할 면, 볼 면, 행정구역의 면), 不(아닐 불·부), 知(알 지), 팔면(八面) – ① 여러 방면. 각 방면. ② 여덟 개의 평면

平沙落雁(평사낙안) '평평한 모래사장에 내려앉는 기러기'로, ① 글씨를 예쁘게 잘 씀. ② 아름다운 여인의 맵시 따위를 이르는 말.

＋ 平(평평할 평, 평화 평), 沙(모래 사), 落(떨어질 락), 雁(기러기 안)

平地突出(평지돌출) '평지에 갑자기 튀어나옴'으로, ① 평지에 산이 우뚝 솟음. ② 변변치 못한 집안에서 뛰어난 인물이 나옴을 이르는 말.

＋ 地(땅 지, 처지 지), 突(갑자기 돌, 부딪칠 돌), 出(나올 출, 나갈 출)

砲煙彈雨(포연탄우) '대포의 연기와 빗발처럼 쏟아지는 탄알'로, 치열한 전투를 이르는 말.

＋ 砲(대포 포), 煙(연기 연), 彈(튕길 탄, 탄알 탄), 雨(비 우)

布衣之交(포의지교) '베옷을 입었을 때의 사귐'으로, 벼슬하기 전 선비 시절의 사귐. 또는 그렇게 사귄 벗.

＋ 布(베 포, 펼 포), 衣(옷 의), 交(사귈 교, 오고 갈 교)

捕風捉影(포풍착영) '바람을 잡고 그림자를 잡음'으로, 허망한 말과 행동을 이르는 말.

＋ 捕(잡을 포), 風(바람 풍, 풍속·경치·모습·기질·병 이름 풍), 捉(잡을 착), 影(그림자 영)

皮骨相連(피골상연) '살가죽과 뼈가 서로 이어짐'으로, 살가죽과 뼈가 한 데 붙을 만큼 몸이 몹시 말랐음을 이르는 말. 🔄 皮骨相接(피골상접)

＋ 皮(가죽 피), 骨(뼈 골), 相(서로 상, 모습 상, 볼 상, 재상 상), 連(이을 련)

彼此一般(피차일반) 저편이나 이편이나 서로 같음. 다 같음.

＋ 彼(저 피), 此(이 차 – 이쪽을 가리키는 지시대명사), 般(옮길 반, 일반 반)

匹馬單騎(필마단기) 한 필의 말을 혼자 타고 감.

＋ 匹(짝 필, 하나 필, 단위 필), 馬(말 마), 單(홀 단), 騎(말 탈 기)

匹夫之勇(필부지용) '필부(匹夫 – 신분이 낮고 보잘것없는 사내)의 용기'로, 소인(小人)이 깊은 생각 없이 혈기만 믿고 함부로 부리는 용기. 🔄 小人之勇(소인지용)

＋ 夫(사내 부, 남편 부), 勇(날랠 용)

匹夫匹婦(필부필부) '신분이 낮고 보잘것없는 사내와 계집'으로, 평범한 남자와 여자를 이르는 말. 🔄 甲男乙女(갑남을녀), 愚夫愚婦(우부우부), 張三李四(장삼이사), 樵童汲婦(초동급부)

＋ 夫(사내 부, 남편 부), 婦(아내 부, 며느리 부)

下堂迎之(하당영지) '집에서 내려와 맞이함'으로, 반가워서 마당까지 내려와 맞이함. 🔄 吐哺握髮(토포악발), 吐哺捉髮(토포착발), 握髮吐哺(악발토포)

＋ 下(아래 하, 내릴 하), 堂(집 당, 당당할 당), 迎(맞이할 영), 之(갈 지, ~의 지, 이 지)

何待明年(하대명년) '어떻게 명년(明年)을 기다릴까?'로, 언제 명년이 오냐며 기다리기가 매우 지루함을 이르는 말. 🔄 何待歲月(하대세월)

＋ 何(어찌 하, 무엇 하), 待(대접할 대, 기다릴 대), 明(밝을 명), 年(해 년, 나이 년), 명년(明年) – '밝아오는 해'로, 내년(來年).

何待歲月(하대세월) '어찌(어떻게) 세월을 기다릴까?'로, 언제 그날이 오냐며 기다리기가 매우 지루함을 이르는 말. 🔄 何待明年(하대명년)

＋ 待(대접할 대, 기다릴 대), 歲(해 세, 세월 세, 나이 세), 月(달 월, 육 달 월)

下厚上薄(하후상박) 아랫사람에게는 후(厚)하고 윗사람에게는 박(薄)한. 🔁 上厚下薄(상후하박)

＋ 厚(두터울 후), 上(위 상, 오를 상), 薄(엷을 박), 후(厚)하다 – ① 마음 씀씀이나 태도가 너그럽다. ② 두께가 매우 두껍다.

＋ 박(薄)하다 – ① 마음 씀이나 태도가 너그럽지 못하고 쌀쌀하다. ② 이익이나 소득이 보잘것없이 적다. ③ 두께가 매우 얇다. 여기서는 ①의 뜻.

恨不早圖(한불조도) '일찍 도모(圖謀)하지 못한 것을 한탄함'으로, 때를 놓친 것을 후회함.

＋ 恨(한할 한, 뉘우칠 한), 不(일찍 불·부), 早(일찍 조), 圖(그림 도, 꾀할 도)

閑中多事(한중다사) 한가한 가운데 일이 많음.

＋ 망중한(忙中閑 – 바쁜 가운데 한가로움), 한중망(閑中忙 – 한가로운 가운데 바쁨)도 있지요.

＋ 閑(한가할 한), 中(가운데 중, 맞힐 중), 多(많을 다), 事(일 사, 섬길 사), 忙(바쁠 망)

閑中珍味(한중진미) 한가로운 가운데 느끼는 맛있는 음식의(참다운) 맛.

+ 閑(한가할 한), 中(가운데 중, 맞힐 중), 珍(보배 진), 味(맛 미)

割半之痛(할반지통) '몸의 반절을 베어 낸 듯한 고통'으로, 형제나 가까운 사람이 죽은 슬픔을 이르는 말.

+ 割(벨 할, 나눌 할), 半(반 반), 痛(아플 통)

割肉充腹(할육충복) '제 살을 베어서 배를 채움'으로, 자기 친척의 재물을 빼앗아 먹음을 이르는 말.

+ 肉(고기 육), 充(가득 찰 충, 채울 충), 腹(배 복)

行雲流水(행운유수) '떠가는 구름과 흐르는 물'로, ① 어떤 힘에 거스르지 않고 자연 그대로 유유히 움직임. ② 마음이 유쾌함. ③ 일정한 형태 없이 늘 변함. ④ 글을 짓거나 말을 하는 데 막힘없이 술술 풀림. ⑤ 일을 하는 데 막힘없이 잘 나감을 이르는 말.

+ 行(다닐 행, 행할 행, 항렬 항), 雲(구름 운), 流(흐를 류), 水(물 수)

行住坐臥(행주좌와) '다니고 머물고 앉고 누움'으로, 일상의 움직임을 이르는 말. 🈁 行動擧止(행동거지)

+ 住(살 주, 머무를 주), 坐(앉을 좌), 臥(누울 와)

虛虛實實(허허실실) ① 허(虛)를 보이며 실(實)을 꾀하는 계책. ② 겉으로는 텅 빈 것 같으면서도 속은 실함. 🈁 實實虛虛(실실허허)

+ 虛(빌 허, 헛될 허), 實(열매 실, 실제 실)

軒軒丈夫(헌헌장부) 외모가 준수하고 풍채가 당당한 남자.

+ 軒(처마 헌, 수레 헌, 집 헌), 丈(어른 장, 존칭 장, 길이 장), 夫(사내 부, 남편 부), 헌헌(軒軒) - 풍채가 당당하고 빼어남.

懸河之辯(현하지변) '냇물을 걸어놓은 듯 흐르는 물과 같이 말을 잘함'으로, 매우 유창한 말솜씨를 이르는 말. 🈁 懸河口辯(현하구변), 懸河雄辯(현하웅변), 靑山流水(청산유수)

+ 懸(매달 현, 멀 현), 河(내 하, 강 하), 辯(말 잘할 변)

形形色色(형형색색) 모양과 빛깔 따위가 서로 다른 여러 가지.

+ 形(모양 형), 色(빛 색), 한문에서 글자를 반복하면 강조의 뜻이 됩니다.

昊天罔極(호천망극) '하늘이 끝없이 넓음'으로, 부모님의 은혜가 매우 크고 무한함을 이르는 말.

+ 昊(하늘 호), 天(하늘 천), 罔(없을 망), 極(끝 극, 다할 극)

豪華燦爛(호화찬란) 호화롭고 눈부시도록 빛남.

+ 豪(호걸 호, 굳셀 호), 華(화려할 화, 빛날 화), 燦(빛날 찬), 爛(빛날 란, 무르익을 란)

渾然一體(혼연일체) '온통 한 몸'으로, (조그마한 차별이나 균열도 없이) 전체가 한 몸이 됨. 🈁 渾然一致(혼연일치)

+ 渾(온 혼, 흐릴 혼), 然(그러할 연), 體(몸 체)

紅東白西(홍동백서) '붉은색 과일은 동편에, 하얀색 과일은 서편에 놓음'으로, 제사상 차리는 방법 중 하나.

+ 동쪽은 제관의 오른편, 서쪽은 제관의 왼편임.

+ 紅(붉을 홍), 東(동쪽 동), 白(흰 백, 밝을 백, 깨끗할 백, 아뢸 백), 西(서쪽 서)

弘益人間(홍익인간) '널리 인간세계를 이롭게 함'으로, 우리나라의 건국시조인 단군의 건국이념(建國理念). - 〈삼국유사(三國遺事)〉

+ 弘(클 홍, 넓을 홍), 益(더할 익, 유익할 익), 間(사이 간), 建(세울 건), 國(나라 국), 理(이치 리, 다스릴 리), 念(생각할 념)

和風暖陽(화풍난양) '화창한 바람과 따스한 햇볕'으로, 화창한 봄 날씨를 이르는 말. 🈁 凍氷寒雪(동빙한설), 嚴冬雪寒(엄동설한)

+ 和(화목할 화, 화할 화), 風(바람 풍, 풍속·경치·모습·기질·병 이름 풍), 煖(따뜻할 난), 陽(볕 양)

悔過自責(회과자책) 허물을 뉘우치며 스스로를 꾸짖음.

+ 悔(뉘우칠 회), 過(지날 과, 지나칠 과, 허물 과), 自(자기 자, 스스로 자, 부터 자), 責(꾸짖을 책, 책임 책)

後生角高(후생각고) '뒤에 난 뿔이 더 높음'으로, 후배나 제자가 선배나 스승보다 더 나을 때 쓰는 말. 🈁 靑出於藍(청출어람)

+ 後(뒤 후), 生(날 생, 살 생, 사람을 부를 때 쓰는 접사 생), 角(뿔 각, 모날 각, 겨룰 각), 高(높을 고)

訓戒放免(훈계방면) [경범자(輕犯者) 따위를] 타이르고 경계하여 놓아줌. 🈁 訓放(훈방)

+ 訓(가르칠 훈), 戒(경계할 계), 放(놓을 방), 免(면할 면), 輕(가벼울 경), 犯(범할 범), 者(놈 자, 것 자)

喜色滿面(희색만면) 기쁜 빛이 얼굴에 가득함.

+ 喜(기쁠 희), 色(빛 색), 滿(찰 만), 面(얼굴 면, 향할 면, 볼 면, 행정 구역의 면)

유의어 · 동의어

한자는 글자마다 고유한 뜻을 가진 고립문자이기에 글자 순서를 바꾼 단어도 대부분 같은 뜻의 단어로 쓰입니다.

유의어 · 동의어 1 - 같은 뜻의 한자로 결합된 한자어

歌曲	街道	街路	家室	歌樂	家屋	歌謠	柯條
가곡	가도	가로	가실	가악	가옥	가요	가조
加贈	歌唱	價値	家宅	街巷	家戶	刻銘	覺悟
가증	가창	가치	가택	가항	가호	각명	각오
刊刻	間隔	簡略	奸邪	懇誠	奸僞	姦淫	懇切
간각	간격	간략	간사	간성	간위	간음	간절
艮止	簡札	簡擇	感覺	監觀	監督	監查	減削
간지	간찰	간택	감각	감관	감독	감사	감삭
減省	減損	監視	監察	減縮	康健	開啓	改革
감생	감손	감시	감찰	감축	강건	개계	개혁
巨大	擧動	居留	拒絶	居住	擧託	健康	乾枯
거대	거동	거류	거절	거주	거탁	건강	건고
建立	建設	乾燥	檢督	檢查	檢閱	檢察	憩息
건립	건설	건조	검독	검사	검열	검찰	게식
憩休	隔間	擊鼓	激烈	格式	堅强	堅硬	堅固
게휴	격간	격고	격렬	격식	견강	견경	견고

甄陶	牽引	結構	結紐	決斷	潔白	訣別	結束
견도	견인	결구	결뉴	결단	결백	결별	결속
缺損	結約	潔淨	決判	兼倂	謙遜	謙讓	警覺
결손	결약	결정	결판	겸병	겸손	겸양	경각
鏡鑑	境界	警戒	經過	景光	京都	傾倒	經歷
경감	경계	경계	경과	경광	경도	경도	경력
慶福	傾斜	境域	經營	瓊玉	卿尹	競爭	慶祝
경복	경사	경역	경영	경옥	경윤	경쟁	경축
慶賀	契劵	階級	階段	計略	季末	計算	繫束
경하	계권	계급	계단	계략	계말	계산	계속
繼續	計數	繼承	契約	界域	季節	計策	溪川
계속	계수	계승	계약	계역	계절	계책	계천
階層	枯渴	故舊	考究	苦難	孤獨	考慮	告白
계층	고갈	고구	고구	고난	고독	고려	고백
古昔	告示	雇傭	雇用	高峻	考察	高卓	哭泣
고석	고시	고용	고용	고준	고찰	고탁	곡읍
困窮	困難	攻擊	恭敬	恐懼	供給	貢納	共同
곤궁	곤난	공격	공경	공구	공급	공납	공동
恭遜	供與	工作	工匠	工造	恐怖	空虛	貢獻
공손	공여	공작	공장	공조	공포	공허	공헌
孔穴	功勳	果敢	過去	過謬	戈矛	寡少	果實
공혈	공훈	과감	과거	과류	과모	과소	과실
過失	過誤	課程	觀覽	管理	冠帽	款誠	慣習
과실	과오	과정	관람	관리	관모	관성	관습

觀視	管掌	觀察	貫徹	貫通	管轄	廣大	廣博
관시	관장	관찰	관철	관통	관할	광대	광박
光色	廣衍	光耀	光彩	光輝	怪奇	怪異	愧恥
광색	광연	광요	광채	광휘	괴기	괴이	괴치
橋梁	驕慢	巧妙	郊野	矯正	矯直	敎訓	求乞
교량	교만	교묘	교야	교정	교직	교훈	구걸
究竟	究考	拘禁	丘陵	購買	區別	區分	具備
구경	구고	구금	구릉	구매	구별	구분	구비
求索	口舌	區域	久遠	救援	救濟	構造	軍旅
구색	구설	구역	구원	구원	구제	구조	군려
軍兵	軍士	君王	郡邑	君主	群衆	郡縣	屈曲
군병	군사	군왕	군읍	군주	군중	군현	굴곡
屈折	宮家	窮究	宮闕	窮極	宮殿	窮盡	勸戒
굴절	궁가	궁구	궁궐	궁극	궁전	궁진	권계
勸勵	勸勉	勸奬	權稱	倦怠	鬼神	貴重	歸還
권려	권면	권장	권칭	권태	귀신	귀중	귀환
規格	糾結	規例	糾明	閨房	規範	規式	規律
규격	규결	규례	규명	규방	규범	규식	규율
糾察	規則	揆度	規度	均等	龜裂	均調	極端
규찰	규칙	규탁	규탁	균등	균열	균조	극단
克勝	劇甚	極盡	勤勞	根本	根源	禽鳥	急迫
극승	극심	극진	근로	근본	근원	금조	급박
急速	給與	紀綱	機械	奇怪	技巧	器具	耆老
급속	급여	기강	기계	기괴	기교	기구	기로

記錄	起立	企望	冀望	器皿	起發	寄附	欺詐
기록	기립	기망	기망	기명	기발	기부	기사
技術	己身	飢餓	寄與	技藝	寄寓	冀願	旣已
기술	기신	기아	기여	기예	기우	기원	기이
基底	幾旬	基址	記識	祈祝	忌嫌	緊要	金鐵
기저	기전	기지	기지	기축	기혐	긴요	금철
羅列	納入	浪漫	冷凉	冷寒	年歲	念慮	勞務
나열	납입	낭만	냉량	냉한	연세	염려	노무
老翁	祿俸	綠靑	論議	農耕	濃厚	雷震	樓閣
노옹	녹봉	녹청	논의	농경	농후	뇌진	누각
樓館	累積	斷決	段階	單獨	斷絶	端整	但只
누관	누적	단결	단계	단독	단절	단정	단지
達成	達通	談說	擔任	談話	代替	刀劍	悼懼
달성	달통	담설	담임	담화	대체	도검	도구
度揆	到達	徒黨	道塗	道途	道路	道理	逃亡
도규	도달	도당	도도	도도	도로	도리	도망
徒輩	渡涉	都市	跳躍	都邑	導引	盜賊	盜竊
도배	도섭	도시	도약	도읍	도인	도적	도절
到着	逃避	圖畫	敦篤	敦厚	突忽	洞窟	同等
도착	도피	도화	돈돈	돈후	돌홀	동굴	동등
洞里	動搖	同一	洞穴	頭首	屯陳	等級	等類
동리	동요	동일	동혈	두수	둔진	등급	등류
謄寫	登陟	良好	連繫	連續	隆盛	離別	離散
등사	등척	양호	연계	연속	융성	이별	이산

魔鬼	滿盈	末端	末尾	亡失	每常	煤煙	邁進
마귀	만영	말단	말미	망실	매상	매연	매진
脈絡	盟誓	猛勇	猛暴	覓索	勉勵	面貌	面顔
맥락	맹세	맹용	맹포	멱색	면려	면모	면안
面容	滅亡	明朗	命令	明白	名稱	溟海	名號
면용	멸망	명랑	명령	명백	명칭	명해	명호
明輝	侮蔑	毛髮	模倣	模範	模樣	募集	謀策
명휘	모멸	모발	모방	모범	모양	모집	모책
沐浴	沒溺	描寫	茂盛	貿易	紊亂	文書	文章
목욕	몰닉	묘사	무성	무역	문란	문서	문장
文彩	門戶	物件	物品	彌久	美麗	尾末	微細
문채	문호	물건	물품	미구	미려	미말	미세
微小	迷惑	敏速	旻天	飯食	頒布	返還	發起
미소	미혹	민속	민천	반식	반포	반환	발기
發射	發展	邦國	方道	彷彿	防禦	紡績	方正
발사	발전	방국	방도	방불	방어	방적	방정
紡織	妨害	配分	俳優	排斥	配匹	徘徊	背後
방직	방해	배분	배우	배척	배필	배회	배후
煩悶	煩數	繁盛	繁殖	飜譯	番次	法規	法度
번민	번삭	번성	번식	번역	번차	법규	법도
法例	法律	法式	法典	法則	碧綠	變改	變更
법례	법률	법식	법전	법칙	벽록	변개	변경
變易	邊際	變革	變化	兵卒	病患	報告	報償
변역	변제	변혁	변화	병졸	병환	보고	보상

保守	保衛	補助	保護	覆蓋	福祚	服從	福祉
보수	보위	보조	보호	복개	복조	복종	복지
本源	俸祿	奉仕	奉承	逢遇	奉獻	部隊	部類
본원	봉록	봉사	봉승	봉우	봉헌	부대	부류
浮泛	附屬	賦與	扶助	副次	附着	付託	負荷
부범	부속	부여	부조	부차	부착	부탁	부하
扶護	憤慨	分區	忿怒	墳墓	分配	分別	分析
부호	분개	분구	분노	분묘	분배	분별	분석
分割	分解	朋友	悲慨	比較	悲哀	費用	譬喩
분할	분해	붕우	비개	비교	비애	비용	비유
悲慘	卑賤	批評	賓客	貧困	貧窮	聘召	思考
비참	비천	비평	빈객	빈곤	빈궁	빙소	사고
賜給	詐欺	思念	思慮	使令	思慕	事務	士兵
사급	사기	사념	사려	사령	사모	사무	사병
師傅	思想	辭說	飼養	事業	使役	查閱	舍屋
사부	사상	사설	사양	사업	사역	사열	사옥
思惟	飼育	寺刹	查察	舍宅	社會	削減	散漫
사유	사육	사찰	사찰	사택	사회	삭감	산만
産生	算數	山岳	森林	商賈	想念	相思	祥事
산생	산수	산악	삼림	상고	상념	상사	상사
祥瑞	上昇	狀態	傷害	相互	色彩	省減	省略
상서	상승	상태	상해	상호	색채	생감	생략
生産	生活	逝去	暑熱	徐緩	書籍	書冊	釋放
생산	생활	서거	서열	서완	서적	서책	석방

574

善良	鮮麗	船舶	選拔	選別	選擇	宣布	旋回
선량	선려	선박	선발	선별	선택	선포	선회
說話	攝理	誠款	性心	姓氏	省察	成就	世界
설화	섭리	성관	성심	성씨	성찰	성취	세계
世代	洗濯	消滅	素朴	訴訟	逍遙	素質	損減
세대	세탁	소멸	소박	소송	소요	소질	손감
損傷	損失	損害	衰弱	秀傑	羞愧	受納	首頭
손상	손실	손해	쇠약	수걸	수괴	수납	수두
受領	樹林	睡寐	睡眠	壽命	樹木	輸送	修習
수령	수림	수매	수면	수명	수목	수송	수습
收拾	授與	守衛	殊異	獸畜	羞恥	收穫	熟練
수습	수여	수위	수이	수축	수치	수확	숙련
孰誰	淑淸	宿寢	純潔	純粹	巡廻	崇高	崇尙
숙수	숙청	숙침	순결	순수	순회	숭고	숭상
習慣	濕潤	承奉	時期	施設	始初	試驗	植栽
습관	습윤	승봉	시기	시설	시초	시험	식재
式典	申告	辛苦	神鬼	神靈	辛烈	伸張	愼重
식전	신고	신고	신귀	신령	신열	신장	신중
身體	室家	失敗	尋訪	審査	心性	心情	阿丘
신체	실가	실패	심방	심사	심성	심정	아구
兒童	安康	按檢	安寧	顔面	眼目	安易	安逸
아동	안강	안검	안녕	안면	안목	안이	안일
安全	安平	暗黑	殃禍	哀悼	愛慕	愛好	厄禍
안전	안평	암흑	앙화	애도	애모	애호	액화

冶鑄	約結	約束	掠奪	糧穀	楊柳	養育	諒知
야주	약결	약속	약탈	양곡	양류	양육	양지
樣態	御領	語辭	抑壓	言談	言辭	言語	嚴肅
양태	어령	어사	억압	언담	언사	언어	엄숙
嚴峻	業務	業事	餘暇	旅客	女娘	域境	硏究
엄준	업무	업사	여가	여객	여랑	역경	연구
淵潭	姸麗	硏磨	戀慕	憐憫	年歲	燃燒	連續
연담	연려	연마	연모	연민	연세	연소	연속
硏修	練習	戀愛	緣由	悅樂	念慮	詠歌	永久
연수	연습	연애	연유	열락	염려	영가	영구
盈滿	領率	靈神	永遠	映照	領統	英特	靈魂
영만	영솔	영신	영원	영조	영통	영특	영혼
榮華	例規	銳利	例法	藝術	例式	例典	梧桐
영화	예규	예리	예법	예술	예식	예전	오동
誤謬	傲慢	汚濁	屋舍	屋宇	溫暖	穩全	雍和
오류	오만	오탁	옥사	옥우	온난	온전	옹화
緩徐	緩舒	完全	旺盛	汪洋	旺興	畏懼	要求
완서	완서	완전	왕성	왕양	왕흥	외구	요구
要緊	搖動	料量	料賴	遙遠	料度	勇敢	容貌
요긴	요동	요량	요뢰	요원	요탁	용감	용모
用費	庸常	鎔冶	容儀	優良	憂慮	憂愁	羽翼
용비	용상	용야	용의	우량	우려	우수	우익
宇宙	憂患	運動	運搬	云謂	願望	怨恨	援護
우주	우환	운동	운반	운위	원망	원한	원호

危急	偉大	違錯	委託	危殆	危險	悠久	流浪
위급	위대	위착	위탁	위태	위험	유구	유랑
儒士	幼少	遺失	遊泳	裕足	留住	油脂	幼稚
유사	유소	유실	유영	유족	유주	유지	유치
遊戲	肉身	陸地	肉體	潤澤	輪廻	律法	隆昌
유희	육신	육지	육체	윤택	윤회	율법	융창
融通	隆興	隱遁	隱密	恩惠	音聲	吟詠	音韻
융통	융흥	은둔	은밀	은혜	음성	음영	음운
依據	宜當	醫療	衣服	意思	意義	意志	意趣
의거	의당	의료	의복	의사	의의	의지	의취
離別	怡悅	移運	利益	移轉	理解	溺沒	忍耐
이별	이열	이운	이익	이전	이해	익몰	인내
引導	吝嗇	認識	因緣	仁慈	認知	一同	佾舞
인도	인색	인식	인연	인자	인지	일동	일무
賃貸	自己	姿貌	諮問	慈愛	資財	資質	刺衝
임대	자기	자모	자문	자애	자재	자질	자충
姿態	殘餘	掌管	獎勸	長久	獎勵	帳幕	丈夫
자태	잔여	장관	장권	장구	장려	장막	장부
將帥	裝飾	才術	災殃	災厄	才藝	災禍	財貨
장수	장식	재술	재앙	재액	재예	재화	재화
著作	抵觸	貯蓄	抵抗	寂寞	積貯	典例	典範
저작	저촉	저축	저항	적막	적저	전례	전범
展舒	典式	典律	戰爭	典籍	戰鬪	錢幣	切斷
전서	전식	전율	전쟁	전적	전투	전폐	절단

絶斷	竊盜	店鋪	接續	淨潔	旌旗	整頓	停留
절단	절도	점포	접속	정결	정기	정돈	정류
征伐	精誠	靜寂	整齊	停駐	停止	正直	政治
정벌	정성	정적	정제	정주	정지	정식	정치
偵探	除減	祭祀	帝王	製作	齊整	製造	彫刻
정탐	제감	제사	제왕	제작	제정	제조	조각
眺覽	眺望	稠密	租稅	早速	照映	造作	組織
조람	조망	조밀	조세	조속	조영	조작	조직
調和	尊高	尊貴	尊崇	存在	尊重	拙劣	卒兵
조화	존고	존귀	존숭	존재	존중	졸렬	졸병
終結	終端	終了	終末	終止	綜合	座席	挫折
종결	종단	종료	종말	종지	종합	좌석	좌절
罪過	住居	主君	州郡	駐留	舟船	珠玉	周圍
죄과	주거	주군	주군	주류	주선	주옥	주위
註解	朱紅	俊傑	俊秀	峻嚴	峻險	重複	中央
주해	주홍	준걸	준수	준엄	준험	중복	중앙
重厚	增加	贈給	贈與	憎惡	贈呈	至極	知識
중후	증가	증급	증여	증오	증정	지극	지식
旨意	枝條	智慧	震雷	珍寶	眞實	陳列	進陟
지의	지조	지혜	진뢰	진보	진실	진열	진척
進出	進就	質朴	疾病	窒塞	秩序	疾患	集團
진출	진취	질박	질병	질색	질서	질환	집단
集會	懲戒	徵聘	徵收	車輛	差別	差異	次第
집회	징계	징빙	징수	차량	차별	차이	차제

錯誤	燦爛	餐飯	讚譽	慙愧	慙羞	參與	慘酷
착오	찬란	찬반	찬예	참괴	참수	참여	참혹
慙悔	唱歌	倉庫	滄浪	創始	創作	採光	彩色
참회	창가	창고	창랑	창시	창작	채광	채색
菜蔬	採擇	策謀	責任	處所	尺度	天弓	踐踏
채소	채택	책모	책임	처소	척탁	천궁	천답
淺薄	鐵鋼	撤收	添加	尖端	淸潔	靑綠	聽聞
천박	철강	철수	첨가	첨단	청결	청록	청문
靑碧	淸淑	淸湜	淸淨	靑蒼	淸澈	締結	替代
청벽	청숙	청식	청정	청창	청철	체결	체대
滯塞	體身	替換	超過	招聘	肖似	楚越	初創
체색	체신	체환	초과	초빙	초사	초월	초창
促急	促迫	村落	村里	寸節	聰明	催促	墜落
촉급	촉박	촌락	촌리	촌절	총명	최촉	추락
抽拔	追隨	追從	蓄積	出生	衝激	衝突	充滿
추발	추수	추종	축적	출생	충격	충돌	충만
聚集	測揆	測量	側傍	測度	層階	治理	親族
취집	측규	측량	측방	측탁	층계	치리	친족
侵略	寢寐	沈沒	侵犯	浸透	沈默	稱訟	稱讚
침략	침매	침몰	침범	침투	침묵	칭송	칭찬
打擊	墮落	度量	卓越	彈劾	耽樂	探索	貪慾
타격	타락	탁량	탁월	탄핵	탐락	탐색	탐욕
探偵	搭乘	搭載	怠慢	泰平	胎胞	兌換	土壤
탐정	탑승	탑재	태만	태평	태포	태환	토양

土地	通貫	洞達	通達	統領	統率	統帥	通徹
토지	통관	통달	통달	통령	통솔	통수	통철
洞通	通透	統合	退却	退去	鬪爭	鬪戰	透徹
통통	통투	통합	퇴각	퇴거	투쟁	투전	투철
波浪	把握	判決	販賣	敗亡	敗北	偏僻	便安
파랑	파악	판결	판매	패망	패배	편벽	편안
平均	平等	平安	平和	廢棄	廢亡	幣帛	弊害
평균	평등	평안	평화	폐기	폐망	폐백	폐해
包括	怖懼	抛棄	捕虜	抱擁	包容	包圍	捕捉
포괄	포구	포기	포로	포옹	포용	포위	포착
胞胎	暴虐	包含	捕獲	暴露	表皮	豊富	豊盛
포태	포학	포함	포획	폭로	표피	풍부	풍성
豊足	豊厚	疲困	被衾	疲勞	皮膚	皮革	畢竟
풍족	풍후	피곤	피금	피로	피부	피혁	필경
下降	河川	河海	學習	寒冷	恨歎	陷沒	艦船
하강	하천	하해	학습	한랭	한탄	함몰	함선
艦艇	合倂	抗拒	恒常	航船	害毒	解放	解散
함정	합병	항거	항상	항선	해독	해방	해산
解消	害損	海洋	解註	核案	行動	幸福	行爲
해소	해손	해양	해주	핵안	행동	행복	행위
香馥	鄕村	許可	虛空	許諾	虛無	虛僞	獻納
향복	향촌	허가	허공	허락	허무	허위	헌납
憲法	險峻	懸掛	賢良	玄妙	顯著	顯現	嫌忌
헌법	험준	현괘	현량	현묘	현저	현현	혐기

580

嫌惡	峽谷	脅迫	協和	形貌	刑罰	形象	形式
혐오	협곡	협박	협화	형모	형벌	형상	형식
形容	形態	慧智	惠澤	豪毛	晧白	昊天	呼稱
형용	형태	혜지	혜택	호모	호백	호천	호칭
酷毒	酷甚	混沌	魂靈	昏明	魂魄	婚姻	婚娶
혹독	혹심	혼돈	혼령	혼명	혼백	혼인	혼취
混濁	鴻雁	畫圖	和睦	和穆	化變	話言	和沖
혼탁	홍안	화도	화목	화목	화변	화언	화충
和平	貨幣	和諧	和協	確固	還歸	歡樂	歡悅
화평	화폐	화해	화협	확고	환귀	환락	환열
患憂	歡喜	荒蕪	皇王	煌耀	皇帝	荒廢	回歸
환우	환희	황무	황왕	황요	황제	황폐	회귀
會社	廻闊	回轉	懷抱	悔恨	獲得	曉晨	曉喩
회사	회알	회전	회포	회한	획득	효신	효유
訓導	訓誨	毀壞	輝耀	休憩	携帶	休息	凶猛
훈도	훈회	훼괴	휘요	휴게	휴대	휴식	흉맹
凶惡	凶暴	欠缺	欽敬	吸飮	興起	興隆	興旺
흉악	흉포	흠결	흠경	흡음	흥기	흥륭	흥왕
稀貴	喜樂	希望	稀少	喜悅	希願		
희귀	희락	희망	희소	희열	희원		

- 架空(가공) - 虛構(허구)
- 家訓(가훈) - 庭訓(정훈)
- 各別(각별) - 特別(특별)
- 覺悟(각오) - 決心(결심)
- 看病(간병) - 看護(간호)
- 感染(감염) - 傳染(전염)
- 改稿(개고) - 推敲(퇴고)
- 改良(개량) - 改善(개선)
- 拒否(거부) - 拒絶(거절)
- 去就(거취) - 進退(진퇴)
- 乾坤(건곤) - 天地(천지)
- 儉約(검약) - 節約(절약)
- 激勵(격려) - 鼓舞(고무)
- 決心(결심) - 決意(결의)
- 缺點(결점) - 短點(단점)
- 境界(경계) - 區劃(구획)
- 經驗(경험) - 體驗(체험)
- 計劃(계획) - 意圖(의도)
- 故國(고국) - 祖國(조국)
- 鼓吹(고취) - 鼓舞(고무)
- 古稀(고희) - 從心(종심)
- 古稀(고희) - 七旬(칠순)
- 古稀(고희) - 稀年(희년)
- 古稀(고희) - 稀壽(희수)
- 骨肉(골육) - 血肉(혈육)
- 貢獻(공헌) - 寄與(기여)
- 過激(과격) - 急進(급진)
- 瓜年(과년) - 瓜滿(과만)
- 瓜年(과년) - 破瓜(파과)
- 交涉(교섭) - 折衷(절충)
- 交涉(교섭) - 折衝(절충)
- 驅迫(구박) - 虐待(학대)
- 九天(구천) - 黃泉(황천)
- 區劃(구획) - 境界(경계)
- 龜鑑(귀감) - 模範(모범)
- 歸省(귀성) - 歸鄕(귀향)
- 根底(근저) - 基礎(기초)
- 企圖(기도) - 企劃(기획)
- 技倆(기량) - 才能(재능)
- 氣質(기질) - 性格(성격)
- 氣品(기품) - 風格(풍격)
- 落膽(낙담) - 失望(실망)

- 內紛(내분) - 內爭(내쟁)
- 冷靜(냉정) - 沈着(침착)
- 雷同(뇌동) - 附同(부동)
- 能辯(능변) - 達辯(달변)
- 達成(달성) - 成就(성취)
- 道德(도덕) - 倫理(윤리)
- 桃源(도원) - 仙境(선경)
- 獨占(독점) - 專有(전유)
- 棟梁(동량) - 干城(간성)
- 同意(동의) - 贊成(찬성)
- 等閑(등한) - 疏忽(소홀)
- 明哲(명석) - 聰明(총명)
- 冒頭(모두) - 虛頭(허두)
- 謀反(모반) - 反逆(반역)
- 茅屋(모옥) - 草屋(초옥)
- 沒頭(몰두) - 專心(전심)
- 無事(무사) - 安全(안전)
- 無視(무시) - 黙殺(묵살)
- 未開(미개) - 原始(원시)
- 未滿(미만) - 充滿(충만)
- 未熟(미숙) - 幼稚(유치)
- 尾行(미행) - 追跡(추적)
- 發達(발달) - 進步(진보)
- 背恩(배은) - 忘德(망덕)
- 白眉(백미) - 壓卷(압권)
- 白眉(백미) - 出衆(출중)
- 碧空(벽공) - 蒼空(창공)
- 不運(불운) - 悲運(비운)
- 鵬圖(붕도) - 雄圖(웅도)
- 非命(비명) - 橫死(횡사)
- 鼻祖(비조) - 始祖(시조)
- 使命(사명) - 任務(임무)
- 寺院(사원) - 寺刹(사찰)
- 散步(산보) - 散策(산책)
- 狀況(상황) - 情勢(정세)
- 書簡(서간) - 書翰(서한)
- 先哲(선철) - 先賢(선현)
- 俗世(속세) - 塵世(진세)
- 刷新(쇄신) - 革新(혁신)
- 衰盡(쇠진) - 衰退(쇠퇴)
- 手段(수단) - 方法(방법)
- 修理(수리) - 修繕(수선)

▶ 熟讀(숙독) - 精讀(정독)
▶ 宿命(숙명) - 天命(천명)
▶ 瞬間(순간) - 刹那(찰나)
▶ 承諾(승낙) - 許諾(허락)
▶ 視界(시계) - 視野(시야)
▶ 食言(식언) - 違約(위약)
▶ 食言(식언) - 違言(위언)
▶ 實施(실시) - 實行(실행)
▶ 尋常(심상) - 平凡(평범)
▶ 心友(심우) - 知己(지기)
▶ 心友(심우) - 知音(지음)
▶ 眼界(안계) - 視野(시야)
▶ 壓迫(압박) - 威壓(위압)
▶ 業績(업적) - 功績(공적)
▶ 燃眉(연미) - 焦眉(초미)
▶ 永久(영구) - 永遠(영원)
▶ 永眠(영면) - 他界(타계)
▶ 營養(영양) - 滋養(자양)
▶ 外見(외견) - 外觀(외관)
▶ 外國(외국) - 異國(이국)
▶ 夭折(요절) - 夭逝(요서)
▶ 運勢(운세) - 運命(운명)
▶ 運送(운송) - 運輸(운수)
▶ 運營(운영) - 運用(운용)
▶ 願望(원망) - 希望(희망)
▶ 威信(위신) - 威嚴(위엄)
▶ 威壓(위압) - 壓迫(압박)
▶ 威脅(위협) - 脅迫(협박)
▶ 流離(유리) - 漂迫(표박)
▶ 有名(유명) - 高明(고명)
▶ 唯美(유미) - 耽美(탐미)
▶ 潤澤(윤택) - 豊富(풍부)
▶ 應對(응대) - 應接(응접)
▶ 依存(의존) - 依支(의지)
▶ 異論(이론) - 異議(이의)
▶ 利用(이용) - 活用(활용)
▶ 一律(일률) - 劃一(획일)
▶ 一門(일문) - 一族(일족)
▶ 一致(일치) - 合致(합치)
▶ 一毫(일호) - 秋毫(추호)
▶ 資産(자산) - 財産(재산)
▶ 自然(자연) - 天然(천연)
▶ 自暴(자포) - 自棄(자기)
▶ 災殃(재앙) - 殃禍(앙화)

▶ 災禍(재화) - 殃禍(앙화)
▶ 低價(저가) - 廉價(염가)
▶ 轉居(전거) - 移居(이거)
▶ 前進(전진) - 進步(진보)
▶ 絶倒(절도) - 抱腹(포복)
▶ 節約(절약) - 儉約(검약)
▶ 情趣(정취) - 風情(풍정)
▶ 制壓(제압) - 鎭壓(진압)
▶ 志望(지망) - 志願(지원)
▶ 至上(지상) - 最高(최고)
▶ 知人(지인) - 知己(지기)
▶ 進步(진보) - 向上(향상)
▶ 質問(질문) - 質疑(질의)
▶ 贊助(찬조) - 協贊(협찬)
▶ 參考(참고) - 參照(참조)
▶ 滯在(체재) - 滯留(체류)
▶ 招待(초대) - 招請(초청)
▶ 焦勞(초로) - 焦思(초사)
▶ 推量(추량) - 推測(추측)
▶ 親友(친우) - 知己(지기)
▶ 快活(쾌활) - 活潑(활발)
▶ 統治(통치) - 支配(지배)
▶ 平常(평상) - 平素(평소)
▶ 鄕里(향리) - 故鄕(고향)
▶ 許可(허가) - 認可(인가)
▶ 華甲(화갑) - 還甲(환갑)
▶ 華甲(화갑) - 回甲(회갑)
▶ 換骨(환골) - 奪胎(탈태)
▶ 休憩(휴게) - 休息(휴식)
▶ 效用(효용) - 效能(효능)
▶ 姑息策(고식책) - 彌縫策(미봉책)
▶ 槐安夢(괴안몽) - 南柯夢(남가몽)
▶ 未曾有(미증유) - 破天荒(파천황)
▶ 別天地(별천지) - 桃源境(도원경)
▶ 相思病(상사병) - 貨風病(화풍병)
▶ 書同文(서동문) - 車同軌(차동궤)
▶ 瞬息間(순식간) - 一瞬間(일순간)
▶ 瞬息間(순식간) - 轉瞬間(전순간)
▶ 魚水親(어수친) - 知音人(지음인)
▶ 理想鄕(이상향) - 別世界(별세계)
▶ 一點紅(일점홍) - 紅一點(홍일점)
▶ 懷心病(회심병) - 相思病(상사병)
▶ 懷心病(회심병) - 花風病(화풍병)

- 呵呵大笑(가가대소) − 仰天大笑(앙천대소), 拍掌大笑(박장대소)
- 街談巷語(가담항어) − 街談巷說(가담항설), 街談巷議(가담항의), 街說巷談(가설항담)
- 佳人薄命(가인박명) − 美人薄命(미인박명)
- 刻骨難忘(각골난망) − 白骨難忘(백골난망)
- 刻舟求劍(각주구검) − 守株待兎(수주대토)
- 干城之材(간성지재) − 棟梁之材(동량지재), 棟樑之材(동량지재), 棟梁之器(동량지기)
- 奸臣賊子(간신적자) − 亂臣賊子(난신적자)
- 甲男乙女(갑남을녀) − 張三李四(장삼이사), 匹夫匹婦(필부필부)
- 改過自新(개과자신) − 改過遷善(개과천선)
- 去去益甚(거거익심) − 愈往愈甚(유왕유심)
- 乾木水生(건목수생) − 剛木水生(강목수생)
- 擊壤之歌(격양지가) − 鼓腹擊壤(고복격양)
- 犬馬之誠(견마지성) − 犬馬之勞(견마지로), 犬馬之心(견마지심), 犬馬之役(견마지역)
- 犬牙相錯(견아상착) − 犬牙相制(견아상제)
- 見危授命(견위수명) − 見危致命(견위치명)
- 犬兎之爭(견토지쟁) − 漁父之利(어부지리)
- 傾國之色(경국지색) − 傾城之色(경성지색), 絶世佳人(절세가인), 花容月態(화용월태), 丹脣皓齒(단순호치), 萬古絶色(만고절색)
- 瓊枝玉葉(경지옥엽) − 金枝玉葉(금지옥엽)
- 鷄群孤鶴(계군고학) − 群鷄一鶴(군계일학)
- 姑息之計(고식지계) − 下石上臺(하석상대), 凍足放尿(동족방뇨)
- 苦肉之計(고육지계) − 苦肉之策(고육지책)
- 孤掌難鳴(고장난명) − 獨掌難鳴(독장난명)
- 曲學阿世(곡학아세) − 曲筆阿世(곡필아세)
- 骨肉相殘(골육상잔) − 骨肉相爭(골육상쟁), 同族相殘(동족상잔)
- 空前絶後(공전절후) − 前無後無(전무후무)
- 管中之天(관중지천) − 坐井觀天(좌정관천)
- 矯角殺牛(교각살우) − 矯枉過直(교왕과직), 過猶不及(과유불급)
- 膠柱鼓瑟(교주고슬) − 守株待兎(수주대토), 刻舟求劍(각주구검)
- 窮餘之策(궁여지책) − 窮餘一策(궁여일책)
- 闕席裁判(궐석재판) − 缺席裁判(결석재판)
- 近憂遠慮(근우원려) − 內憂外患(내우외환)
- 近朱者赤(근주자적) − 近墨者黑(근묵자흑)
- 琴瑟相和(금슬상화) − 琴瑟之樂(금슬지락)
- 騎虎難下(기호난하) − 騎虎之勢(기호지세), 騎獸之勢(기수지세)
- 吉凶禍福(길흉화복) − 禍福吉凶(화복길흉)
- 金蘭之契(금란지계) − 金蘭之交(금란지교)
- 金石之約(금석지약) − 金石盟約(금석맹약), 金石相約(금석상약)
- 金城鐵壁(금성철벽) − 金城湯池(금성탕지)
- 難兄難弟(난형난제) − 莫上莫下(막상막하), 大同小異(대동소이), 五十步百步(오십보백보)
- 南柯一夢(남가일몽) − 一場春夢(일장춘몽), 盧生之夢(노생지몽), 一炊之夢(일취지몽)
- 怒髮衝冠(노발충관) − 怒發大發(노발대발)
- 路不拾遺(노불습유) − 道不拾遺(도불습유), 塗不拾遺(도불습유)
- 綠林豪傑(녹림호걸) − 綠林豪客(녹림호객)

- 弄瓦之慶(농와지경) – 弄瓦之喜(농와지희)
- 斷長補短(단장보단) – 絶長補短(절장보단)
- 黨同伐異(당동벌이) – 同黨伐異(동당벌이)
- 大書特筆(대서특필) – 大書特書(대서특서), 大書特記(대서특기), 大字特書(대자특서)
- 對牛彈琴(대우탄금) – 牛耳讀經(우이독경), 牛耳誦經(우이송경), 馬耳東風(마이동풍)
- 大海一滴(대해일적) – 滄海一粟(창해일속), 九牛一毛(구우일모)
- 徒勞無功(도로무공) – 徒勞無益(도로무익)
- 同工異曲(동공이곡) – 同工異體(동공이체), 同巧異曲(동교이곡)
- 同氣相求(동기상구) – 同病相憐(동병상련), 同聲相應(동성상응), 同舟相救(동주상구)
- 同床各夢(동상각몽) – 同床異夢(동상이몽)
- 東衝西突(동충서돌) – 左衝右突(좌충우돌)
- 馬耳東風(마이동풍) – 牛耳讀經(우이독경), 牛耳誦經(우이송경)
- 麻中之蓬(마중지봉) – 麻中之蒿(마중지호)
- 萬全之計(만전지계) – 萬全之策(만전지책)
- 萬折必東(만절필동) – 事必歸正(사필귀정)
- 亡國之歎(망국지탄) – 亡國之恨(망국지한), 麥秀之嘆(맥수지탄)
- 梅妻鶴子(매처학자) – 悠悠自適(유유자적)
- 面張牛皮(면장우피) – 厚顔無恥(후안무치), 鐵面皮(철면피)
- 名存實無(명존실무) – 名實相反(명실상반), 名過其實(명과기실)
- 無本大商(무본대상) – 梁上君子(양상군자), 綠林豪傑(녹림호걸)
- 無所不知(무소부지) – 無不通知(무불통지), 博學多識(박학다식)
- 博聞強記(박문강기) – 博覽強記(박람강기), 博聞強識(박문강식), 博聞強知(박문강지)
- 反面教師(반면교사) – 他山之石(타산지석)
- 白髮還黑(백발환흑) – 落齒復生(낙치부생)
- 法古創新(법고창신) – 溫故知新(온고지신)
- 伏地不動(복지부동) – 無事安逸(무사안일)
- 不俱戴天(불구대천) – 不共戴天(불공대천)
- 不立文字(불립문자) – 以心傳心(이심전심), 教外別傳(교외별전), 心心相印(심심상인)
- 不言可想(불언가상) – 不言可知(불언가지)
- 附炎棄寒(부염기한) – 甘呑苦吐(감탄고토)
- 不得要領(부득요령) – 要領不得(요령부득)
- 崩城之痛(붕성지통) – 天崩之痛(천붕지통)
- 四面楚歌(사면초가) – 進退維谷(진퇴유곡), 進退兩難(진퇴양난)
- 沙上樓閣(사상누각) – 空中樓閣(공중누각)
- 山窮水盡(산궁수진) – 山盡水窮(산진수궁), 山盡海渴(산진해갈)
- 殺身立節(살신입절) – 捨生取義(사생취의)
- 三從之道(삼종지도) – 三從依託(삼종의탁), 三從之德(삼종지덕), 三從之禮(삼종지례), 三從之法(삼종지법)
- 傷弓之鳥(상궁지조) – 驚弓之鳥(경궁지조)
- 雪中松柏(설중송백) – 歲寒松柏(세한송백)
- 笑裏藏刀(소리장도) – 羊頭狗肉(양두구육), 表裏不同(표리부동), 口蜜腹劍(구밀복검), 面從腹背(면종복배), 笑中有劍(소중유검), 笑中有刀(소중유도), 羊質虎皮(양질호피)
- 隨機應變(수기응변) – 臨機應變(임기응변), 隋時應辯(수시응변)
- 燒眉之急(소미지급) – 焦眉之急(초미지급)
- 誰怨孰尤(수원숙우) – 孰怨孰尤(숙원숙우), 自怨自尤(자원자우)
- 隨衆逐隊(수중축대) – 追友江南(추우강남), 阿附雷同(아부뇌동), 附和雷同(부화뇌동), 阿附迎合(아부영합)
- 時不可失(시불가실) – 勿失好機(물실호기)

▶ 始終一貫(시종일관) - 始終如一(시종여일), 初志一貫(초지일관), 首尾一貫(수미일관), 終始一貫(종시일관)
▶ 安居危思(안거위사) - 居安思危(거안사위)
▶ 眼高手卑(안고수비) - 眼高手低(안고수저)
▶ 安分知足(안분지족) - 安貧樂道(안빈낙도)
▶ 眼中無人(안중무인) - 眼下無人(안하무인), 傍若無人(방약무인)
▶ 哀而不傷(애이불상) - 哀而不悲(애이불비)
▶ 陽奉陰違(양봉음위) - 面從腹背(면종복배)
▶ 魚魯不辨(어로불변) - 目不識丁(목불식정), 一字無識(일자무식)
▶ 如履薄氷(여리박빙) - 如臨深泉(여림심천)
▶ 旅進旅退(여진여퇴) - 附和雷同(부화뇌동)
▶ 女必從夫(여필종부) - 夫唱婦隨(부창부수)
▶ 緣木求魚(연목구어) - 上山求魚(상산구어)
▶ 榮枯盛衰(영고성쇠) - 興亡盛衰(흥망성쇠)
▶ 龍味鳳湯(용미봉탕) - 山海珍味(산해진미)
▶ 雲泥之差(운니지차) - 天壤之差(천양지차), 天壤之判(천양지판)
▶ 雲雨之情(운우지정) - 雲雨之樂(운우지락)
▶ 月下氷人(월하빙인) - 月下老人(월하노인)
▶ 柔能制剛(유능제강) - 柔能勝剛(유능승강)
▶ 有頭無尾(유두무미) - 龍頭蛇尾(용두사미)
▶ 類類相從(유유상종) - 草綠同色(초록동색)
▶ 以卵擊石(이란격석) - 以卵投石(이란투석)
▶ 二律背反(이율배반) - 自己矛盾(자기모순)
▶ 以一警百(이일경백) - 一罰百戒(일벌백계)
▶ 人面獸心(인면수심) - 表裏不同(표리부동)
▶ 因人成事(인인성사) - 孤掌難鳴(고장난명)
▶ 一擧兩得(일거양득) - 一石二鳥(일석이조)
▶ 日暮途窮(일모도궁) - 日暮途遠(일모도원)
▶ 一身兩役(일신양역) - 一人二役(일인이역), 一身多役(일신다역)
▶ 日就月將(일취월장) - 日進月步(일진월보), 日新又日新(일신우일신)
▶ 自作自受(자작자수) - 自業自得(자업자득), 養虎遺患(양호유환), 種豆得豆(종두득두), 種瓜得瓜(종과득과)
▶ 積土成山(적토성산) - 積小成大(적소성대), 塵合泰山(진합태산)
▶ 前代未聞(전대미문) - 前古未聞(전고미문), 稀代未聞(희대미문)
▶ 前無後無(전무후무) - 空前絶後(공전절후)
▶ 朝令暮改(조령모개) - 朝變夕改(조변석개), 作心三日(작심삼일), 朝改暮變(조개모변), 朝令夕改(조령석개)
▶ 鳥之兩翼(조지양익) - 脣齒之國(순치지국), 孤掌難鳴(고장난명), 脣亡齒寒(순망치한)
▶ 主客一體(주객일체) - 物我一體(물아일체), 物心一如(물심일여), 無我之境(무아지경), 忘我之境(망아지경), 沒我之境(몰아지경)
▶ 走馬看花(주마간화) - 走馬看山(주마간산)
▶ 朱脣白齒(주순백치) - 朱脣皓齒(주순호치), 丹脣皓齒(단순호치)
▶ 晝而繼夜(주이계야) - 夜而繼晝(야이계주), 不撤晝夜(불철주야), 晝夜長川(주야장천)
▶ 紙上兵談(지상병담) - 卓上空論(탁상공론)
▶ 懲一勵百(징일여백) - 一罰百戒(일벌백계)
▶ 借廳入室(차청입실) - 借廳借閨(차청차규)
▶ 彰善懲惡(창선징악) - 勸善懲惡(권선징악)
▶ 隻手空拳(척수공권) - 赤手空拳(적수공권)
▶ 天壤之差(천양지차) - 天壤之判(천양지판), 雲泥之差(운니지차)

586

‣ 靑山流水(청산유수) — 懸河之辯(현하지변)
‣ 追友江南(추우강남) — 阿附雷同(아부뇌동), 附和雷同(부화뇌동), 阿附迎合(아부영합), 隨衆逐隊(수중축대)
‣ 推舟於陸(추주어륙) — 牽強附會(견강부회)
‣ 太平烟月(태평연월) — 太平聖代(태평성대)
‣ 恒茶飯事(항다반사) — 茶飯事(다반사)
‣ 懸河之辯(현하지변) — 懸河口辯(현하구변), 靑山流水(청산유수)
‣ 魂不附身(혼불부신) — 魂飛魄散(혼비백산), 魂不附體(혼불부체)
‣ 畫蛇添足(화사첨족) — 牀上安牀(상상안상)
‣ 黃口幼兒(황구유아) — 黃口乳臭(황구유취), 口尙乳臭(구상유취)
‣ 後生角高(후생각고) — 靑出於藍(청출어람), 出藍之藝(출람지예)
‣ 厚顔無恥(후안무치) — 面帳牛皮(면장우피), 鐵面皮(철면피)

반대어·상대어

뜻이 서로 반대인 한자어입니다. 시험에서는 대개 한자어를 제시하고 빈칸에 그와 반대되는 한자어를 쓰는 방식으로 출제되지요.

반대어·상대어 1 – 반대·상대 뜻의 한자로 결합된 한자어

加減	加除	可否	干戈	干滿	甘苦	剛柔	江山
가감	가제	가부	간과	간만	감고	강유	강산
強弱	開閉	去來	去留	乾坤	乾濕	京鄕	慶弔
강약	개폐	거래	거류	건곤	건습	경향	경조
硬軟	經緯	輕重	開閉	繼絶	古今	姑婦	苦樂
경연	경위	경중	개폐	계절	고금	고부	고락
高卑	高低	高下	曲直	功過	攻守	公私	功罪
고비	고저	고하	곡직	공과	공수	공사	공죄
攻防	空陸	戈盾	官民	寬猛	光陰	巧拙	敎習
공방	공륙	과순	관민	관맹	광음	교졸	교습
敎學	君民	君臣	屈伸	弓矢	倦勤	貴賤	勤慢
교학	군민	군신	굴신	궁시	권근	귀천	근만
勤怠	今古	今昔	及落	起結	起伏	起陷	吉凶
근태	금고	금석	급락	기결	기복	기함	길흉
諾否	難易	南北	男女	內外	奴婢	濃淡	多寡
낙부	난이	남북	남녀	내외	노비	농담	다과

588

多少	單複	斷續	旦夕	當落	當否	大小	貸借
다소	단복	단속	단석	당락	당부	대소	대차
都農	動靜	動止	東西	頭尾	鈍敏	得喪	得失
도농	동정	동지	동서	두미	둔민	득상	득실
登降	登落	冷暖	冷熱	冷溫	良否	鹽酸	勞使
등강	등락	냉난	냉열	냉온	양부	염산	노사
老童	老少	老幼	陸海	利害	吏民	理亂	離合
노동	노소	노유	육해	이해	이민	이란	이합
賣買	俛仰	明滅	明暗	母子	矛盾	問答	文武
매매	면앙	명멸	명암	모자	모순	문답	문무
物心	美醜	民官	反常	發着	方圓	背向	白黑
물심	미추	민관	반상	발착	방원	배향	백흑
煩簡	腹背	本末	俯仰	夫婦	夫妻	浮沈	父母
번간	복배	본말	부앙	부부	부처	부침	부모
父子	北南	分合	糞尿	悲樂	悲歡	臂脚	貧富
부자	북남	분합	분뇨	비락	비환	비각	빈부
賓主	氷炭	士民	師弟	死活	邪正	山川	散會
빈주	빙탄	사민	사제	사활	사정	산천	산회
上下	詳略	賞罰	生沒	生死	生殺	先後	善惡
상하	상략	상벌	생몰	생사	생살	선후	선악
成敗	盛衰	疏密	紹絶	續斷	損得	損益	送受
성패	성쇠	소밀	소절	속단	손득	손익	송수
送迎	受給	受拂	受與	壽夭	手足	授受	需給
송영	수급	수불	수여	수요	수족	수수	수급

589

收支	水陸	水火	需給	首尾	叔姪	順逆	乘降
수지	수륙	수화	수급	수미	숙질	순역	승강
乘除	勝負	勝敗	昇降	始末	始終	是非	伸縮
승제	승부	승패	승강	시말	시종	시비	신축
信疑	新古	新舊	身心	實否	心身	心體	深淺
신의	신고	신구	신심	실부	심신	심체	심천
雅俗	安否	安危	哀樂	哀歡	愛惡	愛憎	抑揚
아속	안부	안위	애락	애환	애오	애증	억양
言文	言行	與受	與野	然否	炎涼	榮枯	榮辱
언문	언행	여수	여야	연부	염량	영고	영욕
盈虛	迎送	銳鈍	寤寐	玉石	溫涼	緩急	往來
영허	영송	예둔	오매	옥석	온량	완급	왕래
往返	往復	用捨	優劣	右左	雄雌	遠近	有無
왕반	왕복	용사	우열	우좌	웅자	원근	유무
恩怨	隱見	隱顯	隱現	陰陽	異同	因果	任免
은원	은견	은현	은현	음양	이동	인과	임면
姉妹	子女	子母	自他	雌雄	昨今	將兵	將士
자매	자녀	자모	자타	자웅	작금	장병	장사
將卒	長短	長幼	前後	田畓	正反	正副	正邪
장졸	장단	장유	전후	전답	정반	정부	정사
正誤	正僞	早晚	朝暮	朝夕	燥濕	祖孫	存亡
정오	정위	조만	조모	조석	조습	조손	존망
存滅	存沒	存無	存廢	尊卑	尊侍	終始	綜析
존멸	존몰	존무	존폐	존비	존시	종시	종석

590

縱橫	坐立	坐臥	左右	罪罰	主客	主從	晝夜
종횡	좌립	좌와	좌우	죄벌	주객	주종	주야
衆寡	重輕	增減	增削	增損	智愚	知行	遲速
중과	중경	증감	증삭	증손	지우	지행	지속
眞假	眞僞	進退	集配	集散	贊反	陟降	天壤
진가	진위	진퇴	집배	집산	찬반	척강	천양
天地	鐵石	添減	添削	淸濁	推引	春秋	出缺
천지	철석	첨감	첨삭	청탁	추인	춘추	출결
出納	出沒	出入	忠奸	忠逆	取捨	聚散	治亂
출납	출몰	출입	충간	충역	취사	취산	치란
親疏	快鈍	投打	廢立	廢置	表裏	豊凶	彼我
친소	쾌둔	투타	폐립	폐치	표리	풍흉	피아
彼此	皮骨	夏冬	學問	寒暖	寒暑	寒熱	寒溫
피차	피골	하동	학문	한난	한서	한열	한온
閑忙	海空	向背	虛實	玄素	賢愚	顯微	顯密
한망	해공	향배	허실	현소	현우	현미	현밀
兄弟	刑罪	形影	呼應	呼吸	好惡	昏明	和戰
형제	형죄	형영	호응	호흡	호오	혼명	화전
禍福	活殺	黑白	興亡	興敗	喜怒	喜悲	
화복	활살	흑백	흥망	흥패	희로	희비	

▸ 可決(가결) ↔ 否決(부결)
▸ 架空(가공) ↔ 實際(실제)
▸ 假名(가명) ↔ 實名(실명)
▸ 假想(가상) ↔ 實在(실재)
▸ 加入(가입) ↔ 脫退(탈퇴)
▸ 簡單(간단) ↔ 複雜(복잡)
▸ 幹線(간선) ↔ 支線(지선)
▸ 干涉(간섭) ↔ 放任(방임)
▸ 干潮(간조) ↔ 滿潮(만조)
▸ 簡便(간편) ↔ 複雜(복잡)
▸ 減算(감산) ↔ 加算(가산)
▸ 感性(감성) ↔ 理性(이성)
▸ 感情(감정) ↔ 理性(이성)
▸ 減退(감퇴) ↔ 增進(증진)
▸ 強硬(강경) ↔ 柔和(유화)
▸ 強固(강고) ↔ 薄弱(박약)
▸ 強大(강대) ↔ 弱小(약소)
▸ 降臨(강림) ↔ 昇天(승천)
▸ 強勢(강세) ↔ 弱勢(약세)
▸ 強點(강점) ↔ 弱點(약점)
▸ 個別(개별) ↔ 全體(전체)
▸ 蓋然(개연) ↔ 必然(필연)
▸ 改革(개혁) ↔ 保守(보수)
▸ 開會(개회) ↔ 閉會(폐회)
▸ 客觀(객관) ↔ 主觀(주관)
▸ 客體(객체) ↔ 主體(주체)
▸ 巨大(거대) ↔ 微少(미소)
▸ 巨富(거부) ↔ 極貧(극빈)
▸ 拒否(거부) ↔ 承諾(승낙)
▸ 拒否(거부) ↔ 承認(승인)
▸ 拒絶(거절) ↔ 承諾(승낙)
▸ 建設(건설) ↔ 破壞(파괴)
▸ 乾燥(건조) ↔ 濕潤(습윤)
▸ 傑作(걸작) ↔ 拙作(졸작)
▸ 儉約(검약) ↔ 浪費(낭비)
▸ 激減(격감) ↔ 激增(격증)
▸ 結果(결과) ↔ 原因(원인)
▸ 缺勤(결근) ↔ 出勤(출근)
▸ 結論(결론) ↔ 序論(서론)
▸ 缺席(결석) ↔ 出席(출석)
▸ 結婚(결혼) ↔ 離婚(이혼)
▸ 謙遜(겸손) ↔ 傲慢(오만)
▸ 輕減(경감) ↔ 加重(가중)

▸ 經度(경도) ↔ 緯度(위도)
▸ 輕蔑(경멸) ↔ 尊敬(존경)
▸ 輕薄(경박) ↔ 重厚(중후)
▸ 經常(경상) ↔ 臨時(임시)
▸ 輕率(경솔) ↔ 愼重(신중)
▸ 輕視(경시) ↔ 重視(중시)
▸ 硬化(경화) ↔ 軟化(연화)
▸ 繼續(계속) ↔ 中斷(중단)
▸ 繼承(계승) ↔ 斷絶(단절)
▸ 高尚(고상) ↔ 低俗(저속)
▸ 高尚(고상) ↔ 低劣(저열)
▸ 高雅(고아) ↔ 卑俗(비속)
▸ 高壓(고압) ↔ 低壓(저압)
▸ 故意(고의) ↔ 過失(과실)
▸ 固定(고정) ↔ 流動(유동)
▸ 高調(고조) ↔ 低調(저조)
▸ 故鄕(고향) ↔ 他鄕(타향)
▸ 困難(곤란) ↔ 容易(용이)
▸ 供給(공급) ↔ 需要(수요)
▸ 空腹(공복) ↔ 滿腹(만복)
▸ 空想(공상) ↔ 現實(현실)
▸ 攻勢(공세) ↔ 守勢(수세)
▸ 共用(공용) ↔ 專用(전용)
▸ 共有(공유) ↔ 專有(전유)
▸ 公的(공적) ↔ 私的(사적)
▸ 空虛(공허) ↔ 充實(충실)
▸ 過去(과거) ↔ 未來(미래)
▸ 過激(과격) ↔ 穩健(온건)
▸ 貫徹(관철) ↔ 挫折(좌절)
▸ 官學(관학) ↔ 私學(사학)
▸ 光明(광명) ↔ 暗黑(암흑)
▸ 巧妙(교묘) ↔ 拙劣(졸렬)
▸ 郊外(교외) ↔ 都心(도심)
▸ 拘禁(구금) ↔ 釋放(석방)
▸ 拘束(구속) ↔ 放免(방면)
▸ 拘束(구속) ↔ 解放(해방)
▸ 求心(구심) ↔ 遠心(원심)
▸ 具體(구체) ↔ 抽象(추상)
▸ 舊派(구파) ↔ 新派(신파)
▸ 國內(국내) ↔ 國外(국외)
▸ 群小(군소) ↔ 巨大(거대)
▸ 君子(군자) ↔ 小人(소인)
▸ 君主(군주) ↔ 臣下(신하)

▸ 屈服(굴복) ↔ 抵抗(저항)
▸ 屈辱(굴욕) ↔ 雪辱(설욕)
▸ 屈折(굴절) ↔ 直進(직진)
▸ 卷頭(권두) ↔ 卷末(권말)
▸ 權利(권리) ↔ 義務(의무)
▸ 閨秀(규수) ↔ 總角(총각)
▸ 均等(균등) ↔ 差等(차등)
▸ 僅少(근소) ↔ 過多(과다)
▸ 根源(근원) ↔ 支流(지류)
▸ 急性(급성) ↔ 慢性(만성)
▸ 及第(급제) ↔ 落第(낙제)
▸ 急增(급증) ↔ 急減(급감)
▸ 急行(급행) ↔ 緩行(완행)
▸ 肯定(긍정) ↔ 否定(부정)
▸ 旣決(기결) ↔ 未決(미결)
▸ 起立(기립) ↔ 着席(착석)
▸ 奇拔(기발) ↔ 平凡(평범)
▸ 寄生(기생) ↔ 共生(공생)
▸ 奇數(기수) ↔ 偶數(우수)
▸ 飢餓(기아) ↔ 飽食(포식)
▸ 緊密(긴밀) ↔ 疏遠(소원)
▸ 吉兆(길조) ↔ 凶兆(흉조)
▸ 樂觀(낙관) ↔ 悲觀(비관)
▸ 樂園(낙원) ↔ 地獄(지옥)
▸ 落第(낙제) ↔ 及第(급제)
▸ 樂天(낙천) ↔ 厭世(염세)
▸ 暖流(난류) ↔ 寒流(한류)
▸ 亂世(난세) ↔ 治世(치세)
▸ 濫讀(남독) ↔ 精讀(정독)
▸ 濫用(남용) ↔ 節約(절약)
▸ 朗讀(낭독) ↔ 默讀(묵독)
▸ 浪費(낭비) ↔ 儉約(검약)
▸ 來生(내생) ↔ 前生(전생)
▸ 內容(내용) ↔ 外樣(외양)
▸ 內容(내용) ↔ 形式(형식)
▸ 內憂(내우) ↔ 外患(외환)
▸ 內包(내포) ↔ 外延(외연)
▸ 冷却(냉각) ↔ 加熱(가열)
▸ 老鍊(노련) ↔ 未熟(미숙)
▸ 怒色(노색) ↔ 和色(화색)
▸ 濃厚(농후) ↔ 稀薄(희박)
▸ 能動(능동) ↔ 受動(수동)
▸ 能動(능동) ↔ 被動(피동)
▸ 多樣(다양) ↔ 劃一(획일)
▸ 多元(다원) ↔ 一元(일원)
▸ 單純(단순) ↔ 複雜(복잡)

▸ 單式(단식) ↔ 複式(복식)
▸ 單一(단일) ↔ 複合(복합)
▸ 短縮(단축) ↔ 延長(연장)
▸ 短篇(단편) ↔ 長篇(장편)
▸ 大乘(대승) ↔ 小乘(소승)
▸ 對話(대화) ↔ 獨白(독백)
▸ 都心(도심) ↔ 郊外(교외)
▸ 獨創(독창) ↔ 模倣(모방)
▸ 動機(동기) ↔ 結果(결과)
▸ 動脈(동맥) ↔ 靜脈(정맥)
▸ 冬眠(동면) ↔ 夏眠(하면)
▸ 動搖(동요) ↔ 安定(안정)
▸ 同議(동의) ↔ 異議(이의)
▸ 杜絶(두절) ↔ 連絡(연락)
▸ 鈍濁(둔탁) ↔ 銳利(예리)
▸ 得勢(득세) ↔ 失勢(실세)
▸ 得意(득의) ↔ 失意(실의)
▸ 得點(득점) ↔ 失點(실점)
▸ 登場(등장) ↔ 退場(퇴장)
▸ 漠然(막연) ↔ 確然(확연)
▸ 滿開(만개) ↔ 半開(반개)
▸ 慢性(만성) ↔ 急性(급성)
▸ 忘却(망각) ↔ 記憶(기억)
▸ 埋沒(매몰) ↔ 發掘(발굴)
▸ 賣票(매표) ↔ 買票(매표)
▸ 滅亡(멸망) ↔ 隆盛(융성)
▸ 名目(명목) ↔ 實質(실질)
▸ 名譽(명예) ↔ 恥辱(치욕)
▸ 冒頭(모두) ↔ 末尾(말미)
▸ 模倣(모방) ↔ 獨創(독창)
▸ 母音(모음) ↔ 子音(자음)
▸ 無能(무능) ↔ 有能(유능)
▸ 無形(무형) ↔ 有形(유형)
▸ 文明(문명) ↔ 野蠻(야만)
▸ 文語(문어) ↔ 口語(구어)
▸ 文化(문화) ↔ 自然(자연)
▸ 物質(물질) ↔ 精神(정신)
▸ 微官(미관) ↔ 顯官(현관)
▸ 未備(미비) ↔ 完備(완비)
▸ 微笑(미소) ↔ 巨大(거대)
▸ 未熟(미숙) ↔ 老鍊(노련)
▸ 微風(미풍) ↔ 強風(강풍)
▸ 敏感(민감) ↔ 鈍感(둔감)
▸ 敏速(민속) ↔ 遲鈍(지둔)
▸ 密集(밀집) ↔ 散在(산재)
▸ 反共(반공) ↔ 容共(용공)

- 反目(반목) ↔ 和睦(화목)
- 返濟(반제) ↔ 借用(차용)
- 反抗(반항) ↔ 服從(복종)
- 發達(발달) ↔ 退步(퇴보)
- 發生(발생) ↔ 消滅(소멸)
- 發信(발신) ↔ 受信(수신)
- 傍系(방계) ↔ 直系(직계)
- 放心(방심) ↔ 操心(조심)
- 背恩(배은) ↔ 報恩(보은)
- 白髮(백발) ↔ 紅顏(홍안)
- 繁忙(번망) ↔ 閑散(한산)
- 繁榮(번영) ↔ 衰退(쇠퇴)
- 凡人(범인) ↔ 超人(초인)
- 別居(별거) ↔ 同居(동거)
- 別館(별관) ↔ 本館(본관)
- 保守(보수) ↔ 進步(진보)
- 保守(보수) ↔ 革新(혁신)
- 普遍(보편) ↔ 特殊(특수)
- 複數(복수) ↔ 單數(단수)
- 服從(복종) ↔ 反抗(반항)
- 服從(복종) ↔ 抗拒(항거)
- 本業(본업) ↔ 副業(부업)
- 富貴(부귀) ↔ 貧賤(빈천)
- 不文(불문) ↔ 成文(성문)
- 不法(불법) ↔ 合法(합법)
- 部分(부분) ↔ 全體(전체)
- 扶桑(부상) ↔ 咸池(함지)
- 不實(부실) ↔ 充實(충실)
- 敷衍(부연) ↔ 省略(생략)
- 不運(불운) ↔ 幸運(행운)
- 富裕(부유) ↔ 貧窮(빈궁)
- 否認(부인) ↔ 是認(시인)
- 富者(부자) ↔ 貧者(빈자)
- 否定(부정) ↔ 肯定(긍정)
- 不幸(불행) ↔ 幸福(행복)
- 分斷(분단) ↔ 連結(연결)
- 分擔(분담) ↔ 專擔(전담)
- 分離(분리) ↔ 結合(결합)
- 分析(분석) ↔ 綜合(종합)
- 紛爭(분쟁) ↔ 和解(화해)
- 悲劇(비극) ↔ 喜劇(희극)
- 非番(비번) ↔ 當番(당번)
- 非凡(비범) ↔ 平凡(평범)
- 悲哀(비애) ↔ 歡喜(환희)
- 卑語(비어) ↔ 敬語(경어)
- 貧賤(빈천) ↔ 富貴(부귀)

- 死後(사후) ↔ 生前(생전)
- 削減(삭감) ↔ 添加(첨가)
- 削除(삭제) ↔ 添加(첨가)
- 散文(산문) ↔ 韻文(운문)
- 散在(산재) ↔ 密集(밀집)
- 相對(상대) ↔ 絕對(절대)
- 詳述(상술) ↔ 略述(약술)
- 上昇(상승) ↔ 下降(하강)
- 喪失(상실) ↔ 獲得(획득)
- 生産(생산) ↔ 消費(소비)
- 生食(생식) ↔ 火食(화식)
- 生花(생화) ↔ 造花(조화)
- 先輩(선배) ↔ 後輩(후배)
- 先天(선천) ↔ 後天(후천)
- 成功(성공) ↔ 失敗(실패)
- 成熟(성숙) ↔ 未熟(미숙)
- 歲暮(세모) ↔ 年頭(연두)
- 消極(소극) ↔ 積極(적극)
- 騷亂(소란) ↔ 靜肅(정숙)
- 消滅(소멸) ↔ 生成(생성)
- 消費(소비) ↔ 生産(생*산)
- 疏遠(소원) ↔ 親近(친근)
- 損失(손실) ↔ 利得(이득)
- 送信(송신) ↔ 受信(수신)
- 鎖國(쇄국) ↔ 開國(개국)
- 受理(수리) ↔ 却下(각하)
- 收入(수입) ↔ 支出(지출)
- 守節(수절) ↔ 毀節(훼절)
- 羞恥(수치) ↔ 榮光(영광)
- 淑女(숙녀) ↔ 紳士(신사)
- 純粹(순수) ↔ 不純(불순)
- 順行(순행) ↔ 逆行(역행)
- 承諾(승낙) ↔ 拒絕(거절)
- 勝利(승리) ↔ 敗北(패배)
- 實質(실질) ↔ 形式(형식)
- 深夜(심야) ↔ 白晝(백주)
- 惡用(악용) ↔ 善用(선용)
- 惡意(악의) ↔ 善意(선의)
- 安全(안전) ↔ 危險(위험)
- 暗示(암시) ↔ 明示(명시)
- 暗黑(암흑) ↔ 光明(광명)
- 愛好(애호) ↔ 嫌惡(혐오)
- 約婚(약혼) ↔ 破婚(파혼)
- 語幹(어간) ↔ 語尾(어미)
- 嚴格(엄격) ↔ 寬大(관대)
- 逆境(역경) ↔ 順境(순경)

594

- 連結(연결) ↔ 斷絶(단절)
- 連結(연결) ↔ 絶斷(절단)
- 憐憫(연민) ↔ 憎惡(증오)
- 連作(연작) ↔ 輪作(윤작)
- 連敗(연패) ↔ 連勝(연승)
- 永劫(영겁) ↔ 刹那(찰나)
- 榮轉(영전) ↔ 左遷(좌천)
- 靈魂(영혼) ↔ 肉體(육체)
- 豫算(예산) ↔ 決算(결산)
- 豫習(예습) ↔ 復習(복습)
- 傲慢(오만) ↔ 謙遜(겸손)
- 沃土(옥토) ↔ 薄土(박토)
- 穩健(온건) ↔ 過激(과격)
- 溫情(온정) ↔ 冷情(냉정)
- 完納(완납) ↔ 未納(미납)
- 緩慢(완만) ↔ 急激(급격)
- 完備(완비) ↔ 未備(미비)
- 完備(완비) ↔ 不備(불비)
- 緩行(완행) ↔ 急行(급행)
- 緩和(완화) ↔ 緊縮(긴축)
- 往復(왕복) ↔ 片道(편도)
- 外觀(외관) ↔ 內容(내용)
- 夭折(요절) ↔ 長壽(장수)
- 容易(용이) ↔ 困難(곤란)
- 容易(용이) ↔ 難解(난해)
- 優良(우량) ↔ 劣惡(열악)
- 愚昧(우매) ↔ 賢明(현명)
- 優勢(우세) ↔ 劣勢(열세)
- 偶然(우연) ↔ 必然(필연)
- 憂鬱(우울) ↔ 明朗(명랑)
- 友好(우호) ↔ 敵對(적대)
- 韻文(운문) ↔ 散文(산문)
- 原告(원고) ↔ 被告(피고)
- 遠洋(원양) ↔ 近海(근해)
- 怨恨(원한) ↔ 恩惠(은혜)
- 原型(원형) ↔ 模型(모형)
- 違法(위법) ↔ 適法(적법)
- 唯物(유물) ↔ 唯心(유심)
- 留保(유보) ↔ 決定(결정)
- 類似(유사) ↔ 相異(상이)
- 遺失(유실) ↔ 拾得(습득)
- 柔弱(유약) ↔ 剛健(강건)
- 柔軟(유연) ↔ 硬直(경직)
- 悠長(유장) ↔ 性急(성급)
- 肉身(육신) ↔ 靈魂(영혼)
- 隆起(융기) ↔ 陷沒(함몰)

- 融解(융해) ↔ 凝固(응고)
- 隱蔽(은폐) ↔ 公開(공개)
- 恩惠(은혜) ↔ 怨恨(원한)
- 陰氣(음기) ↔ 陽氣(양기)
- 陰地(음지) ↔ 陽地(양지)
- 凝固(응고) ↔ 溶解(용해)
- 義務(의무) ↔ 權利(권리)
- 依他(의타) ↔ 自立(자립)
- 異端(이단) ↔ 正統(정통)
- 理論(이론) ↔ 實際(실제)
- 裏面(이면) ↔ 表面(표면)
- 離別(이별) ↔ 相逢(상봉)
- 理想(이상) ↔ 現實(현실)
- 異性(이성) ↔ 同性(동성)
- 異議(이의) ↔ 同議(동의)
- 利益(이익) ↔ 損失(손실)
- 利益(이익) ↔ 損害(손해)
- 異質(이질) ↔ 同質(동질)
- 離脫(이탈) ↔ 接近(접근)
- 引上(인상) ↔ 引下(인하)
- 引受(인수) ↔ 引繼(인계)
- 人造(인조) ↔ 天然(천연)
- 一般(일반) ↔ 特殊(특수)
- 任意(임의) ↔ 强制(강제)
- 入金(입금) ↔ 出金(출금)
- 入隊(입대) ↔ 除隊(제대)
- 立體(입체) ↔ 平面(평면)
- 入港(입항) ↔ 出港(출항)
- 自動(자동) ↔ 手動(수동)
- 自動(자동) ↔ 他動(타동)
- 自立(자립) ↔ 依存(의존)
- 自然(자연) ↔ 人爲(인위)
- 自律(자율) ↔ 他律(타율)
- 自意(자의) ↔ 他意(타의)
- 子正(자정) ↔ 正午(정오)
- 長點(장점) ↔ 短點(단점)
- 長篇(장편) ↔ 短篇(단편)
- 低價(저가) ↔ 高價(고가)
- 低空(저공) ↔ 高空(고공)
- 低利(저리) ↔ 高利(고리)
- 低俗(저속) ↔ 高尙(고상)
- 貯蓄(저축) ↔ 消費(소비)
- 抵抗(저항) ↔ 屈服(굴복)
- 抵抗(저항) ↔ 服從(복종)
- 敵軍(적군) ↔ 我軍(아군)
- 敵對(적대) ↔ 友好(우호)

595

▶ 前半(전반) ↔ 後半(후반)
▶ 轉入(전입) ↔ 轉出(전출)
▶ 前進(전진) ↔ 後進(후진)
▶ 絶對(절대) ↔ 相對(상대)
▶ 點燈(점등) ↔ 消燈(소등)
▶ 漸進(점진) ↔ 急進(급진)
▶ 點火(점화) ↔ 消火(소화)
▶ 正當(정당) ↔ 不當(부당)
▶ 精算(정산) ↔ 槪算(개산)
▶ 正常(정상) ↔ 異常(이상)
▶ 定說(정설) ↔ 異說(이설)
▶ 靜肅(정숙) ↔ 騷亂(소란)
▶ 正午(정오) ↔ 子正(자정)
▶ 定着(정착) ↔ 漂流(표류)
▶ 弔客(조객) ↔ 賀客(하객)
▶ 造花(조화) ↔ 生花(생화)
▶ 存續(존속) ↔ 廢止(폐지)
▶ 主觀(주관) ↔ 客觀(객관)
▶ 主演(주연) ↔ 助演(조연)
▶ 重視(중시) ↔ 輕視(경시)
▶ 中止(중지) ↔ 續行(속행)
▶ 增加(증가) ↔ 減少(감소)
▶ 增産(증산) ↔ 減産(감산)
▶ 增額(증액) ↔ 減額(감액)
▶ 增進(증진) ↔ 減退(감퇴)
▶ 支流(지류) ↔ 本流(본류)
▶ 支出(지출) ↔ 收入(수입)
▶ 直系(직계) ↔ 傍系(방계)
▶ 直線(직선) ↔ 曲線(곡선)
▶ 直接(직접) ↔ 間接(간접)
▶ 進步(진보) ↔ 保守(보수)
▶ 進步(진보) ↔ 退步(퇴보)
▶ 眞實(진실) ↔ 虛僞(허위)
▶ 進化(진화) ↔ 退化(퇴화)
▶ 質問(질문) ↔ 答辯(답변)
▶ 秩序(질서) ↔ 混沌(혼돈)
▶ 質疑(질의) ↔ 答辯(답변)
▶ 質疑(질의) ↔ 應答(응답)
▶ 集中(집중) ↔ 分散(분산)
▶ 集合(집합) ↔ 解散(해산)
▶ 差別(차별) ↔ 平等(평등)
▶ 着陸(착륙) ↔ 離陸(이륙)
▶ 斬新(참신) ↔ 陳腐(진부)
▶ 慘敗(참패) ↔ 樂勝(낙승)
▶ 慘敗(참패) ↔ 快勝(쾌승)
▶ 創造(창조) ↔ 模倣(모방)

▶ 債權(채권) ↔ 債務(채무)
▶ 淺學(천학) ↔ 碩學(석학)
▶ 淸潔(청결) ↔ 不潔(불결)
▶ 促進(촉진) ↔ 抑制(억제)
▶ 聰明(총명) ↔ 愚鈍(우둔)
▶ 最低(최저) ↔ 最高(최고)
▶ 縮小(축소) ↔ 擴大(확대)
▶ 出席(출석) ↔ 缺席(결석)
▶ 就任(취임) ↔ 辭任(사임)
▶ 就任(취임) ↔ 離任(이임)
▶ 就職(취직) ↔ 退職(퇴직)
▶ 就寢(취침) ↔ 起床(기상)
▶ 稚拙(치졸) ↔ 洗練(세련)
▶ 沈降(침강) ↔ 隆起(융기)
▶ 稱讚(칭찬) ↔ 非難(비난)
▶ 快樂(쾌락) ↔ 苦痛(고통)
▶ 快勝(쾌승) ↔ 慘敗(참패)
▶ 快調(쾌조) ↔ 不調(부조)
▶ 妥當(타당) ↔ 不當(부당)
▶ 他殺(타살) ↔ 自殺(자살)
▶ 濁音(탁음) ↔ 淸音(청음)
▶ 脫黨(탈당) ↔ 入黨(입당)
▶ 脫色(탈색) ↔ 染色(염색)
▶ 通說(통설) ↔ 異說(이설)
▶ 統一(통일) ↔ 分裂(분열)
▶ 統合(통합) ↔ 分離(분리)
▶ 統合(통합) ↔ 分析(분석)
▶ 退勤(퇴근) ↔ 出勤(출근)
▶ 退院(퇴원) ↔ 入院(입원)
▶ 退化(퇴화) ↔ 進化(진화)
▶ 投手(투수) ↔ 捕手(포수)
▶ 投降(투항) ↔ 抵抗(저항)
▶ 破壞(파괴) ↔ 建設(건설)
▶ 破婚(파혼) ↔ 約婚(약혼)
▶ 敗北(패배) ↔ 勝利(승리)
▶ 敗戰(패전) ↔ 勝戰(승전)
▶ 偏頗(편파) ↔ 公平(공평)
▶ 平等(평등) ↔ 差別(차별)
▶ 平凡(평범) ↔ 非凡(비범)
▶ 閉幕(폐막) ↔ 開幕(개막)
▶ 閉鎖(폐쇄) ↔ 開放(개방)
▶ 廢止(폐지) ↔ 存續(존속)
▶ 暴騰(폭등) ↔ 暴落(폭락)
▶ 暴露(폭로) ↔ 隱蔽(은폐)
▶ 漂流(표류) ↔ 定着(정착)
▶ 豊年(풍년) ↔ 凶年(흉년)

596

- 豊作(풍작) ↔ 凶作(흉작)
- 豊足(풍족) ↔ 不足(부족)
- 被動(피동) ↔ 能動(능동)
- 彼岸(피안) ↔ 此岸(차안)
- 被害(피해) ↔ 加害(가해)
- 下山(하산) ↔ 登山(등산)
- 虐待(학대) ↔ 優待(우대)
- 寒冷(한랭) ↔ 溫暖(온난)
- 合理(합리) ↔ 矛盾(모순)
- 合法(합법) ↔ 違法(위법)
- 合成(합성) ↔ 分解(분해)
- 合體(합체) ↔ 分離(분리)
- 解禁(해금) ↔ 禁止(금지)
- 幸福(행복) ↔ 不幸(불행)
- 向上(향상) ↔ 低下(저하)
- 許可(허가) ↔ 禁止(금지)
- 虛構(허구) ↔ 實際(실제)
- 許多(허다) ↔ 稀少(희소)
- 虛勢(허세) ↔ 實勢(실세)
- 虛僞(허위) ↔ 眞實(진실)
- 革新(혁신) ↔ 保守(보수)
- 現象(현상) ↔ 本質(본질)
- 現職(현직) ↔ 前職(전직)
- 形式(형식) ↔ 內容(내용)
- 好感(호감) ↔ 反感(반감)
- 好材(호재) ↔ 惡材(악재)
- 好轉(호전) ↔ 逆轉(역전)
- 好評(호평) ↔ 惡評(악평)
- 好況(호황) ↔ 不況(불황)
- 酷評(혹평) ↔ 絶讚(절찬)
- 酷寒(혹한) ↔ 酷暑(혹서)
- 紅顔(홍안) ↔ 白髮(백발)
- 紅塵(홍진) ↔ 仙界(선계)
- 和解(화해) ↔ 決裂(결렬)
- 擴大(확대) ↔ 縮小(축소)
- 歡待(환대) ↔ 冷待(냉대)
- 歡迎(환영) ↔ 歡送(환송)
- 歡喜(환희) ↔ 悲哀(비애)
- 活用(활용) ↔ 死藏(사장)

- 獲得(획득) ↔ 喪失(상실)
- 橫斷(횡단) ↔ 縱斷(종단)
- 厚待(후대) ↔ 薄待(박대)
- 後退(후퇴) ↔ 前進(전진)
- 凶年(흉년) ↔ 豊年(풍년)
- 吸煙(흡연) ↔ 禁煙(금연)
- 興奮(흥분) ↔ 安靜(안정)
- 興奮(흥분) ↔ 鎭靜(진정)
- 喜劇(희극) ↔ 悲劇(비극)
- 希望(희망) ↔ 絶望(절망)
- 稀薄(희박) ↔ 濃厚(농후)
- 加害者(가해자) ↔ 被害者(피해자)
- 感情的(감정적) ↔ 理性的(이성적)
- 開放的(개방적) ↔ 閉鎖的(폐쇄적)
- 巨視的(거시적) ↔ 微視的(미시적)
- 高踏的(고답적) ↔ 世俗的(세속적)
- 公有物(공유물) ↔ 專有物(전유물)
- 具體的(구체적) ↔ 抽象的(추상적)
- 急進的(급진적) ↔ 漸進的(점진적)
- 對內的(대내적) ↔ 對外的(대외적)
- 大丈夫(대장부) ↔ 拙丈夫(졸장부)
- 同義語(동의어) ↔ 反義語(반의어)
- 門外漢(문외한) ↔ 專門家(전문가)
- 彌縫的(미봉적) ↔ 根本的(근본적)
- 部分的(부분적) ↔ 全體的(전체적)
- 背日性(배일성) ↔ 向日性(향일성)
- 不文律(불문율) ↔ 成文律(성문율)
- 不法化(불법화) ↔ 合法化(합법화)
- 相對的(상대적) ↔ 絶對的(절대적)
- 先天的(선천적) ↔ 後天的(후천적)
- 實質的(실질적) ↔ 形式的(형식적)
- 劣等感(열등감) ↔ 優越感(우월감)
- 消極的(소극적) ↔ 積極的(적극적)
- 唯物論(유물론) ↔ 唯心論(유심론)
- 債權者(채권자) ↔ 債務者(채무자)
- 抽象的(추상적) ↔ 具體的(구체적)
- 革新派(혁신파) ↔ 保守派(보수파)

- 刻骨難忘(각골난망) ↔ 背恩忘德(배은망덕)
- 渴而穿井(갈이천정) ↔ 見兎放狗(견토방구)
- 輕擧妄動(경거망동) ↔ 隱忍自重(은인자중)
- 競爭契約(경쟁계약) ↔ 隨意契約(수의계약)
- 高臺廣室(고대광실) ↔ 一間斗屋(일간두옥)
- 苦盡甘來(고진감래) ↔ 興盡悲來(흥진비래)
- 近墨者黑(근묵자흑) ↔ 麻中之蓬(마중지봉)
- 群鷄一鶴(군계일학) ↔ 人中之末(인중지말)
- 錦上添花(금상첨화) ↔ 雪上加霜(설상가상)
- 弄瓦之慶(농와지경) ↔ 弄璋之慶(농장지경)
- 凍氷寒雪(동빙한설) ↔ 和風暖陽(화풍난양)
- 名實相符(명실상부) ↔ 名實相反(명실상반), 名過其實(명과기실)
- 非命橫死(비명횡사) ↔ 臥席終身(와석종신)
- 上意下達(상의하달) ↔ 下意上達(하의상달)
- 始勤終怠(시근종태) ↔ 初志一貫(초지일관), 始終一貫(시종일관), 始終如一(시종여일)
- 始終一貫(시종일관) ↔ 龍頭蛇尾(용두사미)
- 我田引水(아전인수) ↔ 易地思之(역지사지)
- 言行一致(언행일치) ↔ 言行相反(언행상반)
- 連戰連勝(연전연승) ↔ 連戰連敗(연전연패)
- 厭世主義(염세주의) ↔ 樂天主義(낙천주의)
- 流芳百世(유방백세) ↔ 遺臭萬年(유취만년)
- 一擧兩得(일거양득) ↔ 一擧兩失(일거양실)
- 直系卑屬(직계비속) ↔ 直系尊屬(직계존속)
- 下厚上薄(하후상박) ↔ 上厚下薄(상후하박)
- 虛虛實實(허허실실) ↔ 實實虛虛(실실허허)

동음이의어

한자는 해석력(解釋力)이 뛰어납니다. 한자는 글자 하나하나에 뜻이 있는 뜻글자이기 때문에 한자로 된 단어는 그 단어를 구성하는 한자만 알면 사전 없이도 뜻을 바로 알 수 있고 동음이의어(同音異義語 – 소리는 같으나 뜻이 다른 단어)도 분명히 구분할 수 있지요. 그러니 단어 따로 뜻 따로 억지로 외는 시간에 그 단어에 쓰인 한자를 익힌다면 그 단어의 뜻은 물론 그 한자가 쓰인 수많은 단어들의 뜻까지도 저절로 알 수 있습니다.

한자는 조어력(造語力)도 뛰어납니다. 한자는 글자의 형태 변화나 어미나 조사의 첨가 없이 홀로 분명한 뜻을 나타내기 때문에 복잡한 생각을 단 몇 글자만으로 명쾌하고도 쉽게 얼마든지 말을 만들어 표현할 수 있지요. 이러한 한자의 해석력, 조어력은 정확하고 풍부한 어휘력을 향상시켜 줍니다.

아래에 제시한 동음이의어(同音異義語)는 극히 일부만을 실어놓은 것이니 참고만 하시고 어떤 단어가 있으면 한자의 뛰어난 해석력을 이용하여 분명히 해석해보고, 또 적시 적절한 한자어도 많이 만들어 사용해 보세요.

| 가계 | 家系 | 한 집안의 대대로 이어져 내려온 혈통. |
| | 家計 | 집안 살림을 꾸려나가는 수입과 지출의 형편. |

| 가공 | 架空 | ① 이유나 근거가 없음. ② 공중에 가설함. |
| | 加功 | 원자재나 반제품에 손을 더 대어 새로운 제품을 만들거나 제품의 질을 높임. |

| 가구 | 家口 | 집안 식구. |
| | 家具 | 집에서 쓰는 기구. |

| 가산 | 加算 | 더하여 셈함. |
| | 家産 | 집안의 재산. |

가설	假說	어떤 사실을 설명하거나 어떤 이론 체계를 연역하기 위하여 설정한 가정.
	假設	① 임시로 설치함. ② 실제로 없는 것을 있는 것으로 침.
	加設	덧붙이거나 추가하여 설치함.
	街說	세상의 평판.

가세	加勢	힘을 더함.
	家勢	집안의 운수나 살림살이 따위의 형세.
	加稅	세금을 물림.

| 가연 | 可燃 | 불에 잘 탈 수 있음. |
| | 佳緣 | 좋은 인연. |

감사	感謝	고마움을 느낌. 또는 그런 마음.
	監査	감독하고 검사함.
	監事	단체의 서무에 관한 일을 맡아 봄.

감상	感想	(마음속에서 일어나는) 느낌이나 생각.
	鑑賞	주로 예술 작품을 이해하여 즐기고 평가함.
	感傷	하찮은 일에도 쓸쓸하고 슬퍼져서 마음이 상함. 또는 그런 마음.
	感賞	마음에 깊이 느끼어 칭찬함.

개조	改造	(조직, 구조 따위를 목적에 맞도록) 고쳐 다시 만듦.
	開祖	한 종파의 원조(元祖)가 되는 사람.
	改組	조직 따위를 고쳐 다시 짬.

| 견지 | 見地 | 어떤 사물을 판단하거나 관찰하는 입장. |
| | 堅持 | (주장, 주의 따위를) 굳게 지니는 일. |

| 결구 | 結句 | (문장, 편지 등의 끝을) 맺는 글귀. |
| | 結球 | (호배추·배추 따위에서) 겹겹이 속이 드는 일. |

경기	景氣	매매나 거래에 나타나는 호황·불황 따위의 경제 활동 상태.
	競技	일정한 규칙 아래 기량과 기술을 겨룸.
	京畿	서울을 중심으로 한 가까운 주위의 땅. 경기도.

| 경력 | 經歷 | (여러 가지 일을) 겪어 지내온 내력. |
| | 經力 | 경문(經文)이 지니고 있는 공덕의 힘. |

| 계기 | 契機 | 어떤 일이 일어나는 결정적인 원인이나 기회. |
| | 計器 | (길이·면적·무게나 온도·시간·강도 등을) 셈하는(재는) 기구. |

| 계절 | 季節 | 봄·여름·가을·겨울. 네 계절. |
| | 繼絕 | 끊어진 것을 다시 이음. |

고도	高度	높은 정도.
	古都	옛 도읍.
	孤島	육지에서 멀리 떨어진 외딴 섬.

고소	告訴	고하여 하소연함.
	苦笑	쓴 웃음.
	高所	높은 곳. 고처(高處).

공기	工期	공사하는 기간.
	公器	공공의 물건.
	空氣	지구를 둘러싸고 있는 색깔도 없고 냄새도 없는 기체.

| 공동 | 共同 | 둘 이상의 사람이 힘을 합하여 일을 함께 함. |
| | 空洞 | 텅 빈 굴. 동굴. |

| 광산 | 鑛山 | 유용한 광물을 캐내는 곳. |
| | 鑛産 | 광산업의 생산이나 그 생산물. |

교정	校庭	학교의 뜰이나 운동장.
	矯正	잘못된 것을 바로잡음.
	交情	서로 사귀는 정분. 교분.
	校正	교정쇄와 원고를 대조하여 오자, 오식, 배열, 색 따위를 바로잡음.
	校訂	남의 문장 또는 출판물의 잘못된 부분을 바르게 고침.

구도	構圖	그림에서 모양·색깔·위치 따위의 짜임새.
	求道	종교적인 깨달음의 경지를 구함.
	舊都	옛 도읍.

구상	具象	예술 작품 따위가 직접 경험하거나 지각할 수 있도록 일정한 형태와 성질을 갖춤.
	求償	배상 또는 상환을 요구함.
	構想	예술 작품의 내용이나 형식 등의 생각을 정리함.

| 구출 | 救出 | 위험에서 구해 냄. |
| | 驅出 | 쫓아냄. 구축(驅逐). |

| 구현 | 具現 | 구체적인 모습으로 나타냄. |
| | 俱現 | 내용이 속속들이 다 드러남. |

| 군수 | 軍需 | 군사상 필요한 것. |
| | 郡守 | 군(郡)의 행정을 맡아보는 으뜸 직위에 있는 사람. |

| 권면 | 勸勉 | 권하여 알아듣도록 타일러서 힘쓰게 함. |
| | 券面 | 증권의 금액이나 번호가 적혀있는 겉면. |

근간	近刊	최근에 출판되었거나 출판될 간행물.
	近間	가까운 사이. 요사이.
	根幹	사물의 바탕이나 중심.

| 금방 | 今方 | 이제 곧. 방금(方今). |
| | 禁方 | 함부로 남에게 전하지 않는 약방문. |

기계	機械	동력을 써서 움직이거나 일을 하는 장치.
	器械	연장, 연모, 그릇, 기구 따위를 통틀어 이르는 말.
	奇計	기묘한 계책.

| 기력 | 汽力 | 증기의 힘. 증기력. |
| | 氣力 | (사람의 몸으로 활동할 수 있는) 기운의 힘. |

기사	技士	① 운전기사('운전사'를 높여 이르는 말). ② 기술 자격 등급의 하나.
	技師	특별한 기술 업무를 맡아보는 사람.
	奇事	기이한 일.
	記事	① 사실을 적음. 또는 그런 글. ② 신문·잡지 등에 실린 글.
	棋士	바둑이나 장기를 잘 두는 사람.
	飢死	굶어 죽음.
	騎士	말을 탄 무사.

| 기서 | 寄書 | 편지를 부침. 또는 그 편지. |
| | 奇書 | 내용이 기이한 책. |

기수	旗手	기를 드는 일을 맡은 사람.
	奇數	홀수.
	機首	비행기의 앞부분.
	騎手	말을 타는 사람.
	旣遂	이미 일을 끝냄

기술	技術	사물을 잘 다룰 수 있는 방법이나 능력.
	記述	사물이나 내용을 기록하여 서술함.
	奇術	'교묘한 솜씨'로, 잠시 눈을 속여 재미있게 부리는 재주. 요술.
	旣述	이미 서술함.

| 난색 | 暖色 | 따뜻한 느낌을 주는 색. |
| | 難色 | 곤란해 하는 기색. |

| 내부 | 內部 | 안쪽의 부분. |
| | 內附 | 속에 들어와 따름. |

내수	內需	국내에서의 수요.
	內水	한 나라 영토 안의 바다를 제외한 하천·호수 따위.
	耐水	물이 묻어도 젖거나 배지 않음.

| 내용 | 內容 | 사물의 속내. 또는 실속. |
| | 耐用 | 기계·시설 따위가 오래 견뎌냄. |

노숙	老宿	나이가 많아 경험이 풍부한 사람.
	露宿	한데에서 자는 잠.
	老熟	오랜 경험으로 익숙함.

| 단결 | 團結 | 많은 사람이 마음과 힘을 한데 뭉침. |
| | 斷決 | 판단하여 확실히 결정함. 결단. |

| 단계 | 段階 | 일이 나아가는 과정. 순서. |
| | 短計 | 얕은 꾀. 졸렬한 꾀. |

단정	端正	얌전하고 깔끔함.
	斷定	판단하여 분명히 결정함.
	斷情	정이나 사랑을 끊음.

| 당도 | 當到 | 어떤 곳에 다다름. |
| | 糖度 | 음식물에 들어 있는 단맛의 탄수화물 양을 그 음식물에 대하여 백분율로 나타낸 것. |

대지	大地	넓고 큰 땅.
	大志	큰 뜻.
	垈地	집터로서의 땅.
	貸地	세를 받고 빌려주는 땅.
	大智	뛰어난 지혜.

대사	大師	'중'을 높여 이르는 말.
	大使	외교를 맡아보는 최고 직급.
	臺詞	배우가 무대 위에서 하는 말.
	大事	큰 일.

대치	對峙	서로 맞서서 버팀.
	對置	마주 놓음.
	代置	다른 것으로 대신하여 놓음.
	大治	'크게 다스림'으로, 치안이 잘 유지됨.

| 도표 | 圖表 | 그림으로 나타낸 표. |
| | 導標 | 도로의 방향이나 이정(里程) 따위를 표시하여 길에 세운 푯말. |

독자	獨子	① 외아들. ② 독신(형제자매가 없는 사람).
	獨自	남에게 기대지 아니하는 자기 한 몸. 또는 자기 혼자.
	讀者	책·신문 등 출판물을 읽는 사람.

동기	動機	행동을 일으키게 하는 계기.
	同期	같은 시기.
	冬期	겨울철.
	同氣	형제와 자매, 남매를 통틀어 이르는 말.

동선	銅線	구리줄.
	動線	움직이는 자취나 방향을 나타내는 선.
	同船	배를 같이 탐.

동시	同時	같은 때.
	同視	① 똑같은 것으로 봄. ② 똑같이 대우함.
	童詩	어린이가 지은 시. 또는 어린이를 위한 시.

동정	動靜	상황이 전개되는 상태.
	同情	남의 어려운 처지를 자기 일처럼 딱하고 가엾게 여김.
	東庭	집안의 동쪽 뜰.
	東征	동방을 점령함.

동지	同志	목적이나 뜻이 서로 같음. 또는 그런 사람.
	冬至	24절기의 하나.
	同旨	취지가 같음.

| 명성 | 名聲 | 세상에 널리 퍼져 평판이 높은 이름. |
| | 明星 | 샛별. |

매장	每場	① 장날마다. ② 시장마다.
	賣場	물건을 파는 장소. 판매장.
	埋葬	죽은 사람을 땅에 묻음.
	埋藏	① 묻어서 감춤. ② 광물 따위가 묻혀 있음.

명명	命名	이름을 지어 붙임.
	明命	신령이나 임금의 명령.
	明明	매우 밝음. 분명하여 의심할 여지가 없음.
	冥冥	겉으로 나타남이 없이 아득하고 그윽함.

모사	謀事	일을 꾀함.
	模寫	어떤 그림을 그것과 꼭 같이 그림.
	毛絲	털실.
	謀士	계책을 세우는 사람.

| 무명 | 武名 | 무용이 탁월하여 난 이름. |
| | 無名 | 이름이 세상에 널리 알려지지 않음. |

| 문호 | 文豪 | 크게 뛰어난 문학가. |
| | 門戶 | 집으로 출입하는 문. |

미수	未收	아직 다 거두지 못함.
	未遂	목적한 바를 시도하였으나 이루지 못함.
	米壽	여든여덟 살.

| 밀어 | 密語 | 남이 못 알아듣게 은밀히 하는 말. |
| | 蜜語 | 꿀처럼 달콤한 말. |

| 박학 | 薄學 | 학식이 얕고 좁음. |
| | 博學 | 학식이 매우 넓고 많음. |

| 반감 | 反感 | 반대하거나 반항하는 감정. |
| | 半減 | 절반으로 줆. 또는 그렇게 줄임. |

방문	訪問	어떤 사람이나 장소를 찾아가서 만나거나 봄.
	房門	방으로 드나드는 문.
	方文	약의 처방을 적은 글.

방위	防衛	적의 공격을 막아서 지킴.
	方位	동서남북을 기준으로 하여 정한 방향.
	防圍	적을 막아서 에워쌈.

방토	方土	어느 한 지방의 땅.
	邦土	국토(國土).
	防土	흙이 무너져 내리는 것을 방지하기 위하여 만들어 놓은 시설.

배부	配付	출판물이나 서류 따위를 나누어 줌.
	背部	사람이나 동물의 몸통에서 등이나 면(面)의 뒤쪽.
	配賦	나누어 줌.

변사	變死	뜻밖의 재난으로 죽음.
	辨似	비슷한 것을 구별함.
	辯士	입담이 좋아서 말을 잘하는 사람.

| 병난 | 兵難 | 전쟁으로 인해 입는 재난. |
| | 病難 | 병으로 인한 재난. |

| 병장 | 兵長 | 사병 계급에서 가장 높은 계급. |
| | 兵仗 | 병기(兵器 - 전쟁에 쓰는 기구를 통틀어 이르는 말). |

보도	步道	사람이 걸어 다니는 길.
	報道	새로운 소식을 알림.
	輔導	도와서 잘 인도함.
	保導	보호하여 지도함.

| 보선 | 保線 | 철도 선로를 관리, 보호하여 안전을 유지함. |
| | 補選 | ① 모자라는 인원을 채우려고 뽑음. ② '보궐선거'의 줄임말. |

보수	保手	보증수표의 준말.
	保守	① 보전하여 지킴. ② 묵은 그대로 지킴.
	補修	낡은 것을 보충하여 수선함.

| 보조 | 步調 | ① 걸음걸이의 속도나 모양 따위의 상태. ② 여럿이 함께 일을 할 때의 진행 속도나 조화. |
| | 補助 | 모자라는 것을 보충하여 도와줌. |

보석	寶石	빛깔과 광택이 아름다우며 희귀한 광물.
	步石	디딤돌. 섬돌.
	保釋	보석 보증금을 받고 형사 피고인을 구류에서 풀어 주는 일.

| 복운 | 復運 | 운세가 회복됨. 또는 그 운세. |
| | 福運 | 복과 운을 아울러 이르는 말. 좋은 운수. |

부상	負傷	상처를 입음.
	副賞	상장 외에 덧붙여 주는 상금이나 상품.
	浮上	① 물 위로 떠오름. ② 어떤 현상이 관심의 대상이 되거나 어떤 사람이 훨씬 좋은 위치로 올라섬.
	富商	밑천이 넉넉한 부유한 상인.
	負商	등에 짊어지고 다니는 장수. 등짐장수.

부정	否定	그렇지 않다고 함.
	不正	바르지 않음.
	不定	일정하지 아니함.
	不貞	정조를 지키지 않음.
	不淨	깨끗하지 못함.
	父情	자식에 대한 아버지로서의 정.

| 분식 | 分食 | 나누어 먹거나 나누어 가짐. |
| | 粉食 | 가루음식. |

| 분탄 | 粉炭 | 잘게 부스러져 가루가 된 숯이나 석탄. |
| | 憤嘆 | 분개하고 탄식함. |

비명	悲鳴	① 슬피 욺. 또는 그런 울음소리. ② 매우 다급할 때 지르는 소리.
	碑銘	비석에 새긴 글.
	非命	제명대로 다 살지 못하고 죽음.

비보	飛報	급한 통지.
	悲報	슬픈 소식.
	秘報	① 남몰래 보고함. ② 비밀 보고.

사고	事故	뜻밖에 일어난 사건.
	思考	생각하고 궁리함.
	私稿	자신의 원고.
	史庫	고려 말기부터 조선 후기까지의 사실을 기록한 국가의 중요한 서적을 보관하던 서고.
	社告	회사의 광고.

사기	史記	역사적 사실을 기록한 책.
	士氣	의욕이나 자신감으로 충만한 기세.
	詐欺	나쁜 꾀로 남을 속임.
	事記	사건을 중심으로 쓴 기록.
	沙器	사기그릇.
	死期	죽는 시기.

사경	四經	시경·서경·역경·춘추의 네 경서.
	四境	사방의 경계 또는 지경.
	死境	죽을 지경. 또는 죽음에 임박한 경지.

사관	史官	역사편찬을 맡아보던 벼슬. 또는 그런 벼슬아치.
	史觀	역사관.
	仕官	관리가 되어 종사함.
	士官	장교를 통틀어 이르는 말.
	私館	정부 고관의 개인 소유의 저택.
	史館	역사를 편수하던 관청. '춘추관'의 옛 명칭.
	査官	검사하는 일을 맡아보던 관원.

사료	史料	역사 연구에 필요한 문헌이나 유물.
	飼料	가축에게 주는 먹을거리.
	思料	깊이 생각하여 헤아림.

사설	私設	어떤 시설을 개인이 사사로이 설립함. 또는 그 시설.
	社說	신문이나 잡지 따위에서 그 사(社)의 주장으로 게재하는 논설.
	辭說	① 늘어놓는 말이나 이야기. ② 잔소리나 푸념을 길게 늘어놓음. 또는 그 잔소리와 푸념.
	私說	한 개인의 의견.
	師說	스승의 의견이나 학설.
	邪說	그릇되고 간사한 말. 또는 올바르지 않은 논설.

사유	私有	개인이 사사로이 소유함. 또는 그런 소유물.
	事由	일의 까닭. 또는 언교. 연유.
	思惟	논리적으로 생각함.
	師儒	사람에게 도를 가르치는 유자.

사인	死因	사망의 원인.
	私人	개인 자격으로서의 사람.
	邪人	사심(邪心)을 품은 사람.
	社印	회사의 인장.
	私印	개인의 인장.

사은	師恩	스승의 은혜.
	謝恩	받은 은혜에 대하여 감사히 여겨 사례함.
	私恩	사사로이 입은 은혜.

사정	事情	일의 형편이나 까닭.
	査定	조사하거나 심사하여 결정함.
	査正	조사하여 그릇된 것을 바로잡음.
	司正	공직에 있는 사람의 규율과 질서를 바로잡는 일.
	邪正	그릇됨과 올바름.
	私情	사사로운 정.

사지	四肢	짐승의 네 다리. 사람의 팔다리. 사체(四體).
	四知	두 사람 사이의 비밀을 알고 있는 네 가지 존재.
	四智	부처가 갖추는 네 가지 지혜.
	死地	① 죽을 곳. 또는 죽어야 할 장소. ② 죽을 지경의 매우 위험하고 위태한 곳.
	私智	자기 혼자만의 작은 지혜.
	沙地	모래 땅.
	邪智	간사한 지혜.
	私地	개인 소유의 땅.

| 사형 | 師兄 | 나이나 학덕(學德)이 자기보다 높은 사람을 높여 이르는 말. |
| | 死刑 | 수형자의 목숨을 끊음. 또는 그 형벌. |

| 상기 | 想起 | 지난 일을 돌이켜 생각해 냄. |
| | 上氣 | 흥분이나 부끄러움으로 얼굴이 붉어짐. |

상론	相論	서로 의논함.
	常論	별다른 차이가 없는 보통의 논의.
	詳論	자세하게 의논함. 또는 그런 논의.

상용	常用	일상적으로 씀.
	商用	상업상의 볼일.
	相容	서로 상대편의 말이나 행동을 너그러운 마음으로 받아들임.

상품	上品	질이 좋은 물품.
	商品	사고파는 물품.
	賞品	상으로 주는 물품.

선전	宣傳	잘 설명하여 널리 알림.
	善戰	있는 힘을 다하여 잘 싸움.
	宣戰	한 나라가 다른 나라에 대해 싸움의 시작을 알림.

| 설화 | 雪花 | ① 굵게 엉겨 꽃송이 같이 보이는 눈(눈송이). ② 나뭇가지에 꽃처럼 붙은 눈발. |
| | 舌禍 | 말을 잘못하여 입게 되는 해. |

성문	成文	문장으로 나타냄. 또는 그 문장이나 조문.
	城門	성의 출입구에 만든 문.
	聲聞	① 명성(名聲 – 세상에 널리 퍼져 평판 높은 이름). ② 소문(所聞 – 사람들 입에 오르내려 전하여 들리는 말).
	聲問	편지. 소식.
	聖聞	임금이 듣는 일을 높여 이르는 말.
	聖文	훌륭한 사람이나 임금의 글을 높여 이르는 말.

성좌	聖座	'신성한 자리'로, 성인이나 임금이 앉는 자리.
	星座	별자리.

성전	成典	정해진 법칙. 성문의 법전.
	聖典	성경(聖經). 성인의 말씀으로 이루어진 책.
	盛典	성대한 의식.
	聖殿	신성한 전당. 교회. 성당.
	聖戰	신성한 전쟁.

성상	聖像	성인이나 임금의 초상.
	性狀	사물의 성질과 상태.

성원	成員	모임이나 단체를 구성하는 인원.
	聲援	소리를 질러 응원함.

소복	素服	하얗게 차려입은 옷. 흰옷.
	小腹	아랫배.

속간	續刊	정지되었던 신문·잡지를 다시 간행함.
	俗間	민간. 세속.

수간	數間	집의 두 서너 칸.
	手簡	손수 글이나 편지를 씀. 또는 그 글이나 편지.
	樹幹	나무의 줄기.

수도	水道	상수도.
	首都	한 나라의 중앙 정부가 있는 도시.
	修道	도를 닦음.
	水稻	논에 물을 대어 심는 벼.
	水都	강과 호수가 있는 경치 좋은 도시.

수사	手寫	손으로 직접 베껴 씀.
	搜査	찾아서 조사함.
	水使	수군절도사.

수상	受賞	상을 받음.
	首相	내각의 우두머리.
	手相	손금.
	水上	물 위. 또는 물의 상류.
	受傷	상처를 입음.
	樹上	나무의 위.
	隨想	그때그때 떠오르는 생각이나 느낌.
	愁傷	몹시 슬퍼함.

수석	首席	등급이나 직위 따위에서 맨 윗자리.
	壽石	관상용의 자연석.
	水石	물과 돌. 물과 돌로 이루어진 경치.

수신	受信	통신을 받음.
	修身	마음과 행실을 바르게 닦아 수양함.
	守身	불의에 빠지지 않도록 자신의 몸을 지킴.
	水神	물을 맡아 다스리는 신.

| 수용 | 收用 | 거두어들여 사용함. |
| | 受容 | 어떠한 것을 받아들임. |

| 숙원 | 宿怨 | 오래 묵은 원한. |
| | 宿願 | 오랫동안 품어온 바람이나 소원. |

시가	市街	도시의 큰 길거리.
	市價	시장에서 상품이 매매되는 가격.
	時價	일정한 시기의 물건 값.
	詩歌	가사를 포함한 시문학을 통틀어 이르는 말.
	詩家	시를 짓는 사람. 시인(詩人).

시각	時刻	시간의 어느 한 시점.
	視覺	눈을 통해 빛의 자극을 받아들이는 감각 작용.
	視角	무엇을 보는 각도.

시사	時事	그 당시에 생긴 여러 가지 세상일.
	試寫	영화를 개봉하기에 앞서 시험적으로 특정인에 상영해 보임.
	詩史	시의 발생·변천·발달 과정에 관한 역사. 또는 그것에 관한 저술.
	示唆	어떤 것을 미리 간접적으로 표현해 줌.

| 실례 | 失禮 | 언행이 예의에 벗어남. |
| | 實例 | 실제의 예. |

실수	失手	조심하지 아니하여 잘못함.
	實數	실제의 수효.
	實收	실제의 수입이나 수확.
	實需	실수요(實需要)의 준말.

| 심성 | 心性 | 마음과 성품. |
| | 深省 | 깊이 반성함. |

| 약관 | 約款 | 법령·조약·계약 등에 정한 조항. |
| | 弱冠 | 남자 나이 20세의 일컬음. |

양식	糧食	생존을 위하여 필요한 사람의 먹을거리.
	樣式	일정한 모양이나 형식.
	洋食	서양 요리.
	養殖	물고기·굴·김 등을 기르고 번식시키는 일.

| 양호 | 良好 | 매우 좋음. |
| | 養護 | 기르고 보호함. |

| 여의 | 如意 | 일이 뜻대로 됨. |
| | 餘意 | 말끝에 함축되어 있는 속뜻. |

| 역경 | 逆境 | 일이 순조롭지 않아 매우 어렵게 된 처지나 환경. |
| | 譯經 | 경전을 번역하는 일. |

역전	力戰	힘을 다하여 싸움.
	驛前	정거장 앞.
	逆戰	역습하여 나아가 싸움.
	逆轉	형세가 뒤집혀짐.

연기	演技	배우가 무대에서 하는 몸짓이나 말.
	煙氣	무엇이 불에 탈 때에 생겨나는 기체.
	延期	정해진 기한을 늘림.
	連記	잇대어 적음. 둘 이상의 것을 나란히 적음.

| 요리 | 要理 | 긴요한 이치나 도리. |
| | 料理 | 음식을 일정한 방법으로 만듦. 또는 그 음식. |

우수	優秀	여럿 가운데 뛰어남.
	憂愁	근심과 걱정.
	偶數	짝수.
	雨水	빗물. 24절기의 하나.
	右手	오른손.

원망	怨望	남이 한 일을 억울하게 여겨 탓함.
	願望	원하고 바람.
	遠望	멀리 바라봄.

원수	元首	국가 원수. 가장 높은 사람.
	元帥	장성 계급의 하나. 대장의 위로 가장 높은 계급.
	怨讐	원한이 맺힐 정도로 해를 끼친 사람.

유기	遺棄	내다 버림.
	遺記	죽은 뒤에 남은 기록.
	有機	생명을 가지며, 생활 기능이나 생활력을 갖추고 있음.

유도	誘導	사람이나 물건을 목적한 장소나 방향으로 이끎.
	柔道	두 사람이 맨손으로 맞잡고 상대편이 공격해 오는 힘을 이용하여 던져 넘어뜨리거나 조르거나 눌러 승부를 겨루는 운동.

유사	遺事	후세에 전하는 사적.
	幽思	깊은 생각.
	有司	단체의 사무를 맡아보는 직무.

유지	油脂	동물 또는 식물에서 채취한 기름.
	維持	어떤 상태나 상황을 그대로 보존함.
	有志	① 마을이나 지역에서 명망 있고 영향력을 가진 사람. ② 어떤 일에 뜻이 있거나 관심이 있는 사람.
	乳脂	우유에서 얻은 지방질. 유지방
	遺志	죽은 사람이 살아서 이루지 못하고 남긴 뜻.
	油紙	기름 종이.

유형	有形	모양이나 형체가 있음.
	流刑	오형(五刑) 가운데 죄인을 귀양 보내던 형벌.
	類型	성질이 공통적인 것끼리 묶은 틀.

은인	恩人	자신에게 은혜를 베푼 사람.
	隱人	속세를 떠나 숨어 사는 사람.

의병	義兵	외적의 침입을 물리치기 위하여 백성들이 자발적으로 조직한 군대. 또는 그 군대의 병사.
	疑兵	적의 눈을 속이기 위하여 거짓으로 군사를 꾸밈. 또는 그런 군대 시설.

의사	意思	무엇을 하고자 하는 생각.
	義士	지조를 지키는 사람.
	醫師	병을 치료하는 것을 직업으로 삼는 사람.
	議事	회의에서 어떤 일을 의논함.

인수	引受	물건이나 권리를 건네받음.
	引水	물을 끌어다 댐.
	因數	정수 또는 정식을 몇 개의 곱의 꼴로 하였을 때에, 그것의 각 구성 요소를 이르는 말.
	仁壽	인덕이 있고 수명이 긺.

| 인성 | 人聲 | 사람의 소리. |
| | 引性 | 끌어당기는 성질. |

| 임지 | 任地 | 임무를 받아 근무하는 곳. |
| | 林地 | 숲을 이룬 땅. |

| 입각 | 立脚 | 어떤 사실이나 주장 따위에 근거를 두어 그 입장에 섬. |
| | 入閣 | 내각(內閣)의 한 사람이 됨. |

| 자격 | 字格 | 글자를 쓰는 법칙. |
| | 資格 | 어떤 임무를 맡거나 일을 하는 데 필요한 조건. |

| 재력 | 才力 | 재주와 능력. |
| | 財力 | 재물의 힘. 재산상의 능력. |

| 재청 | 在廳 | 관리나 공무원이 관청 안에서 근무함. |
| | 再請 | 거듭 청함. |

적기	敵機	적군의 비행기.
	適期	알맞은 시기.
	赤旗	붉은 기.
	摘記	요점만 뽑아 기록함.

전경	前景	앞쪽에 보이는 경치.
	戰警	전투 경찰.
	全景	전체의 경치.

전공	專攻	어느 한 분야를 전문적으로 연구함.
	戰功	전투에서 세운 공로.
	前功	전에 세운 공로나 공적.
	電工	전기 공업. 전기공.
	全功	모든 공로. 결점이 없는 공로.

전기	傳記	한 사람의 일생 동안의 행적을 적은 기록.
	電氣	전류의 현상.
	前記	어떤 대목을 기준으로 하여 그 앞부분에 씀.
	前期	일정 기간을 몇 개로 나눈 첫 시기.
	傳奇	기이한 일을 내용으로 한 이야기.
	戰記	전쟁의 기록.
	轉機	전환점을 이루는 기회나 고비.
	轉記	한 장부에서 다른 장부로 옮겨 적음.

전업	前業	이전에 종사하였던 직업.
	專業	전문으로 하는 직업이나 사업.
	轉業	직업을 바꿈.

| 절감 | 節減 | 절약하고 줄임. |
| | 切感 | 절실하게 느낌. 통감(痛感)함. |

| 절조 | 絶調 | 아주 뛰어난 곡조. |
| | 節操 | 절개와 지조. |

| 접수 | 接收 | ① 권력으로써 다른 사람의 소유물을 일방적으로 수용함. ② 받아서 거둠. |
| | 接受 | ① 신청이나 신고 따위를 구두(口頭)나 문서로 받음. ② 돈이나 물건 따위를 받음. |

정교	正敎	사교가 아닌 바른 종교.
	情交	매우 가깝게 사귐.
	政敎	정치와 종교. 정치와 교육.
	正校	대한제국 때 무관 계급의 하나.
	精巧	정밀하고 교묘함.

| 정당 | 正當 | 바르고 마땅함. |
| | 政黨 | 정치적인 단체. |

정도	精度	사물의 성질이나 가치를 양부(良否), 우열 등으로 본 분량이나 수준.
	正道	올바른 길. 또는 정당한 도리.
	程度	얼마의 분량이나 어떠한 한도.
	定道	이미 정하여진 제도나 법도.
	定都	도읍을 정함.
	征途	정벌하려 가는 길. 여행하는 길.

정부	政府	국가를 다스리는 기관.
	正否	바른 것과 그른 것. 옳고 그름.
	正副	으뜸과 버금을 아울러 이르는 말.

정사	正邪	바른 일과 간사한 일.
	正史	정확한 사실을 바탕으로 한 역사.
	政事	정치에 관한 일. 행정상의 사무.
	精舍	① 학문을 가르치기 위하여 마련한 집. ② 정신을 수양하는 곳.
	精査	자세히 조사함.
	靜思	고요히 생각함.
	情事	남녀 간의 사랑에 관한 일.
	情史	남녀의 애정에 관한 기록이나 소설.
	情死	서로 사랑하는 남녀가 그 뜻을 이루지 못하여 함께 자살하는 일.
	情思	① 정념(情念 - 감정에 따라 일어나는, 억누르기 어려운 생각). ② 남녀가 서로 그리워하는 생각.
	情私	친족 사이의 사사로운 정.

정전	停電	전기가 끊어짐.
	停戰	교전 중에 합의하여 일시적으로 전투를 중단하는 일.
	正殿	왕이 나와서 조회를 하던 궁전.

제명	帝命	황제의 명령.
	除名	명부에서 성명을 빼어 버림.
	題名	책, 시문 등의 표제나 제목의 이름.

제재	題材	예술 작품이나 학술 연구의 주제가 되는 재료.
	制裁	일정한 규칙이나 관습의 위반에 대하여 제한하거나 금지함. 또는 그런 조치.
	製材	베어 낸 나무로 재목(材木)을 만듦.

| 조반 | 早飯 | 아침 끼니를 먹기 전에 간단하게 먹는 음식. |
| | 朝飯 | 아침밥. |

| 조선 | 造船 | 배를 설계하여 만듦. |
| | 朝鮮 | 1392년, 이성계가 고려를 무너뜨리고 세운 나라. |

조성	助成	도와서 이루게 함.
	造成	무엇을 만들어서 이룸.
	組成	조직하여 성립시킴.
	早成	빨리 이루어짐.
	鳥聲	새가 우는 소리.

조정	朝廷	나라의 정치를 의논하거나 집행하는 곳.
	調整	어떤 기준이나 실정에 맞게 정돈함.
	調定	조사하여 확정함.
	調停	분쟁을 중간에 서서 화해시킴.

| 조수 | 潮水 | 달, 태양 따위의 인력에 의하여 주기적으로 높아졌다 낮아졌다 하는 바닷물. |
| | 助手 | 어떤 일을 도와주는 사람. |

조화	造化	만물을 창조하고 기르는 대자연의 이치.
	調和	서로 잘 어울림.
	彫花	도자기에 꽃무늬를 새김.
	造花	인공적으로 만든 꽃.
	弔花	조의를 표하는 데 쓰는 꽃.

| 존속 | 存續 | 계속하여 존재함. |
| | 尊屬 | 부모와 같은 항렬 이상의 혈족. |

| 종신 | 宗臣 | 나라에 큰 공을 세운 신하. |
| | 終身 | 죽을 때까지. |

| 좌우 | 左右 | 왼쪽과 오른쪽. |
| | 座右 | 좌석의 오른쪽. 또는 그 옆. |

주간	晝間	낮. 낮 동안.
	週刊	한 주일마다의 발간. 또는 그 간행물.
	週間	한 주일 동안.

| 주부 | 主婦 | 한 가정의 살림살이를 맡아 꾸려 가는 안주인. |
| | 主部 | 중요한 부분. |

| 준용 | 準用 | 표준으로 삼아 적용함. |
| | 遵用 | 그대로 좇아서 씀. |

중지	中止	하던 일을 중도에서 그만둠.
	中指	가운뎃손가락.
	衆智	여러 사람의 지혜.
	中智	보통의 지혜. 평범한 지혜.

지각	知覺	알아서 깨닫는 능력.
	遲刻	정한 시각보다 늦음.
	地角	멀리 구석지게 떨어져 있는 곳.

지대	至大	더할 수 없이 아주 큼.
	地帶	자연적, 또는 인위적으로 한정된 일정한 구역.
	地代	남의 토지를 사용하는 대가로 토지 소유자에게 지급하는 금전이나 그 외의 물건.

지력	地力	농작물을 길러 낼 수 있는 땅의 힘.
	地歷	지리와 역사
	知力	지식의 능력. 지식의 힘.
	智力	슬기의 힘. 사물을 헤아리는 지능.

지사	支社	본사의 관할 아래 일정한 지역에서 본사의 일을 대신 맡아 하는 곳.
	志士	나라와 민족을 위하여 일하려는 뜻을 가진 사람.
	指事	한자 제자원리인 육서의 하나로 뜻을 합하는 방법.
	知事	도지사(道知事)의 준말.

지상	地上	땅의 위.
	紙上	종이의 위. 신문의 지면.
	至上	더할 수 없이 가장 높은 위.

지성	知性	지혜로운 성품.
	至誠	지극한 정성.
	至性	더할 수 없이 착한 성질.
	至聖	슬기와 덕행이 뛰어난 성인.

지적	指摘	꼭 집어서 가리킴. 잘못을 들추어 냄.
	地積	땅의 넓이.
	地籍	토지에 관한 여러 가지 사항을 기재한 기록.
	指笛	손가락으로 부는 피리. 또는 손가락으로 부는 휘파람.

진정	眞正	거짓이 없이 참되고 바름.
	陳情	실정이나 사정을 진술함.
	眞情	참되고 애틋한 정이나 마음.
	鎭靜	시끄럽고 요란한 일이나 상태를 조용하게 가라앉힘. 흥분하거나 격앙된 마음을 차분하게 가라앉힘.

| 진화 | 進化 | 일이나 사물 따위가 점점 발달하여 감. |
| | 鎭火 | 화재를 끔. 화재가 꺼짐. |

| 집중 | 集中 | 한 곳을 중심으로 하여 모임. 한 가지 일에 모든 힘을 쏟아 부음. |
| | 執中 | 지나치거나 모자람이 없이 또는 한쪽으로 치우침이 없이 마땅하고 떳떳한 도리를 취함. |

| 차등 | 差等 | 차이가 나는 등급. |
| | 次等 | 다음가는 능급. |

| 착근 | 着近 | 친근하게 굴거나 달라붙음. |
| | 着根 | 옮겨 심은 식물이 뿌리를 내림. |

| 채유 | 採油 | 기름을 채취함. |
| | 菜油 | 채소의 씨로 짠 기름. 배추씨로 짠 기름. |

| 천재 | 天才 | 선천적으로 타고난 남보다 훨씬 뛰어난 재주. 또는 그런 재능을 가진 사람. |
| | 天災 | 재난, 태풍, 홍수, 지진 등과 같이 자연의 변화로 일어나는 재앙. |

| 청사 | 靑史 | 역사상의 기록. |
| | 廳舍 | 관청의 사무실로 쓰는 건물. |

초상	肖像	사진·그림 따위에 나타낸 사람의 얼굴이나 모습.
	初喪	사람이 죽어서 장사 지낼 때까지의 일.
	初霜	첫서리.

초연	初演	연극이나 음악 등의 최초의 상연.
	招宴	연회에 초대함.
	超然	어떤 현실 속에서 벗어나 그 현실에 아랑곳하지 않고 의젓하게. 보통 수준보다 훨씬 뛰어나게.

최고	最古	가장 오래됨.
	最高	가장 높음. 제일임.
	催告	재촉하는 뜻을 알림.

| 추산 | 推算 | 짐작으로 미루어 셈함. 또는 그런 셈. |
| | 秋山 | 가을철의 산. |

추상	秋霜	가을에 내리는 서리.
	追想	지나간 일을 돌이켜 생각함.
	推想	앞으로 올 일을 미루어서 생각함. 또는 그 생각.
	抽象	사물이나 현상에서 일반적으로 공통된 속성을 뽑아내어 파악함.

| 축사 | 祝辭 | 축하하는 인사의 글이나 말. |
| | 縮寫 | 원형보다 작게 줄여 씀. 사진을 줄여서 다시 찍음. |

축전	祝電	축하하기 위하여 보내는 전보.
	祝典	축하하는 뜻으로 행하는 의식이나 행사.
	蓄電	축전기나 축전지에 쓰지 않는 전기를 모아둠.

| 충성 | 忠誠 | 마음에서 우러나는 정성. |
| | 蟲聲 | 벌레 우는 소리. |

| 취사 | 炊事 | 음식을 장만하는 일. |
| | 取捨 | 쓸 것은 쓰고 버릴 것은 버림. |

치부	致富	재물을 모아 부자가 됨.
	恥部	남에게 알리고 싶지 않은 부끄러운 부분.
	置簿	① 금전이나 물건 따위가 들어오고 나감을 기록함. 또는 그런 장부. ② 마음속으로 그러하다고 보거나 여김.

| 친서 | 親書 | ① 친히 글씨를 씀. ② 친히 쓴 편지. |
| | 親署 | 임금이 몸소 서명함. |

침략	侵略	남의 나라 땅을 침범하여 빼앗음.
	侵掠	남의 나라를 불법으로 쳐들어가서 약탈함.

침상	針狀	바늘처럼 가늘고 끝이 뾰족한 모양.
	寢床	누워 잠잘 수 있게 만든 평상.
	枕上	① 베개 위. ② 잠을 자거나 누워 있을 때.

쾌유	快遊	유쾌하게 놂.

타도	他道	행정 구역상의 다른 도.
	打倒	때리거나 쳐서 부수어 버림.

타력	他力	다른 힘. 남의 힘.
	打力	치는 힘. 또는 치는 능력.

탈모	脫毛	털이 빠짐.
	脫帽	모자를 벗음.

탐문	探聞	알려지지 않은 사실이나 소식 따위를 알아내기 위하여 더듬어 찾아가서 들음.
	探問	알려지지 않은 사실이나 소식 따위를 알아내기 위하여 더듬어 찾아가서 물음.

택지	宅地	집터. 집을 지을 땅.
	擇地	좋은 땅을 고름.

통계	統計	한데 몰아쳐서 셈함.
	通計	전부를 통틀어 계산함. 통산(通算).

통화	通話	전화로 말을 주고받음.
	通貨	유통 수단·지불 수단으로 기능하는 화폐.
	通化	부처의 가르침을 펴서 중생을 교화함.

통풍	通風	바람을 통하게 함. 공기를 잘 드나들 수 있게 함.
	痛風	손·발의 관절이 붓고 아픈 요산성(尿酸性)의 관절염.

퇴축	退逐	보낸 것을 받지 않고 쫓아 보냄.
	退縮	움츠리고 물러남.

특수	特殊	특별히 다름.
	特需	특별한 수요.

투기	鬪技	재주를 서로 다툼.
	投棄	내던져 버림.

투지	鬪志	싸우고자 하는 의지.
	投止	① 발을 붙이고 섬. ② 여관, 호텔 따위의 숙박 시설에 들어서 묵음. 투숙(投宿).
	透知	뚫어서(완전히) 앎. 숙지(熟知).

| 파계 | 派系 | 같은 갈래에서 갈려나온 계통. |
| | 破戒 | 계율을 깨뜨려 지키지 않음. |

| 파다 | 頗多 | 아주 많음. 매우 많음. |
| | 播多 | 소문 등이 널리 알려진 상태에 있음. |

| 파문 | 波紋 | ① 수면에 이는 물결. ② 물결 모양의 무늬. ③ 어떤 일이 다른 데에 미치는 영향. |
| | 破門 | 사제의 의리를 끊고 문하에서 내쫓음. |

| 편도 | 片道 | 가고 오는 길 중 어느 한 쪽. |
| | 便道 | 편리한 길. 지름길. |

| 평가 | 平價 | 싸지도 비싸지도 않은 물건값. |
| | 評價 | ① 물건 값을 헤아려 매김. 또는 그 값. ② 사람이나 사물의 가치를 판단함. |

| 포함 | 包含 | 속에 들어 있음. |
| | 砲艦 | 포(砲)를 갖추고 강기슭이나 해안의 수색과 정찰 및 경비를 맡아보는 날쌔고 작은 군함. |

| 폭발 | 暴發 | 속에 쌓여 있던 감정 따위가 갑작스럽게 터짐. |
| | 爆發 | 불이 일어나며 갑작스럽게 터짐. |

| 표결 | 表決 | 의안에 대한 가부 의사를 표시하여 결정하는 일. |
| | 票決 | 투표를 하여 결정함. |

| 풍설 | 風雪 | 눈바람. 눈 위로 불어오는 차가운 바람. |
| | 風說 | 바람처럼 떠도는 소문. |

| 필사 | 必死 | ① 반드시 죽음. 또는 살 가망이 없음. ② 죽을힘을 다함. |
| | 筆寫 | 베끼어 씀. |

한중	閑中	한가한 동안. 한가한 사이.
	寒中	소한부터 대한까지의 사이. 가장 추운 계절.
	韓中	한국과 중국.

| 항적 | 航跡 | 항공기가 지나간 흔적을 연결한 선. |
| | 抗敵 | 적과 맞섬. 버티어 맞겨룸. |

향수	香水	액체 화장품의 하나.
	鄕愁	고향을 그리워하는 마음이나 시름.
	享受	어떤 혜택을 받아 누림.

허상	虛想	헛된 생각. 부질없는 생각.
	虛像	실제 없는 것이 있는 것처럼 나타나 보이거나 실제와는 다른 것으로 드러나 보이는 모습.
	許上	지위가 높고 귀한 자리에 있는 사람에게 무엇을 바치는 일.

| 헌정 | 憲政 | 입헌 정치. 헌법에 따라 하는 정치. |
| | 獻呈 | 물품을 올림. |

| 현명 | 賢命 | 남의 명령에 대한 존칭. |
| | 顯名 | 이름이 세상에 드러남. |

현상	現想	보고 듣는데 관련하여 일어나는 생각.
	現象	눈앞에 나타나 보이는 사물의 형상.
	現像	① 사진술에서 촬영한 필름이나 인화지를 약품으로 처리하여 영상이 드러나게 하는 일. ② 어떠한 형상으로 나타냄. 또는 그 형상
	現狀	나타나 보이는 현재의 상태.
	懸賞	어떤 목적을 위하여 상금을 걸고 찾거나 모집함.

| 협약 | 協約 | 협상조약. 협상에 의하여 조약을 맺음. |
| | 脅約 | 위협으로 이루어진 약속이나 조약. |

호기	好期	좋은 시기.
	好機	좋은 기회.
	豪氣	① 씩씩하고 호방한 기상. ② 꺼드럭거리는 기운.
	號旗	신호로 쓰는 기.
	好奇	신기한 것을 좋아함.
	浩氣	넓은 기운. 호연지기.

| 호적 | 戶籍 | 호수와 식구별로 기록한 장부. |
| | 號笛 | 신호로 부는 피리. |

| 혹시 | 或是 | 만일에. 어떤 경우에. |
| | 或時 | 어쩌다가. 어떠한 때에 |

| 화단 | 花壇 | 꽃을 심기 위하여 흙을 한층 높게 하여 꾸며 놓은 꽃밭. |
| | 畫壇 | 화가들의 사회. |

회기	會期	개회로부터 폐회까지의 기간. 집회나 회의 따위가 열리는 시기.
	回期	돌아올 시기.
	回忌	사람이 죽은 뒤 해마다 돌아오는 제삿날.

| 회색 | 灰色 | 잿빛. |
| | 悔色 | 잘못을 뉘우치는 태도나 얼굴빛. |

| 회수 | 回收 | 도로 거두어들임. |
| | 回數 | 돌아오는 차례의 수효.(횟수) |

| 회유 | 回遊 | 두루 돌아다니면서 구경하거나 놂. |
| | 懷柔 | 어루만지고 잘 달래어 시키는 말을 듣도록 함. |

회의	會議	여럿이 모여 의논함.
	懷疑	마음속에 품은 의심.
	會意	① 한자 제자원리인 육서의 하나로 뜻을 합하는 방법. ② 뜻을 알아챔. ③ 마음에 맞음.

| 훈장 | 訓長 | 글방의 스승. |
| | 勳章 | 나라와 사회에 크게 공헌한 사람에게 국가 원수가 수여하는 휘장. |

| 흉조 | 凶兆 | 불길한 징조. |
| | 凶鳥 | 관습적으로 불길한 일을 가져온다고 여기는 새. |

| 희수 | 喜壽 | 나이 일흔일곱 살을 일컬음. |
| | 稀壽 | 나이 일흔 살을 일컬음. |

약자(略字)는 원래 글자를 간략하게 줄여 쓰는 글자를 말합니다. 바쁜 현대로 오면서 약자로 쓰는 경향이 있으니 약자도 알아두어야 하지요. (여기 나오는 약자는 속자, 동자, 고자, 본자, 이체자 일부도 포함됨)

▶ 假(거짓 가, 임시 가) → 仮 제목번호 350

▶ 價(값 가, 가치 가) → 価 제목번호 456

▶ 覺(깨달을 각) → 覚 제목번호 116

▶ 減(줄어들 감) → 减 제목번호 401

▶ 監(볼 감) → 监 제목번호 376

▶ 蓋(덮을 개, 대개 개) → 盖 제목번호 286

▶ 據(의지할 거) → 拠 제목번호 479

▶ 擧(들 거, 행할 거, 일으킬 거) → 挙 제목번호 112

▶ 傑(뛰어날 걸) → 杰 제목번호 241

▶ 儉(검소할 검) → 倹 제목번호 151

▶ 劍(칼 검) → 剣 제목번호 151

▶ 檢(검사할 검) → 検 제목번호 151

▶ 堅(굳을 견, 강할 견) → 坚 제목번호 378

▶ 缺(이지러질 결, 빠질 결) → 欠 제목번호 324

▶ 經(지날 경, 날실 경, 경서 경) → 経 제목번호 364

▶ 輕(가벼울 경) → 軽 제목번호 364

▶ 徑(지름길 경, 길 경) → 径 제목번호 364

▶ 繼(이을 계) → 継 제목번호 294

▶ 關(빗장 관, 관계 관) → 関 제목번호 341

▶ 觀(볼 관) → 観, 观 제목번호 497

▶ 館(집 관, 객사 관) → 舘 제목번호 215

▶ 寬(너그러울 관) → 寛 제목번호 161

▶ 廣(넓을 광) → 広 제목번호 106

▶ 鑛(쇳돌 광) → 鉱 제목번호 106

▶ 壞(무너질 괴) → 壊 제목번호 447

▶ 敎(가르칠 교) → 教 제목번호 465

▶ 舊(오랠 구, 옛 구) → 旧 제목번호 491

▶ 區(나눌 구, 구역 구) → 区 제목번호 048

▶ 驅(몰 구, 달릴 구) → 駆 제목번호 048

▶ 歐(구라파 구) → 欧 제목번호 048

▶ 鷗(갈매기 구) → 鴎 제목번호 048

▶ 龜(거북 구·귀, 터질 균) → 亀 제목번호 268

▶ 國(나라 국) → 国 제목번호 390

▶ 勸(권할 권) → 勧, 劝 제목번호 497

▶ 權(권세 권) → 権, 权 제목번호 497

▶ 歸(돌아올 귀, 돌아갈 귀) → 帰 제목번호 273

▶ 氣(기운 기, 대기 기) → 気 제목번호 486

▶ 棄(버릴 기) → 弃 제목번호 082

▶ 旣(이미 기) → 既 제목번호 386

▶ 緊(급할 긴, 긴요할 긴) → 紧 제목번호 378

▶ 寧(어찌 녕, 편안할 녕) → 寍 제목번호 394

▶ 惱(괴로워할 뇌) → 悩 제목번호 363

▶ 腦(뇌 뇌) → 脳 제목번호 363

▶ 斷(끊을 단, 결단할 단) → 断 제목번호 294

▶ 單(홑 단) → 単 제목번호 022

▶ 團(둥글 단, 모일 단) → 団 제목번호 360

▶ 擔(멜 담, 맡을 담) → 担 제목번호 165

▶ 膽(쓸개 담, 담력 담) → 胆 제목번호 165

▶ 當(마땅할 당, 당할 당) → 当 제목번호 322

▶ 黨(무리 당) → 党 제목번호 322

▶ 對(상대할 대, 대답할 대) → 対 제목번호 208

▶ 臺(누각 대, 정자 대) → 台 제목번호 291

▶ 圖(그림 도, 꾀할 도) → 図 제목번호 226

▶ 燾(덮을 도, 가릴 도, 비출 도) → 焘 제목번호 249

▶ 獨(홀로 독, 자식 없을 독) → 独 제목번호 445

▶ 讀(읽을 독, 구절 두) → 読 제목번호 444

▶ 燈(등불 등) → 灯 제목번호 219

▶ 亂(어지러울 란) → 乱 제목번호 280

- 覽(볼 람) → 覧 제목번호 376
- 濫(넘칠 람) → 滥 제목번호 376
- 藍(쪽 람) → 蓝 제목번호 376
- 來(올 래) → 来 제목번호 078
- 兩(두 량, 짝 량, 냥 냥) → 両 제목번호 317
- 涼(서늘할 량) → 凉 제목번호 235
- 麗(고울 려, 빛날 려) → 丽 제목번호 438
- 勵(힘쓸 려) → 励 제목번호 499
- 廬(오두막집 려, 여인숙 려) → 庐 제목번호 480
- 聯(잇닿을 련, 이을 련) → 联 제목번호 392
- 戀(사모할 련) → 恋 제목번호 301
- 獵(사냥할 렵) → 猎 제목번호 363
- 靈(신령스러울 령, 신령 령) → 灵 제목번호 372
- 禮(예도 례) → 礼 제목번호 223
- 勞(수고할 로, 일할 로) → 劳 제목번호 367
- 爐(화로 로) → 炉 제목번호 480
- 龍(용 룡) → 竜 제목번호 201
- 籠(대바구니 롱) → 篭 제목번호 201
- 樓(다락 루, 누각 루, 층 루) → 楼 제목번호 182
- 萬(많을 만, 일만 만) → 万 제목번호 499
- 滿(찰 만) → 満 제목번호 317
- 灣(물굽이 만) → 湾 제목번호 301
- 賣(팔 매) → 売 제목번호 444
- 脈(혈관 맥, 줄기 맥) → 脉 제목번호 086
- 麥(보리 맥) → 麦 제목번호 078
- 貌(모양 모) → 皃 제목번호 475
- 夢(꿈 몽) → 梦 제목번호 476
- 廟(사당 묘) → 庙 제목번호 261
- 無(없을 무) → 无 제목번호 242
- 默(말없을 묵, 고요할 묵) → 黙 제목번호 307
- 發(쏠 발, 일어날 발) → 発 제목번호 220
- 變(변할 변) → 変 제목번호 301
- 邊(끝 변, 가 변) → 辺, 边 제목번호 027
- 竝(나란히 설 병) → 並 제목번호 199
- 倂(아우를 병, 다툴 병, 물리칠 병) → 併 제목번호 039
- 寶(보배 보) → 宝 제목번호 454
- 敷(펼 부, 베풀 부) → 旉 제목번호 354

- 佛(부처 불, 프랑스 불) → 仏 제목번호 404
- 拂(떨칠 불) → 払 제목번호 404
- 師(스승 사, 전문가 사, 군사 사) → 师 제목번호 214
- 絲(실 사) → 糸 제목번호 299
- 辭(말씀 사, 글 사, 물러날 사) → 辞 제목번호 280
- 寫(그릴 사, 베낄 사) → 写 제목번호 110
- 嘗(맛볼 상, 일찍 상) → 甞 제목번호 322
- 桑(뽕나무 상) → 桒 제목번호 254
- 狀(모양 상, 문서 장) → 状 제목번호 410
- 敍(펼 서, 차례 서, 베풀 서) → 叙, 敘 제목번호 153
- 釋(풀 석, 석가모니 석, 불교 석) → 釈 제목번호 210
- 纖(가늘 섬) → 繊 제목번호 442
- 攝(끌어 잡을 섭, 다스릴 섭) → 摂 제목번호 392
- 聲(소리 성) → 声 제목번호 335
- 燒(불사를 소) → 焼 제목번호 122
- 續(이을 속) → 続 제목번호 444
- 屬(붙어살 속, 무리 속) → 属 제목번호 445
- 收(거둘 수) → 収 제목번호 096
- 數(셀 수, 두어 수, 자주 삭, 운수 수) → 数 제목번호 182
- 獸(짐승 수) → 獣 제목번호 143
- 壽(목숨 수, 나이 수, 장수할 수) → 寿 제목번호 249
- 隨(따를 수) → 随 제목번호 264
- 肅(엄숙할 숙) → 粛 제목번호 275
- 乘(탈 승, 대 승, 곱할 승) → 乗 제목번호 440
- 實(열매 실, 실제 실) → 実 제목번호 454
- 雙(둘 쌍) → 双 제목번호 492
- 兒(아이 아) → 児 제목번호 156
- 亞(버금 아, 다음 아) → 亜 제목번호 051
- 惡(악할 악, 미워할 오) → 悪 제목번호 051
- 樂(노래 악, 즐길 락, 좋아할 요) → 楽 제목번호 296
- 巖(바위 암) → 岩 제목번호 380
- 壓(누를 압) → 圧 제목번호 144
- 礙(막을 애, 거리낄 애) → 碍 제목번호 407
- 藥(약 약) → 薬 제목번호 296
- 壤(흙 양, 땅 양) → 壌 제목번호 469
- 讓(사양할 양, 겸손할 양) → 譲 제목번호 469
- 樣(모양 양) → 様 제목번호 471

624

▸ 孃(아가씨 양) → 嬢 제목번호 469

▸ 嚴(엄할 엄) → 厳 제목번호 380

▸ 餘(남을 여) → 余 제목번호 153

▸ 與(줄 여, 더불 여, 참여할 여) → 与 제목번호 112

▸ 譯(번역할 역) → 訳 제목번호 210

▸ 驛(역 역) → 駅 제목번호 210

▸ 硏(갈 연, 연구할 연) → 研 제목번호 265

▸ 姸(고울 연) → 妍 제목번호 039

▸ 鹽(소금 염) → 塩 제목번호 376

▸ 榮(성할 영, 영화 영) → 栄 제목번호 367

▸ 營(다스릴 영, 경영할 영) → 営 제목번호 367

▸ 豫(미리 예) → 予 제목번호 476

▸ 譽(기릴 예, 명예 예) → 誉 제목번호 112

▸ 藝(재주 예, 기술 예) → 芸 제목번호 124

▸ 溫(따뜻할 온, 익힐 온) → 温 제목번호 049

▸ 鬱(답답할 울, 울창할 울) → 欝 제목번호 411

▸ 圍(둘레 위, 둘러쌀 위) → 囲 제목번호 259

▸ 爲(할 위, 위할 위) → 為 제목번호 280

▸ 僞(거짓 위) → 偽 제목번호 280

▸ 隱(숨을 은, 은은할 은) → 隠 제목번호 281

▸ 陰(그늘 음) → 陰 제목번호 373

▸ 應(응할 응) → 応 제목번호 495

▸ 醫(의원 의) → 医 제목번호 339

▸ 貳(둘 이) → 弍, 弐 제목번호 388

▸ 益(더할 익, 유익할 익) → 益 제목번호 451

▸ 壹(한 일) → 壱 제목번호 218

▸ 殘(잔인할 잔, 해칠 잔, 나머지 잔) → 残 제목번호 389

▸ 蠶(누에 잠) → 蚕 제목번호 386

▸ 雜(섞일 잡) → 雑 제목번호 493

▸ 壯(굳셀 장, 장할 장) → 壮 제목번호 410

▸ 將(장수 장, 장차 장, 나아갈 장) → 将 제목번호 409

▸ 獎(장려할 장) → 奨 제목번호 409

▸ 莊(장엄할 장, 별장 장) → 荘 제목번호 410

▸ 裝(꾸밀 장) → 装 제목번호 410

▸ 爭(다툴 쟁) → 争 제목번호 276

▸ 傳(전할 전, 이야기 전) → 伝 제목번호 360

▸ 轉(구를 전) → 転 제목번호 360

▸ 戰(싸울 전, 무서워 떨 전) → 戰, 战 제목번호 022

▸ 錢(돈 전) → 銭 제목번호 389

▸ 竊(훔칠 절) → 窃 제목번호 087

▸ 點(점 점, 불 켤 점) → 点, 奌 제목번호 307

▸ 定(정할 정) → 㝎 제목번호 314

▸ 靜(고요할 정) → 静 제목번호 276

▸ 齊(가지런할 제) → 斉 제목번호 094

▸ 濟(건널 제, 구제할 제) → 済 제목번호 094

▸ 劑(약제 제) → 剤 제목번호 094

▸ 條(가지 조, 조목 조) → 条 제목번호 466

▸ 卒(졸병 졸, 갑자기 졸, 죽을 졸, 마칠 졸) → 杂 제목번호 226

▸ 從(좇을 종, 따를 종) → 従, 从 제목번호 306

▸ 晝(낮 주) → 昼 제목번호 270

▸ 鑄(쇠 부어 만들 주) → 鋳 제목번호 249

▸ 準(평평할 준, 법도 준, 준할 준) → 準 제목번호 493

▸ 卽(곧 즉) → 即 제목번호 193

▸ 證(증명할 증) → 証 제목번호 219

▸ 曾(일찍 증, 거듭 증) → 曽 제목번호 449

▸ 增(더할 증) → 増 제목번호 449

▸ 珍(보배 진) → 珎 제목번호 289

▸ 盡(다할 진) → 尽 제목번호 268

▸ 質(바탕 질) → 貭 제목번호 383

▸ 參(참여할 참, 석 삼) → 参 제목번호 288

▸ 慘(슬플 참) → 惨 제목번호 288

▸ 處(곳 처, 살 처, 처리할 처) → 処 제목번호 479

▸ 淺(얕을 천) → 浅 제목번호 389

▸ 賤(천할 천, 업신여길 천) → 賎 제목번호 389

▸ 踐(밟을 천, 행할 천) → 践 제목번호 389

▸ 遷(옮길 천) → 迁 제목번호 328

▸ 鐵(쇠 철) → 鉄 제목번호 391

▸ 聽(들을 청) → 聴 제목번호 026

▸ 廳(관청 청) → 庁 제목번호 026

▸ 體(몸 체) → 体 제목번호 224

▸ 遞(전할 체) → 逓 제목번호 478

▸ 觸(닿을 촉) → 触 제목번호 356

▸ 總(모두 총, 모을 총, 거느릴 총) → 総 제목번호 464

▸ 蟲(벌레 충) → 虫 제목번호 431

625

중국어에는 글자마다 4성이 있지만 우리말에는 4성이 어울리지 않아 오직 장단(長短 – 길고 짧음)으로만 쓰이는데 이마저도 점점 없어지고 있습니다. 대부분 長短으로 의미를 구분하는 것이 아니라 말하는 상황으로 의미를 구분하니까요. 그러나 아직까지는 급수 문제에 나오니 무시할 수도 없는 일이지요.

한자음(漢字音)의 長音과 短音을 구별하는 기준은 없어요. 글자마다 다르고 같은 글자라도 경우에 따라 달라지는 것(반장음)이 있으니까요. 그래도 구분하는 기준을 찾아본다면 長音은 어두(語頭), 즉 단어의 첫 글자에만 나타난다는 것과 글자의 받침이 ㄱ, ㄹ, ㅂ로 발음되면 단음이라는 것 정도이지요.

다음은 '한국어문회'와 '전통문화연구회'가 선정해서 발표한 〈教育漢字 代表訓音 選定〉 책자에 나온 자료를 토대로 재구성한 것입니다.

장음 – 항상 장음으로만 발음되는 한자

- 架(시렁 가 :)
- 佳(아름다울 가 :)
- 假(거짓 가 :)
- 暇(겨를 가 :)
- 可(옳을 가 :)
- 艮(멈출 간 :)
- 姦(간음할 간 :)
- 懇(간절할 간 :)
- 減(덜 감 :)
- 感(느낄 감 :)
- 敢(감히 감 :)
- 講(익힐 강 :)
- 介(끼일 개 :)
- 价(클 개 :)
- 個(낱 개 :)
- 塏(높은 땅 개 :)
- 慨(슬퍼할 개 :)
- 概(대개 개 :)
- 改(고칠 개 :)
- 蓋(덮을 개 :)
- 去(갈 거 :)
- 巨(클 거 :)
- 拒(막을 거 :)
- 距(떨어질 거 :)

- 據(의지할 거 :)
- 擧(들 거 :)
- 建(세울 건 :)
- 健(튼튼할 건 :)
- 鍵(자물쇠 건 :)
- 檢(검사할 검 :)
- 儉(검소할 검 :)
- 劍(칼 검 :)
- 揭(높이들 게 :)
- 憩(쉴 게 :)
- 遣(보낼 견 :)
- 見(볼 견, 뵐 현 :)
- 敬(공경 경 :)
- 儆(경계할 경 :)
- 警(경계할 경 :)
- 竟(마침내 경 :)
- 鏡(거울 경 :)
- 慶(경사 경 :)
- 瓊(구슬 경 :)
- 競(겨룰 경 :)
- 系(이을 계 :)
- 係(맬 계 :)
- 啓(열 계 :)
- 契(맺을 계 :)

- 季(계절 계 :)
- 戒(경계할 계 :)
- 桂(계수나무 계 :)
- 界(지경 계 :)
- 癸(열째 천간 계 :)
- 繫(맬 계 :)
- 繼(이을 계 :)
- 計(셈할 계 :)
- 古(옛 고 :)
- 告(알릴 고 :)
- 稿(볏짚 고 :)
- 困(곤란할 곤 :)
- 共(함께 공 :)
- 供(이바지할 공 :)
- 攻(칠 공 :)
- 恐(두려울 공 :)
- 貢(바칠 공 :)
- 孔(구멍 공 :)
- 寡(적을 과 :)
- 果(과실 과 :)
- 過(지날 과 :)
- 誇(자랑할 과 :)
- 款(조목 관 :)
- 廣(넓을 광 :)

- 鑛(쇳돌 광 :)
- 愧(부끄러워할 괴 :)
- 傀(허수아비 괴 :)
- 壞(무너질 괴 :)
- 矯(바로잡을 교 :)
- 校(학교 교 :)
- 敎(가르칠 교 :)
- 救(구원할 구 :)
- 苟(진실로 구 :)
- 舊(옛 구 :)
- 久(오랜 구 :)
- 郡(고을 군 :)
- 拳(주먹 권 :)
- 勸(권할 권 :)
- 軌(바퀴자국 궤 :)
- 歸(돌아갈 귀 :)
- 貴(귀할 귀 :)
- 鬼(귀신 귀 :)
- 僅(겨우 근 :)
- 槿(무궁화 근 :)
- 謹(삼갈 근 :)
- 近(가까울 근 :)
- 禁(금할 금 :)
- 錦(비단 금 :)

▶ 兢(조심할 긍 :)
▶ 肯(즐길 긍 :)
▶ 那(어찌 나 :)
▶ 暖(따뜻할 난 :)
▶ 乃(이에 내 :)
▶ 內(안 내 :)
▶ 耐(견딜 내 :)
▶ 念(생각 념 :)
▶ 怒(성낼 노 :)
▶ 但(다만 단 :)
▶ 短(짧을 단 :)
▶ 斷(끊을 단 :)
▶ 膽(쓸개 담 :)
▶ 大(큰 대 :)
▶ 代(대신할 대 :)
▶ 貸(빌릴 대 :)
▶ 戴(받들 대 :)
▶ 對(대할 대 :)
▶ 待(기다릴 대 :)
▶ 到(이를 도 :)
▶ 倒(넘어질 도 :)
▶ 途(길 도 :)
▶ 道(길 도 :)
▶ 導(이끌 도 :)
▶ 頓(조아릴 돈 :)
▶ 凍(얼 동 :)
▶ 動(움직일 동 :)
▶ 童(아이 동 :)
▶ 董(감출 동 :)
▶ 洞(고을 동 :)
▶ 鈍(무딜 둔 :)
▶ 等(무리 등 :)
▶ 鄧(나라 이름 등 :)
▶ 裸(벗을 라 :)
▶ 卵(알 란 :)
▶ 亂(어지러울 란 :)
▶ 爛(빛날 란 :)
▶ 濫(넘칠 람 :)
▶ 浪(물결 랑 :)
▶ 朗(밝을 랑 :)
▶ 冷(찰 랭 :)
▶ 兩(두 량 :)
▶ 勵(힘쓸 려 :)
▶ 礪(숫돌 려 :)
▶ 戀(사모할 련 :)
▶ 練(익힐 련 :)

▶ 煉(쇠 불릴 련 :)
▶ 例(법식 례 :)
▶ 禮(예도 례 :)
▶ 老(늙을 로 :)
▶ 路(길 로 :)
▶ 弄(희롱할 롱 :)
▶ 賴(의뢰할 뢰 :)
▶ 屢(자주 루 :)
▶ 累(여러 루 :)
▶ 淚(눈물 루 :)
▶ 漏(샐 루 :)
▶ 柳(버들 류 :)
▶ 類(무리 류 :)
▶ 利(이로울 리 :)
▶ 吏(벼슬아치 리 :)
▶ 履(신 리 :)
▶ 李(오얏 리 :)
▶ 理(다스릴 리 :)
▶ 裏(속 리 :)
▶ 里(마을 리 :)
▶ 離(떠날 리 :)
▶ 馬(말 마 :)
▶ 晚(늦을 만 :)
▶ 漫(흩어질 만 :)
▶ 萬(일만 만 :)
▶ 妄(망령될 망 :)
▶ 望(바랄 망 :)
▶ 罔(없을 망 :)
▶ 每(매양 매 :)
▶ 買(살 매 :)
▶ 孟(맏 맹 :)
▶ 猛(사나울 맹 :)
▶ 免(면할 면 :)
▶ 俛(구부릴 면 :)
▶ 勉(힘쓸 면 :)
▶ 面(얼굴 면 :)
▶ 沔(물 흐를 면 :)
▶ 命(목숨 명 :)
▶ 母(어미 모 :)
▶ 侮(업신여길 모 :)
▶ 慕(그리워할 모 :)
▶ 暮(저물 모 :)
▶ 某(아무 모 :)
▶ 夢(꿈 몽 :)
▶ 卯(토끼 묘 :)
▶ 墓(무덤 묘 :)

▶ 妙(묘할 묘 :)
▶ 廟(사당 묘 :)
▶ 苗(싹 묘 :)
▶ 務(힘쓸 무 :)
▶ 霧(안개 무 :)
▶ 戊(다섯째 천간 무 :)
▶ 茂(우거질 무 :)
▶ 武(군사 무 :)
▶ 舞(춤출 무 :)
▶ 貿(바꿀 무 :)
▶ 紊(어지러울 문 :)
▶ 問(물을 문 :)
▶ 迷(미혹할 미 :)
▶ 未(아닐 미 :)
▶ 米(쌀 미 :)
▶ 半(반 반 :)
▶ 伴(짝 반 :)
▶ 反(거꾸로 반 :)
▶ 叛(배반할 반 :)
▶ 返(돌이킬 반 :)
▶ 訪(찾을 방 :)
▶ 倣(본뜰 방 :)
▶ 倍(곱 배 :)
▶ 培(북돋울 배 :)
▶ 輩(무리 배 :)
▶ 拜(절 배 :)
▶ 背(등 배 :)
▶ 配(짝 배 :)
▶ 汎(넓을 범 :)
▶ 犯(범할 범 :)
▶ 范(풀 이름 범 :)
▶ 範(법 범 :)
▶ 卞(조급할 변 :)
▶ 弁(고깔 변 :)
▶ 變(변할 변 :)
▶ 辨(분별할 변 :)
▶ 辯(말 잘할 변 :)
▶ 病(병 병 :)
▶ 併(아우를 병 :)
▶ 秉(잡을 병 :)
▶ 竝(나란히 병 :)
▶ 報(갚을 보 :)
▶ 寶(보배 보 :)
▶ 普(넓을 보 :)
▶ 譜(족보 보 :)
▶ 步(걸음 보 :)

▶ 補(기울 보 :)
▶ 輔(도울 보 :)
▶ 俸(녹 봉 :)
▶ 奉(받들 봉 :)
▶ 鳳(봉황새 봉 :)
▶ 付(줄 부 :)
▶ 附(붙을 부 :)
▶ 府(마을 부 :)
▶ 傅(스승 부 :)
▶ 簿(문서 부 :)
▶ 副(버금 부 :)
▶ 富(부자 부 :)
▶ 否(아닐 부 :)
▶ 負(질 부 :)
▶ 赴(다다를 부 :)
▶ 賦(세금 거둘 부 :)
▶ 敷(펼 부 :)
▶ 腐(썩을 부 :)
▶ 憤(분할 분 :)
▶ 奮(떨칠 분 :)
▶ 備(갖출 비 :)
▶ 匪(비적 비 :)
▶ 丕(클 비 :)
▶ 悲(슬플 비 :)
▶ 非(아닐 비 :)
▶ 卑(낮을 비 :)
▶ 批(비평할 비 :)
▶ 比(견줄 비 :)
▶ 肥(살찔 비 :)
▶ 費(쓸 비 :)
▶ 鼻(코 비 :)
▶ 事(일 사 :)
▶ 士(선비 사 :)
▶ 似(닮을 사 :)
▶ 史(역사 사 :)
▶ 使(부릴 사 :)
▶ 四(넉 사 :)
▶ 謝(사례할 사 :)
▶ 赦(용서할 사 :)
▶ 巳(뱀 사 :)
▶ 死(죽을 사 :)
▶ 賜(줄 사 :)
▶ 捨(버릴 사 :)
▶ 散(흩어질 산 :)
▶ 産(낳을 산 :)
▶ 算(셈할 산 :)

▶ 上(위 상 :)	▶ 矢(화살 시 :)	▶ 譽(기릴 예 :)	▶ 貳(둘 이 :)
▶ 想(생각할 상 :)	▶ 示(보일 시 :)	▶ 豫(미리 예 :)	▶ 以(써 이 :)
▶ 序(차례 서 :)	▶ 視(볼 시 :)	▶ 預(미리 예 :)	▶ 已(이미 이 :)
▶ 庶(여러 서 :)	▶ 柴(땔나무 시 :)	▶ 銳(날카로울 예 :)	▶ 耳(귀 이 :)
▶ 恕(용서할 서 :)	▶ 紳(큰 띠 신 :)	▶ 五(다섯 오 :)	▶ 異(다를 이 :)
▶ 緖(실마리 서 :)	▶ 信(믿을 신 :)	▶ 悟(깨달을 오 :)	▶ 刃(칼날 인 :)
▶ 暑(더울 서 :)	▶ 愼(삼갈 신 :)	▶ 傲(거만할 오 :)	▶ 壬(북방 임 :)
▶ 署(관청 서 :)	▶ 腎(콩팥 신 :)	▶ 午(낮 오 :)	▶ 妊(아이 밸 임 :)
▶ 瑞(상서로울 서 :)	▶ 甚(심할 심 :)	▶ 娛(즐길 오 :)	▶ 賃(품삯 임 :)
▶ 誓(맹세할 서 :)	▶ 我(나 아 :)	▶ 誤(그르칠 오 :)	▶ 刺(가시 자 :)
▶ 舒(펼 서 :)	▶ 餓(주릴 아 :)	▶ 汚(더러울 오 :)	▶ 姿(맵시 자 :)
▶ 逝(갈 서 :)	▶ 案(책상 안 :)	▶ 穩(편안할 온 :)	▶ 恣(방자할 자 :)
▶ 善(착할 선 :)	▶ 岸(언덕 안 :)	▶ 擁(낄 옹 :)	▶ 諮(물을 자 :)
▶ 繕(기울 선 :)	▶ 眼(눈 안 :)	▶ 甕(독 옹 :)	▶ 磁(자석 자 :)
▶ 選(가릴 선 :)	▶ 雁(기러기 안 :)	▶ 瓦(기와 와 :)	▶ 丈(어른 장 :)
▶ 盛(성할 성 :)	▶ 顔(얼굴 안 :)	▶ 臥(누울 와 :)	▶ 壯(씩씩할 장 :)
▶ 性(성품 성 :)	▶ 暗(어두울 암 :)	▶ 緩(느릴 완 :)	▶ 奬(장려할 장 :)
▶ 姓(성씨 성 :)	▶ 癌(암 암 :)	▶ 往(갈 왕 :)	▶ 掌(손바닥 장 :)
▶ 聖(성인 성 :)	▶ 仰(우러를 앙 :)	▶ 旺(왕성할 왕 :)	▶ 葬(장사 지낼 장 :)
▶ 世(세상 세 :)	▶ 愛(사랑 애 :)	▶ 外(바깥 외 :)	▶ 臟(오장 장 :)
▶ 貰(세놓을 세 :)	▶ 夜(밤 야 :)	▶ 畏(두려워할 외 :)	▶ 再(다시 재 :)
▶ 勢(기세 세 :)	▶ 惹(이끌 야 :)	▶ 勇(날랠 용 :)	▶ 栽(심을 재 :)
▶ 洗(씻을 세 :)	▶ 野(들 야 :)	▶ 用(쓸 용 :)	▶ 載(실을 재 :)
▶ 歲(해 세 :)	▶ 襄(도울 양 :)	▶ 宇(집 우 :)	▶ 在(있을 재 :)
▶ 稅(세금 세 :)	▶ 讓(사양할 양 :)	▶ 右(오른쪽 우 :)	▶ 宰(재상 재 :)
▶ 細(가늘 세 :)	▶ 養(기를 양 :)	▶ 友(벗 우 :)	▶ 低(낮을 저 :)
▶ 小(작을 소 :)	▶ 御(거느릴 어 :)	▶ 羽(깃 우 :)	▶ 底(밑 저 :)
▶ 少(적을 소 :)	▶ 語(말씀 어 :)	▶ 雨(비 우 :)	▶ 抵(막을 저 :)
▶ 所(바 소 :)	▶ 彦(선비 언 :)	▶ 佑(도울 우 :)	▶ 沮(막을 저 :)
▶ 笑(웃을 소 :)	▶ 汝(너 여 :)	▶ 運(옮길 운 :)	▶ 著(나타날 저 :)
▶ 損(덜 손 :)	▶ 與(더불 여 :)	▶ 韻(소리 운 :)	▶ 貯(쌓을 저 :)
▶ 宋(성씨 송 :)	▶ 輿(수레 여 :)	▶ 願(원할 원 :)	▶ 轉(구를 전 :)
▶ 訟(소송할 송 :)	▶ 姸(고울 연 :)	▶ 遠(멀 원 :)	▶ 典(법 전 :)
▶ 頌(기릴 송 :)	▶ 硏(갈 연 :)	▶ 援(도울 원 :)	▶ 展(펼 전 :)
▶ 送(보낼 송 :)	▶ 宴(잔치 연 :)	▶ 怨(원망할 원 :)	▶ 戰(싸울 전 :)
▶ 誦(욀 송 :)	▶ 演(펼 연 :)	▶ 有(있을 유 :)	▶ 錢(돈 전 :)
▶ 刷(인쇄할 쇄 :)	▶ 硯(벼루 연 :)	▶ 裕(넉넉할 유 :)	▶ 殿(큰집 전 :)
▶ 鎖(쇠사슬 쇄 :)	▶ 軟(연할 연 :)	▶ 允(맏 윤 :)	▶ 電(번개 전 :)
▶ 數(셀 수 :)	▶ 衍(넓을 연 :)	▶ 潤(윤택할 윤 :)	▶ 店(가게 점 :)
▶ 順(순할 순 :)	▶ 厭(싫어할 염 :)	▶ 閏(윤달 윤 :)	▶ 漸(점점 점 :)
▶ 侍(모실 시 :)	▶ 染(물들 염 :)	▶ 飮(마실 음 :)	▶ 定(정할 정 :)
▶ 始(처음 시 :)	▶ 影(그림자 영 :)	▶ 凝(엉길 응 :)	▶ 整(가지런할 정 :)
▶ 屍(주검 시 :)	▶ 永(길 영 :)	▶ 應(응할 응 :)	▶ 鄭(정나라 정 :)
▶ 市(시장 시 :)	▶ 詠(읊을 영 :)	▶ 義(옳을 의 :)	▶ 制(제도 제 :)
▶ 施(베풀 시 :)	▶ 藝(재주 예 :)	▶ 意(뜻 의 :)	▶ 製(지을 제 :)
▶ 是(옳을 시 :)	▶ 睿(슬기 예 :)	▶ 二(둘 이 :)	▶ 濟(건널 제 :)

▶ 帝(임금 제 :)
▶ 弟(아우 제 :)
▶ 第(차례 제 :)
▶ 祭(제사 제 :)
▶ 際(때 제 :)
▶ 助(도울 조 :)
▶ 弔(조문할 조 :)
▶ 早(이를 조 :)
▶ 照(비칠 조 :)
▶ 造(지을 조 :)
▶ 釣(낚을 조 :)
▶ 左(왼쪽 좌 :)
▶ 佐(도울 좌 :)
▶ 坐(앉을 좌 :)
▶ 座(자리 좌 :)
▶ 罪(허물 죄 :)
▶ 住(살 주 :)
▶ 注(물댈 주 :)
▶ 駐(머무를 주 :)
▶ 宙(집 주 :)
▶ 奏(아뢸 주 :)
▶ 鑄(쇠 불릴 주 :)
▶ 俊(준걸 준 :)
▶ 峻(높을 준 :)
▶ 浚(깊을 준 :)
▶ 駿(준마 준 :)
▶ 准(승인할 준 :)
▶ 準(법도 준 :)
▶ 遵(좇을 준 :)
▶ 衆(무리 중 :)
▶ 重(무거울 중 :)
▶ 診(진찰할 진 :)
▶ 振(떨칠 진 :)
▶ 震(우레 진 :)
▶ 進(나아갈 진 :)
▶ 盡(다할 진 :)
▶ 且(또 차 :)
▶ 借(빌릴 차 :)
▶ 燦(빛날 찬 :)
▶ 贊(도울 찬 :)
▶ 讚(기릴 찬 :)
▶ 斬(벨 참 :)

▶ 彰(드러날 창 :)
▶ 暢(화창할 창 :)
▶ 創(비롯할 창 :)
▶ 唱(부를 창 :)
▶ 債(빚 채 :)
▶ 彩(채색 채 :)
▶ 採(캘 채 :)
▶ 菜(나물 채 :)
▶ 悽(슬퍼할 처 :)
▶ 處(곳 처 :)
▶ 淺(얕을 천 :)
▶ 賤(천할 천 :)
▶ 踐(밟을 천 :)
▶ 薦(천거할 천 :)
▶ 遷(옮길 천 :)
▶ 寸(마디 촌 :)
▶ 村(마을 촌 :)
▶ 總(거느릴 총 :)
▶ 催(재촉할 최 :)
▶ 最(가장 최 :)
▶ 取(취할 취 :)
▶ 聚(모을 취 :)
▶ 趣(달릴 취 :)
▶ 吹(불 취 :)
▶ 炊(불 땔 취 :)
▶ 就(나아갈 취 :)
▶ 臭(냄새 취 :)
▶ 醉(취할 취 :)
▶ 置(둘 치 :)
▶ 致(이를 치 :)
▶ 浸(잠길 침 :)
▶ 寢(잠잘 침 :)
▶ 枕(베개 침 :)
▶ 墮(떨어질 타 :)
▶ 妥(온당할 타 :)
▶ 打(칠 타 :)
▶ 彈(탄알 탄 :)
▶ 歎(탄식할 탄 :)
▶ 炭(숯 탄 :)
▶ 誕(낳을 탄 :)
▶ 湯(끓일 탕 :)
▶ 態(모양 태 :)

▶ 吐(토할 토 :)
▶ 痛(아플 통 :)
▶ 統(거느릴 통 :)
▶ 退(물러날 퇴 :)
▶ 破(깨질 파 :)
▶ 罷(마칠 파 :)
▶ 貝(조개 패 :)
▶ 敗(패할 패 :)
▶ 覇(으뜸 패 :)
▶ 評(평할 평 :)
▶ 幣(화폐 폐 :)
▶ 弊(해질 폐 :)
▶ 閉(닫을 폐 :)
▶ 廢(폐할 폐 :)
▶ 肺(허파 폐 :)
▶ 閉(닫을 폐 :)
▶ 抱(안을 포 :)
▶ 砲(대포 포 :)
▶ 飽(배부를 포 :)
▶ 抛(던질 포 :)
▶ 捕(잡을 포 :)
▶ 品(물건 품 :)
▶ 彼(저 피 :)
▶ 被(입을 피 :)
▶ 避(피할 피 :)
▶ 下(아래 하 :)
▶ 夏(여름 하 :)
▶ 賀(축하할 하 :)
▶ 恨(한할 한 :)
▶ 限(한계 한 :)
▶ 旱(가물 한 :)
▶ 漢(한나라 한 :)
▶ 翰(편지 한 :)
▶ 陷(빠질 함 :)
▶ 艦(큰 배 함 :)
▶ 抗(막을 항 :)
▶ 航(건널 항 :)
▶ 巷(거리 항 :)
▶ 港(항구 항 :)
▶ 項(항목 항 :)
▶ 亥(돼지 해 :)
▶ 害(해칠 해 :)

▶ 海(바다 해 :)
▶ 解(풀 해 :)
▶ 幸(다행 행 :)
▶ 杏(살구 행 :)
▶ 享(누릴 향 :)
▶ 向(향할 향 :)
▶ 響(울릴 향 :)
▶ 憲(법 헌 :)
▶ 獻(드릴 헌 :)
▶ 險(험할 험 :)
▶ 驗(시험할 험 :)
▶ 現(나타날 현 :)
▶ 縣(고을 현 :)
▶ 懸(매달 현 :)
▶ 顯(나타날 현 :)
▶ 惠(은혜 혜 :)
▶ 慧(지혜 혜 :)
▶ 互(서로 호 :)
▶ 好(좋을 호 :)
▶ 浩(넓을 호 :)
▶ 戶(문 호 :)
▶ 護(보호할 호 :)
▶ 混(섞을 혼 :)
▶ 貨(재화 화 :)
▶ 畫(그림 화, 그을 획 :)
▶ 禍(재앙 화 :)
▶ 幻(허깨비 환 :)
▶ 換(바꿀 환 :)
▶ 患(근심 환 :)
▶ 況(하물며 황 :)
▶ 悔(뉘우칠 회 :)
▶ 會(모일 회 :)
▶ 孝(효도 효 :)
▶ 效(본받을 효 :)
▶ 曉(새벽 효 :)
▶ 厚(두터울 후 :)
▶ 後(뒤 후 :)
▶ 候(기후 후 :)
▶ 后(임금 후 :)
▶ 訓(가르칠 훈 :)
▶ 毁(헐 훼 :)

街(거리 가)	街道(가:도), 街頭(가:두) / 街販(가판), 街路樹(가로수)
肝(간 간)	肝癌(간:암), 肝炎(간:염), 肝腸(간:장) / 肝氣(간기)
簡(간략할 간)	簡易(간:이), 簡紙(간:지) / 簡潔(간결), 簡單(간단), 簡略(간략)
間(사이 간)	間食(간:식), 間諜(간:첩) / 間隔(간격), 間島(간도)
降(내릴 강, 항복할 항)	降等(강:등), 降臨(강:림), 降雪(강:설), 降雨(강:우) / 降兵(항병), 降伏(항복)
強(강할 강)	強迫(강:박), 強奪(강:탈) / 強國(강국), 強力(강력), 強震(강진)
個(낱 개)	個性(개:성), 個體(개:체) / 個人(개인)
改(고칠 개)	改良(개:량), 改作(개:작), 改正(개:정) / 改札(개찰), 改漆(개칠)
景(볕 경, 클 경)	景品(경:품), 景福宮(경:복궁) / 景氣(경기), 景致(경치)
契(맺을 계, 애쓸 결, 부족 이름 글)	契約(계:약), 默契(묵:계) / 契闊(계활), 契丹(글안→거란)
故(연고 고)	故國(고:국), 故事(고:사), 故意(고:의) / 故鄉(고향)
考(생각할 고)	考課(고:과), 考試(고:시) / 考慮(고려), 考察(고찰), 考案(고안)
恐(두려울 공)	恐喝(공:갈), 恐龍(공:룡), 恐慌(공:황) / 恐怖(공포)
貫(꿸 관)	貫珠(관:주), 貫祿(관:록) / 貫徹(관철), 貫通(관통), 貫鄉(관향)
怪(괴이할 괴)	怪談(괴:담), 怪變(괴:변) / 怪常(괴상), 怪異(괴이)
具(갖출 구)	具氏(구:씨) / 具備(구비), 具色(구색), 具現(구현)
口(입 구, 구멍 구, 말할 구)	口腔(구:강), 口辯(구:변) / 口文(구문), 口錢(구전)
嘔(토할 구)	嘔吐(구:토) / 嘔逆(구역)
卷(책 권, 말 권)	卷烟(권:련) / 卷頭言(권두언), 卷數(권수), 卷帙(권질)
勤(부지런할 근)	勤儉(근:검), 勤勞(근:로), 勤勉(근:면), 勤務(근:무) / 勤苦(근고)
難(어려울 난)	難堪(난:감), 難色(난:색), 難處(난:처) / 難關(난관), 難解(난해)
短(짧을 단)	短簫(단:소), 短靴(단:화) / 短距離(단거리), 短縮(단축)
淡(묽을 담)	淡水(담:수), 淡白(담:백) / 淡淡(담담)
唐(갑자기 당, 황당할 당, 당나라 당)	唐突(당:돌) / 唐麵(당면), 唐書(당서), 唐詩(당시)
大(큰 대)	大闕(대:궐), 大勢(대:세) / 大口(대구), 大斗(대두), 大田(대전)
帶(찰 대, 띠 대)	帶同(대:동), 帶妻僧(대:처승) / 帶紋(대문), 帶狀(대상), 帶分數(대분수)
度(법도 도, 헤아릴 탁)	度數(도:수) / 制度(제:도), 度支(탁지)
冬(겨울 동)	冬眠(동:면), 冬寒(동:한) / 冬柏(동백), 冬至(동지)
童(아이 동)	童心(동:심), 童謠(동:요), 童話(동:화) / 童蒙先習(동몽선습)
來(올 래)	來賓(내:빈), 來世(내:세) / 來歷(내력), 來日(내일), 來侵(내침)
令(하여금 령, 명령할 령, 착할 령)	令監(영:감) / 令息(영식), 令狀(영장)
露(이슬 로, 드러날 로)	露積(노:적) / 露骨(노골), 露出(노출)
籠(바구니 롱)	籠球(농:구), 籠絡(농:락) / 籠鳥(농조)
料(헤아릴 료)	料金(요:금) / 料量(요량), 料理(요리)
柳(버들 류)	柳器(유:기) / 柳氏(유씨)

滿(찰 만)	滿發(만:발), 滿月(만:월) / 滿期(만기), 滿了(만료), 滿足(만족)
賣(팔 매)	賣場(매:장), 賣店(매:점) / 賣買(매매)
孟(맏 맹)	孟冬(맹:동), 孟子(맹:자) / 孟浪(맹랑)
侮(업신여길 모)	侮慢(모:만), 侮蔑(모:멸) / 侮辱(모욕)
木(나무 목)	木果(모:과) / 木工(목공), 木馬(목마), 木曜日(목요일)
聞(들을 문)	聞見(문:견), 聞道(문:도) / 聞慶(문경)
未(아닐 미)	未達(미:달), 未滿(미:만) / 未安(미안)
迷(미혹할 미)	迷路(미:로), 迷夢(미:몽) / 迷息(미식), 迷兒(미아), 迷惑(미혹)
美(아름다울 미)	美德(미:덕), 美術(미:술) / 美國(미국), 美軍(미군)
彷(방황할 방)	彷佛(방:불) / 彷徨(방황)
放(놓을 방)	放送(방:송), 放火(방:화) / 放學(방학)
倍(곱 배)	倍加(배:가), 倍量(배:량), 倍率(배:율) / 倍達族(배달족)
凡(무릇 범)	凡例(범:례), 凡民(범:민) / 凡百(범백), 凡節(범절)
保(지킬 보)	保管(보:관), 保障(보:장), 保溫(보:온) / 保證(보증)
復(돌아올 복, 다시 부)	復活(부:활), 復興(부:흥) / 復刊(복간), 復古(복고), 復歸(복귀)
逢(만날 봉)	逢着(봉:착) / 逢變(봉변), 逢賊(봉적)
府(관청 부, 마을 부, 창고 부)	府君(부:군) / 府使(부사), 府域(부역), 府廳(부청)
敷(펼 부)	敷設(부:설), 敷衍(부:연) / 敷地(부지)
符(부호 부)	符合(부:합), 符籍(부:적) / 符節(부절)
分(나눌 분)	分量(분:량) / 分斷(분단), 分明(분명), 分母(분모)
粉(가루 분)	粉紅(분:홍) / 粉末(분말), 粉筆(분필)
仕(섬길 사)	仕宦(사:환) / 仕官(사관), 仕途(사도)
思(생각할 사)	思想(사:상) / 思考(사고), 思念(사념), 思親(사친)
寺(절 사, 관청 시)	侍奴婢(시:노비), 寺正(시:정) / 寺院(사원), 寺刹(사찰)
射(쏠 사)	射場(사:장), 射亭(사:정) / 射擊(사격), 射殺(사살), 射精(사정)
思(생각할 사)	思想(사:상) / 思考(사고), 思念(사념), 思慕(사모)
殺(죽일 살, 감할 쇄)	殺到(쇄:도) / 殺人(살인), 殺伐(살벌)
尚(오히려 상)	尚古(상:고), 尚武(상:무) / 尚宮(상궁), 尚存(상존)
喪(잃을 상)	喪偶(상:우), 喪妻(상:처) / 喪家(상가), 喪服(상복), 喪失(상실)
狀(형상 상, 문서 장)	狀頭(장:두) / 狀態(상태), 狀況(상황)
徐(천천히 할 서, 성씨 서)	徐步(서:보), 徐行(서:행) / 徐羅伐(서라벌), 徐氏(서씨)
掃(쓸 소)	掃地(소:지), 掃除(소:제) / 掃射(소사), 掃蕩(소탕)
燒(불사를 소)	燒紙(소:지) / 燒却(소각), 燒死(소사), 燒失(소실)
素(흴 소, 바탕 소, 요소 소, 소박할 소)	素服(소:복), 素子(소:자) / 素材(소재), 素質(소질)
孫(손자 손)	孫世(손:세) / 孫女(손녀), 孫子(손자)
手(손 수)	手巾(수:건) / 手段(수단), 手術(수술), 手足(수족)
受(받을 수)	受苦(수:고) / 受講(수강), 受賞(수상), 受信(수신), 受業(수업)
數(셀 수, 두어 수, 운수 수, 자주 삭)	數量(수:량), 數學(수:학) / 數尿症(삭뇨증)
試(시험할 시)	試圖(시:도), 試食(시:식) / 試驗(시험), 試合(시합)

審(살필 심)	審議(심:의), 審判(심:판) / 審査(심사), 審理(심리)
亞(버금 아)	亞流(아:류), 亞熱帶(아:열대) / 亞鉛(아연), 亞洲(아주)
雅(맑을 아)	雅量(아:량), 雅號(아:호) / 雅樂(아악)
按(어루만질 안)	按舞(안:무), 按配(안:배) / 按摩(안마), 按酒(안주)
沿(물 따라갈 연)	沿革(연:혁) / 沿道(연도), 沿岸(연안)
燕(제비 연)	燕尾服(연:미복) / 燕京(연경), 燕山君(연산군)
映(비칠 영)	映窓(영:창), 映彩(영:채) / 映像(영상), 映畫(영화)
要(중요할 요)	要綱(요:강), 要塞(요:새) / 要領(요령), 要素(요소)
偶(우연 우, 짝 우, 허수아비 우)	偶像(우:상), 偶發(우:발) / 偶然(우연)
爲(할 위, 위할 위)	爲人(위:인), 爲民(위:민) / 爲始(위시)
飮(마실 음)	飮福(음:복), 飮食(음:식) / 飮毒(음독), 飮料(음료)
議(의논할 의)	議政府(의:정부) / 議決(의결), 議事(의사), 議員(의원), 議長(의장)
易(쉬울 이, 바꿀 역, 주역 역)	易行(이:행) / 易數(역수), 易理(역리), 易學(역학)
任(맡길 임)	任期(임:기), 任命(임:명) / 任氏(임씨)
紫(자줏빛 자)	紫朱(자:주), 紫外線(자:외선) / 紫禁城(자금성)
暫(잠시 잠)	暫時(잠:시), 暫許(잠:허) / 暫定(잠정)
將(장수 장)	將校(장:교), 將兵(장:병) / 將軍(장군), 將來(장래), 將次(장차)
獎(장려할 장)	獎勵(장:려), 獎學生(장:학생) / 獎忠壇(장충단)
長(길 장)	長成(장:성), 長幼(장:유) / 長短(장단), 長點(장점)
占(점칠 점, 점령할 점)	占領(점:령), 占有(점:유) / 占術(점술), 占星術(점성술)
點(점 점, 불 켤 점)	點射(점:사), 點心(점:심) / 點燈(점등), 點火(점화)
井(우물 정)	井間(정:간), 井邑詞(정:읍사) / 井水(정수), 井華水(정화수)
正(바를 정)	正答(정:답), 正義(정:의) / 正月(정월), 正初(정초)
操(잡을 조)	操心(조:심), 操業(조:업) / 操縱(조종), 操作(조작), 操行(조행)
從(좇을 종)	從祖(종:조), 從兄(종:형) / 從軍(종군), 從來(종래), 從事(종사)
種(씨앗 종, 종류 종)	種類(종:류), 種別(종:별) / 種子(종자), 種族(종족)
酒(술 주)	酒酊(주:정) / 酒案床(주안상), 酒池肉林(주지육림)
仲(버금 중, 중개할 중)	仲氏(중:씨), 仲兄(중:형) / 仲介(중개), 仲媒(중매), 仲裁(중재)
津(나루 진, 진액 진)	津氣(진:기), 津液(진:액) / 津渡(진도), 津人(진인)
鎭(누를 진, 진압할 진)	鎭壓(진:압), 鎭痛(진:통), 鎭火(진:화) / 鎭靜(진정), 鎭魂祭(진혼제)
陳(베풀 진)	陳述(진:술), 陳列(진:열) / 陳腐(진부), 陳容(진용)
遮(가릴 차)	遮斷(차:단), 遮路(차:로) / 遮光(차광), 遮額(차액), 遮陽(차양)
斬(벨 참)	斬首(참:수), 斬刑(참:형) / 斬新(참신)
倉(창고 창, 급할 창)	倉卒(창:졸) / 倉庫(창고)
沈(잠길 침, 성씨 심)	沈溺(침:닉), 沈淸(심:청) / 沈降(침강)
討(칠 토)	討論(토:론), 討議(토:의) / 討伐(토벌), 討捕(토포)
播(뿌릴 파, 퍼뜨릴 파)	播種(파:종), 播遷(파:천) / 播多(파다), 播植(파식)
便(편할 편, 똥오줌 변)	便紙(편:지) / 便利(편리), 便益(편익)
片(조각 편)	片舟(편:주), 片紙(편:지) / 片道(편도), 片面(편면), 片影(편영)

包(쌀 포)	包括(포：괄), 包攝(포：섭) / 包裝(포장), 包含(포함)
胞(세포 포)	胞胎(포：태) / 胞子(포자), 胞衣(포의)
布(베 포)	布敎(포：교), 布陣(포：진) / 布木(포목), 布帳(포장)
荷(연 하, 멜 하, 짐 하)	荷役(하：역) / 入荷(입하)
汗(땀 한)	汗蒸(한：증) / 汗黨(한당), 汗國(한국)
韓(한국 한, 성씨 한)	韓服(한：복), 韓藥(한：약) / 韓氏(한씨)
行(다닐 행, 행할 행, 항렬 항)	行實(행：실), 行者(행：자) / 行動(행동), 行進(행진), 行列(항렬)
號(부르짖을 호, 이름 호, 부호 호)	號外(호：외) / 號角(호각)
化(변화할 화, 될 화)	化石(화：석), 化身(화：신), 化合(화：합) / 化粧(화장)
火(불 화)	火爐(화：로), 火傷(화：상) / 火曜日(화요일)
畫(그림 화, 그을 획)	畫家(화：가), 畫幅(화：폭), 畫龍點睛(화：룡점정)
劃(그을 획)	劃順(획순), 劃一(획일), 劃策(획책)
環(고리 환, 두를 환)	環境(환：경) / 環象(환상)
興(흥할 흥)	興味(흥：미), 興趣(흥：취) / 興亡(흥망), 興奮(흥분), 興盛(흥성)

제4편

실전 모의고사

제1회 한자능력검정시험 2급 실전 모의고사

정답 652쪽

[問 1~20] 다음 밑줄 친 漢字語의 讀音을 쓰시오.

[1] 근로자들은 鎔鑛爐의 고열에도 아랑곳하지 않고 부지런히 일한다.

[2] 실내에서는 帽子를 벗어주세요.

[3] 주민들은 핵 폐기장 건설을 결사적으로 沮止했다.

[4] 이 작품은 화가의 오랜 노력의 結晶이다.

[5] 억새풀 위로 白鷺가 떼를 지어 날아간다.

[6] 고시에 열 번 떨어지고 결국은 抛棄하고 말았다.

[7] 전방 20미터 지점에 적의 步哨가 있다.

[8] 당신은 불가피한 선택의 岐路에 서면 어떤 기준을 취하십니까?

[9] 오해를 惹起하는 행동은 하지 마십시다.

[10] 우리 고장 수익의 대부분은 담수어의 養殖에서 나온다.

[11] 회원들의 건의에 따라 休憩室을 설치하기로 하였다.

[12] 절 뒤쪽에는 푸른 松柏이 울창하게 들어서 있다.

[13] 뭐니 뭐니 해도 동료 간의 和睦이 제일이다.

[14] 부장님은 능력 있는 과장의 輔弼 덕분에 승진하였다.

[15] 많은 조문객이 모여들어 고인을 追悼했다.

[16] 한 가지 付託의 말씀이 있어요.

[17] 이야기에 矛盾이 있어 잘 이해할 수가 없네요.

[18] 이집은 대지 60평에 建坪 45평이다.

[19] 현재 두 회사의 合倂이 조용히 진행되고 있다.

[20] 정부의 환경 정책에 대하여 전문가들은 酷評했다.

[問 21~45] 다음 漢字語의 讀音을 쓰시오.

[21] 窒息   [22] 幻聽   [23] 上弦

[24] 穩當   [25] 磁極   [26] 爕理

[27] 野蠻   [28] 港灣   [29] 探偵

[30] 燦爛   [31] 紅蔘   [32] 勳章

[33] 進陟   [34] 艦艇   [35] 歪曲

[36] 贈呈   [37] 車輛   [38] 炳然

[39] 融資   [40] 汎濫   [41] 運搬

[42] 鍛鍊   [43] 搬出   [44] 鍍金

[45] 坑道

[問 46~72] 다음 漢字의 訓과 音을 쓰시오.

[46] 匪   [47] 俳   [48] 纖

[49] 蔑   [50] 蜀   [51] 岡

[52] 盈   [53] 碩   [54] 峻

[55] 酸   [56] 喉   [57] 孃

[58] 購   [59] 庠   [60] 繕

[61] 蘆   [62] 乏   [63] 藤

[64] 膽   [65] 雉   [66] 准

[67] 焦   [68] 甕   [69] 鷹

[70] 翊   [71] 熔   [72] 鵬

[問 73~77] 다음 漢字語 중 첫음절이 長音으로 발음되는 것의 번호를 쓰시오.

[73] ① 赦免   ② 斜面

[74] ① 思想   ② 寫像

[75] ① 私情   ② 事情

[76] ① 東面   ② 冬眠

[77] ① 試圖   ② 詩道

[問 78~107] 다음 문장의 밑줄 친 漢字語를 正字의 漢字로 쓰시오.

○ 한 달 동안 [78]실내 수영장에서 [79]수영을 배웠다.

○ 도전에는 항상 [80]모험과 [81]위험이 따른다.

○ 어머니의 [82]정성 어린 [83]간호로 병에서 빨리 [84]회복되었다.

○ 병원은 [85]환자의 [86]편의를 위해 여러 시설을 [87]개수하였다.

○ [88]노력하는 사람은 [89]실패가 적다는 점을 우리는 [90]명심해야 한다.

○ 그들을 탓하기 전에 우리가 먼저 자신의 [91]행동을 [92]자성해야 한다.

○ [93]순환 도로를 [94]건설해 교통량을 [95]분산하였다.

○ 그의 [96]제안은 회의 [97]참석자 [98]과반수의 [99]찬성을 얻었다.

○ 경호원들은 [100]돌발적 [101]사태에 대비하여 [102]경비를 강화하였다.

○ 산불로 인하여 [103]삼림의 태반이 [104]소멸되었다.

○ [105]폭설 때문에 [106]대책 없이 기다려야 하는 [107]처지였다.

[問 108~112] 다음 ( ) 안에 밑줄 친 漢字와 뜻이 같거나 비슷한 漢字를 正字로 적어 문장을 완성하시오.

[108] 시의 표현이 지닌 특징은 省( )과 압축이다.

[109] 청구서를 구매자의 居( )지로 전송했다.

[110] 옷이 몸에 맞아야 擧( )이 편하다.

[111] 열심히 일한 뒤의 休( )보다 더 달콤한 꿀맛은 없다.

[112] 이번 사건의 法( )적인 절차가 마무리됐다.

[問 113~117] 다음 ( ) 안에 밑줄 친 漢字와 뜻이 상대(또는 반대)되는 漢字를 正字로 적어 문장을 완성하시오.

[113] 그녀는 감정의 起( )이 심하다.

[114] 사람을 외모의 ( )醜로 판단해서는 안 된다.

[115] 뇌물을 授( )한 정치인을 지탄한다.

[116] 금년에는 경상 ( )支가 흑자로 돌아섰다.

[117] 내일 있을 경기에서 최종 勝( )가 결정될 것이다.

[問 118~122] 다음 漢字語의 상대(또는 반대)되는 漢字語를 正字의 漢字로 쓰시오.

[118] 未備 ↔ (   )

[119] 忘却 ↔ (   )

[120] 吉兆 ↔ (   )

[121] 傑作 ↔ (   )

[122] 輕減 ↔ (   )

[問 123~127] 다음 漢字語의 同音異義語를 漢字(正字)로 쓰되, 제시된 뜻에 맞는 것으로 하시오.

[123] 動機 – (   ): 같은 시기.

[124] 史料 – (   ): 깊이 생각하여 헤아림.

[125] 上品 – (   ): 상으로 주는 물품.

[126] 水道 – (   ): 도를 닦음.

[127] 養護 – (   ): 매우 좋음.

[問 128-137] 다음 ( ) 안에 알맞은 漢字(正字)를 써서 四字成語를 완성하시오.

[128] ( )敵必敗: 적을 가볍게 보면 반드시 패함.

[129] 公私多( ): 공적·사적인 일로 많이 바쁨.

[130] 國利民( ): 국가의 이익과 백성의 행복.

[131] ( )惡無道: 지극히 악하고 도의심이 없음.

[132] 多事多( ): (여러 가지로) 일도 많고 어려움도 많음.

[133] ( )身揚名: 출세하여 이름을 세상에 떨침.

[134] ( )者生存: 적응하는 생물만이 살아남고, 그렇지 못한 것은 도태되어 멸망하는 현상.

[135] 同時多( ): 같은 시간에 (여기저기서) 많이 발생함.

[136] 無窮無( ): 끝이 없고 다함이 없음.

[137] 無味乾( ): '맛도 없고 마르고 탐'으로, 재미나 취미가 없고 메마름.

[問 138~142] 다음 漢字의 部首를 쓰시오.

[138] 弁

[139] 翼

[140] 異

[141] 庶

[142] 席

[問 143~145] 다음 漢字의 略字를 쓰시오.

[143] 當

[144] 雙

[145] 蠶

[問 146~150] 다음 漢字語의 뜻을 쓰시오.

[146] 祝杯

[147] 焦眉

[148] 僑胞

[149] 脫漏

[150] 呼名

♣ 수고하셨습니다.

제2회 한자능력검정시험 2급 실전 모의고사

정답 657쪽

[問 1~20] 다음 밑줄 친 漢字語의 讀音을 쓰시오.

[1] 삼국이 <u>鼎立</u>하여 주도권을 두고 서로 치열하게 싸웠다.

[2] 그들은 <u>琴瑟</u> 좋은 부부로 소문나 있다.

[3] 불교의 <u>輪廻</u>관은 우리에게 현세의 삶을 관조하게 한다.

[4] 개항 이후, 새로운 <u>西歐</u> 문물이 물밀 듯 들어왔다.

[5] 조상 대대로 물려받은 <u>疆土</u>를 훌륭히 가꿔야 한다.

[6] 이 <u>骨董品</u>은 대대로 내려오는 집안의 가보이다.

[7] 그는 주장으로서 팀의 <u>主軸</u> 역할을 다했다.

[8] 거리에는 <u>紳士</u> 네 명과 숙녀 세 명이 걸어가고 있다.

[9] 소포로 배달된 <u>箱子</u> 뚜껑을 여니 옷이 들어 있었다.

[10] 의사는 환자를 <u>痲醉</u>하고 수술을 시작했다.

[11] 그녀는 요정처럼 아름답고 <u>魅惑</u>적이었다.

[12] 남북으로 길게 이어진 <u>峽谷</u>이 있었다.

[13] 음료수와 <u>氷菓</u>의 성수기는 여름이다.

[14] 관아에서는 산적의 <u>巢窟</u>을 소탕했다.

[15] 어젯밤에 내린 폭설로 시내로 가는 모든 길이 <u>杜絶</u>되었다.

[16] 한때 남해안 일대에는 <u>倭敵</u>들의 노략질이 끊이지 않았다.

[17] 식용 폐유는 천연 <u>洗劑</u>를 만드는 데에 이용된다.

[18] 전염병의 발생으로 방역 <u>措置</u>가 취해졌다.

[19] 이 제품은 전원 <u>遮斷</u> 장치가 내장되어 있어서 더 안전해졌다.

[20] 살던 집을 <u>傳貰</u> 놓고 아파트로 이사 갔다.

[問 21~45] 다음 漢字語의 讀音을 쓰시오.

[21] 甄別   [22] 滄海   [23] 發掘

[24] 洞窟   [25] 放飼   [26] 王后

[27] 浮彫   [28] 傭兵   [29] 補佐

[30] 店鋪   [31] 師傅   [32] 寶釧

[33] 硫黃   [34] 瑩澈   [35] 律呂

[36] 赦免   [37] 赫怒   [38] 芸草

[39] 藍色   [40] 筏橋   [41] 招聘

[42] 明晳   [43] 蠶食   [44] 垈地

[45] 腎不全

[問 46~72] 다음 漢字의 訓과 音을 쓰시오.

[46] 瑄   [47] 洛   [48] 조

[49] 祜   [50] 惹   [51] 稙

[52] 舶   [53] 弼   [54] 晧

[55] 毖   [56] 癌   [57] 鷗

[58] 麒   [59] 箕   [60] 彊

[61] 甸   [62] 膚   [63] 鉀

[64] 鴨   [65] 鉢   [66] 彬

[67] 魔   [68] 洙   [69] 櫟

[70] 枚   [71] 珉   [72] 馥

[問 73~77] 다음 漢字語 중 첫음절이 長音으로 발음되는 것의 번호를 쓰시오.

[73] ① 婦人   ② 否認

[74] ① 經費   ② 警備

[75] ① 電柱   ② 前奏

[76] ① 注射   ② 酒邪

[77] ① 枯死   ② 考査

[問 78~107] 다음 문장의 밑줄 친 漢字語를 正字의 漢字로 쓰시오.

○ 인생의 [78]황혼을 맞았음에도 그는 더욱 [79]열심히 활동하였다.

○ 오랜 [80]동면에서 깨어난 괴물이 기지개를 켜는 [81]형상이었다.

○ 벼를 [82]수확하고 보리를 [83]파종하였다.

○ [84]정의에 [85]기초한 새 [86]질서의 확립이 필요하다.

○ [87]직업의식이 [88]투철해야만 [89]전문가가 될 수 있다.
○ 그 [90]건물의 내부는 출구가 없는 [91]미로 같았다.
○ 그들은 [92]석별의 눈물을 흘리며 [93]이별을 아쉬워했다.
○ 양편의 [94]이견을 좁히지 못해서 [95]협상이 [96]결렬되었다.
○ 물가 [97]상승은 [98]서민들의 가계를 [99]압박하고 있다.
○ 언론은 [100]성역 없는 [101]보도로 사회 [102]여론을 이끌어 가야 한다.
○ 국산품의 [103]성능을 [104]외제와 [105]비교해 보았다.
○ 그의 [106]예술 세계를 [107]이해하는 사람은 많지 않다.

[問 108~112] 다음 ( ) 안에 밑줄 친 漢字와 뜻이 같거나 비슷한 漢字를 正字로 적어 문장을 완성하시오.

[108] 이 항구는 우리나라의 門( )이다.
[109] 새로 닦인 길이 마을을 貫( )하고 있었다.
[110] 갖은 ( )苦를 겪으며 고생하고 있다.
[111] 덧없는 想( ) 속으로 빠져들었다.
[112] 長( )한 역사와 오랜 전통이 깃든 도시이다.

[問 113~117] 다음 ( ) 안에 밑줄 친 漢字와 뜻이 상대(또는 반대)되는 漢字를 正字로 적어 문장을 완성하시오.

[113] 학교는 입학 지원자의 감소로 存( ) 문제가 거론되었다.
[114] 죄의 ( )重에 따라 죄인을 처벌하였다.
[115] 이 먼 곳까지 오게 된 經( )를 말씀해 보세요.
[116] 두 사람의 영어 실력은 優( )을 가리기가 어렵다.
[117] 그는 投( )에 모두 뛰어난 야구 선수이다.

[問 118~122] 다음 漢字語의 상대(또는 반대)되는 漢字語를 正字의 漢字로 쓰시오.

[118] 理性 ↔ ( )
[119] 慢性 ↔ ( )
[120] 發生 ↔ ( )
[121] 保守 ↔ ( )
[122] 分析 ↔ ( )

[問 123~127] 다음 漢字語의 同音異義語를 漢字(正字)로 쓰되, 제시된 뜻에 맞는 것으로 하시오.

[123] 全景 – ( ): 앞쪽에 보이는 경치.
[124] 助成 – ( ): 새가 우는 소리.
[125] 紙上 – ( ): 땅의 위.
[126] 週間 – ( ): 낮. 낮 동안.
[127] 忠誠 – ( ): 벌레 우는 소리.

[問 128~137] 다음 ( ) 안에 알맞은 漢字(正字)를 써서 四字成語를 완성하시오.

[128] ( )耳讀經: '쇠귀에 경 읽기'로, 아무리 가르쳐도 알아듣지 못함을 비유하여 이르는 말.
[129] 無病長( ): 병 없이 오래 삶.
[130] 說( )說來: 서로 변론을 주고받으며 옥신각신함. 또는 말이 오고 감.
[131] 默默不( ): 입을 다문 채 아무 대답도 하지 아니함.
[132] ( )學多識: 널리 배우고 많이 앎.
[133] 白手( )達: 돈 한 푼 없이 빈둥거리며 놀고먹는 사람.
[134] 保身之( ): 몸을 지키기 위한 꾀.
[135] ( )身齊家: 몸과 마음을 닦아 수양하고 집안을 다스림.
[136] 私利私( ): (개인의) 사사로운 이익과 욕심.
[137] ( )天勤民: 하늘을 공경하고 백성을 부지런히 다스림.

[問 138~142] 다음 漢字의 部首를 쓰시오.

[138] 貫

[139] 釜

[140] 坐

[141] 煥

[142] 鬪

[問 143~145] 다음 漢字의 略字를 쓰시오.

[143] 醫

[144] 傳

[145] 圖

[問 146~150] 다음 漢字語의 뜻을 쓰시오.

[146] 演題

[147] 嚴禁

[148] 男妹

[149] 進級

[150] 精讀

♣ 수고하셨습니다.

제3회 한자능력검정시험 2급 실전 모의고사

정답 662쪽

[問 1~20] 다음 밑줄 친 漢字語의 讀音을 쓰시오.

[1] <u>諜報</u>전에서는 무엇보다 보안 유지가 주요시된다.

[2] 조카에게 <u>揷畫</u>가 많이 실린 책을 사 주었다.

[3] 휴가 때 전국의 유명 <u>寺刹</u>들을 돌아볼 계획이다.

[4] 나라의 치안이 <u>紊亂</u>하여 걱정이다.

[5] 사기가 <u>旺盛</u>한 선수들은 게임마다 승리하였다.

[6] 그는 우리를 <u>輕蔑</u>에 찬 눈초리로 대했다.

[7] 대학로의 <u>駐車場</u>은 늘 붐빈다.

[8] 햇볕이 너무 강해 <u>陽傘</u>을 펼쳐 들었다.

[9] <u>鼓膜</u>이 터질 듯한 시끄러운 소리에 잠이 깼다.

[10] 간호사들과 의사들이 바쁜 손길로 <u>診療</u>를 하고 있다.

[11] 결혼이라는 문제가 아직은 <u>遼遠</u>하게 느껴진다.

[12] 그녀는 너무 단조로운 생활에 <u>厭症</u>을 느꼈다.

[13] 우리 학교는 이번 대회에서 <u>綜合</u> 1위를 했다.

[14] 내 <u>年俸</u>은 사장의 절반 수준이다.

[15] 그는 자신에게 예기치 못한 탈이라도 생길까 봐 <u>戰戰兢兢</u>하였다.

[16] 그는 정치와 역사에 관한 책을 <u>耽讀</u>하고 있다.

[17] <u>瞻星臺</u>는 물리학적 지식까지 응용하여 축조되었다.

[18] 그는 <u>大膽</u>무쌍하게도 호랑이와 싸웠다.

[19] 임신과 <u>分娩</u>의 고통 뒤에 귀한 생명이 태어난다.

[20] 그는 우애심이 깊고 <u>寬大</u>한 성격이다.

[問 21~45] 다음 漢字語의 讀音을 쓰시오.

[21] 派閥 [22] 推戴 [23] 編輯
[24] 汀線 [25] 飼育 [26] 遺憾
[27] 耽溺 [28] 塵埃 [29] 喉頭
[30] 拘礙 [31] 抑鬱 [32] 沼澤
[33] 渤海 [34] 伽藍 [35] 混紡
[36] 芳香 [37] 論旨 [38] 柴糧
[39] 花崗巖 [40] 熊膽 [41] 瑞光
[42] 濃厚 [43] 風塵 [44] 雌雄
[45] 脫脂綿

[問 46~72] 다음 漢字의 訓과 音을 쓰시오.

[46] 燁 [47] 冀 [48] 槿
[49] 灘 [50] 釜 [51] 匈
[52] 絞 [53] 喆 [54] 珪
[55] 耆 [56] 汪 [57] 鈺
[58] 珏 [59] 昊 [60] 晃
[61] 覓 [62] 兌 [63] 冕
[64] 炊 [65] 杓 [66] 葛
[67] 錫 [68] 苑 [69] 阜
[70] 壹 [71] 禧 [72] 醴

[問 73~77] 다음 漢字語 중 첫음절이 長音으로 발음되는 것의 번호를 쓰시오.

[73] ① 但只   ② 團地
[74] ① 造像   ② 祖上
[75] ① 事故   ② 思考
[76] ① 奉事   ② 封祀
[77] ① 眞心   ② 盡心

[問 78~107] 다음 문장의 밑줄 친 漢字語를 正字의 漢字로 쓰시오.

○ [78]관중들의 [79]열광적인 [80]응원 덕분에 선수들은 사기충천했다.

○ [81]임금이 [82]물가 [83]인상을 따르지 못하니 생활이 어렵다.

○ 정부는 수출 [84]부진을 [85]타개하기 위해 새로운 경기 [86]부양책을 내놓았다.

○ 그들은 [87]막역한 사이지만 운동 경기에서만은 [88]승부를 [89]양보하지 않았다.

○ [90]체육 특기생을 공개[91]경쟁을 통해 [92]선발했다.

○ [93]심금을 울리는 [94]애절한 [95]사연을 들었다.

○ 정부는 [96]빈부 격차를 [97]해소할 [98]방안을 강구해야 한다.

○ 뜻밖의 일이 생겨서 [99]계약을 [100]중도에 [101]해지했다.
○ 선비는 [102]인내하고 [103]극기하는 생활을 덕으로 삼는다.
○ 이번에 특별 [104]전시된 신라의 [105]왕관은 순금으로 만들어진 것이었다.
○ 몸이 [106]허약하면 [107]면역력도 떨어지게 마련이다.

[問 108~112] 다음 ( ) 안에 밑줄 친 漢字와 뜻이 같거나 비슷한 漢字를 正字로 적어 문장을 완성하시오.

[108] 相( ) 관심사에 대해 의견을 교환했다.
[109] 퇴근길 도로는 차들로 混( )스러웠다.
[110] 幼( )한 소리 말고 가만히 있어라.
[111] 수업 ( )了를 알리는 종소리가 울렸다.
[112] 저무는 해는 하늘을 朱( )빛으로 물들였다.

[問 113~117] 다음 ( ) 안에 밑줄 친 漢字와 뜻이 상대(또는 반대)되는 漢字를 正字로 적어 문장을 완성하시오.

[113] 그는 ( )裏가 같은 진실한 사람이다.
[114] 우리는 아무런 恩( )도 없는 사이다.
[115] 여기는 옛날에 물품 出( )을 관리하던 창고이다.
[116] 이번 대회에 출품된 발명품에는 水( ) 양용차도 있었다.
[117] 편집부장은 언제나 기사 내용의 ( )削을 자기 마음대로 하였다.

[問 118~122] 다음 漢字語의 상대(또는 반대)되는 漢字語를 正字의 漢字로 쓰시오.

[118] 遠洋 ↔ (   )
[119] 原告 ↔ (   )
[120] 受信 ↔ (   )
[121] 正午 ↔ (   )
[122] 偶然 ↔ (   )

[問 123~127] 다음 漢字語의 同音異義語를 漢字(正字)로 쓰되, 제시된 뜻에 맞는 것으로 하시오.

[123] 特殊 – (   ): 특별한 수요.
[124] 家口 – (   ): 집에서 쓰는 기구.
[125] 感謝 – (   ): 감독하고 검사함.
[126] 孤島 – (   ): 옛 도읍.
[127] 工期 – (   ): 공공의 물건.

[問 128~137] 다음 ( ) 안에 알맞은 漢字(正字)를 써서 四字成語를 완성하시오.

[128] 上意下( ): 윗사람의 뜻이 아랫사람에게 전달됨.
[129] 起承( )結: 글을 짜임새 있게 짓는 형식.
[130] ( )厄迎福: 재앙을 보내고 복을 맞이함.
[131] 心悅誠( ): 진심으로 기뻐하며 정성을 다하여 복종함.
[132] 言則( )也: '말인즉 옳음'으로, 말하는 것이 사리에 맞음.
[133] 戀戀不( ): 그립고 그리워서 잊지못함.
[134] 永遠不( ): 영원히 멸하지 아니함.
[135] 腰折腹( ): 몹시 우스워서 허리가 끊어지고 배가 아플 지경임.
[136] 欲求不( ): 욕구, 즉 바라고 구함이 차지 않음.
[137] 任大( )重: 임무가 크고 책임이 무거움.

[問 138~142] 다음 漢字의 部首를 쓰시오.

[138] 昴
[139] 晋
[140] 彰
[141] 市
[142] 岡

[問 143~145] 다음 漢字의 略字를 쓰시오.

[143] 寶
[144] 變
[145] 竝

[問 146~150] 다음 漢字語의 뜻을 쓰시오.

[146] 糾明

[147] 畢竟

[148] 勤儉

[149] 擴大

[150] 追慕

♣ 수고하셨습니다.

[問 1~20] 다음 밑줄 친 漢字語의 讀音을 쓰시오.

[1] 국회는 여러 분야에 <u>諮問</u> 위원회를 두고있다.

[2] 국회 의원에 궐원이 생긴 때는 <u>補闕</u> 선거를 실시한다.

[3] 논문을 학술지에 <u>揭載</u>하였다.

[4] 부상자들의 <u>悽絶</u>한 절규가 터져 나왔다.

[5] 흥부의 삼간 <u>茅屋</u>에 커다란 박들이 얹혀 있다.

[6] 그는 <u>野蠻</u>의 시대를 끝내야만 한다고 외쳤다.

[7] <u>拉致</u>되었던 사람들이 사흘 만에 무사히 풀려나왔다.

[8] 청소년들은 <u>籠球</u>를 좋아한다.

[9] 행동이 타의 모범이 되기로 이에 <u>表彰</u>을 합니다.

[10] 피해자에게 손해를 <u>賠償</u>하고 용서를 빌었다.

[11] 내가 어린 시절을 보낸 곳은 전깃불도 없는 <u>僻村</u>이었다.

[12] 주인공은 <u>恐怖</u>에 질려 애원했다.

[13] 노사가 단체 협약을 <u>締結</u>하였다.

[14] 피의자는 며칠 전에 한 말을 <u>否認</u>했다.

[15] 굴이 뚫어져 교통이 더욱 <u>圓滑</u>하게 되었다.

[16] 아군은 적군을 <u>一網打盡</u>하는 대승리를 거두었다.

[17] 그의 의견을 <u>一蹴</u>해 버렸다.

[18] 황무지를 <u>肥沃</u>한 농토로 개간하였다.

[19] 이 일의 <u>苦衷</u>을 헤아려 주십시오.

[20] 일기나 편지는 문학에서 수필의 <u>範疇</u>에 속한다.

[問 21~45] 다음 漢字語의 讀音을 쓰시오.

[21] 整頓 [22] 趨勢 [23] 縫製

[24] 聚落 [25] 衍文 [26] 書翰

[27] 府尹 [28] 捕繩 [29] 關鍵

[30] 秉燭 [31] 池塘 [32] 深淵

[33] 瓜苽 [34] 風采 [35] 才媛

[36] 現札 [37] 怡聲 [38] 胎夢

[39] 扈從 [40] 槐木 [41] 乾蔘

[42] 診脈 [43] 誤謬 [44] 撤去

[45] 把握

[問 46~72] 다음 漢字의 訓과 音을 쓰시오.

[46] 淳 [47] 悖 [48] 沃

[49] 飢 [50] 鈍 [51] 蓬

[52] 阪 [53] 坡 [54] 郁

[55] 佑 [56] 鍵 [57] 塘

[58] 淵 [59] 芬 [60] 蔘

[61] 膠 [62] 澈 [63] 窒

[64] 蠻 [65] 灣 [66] 燦

[67] 薰 [68] 陟 [69] 炯

[70] 鼎 [71] 潭 [72] 卨

[問 73~77] 다음 漢字語 중 첫음절이 長音으로 발음되는 것의 번호를 쓰시오.

[73] ① 府君 ② 夫君

[74] ① 分數 ② 分受

[75] ① 西行 ② 徐行

[76] ① 道路 ② 徒勞

[77] ① 問答 ② 文答

[問 78~107] 다음 문장의 밑줄 친 漢字語를 正字의 漢字로 쓰시오.

○ 그는 [78]<u>만학</u>의 어려움을 딛고 노력한 끝에 [79]<u>성공</u>했다.

○ 선생님은 학생들의 [80]<u>용기</u>와 [81]<u>포부</u>를 길러 주기 위해 노력하셨다.

○ 전쟁을 [82]<u>경험</u>한 사람들은 전쟁 없는 평화로운 세상을 [83]<u>갈망</u>하게 된다.

○ 외국어를 [84]<u>유창</u>하게 하기 위해서는 많은 [85]<u>연습</u>이 필요하다.

○ 그의 주장이 [86]<u>타당</u>하다고 [87]<u>인정</u>된다.

○ 정신적인 [88]<u>성장</u>보다 외적인 [89]<u>욕구</u>에 더 [90]<u>민감</u>하였다.

○ 동북아의 [91]<u>번영</u>은 한반도의 [92]<u>안정</u>에서 출발한다.

○ 그는 [93]용맹과 [94]지략을 겸비한 [95] 장수이다.

○ 그는 [96]자비와 [97]온유로 사람을 대한다.

○ [98]육식을 즐기는 사람들은 [99]비만에 이를 [100] 가능성이 높다.

○ 그는 어려서부터 작곡가의 [101]악보를 읽을 수 있는 [102]소양을 길렀다.

○ 현대는 새로운 지식의 [103]배양이 끊임없이 [104] 요구된다.

○ 경제의 [105]정체로 [106]불황이 지속된다.

○ 공사비가 [107]추가로 더 들었다.

[問 108~112] 다음 ( ) 안에 밑줄 친 漢字와 뜻이 같거나 비슷한 漢字를 正字로 적어 문장을 완성하시오.

[108] 식품에 添( )된 방부제는 건강에 해롭다.

[109] 그는 무슨 일이든 ( )就적으로 해 나갔다.

[110] 농산물들이 倉( )에 가득하다.

[111] 이것과 저것은 ( )異가 없다.

[112] 그 보석은 좀처럼 보기 힘든 稀( )한 것이다.

[問 113~117] 다음 ( ) 안에 밑줄 친 漢字와 뜻이 상대(또는 반대)되는 漢字를 正字로 적어 문장을 완성하시오.

[113] 이해와 得( )을 떠나서 생각해 보자.

[114] 노사의 화합 여부에 따라 기업의 ( )衰가 좌우된다.

[115] 이 연극은 ( )婦간의 갈등을 그렸다

[116] 黑( ) 필름을 컬러 필름으로 재편집 하였다.

[117] 공연은 관객들의 열띤 ( )應으로 성공리에 끝났다.

[問 118~122] 다음 漢字語의 상대(또는 반대)되는 漢字語를 正字의 漢字로 쓰시오.

[118] 結果 ↔ (   )

[119] 客體 ↔ (   )

[120] 樂觀 ↔ (   )

[121] 內容 ↔ (   )

[122] 物質 ↔ (   )

[問 123~127] 다음 漢字語의 同音異義語를 漢字(正字)로 쓰되, 제시된 뜻에 맞는 것으로 하시오.

[123] 近刊 – (   ): 가까운 사이. 요사이.

[124] 校正 – (   ): 학교의 뜰이나 운동장.

[125] 驅出 – (   ): 위험에서 구해 냄.

[126] 垈地 – (   ): 넓고 큰 땅.

[127] 粉食 – (   ): 나누어 먹거나 나누어 가짐.

[問 128~137] 다음 ( ) 안에 알맞은 漢字(正字)를 써서 四字成語를 완성하시오.

[128] 臨戰無( ): 전쟁에 나가면 물러섬이 없음.

[129] 自他共( ): 자기나 남이 함께 인정함.

[130] 長幼有( ): 어른과 어린이 사이에는 차례가 있음.

[131] 周到( )密: 주위에 두루 이르러 자세하고 빈틈이 없음.

[132] 天生配( ): 하늘이 정하여 준 인연.

[133] 泰山峻( ): 큰 산과 험한 고개.

[134] 彼此一( ): 저편이나 이편이나 서로 같음. 다 같음.

[135] 匹馬單( ): 한 필의 말을 혼자 타고감.

[136] ( )不早圖: '일찍 도모하지 못한 것을 한탄함'으로, 때를 놓친 것을 후회함.

[137] ( )色滿面: 기쁜 빛이 얼굴에 가득함.

[問 138~142] 다음 漢字의 部首를 쓰시오.

[138] 旁

[139] 豈

[140] 豊

[141] 喜

[142] 典

[問 143~145] 다음 漢字의 略字를 쓰시오.

[143] 假

[144] 嚴

[145] 黨

[問 146~150] 다음 漢字語의 뜻을 쓰시오.

[146] 滋養分

[147] 含蓄

[148] 專念

[149] 拾得

[150] 悔改

♣ 수고하셨습니다.

제5회 한자능력검정시험 2급 실전 모의고사

정답 672쪽

[問 1~20] 다음 밑줄 친 漢字語의 讀音을 쓰시오.

[1] 그는 명예만을 <u>耽溺</u>하다가 주변의 신뢰를 잃었다.

[2] 작곡가는 어머니에게 이 교향곡을 <u>獻呈</u>했다.

[3] 학장은 연구 윤리의 준수를 <u>董督</u>하기 위해 정기 점검을 지시했다.

[4] 예로부터 <u>獐血</u>은 귀한 약재로 여겨져 체력을 보강하는 데 쓰였다.

[5] 두 나라가 강을 사이에 두고 <u>對峙</u>하고 있다.

[6] 예상치 못한 인사 결정에 <u>波紋</u>이 일었다.

[7] 기자는 역사적인 순간을 <u>捕捉</u>하였다.

[8] 이번 <u>颱風</u>은 한반도를 관통하여 중부 지방에 큰 피해를 입혔다.

[9] 연구자들의 끊임없는 <u>研鑽</u>이 오늘의 발전을 이끌었다.

[10] 세대 간 <u>龜裂</u>이 점점 뚜렷해지고 있다.

[11] 화가는 빛과 그림자의 <u>濃淡</u>을 섬세하게 표현했다.

[12] 그는 <u>祿俸</u> 외에는 어떤 뇌물도 받지 않는 것으로 유명했다.

[13] <u>硯滴</u>에 맑은 물을 담아 와야 한다.

[14] <u>皓首</u>의 노인이 손주에게 옛이야기를 들려주었다.

[15] 관객들은 배우의 눈빛과 연기에 완전히 <u>魅了</u>되었다.

[16] 황제를 <u>扈衛</u>하는 임무를 맡고는 밤낮없이 근무했다.

[17] 낡은 피아노의 <u>鍵盤</u>은 멀쩡한 곳이 없었다.

[18] 실패와 시련이 그녀를 더욱 <u>鍛鍊</u>시켰다.

[19] 적의 본거지가 완전히 <u>壞滅</u>되었다.

[20] 이번 사고로 입은 피해에 대해 깊은 <u>遺憾</u>을 표합니다.

[問 21~45] 다음 漢字語의 讀音을 쓰시오.

[21] 借款	[22] 極亢	[23] 激湍
[24] 賓辭	[25] 療飢	[26] 雉媒
[27] 毘藍	[28] 翊戴	[29] 銀杏
[30] 障礙	[31] 英敏	[32] 虛荒
[33] 火繩	[34] 減縮	[35] 沖積
[36] 埃塵	[37] 慶賀	[38] 寫眞
[39] 俳優	[40] 纖維	[41] 雙方
[42] 瓊團	[43] 煩惱	[44] 酸性
[45] 貨幣		

[問 46~72] 다음 漢字의 訓과 音을 쓰시오.

[46] 滑	[47] 杰	[48] 彬
[49] 靴	[50] 洙	[51] 峽
[52] 珉	[53] 潘	[54] 劑
[55] 嬅	[56] 冀	[57] 渡
[58] 諜	[59] 揷	[60] 腎
[61] 斬	[62] 晳	[63] 坐
[64] 鐵	[65] 恥	[66] 汀
[67] 喉	[68] 沼	[69] 驚
[70] 葛	[71] 姜	[72] 뮵

[問 73~77] 다음 漢字語 중 첫음절이 長音으로 발음되는 것의 번호를 쓰시오.

[73]	① 帽子	② 母慈
[74]	① 聖祚	② 聲調
[75]	① 否認	② 婦人
[76]	① 私用	② 使用
[77]	① 專攻	② 戰功

[問 78~107] 다음 문장의 밑줄 친 漢字語를 正字의 漢字로 쓰시오.

○ 창밖으로 빗소리가 들리니 참 [78]<u>운치</u>가 있다.

○ 정부는 취업 지원과 직무 [79]<u>훈련</u>의 [80]<u>연계</u> 과정을 강화하기로 했다.

○ 아이가 [81]<u>난간</u>을 넘어가지 않도록 [82]<u>주의</u>를 기울였다.

○ 우리는 학창 [83]<u>시절</u>의 [84]<u>추억</u>을 이야기하며 웃음을 터뜨렸다.

○ 오래된 [85]여관의 [86]간판이 세월의 흔적을 고스란히 보여주었다.

○ 사고의 정확한 [87]경위를 밝히기 위해 [88]조사가 진행 중이다.

○ 그 [89]영화는 입소문과 SNS [90]선전을 통해 흥행에 성공했다.

○ 구성원 간의 [91]소통이 [92]원활해야 조직이 제대로 돌아간다.

○ 다보탑은 우리나라의 [93]국보 중 하나다.

○ 적자가 [94]누적되어 결국 공장을 [95]폐쇄하기로 결정했다.

○ 심판의 [96]편파 판정에 관중들의 [97]항의가 이어졌다.

○ 동화 속 마녀는 누구보다도 [98]사악했다.

○ 실험 과정의 작은 [99]오류가 전체 결과에 큰 [100]영향을 미쳤다.

○ 시대의 [101]변천에 따라 언어와 문화도 달라졌다.

○ 계약 조건을 [102]준수하지 않으면 법적 [103]제재를 받을 수 있다.

○ 인간은 자연의 [104]섭리를 거스를 수 없다.

○ 형은 주말마다 [105]친구들과 공원에서 [106]축구를 한다.

○ 신선한 [107]채소를 많이 먹는 것이 건강에 좋다.

[問 108~112] 다음 ( ) 안에 밑줄 친 漢字와 뜻이 같거나 비슷한 漢字를 正字로 적어 문장을 완성하시오.

[108] 이번 협상의 關( )은 신뢰 회복이다.
[109] 마을 사람들 모두가 그 노부부의 琴( )을 부러워했다.
[110] 나는 攻( )보다는 방어에 강한 사람이다.
[111] 상대방을 깎아내리는 것은 매우 拙( )한 행동이다.
[112] 두 나라는 오랜 전쟁 끝에 疆( )를 확정했다.

[問 113~117] 다음 ( ) 안에 밑줄 친 漢字와 뜻이 상대(또는 반대)되는 漢字를 正字로 적어 문장을 완성하시오.

[113] ( )此 바쁜 형편이니 다음에 다시 만나기로 했다.
[114] 소설에는 주인공의 삶의 哀( )이 잘 담겨있다.
[115] 그녀는 친구의 ( )弔마다 빠짐없이 참석했다.
[116] 체중의 ( )減은 생활 습관과 밀접한 관련이 있다.
[117] 원고 ( )削 작업은 생각보다 더 많은 시간이 걸렸다.

[問 118~122] 다음 漢字語의 상대(또는 반대)되는 漢字語를 正字의 漢字로 쓰시오.

[118] 繁忙 ↔ ( )
[119] 緩和 ↔ ( )
[120] 升進 ↔ ( )
[121] 紳士 ↔ ( )
[122] 敏速 ↔ ( )

[問 123~127] 다음 漢字語의 同音異義語를 漢字(正字)로 쓰되, 제시된 뜻에 맞는 것으로 하시오.

[123] 稅布 - ( ): 생물체를 이루는 기본 단위.
[124] 寶庫 - ( ): 일에 관한 내용이나 결과를 말이나 글로 알림.
[125] 幹枝 - ( ): 간곡한 뜻.
[126] 私憾 - ( ): 기숙사에서 기숙생들의 생활을 지도하고 감독하는 사람.
[127] 浮揚 - ( ): 생활 능력이 없는 사람의 생활을 돌봄.

[問 128-137] 다음 ( ) 안에 알맞은 漢字(正字)를 써서 四字成語를 완성하시오.

[128] 束手無( ): 손을 묶은 것처럼 어찌할 도리가 없어 꼼짝 못 함.
[129] ( )失好機: 좋은 기회를 놓치지 아니함.
[130] 桑田( )海: 세상일의 변천이 심함.
[131] 唯我獨( ): 세상에서 자기 혼자 잘났다고 뽐내는 태도.

[132] (　)本塞源: 폐단의 원인을 완전히 없애버림.

[133] 肝(　)相照: 서로 속마음을 털어놓고 친하게
사귐.

[134] 群雄割(　): 여러 영웅이 각기 한 지방씩 차지
하고 위세를 부림.

[135] (　)越同舟: 어려운 상황에서는 원수라도 협력
하게 됨.

[136] 不(　)晝夜: 일에 몰두하여 조금도 쉴 사이 없
이 밤낮을 가리지 아니함.

[137] 好事多(　): 좋은 일에는 흔히 방해되는 일이
많음.

[問 138~142] 다음 漢字의 部首를 쓰시오.

[138] 屍
[139] 衆
[140] 欽
[141] 允
[142] 弁

[問 143~145] 다음 漢字의 略字를 쓰시오.

[143] 徑
[144] 麥
[145] 縣

[問 146~150] 다음 漢字語의 뜻을 쓰시오.

[146] 贈與
[147] 刹那
[148] 嫌厭
[149] 搖動
[150] 振舒

♣ 수고하셨습니다.

01 용광로
풀이
鎔 녹일 용
鑛 쇳돌 광
爐 화로 로

02 모자
풀이
帽 모자 모
子 아들/첫째 지지/자네/접미
사 자

03 저지
풀이
沮 막을 저
止 그칠 지

04 결정
풀이
結 맺을 결
晶 수정/맑을 정

05 백로
풀이
白 흰/밝을/깨끗할/아뢸 백
鷺 해오라기 로

06 포기
풀이
抛 던질/포기할 포
棄 버릴 기

07 보초
풀이
步 걸음 보
哨 망볼/보초설 초

08 기로
풀이
岐 갈림길 기
路 길 로

09 야기
풀이
惹 끌 야
起 일어날/시작할 기

10 양식
풀이
養 기를 양
殖 불릴 식

11 휴게실
풀이
休 쉴 휴
憩 쉴 게
室 집/방/아내 실

12 송백
풀이
松 소나무 송
柏 잣나무/측백나무 백

13 화목
풀이
和 화목할/화할 화
睦 화목할 목

14 보필
풀이
輔 도울 보
弼 도울 필

15 추도
풀이
追 쫓을/따를 추
悼 슬퍼할 도

16 부탁
풀이
付 줄/부탁할 부
託 부탁할/의탁할 탁

17 모순
풀이
矛 창 모
盾 방패 순

18 건평
풀이
建 세울 건
坪 들/평 평

19 합병
풀이
合 합할/맞을 합
併 아우를/다툴/물리칠 병

20 혹평
풀이
酷 심할/독할 혹
評 평할 평

21 질식
풀이
窒 막힐 질
息 쉴/숨 쉴/소식/자식/늘어날 식

22 환청
풀이
幻 허깨비/헛보일 환
聽 들을 청

23 상현
풀이
上 위/오를 상
弦 활시위 현

24 온당
풀이
穩 평온할 온
當 마땅할/당할 당

25 자극
풀이
磁 자석/사기그릇 자
極 끝/다할 극

26 섭리
풀이
燮 온화할/화해할 섭
理 이치/다스릴 리

27 야만
풀이
野 들/거칠 야
蠻 오랑캐 만

28 항만
풀이
港 항구 항
灣 물굽이 만

29 탐정
풀이
探 찾을 탐
偵 엿볼/염탐할 정

30 찬란
풀이
燦 빛날 찬
爛 빛날/무르익을 란

31 홍삼
풀이
紅 붉을 홍
蔘 인삼 삼

32 훈장
풀이
勳 공 훈
章 문장 장

33 진척
풀이
進 나아갈 진
陟 오를 척

34 함정
풀이
艦 큰 배/싸움배 함
艇 거룻배/작은 배 정

35 왜곡
풀이
歪 비뚤/어긋날 왜
曲 굽을/노래 곡

36 증정
풀이
贈 줄 증
呈 보일/드릴 정

37 차량
풀이
車 차 차
輛 수레 량

38 병연
풀이
炳 불꽃 병
然 그러할 연

39 융자
풀이
融 녹을/화할 융
資 재물/신분 자

40 범람
풀이
汎 뜰/넓을/넘칠 범
濫 넘칠 람

41 운반
풀이
運 운전할/옮길/운수 운
搬 옮길/일반 반

42 단련
풀이
鍛 쇠 불릴/단련할 단
鍊 단련할 련

43 반출
풀이
搬 옮길/일반 반
出 나올/나갈 출

44 단금
풀이
鍛 쇠 불릴/단련할 단
金 쇠/금/돈 금

45 갱도
풀이
坑 구덩이 갱
道 길/도리/말할/행정 구역의 도

46 비적 비

47 배우 배

48 가늘 섬

49 업신여길 멸

50 애벌레/촉나라 촉

51 산등성이 강

52 찰 영

53 클 석

54 높을 준

55 실 산

56 부추길 사

57 아가씨 양

58 살 구

59 학교 상

60 기울 선

61 갈대 로

62 이름 돌

63 등나무 등

64 베낄 등

65 꿩 치

66 비준할 준

67 탈 초

68 독 옹

69 매 응

70 도울 익

71 녹일 용

72 붕새 붕

73 ❶

74 ❶

75 ❷

76 ❷

77 ❶

78 室內
풀이
室 집/방/아내 실
內 안 내

79 水泳
풀이
水 물 수
泳 헤엄칠 영

80 冒險
풀이
冒 무릅쓸 모
險 험할 험

81 危險
풀이
危 위험할 위
險 험할 험

82 精誠
풀이
精 정밀할/찧을 정
誠 정성 성

83 看護
풀이
看 볼 간
護 보호할 호

84 回復
풀이
回 돌/돌아올/횟수 회
復 돌아올 복

85 患者
풀이
患 근심 환
者 놈/것 자

86 便宜
풀이
便 편할 편/똥오줌 변
宜 마땅할 의

87 改修
풀이
改 고칠 개
修 닦을/다스릴 수

88 努力
풀이
努 힘쓸 노
力 힘 력

89 失敗
풀이
失 잃을 실
敗 패할 패

90 銘心
풀이
銘 새길 명
心 마음/중심 심

91 行動
풀이
行 다닐/행할 행
動 움직일 동

92 自省
풀이
自 스스로/자기/부터 자
省 살필 성

93 循環
풀이
循 돌/좇을 순
環 고리/두를 환

94 建設
풀이
建 세울 건
設 세울/베풀 설

95 分散
풀이
分 나눌/단위/신분/분별할
/분수 분
散 흩어질 산

96 提案
풀이
提 끌/내놓을 제
案 책상/생각/계획 안

97 參席
풀이
參 참여할 참
席 자리 석

98 過半數
풀이
過 지날/지나칠/허물 과
半 반 반
數 셀/두어/운수 수

99 贊成
풀이
贊 도울/찬성할 찬
成 이룰 성

100 突發
풀이
突 갑자기/부딪칠/내밀/굴뚝 돌
發 쏠/일어날 발

101 事態
풀이
事 일/섬길 사
態 모양/태도 태

102 警備
풀이
警 경계할/깨우칠 경
備 갖출 비

103 森林
풀이
森 빽빽할/엄숙한 모양 삼
林 수풀 림

104 消滅
풀이
消 끌/삭일/물러설 소
滅 꺼질/멸할 멸

105 暴雪
풀이
暴 사나울 폭/포
雪 눈/씻을 설

106 對策
풀이
對 상대할/대답할 대
策 채찍/꾀 책

107 處地
풀이
處 곳/살/처리할 처
地 땅/처지 지

108 略
풀이
省 줄일 생
略 간략할/빼앗을 략

109 住
풀이
居 살 거
住 살/사는 곳 주

110 動
[풀이]
舉 들/행할/일으킬 거
動 움직일 동

111 息
[풀이]
休 쉴 휴
息 쉴/숨 쉴/소식/자식/늘어날 식

112 律
[풀이]
法 법 법
律 법률/음률 률

113 伏
[풀이]
起 일어날/시작할 기
伏 엎드릴 복

114 美
[풀이]
美 아름다울 미
醜 추할 추

115 受
[풀이]
授 줄/가르칠 수
受 받을 수

116 收
[풀이]
收 거둘 수
支 다룰/가를/지출할 지

117 負
[풀이]
勝 이긴/나을 승
負 질/패할/빚질 부

118 完備
[풀이]
未備(미비) ↔ 完備(완비)

119 記憶
[풀이]
忘却(망각) ↔ 記憶(기억)

120 凶兆
[풀이]
吉兆(길조) ↔ 凶兆(흉조)

121 拙作
[풀이]
傑作(걸작) ↔ 拙作(졸작)

122 加重
[풀이]
輕減(경감) ↔ 加重(가중)

123 同期
[풀이]
同期(동기) – 같은 시기
動機(동기) – 행동을 일으키게
　　　　　하는 계기

124 思料
[풀이]
思料(사료) – 깊이 생각하여 헤
　　　　　아림
史料(사료) – 역사 연구에 필요
　　　　　한 문헌이나 유물

125 賞品
[풀이]
賞品(상품) – 상으로 주는 물품
上品(상품) – 질이 좋은 물품

126 修道
[풀이]
修道(수도) – 도를 닦음
水道(수도) – 상수도

127 良好
[풀이]
良好(양호) – 매우 좋음
養護(양호) – 기르고 보호함

128 輕
[풀이]
輕 가벼울 경
敵 원수 적
必 반드시 필
敗 패할 패

129 忙
[풀이]
公 공평할/대중/귀공자 공
私 사사로울 사
多 많을 다
忙 바쁠 망

130 福
[풀이]
國 나라 국
利 이로울/날카로울 리
民 백성 민
福 복 복

131 極
[풀이]
極 끝/다할 극
惡 악할 악
無 없을 무
道 길/도리/말할/행정 구역의 도

132 難
[풀이]
多 많을 다
事 일/섬길 사
多 많을 다
難 어려울/비난할 난

133 立
[풀이]
立 설 립(입)
身 몸 신
揚 날릴/높일 양
名 이름/이름날 명

134 適
[풀이]
適 알맞을/갈 적
者 놈/것 자
生 날/살/사람을 부를 때 쓰는
　　접사 생
存 있을 존

135 發
[풀이]
同 같을 동
時 때 시
多 많을 다
發 쏠/일어날 발

136 盡
[풀이]
無 없을 무
窮 곤궁할/다할 궁
無 없을 무
盡 다할 진

655

137 燥
풀이

無 없을 무
味 맛 미
乾 하늘/마를 건
燥 탈/마를 조

138 卅

139 羽

140 田

141 广

142 巾

143 当

144 双

145 蚕

146 축하하는 뜻으로 마시는 술
또는 그런 술잔
풀이

축배 – 祝 빌/축하할 축
杯 잔 배

147 매우 위급한 상황
풀이

초미 – 焦 탈 초
眉 눈썹 미

148 외국에 살고 있는 동포
풀이

교포 – 僑 더부살이/
객지에 살 교
胞 세포 포

149 밖으로 빠져서 샘
풀이

탈루 – 脫 벗을 탈
漏 샐 루

150 이름을 부름
풀이

호명 – 呼 부를 호
名 이름/이름날 명

01 정립
풀이
鼎 솥 정
立 설 립

02 금슬
풀이
琴 거문고 금
瑟 비파/거문고/쓸쓸할 슬

03 윤회
풀이
輪 바퀴/둥글/돌 륜(윤)
廻 우회할/돌 회

04 서구
풀이
西 서쪽 서
歐 구라파 구

05 강토
풀이
疆 경계/한계 강
土 흙 토

06 골동품
풀이
骨 뼈 골
董 바를/감출/감독할 동
品 물건/등급/품위 품

07 주축
풀이
主 주인 주
軸 굴대 축

08 신사
풀이
紳 큰 띠/신사 신
士 선비/군사/칭호나 직업에 붙
이는 말 사

09 상자
풀이
箱 상자 상
子 아들/첫째 지지/자네/접미
사 자

10 마취
풀이
痲 저릴 마
醉 취할 취

11 매혹
풀이
魅 도깨비/매혹할 매
惑 유혹할/어지러울 혹

12 협곡
풀이
峽 골짜기 협
谷 골짜기 곡

13 빙과
풀이
氷 얼음 빙
菓 과자 과

14 소굴
풀이
巢 새집 소
窟 굴 굴

15 두절
풀이
杜 막을/성씨 두
絕 끊을/죽을/가장 절

16 왜적
풀이
倭 왜국 왜
敵 원수 적

17 세제
풀이
洗 씻을 세
劑 약제 제

18 조치
풀이
措 둘 조
置 둘 치

19 차단
풀이
遮 막을/가릴 차
斷 끊을/결단할 단

20 전세
풀이
傳 전할/이야기 전
貰 세낼/빌릴 세

21 견별
풀이
甄 살필/질그릇/성씨 견
別 나눌/다를 별

22 창해
풀이
滄 큰 바다/찰 창
海 바다 해

23 발굴
풀이
發 쏠/일어날 발
掘 팔 굴

24 동굴
풀이
洞 마을/동굴 동
窟 굴 굴

25 방사
풀이
放 놓을 방
飼 먹일/기를 사

26 왕후
풀이
王 임금/으뜸 왕
后 임금/왕후 후

27 부조
풀이
浮 뜰 부
彫 새길 조

28 용병
풀이
傭 품팔이 용
兵 병사 병

29 보좌
풀이
補 기울 보
佐 도울 좌

30 점포
풀이
店 가게 점
鋪 펼/가게 포

31 사부
풀이
師 스승/전문가/군사 사
傅 스승 부

32 보천
풀이
寶 보배 보
釧 팔찌 천

33 유황
풀이
硫 유황 류(유)
黃 누를 황

34 형철
풀이
螢 반딧불 형
澈 맑을 철

35 율려
풀이
律 법률/음률 률(율)
呂 등뼈/음률 려

36 사면
풀이
赦 용서할 사
免 면할 면

37 혁노
풀이
赫 빛날/붉을 혁
怒 성낼 노

38 운초
풀이
芸 향 풀 운
草 풀 초

39 남색
풀이
藍 쪽 람(남)
色 빛 색

40 벌교
풀이
筏 뗏목 벌
橋 다리 교

41 초빙
풀이
招 부를 초
聘 부를/장가들 빙

42 명석
풀이
明 밝을 명
晳 밝을 석

43 잠식
풀이
蠶 누에 잠
食 밥/먹을 식

44 대지
풀이
垈 집터 대
地 땅/처지 지

45 신부전
풀이
腎 콩팥 신
不 아닐 불(부)
全 온전할 전

46 도리옥 선

47 물 이름 락

48 클 비

49 복 호

50 끌 야

51 올벼 직

52 큰 배 박

53 도울 필

54 밝을 호

55 삼갈 비

56 암 암

57 갈매기 구

58 기린 기

59 키 기

60 굳셀 강

61 경기 전

62 살갗 부

63 갑옷 갑

64 오리 압

65 바리때 발

66 빛날 빈

67 마귀 마

68 물가 수

69 들보/다리 량

70 낱 매

71 옥돌 민

72 향기로울 복

73 ❷

74 ❷

75 ❶

76 ❶

77 ❷

78 黃昏
풀이
黃 누를 황
昏 저물/어두울 혼

79 熱心
풀이
熱 더울 열
心 마음/중심 심

80 冬眠

풀이

冬 겨울 동
眠 잘 면

81 形狀

풀이

形 모양 형
狀 모양 상

82 收穫

풀이

收 거둘 수
穫 거둘 확

83 播種

풀이

播 씨뿌릴/퍼뜨릴 파
種 씨앗/종류 종

84 正義

풀이

正 바를 정
義 옳을/의로울 의

85 基礎

풀이

基 터/기초 기
礎 주춧돌/기초 초

86 秩序

풀이

秩 차례 질
序 먼저/차례 서

87 職業

풀이

職 직업/지장 직
業 업/일 업

88 透徹

풀이

透 통할 투
徹 통할/뚫을 철

89 專門家

풀이

專 오로지/마음대로 할 전
門 문 문
家 집/전문가 가

90 建物

풀이

建 세울 건
物 물건 물

91 迷路

풀이

迷 헷갈릴 미
路 길 로

92 惜別

풀이

惜 아낄/가엾을 석
別 나눌/다를/이별 별

93 離別

풀이

離 헤어질 리(이)
別 나눌/다를 별

94 異見

풀이

異 다를 이
見 볼 견/뵐 현

95 協商

풀이

協 도울 협
商 장사할/헤아릴 상

96 決裂

풀이

決 터질/정할 결
裂 찢어질/터질 렬

97 上昇

풀이

上 위/오를 상
昇 오를 승

98 庶民

풀이

庶 여러/백성/첩의 아들 서
民 백성 민

99 壓迫

풀이

壓 누를 압
迫 닥칠 박

100 聖域

풀이

聖 성스러울/성인 성
域 구역 역

101 報道

풀이

報 알릴/갚을/신문 보
道 길/도리/말할/행정 구역의 도

102 輿論

풀이

輿 가마/무리 여
論 논의할/평할 론

103 性能

풀이

性 성품/바탕/성별 성
能 능할 능

104 外製

풀이

外 밖 외
製 지을/만들 제

105 比較

풀이

比 나란할/견줄 비
較 비교할 교

106 藝術

풀이

藝 재주/기술 예
術 재주/기술 술

107 理解

풀이

理 이치/다스릴 리(이)
解 해부할/풀 해

108 戶

풀이

門 문 문
戶 문/집 호

109 通

풀이

貫 꿸/무게 단위 관
通 통할 통

110 辛
풀이
辛 고생할/매울 신
苦 쓸/괴로울 고

111 念
풀이
想 생각할 상
念 생각 념

112 久
풀이
長 길/어른 장
久 오랠 구

113 廢
풀이
存 있을 존
廢 부서질/폐할 폐

114 輕
풀이
輕 가벼울 경
重 무거울/귀중할/거듭 중

115 緯
풀이
經 지날/날실/경서 경
緯 씨실 위

116 劣
풀이
優 우수할/머뭇거릴/배우 우
劣 못날 렬(열)

117 打
풀이
投 던질 투
打 칠 타

118 感性
풀이
理性(이성) ↔ 感性(감성)

119 急性
풀이
慢性(만성) ↔ 急性(급성)

120 消滅
풀이
發生(발생) ↔ 消滅(소멸)

121 進步
풀이
保守(보수) ↔ 進步(진보)

122 綜合
풀이
分析(분석) ↔ 綜合(종합)

123 前景
풀이
前景(전경) – 앞쪽에 보이는
경치
全景(전경) – 전체의 경치

124 鳥聲
풀이
鳥聲(조성) – 새가 우는 소리
助成(조성) – 도와서 이루게 함

125 地上
풀이
地上(지상) – 땅의 위
紙上(지상) – 종이의 위. 신문
의 지면

126 晝間
풀이
晝間(주간) – 낮. 낮 동안
週間(주간) – 한 주일 동안

127 蟲聲
풀이
蟲聲(충성) – 벌레 우는 소리
忠誠(충성) – 마음에서 우러나
는 정성

128 牛
풀이
牛 소 우
耳 귀 이
讀 읽을 독
經 지날/날실/경서 경

129 壽
풀이
無 없을 무
病 병들/근심할 병
長 길/어른 장
壽 목숨/나이/장수할 수

130 往
풀이
說 말씀 설
往 갈 왕
說 말씀 설
來 올 래

131 答
풀이
默 말없을/고요할 묵
默 말없을/고요할 묵
不 아닐 불(부)
答 대답할/갚을 답

132 博
풀이
博 넓을 박
學 배울 학
多 많을 다
識 알 식

133 乾
풀이
白 흰/밝을/깨끗할/아뢸 백
手 손/재주/재주 있는 사람 수 수
乾 하늘/마를 건
達 이를/통달할 달

134 策
풀이
保 지킬/보호할 보
身 몸 신
之 갈/~의/이 지
策 채찍/꾀 책

135 修
풀이
修 닦을/다스릴 수
身 몸 신
齊 가지런할 제
家 집/전문가 가

136 慾
풀이
私 사사로울 사
利 이로울/날카로울 리
私 사사로울 사
慾 욕심 욕

137 敬
　풀이
　敬 공경할 경
　天 하늘 천
　勤 부지런할/일 근
　民 백성 민

138 貝

139 金

140 土

141 火

142 門

143 医

144 伝

145 図

146 연설이나 강연 따위의 제목
　풀이
　연제 – 演 펼/설명할 연
　　　　題 제목/문제 제

147 엄하게 금지함
　풀이
　엄금 – 嚴 엄할/성씨 엄
　　　　禁 금할 금

148 오빠와 누이를 아울러 이르는 말
　풀이
　남매 – 男 사내 남
　　　　妹 여동생 매

149 계급, 등급, 학년 따위가 올라감
　풀이
　진급 – 進 나아갈 진
　　　　級 등급 급

150 뜻을 새겨 가며 자세히 읽음
　풀이
　정독 – 精 정밀할/찧을 정
　　　　讀 읽을 독

661

01 첩보
풀이
諜 염탐할/간첩 첩
報 알릴/갚을/신문 보

02 삽화
풀이
揷 꽂을 삽
畫 그림 화

03 사찰
풀이
寺 절 사
刹 짧은 시간/절 찰

04 문란
풀이
紊 어지러울 문
亂 어지러울 란

05 왕성
풀이
旺 왕성할 왕
盛 성할 성

06 경멸
풀이
輕 가벼울 경
蔑 업신여길 멸

07 주차장
풀이
駐 머무를 주
車 차 차
場 마당/상황 장

08 양산
풀이
陽 볕/드러날 양
傘 우산 산

09 고막
풀이
鼓 북/두드릴 고
膜 막 막

10 진료
풀이
診 진찰할 진
療 병 고칠 료

11 요원
풀이
遼 멀 료(요)
遠 멀 원

12 염증
풀이
厭 싫어할 염
症 병세 증

13 종합
풀이
綜 모을 종
合 합할/맞을 합

14 연봉
풀이
年 해/나이 년(연)
俸 녹 봉

15 전전긍긍
풀이
戰 싸울/무서워 떨 전
戰 싸울/무서워 떨 전
兢 떨릴 긍
兢 떨릴 긍

16 탐독
풀이
耽 즐길 탐
讀 읽을 독

17 첨성대
풀이
瞻 볼 첨
星 별 성
臺 누각/정자 대

18 대담
풀이
大 큰 대
膽 쓸개/담력 담

19 분만
풀이
分 나눌/단위/신분/분별할
　/분수 분
娩 낳을 만

20 관대
풀이
寬 너그러울 관
大 큰 대

21 파벌
풀이
派 물갈래/파벌 파
閥 문벌 벌

22 추대
풀이
推 밀 추
戴 받들/일 대

23 편집
풀이
編 엮을 편
輯 편집할 집

24 정선
풀이
汀 물가 정
線 줄 선

25 사육
풀이
飼 먹일/기를 사
育 기를 육

26 유감
풀이
遺 남길/잃을 유
憾 한탄할/섭섭할 감

27 탐닉
풀이
耽 즐길 탐
溺 물에 빠질 닉

28 진애
[풀이]
塵 티끌 진
埃 티끌 애

29 후두
[풀이]
喉 목구멍 후
頭 머리/우두머리 두

30 구애
[풀이]
拘 잡을 구
礙 막을/거리낄 애

31 억울
[풀이]
抑 누를 억
鬱 답답할/울창할 울

32 소택
[풀이]
沼 늪 소
澤 연못/은혜 택

33 발해
[풀이]
渤 바다 이름 발
海 바다 해

34 가람
[풀이]
伽 절 가
藍 쪽 람

35 혼방
[풀이]
混 섞을 혼
紡 실 뽑을/길쌈 방

36 방향
[풀이]
芳 꽃다울 방
香 향기 향

37 논지
[풀이]
論 논의할/평할 론(논)
旨 맛/뜻 지

38 시량
[풀이]
柴 땔나무/섶/울타리 시
糧 양식 량

39 화강암
[풀이]
花 꽃 화
崗 산등성이 강
巖 바위 암

40 웅담
[풀이]
熊 곰 웅
膽 쓸개/담력 담

41 서광
[풀이]
瑞 상서로울 서
光 빛/경치 광

42 농후
[풀이]
濃 짙을 농
厚 두터울 후

43 풍진
[풀이]
風 바람/풍속/경치/모습/기질
　　/병 이름 풍
塵 티끌 진

44 자웅
[풀이]
雌 암컷 자
雄 수컷/클 웅

45 탈지면
[풀이]
脫 벗을 탈
脂 기름 지
綿 솜/자세할/이어질 면

46 빛날 엽

47 바랄 기

48 무궁화 근

49 여울 탄

50 가마 부

51 오랑캐 흉

52 목맬 교

53 밝을 철

54 홀 규

55 늙은이 기

56 넓을 왕

57 보배 옥

58 쌍옥 각

59 하늘 호

60 밝을 황

61 찾을 멱

62 바꿀 태

63 면류관 면

64 불 땔 취

65 자루 표

66 칡 갈

67 주석 석

68 동산 원

69 언덕 부

70 한 일

71 복 희

72 단술 례

73 ❶

74 ❶

75 ❶

76 ❶

77 ❷

78 觀衆
[풀이]
觀 볼 관
衆 무리 중

79 熱狂
[풀이]
熱 더울 열
狂 미칠 광

80 應援
풀이
應 응할 응
援 도울 원

81 賃金
풀이
賃 품삯/빌릴 임
金 쇠/금/돈 금

82 物價
풀이
物 물건 물
價 값/가치 가

83 引上
풀이
引 끌 인
上 위/오를 상

84 不振
풀이
不 아닐 불(부)
振 떨칠/떨 진

85 打開
풀이
打 칠 타
開 열 개

86 浮揚
풀이
浮 뜰 부
揚 날릴/높일 양

87 莫逆
풀이
莫 없을/말/가장 막
逆 거스를 역

88 勝負
풀이
勝 이길/나을 승
負 짐질/패할/빚질 부

89 讓步
풀이
讓 사양할/겸손할 양
步 걸음 보

90 體育
풀이
體 몸 체
育 기를 육

91 競爭
풀이
競 겨룰 경
爭 다툴 쟁

92 選拔
풀이
選 뽑을 선
拔 뽑을 발

93 心琴
풀이
心 마음/중심 심
琴 거문고 금

94 哀切
풀이
哀 슬플 애
切 끊을/간절할 절

95 辭緣
풀이
辭 말씀/글/물러날 사
緣 인연 연

96 貧富
풀이
貧 가난할 빈
富 넉넉할/부자 부

97 解消
풀이
解 해부할/풀 해
消 끌/삭일/물러설 소

98 方案
풀이
方 모/방향/방법 방
案 책상/생각/계획 안

99 契約
풀이
契 맺을 계
約 맺을/약속할 약

100 中途
풀이
中 가운데/맞힐 중
途 길 도

101 解止
풀이
解 해부할/풀 해
止 그칠 지

102 忍耐
풀이
忍 참을/잔인할 인
耐 참을/견딜 내

103 克己
풀이
克 능할/이길 극
己 몸/자기/여섯째 천간 기

104 展示
풀이
展 펼/넓을 전
示 보일/신 시

105 王冠
풀이
王 임금/으뜸 왕
冠 갓 관

106 虛弱
풀이
虛 빌/헛될 허
弱 약할 약

107 免疫
풀이
免 면할 면
疫 염병/전염병 역

108 互
풀이
相 서로/모습/볼/재상 상
互 서로 호

109 雜
풀이
混 섞을 혼
雜 섞일 잡

110 稚

풀이

幼 어릴 유
稚 어릴 치

111 終

풀이

終 다할/마칠 종
了 마칠 료

112 紅

풀이

朱 붉을/성씨 주
紅 붉을 홍

113 表

풀이

表 겉 표
裏 속 리

114 怨

풀이

恩 은혜 은
怨 원망할 원

115 納

풀이

出 나올/나갈 출
納 들일/바칠 납

116 陸

풀이

水 물 수
陸 육지 륙

117 添

풀이

添 더할 첨
削 깎을 삭

118 近海

풀이

遠洋(원양) ↔ 近海(근해)

119 被告

풀이

原告(원고) ↔ 被告(피고)

120 發信

풀이

受信(수신) ↔ 發信(발신)

121 子正

풀이

正午(정오) ↔ 子正(자정)

122 必然

풀이

偶然(우연) ↔ 必然(필연)

123 特需

풀이

特需(특수) - 특별한 수요
特殊(특수) - 특별히 다름

124 家具

풀이

家具(가구) - 집에서 쓰는 기구
家口(가구) - 집안 식구

125 監査

풀이

監査(감사) - 감독하고 검사함
感謝(감사) - 고마움을 느낌.
또는 그런 마음

126 古都

풀이

古都(고도) - 옛 도읍
孤島(고도) - 육지에서 멀리 떨
어진 외딴섬

127 公器

풀이

公器(공기) - 공공의 물건
工期(공기) - 공사하는 기간

128 達

풀이

上 위/오를 상
意 뜻 의
下 아래/내릴 하
達 이를/통달할 달

129 轉

풀이

起 일어날/시작할 기
承 받들/이을 승
轉 구를 전
結 맺을 결

130 送

풀이

送 보낼 송
厄 재앙 액
迎 맞이할 영
福 복 복

131 服

풀이

心 마음/중심 심
悅 기쁠 열
誠 정성 성
服 옷/먹을/복종할 복

132 是

풀이

言 말씀 언
則 곧 즉
是 옳을/이/~이다 시
也 어조사 야

133 忘

풀이

戀 사모할 련(연)
戀 사모할 련(연)
不 아닐 불(부)
忘 잊을 망

134 滅

풀이

永 길/오랠 영
遠 멀 원
不 아닐 불
滅 꺼질/멸할 멸

135 痛

풀이

腰 허리 요
折 꺾을 절
腹 배 복
痛 아플 통

136 滿

풀이

欲 바랄 욕
求 구할 구
不 아닐 불(부)
滿 찰 만

137 責
풀이
任 맡을/성씨 임
大 큰 대
責 꾸짖을/책임 책
重 무거울/귀중할/거듭 중

138 日

139 日

140 彡

141 巾

142 山

143 宝

144 変

145 並

146 어떤 사실을 자세히 따져서 바로 밝힘
풀이
규명 - 糾 얽힐/모일/살필 규
明 밝을 명

147 끝장에 가서는
풀이
필경 - 畢 마칠 필
竟 마침내/다할 경

148 부지런하고 검소함
풀이
근검 - 勤 부지런할/일 근
儉 검소할 검

149 모양이나 규모 따위를 더 크게함
풀이
확대 - 擴 넓힐 확
大 큰 대

150 죽은 사람을 그리며 생각함
풀이
추모 - 追 쫓을/따를 추
慕 사모할 모

제4회 한자능력검정시험 2급 실전 모의고사 정답 및 해설

01 자문
풀이
諮 물을 자
問 물을 문

02 보궐
풀이
補 기울 보
闕 대궐/빠질 궐

03 게재
풀이
揭 걸 게
載 실을/해 재

04 처절
풀이
悽 슬플 처
絶 끊을/죽을/가장 절

05 모옥
풀이
茅 띠 모
屋 집 옥

06 야만
풀이
野 들/거칠 야
蠻 오랑캐 만

07 납치
풀이
拉 끌고 갈 립(납)
致 이룰/이를 치

08 농구
풀이
籠 대바구니 롱(농)
球 둥글/공 구

09 표창
풀이
表 겉 표
彰 드러날/밝힐 창

10 배상
풀이
賠 배상할 배
償 갚을/보답할 상

11 벽촌
풀이
僻 치우칠 벽
村 마을 촌

12 공포
풀이
恐 두려울 공
怖 두려워할 포

13 체결
풀이
締 맺을 체
結 맺을 결

14 부인
풀이
否 아닐 부
認 알/인정할 인

15 원활
풀이
圓 둥글/화폐 단위 원
滑 미끄러울 활

16 일망타진
풀이
一 한 일
網 그물 망
打 칠 타
盡 다할 진

17 일축
풀이
一 한 일
蹴 찰 축

18 비옥
풀이
肥 살찔/기름질/거름 비
沃 기름질 옥

19 고충
풀이
苦 쓸/괴로울 고
衷 속마음 충

20 범주
풀이
範 법/본보기 범
疇 이랑/무리 주

21 정돈
풀이
整 가지런할 정
頓 조아릴/정돈할 돈

22 추세
풀이
趨 달릴 추
勢 기세 세

23 봉제
풀이
縫 꿰맬 봉
製 지을/만들 제

24 취락
풀이
聚 모일 취
落 떨어질/마을 락

25 연문
풀이
衍 퍼질/넓을 연
文 무늬/글월/성씨 문

26 서한
풀이
書 쓸/글/책 서
翰 붓/글/편지 한

27 부윤
풀이
府 관청/마을/창고 부
尹 다스릴/벼슬 윤

667

28 포승
풀이
捕 잡을 포
繩 노끈 승

29 관건
풀이
關 빗장/관계 관
鍵 자물쇠 건

30 병촉
풀이
秉 잡을 병
燭 촛불 촉

31 지당
풀이
池 연못 지
塘 연못 당

32 심연
풀이
深 깊을 심
淵 못 연

33 과채
풀이
瓜 오이 과
菜 나물 채

34 풍채
풀이
風 바람/풍속/경치/모습/기질
/병 이름 풍
采 캘/고를/모양 채

35 재원
풀이
才 재주/바탕 재
媛 미인/여자 원

36 현찰
풀이
現 이제/나타날 현
札 편지/패/돈 찰

37 이성
풀이
怡 기쁠 이
聲 소리 성

38 태몽
풀이
胎 임신할/처음 태
夢 꿈 몽

39 호종
풀이
扈 따를/떨칠 호
從 좇을/따를 종

40 괴목
풀이
槐 회화나무 괴
木 나무 목

41 건삼
풀이
乾 하늘/마를 건
蔘 인삼 삼

42 진맥
풀이
診 진찰할 진
脈 혈관/줄기 맥

43 오류
풀이
誤 그르칠 오
謬 그릇될/속일 류

44 철거
풀이
撤 거둘 철
去 갈/제거할 거

45 파악
풀이
把 잡을 파
握 잡을/쥘 악

46 순박할 순

47 도타울 돈

48 기름질 옥

49 굶주릴 기

50 둔할 둔

51 쑥 봉

52 비탈 판

53 언덕 파

54 번성할 욱

55 도울 우

56 자물쇠 건

57 연못 당

58 못 연

59 향기 분

60 인삼 삼

61 아교 교

62 맑을 철

63 막힐 질

64 오랑캐 만

65 물굽이 만

66 빛날 찬

67 향 풀 훈

68 오를 척

69 빛날 형

70 솥 정

71 못 담

72 사람 이름 설

73 ❶

74 ❶

75 ❷

76 ❶

77 ❶

78 晩學
풀이
晩 늦을 만
學 배울 학

79 成功
풀이
成 이룰 성
功 공/공로 공

668

80 勇氣
풀이
勇 날랠 용
氣 기운/대기 기

81 抱負
풀이
抱 안을 포
負 질/패할/빚질 부

82 經驗
풀이
經 지날/날실/경서 경
驗 시험할 험

83 渴望
풀이
渴 마를 갈
望 바랄/보름 망

84 流暢
풀이
流 흐를/번져나갈 류(유)
暢 화창할 창

85 練習
풀이
練 익힐 련(연)
習 익힐 습

86 妥當
풀이
妥 온당할 타
當 마땅할/당할 당

87 認定
풀이
認 알/인정할 인
定 정할 정

88 成長
풀이
成 이룰 성
長 길/어른 장

89 欲求
풀이
欲 바랄 욕
求 구할 구

90 敏感
풀이
敏 민첩할 민
感 느낄/감동할 감

91 繁榮
풀이
繁 번성할 번
榮 성할/영화 영

92 安定
풀이
安 어찌/편안할 안
定 정할 정

93 勇猛
풀이
勇 날랠 용
猛 날랠/사나울 맹

94 智略
풀이
智 지혜 지
略 간략할/빼앗을 략

95 將帥
풀이
將 장수/장차/나아갈 장
帥 장수 수

96 慈悲
풀이
慈 사랑/어머니 자
悲 슬플 비

97 溫柔
풀이
溫 따뜻할/익힐 온
柔 부드러울 유

98 肉食
풀이
肉 고기 육
食 밥/먹을 식

99 肥滿
풀이
肥 살찔/기름질/거름 비
滿 찰 만

100 可能性
풀이
可 옳을/가히/허락할 가
能 능할 능
性 성품/바탕/성별 성

101 樂譜
풀이
樂 노래 악
譜 족보/악보 보

102 素養
풀이
素 흴/바탕/요소/소박할 소
養 기를 양

103 培養
풀이
培 북돋울 배
養 기를 양

104 要求
풀이
要 중요할/필요할 요
求 구할 구

105 停滯
풀이
停 머무를 정
滯 막힐/머무를 체

106 不況
풀이
不 아닐 불
況 상황/하물며 황

107 追加
풀이
追 쫓을/따를 추
加 더할 가

108 加
풀이
添 더할 첨
加 더할 가

109 進
풀이
進 나아갈 진
就 나아갈/이룰 취

110 庫

풀이

倉 창고/급할 창
庫 창고 고

111 差

풀이

差 다를/어긋날 차
異 다를 이

112 貴

풀이

稀 드물 희
貴 귀할/말 귀

113 失

풀이

得 얻을 득
失 잃을 실

114 盛

풀이

盛 성할 성
衰 쇠할 쇠

115 姑

풀이

姑 시어미/할미/잠깐 고
婦 아내/며느리 부

116 白

풀이

黑 검을 흑
白 흰/밝을/깨끗할/아뢸 백

117 呼

풀이

呼 부를 호
應 응할 응

118 原因

풀이

結果(결과) ↔ 原因(원인)

119 主體

풀이

客體(객체) ↔ 主體(주체)

120 悲觀

풀이

樂觀(낙관) ↔ 悲觀(비관)

121 形式

풀이

內容(내용) ↔ 形式(형식)

122 精神

풀이

物質(물질) ↔ 精神(정신)

123 近間

풀이

近間(근간) – 가까운 사이. 요 사이
近刊(근간) – 최근에 출판되었거나 출판될 간행물

124 校庭

풀이

校庭(교정) – 학교의 뜰이나 운동장
校正(교정) – 교정쇄와 원고를 대조하여 오자, 오식, 배열, 색 따위를 바르게 고침

125 救出

풀이

救出(구출) – 위험에서 구해 냄
驅出(구출) – 쫓아냄

126 大地

풀이

大地(대지) – 넓고 큰 땅
垈地(대지) – 집터로서의 땅

127 分食

풀이

分食(분식) – 나누어 먹거나 나누어 가짐
粉食(분식) – 가루음식

128 退

풀이

臨 임할 림(임)
戰 싸울/무서워 떨 전
無 없을 무
退 물러날 퇴

129 認

풀이

自 자기/스스로/부터 자
他 다를/남 타
共 함께 공
認 알/인정할 인

130 序

풀이

長 길/어른 장
幼 어릴 유
有 가질/있을 유
序 먼저/차례 서

131 綿

풀이

周 두루/둘레 주
到 이를/주도면밀할 도
綿 솜/자세할/이어질 면
密 빽빽할/비밀 밀

132 匹

풀이

天 하늘 천
生 날/살/사람을 부를 때 쓰는 접사 생
配 나눌/짝 배
匹 짝/단위 필

133 嶺

풀이

泰 클/편안할 태
山 산 산
峻 높을 준
嶺 고개/재 령

134 般

풀이

彼 저 피
此 이 차
一 한 일
般 옮길/일반 반

135 騎

풀이

匹 짝/단위 필
馬 말 마
單 홑 단
騎 말 탈 기

136 恨
풀이
恨 한할/뉘우칠 한
不 아닐 불
早 일찍 조
圖 그림/꾀할 도

137 喜
풀이
喜 기쁠 희
色 빛 색
滿 찰 만
面 얼굴/향할/볼/행정 구역의 면

138 方

139 豆

140 豆

141 口

142 八

143 仮

144 岩

145 党

146 몸의 영양을 좋게 하는 성분
풀이
자양분 – 滋 불을/맛 자
養 기를 양
分 나눌/단위/신분
/분별할/분수 분

147 겉으로 드러내지 아니하고 속
에 간직함
풀이
함축 – 含 머금을 함
蓄 쌓을 축

148 오직 한 가지 일에만 마음을 씀
풀이
전념 – 專 오로지/
마음대로 할 전
念 생각 념

149 주워서 얻음
풀이
습득 – 拾 주울 습
得 얻을 득

150 잘못을 뉘우치고 고침
풀이
회개 – 悔 뉘우칠 회
改 고칠 개

01 탐닉
풀이
耽 즐길 탐
溺 물에 빠질 닉

02 헌정
풀이
獻 바칠 헌
呈 보일/드릴 정

03 동독
풀이
董 바를/감출/감독할 동
督 감독할 독

04 장혈
풀이
獐 노루 장
血 피 혈

05 대치
풀이
對 상대할/대답할 대
峙 언덕 치

06 파문
풀이
波 물결 파
紋 무늬 문

07 포착
풀이
捕 잡을 포
捉 잡을 착

08 태풍
풀이
颱 태풍 태
風 바람/풍속/경치/모습 풍

09 연찬
풀이
硏 갈/연구할 연
鑽 뚫을/끌/송곳 찬

10 균열
풀이
龜 거북 구(귀)/터질 균
裂 찢어질/터질 렬(열)

11 농담
풀이
濃 짙을 농
淡 맑을/깨끗할 담

12 녹봉
풀이
祿 봉급 록(녹)
俸 녹 봉

13 연적
풀이
硯 벼루 연
滴 물방울 적

14 호수
풀이
皓 흴 호
首 머리/우두머리 수

15 매료
풀이
魅 도깨비/매혹할 매
了 마칠 료

16 호위
풀이
扈 따를/떨칠 호
衛 지킬 위

17 건반
풀이
鍵 자물쇠 건
盤 쟁반 반

18 단련
풀이
鍛 쇠 불릴/단련할 단
鍊 단련할 련

19 괴멸
풀이
壞 무너질 괴
滅 꺼질/멸할 멸

20 유감
풀이
遺 남길/잃을 유
憾 한탄할/섭섭할 감

21 차관
풀이
借 빌릴 차
款 정성/조목/기록 관

22 극항
풀이
極 끝/다할 극
亢 목/높을 항

23 격단
풀이
激 격할/부딪칠 격
湍 여울 단

24 빈사
풀이
賓 손님 빈
辭 말씀/글/물러날 사

25 요기
풀이
療 병 고칠 료(요)
飢 굶주릴 기

26 치매
풀이
雉 꿩 치
媒 중매 매

27 비람
풀이
毖 도울 비
藍 쪽 람

28 익대

풀이

翊 도울 익

戴 받들/일 대

29 은행

풀이

銀 은 은

杏 살구/은행 행

30 장애

풀이

障 막을 장

礙 막을/거리낄 애

31 영민

풀이

英 꽃부리 영

敏 민첩할 민

32 허황

풀이

虛 빌/헛될 허

荒 거칠 황

33 화승

풀이

火 불 화

繩 노끈 승

34 감축

풀이

減 줄어들 감

縮 줄어들 축

35 충적

풀이

沖 하한/빌/어릴 충

積 쌓을 적

36 애진

풀이

埃 티끌 애

塵 티끌 진

37 경하

풀이

慶 경사 경

賀 축하할 하

38 사진

풀이

寫 그릴/베낄 사

眞 참 진

39 배우

풀이

俳 배우 배

優 우수할/머뭇거릴/배우 우

40 섬유

풀이

纖 가늘 섬

維 벼리/끈/묶을 유

41 쌍방

풀이

雙 둘 쌍

方 모/방향/방법 방

42 경단

풀이

瓊 구슬 경

團 둥글/모일 단

43 번뇌

풀이

煩 번거로울 번

惱 괴로워할 뇌

44 산성

풀이

酸 실 산

性 성품/바탕/성별 성

45 화폐

풀이

貨 재물/물품 화

幣 돈/폐백 폐

46 미끄러울 활/어지러울 골

47 뛰어날 걸

48 빛날 빈

49 말갈 말

50 물가 수

51 골짜기 협

52 옥돌 민

53 즙낼/강 이름 심

54 약제 제

55 탐스러울/예쁠 화

56 바랄 기

57 건널 도

58 염탐할/간첩 첩

59 꽂을 삽

60 콩팥 신

61 벨/죽일 참

62 밝을 석

63 집터 대

64 쇠 철

65 부끄러울 치

66 물가 정

67 목구멍 후

68 늪 소

69 놀랄 경

70 칡 갈

71 첩 첩

72 밝을 욱

73 ❷

74 ❶

75 ❶

76 ❷

77 ❷

78 韻致

풀이

韻 운치/운 운

致 이룰/이를 치

79 訓練

풀이

訓 가르칠 훈

練 익힐 련

80 連繫

풀이

連 이을 련(연)

繫 맬 계

673

81 欄干
풀이
欄 난간/테두리 란(난)
干 방패/범할/얼마/마를 간

82 注意
풀이
注 물댈/쏟을 주
意 뜻 의

83 時節
풀이
時 때 시
節 마디/절개/계절/명절 절

84 追憶
풀이
追 쫓을/따를 추
憶 기억할/생각할 억

85 旅館
풀이
旅 군사/나그네 려(여)
館 집/객사 관

86 看板
풀이
看 볼 간
板 널조각 판

87 經緯
풀이
經 지날/날실/경서 경
緯 씨실 위

88 調査
풀이
調 고를/어울릴/가락 조
査 조사할 사

89 映畫
풀이
映 비칠 영
畫 그림 화

90 宣傳
풀이
宣 펼/베풀 선
傳 전할/이야기 전

91 疏通
풀이
疏 트일/드물/성길 소
通 통할 통

92 圓滑
풀이
圓 둥글/화폐 단위 원
滑 미끄러울 활

93 國寶
풀이
國 나라 국
寶 보배 보

94 累積
풀이
累 여러/쌓일/폐 끼칠 루(누)
積 쌓을 적

95 閉鎖
풀이
閉 닫을 폐
鎖 쇠사슬/자물쇠 쇄

96 偏頗
풀이
偏 치우칠 편
頗 자못/치우칠 파

97 抗議
풀이
抗 대항할 항
議 의논할 의

98 邪惡
풀이
邪 간사할 사
惡 악할 악

99 誤謬
풀이
誤 그르칠 오
謬 그릇될/속일 류

100 影響
풀이
影 그림자 영
響 울릴 향

101 變遷
풀이
變 변할 변
遷 옮길 천

102 遵守
풀이
遵 따라갈 준
守 지킬 수

103 制裁
풀이
制 제도/억제할 제
裁 재단할/헤아릴/결단할 재

104 攝理
풀이
攝 끌어 잡을/다스릴 섭
理 이치/다스릴 리

105 親舊
풀이
親 어버이/친할 친
舊 오랠/옛 구

106 蹴球
풀이
蹴 찰 축
球 둥글/공 구

107 菜蔬
풀이
菜 나물 채
蔬 나물/채소 소

108 關鍵
풀이
關 빗장/관계 관
鍵 자물쇠 건

109 琴瑟
풀이
琴 거문고 금
瑟 비파/거문고/쓸쓸할 슬

110 攻擊
풀이
攻 칠/닦을 공
擊 칠 격

674

111 劣
풀이
拙 못날 졸
劣 못날 렬

112 畺
풀이
疆 경계/한계 강
界 경계/세계 계

113 彼
풀이
彼 저 피
此 이 차

114 歡
풀이
哀 슬플 애
歡 기뻐할 환

115 慶
풀이
慶 경사 경
弔 조문할 조

116 增
풀이
增 더할 증
減 줄어들 감

117 添
풀이
添 더할 첨
削 깎을 삭

118 閑散
풀이
閑 한가할 한
散 흩어질 산

119 緊縮
풀이
緊 급할/긴요할 긴
縮 줄어들 축

120 左遷
풀이
左 왼쪽/낮은 자리 좌
遷 옮길 천

121 淑女
풀이
淑 맑을 숙
女 여자 녀

122 遲鈍
풀이
遲 더딜/늦을 지
鈍 둔할 둔

123 細胞
풀이
細胞(세포) – 생물체를 이루는 기본 단위
稅布(세포) – 조세로 바치던 피륙

124 報告
풀이
報告(보고) – 일에 관한 내용이나 결과를 말이나 글로 알림
寶庫(보고) – 귀중한 물건을 간수해 두는 창고

125 懇志
풀이
懇志(간지) – 간곡한 뜻
幹枝(간지) – 식물의 줄기와 가지

126 舍監
풀이
舍監(사감) – 기숙사에서 기숙생들의 생활을 지도하고 감독하는 사람
私憾(사감) – 사사로운 일로 언짢게 여기는 마음

127 扶養
풀이
扶養(부양) – 생활 능력이 없는 사람의 생활을 돌봄
浮揚(부양) – 가라앉은 것이 떠오름

128 策
풀이
束 묶을 속
手 손/재주/재주 있는 사람 수
無 없을 무
策 채찍/꾀 책

129 勿
풀이
勿 없을/말 물
失 잃을 실
好 좋을 호
機 베틀/기계/기회 기

130 碧
풀이
桑 뽕나무 상
田 밭 전
碧 푸를 벽
海 바다 해

131 尊
풀이
唯 오직/대답할 유
我 나 아
獨 홀로/자식 없을 독
尊 높일 존

132 拔
풀이
拔 뽑을 발
本 뿌리/근본/책 본
塞 막을 색
源 근원 원

133 膽
풀이
肝 간 간
膽 쓸개/담력 담
相 서로/모습/볼/재상 상
照 비출 조

134 據
풀이
群 무리 군
雄 수컷/클 웅
割 벨/나눌 할
據 의지할 거

675

135 吳
풀이
吳 오나라/성씨 오
越 넘을/월나라 월
同 같을 동
舟 배 주

136 徹
풀이
不 아닐 불
徹 거둘 철
晝 낮 주
夜 밤 야

137 魔
풀이
好 좋을 호
事 일/섬길 사
多 많을 다
魔 마귀 마

138 尸

139 血

140 欠

141 儿

142 卅

143 径

144 麦

145 県

146 물품 등을 선물로 줌
풀이
증여 – 贈 줄 증
與 줄/더불/참여할 여

147 어떤 일이나 사물 현상이 일어
나는 바로 그때
풀이
찰나 – 刹 짧은 시간/절 찰
那 어찌/짧은 시간 나

148 미워하고 싫어함
풀이
혐염 – 嫌 싫어할/의심할 혐
厭 싫어할 염

149 흔들려 움직임
풀이
요동 – 搖 흔들 요
動 움직일 동

150 위세나 명성 따위를 떨쳐서 폄
풀이
진서 – 振 떨칠/떨 진
舒 펼/느긋할 서

676

제5편

한자 찾아보기

한자 찾아보기(ㄱ~ㅎ)

한자 찾아보기

682

찾아보기 (뒤의 숫자는 제목번호)

686

700

知者不惑, 仁者不憂, 勇者不懼.
"지혜로운 사람은 흔들리지 않고,
어진 사람은 근심하지 않고,
용감한 사람은 두려워하지 않는다."

- ≪논어≫, 〈자한(子罕)〉 -

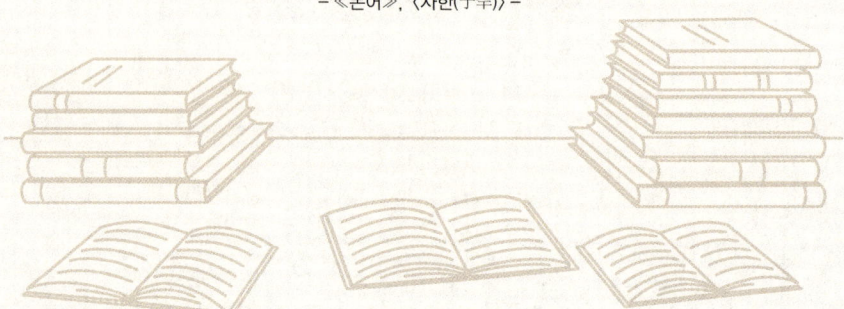

2026 어문회 한자능력검정시험 2급 한 권으로 끝내기

개정8판1쇄 발행	2026년 01월 05일(인쇄 2025년 10월 23일)
초 판 발 행	2018년 01월 05일(인쇄 2017년 10월 11일)
발 행 인	박영일
책 임 편 집	이해욱
편 저	박정서 · 박원길
편 집 진 행	박시현
표지디자인	김지수
본문디자인	양혜련 · 임창규
발 행 처	(주)시대고시기획
출 판 등 록	제10-1521호
주 소	서울시 마포구 큰우물로 75 [도화동 538 성지 B/D] 9F
전 화	1600-3600
팩 스	02-701-8823
홈 페 이 지	www.sdedu.co.kr
I S B N	979-11-434-0233-2 (13710)
정 가	28,000원

빈출 한자만 모아 정리한

빅데이터 합격한자

빈출 한자 500자 | 빈출 한자어 300개 | 빈출 고사성어 100개

시대에듀

※ 빈칸을 채워서 나만의 합격 한자책을 완성해 보세요.

	한자	훈·음
1	之	
2	不	
3	行	
4	人	
5	同	
6	大	
7	事	
8	一	
9	明	
10	絕	
11	添	
12	棄	
13	惡	
14	無	
15	薄	
16	海	
17	天	
18	自	
19	地	
20	心	

	훈·음	한자
1	갈 지	
2	아닐 불(부)	
3	다닐 행	
4	사람 인	
5	같을 동	
6	큰 대	
7	일 사	
8	한 일	
9	밝을 명	
10	끊을 절	
11	더할 첨	
12	버릴 기	
13	악할 악 / 미워할 오	
14	없을 무	
15	엷을 박	
16	바다 해	
17	하늘 천	
18	스스로 자	
19	땅 지	
20	마음 심	

	한자	훈·음		훈·음	한자
21	雇		21	품 팔 고	
22	結		22	맺을 결	
23	田		23	밭 전	
24	上		24	위 상	
25	難		25	어려울 난	
26	動		26	움직일 동	
27	馬		27	말 마	
28	源		28	근원 원	
29	性		29	성품 성	
30	戴		30	일 대	
31	亂		31	어지러울 난	
32	重		32	무거울 중	
33	外		33	밖 외	
34	水		34	물 수	
35	理		35	다스릴 리	
36	膽		36	쓸개 담	
37	僻		37	치우칠 벽	
38	削		38	깎을 삭	
39	端		39	끝 단	
40	和		40	화할 화	
41	發		41	필 발	
42	爲		42	할 위	
43	國		43	나라 국	
44	字		44	글자 자	
45	魅		45	매혹할 매	

	한자	훈 · 음		훈 · 음	한자
46	壞		46	무너질 괴	
47	柔		47	부드러울 유	
48	放		48	놓을 방	
49	食		49	밥 식	
50	衣		50	옷 의	
51	道		51	길 도	
52	利		52	이로울 리	
53	山		53	산 산	
54	蔑		54	업신여길 멸	
55	破		55	깨질 파	
56	纖		56	가늘 섬	
57	揭		57	걸 게	
58	手		58	손 수	
59	塞		59	막을 색	
60	分		60	나눌 분	
61	生		61	날 생	
62	氣		62	기운 기	
63	化		63	될 화	
64	悼		64	슬퍼할 도	
65	酷		65	심할 혹	
66	耽		66	즐길 탐	
67	葛		67	칡 갈	
68	落		68	떨어질 락	
69	赦		69	용서할 사	
70	急		70	급할 급	

	한자	훈·음		훈·음	한자
71	待		71	기다릴 대	
72	解		72	풀 해	
73	虐		73	모질 학	
74	償		74	갚을 상	
75	情		75	뜻 정	
76	思		76	생각 사	
77	間		77	사이 간	
78	擴		78	넓힐 확	
79	斷		79	끊을 단	
80	言		80	말씀 언	
81	握		81	쥘 악	
82	深		82	깊을 심	
83	融		83	녹을 융	
84	瑞		84	상서로울 서	
85	塵		85	티끌 진	
86	勵		86	힘쓸 려	
87	興		87	흥할 흥	
88	頭		88	머리 두	
89	降		89	내릴 강	
90	厚		90	두터울 후	
91	盛		91	성할 성	
92	體		92	몸 체	
93	風		93	바람 풍	
94	定		94	정할 정	
95	殺		95	죽일 살 / 빠를 쇄	

	한자	훈·음		훈·음	한자
96	正		96	바를 정	
97	問		97	물을 문	
98	學		98	배울 학	
99	語		99	말씀 어	
100	尿		100	오줌 뇨	
101	惹		101	끌 야	
102	濃		102	짙을 농	
103	抛		103	던질 포	
104	狗		104	개 구	
105	哀		105	슬플 애	
106	報		106	갚을 보	
107	月		107	달 월	
108	進		108	나아갈 진	
109	視		109	볼 시	
110	政		110	다스릴 정	
111	金		111	쇠 금 / 성씨 김	
112	辭		112	말씀 사	
113	高		113	높을 고	
114	機		114	틀 기	
115	率		115	비율 률	
116	度		116	법도 도	
117	口		117	입 구	
118	相		118	서로 상	
119	家		119	집 가	
120	坑		120	구덩이 갱	

	한자	훈·음		훈·음	한자
121	溺		121	물에 빠질 닉	
122	衷		122	속마음 충	
123	苦		123	쓸 고	
124	沮		124	막을 저	
125	汚		125	더러울 오	
126	銳		126	날카로울 예	
127	福		127	복 복	
128	木		128	나무 목	
129	草		129	풀 초	
130	名		130	이름 명	
131	遮		131	가릴 차	
132	網		132	그물 망	
133	琢		133	다듬을 탁	
134	敷		134	펼 부	
135	緩		135	느릴 완	
136	免		136	면할 면	
137	縮		137	줄어들 축	
138	抑		138	누를 억	
139	腐		139	썩을 부	
140	干		140	방패 간	
141	起		141	일어날 기	
142	過		142	지날 과	
143	獨		143	홀로 독	
144	慢		144	오만할 만	
145	揚		145	날릴 양	

	한자	훈 · 음		훈 · 음	한자
146	牽		146	끌 견	
147	喪		147	잃을 상	
148	恩		148	은혜 은	
149	輕		149	가벼울 경	
150	路		150	길 로	
151	經		151	지날 경	
152	勢		152	형세 세	
153	得		153	얻을 득	
154	有		154	있을 유	
155	說		155	말씀 설	
156	時		156	때 시	
157	揷		157	꽂을 삽	
158	焦		158	탈 초	
159	謬		159	그릇될 류	
160	呈		160	드릴 정	
161	唆		161	부추길 사	
162	乾		162	하늘 건	
163	轉		163	구를 전	
164	寒		164	찰 한	
165	沒		165	빠질 몰	
166	誤		166	그르칠 오	
167	刻		167	새길 각	
168	齒		168	이 치	
169	査		169	조사할 사	
170	用		170	쓸 용	

	한자	훈·음		훈·음	한자
171	然		171	그러할 연	
172	示		172	보일 시	
173	流		173	흐를 류	
174	的		174	과녁 적	
175	意		175	뜻 의	
176	敎		176	가르칠 교	
177	見		177	볼 견	
178	長		178	길 장	
179	殖		179	불릴 식	
180	掘		180	팔 굴	
181	怠		181	게으를 태	
182	散		182	흩어질 산	
183	曲		183	굽을 곡	
184	衍		184	넓을 연	
185	鬱		185	답답할 울	
186	巢		186	새집 소	
187	惑		187	유혹할 혹	
188	張		188	베풀 장	
189	足		189	발 족	
190	器		190	그릇 기	
191	制		191	억제할 제	
192	失		192	잃을 실	
193	物		193	물건 물	
194	飼		194	기를 사	
195	硯		195	벼루 연	

	한자	훈·음		훈·음	한자
196	退		196	물러날 퇴	
197	日		197	날 일	
198	補		198	기울 보	
199	骨		199	뼈 골	
200	加		200	더할 가	
201	推		201	밀 추	
202	城		202	성 성	
203	造		203	지을 조	
204	躍		204	뛸 약	
205	需		205	쓸 수	
206	沈		206	잠길 침	
207	域		207	지경 역	
208	新		208	새로울 신	
209	花		209	꽃 화	
210	面		210	낯 면	
211	祥		211	상서로울 상	
212	狀		212	모양 상 / 문서 장	
213	固		213	굳을 고	
214	客		214	손님 객	
215	要		215	중요할 요	
216	記		216	기록할 기	
217	萬		217	일만 만	
218	送		218	보낼 송	
219	肉		219	고기 육	
220	表		220	겉 표	

	한자	훈·음
221	書	
222	年	
223	樂	
224	窒	
225	駐	
226	傭	
227	款	
228	劣	
229	却	
230	獵	
231	詐	
232	拙	
233	靜	
234	怖	
235	搜	
236	指	
237	官	
238	眞	
239	通	
240	主	
241	厭	
242	矛	
243	餓	
244	背	
245	擧	

	훈·음	한자
221	글 서	
222	해 년	
223	즐길 락	
224	막힐 질	
225	머무를 주	
226	품팔이 용	
227	조목 관	
228	못할 렬	
229	물리칠 각	
230	사냥할 렵	
231	속일 사	
232	못날 졸	
233	고요할 정	
234	두려워할 포	
235	찾을 수	
236	가리킬 지	
237	벼슬 관	
238	참 진	
239	통할 통	
240	주인 주	
241	싫어할 염	
242	창 모	
243	굶주릴 아	
244	등 배	
245	들 거	

	한자	훈·음		훈·음	한자
246	實		246	열매 실	
247	服		247	옷 복	
248	合		248	합할 합	
249	洗		249	씻을 세	
250	者		250	놈 자	
251	感		251	느낄 감	
252	暴		252	사나울 폭(포)	
253	産		253	낳을 산	
254	謄		254	베낄 등	
255	膠		255	아교 교	
256	雌		256	암컷 자	
257	浮		257	뜰 부	
258	崩		258	무너질 붕	
259	嫌		259	싫어할 혐	
260	置		260	둘 치	
261	設		261	말씀 설	
262	輔		262	도울 보	
263	腎		263	콩팥 신	
264	臺		264	대 대	
265	憐		265	불쌍히 여길 련	
266	侮		266	업신여길 모	
267	忘		267	잊을 망	
268	優		268	우수할 우	
269	損		269	덜 손	
270	內		270	안 내	

	한자	훈·음		훈·음	한자
271	趨		271	달릴 추	
272	巧		272	교묘할 교	
273	愼		273	삼갈 신	
274	邊		274	가 변	
275	修		275	닦을 수	
276	雄		276	수컷 웅	
277	夜		277	밤 야	
278	使		278	하여금 사	
279	濕		279	젖을 습	
280	裝		280	꾸밀 장	
281	本		281	근본 본	
282	死		282	죽을 사	
283	門		283	문 문	
284	釋		284	풀 석	
285	觀		285	볼 관	
286	窟		286	굴 굴	
287	縫		287	꿰맬 봉	
288	購		288	살 구	
289	刹		289	절 찰	
290	診		290	진찰할 진	
291	還		291	돌아올 환	
292	燥		292	마를 조	
293	聘		293	부를 빙	
294	拔		294	뽑을 발	
295	飢		295	굶주릴 기	

	한자	훈·음
296	偏	
297	察	
298	健	
299	養	
300	撤	
301	峽	
302	蟾	
303	賠	
304	翰	
305	鈍	
306	獻	
307	稀	
308	腹	
309	錦	
310	臟	
311	辱	
312	捕	
313	禍	
314	求	
315	境	
316	價	
317	土	
318	白	
319	締	
320	橫	

	훈·음	한자
296	치우칠 편	
297	살필 찰	
298	건강할 건	
299	기를 양	
300	거둘 철	
301	골짜기 협	
302	두꺼비 섬	
303	배상할 배	
304	편지 한	
305	둔할 둔	
306	바칠 헌	
307	드물 희	
308	배 복	
309	비단 금	
310	오장 장	
311	욕할 욕	
312	잡을 포	
313	재앙 화	
314	구할 구	
315	경계 경	
316	값 가	
317	흙 토	
318	흰 백	
319	맺을 체	
320	가로 횡	

	한자	훈·음		훈·음	한자
321	毁		321	헐 훼	
322	論		322	논의할 론	
323	資		323	재물 자	
324	從		324	좇을 종	
325	公		325	공평할 공	
326	遠		326	멀 원	
327	出		327	날 출	
328	子		328	아들 자	
329	下		329	아래 하	
330	越		330	넘을 월	
331	悲		331	슬플 비	
332	前		332	앞 전	
333	民		333	백성 민	
334	讀		334	읽을 독	
335	賣		335	팔 매	
336	拉		336	끌고 갈 랍	
337	措		337	둘 조	
338	哨		338	망볼 초	
339	輯		339	편집할 집	
340	託		340	부탁할 탁	
341	欺		341	속일 기	
342	糾		342	얽힐 규	
343	凝		343	엉길 응	
344	遷		344	옮길 천	
345	伸		345	펼 신	

	한자	훈·음		훈·음	한자
346	津		346	나루 진	
347	彫		347	새길 조	
348	幻		348	헛보일 환	
349	涉		349	건널 섭	
350	眉		350	눈썹 미	
351	載		351	실을 재	
352	奏		352	아뢸 주	
353	把		353	잡을 파	
354	引		354	끌 인	
355	勤		355	부지런할 근	
356	聲		356	소리 성	
357	鳴		357	울 명	
358	約		358	맺을 약	
359	集		359	모을 집	
360	特		360	특별할 특	
361	卑		361	낮을 비	
362	醉		362	취할 취	
363	守		363	지킬 수	
364	復		364	다시 부 / 돌아올 복	
365	止		365	그칠 지	
366	善		366	착할 선	
367	案		367	책상 안	
368	目		368	눈 목	
369	入		369	들 입	
370	懇		370	간절할 간	

	한자	훈·음		훈·음	한자
371	陷		371	빠질 함	
372	龍		372	용 룡	
373	類		373	무리 류	
374	知		374	알 지	
375	令		375	하여금 령	
376	美		376	아름다울 미	
377	期		377	기약할 기	
378	交		378	사귈 교	
379	省		379	살필 성 / 줄일 생	
380	三		380	석 삼	
381	史		381	역사 사	
382	順		382	순할 순	
383	音		383	소리 음	
384	旌		384	기 정	
385	藤		385	등나무 등	
386	碩		386	클 석	
387	憂		387	근심할 우	
388	閱		388	검열할 열	
389	熟		389	익을 숙	
390	拘		390	잡을 구	
391	貪		391	탐낼 탐	
392	麗		392	고울 려	
393	衆		393	무리 중	
394	脫		394	벗을 탈	
395	欽		395	공경할 흠	

	한자	훈·음		훈·음	한자
396	膜		396	막 막	
397	弼		397	도울 필	
398	諜		398	염탐할 첩	
399	剛		399	굳셀 강	
400	蛇		400	뱀 사	
401	濫		401	넘칠 람	
402	維		402	벼리 유	
403	桑		403	뽕나무 상	
404	尖		404	뾰족할 첨	
405	妥		405	온당할 타	
406	盜		406	도둑 도	
407	密		407	빽빽할 밀	
408	嚴		408	엄할 엄	
409	調		409	고를 조	
410	談		410	말씀 담	
411	買		411	살 매	
412	權		412	권세 권	
413	延		413	늘일 연	
414	減		414	줄어들 감	
415	暖		415	따뜻할 난	
416	受		416	받을 수	
417	雪		417	눈 설	
418	戈		418	창 과	
419	享		419	누릴 향	
420	程		420	정도 정	

	한자	훈·음			훈·음	한자
421	成			421	이룰 성	
422	西			422	서쪽 서	
423	文			423	글월 문	
424	會			424	모일 회	
425	力			425	힘 력	
426	繕			426	기울 선	
427	繩			427	노끈 승	
428	盾			428	방패 순	
429	頓			429	조아릴 돈	
430	篤			430	두터울 독	
431	騷			431	시끄러울 소	
432	了			432	마칠 료	
433	滯			433	막힐 체	
434	踏			434	밟을 답	
435	繁			435	번성할 번	
436	謁			436	뵐 알	
437	縱			437	세로 종	
438	襲			438	습격할 습	
439	防			439	막을 방	
440	態			440	모습 태	
441	認			441	알 인	
442	孤			442	외로울 고	
443	請			443	청할 청	
444	氷			444	얼음 빙	
445	致			445	이를 치	

	한자	훈·음		훈·음	한자
446	圖		446	그림 도	
447	炊		447	불 땔 취	
448	胎		448	임신할 태	
449	影		449	그림자 영	
450	衰		450	쇠할 쇠 / 상복 최	
451	弔		451	조문할 조	
452	衝		452	찌를 충	
453	醜		453	추할 추	
454	飛		454	날 비	
455	助		455	도울 조	
456	婦		456	며느리 부	
457	望		457	바랄 망	
458	淸		458	맑을 청	
459	式		459	법 식	
460	陽		460	볕 양	
461	劑		461	약제 제	
462	眠		462	잘 면	
463	普		463	넓을 보	
464	可		464	옳을 가	
465	德		465	덕 덕	
466	命		466	목숨 명	
467	齊		467	가지런할 제	
468	索		468	동아줄 삭 / 찾을 색	
469	假		469	거짓 가	
470	妙		470	묘할 묘	

	한자	훈·음		훈·음	한자
471	賞		471	상줄 상	
472	身		472	몸 신	
473	信		473	믿을 신	
474	電		474	번개 전	
475	識		475	알 식 / 기록할 지	
476	作		476	지을 작	
477	泉		477	샘 천	
478	數		478	셈 수	
479	易		479	쉬울 이 / 바꿀 역	
480	廻		480	돌 회	
481	諮		481	물을 자	
482	療		482	병 고칠 료	
483	疆		483	경계 강	
484	肝		484	간 간	
485	谷		485	골짜기 곡	
486	滅		486	꺼질 멸	
487	尾		487	꼬리 미	
488	翁		488	늙은이 옹	
489	渴		489	마를 갈	
490	盤		490	쟁반 반	
491	掌		491	손바닥 장	
492	愚		492	어리석을 우	
493	獲		493	얻을 획	
494	頗		494	자못 파	
495	微		495	작을 미	

	한자	훈 · 음		훈 · 음	한자
496	泥		496	진흙 니	
497	迎		497	맞이할 영	
498	紅		498	붉을 홍	
499	師		499	스승 사	
500	榮		500	영화 영	

	한자어	독음
1	祥瑞	
2	詐欺	
3	抛棄	
4	腎臟	
5	賠償	
6	葛藤	
7	惹起	
8	破壞	
9	魅了	
10	誤謬	
11	需要	
12	崩壞	
13	搜査	
14	牽引	
15	跳躍	
16	雇傭	
17	侮蔑	
18	傲慢	
19	把握	
20	敦篤	

	독음	한자어
1	상서	
2	사기	
3	포기	
4	신장	
5	배상	
6	갈등	
7	야기	
8	파괴	
9	매료	
10	오류	
11	수요	
12	붕괴	
13	수사	
14	견인	
15	도약	
16	고용	
17	모멸	
18	오만	
19	파악	
20	돈독	

	한자어	독음		독음	한자어
21	敷衍		21	부연	
22	矛盾		22	모순	
23	耽溺		23	탐닉	
24	飢餓		24	기아	
25	揭載		25	게재	
26	締結		26	체결	
27	哀悼		27	애도	
28	彫琢		28	조탁	
29	措置		29	조치	
30	緩急		30	완급	
31	毁損		31	훼손	
32	喪失		32	상실	
33	巢窟		33	소굴	
34	建設		34	건설	
35	推戴		35	추대	
36	赦免		36	사면	
37	輔弼		37	보필	
38	愼重		38	신중	
39	揭揚		39	게양	
40	示唆		40	시사	
41	魅惑		41	매혹	
42	乾燥		42	건조	
43	供給		43	공급	
44	塵埃		44	진애	
45	攝政		45	섭정	

	한자어	독음			독음	한자어
46	普遍			46	보편	
47	添削			47	첨삭	
48	濕潤			48	습윤	
49	琢磨			49	탁마	
50	痲醉			50	마취	
51	縱橫			51	종횡	
52	纖維			52	섬유	
53	興奮			53	흥분	
54	虐待			54	학대	
55	被拉			55	피랍	
56	謁見			56	알현	
57	鎭靜			57	진정	
58	陳腐			58	진부	
59	雌雄			59	자웅	
60	憐憫			60	연민	
61	硯滴			61	연적	
62	陷沒			62	함몰	
63	凝固			63	응고	
64	刹那			64	찰나	
65	尖端			65	첨단	
66	岐路			66	기로	
67	忘却			67	망각	
68	折衷			68	절충	
69	明晳			69	명석	
70	歪曲			70	왜곡	

	한자어	독음		독음	한자어
71	濃厚		71	농후	
72	災殃		72	재앙	
73	特殊		73	특수	
74	獎勵		74	장려	
75	稀薄		75	희박	
76	網膜		76	망막	
77	記憶		77	기억	
78	購買		78	구매	
79	贈呈		79	증정	
80	踏襲		80	답습	
81	靺鞨		81	말갈	
82	拉致		82	납치	
83	籠城		83	농성	
84	趨勢		84	추세	
85	享有		85	향유	
86	肥沃		86	비옥	
87	伸縮		87	신축	
88	修辭		88	수사	
89	厭症		89	염증	
90	嫌惡		90	혐오	
91	師傅		91	사부	
92	招聘		92	초빙	
93	敎唆		93	교사	
94	斬新		94	참신	
95	模倣		95	모방	

	한자어	독음			독음	한자어
96	欽慕			96	흠모	
97	歡喜			97	환희	
98	濊貊			98	예맥	
99	焦燥			99	초조	
100	燦爛			100	찬란	
101	瞬間			101	순간	
102	穩健			102	온건	
103	編輯			103	편집	
104	調和			104	조화	
105	謄寫			105	등사	
106	貢獻			106	공헌	
107	超越			107	초월	
108	阿膠			108	아교	
109	飽食			109	포식	
110	駐屯			110	주둔	
111	煉獄			111	연옥	
112	幻影			112	환영	
113	憎惡			113	증오	
114	洗濯			114	세탁	
115	運搬			115	운반	
116	研究			116	연구	
117	偏頗			117	편파	
118	僻巷			118	벽항	
119	勤怠			119	근태	
120	名譽			120	명예	

	한자어	독음		독음	한자어
121	嫌疑		121	혐의	
122	思考		122	사고	
123	恐怖		123	공포	
124	慙愧		124	참괴	
125	抑鬱		125	억울	
126	抵抗		126	저항	
127	拘束		127	구속	
128	挑戰		128	도전	
129	排斥		129	배척	
130	搜索		130	수색	
131	携帶		131	휴대	
132	枯渴		132	고갈	
133	涉獵		133	섭렵	
134	深淺		134	심천	
135	滑降		135	활강	
136	獲得		136	획득	
137	睡眠		137	수면	
138	紊亂		138	문란	
139	脈絡		139	맥락	
140	菜蔬		140	채소	
141	蔑視		141	멸시	
142	融資		142	융자	
143	診療		143	진료	
144	諜報		144	첩보	
145	輕率		145	경솔	

	한자어	독음		독음	한자어
146	遵守		146	준수	
147	銳利		147	예리	
148	閱覽		148	열람	
149	麒麟		149	기린	
150	殺到		150	쇄도	
151	廢棄		151	폐기	
152	晚餐		152	만찬	
153	槿域		153	근역	
154	汚染		154	오염	
155	釣臺		155	조대	
156	貿易		156	무역	
157	讀音		157	독음	
158	交涉		158	교섭	
159	促進		159	촉진	
160	偏僻		160	편벽	
161	僑胞		161	교포	
162	公平		162	공평	
163	勉勵		163	면려	
164	匪賊		164	비적	
165	厚薄		165	후박	
166	叔姪		166	숙질	
167	坑儒		167	갱유	
168	埋沒		168	매몰	
169	妥協		169	타협	
170	姻戚		170	인척	

	한자어	독음		독음	한자어
171	威脅		171	위협	
172	峽谷		172	협곡	
173	干戈		173	간과	
174	彌縫		174	미봉	
175	影響		175	영향	
176	懇請		176	간청	
177	抑制		177	억제	
178	抱擁		178	포옹	
179	捕捉		179	포착	
180	捕繩		180	포승	
181	推薦		181	추천	
182	未熟		182	미숙	
183	柔軟		183	유연	
184	棟樑		184	동량	
185	構造		185	구조	
186	沐浴		186	목욕	
187	派遣		187	파견	
188	浮沈		188	부침	
189	渤海		189	발해	
190	眞僞		190	진위	
191	竊盜		191	절도	
192	紹介		192	소개	
193	繁殖		193	번식	
194	纖細		194	섬세	
195	背恩		195	배은	

	한자어	독음		독음	한자어
196	艮峴		196	간현	
197	薰陶		197	훈도	
198	虐政		198	학정	
199	表裏		199	표리	
200	逮捕		200	체포	
201	遮陽		201	차양	
202	配慮		202	배려	
203	酷毒		203	혹독	
204	酷評		204	혹평	
205	鍛鍊		205	단련	
206	關鍵		206	관건	
207	騷亂		207	소란	
208	老鍊		208	노련	
209	掠奪		209	약탈	
210	廬幕		210	여막	
211	醴泉		211	예천	
212	類似		212	유사	
213	契機		213	계기	
214	擁護		214	옹호	
215	攻擊		215	공격	
216	範疇		216	범주	
217	絕妙		217	절묘	
218	謹愼		218	근신	
219	閉鎖		219	폐쇄	
220	飼育		220	사육	

	한자어	독음		독음	한자어
221	問答		221	문답	
222	啓蒙		222	계몽	
223	歷史		223	역사	
224	乾坤		224	건곤	
225	事故		225	사고	
226	伽倻		226	가야	
227	低俗		227	저속	
228	依託		228	의탁	
229	依賴		229	의뢰	
230	保護		230	보호	
231	俳優		231	배우	
232	借款		232	차관	
233	健康		233	건강	
234	價値		234	가치	
235	儉約		235	검약	
236	優劣		236	우열	
237	內包		237	내포	
238	冀願		238	기원	
239	剛健		239	강건	
240	創造		240	창조	
241	匈奴		241	흉노	
242	卑俗		242	비속	
243	危機		243	위기	
244	均衡		244	균형	
245	埋葬		245	매장	

	한자어	독음		독음	한자어
246	壯麗		246	장려	
247	外延		247	외연	
248	奏請		248	주청	
249	奔忙		249	분망	
250	尖銳		250	첨예	
251	巡廻		251	순회	
252	干涉		252	간섭	
253	庠序		253	상서	
254	庭園		254	정원	
255	彼此		255	피차	
256	徽章		256	휘장	
257	恥辱		257	치욕	
258	恩惠		258	은혜	
259	慈悲		259	자비	
260	態度		260	태도	
261	憂慮		261	우려	
262	憩息		262	게식	
263	批准		263	비준	
264	拘禁		264	구금	
265	排尿		265	배뇨	
266	撤去		266	철거	
267	擴張		267	확장	
268	斷絕		268	단절	
269	旺盛		269	왕성	
270	昇降		270	승강	

	한자어	독음			독음	한자어
271	暗黑			271	암흑	
272	杜絕			272	두절	
273	槪念			273	개념	
274	殉職			274	순직	
275	比較			275	비교	
276	沮喪			276	저상	
277	沮止			277	저지	
278	添加			278	첨가	
279	溶解			279	용해	
280	獨創			280	독창	
281	琴瑟			281	금슬	
282	甕器			282	옹기	
283	畢竟			283	필경	
284	盛衰			284	성쇠	
285	碩座			285	석좌	
286	窒息			286	질식	
287	窮僻			287	궁벽	
288	端緖			288	단서	
289	糾察			209	규찰	
290	糾彈			290	규탄	
291	組織			291	조직	
292	肝膽			292	간담	
293	脫帽			293	탈모	
294	膠漆			294	교칠	
295	苦衷			295	고충	

	한자어	독음		독음	한자어
296	茂盛		296	무성	
297	覆蓋		297	복개	
298	解雇		298	해고	
299	誇示		299	과시	
300	認識		300	인식	

	성어	독음	뜻풀이
1	塞翁之馬	새옹지마	인생의 길흉화복은 변화가 많아서 예측하기가 어렵다는 말.
2	桑田碧海	상전벽해	뽕나무밭이 변하여 푸른 바다가 된다는 뜻으로, 세상일의 변천이 심함.
3	貪官汚吏	탐관오리	백성의 재물을 탐내어 빼앗는, 행실이 깨끗하지 못한 관리.
4	拔本塞源	발본색원	좋지 않은 일의 근본 원인이 되는 요소를 완전히 없애 버려서 다시는 그러한 일이 생길 수 없도록 함.
5	轉禍爲福	전화위복	재앙과 근심, 걱정이 바뀌어 오히려 복이 됨.
6	如履薄氷	여리박빙	살얼음을 밟는 것과 같다는 뜻으로, 아슬아슬하고 위험한 일.
7	孤掌難鳴	고장난명	외손뼉만으로는 소리가 울리지 아니한다는 뜻으로, 혼자의 힘만으로 어떤 일을 이루기 어려움. 맞서는 사람이 없으면 싸움이 일어나지 아니함.
8	指鹿爲馬	지록위마	윗사람을 농락하여 권세를 마음대로 함. 모순된 것을 끝까지 우겨서 남을 속이려는 짓.
9	擧案齊眉	거안제미	밥상을 눈썹과 가지런하도록 공손히 들어 남편 앞에 가지고 간다는 뜻으로, 남편을 깍듯이 공경함을 이르는 말.
10	泥田鬪狗	이전투구	진흙탕에서 싸우는 개라는 뜻으로, 강인한 성격의 함경도 사람을 말함. 자기의 이익을 위하여 비열하게 다툼.
11	同價紅裳	동가홍상	같은 값이면 다홍치마라는 뜻으로, 같은 값이면 좋은 물건을 가짐.
12	結草報恩	결초보은	죽은 뒤에라도 은혜를 잊지 않고 갚음.
13	緣木求魚	연목구어	나무에 올라가서 물고기를 구한다는 뜻으로, 도저히 불가능한 일을 굳이 하려 함.
14	羊頭狗肉	양두구육	양의 머리를 걸어 놓고 개고기를 판다는 뜻으로, 겉보기만 그럴듯하게 보이고 속은 변변하지 아니함.

	성어	독음	뜻풀이
15	切齒腐心	절치부심	몹시 분하여 이를 갈며 속을 썩임.
16	堂狗風月	당구풍월	서당에서 기르는 개가 풍월을 읊는다는 뜻으로, 그 분야에 대하여 경험과 지식이 전혀 없는 사람이라도 오래 있으면 얼마간의 경험과 지식을 가짐.
17	肝膽相照	간담상조	서로 속마음을 털어놓고 친하게 사귐.
18	丹脣皓齒	단순호치	붉은 입술과 하얀 치아라는 뜻으로, 아름다운 여자를 말함.
19	抱腹絕倒	포복절도	배를 안고 넘어진다는 뜻으로, 몹시 우스워서 배를 안고 몸을 가누지 못할 만큼 웃음.
20	改過遷善	개과천선	지난날의 잘못을 고치어 착하게 됨.
21	朝令暮改	조령모개	아침에 명령을 내렸다가 저녁에 다시 고친다는 뜻으로, 법령을 자꾸 고쳐서 갈피를 잡기가 어려움을 이르는 말.
22	矯角殺牛	교각살우	소의 뿔을 바로잡으려다가 소를 죽인다는 뜻으로, 잘못된 점을 고치려다가 그 방법이나 정도가 지나쳐 오히려 일을 그르침.
23	脣亡齒寒	순망치한	입술이 없으면 이가 시리다는 뜻으로, 서로 이해관계가 밀접한 사이에 어느 한쪽이 망하면 다른 한쪽도 그 영향을 받아 온전하기 어려움.
24	錦上添花	금상첨화	비단 위에 꽃을 더한다는 뜻으로, 좋은 일 위에 또 좋은 일이 더하여짐.
25	龍頭蛇尾	용두사미	용의 머리와 뱀의 꼬리라는 뜻으로, 처음은 왕성하나 끝이 부진한 현상을 이르는 말.
26	三顧草廬	삼고초려	인재를 맞아들이기 위하여 참을성 있게 노력함.
27	乘勝長驅	승승장구	싸움에 이긴 형세를 타고 계속 몰아침.
28	刻舟求劍	각주구검	융통성 없이 현실에 맞지 않는 낡은 생각을 고집하는 어리석음.
29	刻骨難忘	각골난망	남에게 입은 은혜가 뼈에 새길 만큼 커서 잊히지 아니함.
30	勸善懲惡	권선징악	착한 일을 권장하고 악한 일을 징계함.
31	同病相憐	동병상련	같은 병을 앓는 사람끼리 서로 가엾게 여긴다는 뜻으로, 어려운 처지에 있는 사람끼리 서로 가엾게 여김.
32	咸興差使	함흥차사	심부름을 가서 오지 아니하거나 늦게 온 사람을 이르는 말.

	성어	독음	뜻풀이
33	外柔內剛	외유내강	겉으로는 부드럽고 순하게 보이나 속은 곧고 굳셈.
34	守株待兔	수주대토	한 가지 일에만 얽매여 발전을 모르는 어리석은 사람.
35	手不釋卷	수불석권	손에서 책을 놓지 아니하고 늘 글을 읽음.
36	漸入佳境	점입가경	가면 갈수록 경치가 더해진다는 뜻으로, 일이 점점 더 재미가 있음.
37	烏飛梨落	오비이락	까마귀 날자 배 떨어진다는 뜻으로, 아무 관계도 없이 한 일이 공교롭게도 때가 같아 억울하게 의심을 받거나 난처한 위치에 서게 됨.
38	牽强附會	견강부회	이치에 맞지 않는 말을 억지로 끌어 붙여 자기에게 유리하게 함.
39	破邪顯正	파사현정	불교에서, 부처의 가르침에 어긋나는 사악한 도리를 깨뜨리고 바른 도리를 드러낸다는 뜻으로, 그릇된 생각을 버리고 올바른 도리를 행함.
40	群鷄一鶴	군계일학	닭의 무리 가운데에서 한 마리의 학이란 뜻으로, 많은 사람 가운데서 뛰어난 인물.
41	錦衣夜行	금의야행	비단옷을 입고 밤길을 다닌다는 뜻으로, 자랑삼아 하지 않으면 생색이 나지 않음. 아무 보람이 없는 일을 함.
42	錦衣還鄕	금의환향	비단옷을 입고 고향에 돌아온다는 뜻으로, 출세를 하여 고향에 돌아가거나 돌아옴.
43	面從腹背	면종복배	겉으로는 복종하는 체하면서 내심으로는 배반함.
44	信賞必罰	신상필벌	공이 있는 자에게는 반드시 상을 주고, 죄가 있는 사람에게는 반드시 벌을 준다는 뜻으로, 상과 벌을 공정하고 엄중하게 하는 일.
45	吟風弄月	음풍농월	맑은 바람과 밝은 달을 대상으로 시를 짓고 흥취를 자아내어 즐겁게 놂.
46	唯我獨尊	유아독존	이 세상에 나보다 존귀한 사람은 없다는 말. 또는 자기만 잘났다고 자부하는 독선적인 태도의 비유.
47	左衝右突	좌충우돌	이리저리 닥치는대로 부딪침. 아무에게나 또는 아무 일에나 함부로 맞닥뜨림.
48	恒茶飯事	항다반사	차를 마시고 밥을 먹는 일이라는 뜻으로, 보통 있는 예사로운 일을 이르는 말.
49	換骨奪胎	환골탈태	뼈대를 바꾸어 끼고 태를 바꾸어 쓴다는 뜻으로, 고인의 시문의 형식을 바꾸어서 그 짜임새와 수법이 먼저 것보다 잘되게 함. 사람이 보다 나은 방향으로 변하여 전혀 딴사람처럼 됨.

	성어	독음	뜻풀이
50	昏定晨省	혼정신성	밤에는 부모의 잠자리를 보아 드리고 이른 아침에는 부모의 밤새 안부를 묻는다는 뜻으로, 부모를 잘 섬기고 효성을 다함.
51	晝耕夜讀	주경야독	낮에는 농사짓고, 밤에는 글을 읽는다는 뜻으로, 어려운 여건 속에서도 꿋꿋이 공부함.
52	武陵桃源	무릉도원	이 세상을 떠난 별천지를 이르는 말.
53	深思熟考	심사숙고	깊이 잘 생각함.
54	群雄割據	군웅할거	여러 영웅이 각기 한 지방씩 차지하고 위세를 부림.
55	街談巷說	가담항설	거리나 항간에 떠도는 소문.
56	表裏不同	표리부동	겉으로 드러나는 언행과 속으로 가지는 생각이 다름.
57	輕擧妄動	경거망동	경솔하여 생각 없이 망령되게 행동하거나 또는 그런 행동.
58	進退維谷	진퇴유곡	이러지도 저러지도 못하고 꼼짝할 수 없는 궁지.
59	過猶不及	과유불급	정도를 지나침은 미치지 못함과 같다는 뜻으로, 중용이 중요함.
60	靑出於藍	청출어람	쪽에서 뽑아낸 푸른 물감이 쪽보다 더 푸르다는 뜻으로, 제자나 후배가 스승이나 선배보다 나음.
61	飽食暖衣	포식난의	배부르게 먹고 따뜻하게 입는다는 뜻으로, 의식(衣食)이 넉넉하여 불편함이 없이 편하게 지냄.
62	鵬程萬里	붕정만리	산을 넘고 내를 건너 아주 멂. 사람의 앞날이 매우 요원한 장래.
63	一觸卽發	일촉즉발	한 번 건드리기만 해도 폭발할 것같이 몹시 위급한 상태.
64	不俱戴天	불구대천	하늘을 함께 이지 못한다는 뜻으로, 이 세상에서 같이 살 수 없을 만큼 큰 원한을 가짐.
65	五里霧中	오리무중	오 리나 되는 짙은 안개 속에 있다는 뜻으로, 무슨 일에 대하여 방향이나 갈피를 잡을 수 없음.
66	人面獸心	인면수심	사람의 얼굴을 하고 있으나 마음은 짐승과 같다는 뜻으로, 마음이나 행동이 몹시 흉악함.
67	修身齊家	수신제가	몸과 마음을 닦아 수양하고 집안을 다스림.
68	克己復禮	극기복례	자기의 욕심을 누르고 예의범절을 따름.
69	口蜜腹劍	구밀복검	입에는 꿀이 있고 배 속에는 칼이 있다는 뜻으로, 말로는 친한 듯하나 속으로는 해칠 생각이 있음.

	성어	독음	뜻풀이
70	四面楚歌	사면초가	아무에게도 도움을 받지 못하는, 외롭고 곤란한 지경에 빠진 형편.
71	坐井觀天	좌정관천	우물 속에 앉아서 하늘을 본다는 뜻으로, 사람의 견문이 매우 좁음.
72	塗炭之苦	도탄지고	진구렁에 빠지고 숯불에 타는 괴로움.
73	天佑神助	천우신조	하늘이 돕고 신령이 도움.
74	宗廟社稷	종묘사직	왕실과 나라를 통틀어 이르는 말.
75	巧言令色	교언영색	아첨하는 말과 알랑거리는 태도.
76	感慨無量	감개무량	마음속에서 느끼는 감동이나 느낌이 끝이 없음.
77	支離滅裂	지리멸렬	이리저리 흩어지고 찢기어 갈피를 잡을 수 없음.
78	日就月將	일취월장	나날이 다달이 자라거나 발전함.
79	曲學阿世	곡학아세	바른길에서 벗어난 학문으로 세상 사람에게 아첨함.
80	有備無患	유비무환	미리 준비가 되어 있으면 걱정할 것이 없음.
81	朝三暮四	조삼모사	간사한 꾀로 남을 속여 희롱함.
82	杜門不出	두문불출	문을 닫고 나가지 않는다는 뜻으로, 집에만 틀어박혀 사회의 일이나 관직에 나아가지 않음.
83	東奔西走	동분서주	동쪽으로 뛰고 서쪽으로 뛴다는 뜻으로, 사방으로 이리저리 몹시 바쁘게 돌아다님.
84	氣高萬丈	기고만장	펄펄 뛸 만큼 대단히 성이 남. 일이 뜻대로 될 때, 우쭐하여 뽐내는 기세가 대단함.
85	滄海一粟	창해일속	넓고 큰 바닷속의 좁쌀 한 알이라는 뜻으로, 아주 많거나 넓은 것 가운데 있는 매우 하찮고 작은 것.
86	瓜田李下	과전이하	오이밭에서 신을 고쳐 신지 말고 자두나무 밑에서 갓을 고쳐 쓰지 말라는 뜻으로, 의심받기 쉬운 행동은 피하는 것이 좋음.
87	甘言利說	감언이설	귀가 솔깃하도록 남의 비위를 맞추거나 이로운 조건을 내세워 꾀는 말.
88	男負女戴	남부여대	남자는 지고 여자는 인다는 뜻으로, 가난한 사람들이 살 곳을 찾아 이리저리 떠돌아다님.
89	畫蛇添足	화사첨족	뱀을 다 그리고 나서 있지도 아니한 발을 덧붙여 그려 넣는다는 뜻으로, 쓸데없는 군짓을 하여 도리어 잘못되게 함.

	성어	독음	뜻풀이
90	登高自卑	등고자비	높은 곳에 오르려면 낮은 곳에서부터 오른다는 뜻으로, 일을 순서대로 하여야 함. 지위가 높아질수록 자신을 낮춤.
91	百年河淸	백년하청	중국의 황허강이 늘 흐려 맑을 때가 없다는 뜻으로, 아무리 오랜 시일이 지나도 어떤 일이 이루어지기 어려움.
92	縱橫無盡	종횡무진	자유자재로 행동하여 거침이 없는 상태.
93	興亡盛衰	흥망성쇠	흥하고 망함과 성하고 쇠함.
94	萬頃蒼波	만경창파	만 이랑의 푸른 물결이라는 뜻으로, 한없이 넓고 넓은 바다.
95	虛張聲勢	허장성세	실속은 없으면서 큰소리치거나 허세를 부림.
96	螢雪之功	형설지공	반딧불·눈과 함께 하는 노력이라는 뜻으로, 고생을 하면서 부지런하고 꾸준하게 공부하는 자세.
97	角者無齒	각자무치	뿔이 있는 짐승은 이가 없다는 뜻으로, 한 사람이 모든 복을 겸하지는 못함.
98	足脫不及	족탈불급	발 벗고 뛰어도 따라가지 못한다는 뜻으로, 능력이나 재질 등의 차이가 두드러짐.
99	身體髮膚	신체발부	머리끝부터 발끝까지의 몸 전체.
100	附和雷同	부화뇌동	줏대 없이 남의 의견에 따라 움직임.

MEMO

MEMO

시대에듀와 함께하는
상공회의소 한자

상공회의소 한자 1급 2주 격파 + 실전모의고사 5회분

- 스피드 합격! 2주 필승 전략
- 1~9급 배정한자 수록
- 실전모의고사 5회분 제공 (교재 3회 + CBT 2회)
- ALL DAY 쪽지시험 PDF 제공
- 시험 직전 막판 뒤집기! '빅데이터 합격한자' 소책자 제공

상공회의소 한자 2급 2주 격파 + 실전모의고사 5회분

- 스피드 합격! 2주 필승 전략
- 2~9급 배정한자 수록
- 실전모의고사 5회분 제공 (교재 3회 + CBT 2회)
- ALL DAY 쪽지시험 PDF 제공
- 시험 직전 막판 뒤집기! '빅데이터 합격한자' 소책자 제공

상공회의소 한자 3급 2주 격파 + 실전모의고사 5회분

- 스피드 합격! 2주 필승 전략
- 3~9급 배정한자 수록
- 실전모의고사 5회분 제공 (교재 3회 + CBT 2회)
- ALL DAY 쪽지시험 PDF 제공
- 시험 직전 막판 뒤집기! '빅데이터 합격한자' 소책자 제공

※ 도서의 이미지는 변동될 수 있습니다.

시대에듀와 함께하는

진흥회 한자

진흥회 한자자격시험 2급 한 권으로 끝내기

진흥회 2급을 '한자 3박자 연상 학습법'으로 쉽고 확실하게!

- 한자자격시험 2급 선정한자 2,300자 수록
- 생생한 어원 풀이로 2급 한자 마스터!
- 다양한 출제 유형에 맞춰 정리한 '한자 응용하기'
- 출제 경향 완벽 분석! '최신 기출 모의고사' 5회분 제공
- 저자가 직접 출제한 '실전 모의고사' 1회분 제공
- 빈출 한자만 모았다! '빅데이터 합격 한자 750'

진흥회 한자자격시험 3급 한 권으로 끝내기

진흥회 3급을 '한자 3박자 연상 학습법'으로 쉽고 확실하게!

- 한자자격시험 3급 선정한자 1,800자 수록
- 생생한 어원 풀이로 3급 한자 마스터!
- 다양한 시험 유형에 맞춰 정리한 '한자 응용하기'
- 출제 경향 완벽 분석! '최신 기출 모의고사' 5회분 제공
- 빈출 한자만 모았다! 빅데이터 합격 한자 450'

※ 도서의 이미지는 변동될 수 있습니다.

어문회 한자

어문회 한자능력검정시험 2·3급 한 권으로 끝내기

어문회 2·3급을 '한자 3박자 연상 학습법'으로 쉽고 확실하게!

- 해당 급수 배정한자 모두 수록
- '생생한 어원 풀이'로 2 · 3급 한자 마스터!
- 다양한 출제 유형에 맞춰 정리한 '한자 응용하기'
- 출제 경향 완벽 분석! '최신 기출 동형 모의고사' 제공
- 시험장까지 들고 가는 〈빅데이터 합격 한자〉 소책자 제공

어문회 한자능력검정시험 4·5·6급 한 권으로 끝내기

어문회 4·5·6급을 '한자 3박자 연상 학습법'으로 쉽고 재미있게!

- 해당 급수 배정한자 모두 수록
- 생생한 '어원 풀이'로 4 · 5 · 6급 한자 마스터!
- 다양한 출제 유형에 맞춰 정리한 '한자 응용하기'
- 출제 경향 완벽 분석! '실전 모의고사 3회분' 제공
- 시험장까지 들고 가는 〈빅데이터 합격 한자〉 소책자 제공

어문회 한자능력검정시험 7·8급 한 권으로 끝내기

어문회 7·8급을 '한자 3박자 연상 학습법'으로 쉽고 재미있게!

- 해당 급수 배정한자 모두 수록
- 한국어문회 기출문제 정식 계약! '공식 기출문제 5회분' 수록
- 시험에 반드시 출제되는 '출제 유형별 한자' 수록
- 무료 부가 자료 5종 – 소책자, 한자 어원 풀이 MP3,
  한자 브로마이드 / 빈출 한자 카드, 한자 쓰기 노트 PDF,
  답안지 PDF 제공

※ 도서의 이미지는 변동될 수 있습니다.